Die frühen Jahre

卡夫卡传

早年·1883–1910

广西师范大学出版社
·桂林·

（德）莱纳·施塔赫 著 任卫东 译

献给
乌尔苏拉

Für Ursula

目 录

插图目录

插图目录

雅克布·卡夫卡和弗朗齐什卡·卡夫卡(娘家姓普拉托夫斯基),卡夫卡的祖父母(Archiv Klaus Wagenbach, Berlin)

弗朗茨·卡夫卡,约五岁(Archiv Klaus Wagenbach, Berlin)

弗朗茨·卡夫卡,约十岁,与妹妹瓦莉(左)和艾莉(Archiv Klaus Wagenbach, Berlin)

卡夫卡的三个妹妹,从左至右:瓦莉,艾莉和奥特拉(Archiv Klaus Wagenbach, Berlin)

给胡戈·贝格曼的毕业纪念册题词,1897 年(Archiv Klaus Wagenbach, Berlin)

卡夫卡在"老城文理中学"的成绩单,1899 年(Archiv hlavního města, Prahy)

班级照,1897 / 1898 年(弗朗茨·卡夫卡在后排左二)(Archiv Klaus Wagenbach, Berlin)

弗朗茨·卡夫卡中学毕业照,1901 年(Archiv Klaus Wagenbach, Berlin)

奥斯卡·波拉克(The Jewish National and University Library, Jerusalem)

埃瓦尔德·普日布拉姆(Národní Archiv, Prag)

胡戈·赫希特(The Jewish National and University Library, Jerusalem)

保罗·基希(Národní Archiv, Prag)

从左至右:马克斯·凡塔,奥托·凡塔,埃尔泽·贝格曼(娘家姓凡塔),胡戈·贝格曼和贝尔塔·凡塔(Miranda Short, Princeton)

马克斯·布罗德,约 1902 年(Archiv Hartmut Binder, Ditzingen)

策尔特纳街,"三王楼"(图片中间),1907 年前卡夫卡家住所(Archiv Hartmut Binder, Ditzingen)

布拉格"市民游泳学校"(Archiv Klaus Wagenbach, Berlin)

克里斯蒂安·冯·厄棱费尔(Národní Archiv, Prag)

布鲁诺·卡夫卡(Národní Archiv, Prag)

汉斯·格罗斯(S. Fischer Verlag, Frankfurt am Main)

胡戈·萨卢斯(Archiv Hartmut Binder, Ditzingen)

保罗·莱平(Státní ústřední archiv, Prag)

古斯塔夫·梅林克在布拉格(Archiv Hartmut Binder, Ditzingen)

卡夫卡的博士考试记录(*Kafka a Praha. Vzpomínky. Úvahy. Dokumenty*)

忠利保险公司求职简历,1907 年(*Assicurazioni Generali. Bolletino*)

《一场斗争的描述》第一稿片段(Joachim Unseld, Frankfurt am Main)

《一场斗争的描述》第二稿片段(Joachim Unseld, Frankfurt am Main)

卡夫卡的名片(Leo Baeck Institute, New York, Nachlass Johannes Urzidil)

卡夫卡的写字台(Archiv Hartmut Binder, Ditzingen)

日记片段(左下方画的杂技演员为卡夫卡 1909 年 11 月所见)(Archiv Klaus
　　Wagenbach, Berlin)

卡夫卡与酒馆女服务员尤莉安娜("汉茜")·索科尔,1907 年前后(Archiv Klaus
　　Wagenbach, Berlin)

卡夫卡的舅舅西格弗里德·勒维(Archiv Klaus Wagenbach, Berlin)

卡夫卡和舅舅阿尔弗雷德·勒维(S. Fischer Verlag, Frankfurt am Main)

罗伯特·马施纳和他的女儿(Archiv Hartmut Binder, Ditzingen)

奥托·普日布拉姆(S. Fischer Verlag, Frankfurt am Main)

海德薇·威勒(Archiv Hartmut Binder, Ditzingen)

寄自"白鹿"疗养院的明信片,1903 年 8 月(S. Fischer Verlag, Frankfurt am Main)

寄自楚克曼特尔疗养院的明信片,1905 年 8 月(S. Fischer Verlag, Frankfurt am
　　Main)

策尔特纳街 12 号,一层是卡夫卡家的妇女时尚用品商店(自 1906 年 5 月起)
　　(Archiv Hartmut Binder, Ditzingen)

1908 年布拉格周年展上的电影院入口(Archiv Hartmut Binder, Ditzingen)

卢浮宫咖啡馆,1910 年(Archiv Hartmut Binder, Ditzingen)

卡巴莱演出剧场"黑猫",1913 年(Archiv Hartmut Binder, Ditzingen)

阿尔科咖啡馆,1907 年(Archiv Hartmut Binder, Ditzingen)

东方酒馆,1912 年(Archiv Hartmut Binder, Ditzingen)

达弗勒附近的伏尔塔瓦河(Archiv Hartmut Binder, Ditzingen)

贝龙河岸边的切尔诺希采(Archiv Hartmut Binder, Ditzingen)

路易·布莱里奥(Roland Templin, Berlin)

布莱里奥从卡夫卡上空飞过，布雷西亚的蒙蒂基亚里飞机场，1909 年 9 月 11 日
（卡夫卡站在一把椅子上，位于照片前景可见侧面的那位游客的上方）（Roland
Templin，Berlin）

加达湖畔的里瓦，照片后景左边是卡夫卡和布罗德去过的浴场（Library of
Congress，Washington，D. C. ）

奥托·布罗德和卡夫卡在里瓦的托布利诺城堡，1909 年（Max Brod：*Franz Kafka.
Eine Biographie*）

歌剧院广场前车水马龙，巴黎，1910 年前后（Archiv Hartmut Binder，Ditzingen）

苏黎世湖畔的艾尔伦巴赫疗养院主楼（Archiv Hartmut Binder，Ditzingen）

卡夫卡的铅笔画：母亲肖像和自画像，大约 1911 年（S. Fischer Verlag，Frankfurt
am Main）

第一章 布拉格：此日无事

> 我想这些以前你都听说过，现在你会听到
> 更多。
>
> 德沃，《下沉》[1]

1883 年 7 月 3 日，一个和煦晴朗的夏日，只有微风吹过布拉格老城 9
区的狭窄街巷。中午时分，气温上升到三十摄氏度。幸亏并不闷热，下
午飘过来的几片云朵也没造成什么影响，于是，成千上万的布拉格人期
望着能在无数的花园餐馆中喝着皮尔森啤酒或者葡萄酒，听着吹奏乐，
度过一个舒适的夜晚。这天是星期二，"军乐"会特别多，在斯拉夫小岛
宽敞的啤酒花园里，娱乐活动在下午四点就早早开始了。这是游客、大
学生和小市民个体户的时间，其他人当然还要再工作几个小时，这些人
不值得羡慕，他们只是在某个小商号的办事处挣些糊口钱，对他们而言，
音乐演奏要等到太阳落山以后了。就连看戏剧演出，也要取决于剧院经

---

① 德沃(Devo)是美国的一个乐队，《下沉》（"Going under"）是他们的一首歌。（此类注
释均为译者注，后文不再标出）

理的心情。对于捷克市民来说,今天有法国著名作家维克托里安·萨尔杜①最新的歌剧《费朵拉》选段;而德裔市民则可以在大众剧场看内斯特罗伊②的喜剧《他想开个玩笑》轻松一下。如果有人觉得这个还太严肃的话,那还有"万达歌舞剧场"的节目,那里有米尔泽·莱娜小姐,人称"维也纳小甜妞",还有其他"年轻热情的艺人"和她们"轻松并且非常正经的节目"演出。十六万布拉格城居民,都有适合自己的消遣节目。

夏季的布拉格,平静的布拉格,时间静静流逝,股票价格轻微波动(不过十年来一直都是这样),生活似乎乏善可陈,就连《布拉格日报》和《波希米亚》报上,读者们平常最喜欢看的关于骗子、女人自杀和出纳员卷款潜逃的报道都没有。在"市民游泳学校",也就是河畔公共游泳浴场,一个小孩掉到伏尔塔瓦河里,被一个十三岁的男孩救了上来。这就是7月3号这天最值得报道的唯一意外事件了。还有一些人的自然死亡,都只有非常简短的报道,不仔细找都看不到。除此之外,在希伯纳巷,一个名叫奥古斯丁的婴儿才出生十八天就因体弱而夭折;一个叫阿玛利亚的两岁女童死于肺结核。但是,谁会关心这些事呢?

不过,这一天还是会被记入布拉格城的档案,有两个原因,一个是公开的、看得见的,还有一个是暂时保密的。一个政治的、精神的打击在今天降临这座城市,目前还只有很少人知道这个情况,新闻界还没来得及做出反应,人们已经在咖啡馆里议论这件不可思议的事了。现在正在进行波希米亚省议会选举,是皇帝亲自布置的,而且——这才糟糕——规定了全新的条件。自开设议会以来,一直只有那些满足了年纳税条件的男子才有选举权,而这个纳税最低限度,现在突然被奥地利政府减半

---

① 维克托里安·萨尔杜(Victorien Sardou, 1831-1908),法国剧作家。

② 约翰·内斯特罗伊(Johann Nepomuk Nestroy, 1801-1862),奥地利著名大众喜剧作家和演员。

了——是皇帝批准的,这让民众中一部分数量不大但非常有影响的人感到很震惊。因为,这个决定会有什么后果,连最没有政治头脑的人都能掰着手指头数出来:更多人有了选举权,也就是更多捷克人有了选举权。这是今天突然发生的,议会中的捷克人超过了德意志人,稳稳占据了多数席位,这是历史上第一次,而且很可能以后都是这样。谁有勇气指责新的选举法呢?就连那些大地主现在也大多投捷克人的票,商会也是,许多富裕的犹太人也随大流。老城广场商业区的德意志人无法理解:就连他们的近邻——"约瑟夫城",也就是布拉格老犹太区的那些居民们,大多也投了捷克人的票。最搞笑和讽刺的是,大家都在传,最后起到决定作用的是犹太肉铺老板们,他们以前是没有投票权的。

当然,对波希米亚省议会工作感兴趣的,只是布拉格居民中的少数,就连说这两种语言的受过良好教育的市民中,大概也只有那些坚持读报的人才知道省议会到底有什么能力,能对德意志人和捷克人的日常生活产生什么影响。但是,这是捷克人的一个象征性胜利,也是迄今为止最重要的胜利,这一点,所有人都知道,所以,这个胜利是"历史性的"。失败的一方也这么认为。不过他们低调很多,德语媒体很收敛,他们不想刺激那些在布拉格城所有区域共同生活、抬头不见低头见的捷克人,也不想煽动自己报刊订户的情绪。只有维也纳的《新自由报》直言不讳,它敢说,它是布拉格城里随处可见的自由派的号角和喉舌。这时,波希米亚居民们才意识到,他们愚蠢的选举行为冒着西方世界终结的风险:"真的会到那一步吗? 布拉格也会无可救药地在斯拉夫人的洪流中灭亡?"不,绝对不会。"德意志议员也许会从省大厅中消失,但是,住在大街小巷的德裔民众会留下,直到斯拉夫反宗教改革运动结束的那一天到来,直到布拉格重新成为人类和德意志文化的中心。"[1]

这些措辞直率得过了头,就连几天后查抄了《新自由报》的维也纳国家新闻审查机构都觉得过分。但是,文章里具有攻击性的语气和充满沙文主义的煽动暴露出，人们充分理解了这一天的划时代意义。以前总是一部分精英把权力攥在自己手中，然而，从现在开始，将会是多数人的统治，而赋予其合法性的是布拉格的人口比例——这是不可动摇的——这个比例现在是捷克人以四比一占优。如果这一多数原则在整个帝国境内推行开，那会怎样？那人们就会指责波希米亚人，他们是链条中最弱的那一环，在他们的首都，就在 1883 年 7 月 3 日这一天，链条扯断了。

不是所有布拉格人都留心到波希米亚省议会这次票数大损的消息，绝对不是所有人。真正的生活是在别处进行的，对于失去了那个名叫奥古斯丁或者阿玛利亚的孩子的家人们，所有政治事务都会从他们的生活中消失很长时间。而那些在这一天喜得贵子的人们，也是如此。他们也跨越了一个时代的门槛，经历着一个新时代的开始，并且不可能退回去。面对着新生命温暖的身体，世上其余的东西都沉没了。

这样的事情，今天恰好发生在紧邻圣尼古拉斯教堂的一所房子里。房子位于麦瑟尔巷和鲤鱼巷交叉的拐角处，里面住着刚结婚十个月的犹太人卡夫卡夫妇。这所房子现在看上去没什么好的，不过它经历过更好的时光，这里曾经是著名的斯特拉霍夫修道院给它高级教士的住宅楼，但是，除了巴洛克风格的外立面，这所房子往日的辉煌已所剩无几。在很长时间里，它只是一栋普通住宅，周围环境也非常普通，并且不太合适建立新的人际关系：一侧是教堂，一段时间以来，俄罗斯东正教徒在里面做礼拜；另一侧是许多可疑的下流场所，甚至还有妓院，那里几乎已经属于约瑟夫城的范围了，是一片破败的红灯区，听说已经决定要拆掉了。

卡夫卡一家不会在这里住很长时间，这是可想而知的，但是，目前他们必须节省。因为他们所有的财产——也就是说，最主要的是尤莉叶太太的嫁妆——都投到一个新开的商店里去了，那是一家从事纱线和棉布生意的商号，位于离这里几步远的老城广场北侧，恭候着顾客们。商号唯一的老板就是三十岁的赫尔曼,不过比他小三岁的太太必须全天在店里工作,否则商店就无法存活。夫妇俩都没有多余的时间,为了不耽误布拉格的生意,他们连蜜月都省了,所以,怀孕对于这个刚刚立足的商号来说,也没有什么益处,更别说还要请接生婆和保姆了,但是,从现在开始,必须要雇用她们了。

不过新生儿是个男孩,在一个父权主导的世界里——赫尔曼和尤莉叶不知道还有其他形式的世界——这个男孩意味着对未来的保证。他是代际链条中最近的一环,代际链条连接、引导着每一个个体,并赋予他的行为超越时间的意义。迄今为止,卡夫卡一家只知道,他们在社会中要不断向上,现在,他们也感觉到了,这个目标超越了他们自己的世俗生存,因而不容置疑。新生儿在学会走路之前,就成了“继承人”,这不仅是他父母的看法,在亲戚、雇员和顾客眼中,卡夫卡一家的社会地位也在一夜之间发生了变化,这就像是某种提升,而且意味着更多,因为这个新的地位是不可中止的——除非发生死亡。不过眼下没有人愿意想这个,这个小男孩是个“瘦小但健康的孩子”,他妈妈很久以后这样写道[2],他会长大成人,会成为继承人,我们会为他做出牺牲,因为他,我们现在成为一个更大的整体。所以,他理所当然应该取我们皇帝的名字。是的,他应该叫**弗朗茨**。

一百年之后,全世界都知道,实际情况与卡夫卡一家当初设想的完全不同。在他们第一个共同的住所,以后将挂上一块纪念牌匾,不是为了纪念一个成功的商人,而是一位作家。这个家族不断更新在世界上立足的代际直线传承,被证明是脆弱和短暂的,就像个体孤独的存在一样。成千上万这样的直线被截断了,甚至在弗朗茨·卡夫卡的父母还在世的时候,就被粗暴地抹去了。但是这个日子,1883 年 7 月 3 日,对许多布拉格人而言意味着不可更改的震惊,对卡夫卡一家则是骄傲和喜悦——那个日子将会获得新的、不同的意义。

13

给卡夫卡提供名字的人——五十二岁的皇帝弗朗茨·约瑟夫一世
也在欢快的情绪中度过了这一天。他在格拉茨完成了惯常的活动：大
教堂的弥撒，为一个地区展览揭幕，参观一个消防队和军队医院，接见使
团和贵族代表，长长的午餐。其间还要批阅送来的紧急公函，其中几份
来自布拉格，那里的捷克人——如同事先预计的一样——终于实现了他
们的要求。不过这一点点不愉快很快就被蜂拥而至的格拉茨民众的欢
呼声掩盖，一些令人高兴的公务又让皇帝振作起来了。例如，在布满彩
旗和鲜花的"国家射击场"——皇帝不是第一次去那里了——视察施蒂
利亚步兵，他们是忠诚者中最忠诚的。那些士兵有些过于激动了，他们
没完没了的礼炮甚至吓到了皇帝御驾的马匹，弗朗茨·约瑟夫不得不下
令停止鸣放礼炮。不过射击场的欢迎仪式非常震撼，还有穿着传统服装
的女子，活泼漂亮的女孩子送上了鲜花。但是，士兵们并不只想听他们
的最高统帅说几句和蔼的话，不，他们希望他今天动手，皇帝今天要亲自
进入靶场，为射击节的开幕打响第一枪。他被隆重地引领到准备好的卡
宾枪边，观众们屏声静气地期待着。他朝着移动的靶子瞄准了两次，射
中了一次，是个"一环"。接着，枪声大作，整个城市都能听到，然后就是
上千人没完没了的欢呼声。

注释

[1]《新自由报》，维也纳，1883 年 7 月 3 日，第 1 页。"省大厅"是波希米亚
各阶层召集大会的大厅，位于布拉格城堡区。

[2] 尤莉叶·卡夫卡关于其家庭的信息，出自她去世前两三年写的一份简
短自传中。这份没有全部保留下来的材料，被阿蕾娜·瓦格纳洛娃（Alena
Wagnerová）收入其著作《"在噪声的总部"——布拉格的卡夫卡家族》（»Im
Hauptquartier des Lärms«. Die Familie Kafka aus Prag）。原始手稿收藏于德国马
尔巴赫的德语文学档案馆。

第二章　大幕开启

上帝总是大手笔。

克尔凯郭尔,《人生道路诸阶段》

布拉格老城的中心是一个舞台:一个宽阔的、几乎占地一公顷、从许多方向都能到达的舞台,但划分很合理、很清晰,完全能够传达出一个界定明确的、象征性地被提高的空间的感觉。这个区域叫作老城广场,是一个燃点,整个地区的社会能量都在这里聚集。

早在近代早期,居住在靠近广场的第一排是市民的特权。因为,虽然布拉格在国际事务中不再有发言权,波希米亚已经成为其他国家的玩偶,但是,国内的这个广场仍然是社会表演的巨大平台。那里有集市,那里,在朗朗天空下做着生意、进行着政治交易,那里,人们观看着别人,也被别人观看着;而且,因为经常能听到说着各种陌生的方言和语言的声音,所以它还保持着一定的世界影响力,这在某些程度上掩盖了这座城市实际上正在失去意义的事实。布拉格人知道,广场周围那些辉煌的建筑,在欧洲享有美誉,他们也早已经习惯了看到那些来自远方,只为见识一下老城市政厅上那个令人目炫神迷的巨大天文钟的游客们。一份三十年战争时期印制的旅行指南,在第一句话中就向读者指出了关键点:"古老的布拉格位于伏尔塔瓦河右岸,坐落在河谷的平原地带,那里有许多漂亮的建筑,其中最特别的是市政厅,它有一座很高的塔,塔上有一口非常精美的钟,其工艺在全世界独一无二……"[1] 这份旅游指南出版的时候,这口钟就已经有两百多年历史了,在那数米长的指针开始转动的遥远年代,布拉格是神圣罗马帝国的都城。

在布拉格历史上,老城广场常常成为名副其实的社会舞台。各种游行都会经过这里,各种政治演讲在这里举行,其中也包括效忠宣誓和煽动仇恨的演说。广场上竖立了各种纪念碑;人们在此示威,在此欢呼,在此发表声明。谁在布拉格掌了权,都要在广场上表现自己——甚至在二十世纪,当热闹的瓦茨拉夫广场掩盖了老市中心的光芒,使后者降级为历史景点之后,也仍然如此。所以,1948 年 2 月,当共产主义者开始执掌政权,人们聚在老城广场欢庆。——当然,事实很快证明,这不是一件非常愉快的事情。因为这触碰到政变者们集体的痛苦回忆的神经,回忆中还隐藏着一个更为残酷的场景,一个发生在三百多年前的场景,每一个捷克中学生都知道这一事件。一个新政权的成立在老城广场上进行,伴随着公开刑讯、绞刑和刽子手的刀剑。

1621 年 6 月 20 日夜里,布拉格老城充斥着恐惧的紧张感。没有一个人能睡得着觉,大家窃窃私语,向上天祷告,检查门闩,竖起耳朵听着外面的动静,夜色中军队的动静预示着第二天的恐怖。新统治者奉哈布斯堡皇朝之命,宣布所有人不得外出,数百名全副武装的士兵带着火把和叮当作响的兵器在街上巡逻,随时准备杀死他们抓住的每一个市民。老城广场也被无数只火把照得通明,附近的居民在家里瑟瑟发抖了几个小时,忍受着木工们的锤子敲击声,他们正在市政厅旁搭建一个两点五米高、大约三百平方米大的舞台。这种舞台被称为"断头台",几个小时后,这里将上演什么样的事件,已经告知了布拉格惊恐万分的居民们,并反复强调了其重要性。

他们冒险造反了，他们失败了。那既是一次宗教起义，也是一次政治暴动，他们试图用这种方式摆脱天主教的哈布斯堡皇朝越来越严重的压制，这是波希米亚各阶层在奋起反抗日渐成形的专制主义。至于这次反抗要走到哪一步，贵族、新教僧侣阶层和市民阶层的分歧很大。即便如此，在1618年5月，布拉格的领导人决定切断所有联系，公开宣战：他们从布拉格城堡上，把两名帝国大臣和他们的书记官果断地抛出窗外，并且还补了几枪。这次暴力行动绝对不是临时起意，而是精心策划的，它在整个欧洲被当作一出地方闹剧受到嘲笑（尤其是事件中那三位受了伤的受害者），但是第二年，人们才看清楚，波希米亚各阶层和他们在摩拉维亚以及西里西亚的同盟者是认真的，他们真的动摇了欧洲权力结构的基础：他们把哈布斯堡皇帝斐迪南二世从波希米亚国王的宝座上赶了下去，把一个普法尔茨选帝侯扶上布拉格的王位，那是一个坚定的加尔文教徒，自称新教的"十字军骑士"。

接下来发生的极其混乱的外交和军事行动，在大众学术界不断被加工演绎，如今属于历史学专门知识中的流沙。在公共回忆中，这次布拉格"掷出窗外事件"（法学家们用了一个高雅的拉丁语词语：Defenestration），成为一场长达数十年的大规模灾难的导火索，这场灾难使中欧大片地区人口锐减，成为荒野，而深深刻入集体记忆的是起义者在1620年11月的决战中那次令人震惊的挫败。那场白山战役持续了不到两个小时，在一块距离布拉格市中心只有几公里的高地上，战斗最后以装备很差的波希米亚起义军的惨败而告终，加尔文宗信徒——临时国王普法尔茨的腓特烈五世（他以绰号"冬天国王"被载入布拉格城市史）仓皇出逃，"天主教联盟"大获全胜。按照捷克人的说法，白山战役是三百年黑暗时期的开始，是哈布斯堡天主教时代的开端，哈布斯堡不仅在波希米亚巩固了其专制统治，同时也树立了血腥惩罚的样板。

18

　　实际上,后来被视为民族创伤的,主要不是军事失利,几代波希米亚人坚决要与"维也纳人"公开算总账的原因也并不在此;造成心理创伤的主要是胜利者采取的恐怖策略,他们用尽严厉的羞辱方式,扼杀所有想再次反抗的念头。斐迪南二世不仅没收了所有新教贵族——哪怕只是怀疑他们参与了反抗——的财产,并且把他们赶出了国家,甚至还强迫他们为自保而互相揭发。对非天主教的僧侣们也是同样严酷的政策,因为新政权没有花太多时间去甄别温和的路德教徒和极端的加尔文教徒,胡斯教徒或者再洗礼派教徒。愤怒的新教徒们宣称,皇帝鲁道夫二世在十年前才颁布的"大诏书"①,确保了新教徒宗教信仰的自由,但是斐迪南根本不予理睬,他签署了废除命令,并盖上了皇帝的印玺。这还不够,他不满足于根据法律惩罚被捕的起义领导人,下令在布拉格成立特别法庭,把波希米亚的法律秩序踩在脚下,因为这个特别法庭只遵从维也纳的政治指令。最终,他极其残忍地公开处决了那些被完全剥夺权利的被告人,这种做法使得许多对政治毫不关心,也根本不赞成起义、原本能与新统治者妥协的市民们,萌生了对哈布斯堡皇族的仇恨,这种仇恨在好几代人的心里延续。

　　二十七名被判处死刑的男子,几乎全是白发苍苍的老者,绝大部分是在布拉格城堡上被捕的。为了能在仪式开始前准时到达,他们先被押解到老城市政厅前:他们中间三人出身于领主阶层②,七人是骑士,还有七人来自市民中产阶级。其中最有名望当属布拉格大学校长扬·耶森纽斯(耶森斯基)博士。天快亮的时候,阴森森的断头台已经架起来了,

19

---

　　① 鲁道夫二世(1552-1612)是哈布斯堡皇朝的神圣罗马帝国皇帝(1576-1612 在位)。1609 年 7 月,鲁道夫签署了"大诏书"(Majestätsbrief,也译作"陛下的文件"),满足了波希米亚新教派宗教自由的要求,赋予信奉新教的波希米亚和西里西亚贵族以宗教信仰自由的特权。

　　② 领主阶层(Herrenstand)是波希米亚王国贵族中的一个阶层,只有家族经过四代以上是骑士,才有可能进入领主阶层。

上面装饰着黑布,第一批爱凑热闹的人小心翼翼地靠近大戏将要上演的地点。五点左右,城堡方向传来炮声,这是第一幕开始的信号。由维也纳任命的、负责这场演出的法官们就位了,旁边是战功最大的天主教徒将领们,其中就有阿尔布雷希特·冯·瓦尔德施泰因(又名华伦斯坦)。一个名叫扬·迈德拉尔的学医出身的刽子手——他的名字也被载入史册——登上高台,后面跟着几个沉默的助手,拿着磨得锋利的剑。然后,第一个犯人被带上来,没有戴镣铐,昂首挺胸,他是社会地位最高的犯人,五十二岁的约阿希姆·安德雷阿斯·施里克伯爵,也是布拉格"掷出窗外事件"的负责人之一。他拒绝了耶稣会神父最后的劝诫,在前一天晚上,施里克就对神父的纠缠不休表示了极大不满。剩下的事情就交给刽子手了,他砍了两下,就把跪着的伯爵变成了一堆没有生命的、破损的肉:先是头,然后是右手。助手们把尸首装到袋子里,扔到一边。

　　就这样,一个接一个,这种可怕的单调节奏几乎持续了四个小时。在今天看来,奇怪的是,描述过这个场景的目击者中,没有一个人提到这场发生在老城市政厅东侧的史前式血腥屠杀与几步之遥的南侧那座绚丽而精致的、工艺精密、技术炉火纯青的天文钟之间的强烈反差。[2]另外,无法估计的是,多少人观看了这场血腥事件——他们中间有许多人是遇害者的家人——我们更加无法知道的是,观众的反应是悲伤还是愤怒。当局还要确保,没有人会想到干涉这个惩罚仪式。因为,惩罚不仅是针对这座城市的,这场表演要对整个欧洲残留的反对者产生威慑。舞台四周布置了很大的一圈警戒线,由手持武器的骑士和民兵组成令人望而生畏的方阵。广场上无数鼓手连续几个小时几乎不停地敲鼓,发出震耳欲聋的噪音,犯人们的谩骂和遗言根本没法听到。就好像新统治者堵住了布拉格人的嘴——这里,连抽泣声都被淹没了。

　　然而,羞辱还不止这些,他们对恐怖的升级令人久久无法忘却。尤其令人发指的是对被告中威望最高、深怀人道主义思想、政治上十分活跃的医学家耶森纽斯的做法,在断首之前刽子手还割掉了他的舌头,行刑后又在众目睽睽之下把他的尸体砍成四块。有三位被告受了更长时间的折磨,他们不是死在断头台上,而是被刽子手用绳索慢慢勒死的,挣扎了很久,最终窒息而死。最后,十二颗被砍下的头颅被悬挂在古老的老城桥塔顶端(这是从英国人那里偷学来的手法)。这十二颗头颅在布拉格市民的眼前挂了整整十年,布拉格人不得不给他们的孩子们讲述当年发生了什么。惩戒结束。

毁灭性的失败也会在长时间内促成集体自我意识的形成,这在历史上并不鲜见,在犹太人历史上以及现代犹太复国主义的历史上也起过重要作用。犹太人西蒙·本·科思巴(也被称为巴尔·科赫巴,"星之子")于公元 132 年在巴勒斯坦发动了反抗罗马占领政府的起义,关于他的传说就是最好的例子。尽管那次起义以惨败告终,并且牺牲了五十万犹太人(包括他自己)的生命,但是,在一千八百多年之后,巴尔·科赫巴依然是犹太人反抗的标志性人物,他成了犹太民族身份认同的象征。显然,对历史理性的追问被淡化了:人们在意的只是英雄行为,它从遥远的过去闪现于眼前像是在时间之河里冻住了一样,而听这类故事传说长大的"我们",则跨越时间,成为超越历史的实体。所以,要问这些英雄人物的事迹与"我们"有什么具体关系,这个问题忽略了本质一点:人民是永恒的。

21　　　对传说故事历史真实性的质疑,同样离题太远。历史的锋线,几乎从来没有像后来(有时候是很晚出现)的神话中表现的那样,笔直而一目了然地向前推进。巴尔·科赫巴真实的动机和目的几乎无从知晓,只有一些少得可怜的证据,最多让后人猜测,是宗教(自我)暗示导致了那次政治上毫无意义的自杀式行动。但是神话想说,这些人在某种意义上是"为我们"而斗争,因此他们的行为就获得了超越时代的效力:作为我们自己行动的道德标准和承诺。自十九世纪以来,正是这种道德压力,被那些宣扬身份认同政治的大师们所利用,正是面对自己集体时的愧疚感和担心被排斥在外的恐惧感,使得人们很难看清所有对历史的简单化、矫饰和歪曲,抵达历史的真相。

布拉格附近的白山战役和胜利者的公开复仇之举,在所有奠定身份建构神话基础的失败中,是最具启发性,当然也是最错综复杂的例证之一——如此复杂的一个历史事件,如果不予以大幅度简化,似乎不可能流传下来。唯一没有争议的是,白山战役决定了波希米亚和摩拉维亚的命运,而且,后来的事实证明,这个决定影响了几个世纪。哪个冲突是点燃矛盾的导火索?出于什么目的、出于什么原则而进行斗争?哈布斯堡皇朝说是为了合法性,起义者说是为了宗教自由,后来的捷克民族主义者说是为了从德意志人的压迫下解放出来。

对事件解释的分歧,当然从一开始就与利益捆绑在一起了。所以,斐迪南二世必须要顾及包括一些新教侯爵在内的人的容忍度,因此,他一直试图扭转公众舆论的看法,尤其是公众普遍认为,他针对布拉格人发动了一场宗教战争——为了消除这个印象,他甚至下令在老城广场公开处决一名天主教徒,那么,让一名新教徒担任刽子手也并无不可。[3] 起义者们则喜欢说宗教问题,他们坚持认为,不能因为他们信仰新教,就要忍受社会和物质方面的不利,有人怀疑他们反对**每一个**强势的皇帝,只关心增强自己的权力,这一点他们坚决否认——他们也会考虑到强大的联盟者。十九世纪捷克的历史书写则利用这些事件来建构自己的民族思想:他们认为,哈布斯堡家族最关心的是"德意志文化"在波希米亚的主导地位。在取得胜利后的岁月中,他们难道不是让"德意志人"占据了所有重要的管理职位吗?——尽管捷克人在数量上占大多数——难道他们不是在新国家宪法中规定,德语和捷克语从此同等重要了吗?

偏偏是第三种、明显最站不住脚、与历史事实最不一致的解读方式，最终获得了话语权，那些在老城广场被处决的人（其中的确至少有三分之一说德语），不是作为市民争取自由的先驱，也不是作为宗教压迫的牺牲者，而是作为民族烈士活在集体记忆中：这是波希米亚历史上颇具讽刺意味的一次解读（自然不是唯一一次）。白山曾经是蔓延到整个国家的"黑暗"的发源地，后来成为捷克民族主义者的圣地，哈布斯堡政权瓦解后，获得民族解放的捷克人在那里立了一座纪念碑。老城广场上曾高高耸立着一根巨大的圣母雕像柱，它见证了哈布斯堡皇朝对这个王国进行的残酷而成功的"再天主教化"，一战后，这根柱子被摧毁——被一队捷克示威者，他们之前在白山上充分酝酿了情绪。直到今天，已经嵌入石子路面的十字标志还标示着 1621 年广场上牺牲者抛洒热血的地点。

为数众多的类似历史标记，是布拉格与众不同的显著特点，它们像一张网遍布整个城市，特别是十九世纪和二十世纪早期，当布拉格与其古老核心认同时，这些无处不在的、彰显历史性或者历史遗忘性的标记，塑造着有教养的市民阶层的生活感受。约翰内斯·乌尔齐迪尔①回忆道："布拉格的每一所房子、每一条巷子、每一个广场，都在整个历史中不停地呼喊：'不要忘记这个！不要忘记那个！'，这让人们面对无尽的回忆和复仇欲，几乎忘记了当下的生活。"[4] 那是一种紧迫感，仿佛被历史冲突的绳索和责任感编织而成的网缠住了，所以，只要在这个地方待着，就必须不断努力把自己的生活从过去影响的力场中抽离出来。这种感觉，又被老布拉格的城市形象大大加强了，在这个狭窄的空间形象上，可以看到不同时期的统治风格，它们或者叠加在一起，或者交织在一起，展示着自己，还经常是在同一座建筑物的形象和外立面上。这就好像是生活在一座高高的、由数十代死者组成的沉积物上，他们的命运、苦难和

---

① 约翰内斯·乌尔齐迪尔（Johannes Urzidil, 1896-1970），用德语写作的捷克作家。

成就把自己的思维牢牢捆住了。不仅是中小学和大学的基本教育，就连整个公共话语都不停地与曾经发生在这里的事件建立联系，不过不是保持着一个安全的距离，带着观赏、回味的心态关心它，而是警示：历史的账还没有算清，有些债一直没有偿还。在布拉格老城长大的人——在紧邻的富裕的新城也差不多，因为这个城区也已经存在半个多世纪了——都必须习惯于与过往共同生活，就像生活在一个老者的房子里：里面的东西可以落上灰尘，但是不可以移动，更不允许丢弃。所以，人们很可能会产生这样的想法：查理大桥上那些著名的圣像是布拉格真正的居民，而活生生的人们，只不过是匆匆过客。[5]

　　这一切当然指的都是德意志人和市民阶层，而不是捷克人和工人阶层。老城和新城逐渐发展成文物区，主要是受了德意志人的影响，对他们来说，这个地方既是回忆之地，同时也是现在和未来的生活之地。相反捷克人则随着郊区和工业区的迅速膨胀，获得了免于使自己陷入过往而不能解脱的可能性。早在 1900 年之前，就有成千上万的布拉格捷克人，真的感觉自己在市中心更像游客而不是居民，像在参观一座博物馆，博物馆展出的虽然都是自己的历史，但与现代加速发展的、技术化的生活没什么关系。然而，捷克人的咖啡馆、电影院和街道路标却没有变化。没有一个布拉格人会怀疑，这座城市的未来，不管多么遥远，一定会是捷克人的；捷克人的未来当然可以把其历史根源留在古老的市中心。而它的舞台将会在别的地方搭建起来。

　　布拉格生活着两个群体，他们不仅语言不同，而且象征性的生活秩序也截然不同：两种生活秩序已经被城市建筑固定下来了，能够从感官上非常清楚地感受其差别，如果人们暂且放下《贝德克尔旅游指南》，从布拉格小城区的巴洛克风格的宫殿——那是 1620 年胜利者的风格——开始，漫步进入斯密乔夫区的工业区，或者穿过老城广场，来到日科热夫区不那么"值得看"的、捷克人聚居的租住房区。在这些地方，

24

占主导地位的是一种无历史的当下，涌动的是不断闪烁的反抗情绪，以及对未来逐渐强大的幻想。布拉格，曾经的王城，**真**的沦落为一个地区性的中心——但是，几乎只有德意志人感受到了这种小城气息，他们所看到的，依然是这座城市辉煌的过去，脑海里还是布拉格对维也纳政权的依附，而布拉格的捷克人则继续生活在他们自己的中心，在捷克人居住区的中心，在捷克文化的中心。这就好像，一部分人占据了水的源头，而另一部分人只能拥有虽更壮观但静止、逐渐变臭的水域。

> 这座房子在恨、在爱、在惩罚、在保护、在尊重
> 卑鄙、平和、罪恶、正义和诚实。

这段奇怪的话，直到十八世纪末都刻在老城市政厅前闪闪发光，它语法拗口，所以要读两遍才能看懂。但这是一句非常合适的口号，因为，平和、罪恶和正义的混杂，是布拉格自古以来的真实状况。这个城市中到处都是没有治愈的伤口，与维也纳不同，在这里，尽管有舒适曲折的街巷，有无数小酒馆和奇奇怪怪的客人，但是显然没有一个游客能体验到完全不受干扰的"舒适惬意"的愉悦感。相反，在十九世纪，布拉格逐渐形成了一种背景阴暗、"神秘"的形象——最初，这是游客们的一种发明，但是其内核是真实的感受，所以一直持续到今天。因为，在这个城市某些角落，历史依然在场，让人感到毛骨悚然，过去和现在、死亡和生活犹如近邻。

当然，这种由旅游指南、文学家和后来的电影导演们精心打造的城市风情，从一开始展现的就是一幅失真的图像。因为实际上，就连老布拉格，即两次大战前的布拉格，也不是一座博物馆或者历史的主题公园。游客感受到的由符号、文字和图案制造的神秘气氛，对于这个城市的居民而言，毫无神秘感，反而体现了持续不断的冲突交锋，即便是在一座不

断现代化的二流都市中,这种冲突也一直存在。对于布拉格人来说,这一切都是伤疤,让他们一直回忆起,他们生活的城市是一个战区,从这座城市的过去冒出来的东西,不是鬼魂或者神秘的预言,而是未解决的社会、伦理、民族和宗教冲突,以一种清算式的修辞被提醒着、煽动着。

首当其冲的是布拉格的犹太人少数群体,他们清楚地知道区分历史经验和城市神话。很久以来,犹太人在布拉格的经济发展中一直扮演着重要角色,在为他们划定的区域内——也就是紧邻基督教老城的犹太区——他们几个世纪以来一直拥有远不限于宗教和祭礼事务的自主权。就连布拉格的司法机构也无权干涉。但是,针对这些特权,还有一系列集体性强制措施,这些措施毫无规律地时松时紧,让犹太人时刻处于延绵千百年的恐惧之中:特殊征税,职业禁区,婚嫁禁令,行动自由的限制,强制"皈依",驱逐,有组织的抢劫。在外人眼中,犹太区是一个庞大的、苦难的机体,但是肯定拥有神秘的力量和联系,因为它似乎是无法根除的,很快就能从深重的伤害中自愈。犹太人受到歧视,也让人害怕,但他们也遭人利用,所以,人们就不能随意攻击他们的城中飞地,因为那必然会殃及布拉格其他区域,甚至整个地区。因此,曾经梦想建立一个没有犹太人的波希米亚的玛丽娅·特蕾莎女皇,最终也认识到这一点,不得不在几年后就收回了她于 1744 年颁布的无情驱逐犹太人的法令,并且被迫扩大了犹太人的经济活动空间。

尽管基督教反犹主义宣传极力掩盖这一点,但事实是,犹太人被憎恶的最主要原因,不是他们"不信神",也不是他们做生意的头脑或者一些神秘的行为,而是因为他们从没有顺利融入社会的金字塔秩序,而且他们在政治领域每每做出自主的决定。他们一直尝试接近那些掌握权力的人,那些能给他们承诺最高司法保证的人——否则还能怎么样呢?就因为这个原因,他们一直生活在从未消除过的、关于他们背叛的普遍怀疑中。一旦外敌当前,犹太人的行为就被严格监视,每个能显示犹太

26

人与敌人交往的迹象都会引起大规模的报复——就像 1744 年那样。当时，玛丽娅·特蕾莎女皇认为，布拉格的犹太人与法国和普鲁士占领者相处得太好了。可见他们是投机者、背叛者，只考虑自己的利益。

实际上，犹太人只是被卷入了一场与他们毫不相干的继承者之争，他们被迫向一个政权效忠，而这个政权在不久前刚刚剥夺了他们的一系列基本权利。更糟糕的是，哈布斯堡皇朝推行生命政策，强烈干涉犹太人家庭的生育计划。因为，根据 1727 年颁布的《家庭配额法》——这是玛丽娅·特蕾莎的父亲查理六世干的——只允许每家的长子建立自己的家庭，这样，被允许在波希米亚生活的犹太人家庭数量就被冻结了。这个法令使成千上万的年轻犹太人面临一个选择：要么永远离开这个国家和他们的家族，要么一辈子靠沿街兜售小商品糊口。他们认为，在处于普鲁士影响下的波希米亚——这当然只是个梦想——这种野蛮的法律是不可能长久的。

显然，哈布斯堡皇朝忘记了，一个世纪之前，在那个于白山战役中达到顶点的波希米亚的"零时刻"，犹太人在奥地利皇帝的胜利中起到了不容忽视的作用。当时，在决定命运的 1620 年，犹太人也非常务实地按照生活富裕和司法保障的原则做出了选择：那只能是天主教。因为，他们与天主教统治者的生意关系早已经非常顺畅，至少维也纳宫廷作为申诉主管当局，对他们是永远开放的。而新教反抗者们如果胜利了，会对犹太人怎么样？这在当时还完全不清楚，如果回想一下他们宗教领袖们的思想，其中就有很多路德宗激进的反犹主义者，那就不可能期待他们对犹太人有什么好的政策。

因此，当时布拉格最富有的犹太人雅克布·巴瑟维没什么可犹豫的，他一直遵从保守却超越了国界的生意原则，他知道生活在犹太区的大多数犹太人，包括拉比们，都支持他。巴瑟维是典型的"宫廷犹太人"①,他与哈布斯堡家族的统治者们——鲁道夫二世、马提亚斯和斐迪南二世都相处极其融洽,每当皇帝与波希米亚各阶层之间的关键性决战迫在眉睫,巴瑟维的巨额资金当然不会流向老城广场的邻居们,而是支持了他们维也纳的敌人,维也纳宫廷用这笔钱,极大调动了军队的积极性。就这样,巴瑟维对白山战役的结局施加了虽然间接但非常关键的影响。斐迪南二世也知道对他感恩,他下令,在天主教军队对布拉格城数星期之久的抢掠中,不许危及犹太区——这是一个政治"奇迹",之后很长时间,布拉格的犹太人都以每年一度的庆典对此进行纪念。巴瑟维本人被免去了所有赋税,并成为阿尔卑斯山以北第一个被封为贵族的犹太人:从此,他名为雅克布·巴瑟维·冯·特罗云贝格。尽管他马上利用了自己新的活动空间,作为"波希米亚造币财团"理事通过近代史上最大的货币欺诈案使自己暴富,但这也丝毫没有影响他在犹太人中间的声誉——因为,巴瑟维在犹太区里一直都很慷慨大方——但是,在那些被镇压的,通过大批公开处决的方式被羞辱的新教徒眼中,巴瑟维自然是仇恨的对象。

当然,面对在一场席卷欧洲大部分国家的宗教战争中不断分裂的阵营,布拉格犹太人扮演何种角色只是一个边缘问题。而且,犹太人并没有被视为政治主体,而只是影响因素——他们不发动战争,不占有领土,因此,他们没有被当作真正政治-法律意义上的盟友或者敌人而受到重视。另外,在一场基督教内部冲突中,他们作为"参与其中的旁观者"的反应方式,他们不加掩饰地把布拉格的灾难日变成了自己的庆祝日,他们从胜利者那里获得的好处——这一切,与新教各阶层承受的毁灭性处罚形成了鲜明对比。因此,在公开的清算单上,这种姿态是绝对不会被

---

① 宫廷犹太人,也叫宫廷商人,指为宫廷贵族提供奢侈品和所需资金的商人,这些商人中有很多犹太人,他们就被称为"宫廷犹太人"。

28

忽略的，如果说在几百年后，反德意志、反天主教和反犹情绪全部汇集融合成一股怨恨，那么解释这种奇特现象的最关键点，恐怕就在1620年，在布拉格城外的白山。

那绝不仅仅是一场军事和政治失败——那是真正意义上的波希米亚历史上时代的更迭，原有的一切都土崩瓦解。新教徒最后的反抗行动刚刚被镇压下去，局势才稍稍平稳，胜利者就对波希米亚制定了极端的经济新规，几乎整个领导层全部更换，这是欧洲半个世纪以来从未发生过的[6]：波希米亚和摩拉维亚至少三分之二的贵族土地，以及城市中无数的房屋被没收，或者以非常少的补偿金强制收购，以前的所有者——只要他们还坚守新教——连同仆役和神职人员，都被驱逐出境，总共约有三万六千户家庭、超过十五万人被迫离开家园。这次报复性制裁的受益者，首先是天主教贵族，他们通过出资和领兵上战场的方式，保证了这次胜利，他们要么无偿、要么以极低的价格获得了大量田产：华伦斯坦、列支敦士登、艾根贝格、特劳特曼斯多夫、梅特涅——这些都是新主人的名字。[7]在各个城市里，很多值钱的不动产也换了主人，一些被新教徒匆忙抛下的空房子，根据特别法，也归了犹太人。

这种方式的放血，当然不能通过只颁发新的财产契书的方式进行补偿。整个波希米亚社会现在变得极其稀疏，有些地区甚至变成了没有人的鬼区，而且到处都缺手工业者和商人，田地和森林无人管理，还在持续的欧洲战争经常波及波希米亚——布拉格也不断遭袭击——造成了荒芜、瘟疫和大规模的移民。三十年战争结束时，波希米亚的人口只有一百万——比战争开始时少了三分之一——布拉格的房屋有一半空置着。

但是，只要有资本，就有人。如果那些便宜得来的财产要给它们的新主人带来收益，那就必须重新开始干活。于是，又有家庭迁居过来，开始投入大笔资金，把其他地方的劳动力吸引到波希米亚的真空中来。

对那些原本就没什么可失去的人来说，这是个非常好的机遇，也就是说，对于那些总是集体迁徙、从某个地方被驱逐或者在哪里被抢掠、不断寻找安全感的犹太人来说，这是个好时机。正是在战争结束后的头几年，他们再次从东部涌到这里，从波兰人统治下的乌克兰地区迁徙过来很多人，在那里，叛乱的哥萨克人在其他俄罗斯东正教狂热村民的参与下，进行了大规模屠杀。估计有超过二十五万犹太人惨遭杀害。那些死里逃生的犹太人，对任何一个允许他们留下的地方都心存感激，并且愿意接受苛刻的条件。这对于波希米亚那些新晋天主教财主们来说是个难得的好机会，可以把犹太人"放置到"（当时普遍都用这种表达）他们管辖的村庄上，重新振兴那里的经济。因为这些犹太人在很多方面是有用的：他们很勤劳，总是准时交税，甚至可以强迫他们买下所有产品。他们中间有很多小商人，会为了自己的利益想方设法把商品卖出去。

距离斯特拉科尼采北部七公里的南波希米亚小村庄沃赛克[8]，在白山灾难之前，就归一个捷克贵族所有。当时周边地区发生了惨烈的战斗——其中县府皮塞克于 1619 年至 1620 年，三次被哈布斯堡一方占领并最终摧毁——最后，新教徒兹登科·切伊卡被迫离开这个国家。他的宫殿和领地被没收，大量荒无人烟的小村庄——其中就包括沃赛克——成为那场战争胜利者的财产，新主人亲自监督了全国的财产罚没工作：他就是有权有势的卡尔·冯·列支敦士登，令人闻风丧胆的布拉格处决行动的组织者，对天主教的忠诚为他赢得了波希米亚总督和第二国王的地位作为奖赏。作为坐拥几千平方公里土地的主人，对他而言，沃赛克不过是他财产清单中的一项，而财产清单也只是他用文件形式确认自己财产的方式之一——在历史悠久的列支敦士登家族史中，沃赛克这个地方，连脚注都不会提到。[9]在持续几十年的战争中，这个村子也不可能有多少产出，因为不断有各方军队从这里经过或者在这里驻扎几个月。直到十七世纪下半叶，这个地区才逐渐复苏，这里急缺劳动力和资本，大批房屋空置，于是，斯特拉科尼采、皮塞克和附近的村庄迁入了一个新社会阶层的代表，即所谓乡村犹太人，他们是来自波兰和波兰人统治下的乌克兰地区的移民。[10]

31　　这些犹太人比邻而居——主要是出于宗教仪式的考虑——他们在合适的地方聚居，形成了**微型**犹太区，也就是所谓的犹太街巷，那里生活的都是自己人，通常都有个小犹太教堂，还有个犹太医生，在那里，他们不用担心自己的歌声和祈祷以及厨房的味道影响到基督教民。在沃赛克，也形成了这样一条犹太街巷。现在已经不知道一开始在那里生活着多少人，在大规模移民进入这里后大约一百年，这个犹太街巷中生活着十六户人家，十九世纪还有一些家庭迁入这里。

　　这些家庭中，有一家姓**卡夫卡**。在波希米亚这并不是罕见的姓氏，在布拉格也早就有这个姓，显然是从一种鸟的名字[11]演变而来的。以这种"寒鸦"——捷克语叫 kavka，波兰语叫 kawka——为姓氏的家庭，在沃赛克周围其他地方也有，在皮塞克的记载中，十七世纪就有位叫吕贝·卡夫卡的男子登记在册。估计，当时波兰的"寒鸦"家族刚刚在那里定居，后来才四散各地，最后落户沃赛克——具体什么时间，我们不得而知。

　　这种对犹太家庭统计的模糊状态，到十九世纪初开始才发生改变，当时沃赛克空出了一个犹太"家庭配额"的位置。"家庭配额法"一直包含着有针对性的社会歧视，宣示着基督教国家的绝对权力，对犹太臣民生育繁衍的控制，就好像对牲畜群的管控一样。这个国家只关心"存栏数"，这个数字尽可能不要增加：波希米亚 8 541 户，摩拉维亚 5 106 户，不许再多。每个男性犹太人，只要不是少数拥有特别地位的"被保护的犹太人"①或者"宫廷犹太人",如果想结婚、生子、把财产传给孩子,那他就必须排队等,等一位户主死去——随便哪个户主。通常来说,这个户主是自己的父亲,不过也可以是一个完全不认识的犹太人,只要他没有儿子。在这两种情况下,犹太家庭的存栏数就减少了一个,至于新的家庭是否为原来家庭的直接继承,对生育控制政策来说毫不重要。如果自己家没有儿子,那这个家庭配额的名额就空出来了。就这样!只要肯付钱,谁都能得到这个名额。

　　这个情况就发生在 1802 年的沃赛克。当时,一个姓费舍尔的犹太人去世了,几星期后,他唯一的孩子——一个婴儿——也死了。因为已婚妇女和寡妇不能立户,这个家庭名额就要让给别人。于是,一个名叫约瑟夫·卡夫卡的人获得了这个机会,买到了受国家法律保障的繁衍生育的机会。约瑟夫·卡夫卡,是作家弗朗茨·卡夫卡的曾祖父。

　　任何一位知识分子的传记——只要是以这个波希米亚大都市为背景的——如果不了解这座城市和这个地区的历史,就很难读懂。这一点既适用于德意志人,也适用于捷克人;既适用于犹太人,也适用于基督徒。这适用于像托马斯·马萨里克②这样的政治家,他曾被这个城市驱逐,后来又受到这个城市的尊崇;同样,像埃贡·埃尔温·基希这样的记者,一辈子都在使用布拉格社会历史的素材;还有 1900 年前后年轻一代

32

---

　　①　根据神圣罗马帝国皇帝颁布的《犹太人特别法》(也称《犹太人特别税法》),有财产的犹太人,主要是商人,可以交付一笔费用,从而受到皇帝的保护。

　　②　托马斯·马萨里克(Tomáš Masaryk, 1850-1937),捷克斯洛伐克共和国第一任总统。1882 年任布拉格大学哲学系教授。1900 年创立现实主义党(1905 年改称捷克进步党),主张捷克自治和独立。1914 年他逃亡国外,开展以捷克独立为目的的流亡运动组织。1918 年 11 月,马萨里克当选为捷克斯洛伐克共和国总统,之后又连续三次当选。因他在争取独立中所起的作用,同爱德华·贝奈斯和米兰·雷斯提拉夫·什特凡尼克一起,被称作捷克斯洛伐克开国三元勋。

的犹太复国主义者，他们在布拉格的民族争端中成长，因此，"犹太民族"这个概念对他们而言非常成问题；当然，对像里尔克和韦尔弗这样的作家来说，他们的想象力早就被这样一幅城市图景所激发，在这幅图景中，上千年的社会压迫就像皱纹和伤疤一样嵌刻在上面，最终他们觉得，在这个充斥着小商贩市场气息的地方已经无法呼吸。

"布拉格不放手，"十九岁的卡夫卡给他最亲密的朋友写道，"它不放过我们两个。这个小母亲好像有爪子。于是我们就得顺从，或者——我们必须在高堡和城堡区这两端点燃它，这样才有可能逃脱。"[12] 这是一个计划完美的存在主义行动，但是卡夫卡没有下定决心。他什么也没点燃，也没有逃脱，直到他去世前不久，爪子终于松动了，但是已经太晚了。

类似这样的作品，只可能在布拉格产生，并且处处散发着布拉格的历史和社会气息，这种说法现在已经是套话了：确实如此，但并不能真正说明什么问题。因为，同样的论断也适用于许多三四流文学爱好者写的那些转瞬即逝的作品，当时，这样的作家挤满了布拉格的咖啡馆，他们的作品充斥于报刊文学副刊，让读者越来越厌烦。然而，卡夫卡与这些33　人截然不同，为什么？首先是对语言的掌控能力，对文学形式的感觉，摒弃任何布拉格的民间传统。他的写作是一种魔幻风格，但完全不同于所谓的魔幻布拉格。因为，他写出的每一行文字，都经过了一层过滤，那是一层由令人惊恐的、常常是冰冷的智性清醒和充满意象、毫不退让的自反性编织而成的滤网。卡夫卡不仅像成千上万人一样，被"囚禁"在他出生的城市，而且，他还从中获得了动力，类似一个任务：去探究这种关联之谜的原因。因此，他的生活主题包括：过去对现在的权力，"前世界"发出的阴森恐怖的噪音（尤其在 1914 年 8 月听得非常清楚），还有随时会发生的、历史上已经解决了的事件的突然复活。这一切，都是一种独特的、植根于他布拉格生活环境中的时间和历史意识的表现。这种意识,卡夫卡显然从少年时代起就有了。因为,每当他考虑如何能肯定把布拉格彻底烧成灰烬时,都不仅停留在高中生的幻想中。他首先考虑的不是学校、大学、犹太教堂和女性时尚用品商铺——不,首先应该被烧毁的是布拉格居住区的古老核心地带:那两个城堡,城堡和高堡,一千年前,正是在它们的阴影中,才形成了最早的布拉格街巷。这只不过是卡夫卡的想象力过剩的表现,而且还是玩笑性质的,完全无害。然而,即便是在玩笑中,卡夫卡已经把手探向了根源。

他哪儿来的这种能力?"您想想,密伦娜",他在生命即将谢幕时的一封信中写道,"我是如何来到您面前的,我走过了怎样的三十八年旅途(因为我是犹太人,所以这个旅途加倍地长)。"[13] 显然,他很早就感受到了这种个体命运与历史的交织混杂,他个人的存在为他提供了足够的观察材料。他出生在布拉格犹太区的边缘,就在犹太区彻底消亡前不久。他遭受了反犹思想和言论的侵扰,这一点似乎从中世纪开始就没有中断过,一直延续至今。他认识了一些人,他们相信,犹太人确实犯下了宗教仪式性的谋杀罪,同时,这些人憧憬着捷克民族的未来。他遇到过上了年纪的人,这些人还能回忆起布拉格最后几次公开行刑,另一方面,他们对新出现的汽车和电影放映机感到震惊。他在老城广场住了很多年,在那个社会舞台边,那里,人们不断一次又一次唤醒1620-1621年的事件,唤醒白山之战、之后的公开行刑和大规模驱逐,仿佛是聚居在这里的人们的鲜活回忆。这其中有多少是表演,卡夫卡一眼就能看穿;而卡夫卡同样感觉到并经历了,根本不需要什么表演,就能为过去的真实暴力开辟新的道路。

尽管卡夫卡接受的犹太教知识很少,但他仍然从犹太教的想象世界中了解到,在巨大的压力下,各种时间层会像浮冰块一样,相互重叠渗透。人们指责犹太人集体犯下了永恒的罪行,据说是两千年前的罪行("你们把我们的主钉死在十字架上"),这对犹太人来说当然是不公正的。不过这也仅限于指控的内容,至于这种历史短路的形式,对他们来说是非常熟悉而且完全可以理解的。不仅是犹太人作为一个民族的身份认同,就连每个犹太教节日,甚至日常生活中的宗教仪式活动,其意义都曾经并且一直与旧约时代的事件相关。这些遥远的关系具有更高的意义,在这一点上,犹太人跟他们的敌人意见完全一致。至于他们是否真的能证明这些历史事件,这完全不重要——它们持续不断的作用,就已经是充分的证明了。这种奇特的时间意识——启蒙似乎没有留下丝毫痕迹——也属于那块共振板的重要组成部分,在其基础上,卡夫卡形成了自己的历史反思力量。

摆脱不了布拉格,同样也摆脱不了犹太身份,两者的原因非常像。"过去的没有死亡,它甚至没有过去"——这个著名的悖论出自威廉·福克纳,但是在卡夫卡涂写的一个笔记本中发现了这句话,我们并不感到奇怪。他理应在这句话下面签名。因为,谁会比一个布拉格犹太人更有理由,更有资格说这句话呢?

注释

[1] 马丁·采勒(Martin Zeiller, 1589-1661):《德意志旅游指南》(*Itinerarium Germaniae Nov-Antiquae*),斯特拉斯堡,1632 年,第 168 页。转引自尤里尤斯·马克斯·绍特奇(Julius Max Schottky, 1797-1849):《布拉格,过去和现在——根据文献和原始资料描述》(*Prag, wie es war und wie es ist, nach Aktenstücken und den besten Quellenschriften geschildert*),第一卷,布拉格,1831 年,第 187 页。

[2] 当时关于这场布拉格处决的传单和绘画,收录在弗里德尔·皮克(Friedel Pick)主编的《布拉格》(*Pragensia*)第五卷中。奇怪的是,这些画中,没有一幅画有那个天文钟。

[3] 这个被处决者名叫迪维什·切尔宁·冯·胡代尼采,当时是上尉,1618 年 5 月 23 日,"掷出窗外事件"发生的时候,是他让各阶层的代表进入了城堡,尽

管那些人拒绝交出武器。被判处死刑后，他完全不能相信，直到上了断头台，他还在期盼赦免。

［4］约翰内斯·乌尔齐迪尔：《布拉格三联画》，慕尼黑，1960 年，第 15 页。

［5］乔治·艾略特于 1858 年去过布拉格短短几个小时，就对这个城市的氛围产生了深刻的印象，她在小说《撩起的面纱》中写下了这种感受。

［6］这个事件与全体盎格鲁-撒克逊贵族被没收财产相似，当时，1066 年登上英格兰王位的诺曼人威廉一世，把没收来的田产变成了采邑，主要让诺曼人占有。

［7］失败者中最著名的是波希米亚贵族斯密里克家族。他们家族的巨额财产被全部没收，因为家族最后的继承人阿尔布莱希特·扬·斯密里克·冯·斯密里瑟在布拉格的"掷出窗外事件"中也负有责任。斯密里克家族财产的主要获益者和新主人是阿尔布莱希特·冯·华伦斯坦（他的母亲出自斯密里克家族）。华伦斯坦获得了整个弗里德兰的统治权，价格相当于今天的六七百万欧元（2010 年的购买水平），他用自己伪造的银币支付了部分钱款。

［8］Wosek，尤莉叶·卡夫卡是这么拼写的，在德语资料记载中有 Wossek（例如，布拉格的犹太人事务教区登记表上，关于弗朗茨·卡夫卡的出生记录中，就是这么写的）和 Wohsek 的写法。捷克语和现在通行的名字是 Osek。

［9］参见雅克布·冯·法尔克（Jacob von Falke）：《列支敦士登侯爵家族历史》（*Geschichte des fürstlichen Hauses Liechtenstein*），第二卷，维也纳，1877 年，第 238 页。

［10］另外一次移民潮发生在 1670 年，当时，犹太人被从维也纳和下奥地利驱逐。这些犹太人为了摆脱哈布斯堡政权的影响，主要逃往新教区和摩拉维亚。所以，在沃赛克及其附近定居下来的犹太人中，不太可能有来自奥地利的难民。

⌊11⌋布拉格犹太区的边缘地带有一座房了，从十六世纪末起，这座房子就叫"卡夫卡家"（u Kavků），是以当时房主约翰·卡夫卡的名字命名的。——有一种观点是，"卡夫卡"这个名字的起源，是希伯来名字"雅克布"的一种昵称。但是反对观点认为，"雅克布"在意第绪语中的变体没有哪个与"卡夫卡"的发音相近。参见哈尔穆特·宾德(Hartmut Binder):《卡夫卡手册》(*Kafka-Handbuch*),第一卷,斯图加特,1979 年,第 110-111 页;以及帕维尔·特罗斯特(Pavel Trost):《卡夫卡的名字》(Der Name Kafka),载于《名字研究论文集》(*Beiträge zur Namenforschung*),第 18 期,1983 年 1 月,第 52-53 页。

[12] 卡夫卡致奥斯卡·波拉克(Oskar Pollak)的信,1902 年 12 月 20 日。(《1900-1912 年书信集》〔*Briefe 1900-1912*〕,汉斯-格尔德·科赫〔Hans-Gerd Koch〕编,法兰克福,1999 年,第 17 页)

[13] 卡夫卡致密伦娜·耶森斯卡的信,1920 年 6 月 10 日。(《1918-1920 年书信集》〔*Briefe 1918-1920*〕,汉斯-格尔德·科赫编,法兰克福,2013 年,第 170 页)

第三章　巨人们：来自沃赛克的卡夫卡家族

并非每个出生的人，都在这个世界上。

德泽·佐莫里，《霍雷布老师》[①]

"你们过得太好了！"这个像副歌一样不断重复的咆哮声，在卡夫卡家太常见了，常见到令人作呕。每个在他面前抱怨的人，都会听到这声咆哮，有些也许是"个人的"烦恼。在布料和棉线商人赫尔曼·卡夫卡看来，这些烦恼无一例外都是干扰，不值一提。"你们过得太好了"这句话因为用得太多，已经有点不管用了，但它仍然是一件可用的武器，可以结束任何一场讨论，可以把任何一个反对意见扼杀在萌芽状态。谁会真的在饭桌上否认，他生活得很好——几乎每天都有热气腾腾的肉吃？这个家里缺过什么东西吗？正因为这个家里从没有缺过任何东西，所以有些鸡毛蒜皮的小事才成了貌似应该严肃对待的烦恼。而什么才是真正的艰苦，家里的首脑对此非常清楚，是的，有时候他似乎觉得，只有他一个人知道什么是苦难。由于他保护了所有人免于体验苦难，所以他不仅

---

　　① 　德泽·佐莫里（Dezso Szomory，1869-1944），匈牙利犹太裔作家，《霍雷布老师》是他的一部长篇小说，于1934年出版。

有权力,甚至从教育的角度也有必要尽可能经常提醒这些人勿忘过去和现在的艰难。

不过,在同一张餐桌上,对面坐着一个观察者,这个观察者没有充耳不闻,也没有对父亲不断重复的指责麻木漠然,而是在潜意识中看穿了引发父亲这番独白的原因。

36　　　听着父亲不停地对同时代人,特别是他自己孩子们的幸福生活指桑骂槐,同时讲述他自己年轻时候经历过的艰苦生活,是一件非常不舒服的事。没有人否认,他曾常年因为没有足够的冬衣而腿上的伤口一直不能愈合,他曾经常挨饿,他十岁起就要在冬天也早早起床,推着小车挨村挨户叫卖。但是,他不愿意理解的是,这些真实的事实,在与另一个真实的事实——即我没有经历过这一切——相比较中得出以下结论:我比他幸福,他因为腿上的伤口就获得了优越地位,他从最开始就认为并断定,我不能认识到他当年经历的苦难的价值,而我因为没有经历过同样的苦难,就必须对他无限地感恩戴德。如果他能不停地讲述他的少年时代和他的父母亲,那我会非常愿意听的,可是他讲的这一切都是以一种炫耀和争吵的语气,这让人听起来倍感折磨。[1]

这些非常不情愿听到但详细储存在记忆中的话,很早就让卡夫卡确信,恰恰是在城市中产阶级环境中,父母和孩子之间的关系主要是权力关系,哪怕是父母做的好事,也是为了起到副作用:巩固他们对孩子的绝对支配权,并使这种权力能够长久维持。这种强权——卡夫卡每天都经历着——与其说让孩子们在情感上变化无常,不如说更多是在他们的道德账户中牢牢地扎下根。因此,父母通过不断谈论自己有责任感的生活奋斗与孩子们貌似无忧无虑的生活之间的矛盾,从而有意识地对这个账户施加压力。但是，他们这种心理层面的战略算计，却极少能强迫孩子们产生真正的感恩之情，相反，更多的是引起了孩子们的负罪感——而且，他们的道路（曾经）越是艰辛，孩子们心中的负罪感就越持久、越深刻。所以，卡夫卡的父亲才会用炫耀的口吻讲述早已过去的苦难，并从中得到享受，仿佛这一切都是了不起的成就。"今天谁还知道这些！"他一遍又一遍地嚷嚷道，"孩子们知道什么！没有人承受过这些苦难！今天有哪个孩子能理解这些吗！"[2]然而，他的孩子中，至少有一个**理解**了。

赫尔曼·卡夫卡于 1852 年 9 月 14 日出生于沃赛克的犹太街巷，村里的那个区域，被称为"小沃赛克"。[3]他作为婚生子来到这个世界上，意味着一种特权，为此，他要感谢三年前才通过斗争取得的犹太人公民权和家庭配额法的废除。他的父亲，屠夫（肉铺师傅）雅克布·卡夫卡，还深受这个严苛的法律规定之苦。因为雅克布既不是兄弟姐妹中最年长的，也没有（他父亲那种）机会在小得只有大约一百五十名居民[4]的小沃赛克搞到一个空出来的家庭配额名额。所以，他不得不在阁楼里迎娶了他的情人，住在对门的弗朗齐什卡（范妮）·普拉托夫斯基[5]，这种关系，用当时人们的话说，就是被犹太人团体认可，但在法律上完全没有保障的结合。所以，他们生的前两个孩子是私生子，暂时只能跟母亲姓。

大家都在传说要进一步推行法律平等，1849 年真的实施了，这使犹太居民无比欣喜。在加里西亚、摩拉维亚和波希米亚地区的所有犹太教堂里——当然也包括沃赛克的小教堂——都在举行向上天感恩的祈祷和歌唱仪式，婚礼一场接一场举办，就连早已有了孙子的白发苍苍的夫妻，也来让他们的关系合法化，并且庆祝这一天，不仅因为它在个人生活中是重要的一天，而且在整个犹太人历史上也是划时代的一天。雅克布和范妮，时年分别是三十五岁和三十三岁，也毫不犹豫地在 7 月份举办了婚礼,之后,他们的两个孩子改姓卡夫卡——后来生的四个孩子当然也是,其中就有赫尔曼。随着犹太人获得公民权,他们不仅享有了迄今为止未曾想象过的自由,而且个体化的离心力量同时被释放,不过当时欣喜若狂的沃赛克犹太街巷中肯定没人意识到这一点。但是,新赋予他们的婚姻权、自由选择居住地和职业的权利,必然滋养了他们提升自己社会地位的各种梦想,这些梦想,在乡村那个小环境中是不可能实现的。这些梦想,很快就撕裂了犹太人团体;这是现代性带来的惊愕,它的触角伸入最贫困的茅屋;这就好像人们瞬间跌入两个巨大的、相距遥远的磁场之间的角力场,这两个磁场叫作维也纳和布拉格。

38　　　　无法证明雅克布·卡夫卡是否感觉到了这些新的诱惑。如果有人当时向他预言,有一天,他将是葬在沃赛克森林墓地的**最后一个犹太人**,他一定会认为这是不可理喻的灾祸。他生长在乡村犹太人的世界里,完全不能想象其他的世界秩序,所以,是否可能在别的地方生活得更好这类问题,对他来说,还不像对下一代人那样,会成为他迫切的想象。他获得了一个被团体认可的地位——这是最重要的——他成了犹太教承认的屠夫①和肉品供应商,作为条件,他接受了这个地位和融入团体对他的要求。这个要求主要是繁重的体力劳动,没有休息,更别说假期了——这意味着一种损害身体的生活,不过,魁梧的雅克布似乎就是为此而生的。只有在安息日,在宗教规定必须休息的那一天,他才能让迫切需要恢复的身体休息一下,所有犹太节日当然必须按照传统习俗和礼仪的要求严格遵守。

卡夫卡一家生活相当简朴,但绝不贫困。这个八口之家的房子只有两个房间,孩子们都在一个房间里挤在两三张床上睡觉,不过这种情况

---

① 犹太教对能够屠宰的牲畜和屠宰方法有严格的规定,只有考核合格的屠夫才能从事这项工作。

在村子里非常普遍。至于所谓的"常常挨饿"，在这里几乎没有发生过，而赫尔曼经常说到的"能有土豆吃就不错了"，在一个屠夫家里更是不可能的。当然了，他的童年不仅艰难，而且很短暂。孩子们早早就被灌输这种思想：白日梦和游手好闲是恶行，"长大成人"首先意味着彻底结束各种懒散。尽管赫尔曼·卡夫卡后来已经完全脱离了童年时的环境，但是这一课已经永远内化到骨髓里，所以，他一生痛恨低效和粗糙的工作，同时对所有**根本不能**称为工作的行为都表现出过敏性的不理解。

　　我们不知道赫尔曼上了多长时间的犹太单室学校①，不过可以肯定的是，早在成人礼②——犹太教中相当于坚信礼的仪式——前好几年，他就得给父亲做帮手了，当然也会做重体力的屠宰工作，在住房后面的一个小店铺里。通常，在一个星期开始的时候，沃赛克和周围一些村子的犹太人都会来预订安息日要用的肉，这些货物在星期四和星期五就会送到客户手中，当然是步行，用一辆手推车。一星期中的其他日子，肉还会卖给基督徒客户。后来，赫尔曼·卡夫卡常常抱怨说，他从七岁起就被派去送货，甚至在寒冷的冬天早上上学之前。尽管可能有些夸张，把他受的苦放大了，但可以确定的是，从很早开始，他的教育和发展就要服从家庭的生计，他的社会童年期早在青春期开始之前就结束了。他运气不算好，但也不是非常糟，因为他的兄弟姐妹和犹太街巷里的大多数孩子并不比他过得好，两个妹妹中的一个直到晚年还抱怨说，她十岁起就被当厨工使唤了——这在当时也并非不寻常的事情，那个时候，家庭作坊是允许使用童工的，法律上和伦理上都允许。[6]尤其是在卡夫卡家，这就更不是什么大不了的事了，因为这家的孩子都遗传了父亲体格，后来

------

① 单室学校，十九世纪末二十世纪初乡村常见的一种学校，学生不分年级、班级，都在一个教室学习。

② 犹太教规定，男子十三岁接受成人礼，从此必须遵守犹太教的戒律，成为犹太教的一员。

都长成了——赫尔曼后来的妻子所认为的——"巨人"。[7]

在上学的那短短几年，赫尔曼显然只学了那些最必要的知识：写、读、算和参加宗教生活必须掌握的希伯来语圣经中的几句话。另外，他从沃赛克带出来的最有价值的教育成果是，可以熟练使用**两种**交际语言——这种能力使人能适应不同的环境，并且是在波希米亚地区从事任何商业活动都不可缺少的。在沃赛克，大多数人的日常语言当然是捷克语；此外，犹太人还掌握德语，那是教育语言，也是国家及精英的语言。所以，他们与沃赛克小城堡里的新地主、布拉格的大地主及国家议会议员爱德华·冯·道贝克骑士沟通起来，比他的捷克同僚沟通更顺畅，即使他们信仰同样的宗教。犹太人在学校上课也用德语——1849 年之后，犹太人就不必再用德语教学，但是他们保持了这个传统——而生长在小沃赛克的人是非常幸运的，因为家门口就有这样一所犹太德语学校（另一所较近的犹太德语学校在五十公里之外）。他们在犹太教堂说德语，在很多家庭中，安息日当然也说德语，中间夹杂着许多意第绪语表达方式，这些还是迁徙时代遗留下来的，相当有生命力。父母都给孩子起德语名字（赫尔曼·卡夫卡庞大的亲属圈中，只有一个人用了真正的捷克名字），小小的犹太墓地中的墓碑碑文都是用希伯来语和德语写成的。

那么，卡夫卡家族属于哪个民族团体？他们是德意志犹太人？还是捷克犹太人？整个"一大家子"——用犹太街巷的话说——没有一个能回答这个问题。民族这个概念虽然对之后的一代人起着重要的、灾难性的作用，但在当时还与村里的社会现实完全不匹配。这个问题建立在虚构之上，而且，如果不顾自己生活环境的复杂性，一定要在这两个民族之间随意做出选择，会让沃赛克的卡夫卡家族陷入巨大的困境。他们是犹太人，他们是波希米亚人，他们是哈布斯堡皇朝忠实的臣民——就是这个顺序。人们还期望他们什么呢？

关于赫尔曼·卡夫卡的青年时代，我们所知甚少。最晚在成人礼之后，他被交给一个亲戚照顾，这个亲戚在十五公里外的县城皮塞克经营一家纺织品商店。[8]这件事，对赫尔曼未来的职业道路来说是第一次重大决定，虽然他并没有进行今天意义上有计划的学徒训练。更有可能的是，他推着与以前完全不同的新式货物，在附近的村庄游走，通过每天的实际工作，掌握了布料和棉线的基本知识。当然，他暂时还不可能想到在社会上的进一步发展和提升，因为只要谈好了工资，这些叮当作响的钱币就会到父母口袋里，在犹太人家族中，没有常规的劳动合同，这是不言而喻的，在农村贸易中更是如此。赫尔曼只能羡慕而不安地看着越来越多的人逃离农村：首先是年轻的犹太人，试图逃脱无望的徭役，然后是整个家庭，收拾好行装，踏上去城里的路，不久之后就把村里的其他亲戚都吸引去了。

他们也经历了反犹主义的排斥，不过对这次迁徙运动没有太大影响。因为，尽管仍然能感觉到潜在的普遍性仇视犹太人的情绪——不断推进的对犹太人法律层面上的解放，为嫉妒和怨恨不断提供新的理由——不过，日常混居共同生活的状况在各个地方差别很大。在像沃赛克这样的村庄，社会分工非常明确，生活水平的差别也不是非常明显，人们还能让犹太人自由生活，带有意识形态色彩的反犹主义在这里没什么市场。因为每个捷克农民都亲眼看到，他的犹太邻居——包括那些以做生意为生的——都是努力工作的人，而那些匿名传单上传播的所谓"犹太人天生都是吸血鬼，只想让别人替自己干活"跟他们自己的经验不相符。

但是，小城市的情况却大不相同，在这里，犹太人参与了工业革命的第一次大浪潮。无产者对非人的劳动条件的愤怒更容易对犹太人工厂主而不是捷克工厂主发泄出来，潜意识中对犹太人的蔑视，再加上对他们的陌生文化的畏惧，就会经常转化成愤恨和暴力。赫尔曼·卡夫卡可

41

能从小就听了很多犹太人被殴打和犹太店铺橱窗被砸碎的故事,因为,就在步行两小时可达的小城斯特拉科尼采,有他的亲戚,那里有时候就会发生持续好几天的反犹骚乱。1866年春天,在一次经济危机的最高峰,对犹太人的迫害在全国迅速升级,以至于皇帝弗朗茨·约瑟夫一世颁布了波希米亚紧急状态法。几个月后,哈布斯堡皇朝卷入了与普鲁士的战争,这反而让许多犹太人松了一口气:他们的敌人暂时把注意力转移到其他事上了。

42

　　这些事件,对当时年仅十四岁的赫尔曼想逃离农村,实现社会升迁的幻想,并没有产生任何影响。或许对他心中逐渐萌发的对工厂里乌合之众的痛恨有些影响,这些人很容易被利用,他们嫉恨勤奋的犹太人及其成就。那时,赫尔曼就已经知道,即便是在大城市也无法避免与这些敌人的冲突,是的,就连布拉格的犹太区不久前也遭到打砸抢掠的威胁(一千年来这都第几次了?),最后不得不出动军队才得救。在庞大的哈布斯堡皇朝领土上,任何地方都没有犹太人的保护所。不过,对于犹太人来说,适应当地的生活环境、把自己出身的"污点"隐藏在富裕生活和市民外表之下,这种机会在各个地方差异很大。

　　相比而言,在一个匿名的、动态的环境中,比在静态的乡村环境中更好生存,这是赫尔曼·卡夫卡的体验,他在军队也获得了同样的经验。十九岁时,他不得不参军,被编入技术部门,服役整整三年——这段时间已经足够抹去一些过于明显的犹太人特征,并且在一个社会成分、地域来源混杂的群体中学会如何在起点低的情况下达到自己的目的:把主动性和适应性巧妙结合起来。后来他还经常提起,那是一段美好的时光,有战友情、扑克牌和军歌。那是一段被解放的时光,他一个贫苦的犹太小伙子,生平第一次获得了对别人的权力。因为赫尔曼一直当到了"排长",手下有几十号人,作为下层军官,他要负责这些人的训练、装备和住宿。因为他会两种语言,因而具有一定优势,他强壮的身体、行动力和洪亮的声音同样是他的加分项。各种情况证明，赫尔曼·卡夫卡时而亲切随和、时而咆哮到令人畏惧的形象——后来，他就是用这种风格掌控他周围的环境——不是在村子里形成的，而是在军队中学会的，就像扮演角色一样，是他有意识培养出来的。这是一种武器，在做生意和面对员工时可能非常有用，然而在家里，在貌似强大的表面背后，实际上流露出来的常常是自怜、机会主义和孩子气的吹牛，所以这种武器会起到反作用。他的队伍其实早就散掉了，而赫尔曼·卡夫卡排长似乎从没有真正接受这个事实；他的生活也一直遵循着战斗的逻辑：夺取并坚守有利位置；所有与这一逻辑不符的，就都是**发疯**。

在有了军队的经历之后，他认为一辈子做一名"乡村走贩"是不可想象的，而在一个所有潜在客户都离开犹太街巷（包括小沃赛克），只剩下老人的地方经营一家店铺，显然也没有前景。赫尔曼的两个哥哥——虽然不像赫尔曼这么坚定，但也果断去寻找社会升迁的机会了——也已经投入这次迁徙的洪流，彻底告别了乡村犹太人的艰苦生活：菲利普去了捷克城市科林①，海因里希去了波希米亚德语区的利托梅日采②，两人后来都成了独立商人。甚至在布拉格也已经有了一位来自自己一大家子的亲戚，成功实现了社会地位的提升：来自斯特拉科尼采的葡萄酒和利口酒商人安格鲁斯·卡夫卡，才三十多岁，就已经有钱到能够把亲戚接到自己身边，并且，当他们在陌生的环境**起步**时，他还能给他们提供帮助和庇护。安格鲁斯属于成功者，是个榜样，开辟了一条道路，来自小沃赛克的排长也想走这条路。

赫尔曼·卡夫卡在布拉格的早年情况，基本是模糊不清的，不过他似乎坚守在一个行业中，一直在推销精细布料、棉线和其他时尚用

① 科林位于布拉格以东约六十公里处，易北河畔，是重要的铁路交通枢纽。
② 位于捷克北部的一座城市，利托梅日采是捷克语名字，德语名字是莱特梅里茨。

品——需要强调的是,他不是有固定店铺的商贩,而是受人雇用的批发推销商,从周一到周五在波希米亚四处旅行,接收各村镇商人的订单,替他们购买家庭作坊或者小作坊制作的商品。有好几年的时间,他在警察局申报的住址是堂兄安格鲁斯在普拉特内街的住所——这也能说明,赫尔曼在布拉格绝对没有受过贫困之苦,所以也没有像许多从农村涌入布拉格的"犹太走贩"[9]那样只能住在虽然成为普通城区,但是已经没落的犹太区中的廉价住房。安格鲁斯很有可能为他提供了保证金,从而为他自立铺平了道路——犹太家族的习俗就是这样,而为了表示感谢,通常会让恩人做自己孩子的教父。所以,后来的作家弗朗茨·卡夫卡有一位富有的葡萄酒商作教父。

刚满三十岁,赫尔曼·卡夫卡就决定,一次性跨上社会阶梯的两个台阶,大胆进行一项已经被很多人尝试过的社会行动:把开设一家自己的店铺与建立一个自己的家庭这两件事合在一起办。这是一个简单的想法,一个简单的计算:男女双方的财产加在一起,两个人的劳动力和劳动热情合在一起,比起一个人仅仅借助家族出资进行创业,能提供更大的推动力——这种推动力在心理、社会和经济方面都很明显。为了让赫尔曼·卡夫卡生命中的这种协同效用也能释放出来,当然需要另外"一方",那一方还必须满足某些非常特别的要求。首先不能考虑基督徒女子——家族是不会接受的——捷克女子也不行,因为未来的孩子们应该在一个社会等级更高的语言环境,也就是说德语的环境中成长。可如果是一位富有的犹太女子,又会对男方的出身和教育提出要求,而赫尔曼是达不到这些要求的。所以,必须是这样一位女子:她的陪嫁至少要能从根本上保证计划中的店铺启动,而且她还要愿意一起工作,而不是只想着被养起来。另外,这个女子还要有最基本的魅力和吸引力——不只是满足赫尔曼的个人要求,而是作为一种社会润滑剂,这在小人物们的生意中的作用非常重要。一句话,这个女子得是一个"能够赢利的人"。

布拉格有这样的女子吗？去结识异性太麻烦了，就算那个对的人就住在对面——就像他父亲当年在沃赛克的犹太街巷的经历——在城市背景下，这件事也不会变得容易。当然，有时候跟买货的女性打交道，这对赫尔曼·卡夫卡来说，就像喝啤酒和抽雪茄一样理所当然——后来跟他儿子说的话已经很明白了。但是，向一个地位平等的人求婚的技巧，在布拉格的酒馆里是学不到的。

这件事情太重要了，不能指望偶遇来解决。他从来没想过，去打探某些市民女子，然后通过写信或者用最近时髦的方式——登报纸广告——来询问"正当交往"的可能性。这种主意只可能是大城市的基督徒想出来的，哪怕他的样子相当能代表当时"魁梧"，也就是高大、宽肩膀的冒险者形象，那他也缺少必要的能力，不可能独立完成这么重要的人生规划。不，在这种情况下，无论从哪方面考虑，聪明的做法都是，按照犹太传统，寻求专业帮助。这方面，有各种价格等级的"媒人"可以提供帮助，这些婚嫁中间人对整个犹太社区的情况烂熟于心，而且对当事人的亲属背景、经济和习俗情况也了如指掌。媒人的笔记本，就是一个不断更新的犹太人婚嫁市场的缩影，或者说是他们的笔记本建构了这个婚嫁市场，正是媒人对每个顾客条件的精准了解和从中说合的技巧，才让满怀希望的顾客不必担心被当面拒绝而丢脸，直截了当地说出他们在金钱方面和性方面的要求。媒人守口如瓶，这一点是可以放心的，因为这关系到他自己的商业利益。

赫尔曼·卡夫卡就是从这样一个笔记本中得知，他所寻找的这个女子，生活在步行五分钟即可到达的地方。她跟父亲、继母和兄弟一起住在老城广场，在铁器巷（Železná）拐角的一所房子里，那是一座三层楼的市民住宅，正面有典型的巴洛克风格装饰，底层是商店，就是后来的"斯美塔那故居"，赫尔曼从那里经过了上千次。那户人家姓勒维，尤莉叶是他们家的女儿,已经二十六岁,早已经到了婚嫁的年龄。这家人算不上富人,但也是个殷实之家,足够多养几年这个没有经历任何职业培训的女儿,让她在众多求婚者中慢慢挑选。对赫尔曼来说,最好的一点是,她也来自同一个行当。尤莉叶的童年和少年时代是在一个非常兴旺的布料店度过的,所以,她不仅掌握了关于维持着全家生计的货物的基本知识,懂得如何记账,而且她还清楚地知道,在与雇员和顾客的交往中需要注意什么。这对赫尔曼来说是意外之喜。而且她还漂亮、温柔、落落大方,没有普通女人的那种扭捏作态,是个安静、友善、内敛的女子,甚至让他立刻想到了自己母亲温柔的性格。

当然,他们之间存在着教育和社会阶层的差距,这让赫尔曼非常不安。对他来说,这可能是第一次如此投入地小心翼翼遵守社交礼仪。如何使用正确的语气——特别是在写信的时候? 不写信是不行的,毕竟赫尔曼经常出门在外。尽管前一两次见面很顺利,双方都留下了好印象,但是只上过几年单室学校这件事让他很难堪——尤其是尤莉叶的亲戚们并不看好他们的结合。她的一个哥哥,一位老于世故的银行代理人,甚至专门从巴黎赶回来,就为了看看这个沃赛克的棉线推销员。在这样的情形下,赫尔曼不能有任何**失礼**的地方,这一点连他自己都不相信——实际上,他给她的第一封信,是写在有着夸张字母图案装饰的信纸上,信中充斥着一些笨拙的不知道从哪本尺牍中抄来的套话,跟他的社会地位和日常行为毫无关系:"最尊贵的小姐"……"对您的高贵表示崇高的敬意"……"您那亲切、优雅的样子"……"您那天使般的声音"……赫尔曼认为这些话与自己的身份相符,不过让他感到轻松的是,尤莉叶完全忽略了这些繁文缛节,在回信中简单地称呼他为"亲爱的卡夫卡先生"。从那时起,他们的交往就变得容易了——那是无数次类似情形中的第一次,她从容地让他避免了失礼,而赫尔曼立刻就明白了,他未来妻子性格中这种柔和、可靠的实用主义,对他而言是一种幸

运：这是一种社交**能力**，能帮他分担许多压力。媒人做了所有工作：　47
尤莉叶·勒维就是那个对的人。

1882 年 9 月 3 日，赫尔曼·卡夫卡三十岁生日前几天，他们举行了婚礼，按照犹太教礼仪，有彩棚、共饮一杯酒和许多祝福语。而象征两个家族之间结合的私人庆典在老城广场 12 号的房子里举行。在这里，赫尔曼迫不及待地开了自己的第一家店铺，去参加婚礼的人都对摆满刚从维也纳运来的小商品的货架表示赞叹。隔着一扇门，在金斧头饭店，长长的餐桌已经摆好，**Masal tow**!① 恭喜！

四个星期后，尤莉叶·卡夫卡怀孕了。

注释

[1] 卡夫卡日记，1911 年 12 月 26 日。(《卡夫卡日记》〔*Tagebücher*〕，汉斯-格尔德·科赫，米夏埃尔·穆勒〔Michael Müller〕和马尔科姆·帕斯利〔Malcolm Pasley〕编，法兰克福，1990 年，第 323–324 页)

[2] 父亲的这些陈词滥调，卡夫卡都写在日记中(《卡夫卡日记》，第 324 页)，后来，他在《致父亲》(Brief an den Vater)一信中一字不落地引用了(《卡夫卡遗作和未完成的残章》〔二〕〔*Nachgelassene Schriften und Fragmente*〕，约斯特·席勒迈特〔Jost Schillemeit〕编，法兰克福，1992 年，第 169 页)。

[3] 本书关于赫尔曼和尤莉叶·卡夫卡夫妇出身、童年和青年时代的信息，大部分源自克劳斯·瓦根巴赫的研究《弗朗茨·卡夫卡：青年时代传记》(*Franz Kafka. Biographie seiner Jugend*，伯尔尼，1958 年；柏林，2006 年修订版)，以及阿蕾娜·瓦格纳洛娃的著作《"在噪声的总部"——布拉格的卡夫卡家族》，科隆，1997 年。

---

① 希伯来语和意第绪语，意为：祝贺、恭喜。

　　〔4〕尽管波希米亚地区的犹太居民是有统计登记的,但也只是根据那个过时的家庭配额法。根据该法,赫尔曼·卡夫卡出生前那年,在沃赛克生活着九十五个犹太人,分散在二十个当时"合法"的家庭中。(参见阿尔伯特·科恩〔Albert Kohn〕主编:《波希米亚著名以色列人在布拉格的集会及其协商和决议》〔*Die Notablenversammlung der Israeliten Böhmens in Prag, ihre Berathungen und Beschlüsse*〕附录统计表,维也纳,第 411 页)实际上的数字肯定比这个高,马雷克·内库拉(Marek Nekula)推算出,仅犹太街巷就有一百三十名犹太人(参见《弗朗茨·卡夫卡的语言》〔*Franz Kafkas Sprachen*〕,图宾根,2003 年,第 47 页),沃赛克消防队登记了三十六个犹太家庭(参见瓦根纳洛娃:《"在噪声的总部"——布拉格的卡夫卡家族》,第 43 页),那个时期,沃赛克总共有大约四百人。

　　〔5〕赫尔曼母亲的娘家姓(按他的写法是 Platofski)说明,她家跟卡夫卡家一样,都是以前从波兰地区移民到南波希米亚地区的。

　　〔6〕卡夫卡日记,1911 年 12 月 26 日。(《卡夫卡日记》,第 324 页)在奥地利-匈牙利,从 1842 年起,只是在工厂和采矿业禁止雇用十二岁以下的童工。到了十九世纪末,还有很多欧洲的政治家认为,普遍禁止童工是多余的,因为义务教育已经起到相应的保护作用。

　　〔7〕尤莉叶·卡夫卡,转引自马克斯·布罗德:《关于弗朗茨·卡夫卡》(*Über Franz Kafka*),法兰克福,1974 年,第 13 页。

　　〔8〕卡夫卡的父亲自称:"我还是小男孩时,就被送到皮塞克的店铺。"(卡夫卡:《致父亲》,《卡夫卡遗作和未完成的残章》〔二〕,第 169 页)不过,更可靠的似乎是尤莉叶的说法,她说丈夫十四岁时被送到了外地。

　　〔9〕十九世纪,沿街兜售的犹太小贩被称为"犹太贩夫"。普拉特内街在犹太区的南部边缘,但是在犹太区界外。1908 年,这条街被纳入城市改造计划,葡萄酒商人安格鲁斯·卡夫卡的店铺不得不搬走。

第四章　勒维太太

追求幸福，并不可耻。

阿尔贝·加缪，《鼠疫》

我的希伯来语名字是安舍尔，跟我母亲的外祖父一样，在我母亲的记忆中，他是一个虔诚的、有学问的男子，留着长长的白胡子，母亲六岁时，他就去世了。她还记得，她是如何紧紧握住外祖父遗体的脚趾头，心里请求外祖父原谅她曾对他做过的错事。她还能回忆起外祖父家摆满了好多面墙的书。他每天都在河里洗澡，冬天也是，他会自己在冰上凿个窟窿。我的外祖母很早就死于伤寒。母亲的外祖母深受打击，变得抑郁，她拒绝吃饭，不跟任何人说话，过了一年，在她女儿的忌日后，她出去散步，就再也没有回来，人们在易北河中找到了她的尸体。还有一个人比母亲的外祖父更博学，那就是母亲的外曾祖父，他在基督徒和犹太人中享有同样的声望。在一次火灾中，由于他的虔诚，奇迹出现了，大火绕过了他的房子，而他周围的房子全都烧毁了。他有四个儿子，一个改信基督教，成了医生。除了母亲的外祖父，其他几个儿子都早逝了。母亲的外祖父有个儿子,母亲只知道他是疯子舅舅纳旦。还有一个女儿,就是我的外祖母。[1]

一个家族中,有学者,有不正常的人,还出现过抑郁症,这肯定会让卡夫卡感兴趣。不过他为什么从来没有打听过呢?后来还是一个新认识的人,一个东欧犹太裔演员给他出主意,让他用文字的形式,整理出家族记忆中保留的自己祖先们与犹太文化有关的内容。[2]来自沃赛克的巨人们,遵纪守法,但没有受过什么教育,在这方面没有太多可说的,这一点他早就知道。而母亲一方的祖先则完全不同,更准确地说,是他母亲的母亲一方。他们都曾是受人尊敬的犹太人,在波杰布拉迪①生活了四五代,那是一个几乎全是捷克居民的小城,位于易北河边,坐落在一个巨大城堡的阴影中。这个家族的人曾经姓博雷阿斯(Boreas),跟北风之神同名,后来又姓博格斯(Borges);十九世纪时,他们叫自己珀利阿斯(Porias)或者波利阿斯(Borias)。他们中间有令人惊诧的人物:一个是在冰水中洗澡的(母亲的)外祖父亚当,他不在意自己家位于老城广场上生意红火的布料店,因为家中收藏的整整一层宗教著作更让他感兴趣,他唯一的儿子纳旦,那个"疯子舅舅",显然继承了这种固执的犹太教经师传统。艾斯特,亚当的女儿,嫁给了一个洪波莱茨②的织布匠兼布料商,丈夫也笃信宗教,来自一个富有的犹太家庭,这家人在约瑟夫名字改革法(1787)颁布后,决定采用一个平凡的家族姓氏:勒维。[3]这对夫妇在五十年代生了四个孩子:阿尔弗雷德、尤莉叶(卡夫卡的母亲)、理查德和约瑟夫。艾斯特早逝之后——她去世时只有二十八岁——布料商雅克布·勒维再婚,在母亲去世的同年年底,尤莉叶就有了继母

①　波杰布拉迪是位于波希米亚中部的城市,以温泉著称。
②　位于布拉格东南的一座城市。

（让尤莉叶难过的是，继母也叫尤莉叶），之后又很快添了两个弟弟；一个是鲁道夫，几十年一直与父母同住，被人当作怪人而看不起，做一名小小的会计熬日子，常常被当作反面教材用来警告卡夫卡；另一个是西格弗里德，乡村医生，没结婚也没有孩子。

这个家族中这一支，不仅有这些"疯子"引人注意，还有成功的舅舅们。他们中间没有人只想管理先辈们经营好的生意，没有人会在波杰布拉迪布料商的生涯中找到快乐。只有一个人留在了这个行业：理查德舅舅，他很快去了布拉格，开了一家简陋的工作服商店。尤莉叶的大哥阿尔弗雷德一开始在维也纳当会计，后来去巴黎当银行襄理，拿到了法国护照，再后来升任一家西班牙铁路公司的经理，成了令所有人钦佩、身披绶带奖章的"马德里舅舅"。约瑟夫后来以一种更加极端的方式摆脱了小地方犹太人的身份：他踏上了冒险的殖民者生涯，从一个大洲到另一大洲，亲历了法国修建巴拿马运河的灾难，在比利时殖民地刚果的人间地狱当过商业代理和总会计师，在中国做过银行襄理，在加拿大当过一家投资公司经理，退休后生活在凡尔赛。[4] 尽管很少见到这些亲戚——没有记载说约瑟夫回过布拉格——然而，不容置疑的是，家里还跟他们保持着书信往来，会有来自巴黎、马德里或者上海的消息传回来，卡夫卡一家不仅骄傲地读这些信，而且那些贴有异域邮票的信件还能唤起梦想，这些梦想不可避免地在卡夫卡的手稿中留下了痕迹。

勒维家族的人让卡夫卡思考，他们的焦躁不安在他身上也有体现。还在很早的时候，估计是中学时代，他就曾怀疑自己是个心理社会学上的特例，是否属于人类共同体还有待证明，他觉得这跟祖先有某种神秘的联系。类似的社会不正常人——或者说他认为类似的人——在母亲的家族这边非常多，而且各种各样，有的走入生存的死胡同，有的孤僻，有些陷入宗教的执着，也有的穿越了世界上的大洲大洋。勒维家的人确实**不一样**，他们与所有来自沃赛克的亲戚们充满生命力的直线性生活轨迹明显不同。卡夫卡必然在这里遇到了自我模型，正是这个模型，至少在遗传基因方面，对他谜一般的性格做出了一定的解释。然而，他对这世界的陌生感的根源，有没有可能只是因为原本不可调和的遗传天性灾难性地混合在一起了呢？"比较一下我们两个人吧，"卡夫卡三十六岁时在给父亲的信中写道，"我，简单地说，是一个勒维，带着某些卡夫卡家族的气质，然而推着我前进的，并不是卡夫卡家的生活意志、生意头脑和征服欲，而是一种勒维家的痛苦，一种隐秘而畏惧的痛苦，向着另一个方向起作用，而且常常中途放弃。你却相反，你是个真正的卡夫卡，强壮、健康、食欲旺盛、声音洪亮、口才出众、自我满足、睥睨世人、坚持不懈、机智果断，具有知人之明和一定的慷慨大度……"尽管他很惊讶地发现，这些特征在父亲的兄弟姐妹身上并不像在父亲身上那么突出和重要，他还是毫不怀疑地认为，存在一种卡夫卡式性格，产生于"卡夫卡家族的材料"。[5]

　　这个概念，以及卡夫卡理所当然地拿它来分析自己的做法，都让人清楚地想起世纪转折时期的自然主义话语，围绕着环境、性格和遗传进行的讨论：在卡夫卡中学期间，这是正在崛起的现代派的一个阵地，这个话语触发了一系列社会改革思想，对卡夫卡产生了重要影响。他出自两个天性完全不同的人，而且"继承"了两人身上非常矛盾的部分——类似这样的想法，早在卡夫卡还是孩子的时候就有了，那时候，遗传的和强加给他的"材料"还远远没有成为他所表述的自我形象和个人神话中的坚实内核。他一出生就是一个混合体，这是一切的开始。

　　关于尤莉叶·勒维的童年和思想发展，我们知道的比她丈夫的信息还要少——她自己保存下来的信件和粗略的回忆都过于常规化，过于关注外部事件和实际需求，无法从中过滤出心理传记的清晰标志。可能的情况是，四岁的尤莉叶不得不承受与母亲的过早分离，然后又是外祖母的自杀，这些事件在她生命中留下了重要的烙印，外人只能推测这种噩梦般的经历对她的心理产生的影响。更重要的是,作为有五个兄弟的女孩,她被迫迅速进入女性-照料的角色,假如她的母亲活着,她无疑会有更大的余地。她生命中的这个转折发生得非常早,所以在她心中,没有产生因为有相反的或另外的可能性而引起的迷惘。尤莉叶完全认同了自己的角色,使自己的性格和社会性格完全融合在一起。

52

　　"母亲整日干活,"卡夫卡曾写道,"她既高兴又忧伤,不管发生什么,反正跟她自己的状态一点关系都没有。"[6]我们只能猜测,尤莉叶可能不懂得明确区分"她自己的状态"和与她密切相关的家庭运行的状态。家庭——一开始是她出身的家庭,后来是自己建立的家庭——就是她生命的意义,在心理层面上也是如此,对于家庭中不断出现的艰辛,她虽然也觉得很痛苦,但是绝不会感觉到自己是牺牲品。她比其他女孩子更早学会了要严格服从家庭的利益,但同时要**管理**这个家庭,所以她承担了一个能干、积极的角色,常常受到旁人的赞扬。很多认识她的人都能证明,尤莉叶天性专注、热心和友善,毫无疑问,这很大程度上来自早年训练而成并内化了的照顾别人的习惯。对于他人的一般痛苦,她有很高的敏感度,她知道如何安慰生病的孩子,如何喂养过于瘦弱的儿子,如何消除女儿第一次生孩子时的畏惧,如何抚慰被生意上的麻烦折磨得焦头烂额的丈夫——她不仅仅像传记作者恩斯特·帕维尔[7]后来写的那样,只有显得"冷冰冰的""被包裹得严严实实"的温柔,她其实还有更多的能力。

　　当然,她情感的投入和关心,只限于家庭**共同**经历的事情,而对于因个人间摩擦产生的痛苦,她却无能为力。只靠"血缘相近"和良好愿望常常是不够的,对有些内心冲突,必须要有意识地带着情感参与其中才能理解,而这一点她完全不懂;面对这些烦恼,她只能无助且无言地看着。"因此,谁想缔结良姻,先要看是否心心相印!"①这是她的儿子第一

---

　　①　语出席勒的《大钟歌》,钱春绮译。

次拿出全部力量,准备向父母坦白自己的通信爱情时,她送给儿子的话;当他的求婚没有得到回应时,她只能安慰说:"这不是你的命。"[8]她给女儿奥特拉的话同样空洞无物:1917年至1918年,奥特拉想当农民,尽管全家人都反对,但她第一次坚持自己的决定。尤莉叶不断给她寄去生活必需品,但是她写的信却只有一些具体的建议,有时候还有些道德上的告诫,而对奥特拉为自立和自尊所做的抗争没有表现出丝毫的理解。马克斯·布罗德说她不仅是位"安静、善良"的女性,而且"非常聪明,甚至充满了智慧"[9],应该只是出于感情因素的修辞手法,与目前保留下来的家庭证词完全不相符。更贴近事实的是卡夫卡的描述,它不仅再现了母亲的形象,而且体现了卡夫卡对女性的普遍性理解,当年三十四岁的卡夫卡在给布罗德的信中写道:"这种周到、安静、优越性、世俗性,就是伟大的、可怕的女性特质。"[10]

教育经历本来能让她母性的,一定程度上也是"照顾人的"实用主义有所松动,但是在尤莉叶身上显然没有成功。居住在波杰布拉迪的犹太家庭,当时还没有德语学校[11],所以,家教提供了符合他们阶级要求的唯一可能性,让孩子们接受德语教育——当然,这么做的代价是,逐渐长大的尤莉叶被更紧地束缚在家庭中,只能通过犹太教区的社交网与同龄女孩子交往。现在看来,尤莉叶早年在人际交往中并没有陌生感,所以也没有产生想超越自己经验视野的好奇心。平息身边的冲突一直是她最重要的能力,哪怕他父亲五十二岁时放弃布料店,决定离开波杰布拉迪,移居布拉格,她也依然如故。

父亲做这个决定的原因完全不清楚。尤莉叶对这非同寻常的行为的解释是,她所有的兄弟都"去异乡了"。就算这个理由站得住脚,雅克布·勒维这么早就决定退休,也颇让人费解。实际上,他在第二段婚姻中所生的两个儿子——一个十五岁,一个十一岁——还生活在家里。为什么搬家?为什么卖掉房子和店铺?可能是迫于这两个孩子母亲的压力？出于身体健康的考虑？或者是因为与捷克邻居交恶？这些都不确定，不过，值得注意的是，在十九世纪七十年代中期，勒维一家几乎同时与从军队退役的赫尔曼·卡夫卡来到了布拉格，他们所放弃的在波杰布拉迪的社会和经济地位，正是当时赫尔曼努力想获得的，而他正是为此来到大城市生活的。与他相比，勒维一家更独立、更有教养、更有钱。站在犹太人经商模式的角度看——犹太人经商是一代一代流传下来、依靠亲戚关系滋养的——勒维家族显然已经到达了一个终点，他们积攒的财产，因为被分散在各地的家人所继承而四散开来。而来自沃赛克的卡夫卡家族却恰恰代表着相反的发展趋势：先驱者的征服欲和朴素的信念，经过几个世纪实践检验的经商模式，在未来也行得通。在赫尔曼·卡夫卡和尤莉叶·勒维身上，上行和下行的线交汇了，毫无疑问，赫尔曼性格中最吸引人的就是，他代表着**上升**的运动，所以他比那些在他之前早已成功的、居高临下的人挣得多。

他的新婚妻子显然还没有意识到他的活力。赫尔曼全部的骄傲——一家自己的店铺，对她来说并不意味着社会地位的提升，而是一个费神费力的新起点。不过，他为实现独立经营而表现出来的充沛精力，还是给她留下了深刻印象。而且，他的出现，结束了她在老城广场父母家中拖延太长、无所事事的等待时间：从现在开始，她又有了一项需要投入全部才干的任务，她承担了作为老板娘和母亲的责任，显然，她没有把这次结婚看作一个吞噬她的陷阱，相反，她把这次婚姻理解为她活动空间的巨大扩展和个人价值的提升。传统上，犹太女子比基督教女子在家中享有更大的尊重，但是这种尊重不是来自一种永恒不变的女性性别，或者仅仅是因为生理上的能力，而是来自她们的具体身份，也就是说，她们作为妻子、母亲和教育者所接受和完成的任务。这种尊重要靠自己赢得，在她周围所有人的眼中，她赢得了尊重。就连赫尔曼似乎也能感受到她散发出一种自然的权威和尊严，因为平常总是粗声大气的赫尔曼在尤莉叶面前明显有所收敛，有时候甚至让人觉得，他

55

躲在她身后,仰视着她。没有任何例子证明,他那刻薄的讽刺——侮辱就更不用说了——曾经针对过她。"你对她总是充满了爱和体贴。"对这个过程进行了最细致观察的目击者如是说。[12]

与这个丈夫共同生活绝对不轻松。不过,赫尔曼对她的期待——管理日常生活,在店铺里精明地帮忙,在情感上减压——与尤莉叶训练有素的能力完全相符,所以,她能完全认同新的生活方式,无须做出重大放弃。她原本就依赖男性的权力和情绪,如果让她为了她根本不懂的抽象的"自我决定"甚至"自我实现"去对抗这种依赖性,她会觉得是**疯**了。不,她学会了把"她的独立性小心地、温和地维持在一个最小限度内",不让它打扰或者伤害任何人[13],即便她这种息事宁人的原则有什么不对,或者不管用了,她也听不进去。

没有别的可能性。她找到了自己的角色并满足了角色的要求。在通往婚姻的门槛上和门槛后,还有许多未知数,甚至可能有恐惧,这都是寻常的,只会在一个瞬间让人惊讶。婚礼前几个星期,她在给未婚夫的信中写道:她常常有想哭的感觉,不过她认为这可能是因为他太想她了。

注释

[1] 卡夫卡日记,1911 年 12 月 25 日。(《卡夫卡日记》,第 318-319 页)

[2] 关于卡夫卡与伊扎克·勒维(Jizchak Löwy)的交往,参见施塔赫:《卡夫卡传:关键岁月》(*Kafka. Die Jahre der Entscheidungen*),法兰克福,2002 年,第 51-53 页。

[3] 1787 年 7 月 23 日颁布的犹太人名字法令,属于约瑟夫二世颁布的一系列法律,目的是推动奥地利、波希米亚和摩拉维亚犹太人的融入和日耳曼化。在此之前,许多犹太人只有名,没有姓,常常只是用非官方的职业或者地方名称作为名字的补充,只有少数一些城市中的犹太人有正式的姓,比如在布拉格。新名字法要求,每个犹太人将来必须有一个两部分组成的名字:名和姓,名必须从

一个规定的名字列表中选择,里面的名都是德语名。至于在确定姓氏时是否考虑个人愿望,每个地方的处理非常不一样,有地方甚至出现了恶意刁难的情况。按照这次改革的模式,十九世纪初在整个德语区颁布了类似的法规。

[4]　关于尤莉叶·勒维的兄弟们的详细情况和职业生涯,参见安东尼·诺西(Anthony Northey):《卡夫卡大家族》(*Kafkas Mischpoche*),柏林,1988 年。

[5]　卡夫卡:《致父亲》。(《卡夫卡遗作和未完成的残章》〔二〕,第 146、177 页)

[6]　卡夫卡日记,1911 年 10 月 24 日。(《卡夫卡日记》,第 101 页)

[7]　恩斯特·帕维尔:《弗朗茨·卡夫卡的生活——传记》(*Das Leben Franz Kafkas. Eine Biographie*),莱贝克,1990 年,第 16 页。

[8]　卡夫卡日记,1913 年 5 月 2 日,1914 年 1 月 23 日。(《卡夫卡日记》,第 558、625 页)卡夫卡对此的评论是:"母亲不会安慰人。"

[9]　马克斯·布罗德:《关于弗朗茨·卡夫卡》,第 13 页。——家庭内部关于奥特拉·卡夫卡想当农民的行为产生的冲突,参见莱纳·施塔赫:《卡夫卡传:领悟之年》(*Kafka. Die Jahre der Erkenntnis*)中"Die Arche Zürau(曲劳方舟)"一章,法兰克福,2008 年,第 223-225 页。

[10]　卡夫卡致马克斯·布罗德的信,1917 年 9 月 20 日。(《1914-1917 年书信集》〔*Briefe 1914-1917*〕,汉斯-格尔德·科赫编,法兰克福,2005 年,第 352 页)让他写下这段文字的原因是,当天菲莉丝·鲍尔要去看望他,卡夫卡带着复杂的心情等待她的到访。尤莉叶和菲莉丝都要求卡夫卡适应社会,要有一种理性的生活方式,这是卡夫卡与她们之间常年冲突的原因,而且共同的愿望使他的未婚妻与母亲关系很近,这让卡夫卡无法忍受。

[11]　尤莉叶·勒维出生的时候,在波杰布拉迪只有八个合法的犹太家庭,一共约五十人。另外四十九个犹太家庭分散在附近的村庄里。直到尤莉叶十六岁时,波杰布拉迪才建了一所德语犹太学校,对她来说太晚了。

[12]　卡夫卡:《致父亲》。(《卡夫卡遗作和未完成的残章》〔二〕,第 176 页)

[13]　同上。(《卡夫卡遗作和未完成的残章》〔二〕,第 175-176 页)

第五章　亏本生意

新生事物，总会有不太对劲的地方。

罗伯特·瓦尔泽,《柏林小女人》

　　尼克拉斯街9号,瓦茨拉夫广场56号,尼克拉斯街14号,策尔特纳街2号,小广场2号——四年内四次搬家。老城广场12号,斯托克豪斯街4号,策尔特纳街3号——逐渐红火起来的店铺也需要更大、更气派的空间。店主的第一个儿子上学前,店铺就换了两个地方。那是一段非常不安定的日子,被改善物质条件和提升社会地位的愿望驱使着,同时又被困在一个有限的范围内,就像一个小城市带来的局限。每次,从一个地址到另一个地址之间的路程只有几分钟,推着两轮运货车很容易到达,每个公共广场都有这种货车供人使用,所以距离都不远。如果在一张布拉格城市地图上把这些地方标出来,就会发现,这不像城市中产阶级通常在舒适街区活动的轨迹,而更像是紧张的摇摆。因为,除了在瓦茨拉夫广场的住宅——卡夫卡一家只在那里住了短短几个月——他们所有的地址,包括以后的,都在一个半径不超过三百米的圈子内。这个摇摆运动的中心就是老城广场,那个社会舞台,总有一天,这个疲惫的家庭将会到达那里的住宅和店铺。

这种不停歇的移动的冲击波,影响到所有人的个人感受,尤其是孩子,他一开始是被动地、毫不理解地承受各种变化。收拾行李,打开行李,告别,适应,然后再告别;人消失了,又出现新人,陌生的声音、响动和气味,新的壁纸,变化了的房间,不习惯的道路。当然,新的总是比以前的更好,就连这个两岁的孩子也不会完全感觉不到,在瓦茨拉夫广场的房子比原来犹太区边上那座破败的房子舒服,他就出生在那里。但是,对这个年纪的孩子而言,世界的稳定性和可靠性比干燥的墙壁、明亮的房间和能正常使用的水龙头更重要。就算这世界不愿停下来,就算这世界在这双刚刚睁开的眼睛里像万花筒里的图像一样开始旋转、反射,他更需要**一个**熟悉的、能令他平静的声音,需要那张微笑的、时刻朝他看的脸,让他能忘记外面所有的危险和迷惑。

但是卡夫卡家没有这样一张脸,因为母亲总是**缺席**。就算弗朗茨知道,他是这个家的中心,就算这个信息至少在他出生头几年是充满真情实感的,而且所有的爱和希望确实都给了这第一个孩子——但是,每天日常的现实却不是这样的,他的经验世界只局限于家庭内部的生活空间,与他父母的世界之间明显不相称,两者存在痛苦的对立关系。因为**店铺**,他们常常说起的店铺,他们常常消失在店铺中,虽然在物理空间上不远,但心理空间很远,那是外面的一个岗哨,他以前也见过,不过只是偶尔去一下,被骄傲的父亲抱在怀里,被新的、陌生的人们抚摸逗弄。至于那里有什么东西抓住了他最亲近的人,让他们留在那儿,他搞不明白。但他必须接受的是——这也许是他生命中关于痛苦的第一课——那个外面的岗哨,那个永远的店铺,不仅给他的生活投下了阴影,实际上也控制了他的生活。

赫尔曼·卡夫卡妇女时尚用品商店从早八点到晚八点开门,一周营业六天,再加上星期天上午;早上七点,员工们就开始干活了。冬天天还没亮,店主就要动身去店里,打开店门,给已经等在那里的店员布置任

务,有时候还要生火。母亲还能在家多待一会儿,因为她的职责包括把
管理家务和照顾孩子的任务交到有关人员手里。打扫、洗衣、采购、菜单
都要商量好,然后她会离开几个小时。中午时分,一家人回来,一起吃厨
娘准时做好的午餐。然而这个时候,弗朗茨见到父母的时间也不超过半
个小时。父母总担心店铺没人照看,所以根本不能放松,午饭总是匆匆
吃完,而且为了不让店员们听到,午饭时间也用来商量生意上的事。在
躺椅上眯几分钟,父亲又得匆匆赶回店铺,母亲的下午时间也主要在店
里的收银台后面度过。

这样一种生活方式,只能雇到便宜的人员,因为在十九世纪末,家务
活绝对不是顺手或者在少得可怜的业余时间里能做完的:家务活意味
着一大堆繁重的、又脏又累的、占用大量时间的活计,每天从早干到晚。
煤块、灰渣、木柴和水——这些都要搬来搬去;不规则的煤块还要搬到地
下室去砸成小块。锅炉不停地冒出黑烟,夏天也是如此,因为人们盥洗、
洗涤衣物和打扫房间用的水都要先在锅炉里加热(那些特别昂贵、需要
煮洗的衣物大多会送到公共洗衣房去)。厚重的地毯——中产阶级住
宅中不可或缺的地位象征——要定期搬到院子里拍打几个小时灰尘,然
后轮到地垫。当时的采购也比今天无聊得多,因为没有冷藏技术,为了
保持食物新鲜每天都要去不同的店铺和集市摊位购买食物。

布拉格有足够的女人来做这些活,她们以此维持生计,有时候只能
59　挣得住宿和膳食。涌向城市的移民潮持续不断,进城的男性农民主要在
布拉格郊区迅速扩张的工业区找活计,女人们大多只能做些家政工
作——这是她们唯一有能力做的工作。这些廉价的人手,就连手工业者
和小店主都能用得起,包括像卡夫卡家这样还远远没有进入上层中产阶
级的、必须精打细算的家庭。一个干粗活的女仆,一个厨娘,还有一个奶
妈或者保姆,这是基本配置——不过她们主要是信天主教的捷克女人,
最多只会说一点不成句子的德语,所以当然不能指望她们对孩子进行宗

教教育或者帮忙做些日常宗教礼仪的安排。这些女工基本上不受法律保护,工作时间完全取决于"主人"的需要,因为在相关的中介机构登记有几千名这样的女人,也就是说,很容易找到替补,所以雇主完全不用担心,一旦她们在勤劳和可靠方面不能满足要求,就可以立刻把她们赶出去。卡夫卡家也充分利用了这点——这丝毫都不奇怪,因为赫尔曼对所有物质上依赖于他的人都表现出攻击性,还常常有侮辱人的排斥性。女仆们不许有任何异议,就连性情温和的尤莉叶,也不会收回气头上脱口而出的辞掉某个佣人的话。

这种不停的人员流动,给家里带来混乱和不愉快,拜它所赐,幼小的弗朗茨经历了一系列的分离,这在他心里种下了深深的不信任感——对人与人之间关系持久性的不信任,对世界的不信任。在这个世界,你熟悉了或者喜欢上的每一张脸,都可能突然并且永远消失。这是一个充斥着摇摇欲坠的临时性事物的世界,在它的中心,一个刚刚苏醒的意识环顾四周,发现除了自己之外没有任何依靠。"所以,我独自生活了很长时间,"他干巴巴地总结生命之初的那几年,"整天跟奶妈、老保姆、刻薄的厨娘、忧伤的家庭女教师混在一起,因为我的父母总是往店铺跑。"[1] 60 在这么多人中间**独自生活**,这一点,父母后来在宁静的岁月里恐怕也没有想明白,但是对卡夫卡来说,却是一段铭心刻骨的经历。

这种日常照顾的套路,只是被尤莉叶后来的几次怀孕打断过,每次怀孕,她都有一两个月不去店铺。这样,卡夫卡白天也能见到母亲了——当然时间有限,而且代价高昂。因为每次当他与母亲的距离逐渐缩短,母亲不仅是表面上在家,而是与他逐渐建立起一种更具体、更可靠的联系,这时,立刻就会出现一个竞争对手,吸引全家的所有注意力,让弗朗茨产生痛苦的嫉妒。在卡夫卡后来的表述中,并没有任何迹象说明,他反感自己的弟弟妹妹甚至是希望他们死掉,也没有证据表明,作为两岁的孩子,他对自己刚出生的弟弟格奥尔格——用母亲的话说,"一个漂亮、健壮的孩子"——是厌恶还是好奇。当时的情况对于已经逐渐意识到自己孤独的弗朗茨而言是非常矛盾的,因为在那种情况下,他突然有了机会,通过关注那个比他更无助的小婴儿,来赢得父母的表扬和真心的关照,但正是这个小婴儿,在本来就缺少情感的家庭内部,大声地取代了弗朗茨的地位,直到他突然沉默,然后消失。那个漂亮、健壮的格奥尔格只活了十五个月,像许多同龄的孩子一样,他死于麻疹。他的弟弟海因里希,在他安葬后几天就出生了,不过海因里希的命运更悲惨,还不到七个月,他就被脑膜炎痛苦地夺去了生命。1888 年 4 月 11 日早上,不到五岁的弗朗茨醒来,又变成了卡夫卡家唯一的孩子,家里出现了很久以来没有的安静。

也就是说,弟弟妹妹也可能出现,然后消失,跟仆人、邻居、亲戚和医生没什么不一样。这是卡夫卡最根本的存在体验,只不过他自己从来没有完全意识到其深层影响,他对这个世界持久性的怀疑,在他幼年时就以最可怕的方式得到了**两次**证实——那个时候,他对于死亡这种独特的灾难还根本不能理解,只是把它归为一系列经历过的分离体验,再次得到了最终验证。那个所有注意力关注的对象,突然就**没了**,他的形象就像一个梦一样消失了,日常生活平滑的表面合拢并掩盖了过去,可在片刻之前,那还曾是鲜活的当下。当然,两个弟弟的消失对其他人也是打击。他们骂人、吵架,不过几天就过去了,弗朗茨很可能不仅看到了母亲哭泣,还见到了平时不可一世的父亲掉眼泪。很快,父母又回到了他们一贯的角色,那种在巨大痛苦的压力下流露出来的一瞬间的温情,那出人意料的、罕见的、珍贵的温情,很快就消失了。

留下的只有在尤莉叶身上能觉察到的忧伤,她深受负罪感的折磨。她认为,如果有母亲的照料,那两个孩子是能够活下来的。她不应该把生死攸关的事委托给别人，她本应该留在家里，自己照顾那两个孩子。而阻止她这么做的，不是别人，正是她的丈夫，他希望白天尽可能久地见到她，他认为她在店铺里的帮忙是不可缺少的。[2]在对谁忠诚的问题上出现了冲突，还没有经过太多考验的婚姻基础出现了裂痕。对他们婚姻中生活利益的重要度排序也是一个重要的、令人惊讶的证据。我们先不提母亲本人（或者她的母乳）在场是否真的能提高那两个婴儿活下来的可能性，但是，一个儿子的死亡，都不能让赫尔曼·卡夫卡**放下店铺**，给下一个儿子更多关心。而那第一次不幸，也没有让母亲为保护其他的孩子而去挑战店铺的优先地位，大胆与父亲公开辩论。

为什么不能？尤莉叶·卡夫卡绝对不是市民家庭的"主妇小妈妈" 62（当时的有些征婚广告明确这样要求），她对家里所有社会关系甚至生意方面的决定有着重要的影响。这些决定本身是在别处，在一家之主那难以捉摸的脑回路中做出的，质疑这个过程——哪怕是明显的错误决定——将意味着否定维系卡夫卡家婚姻中最核心部分的重要游戏规则。尤莉叶·卡夫卡在这几年中变成了一位消解矛盾、平息冲突、营造和谐、斡旋沟通、缓和气氛的高手——她的这些能力，不仅在她自己家庭内部发挥了作用，而且对活下来的孩子们的命运产生了重要影响。尽管如此，她没有决定权，一辈子处于从属地位。女性拥有影响力和责任，男人除此之外还有权力，这不是一个世界观、教育和道德方面的问题；这是社会、文化和法律的现实，一个极其深刻的现实，它就像一个无法验证的公理，完全控制着男女两性的思维和语言：男人工作，女人**一同**工作，这样就符合规矩。有种看法认为，尤莉叶·卡夫卡只不过是无奈接受了作为女性的附属者角色，所以，胡戈·贝格曼观察到她"有些忧伤的微笑"非常感人[3]，但是，这种看法与她生活的真实情况不相符。而且，当时"**一同**""**一同感受**""**一同工作**"都是褒义词，社会评价都很高，尽管这种协调一致不总是清白无辜的，那两个孩子之死就说明了这一点。其他人的感激就是足够的报答,能够帮助她战胜心中的打击和痛苦。她丈夫反正没有这些烦恼,尤莉叶在回忆录中丝毫不带嘲讽地写道:"因为我们两人都很勤奋,他成为一个受人尊重的人。"

真正通过奋斗赢得这种尊重,还要过一段时间,因为仅凭勤奋是得不到尊重的。有些人嫉妒,必须要防着他们,他们以莫须有的原因举报赫尔曼·卡夫卡,为的是让他名声扫地,或者为他这个犹太人制造尽可能多的麻烦。他数次被控告使用伪钞,有一次甚至被诬陷销售赃物,当然都是胡说。对于遵守星期日休息这一条,告密的基督徒和警察暗探盯得尤其紧;一旦这家时尚用品商被抓住在星期日下午(唯一不许店铺开门的时间)把顾客带进店铺,就肯定会被举报。就连使用没有刹车的手推车也要被罚款,是的,甚至在为星期日临时做的街道橱窗上有突出来的钉子,也能为某个基督徒良民提供借口,用匿名明信片的方式让"可敬的警察局"行动起来,因为参加礼拜活动的人**有可能**被这些钉子划破衣服,这件**事情**就变成了破坏公共秩序。

这是经营商铺活动中常见的摩擦,尤其是犹太商铺,在经过了几百件类似的事情后——其实早在开店前,他肯定已经从远亲们那里听说过这些事了——他就应该对此有所防备了。但是,赫尔曼不是那种人,他不会觉得这些事情**不是针对他个人的**。社会利益冲突和人与人之间的对立,对他来说是一样的,不仅是社会干扰源,而且是他个人的对头。所以,他把自己的雇员都看成"花钱雇来的敌人",因为他们除了让他花钱,什么都不会,他对待他们的态度全看自己的心情,这也就不奇怪了——在这一点上,他跟妻子的意见不一致,妻子与雇员们的交往方式更人性化一些。但是,这个社会不可动摇的本质就是一场组织混乱、冷酷无情的竞赛,在这场竞赛中,每个人的起点不一样,但都想尽快跑到前面去,尽快把许多竞争者甩在后面——这就是赫尔曼·卡夫卡对于家族之外的世界的认知——在这样一个社会中，从根本上说，**每个人**都是绊脚石。他觉得那些要求合理报酬的雇员甚至是故意给他捣乱。哪怕有人无辜地遭受了不幸，他都可能用他那一套道德和经济要求贬损一通，说那个人有可能成为卡夫卡家的障碍，变成敌人。店铺里的一个帮工患上肺炎，不能全力工作，但还是要求得到几个星期的工钱，这位店主的反应就好像遭窃了一样："他就该去死，那条病狗！"他破口大骂，一次又一次。[4]

卡夫卡在他的三部长篇小说中描写了冷酷的社会环境，在那里，无私的互助与团结只能是梦想，许多迹象表明，这不仅反映了卡夫卡的真实经历和观察，而且体现了父亲的反社会意识。对赫尔曼·卡夫卡来说，怀疑、随时准备斗争和粗俗的功利主义都是美德，他要灌输给孩子们，以便让他们在这个狼的社会中能好好生存下去。新的关系总是意味着新的义务，所以只有当它能带来益处，才去建立。他到老都在给孩子们讲述这些道理。要理解这样的世界观，要理解这样的父亲，只能把他看作一种社会现象，卡夫卡到自己生命的最后几年才认识到这一点。在童年和青年时代，他只能完全习惯性地对父亲充满敌意，他在《致父亲》中把这种敌意描绘成一种自然现象，一种捉摸不透的性格。"你能不能说出一个对童年时代的我比较重要的人，"卡夫卡写道，"没有被你批得体无完肤的？""比如说，你会骂捷克人，然后骂德国人，然后骂犹太人，而且你不是有选择地骂，而是什么都骂，到最后，除了你自己就没有不被你骂的人了。对我来说，你具有所有暴君都有的莫测性，暴君的法律基础不是思考，而是他们本人。至少我是这么认为的。"[5]

卡夫卡知道，这种合法专权的神秘性是一代人的体验。它是成功富商的孩子们的体验，那些商人除了经济战争法则，不会看重任何其他道德标准，他们习惯了一种长期紧急的状态："每个人都为自己，其他人都是我的敌人。"这个准则比所有其他价值体系都更加深刻地支配并贯穿

65　了他们的一生,尽管那些价值体系有宗教基础,属于犹太人的身份认同。就连被同化的犹太人都普遍接受这些伦理和宗教戒律,并且,如果能将其纳入正常生活,他们也遵守这些规则,但是这些戒律不约束日常生活,更多只用于象征性的外表。它们构成一个框架,可以容纳全部生活,会满足偶尔出现的对意义的欲求。影响力更持久的是市民狼性的日常道德,这种道德牢牢地扎根在动作、习惯、语言、思想和幻想中,甚至会在身体里筑巢并自动运行——就像在赫尔曼·卡夫卡身上,他一辈子都承受着神经性心脏病。那是一种非常艰苦的道德感,会不断把紧张引向自身,而且——某种程度上说,正因为如此——要非常严格、一字不差地遵守。

　　所以,卡夫卡记得,一家人吃饭的时候,会不断提到"最后":每个月最后一个工作日,生意场上也叫"月底"。那一天,是住房、店铺和仓库的租金到期的日子,也是要给家里的佣人和店铺雇员发工资的日子,是偿还日常定期购买物品赊账的日子。在这一天,钱箱必须敞开,那天晚上要把这一个月的收支差额计算出来。在他还是个看不懂日历的孩子的时候,他凭直觉就明白,父母不仅是满怀忧虑地看着这一天临近,而且是带着明显的恐惧——就好像面临一场考试。因为按照他们的理解,月底不只是一个经济总结,还是一个道德和社会总结:"最后"最终裁定,他们是否都做对了,是否应付得了生活的普遍竞争。这是揭开真相的一天,是最广泛意义上进行清算的一天,就连一向稳定的卡夫卡夫妇俩有时候都会出一头冷汗。[6]

　　他们认为,针对这种恐惧,只有一种长效药:扩大店铺,将收益用于
66　再投资。抓住每一个出现的机会,扩大店铺面积,把店铺搬到战略上更有利的地方,另外,不断增加商品种类:麻布和内衣、花边和飘带、长筒袜和围裙、手帕、扣环、小罐子、扇子、扣子、衣领、皮手笼、毡鞋……还有弹子球、缝衣针、折叠小刀、牙刷……短短几年之后,卡夫卡家的店铺里

就几乎**什么都有**了,他们的儿子后来极端讨厌没用的东西和各种容易招灰尘的装饰物,无疑源自家里总堆满乱七八糟东西的经历。1892 年,十四岁的弗朗齐歇克·巴斯克作为学徒进入卡夫卡时尚用品店,他在回忆录里写到店里用盒子、包装纸、打包绳和写了字的小牌子勉强归拢到一起的大批货物,令他印象深刻。[7]不仅店里所有房间的墙壁都立着顶到天花板的货架,装得满满当当,而且后面几间房和一个宽阔的地下室,还有另一条街上租的一个库房,都是货物。那简直是一个迷宫般的王国,赫尔曼·卡夫卡统治下的王国,他在里面能够准确无误地找到任何东西,这令小弗朗茨感到非常惊讶。

另外,这个王国有两种语言和多种身份。员工中讲德语的犹太人是多数;尤莉叶的父亲,那个经验丰富的布料商每天来干几个小时,有时候也会招聘一些远亲来做售货员、学徒或者实习生。但是,必须要考虑到大多数顾客是捷克基督徒,他们在一个明显的犹太商店肯定会觉得不自在,所以能跟他们顺畅交流是非常必要的。一个一句捷克语都不会说的犹太伙计,对赫尔曼·卡夫卡来说是没有用的,但是像巴斯克这样**只会**说捷克语的学徒却有用。同样,店里最重要、在所有人中薪水最高的会计职位的人选,也是这个道理:对这个职位而言,最重要的是书写漂亮和专业及语言能力,至于信什么宗教则根本不重要,一个叫甘斯的德裔犹太人,跟他的继任,一个叫德劳希的捷克基督徒,同样都胜任这个职位。语言上的适应和中立的外观,是久经考验的防御性措施,卡夫卡一家懂得用这些方法在捷克人的环境中低调行事——尽管所有人都知道,波希米亚的时尚用品生意几乎都掌握在犹太人手中。他们家的姓在捷克语中有特殊意义,这对赫尔曼·卡夫卡非常有利,因此,他的店铺标志理所当然地选了 kavka——寒鸦。

妻子不知疲倦的努力、节俭、能干和顺从,让赫尔曼·卡夫卡最终成为一个"受人尊敬的人",并进一步被周围所接纳——官方正式文件认证是 1901 年,他们获得了布拉格市的居住权,明显晚了很长时间。[8]不过社会尊重是建立在不牢固基础上的空中楼阁:一个愚蠢的行为,足以摧毁一切,尤其是在扩大经营的那几年,卡夫卡一家整日小心翼翼地勤奋工作,每每平安度过一个月,他们都要感谢上苍。

生意人难免有犯错误的时候,比如 1894 年初,赫尔曼·卡夫卡就一下子犯了两个错误。他收了一张一千古尔盾的钞票——没有记载从谁手中收的——在后来检验的时候发现那是一张伪钞。当然,他应该去最近的警察局上交这张伪钞,警察会对他的行为表示衷心感谢,并对他做长长的询问和笔录,但是不会对他的守法行为进行任何形式的经济补偿。该怎么办?时尚用品商决定,把这件事告诉一个邻居,一个叫萨穆埃尔·帕舍勒斯的犹太会计,并为此到他的店铺去找他——这是他犯下的第二个也是更大的错误。帕舍勒斯认为,这么大额的钞票,只能在银行或者邮局脱手,而在邮局风险比较大,因为那里查得非常严。可是,赫尔曼·卡夫卡的店铺账户是在邮政储蓄银行,所以他决定冒险——在紧急情况下还可以装傻说不知道。那张钞票居然被邮储银行收下了,没人提出异议。

卡夫卡一家的幸运却没有持续多长时间,不久,店主就被警察局叫去问讯了。邻居店铺中雇用的账房帮工,一个叫弗里德曼的人,听到了赫尔曼和帕舍勒斯的商量,举报了卡夫卡先生。事情很严重,这意味着,他的社会声誉可能会毁于一旦,因为在知情的情况下继续使用伪钞是欺诈罪——哪怕根本没法证明是否知情——如此大金额的欺骗,通常会面临着监禁处罚。现在,唯一能拯救赫尔曼·卡夫卡的,是社会等级制度的可靠性:两个生意人的说辞与那个店铺仆役的说法相反:他们之间只进行了一段泛泛的、无关紧要的对话,是那个仆役听错了。而且,如果连邮局的窗口工作人员,也就是专家,都没有鉴别出伪钞,那他一个时尚用品商,怎么可能对钞票的真伪有所怀疑呢?

当时的情况是:要么没事,要么全完了,最后,赫尔曼·卡夫卡成功为自己开脱,避免了刑事诉讼。在生意场上就是这样的,有时候损人,有时候受罪。每个人都是为了自己,其他人都是我们的敌人。

注释

[1] 卡夫卡致菲莉丝·鲍尔的信,1912 年 12 月 19 / 20 日。(《1900-1912 年书信集》,第 345 页)

[2] 尤莉叶的外孙女维拉·索德科娃对卡夫卡研究者哈尔穆特·宾德说,尤莉叶估计,如果她丈夫能让她放下店铺的工作,她的两个儿子格奥尔格和海因里希是有救的。(参见宾德:《卡夫卡手册》,第一卷,第 146 页)卡夫卡自己说,他的两个弟弟是"由于医生的过失才去世的"。但他对此没有进行解释说明。(卡夫卡致菲莉丝·鲍尔的信,1912 年 12 月 19 / 20 日,《1900-1912 年书信集》,第 345 页)麻疹和脑膜炎在那个时候经常会导致幼儿死亡。根据维也纳公布的统计数字,1884 年,在维也纳,总共有 2 194 名一至五岁的儿童死去,其中 307 人(14%)死于脑膜炎,206 人(9.4%)死于麻疹。麻疹的死亡率在十九世纪八十年代是 7% ~ 8%。

[3] 胡戈·贝格曼:《中学与大学》(Schulzeit und Studium),载于汉斯-格尔德·科赫主编:《当卡夫卡朝我走来》(Als Kafka mir entgegenkam...)增补版,柏林,2005 年,第 25 页。

[4] 卡夫卡:《致父亲》。(《卡夫卡遗作和未完成的残章》〔二〕,第 173 页)法律规定,雇员和学徒只能在季度末被解雇,解雇期限是六个星期。在这六个星期中,不得减少工资,即便是下属要求医疗保险机构赔付,也不能减少工资。

[5] 同上。(《卡夫卡遗作和未完成的残章》〔二〕,第 184、152 页)

[6] 到了 1911 年,卡夫卡家早已是批发商了,"可怜的母亲"(还能是谁呢?)还在月底前不久去请求房东宽限房租,而她的丈夫因为害怕已经觉得不舒服了。参见卡夫卡日记,1911 年 8 月 26 日(《卡夫卡日记》,第 39 页),1911 年

12 月 24 日(《卡夫卡日记》,第 309-310 页)。

[7] 弗朗齐歇克·X. 巴斯克:《我在卡夫卡店铺当学徒》(Als Lehrjunge in der Galanteriewarenhandlung Hermann Kafka),载于弗兰茨·卡夫卡:《致父亲》,汉斯-格尔德·科赫编,柏林,2004 年,第 69-130 页。巴斯克的描述是他全面自传草稿的一部分,写成于四十年代初,也就是在他描述的事情过去半个世纪的时候。他的回忆在气氛上很接近,但是由于时间过去太久,不可避免地包含着一些前后不一致和无法解释的矛盾。比如说,巴斯克说他的店主是个"安静的、几乎是温柔的人",这与我们掌握的所有证据都不相符(也许是与其他店铺老板们相比较而言,那些人经常会扇学徒耳光),同时,巴斯克又说老板是个会剥削人的商人,他利用一些机会,想方设法从雇员身上节省几个古尔盾。(第 127、110 页;关于赫尔曼·卡夫卡经常在店铺里发脾气,参见施塔赫:《卡夫卡传:领悟之年》,第 238 页)因为巴斯克有时候还能看到卡夫卡家的私生活——这一点后面还会写道——他在写回忆录的时候,并不知道当年店主的儿子成了世界知名的大作家,所以,尽管有许多矛盾之处,他的书稿对于研究具有特殊意义。因为这是唯一一份没有受到卡夫卡后来盛名影响的、对卡夫卡身边环境的回忆。

[8] 为什么赫尔曼·卡夫卡和他的妻儿到 1901 年 10 月才获得居住权(Heimatrecht),不得而知。因为根据一项奥地利 1896 年的规定,一个品行端正、有独立经济来源的人,在一个地方生活十年之后,就可以获得当地的居住权,而卡夫卡一家已经在布拉格连续生活了将近二十年。当然,有些地方要求申请人缴纳昂贵的证书费用——有可能卡夫卡家一直害怕交这笔费用。延迟的后果是,他们的儿子弗朗茨在大学注册的时候才成为布拉格市民,在此之前都是"沃赛克人"。

第六章　想到了弗洛伊德

你要知道,发生了的事情,永远不会结束。

莱奥·佩鲁茨,《最后一天的大师》①

我经常思考,并让我的思绪自行游走,我不干预,不管我如何扭转,最后总会得出结论,我受的教育中有一些对我伤害很大。在这个认识中,隐藏着对许多人的责怪。这其中包括父母亲和亲戚,一个厨娘,老师们,几个作家,关系好的几个家庭,一个游泳教练,避暑地的当地人,城市公园里几位根本没法细看的女士,一个理发师,一个女乞丐,一个舵手,家庭医生和许多其他人。如果我能一个一个说出他们名字的话,还有更多,简而言之,太多了,多得我必须当心,别说重复了。

除了《致父亲》那封信是有意识地进行选择性回忆之外,卡夫卡没有留下完整的、严格意义上的自传性文字。不过他表达了写自传的意向,偶尔也做过一点尝试。二十七岁的时候,他对自己的创作能力还不

_____

①　莱奥·佩鲁茨(Leo Perutz, 1882-1957),奥地利作家,《最后一天的大师》是出版于1923年的一部侦探小说。

太自信,他能尝试用文学方式加工自己教育中长期有害的、无法挽回的后果。他曾固执地坚持了一段时间,后来就没兴趣了:他曾七次写了开头,又七次中断了,最长的一次写了五页半稿纸,最后一次也是最短的,只有一个标题:"废墟上的小居民"。这为数不多的几页纸,显示不出什么自传的痕迹,不过卡夫卡在别的地方记录下来的一些童年回忆证明他所列举的那些有责任的人是确有其人。我们几乎觉得,不断扩充这个名单曾是卡夫卡的主要乐趣,因为他不断想起更多有过错的人,但却丝毫没有透露要指责的点:一个校长,一个售票员,一个纸张推销员,一个公园看守,"一大堆保姆","舞蹈课上的几个女孩",甚至还有"慢慢走着的路人"。[1]

70

　　这个没有约束力的游戏不能长久满足卡夫卡;一年之后,他的口气就完全变了:"如果能摆脱办公室的工作,我立刻就会满足自己写自传的要求……那样的话,写自己的传记就是一件乐事,因为这就像记下自己的梦境一样简单,但是对我却具有完全不同的、重大的、产生永久影响的结果,同时也会被每一个人理解和感受到。"[2]也就是说,不是总结,而是自我理解以及让别人理解。这个计划也没有完成,卡夫卡在他的日记里进行着反思,但是逐渐放弃了借助写私密历史唤醒别人的"理解和情感"的想法。"我不能让你和别人理解我内心是怎么样的,"他在1920年给密伦娜·耶森斯卡的信中写道,"我怎么能让人理解,为什么是这样的;我都不能让我自己理解。"[3]在他生命接近尾声时,他只能把自传写作看成是极端的、从零点开始的重构——不是为了满足自恋和认识的渴望,更不是为了理解,而是"在极端困境中自我治疗的措施":"我没法写作了。所以才计划自传性考察,不是自传,而是考察和寻找一些要素。我想从中建构自己,就像一个人的房子不牢固了,他就在旁边建一座更牢固的,尽量用旧房子的材料。"[4]

　　这是一个引人注目的比喻,不过这对于卡夫卡的"整体性"思维来

说并不典型。当然,对那所老房子的所有基本元素都进行广泛了解是有
用的,尤其是在没有其他材料的时候。那么,去了解建筑计划,不是更有
用吗?而且这也适用于观察其他的陌生人的生平。在卡夫卡阅读过的
无数传记和自传中,他不是在寻找尽可能小的,而是寻找典型的细节,从
这些细节中发现整个一生的结构和本质——他认为这才是"真实的",
其他的都是常规性配料。

71

毫无疑问,在寻找本质性"珍珠"的过程中,卡夫卡陷入了一种不舒
服的、接近精神分析的状态,这一点他自己非常清楚地意识到了。精神
分析的宏大目标是,希望能对一个人的个性追根溯源,直抵最深处的根
源,从而纠正和弥补他发展过程中的错误。对此,卡夫卡不仅表示怀疑,
而且认为是狂妄的,甚至是病态的。最令他反感的是,精神分析让"疾
病"这个概念迅速蔓延开来:几乎所有东西都可能是病态的,明显的利
他主义和社会冷漠,宗教笃信和丧失信仰任何东西的能力,都是病态。
卡夫卡认为,按照这样一种对疾病的理解,一个人身上最好的特征都有
可能是精神病理学的例子,一个人的本质和个人困境最真实的表现都可
能成为治疗的切入点。"我不把这当成疾病,"卡夫卡写道,"我认为精
神分析的治疗是一种束手无策的错误。"[5]

卡夫卡对精神分析的保留态度是显而易见的。这说明,卡夫卡虽然
不是弗洛伊德学说细致的读者,但他完全知道区分精神分析的野心——
他认为这很幼稚——和精神分析要求准确描写人的心理发展阶段和作
用方式的做法。这是对于一种"元心理学"(Metapsychologie)的要求,是
不太容易拒绝的,因为精神分析的基本设想太有说服力了,其内在逻辑
性令人印象深刻。尽管卡大卡试图与精神分析保持距离——卡夫卡写
过:跟精神分析打交道并不令人愉快,要尽量远离它[6]——但他清楚地
知道,他不可能完全摆脱它的影响。"当然想到了弗洛伊德",这是他对
自己刚写完的小说《判决》进行分析后写下的笔记[7],尽管这些念头很

72　少明确浮现出来：他也跟开放的市民知识分子一样，面临着精神分析的全面入侵，尽管他并没有去了解这一新兴理论的各种分支，而是主要接受了当时已经渗透到常识中的那部分。

　　所以，他觉得，这是一种很常见的想法：每个人都有无意识的幻想、需求和冲突，这些东西有可能控制甚至征服他有意识的思考和体验，直至让他完全失去自主性。长篇小说《诉讼》中最具创造性的成就，就是非常形象、可信地描绘了这种无意识动力的冲击，以及"我"如何变形为一个多孔的背景：借助动作、身体反应、无心的影射、失误、自我矛盾和叙述者精心设计的提示。同样，很难想象卡夫卡对梦境的精细记录过程中没有精神分析的精神在场，他的作品中有大量梦境逻辑的段落，其中空间、时间和因果关系的连续性，通通被一种令人震撼的必然性所悬置。弗洛伊德的《梦的解析》，估计他也只是从马克斯·布罗德的讲述（后者于1911年研读过这本书）中有所了解，然而，卡夫卡却以同样的严肃态度记录和讲述了自己的梦境，仿佛那是真实的经历，卡夫卡非常了解梦境的存在性象征特点，所以他默认他的通信伙伴也同样能理解。有时候，卡夫卡似乎只是为了储存而记录他的梦境：他没有钥匙，但他坚信，一定存在一把钥匙，并希望有一天能找到它。于是，他在笔记本和信件中记录了大量素材，将保留下来的梦境记录汇集起来，几乎有六十书页。[8]

　　卡夫卡晚期曾认真着手自传写作，大概也与精神分析产生了分歧。面对自己长期的、不成熟的与家庭的纠缠，特别是对父亲的爱恨交加，他坚定地避免使用精神分析的词汇，但越是如此，他越是被迫"想到了弗
73　洛伊德"，他有充分的理由感觉到自己有时候对那"该死的心理学理论怪圈着了魔"。[9]就连仅从报纸粗略的介绍中了解精神分析研究结果的人都知道，精神分析学的核心是"俄狄浦斯情结"，根据弗洛伊德的观点，一个人的精神命运，很大程度上取决于他在多大程度上能克服这个

无法避免的、在每个社会环境中都存在的矛盾。毫无疑问,卡夫卡脑子里想的是,这一核心论点在多大程度上适用于他自己的情况,他与最知心的朋友讨论过他的思考结果。马克斯·布罗德自认为情绪不稳定,但是心理健康,他诊断卡夫卡有明显的强迫性神经官能症。[10]卡夫卡作为患者对此诊断的评价没有记载流传下来,然而,带着这样一个标签,这场谈话肯定会给卡夫卡留下长久的印象。因为,尽管精神分析的解读方式和诊断让他很受刺激,尽管精神分析貌似非常先进并且具有时代特点,但他一直不认为精神分析是理性的。他承认,它能让人在第一瞬间就感到非常"饱",然而他认为,人很快就能感觉到"原有的饥饿感",渴望了解自己的饥饿感。[11]这只能意味着,精神分析根本无法进入最本质的领域——最主要的原因是,它像观察一个自然客体一样观察人的精神,并试图用"技术手段"对付它。"心理学就像读镜子里的文字,"卡夫卡用一个形象的比喻总结自己的批评,"也就是说,很费劲,至于得到了什么正确结论,似乎有很多结果,但实际上什么都没有"。[12]

当然,最令他反感的是还原论,是对科学体系的固执信任。卡夫卡不相信,人的思想、感觉和行为,能借助理论概念解释清楚,更别说解决问题了;既不可能在心理学领域也不可能在社会和政治领域解决问题。此外,他对精神分析的保留态度,本能地击中了传统弗洛伊德分析的一个弱点,这个弱点使其获得的认识遭受了质疑——特别是当他考虑他自己的情况时。当然,他知道了自己对父母极端矛盾的感情不是简单的疯狂;一个人既爱又恨自己的父亲,并且在看透父亲"向前进"的生活理念的同时还理想化它,这并不是"分裂"。了解到这些的那一刻,他还是感到如释重负。让卡夫卡痛苦的是,感觉到自己是个落伍之人,是个老小孩,快四十岁了还没有实现一个成年人的独立和社会责任,还陷在这个无法解开甚至是无法理解的家庭纠缠中啃老——面对一个精神分析医生,他会毫不犹豫地承认这一点。但是,这能说明什么实质性问题吗?

这真的能揭示他心理世界根本的东西吗？在父亲之外,是否有一个世界？一个父亲之前的世界？

《致父亲》作为卡夫卡早年最重要的自传性资料,已经被无数次引用,对有些读者而言,这正是他一生受制于俄狄浦斯情结的证据:儿子早就在二人对决中失败了,但他一直拒绝离开角斗场。[13] 然而,强度和角度让人产生了错觉,卡夫卡的《致父亲》不是精神分析意义上的自我剖析,它是对一种重要的真实关系的描述,同时也是对想象内容的描述,写下这些,是希望能通过双方的解释和澄清,使两人的关系得到稍许改善。

这封信的核心内容是说,赫尔曼·卡夫卡对儿子没有丝毫理解——但不是出于漠然或者恶意,只是因为他太不了解这个孩子的本性了。他对孩子感到失望,认为这孩子反叛、孤僻、苛求和敏感,而他的妻子尤莉叶一再迁就让步,似乎娇惯了这些性格特点,但是卡夫卡问道,有必要让一个如此不被理解甚至被拒绝的、自己都不理解自己的孩子长大成人吗？也有许多父亲对自己的儿子深感失望,并且不加掩饰地表现出来,哪怕是一个心理不那么敏感的孩子,也会在遭到如此专制父亲的拒绝时感到痛苦。但是,这个伤口会慢慢愈合,甚至可能会减轻未来剪断脐带时所带来的道德上的痛苦,但是,在卡夫卡这里,一切都是未决的、有争议的,直到他生命的最后。为何如此？

75　　……我这个样子,(当然,除了天性和生活的影响外)是你的教育和我顺从的结果。而这个结果仍然让你不满意,你下意识地拒绝承认这是你的教育结果,原因就在于,你的手和我的材质,彼此不合。……我又要小心翼翼地说,我就是因为你才变成这样的;你只是加强了我原有的东西,但是你加强得太厉害了,因为你在我面前太强大了,使用了所有权力。[14]

　　卡夫卡的指责不是：我是你把我塑造成的样子；他说的是：你用我原来的样子什么也塑造不出来；你对我原本的样子不感兴趣，你觉得我浑身都是毛病，所以你不赞许我、不承认我，连一点点自信都不给我。孩子获得父亲鼓励性微笑的唯一可能是，再现父亲的样子——卡夫卡自己用了一个粗俗的比喻——像一只被驯服的猴子一样假装得高高兴兴[15]，行军、敬礼、唱军歌，学它主人的样子说话，吃饭时像它主人那样狼吞虎咽。如果能完全否定自己，那么，让这个"万能之神"高兴并不难。但是，没有哪个孩子能够完全否定自己，哪怕片刻，他们总是试图用另外的、他们认为更有意义的，也就是"幼稚的"成就给人留下印象。但是，用这种方式在赫尔曼·卡夫卡那里什么也得不到："大事件，"他用手指敲着桌子讥讽地叹息道，"去给自己买点儿什么吧。"[16]

　　尽管如此，卡夫卡还是认为，必须从道德上减轻父亲的罪责，因为他也只是"加强了我原有的东西"。这句话并不是什么外交辞令，完全是卡夫卡的真实想法。当然，他说这话的时候，脑子里并没有考虑到他所有的性格气质，包括好的和坏的，而只是想到了那些他不断归咎于"天性"和"生活影响"的负面气质。那些父亲不喜欢的气质，都来自勒维家族的遗传：脱离现实、性格内向、胡思乱想。卡夫卡对此毫不怀疑——他知道自己在这一点上与父亲看法一致——他性格中有一部分压抑的气质遗传自母亲一方，这从一开始就使他没有能力贯彻卡夫卡家族的生活和经商意志。此外还有一些"影响"，父亲最多也只负有间接责任，所以，在《致父亲》中，卡夫卡没有明确表达，尽管这对卡夫卡的成长和发展具有非常重要的意义：他童年早期动荡的世界、住所和身边的人不断变换、母亲的缺席、缺少可靠的反馈。卡夫卡没有对父亲说过，但是对第三人说过，每当他试图唤起对童年氛围的记忆时，首先感觉到的是孤独。这个世界不是让人舒服的"温暖"[17]，对于渴望确定性和安全感的人来说，这个世界绝对没有故乡的感觉，早在父亲的暴政完全发挥作用之前，这种体验就在卡夫卡心中留下了深深的烙印。对父亲的畏惧是第二位的,是一种回声;因为,在卡夫卡的世界里存在如此多的畏惧,这是有原因的,源头可以追溯到弗朗茨作为家中第一个孩子到处被炫耀、被拍照的那个时候。到了后来,才有个魔鬼让父亲认定,恐吓和排斥是制服儿子的最有效手段。这个儿子的目光越来越陌生,正因如此,这个儿子让他非常气愤。

> 有一天夜里,我哭哭啼啼地不停要水喝,当然不是因为渴了,一半是可能为了气人,一半是为了给自己解闷。在你的几次严厉威胁未能奏效之后,你把我从床上拽起来,拉到阳台上,锁上门,让我一个人穿着背心站了一会儿。我不想说你做得不对,也许不这样做,那天夜里就没法安静下来,我只是想用这件事说明你的教育方式及其对我的影响。在那之后,我是听话了,但是,我的内心因此受到了伤害。对我来说,毫无意义地要水喝是理所当然的,而被拉到外面令人非常恐惧,我的天性永远无法把这两者联系在一起。好多年之后,我还会想象,那个巨人,我的父亲,那最高权威,会毫无缘由地过来,半夜把我从床上拽到阳台上,我在他眼里什么都不是,这种想象一直折磨着我。[18]

卡夫卡在"阳台"(布拉格的住宅经常有这种朝内院的外廊)上的经历,完全可以视作他心理传记中的关键场景。单单那个画面——那个几乎赤身裸体的孩子,在夜幕下,站在被父母反锁的门前——就足以说明卡夫卡世界中那三个根本母题:权力、恐惧、孤独,以及它们之间的相互关联。"最高权威"的权力令人畏惧,不仅因为它具有绝对的包括身体上的优势,任何反抗都是徒劳,更主要的原因是,它是无法预测的。你不知道为什么,也不知道它将在什么时候以何种方式爆发。弗朗茨能够大致确定的只有,这种权力并不以身体的痛苦为目的。因为,尽管父亲多次威胁要揍他——有时候甚至大喊大叫、面红耳赤,解下自己的裤子背带要当鞭子用——但是,父亲几乎没有真正动用暴力。[19]可是,他会利用他充斥于整个房间的优势,孤立、鄙视和排斥弗朗茨——一般是用充满讽刺和责备意味的语言,至少有一次也动手把弗朗茨扔了出去。

父亲拥有陷他于孤独的权力:这是父子俩几十年对峙的核心,这是父亲要直接负责的部分。不过,《致父亲》中也没有隐瞒,这道伤痕在弗朗茨两三岁的时候已经非常深了,没有人再能弥合它。当然,那个逐出的动作也是很迅速的,父亲已经想好了,为了达到最大效果,他不仅把儿子从父母的卧室扔了出去,而且扔到了住宅的门外,扔到了外面的阳台上,那是通向邻居住宅的过道,是公共空间的一部分。"我的内心因此受到了伤害。"卡夫卡这样描述自己的感受,真实可信。然而,三十多岁时,他明白了,那天夜里,父亲并不是造成了一个无法愈合的创伤,顶多只是利用、扩大,且因此从根本上揭开了他的创伤。

一个外在的、突然意外发生的不幸,揭开了一个没有意识到,但早已存在的、更深刻的不幸:卡夫卡在他的文学作品中不断展现这个独特的、常常是令人震撼的阐释过程——如此频繁且如此彻底,所以我们必须把它看作卡夫卡心理世界最深处、最折磨他的母题。因此,《变形记》一方面瞬间就将主人公格里高尔·萨姆沙置于对自己家庭的不幸依赖中,一方面又让他与家庭之间出现巨大距离,让读者面对一个完全无法理解甚至是荒诞的事件。然而,小说第一句话中就出现的灾难所激起的尘埃刚一平息,读者就能清楚地看到,那种依赖感和无归属感其实一直都存在,变形这件事打破了社会表面,让已经腐烂的内核更加清楚地呈现出来。

《诉讼》更是完全依靠这个思想形象(Denkfigur):这里,小说一开始,谜一般的逮捕引起的恐惧很快就被另一种持久的不安所覆盖。跟他那个推销员亲戚萨姆沙一样,银行襄理约瑟夫·K一开始就是个受害

78

者。然而,随着情节的展开读者发现,他所遭受的打击,既不是没有意义,也不是完全没有征兆。这次命中注定的打击,这次貌似毫无缘由的逮捕以及由此给他打上的标记,恰恰击中了约瑟夫·K 最疼痛之处:它强迫他进行自我反思,并修正他的自我形象。那个神秘的法庭使他的生活陷入无序,但也正是这个法庭,迫使他思考一个问题:他迄今为止的秩序所花费的代价是否过高了。完全无法想象,约瑟夫·K 或者格里高尔·萨姆沙曾经幸福过,或者知道幸福是什么,所以需要有一个灾难,让他们匮乏化的自体能发声。[20]

跨越一个多世纪的历史鸿沟进行远程精神分析是很困难的:不仅缺少分析过程所必需的本能理解的维度,以及阐释和自我阐释之间的反馈;更大的障碍在于因文化差距而产生的阐释阻力,这种阻力,即便是对完备的历史移情能力而言,迄今为止也是无法克服的。这首先是指,气质、象征形式和日常实践活动,如何且在多大程度上能印入人的无意识,它们如何塑造个人的历史并最终让个人的历史发声——或者沉默。一个在基督教环境中成长的精神分析师,在面对一个犹太教患者时,很可能会忽略一些关键线索——哪怕双方(分析师和患者)早就摆脱了各自宗教文化的情感束缚和思维禁忌。卡夫卡在日记中坚持认为,那些最基本的、貌似不受时代所限的人际关系,例如与自己父母的关系,也是持续受到文化影响的,所以就连最简单的概念都难免被误解:

> 犹太母亲不叫"母亲"(Mutter),母亲这个称谓让她显得有点滑稽……我们用德语词"母亲"称呼犹太妇女,却忘记了其中的矛盾,这个矛盾反而更深地嵌入了感情中,对于犹太人来说,"母亲"这个词尤其显得德语化,它除了基督教的光辉,还无意识地包含着基督教的冷漠,所以,被称为母亲的犹太妇女不仅滑稽,而且陌生。妈妈

（Mama）是个更好的名字，只要不想象它后面隐藏着"母亲"的意思就行。我认为，只有对犹太区的回忆能维系犹太家庭，因为父亲（Vater）这个词也根本不是犹太父亲的意思。[21]

卡夫卡在这里指出了语言缺少深度和准确性：犹太母亲和犹太父亲究竟是什么，只能用"犹太语"说明，而相应的德语概念会引起错误的想象，所以只能用作替代品。同样，分析师面对十九世纪的患者行为、信件和日记时，情况也是一样：如果他不能时刻意识到材料中无法克服的陌生性，那么，今天阅读这些材料引起的联想和"移情现象"必然会引导他走上错误的道路。如果他想更深地进入这些过去生活的材料，那他就必须更加专注、带着更多的反思去阅读——就像使用一门刚刚学会的外语一样。

如果分析对象特别具有语言天赋，甚至留下了文学作品，那么他的形象虽然会更加立体、强烈和感性，但是对他的解释未必就更简单。恰恰相反：文学文本总能提供一个额外的文化维度，也就是一个超越个体的维度，对于作者已经使用的美学形式和叙事规范，读者也必须了解，才能理解作者的行为。哪怕文本中有许多"自由联想"，哪怕作者具有极度个人化的风格，也是如此。在这方面，卡夫卡在文学史上不仅是最著名也是最极端的例子。他具有进入心理深层的能力，能找到进入集体噩梦的通道，他把这种能力与把控语言形式的绝对意志结合在一起。这在他身上非常典型——每封信、他的日记中随便哪一页都能拿来佐证——他在进入文学殿堂之前，就已经开始了文学方式思考、说话、书写，甚至有时候连行事都是文学式的。作为一个精神分析案例，卡夫卡会非常有意思；不过，分析者必须清醒地意识到，他所面对的不仅是通常要克服的那些压抑、延迟或者理性化等机制，而且还有一种完全有意识的，时而有控制的、时而习惯性的语言化和审美化策略。从进入卡夫卡的世界起，不管是否愿意，精神分析就踏上了一片陌生的疆域，如果不尊重语言自身的规律和审美形式,精神分析在这里将不会有任何重要的"揭露",它只能停留在分析对象的自我认识层面之下。

卡夫卡怀疑,精神分析并不能为他的生活问题提供启示,他的怀疑也值得认真对待。如果说,他两岁前生活环境的不稳定,对他的成长具有重要意义——除了他自己的说法,还有许多证据能证明这一点——那么,固守于"俄狄浦斯时期"(约三岁至五岁)的传统精神分析,就的确不是最好的方法。弗洛伊德认为——实际上从没有经过直接观察进行验证——最早的社会关系只是为了满足口唇欲望,对一个幼童来说,最重要的是欲望满足的可靠性。至于除此之外,还可能有一种"关系欲望",也就是说,一种原始的、天生对于与其他人可靠关系和关注的需求,弗洛伊德根本没有考虑过;他认为,童年早期,在俄狄浦斯冲突发挥作用之前,不断变化、不稳定的关系,甚至创伤性的拒绝,都不可能产生关键性影响。所以说,弗洛伊德学派的分析师肯定会对卡夫卡明显的父亲问题和对他自己家庭高度矛盾的情感产生兴趣;但是,必须要有一种非常理性的独立性,才能认识到,这个患者的真正问题需要下到一个更深的层次才能探究。假设卡夫卡能去接受精神分析治疗,很难想象,一种成功的治疗关系会比瞬间的放松对他更有帮助。

然而,精神分析理论继续发展,产生了许多分支,其中,借助实证研究,人最早期的"依恋行为"(Bindungsverhalten)越来越受到关注。卡夫卡那一代人之后,就出现了自我心理学(安娜·弗洛伊德[①]、海因茨·哈尔特曼[②]、爱利克·H.埃里克森[③])和客体关系理论(梅兰妮·克莱因[④])

[①]　安娜·弗洛伊德(Anna Freud, 1895-1982),奥地利儿童精神分析学家。

[②]　海因茨·哈尔特曼(Heinz Hartmann, 1894-1970),德国精神分析学家,安娜·弗洛伊德的学生。

[③]　爱利克·H.埃里克森(Erik H. Erikson, 1902-1994),美国神经病学家。

[④]　梅兰妮·克莱因(Melanie Klein, 1882-1960),奥地利精神分析学家,儿童精神分析研究先驱。

这样专门化的学科。另外,精神分析理论也面临着巨大的竞争:发展心理学和认知心理学,以及约翰·鲍尔比①创立的依恋理论都在探讨,在人生命的头两年,自我认知和社会能力是如何形成的,这个发展过程受到哪些外部因素的影响。

有些新构想(其实也已经是经典了)显然触碰到了那些对卡夫卡的心理命运至关重要的冲突和弱点。例如,埃里克森引入的概念"基本信任"(basic trust),指的是在生命最初几年所获得的对外部世界的积极态度,没有"基本信任",就不可能有稳固的社会行为。在卡夫卡的表述中,有一个明显的矛盾——与埃里克森对症状的描述完全吻合——他在冲突紧张的时刻,会表现出对人和事的信任被严重破坏的所有迹象,但一般情况下,他却愿意相信每个人(除自己之外)表达出来的动机。尤其是在与女人的关系中,这个矛盾有时会显得非常奇怪,让人怀疑卡夫卡的真诚:一方面,他总是觉得,自己随时会被抛弃,但没有什么明确的理由,一封未送达的信、一个拒绝的目光都可能让他的这种预料变成惶恐的确定;而另一方面,他又常常谈到信任和安全,并且在他有理由怀疑的情况下,表现得非常漠然。面对通过占有,特别是通过获取金钱得到安全感的诱惑,卡夫卡全然不受影响,这让他的家庭非常懊恼——不过,这并不是因为他从一开始就看穿了这种生活策略的虚幻性,而是因为在他的世界里,物质的占有和精神上的占有一样,都是短暂易逝的。"……我对所有事物都非常没有把握,"卡夫卡在谈到自己的童年时写道,"我觉得我只占有已经抓在手中或者含在嘴里的东西,或者至少马上会到手中或嘴里的东西……"[22]他不可能"占有",既不能占有女人,也不能占有物质。他生命中没有任何一件事能说明他对占有物质表示过乐趣,至于乐趣的反面,贪念,在他这里也只是偶尔的冲动。他喜欢的

82

———————————

①　约翰·鲍尔比(John Bowlby, 1907-1990),英国心理学家、精神病学家,依恋理论之父。

东西,不一定要占有,包括让他激动的书籍,他也会冷静地归还给合法的主人,而不想自己去获得。收藏家对占有物的狂热,他完全不能理解。

卡夫卡对安全感的追求,与他没有能力做长期规划之间的矛盾,原因或许在于一种无法修复的、对世界的不信任感。在一个充满了短暂现象和易逝关系的环境中,只可能存在**一种**确定性:那种瞬间的、重复出现的确定性。每一次对未来的思考,都会让人立刻意识到未来的不可控性,因此不寒而栗。所以,卡夫卡很难遵循一种成熟的安全感构想,也就是说,他不会为了获得长期的安全感而去承受短期的、可预见的风险。

83　尽管他比周围任何人都更深刻地思考自己的心理状况和社会状况,尽管他对于为何出现了这种状况有更加详尽的看法,但是,他以一种循环出现的方式体验**现状**,因而现状是永恒的。所以,在卡夫卡的存在中,这是一个非常大的讽刺:作为保险机构的职员,他必须贯彻一种全面的、抽象的安全观念,这种安全观是以一个基础牢固的世界为前提的,但是他自己根本感觉不到对于掌控未来的可能性。一旦他直接面对这个矛盾——在他与菲莉丝·鲍尔的关系中经常出现这种情况——他就会以充满自我认识的方式作出反应,但实际上完全无用。"我当然是毫无计划的,根本没有前景,"他在给她的信中写道,"走进未来,我是办不到的,坠入未来,滚进未来,跟跟跄跄地挪进未来,我倒是可以。而我最拿手的是原地躺着不走。但是计划和展望我真的没有,如果我现在过得不错,那我的身心便完全被当下所填满;如果我过得不好,连当下我都要诅咒,又哪里还管得上未来。"[23]

期待只依靠精神分析就能解释那个孤独的长子弗朗茨如何成为终生与神经官能症症状做斗争的卡夫卡博士,这种想法显然是幼稚的。尤其是,如果认为凭借精神分析的指南针,找到他无意识中最隐秘、最深处翻滚的源泉,就能解释卡夫卡的精神创造力,他依靠语言和在语言之中的生存，以及他对自我理解和自我虚构的掌控能力，那就更是异想天开了。这样的尝试——萨特用福楼拜的童年做了极具说服力的演示——需要更多的人文科学方法，结论也不会是简单的因果关系链，最多是对那个时代一个极有天赋又极其敏感之人心理社会和个人意识形成的过程进行令人信服的描述。

不过，精神分析有理由坚持说，复杂的、不同寻常的或者"天才"式的人物，在治愈过程中也会表现出一些典型的冲突线、症状和策略，使他们具有可比性，所以在赞赏和感受他们之余，也可以看清楚他们：这是针对神秘化卡夫卡的一剂解药，卡夫卡有时候会陷入一种自己意识到的绝望中，并把自己描写成一种这世界上还没有过的生物。荒诞的是，有一系列精神分析的案例描写与卡夫卡非常接近——并非有意如此——并且对上面提到的可比性做了迄今为止最令人信服的展示，然而这些案例分析在相关文献中相互之间完全没有关联：二战期间出现的关于"遗弃型神经官能症"的研究，奠基人是瑞士精神分析师热尔曼·盖，皮亚杰①的一个女学生。盖在实践中经常遇到童年早期的、明显早于俄狄浦斯时期的心理障碍，所以她认为，有理由把这类临床病例归纳为一种还未被描述过的神经症类型。这个新的概念被拉普朗什和彭塔利斯②的精神分析词典收录，得到了业内高度重视。但是，盖没有进行严肃的实验，因而无法对她（共同）发现的神经症从元精神分析学方面进行有力的论证，或者至少用婴儿研究方面已经很确定的结论进行调整。[24]她也没有发表其他的案例，所以，她的研究在受过良好教育的相关外行中获

84

---

　　①　让·皮亚杰(Jean Piaget, 1896-1980)，瑞士著名儿童心理学家，其认知发展理论成了这个学科的典范。

　　②　让·拉普朗什(Jean Laplanche, 1924-2012)，法国心理学家。让-伯特兰·彭塔利斯(Jean-Bertrand Pontalis, 1924-2013)，法国哲学家、心理学家。他们于1967年共同编辑出版的《精神分析词汇表》，成为该学科的经典文献。

得的赞誉比在专业分析师那里更多。最终,她考虑到自己研究中的理论缺陷,在后来再版时用了另一个承诺度弱一点的标题——"遗弃综合征"。[25]

盖显然不知道卡夫卡的日记和书信——否则,她不会放过这个机会,让这个深受不稳定关系和遗弃恐惧折磨的人的内心展示为她自己的精神分析理论服务。实际上,她提出的"遗弃者"的临床表现,和卡夫卡的心理社会表现特点之间,确实存在惊人的相似性。盖写道:遗弃者失败的原因在于,他对与他人的关系提出绝对的要求,目的是融为一体——**全部或者什么都不要**——但是经验告诉他,完美的、毫无阴影的共生只能在梦中出现。他把这一两难困境的过错归咎于自己:他根本不值得被爱,**如果他被人爱上了,那对方一定是不幸看错人了**,他会不断通过精心策划的"测试"来证明这一点。遗弃者对情感的感受很强烈,在感情上不会感到满足,不能忍受相对的东西,如果给他机会,他很容易从善良变成专横。但是,他不索取他需要的,而只是等着别人给他。按照盖的观点,这是一种被动的、"受虐"的态度,当然会导致失败,并再次证明其负面的自我形象。总体而言,遗弃者固守着一种防御性态度,避免公开对抗,心理冲突会表现为身体的病痛。他对不幸有更敏锐的感觉,他逃避自主和责任,但他会对周围环境观察得非常仔细,会有很强的共情能力和不可思议的、到处寻找"象征意义"的敏感性。[26]他会高估别人——高到他完全不能对对方产生恨意——但认为自己是被排斥的、不属于大家的、多余的。而且他还会选择把自己孤立起来,因为任何一个突然的开始都可能引发对伤害和失望的强烈恐惧。这种恐惧心理控制着他,阻碍他生活。

跟卡夫卡一样,盖也认为,这种障碍不能仅从童年早期的创伤经历中寻求解释。重要的是,患者对不安全感、失败和被抛弃感的**体验**和解释是创伤性的。至于这个痛苦的门槛是否能跨过去或者什么时候能跨过去,又取决于相关因素:感受力、是否易怒、外向性、是否胆小——这些因素,卡夫卡都算作"勒维家的遗传"。根本不必发生父母对他身体方面的侵害,或者真正的被抛弃的灾难,只需要在特定经历中聚集并形成恐惧、不安全感和畏惧感就足够了——成年人能回忆起这些经历,并在其中寻找他们现状的原因,仿佛它们真的造成了心理创伤。这种把最坏的畏惧当成真事并由此才意识到这些畏惧的体验,盖称之为"催化创伤"——这个概念,在卡夫卡浓墨重彩描写的那段在阳台上的故事中体现得淋漓尽致。

不过,盖在这里已经走到了她启发式方案的尽头。与真实的创伤不同——比如尤莉叶·卡夫卡因母亲早逝受到的创伤——催化创伤只能跟它之前发生的事件和期待结合在一起考虑,才能理解。催化创伤不是原因,更确切地说它是痛苦的**表现**,喜欢被用作自传叙述的节点。卡夫卡夜里被关在门外的事件,在这个意义上也是一种建构:它的意义在于,之前就已经产生的对恐惧的预料,以痛苦的方式得到了证实,于是成了一种典型的母题,用来进行自我描写,甚至能够建构身份。不断重复叙述这类创伤并说明其意义,很可能就是"典型的病态",也许抱怨的语气还会流露出自怜和报复的欲望。但更重要的是——卡夫卡用文学方式写就的《致父亲》极其尖锐地展现了这种转变——曾经的被抛弃者和在这一点上无法解脱的被动伤心者,夺回了对自己生命的阐释权。他塑造了自己生命的故事和他自己;他知道,在语言的、比喻的和审美的形式中,他有机会毫无羞耻感地向其他人展示自己。

精神分析是否拥有理解这种反攻的工具?从未经加工的原始体验,进入到越来越精细加工过的、承载了**意义**的经验世界,这个过渡就是动力,其意义是在卡夫卡去世很久以后才被完全认识到的。那么,这种小婴儿就从对他而言至关重要的人际关系中勾画出来的"内心工作模式"，就是关系理论中最根本的设想。精神分析学者爱蒂·雅克布森[①]从五十年代开始，发展出一种（至今为止依然很有影响力的）心理"表现"理论。

87　　她研究的最终目的是描绘心理经历的过程，也就是说，外部现实如何转化为内部现实。但是外部世界的心灵模板不仅仅是简单的反射。即便是在婴儿那里，它也是对杂乱和丰富的外部世界做出的积极的、有建构意义的回答，而对这些心灵模型进行不断组合，并能像在内心家园一样在其中活动，外部世界越不可预测这种能力就越发重要。卡夫卡的书信和日记让我们认识到——在这种意义上，卡夫卡的书信日记，的确是独一无二的"案例"——他牢牢抓住一个很早的时候对内心显然影响很大的事件，并以罕见的方式不断细化，最终赋予它一种审美形式。尽管本能的文学创作活动是模糊不清的：卡夫卡遗留下来的笔记中，关于促使他进行文学创作的动力，恰恰要放到时间的放大镜下仔细研究，这种强大的动力在读者的情感中找到了回应，读者觉得卡夫卡的任何一句话都能把人带到文学天地中。对于一部从精神分析范式出发的卡夫卡传记，最重要的任务是：要展现出，在他最早试图赋予世界一个内心图像的尝试，和他文学作品的巅峰之间，存在着一种巨大的、从没有中断过的创作行为的连续性。当年，那个摇摆不定的世界施加于小弗朗茨的压力，使他想象出救生的内心模式，这种压力，在成人后的卡夫卡身上一直没有减少。他把这种压迫感转化成一种具有形式感的有意识意志，直到他生命的最后，他都在采用这个策略。尽管他有各种抱怨——他尝试用这样不可思议的实际行动抚慰他认为充满敌意的世界——这种策略让他成功了，而且非常成功，以至于他只能以此衡量他的所有选择：工作、

---

① 爱蒂·雅克布森（Edith Jacobson, 1897-1978），德国医生和精神分析家，后移居美国，是后弗洛伊德时代美国精神分析理论的重要代表人物。

友谊,甚至对女人的爱情。如果我们相信他自己的个人神话,那么他是从生活逃到文学中去了,而且是没有归路的。但是,如果反过来想,如果文学是他唯一能走的**归途**呢?

小弗朗茨的样子,我们都知道:他像所有市民家庭的孩子一样,在最初的成长阶段,每年要去专业摄影师那里拍一张照片。在摄影师那里精心摆出一些经典的姿势,定格下来给亲戚朋友们看:光着小腿儿坐在椅子里(一岁);穿着当时很流行的女孩子样式的童装站在椅子上(两岁);穿着水手服,拿着手杖和帽子站在棕榈树前(四岁);穿着厚厚的长筒袜和闪亮的半高筒靴子,站在跟真的羊一样大的玩具羊旁边(五岁)。这些照片很感人,特别是排在一起的时候,因为它们记录了不断失去且无法挽回的本能性:他的姿势越来越受约束,孩子变得越来越顺从。

如果仔细看,也许还能看出他变得越来越畏惧?或许某张照片是他经历了阳台事件之后照的?孩子们以往的照片,会引诱我们,把我们**现在**知道的信息反过来投射上去,我们希望这偶然选出来的、被排列进来的十分之一秒定格能透露出一些重要信息,这种期待很难抑制。因为我们只拥有这个瞬间,而其余的整个时间轴都已沉入完全的黑暗:我们不知道,他在母亲的怀中,在弟弟的摇篮旁,在父亲和蔼的鼓励声中,或者在无人关注时的忘我游戏中流露出怎样的目光。就连成年以后的卡夫卡也不知道这一切,他的确是这样的——他能沉浸在自己的照片中好几分钟——经常会受到诱惑,想从自己以前珍贵的感性资料中,获得写自传的启示:"……当时露出邪恶的目光是开玩笑的",他在给菲莉丝·鲍尔的信中,谈到两岁那年的照片中看向照相机的带有敌意的目光,"现在我认为那是内心中的**严肃**"。[27]

这种向黑暗中的内心投射,我们都很熟悉,即使根本没图像记录流传下来。童稚的(最好是少年老成的)话语,趣事,第二手和第三手的回忆,都可能替代图像,产生一种有了感官通道的幻觉,材料越少,这个通道承载的意义越强烈。不过,大多数情况下,只有"成功的"照片才能保存和流传下来,同样,见证者记忆中保留下来的,都是他们(有意识或者无意识)觉得重要的事物。那些不合适的、不可理解的或者过于平常的都被排斥掉了,而那些看上去有代表性的,都被修饰,经过滤镜的加工而蒙上一层宜人的朦胧之光。直到出现了文字资料,才开始了事实的世界,如果运气好,那么一个人最早的文字表述,或许会传达一些我们徒劳地试图从照片中的小脸上解读的信息。

卡夫卡的生活中,还真的出现过这种幸运的,某种意义上又是诡异的偶然情况。因为,他儿时写过的所有字纸(包括学校的作业本),只有一句意义深长的话保存了下来,那是他十四岁时给一位朋友的纪念册题写的。要说卡夫卡那么早就能非常明白,那不安定的、充满别离的童年世界给他带来了哪些心理负担,似乎不太可能。但是他所选择的文字却用冷静的风格表达了这种影响,他不可能选出更好的文字了,几乎可以用这段文字作为他儿时生活的格言了。偏偏是**这段**文字流传了下来[28]:

> 有到来,有离开
> 有告别,却往往没有——再见
> 布拉格,11 月 20 日。

弗朗茨·卡夫卡

注释

[1] 卡夫卡日记,1910 年夏秋。(《卡夫卡日记》,第 17-28 页)本章开头引用的那一段,是卡夫卡为标题为"废墟上的小居民"写的第三个版本。(《卡夫卡日记》,第 20 页)(为了便于读者理解,此处增加了六个逗号,删除了一个逗号。

本书作者)可能的标题"废墟上的小居民",卡夫卡写在了另外一个日记本上,单独写在一页的中间,估计是作为计划誊抄一篇文章或者另外一个版本的题目。(《卡夫卡日记》,第17页)与自传性片段的关系从"废墟小居民"中可以看出来,这个称呼在第一个版本中就已经出现了。与文本明显自传特征相反的是,这里也有保持距离的信号。比如,第一人称叙述者自称"非常矮小肥胖",并且已经"四十多岁"了。(《卡夫卡日记》,第23-24页)这可能说明卡夫卡写这篇文章是为了出版。

〔2〕卡夫卡日记,1911年12月17日。(《卡夫卡日记》,第298页)

〔3〕致密伦娜·耶森斯卡的信,1920年12月2日。(《1918-1920年书信集》〔*Briefe 1918-1920*〕,第374页)

〔4〕估计是1921年春天的日记。(《卡夫卡遗作和未完成的残章》〔二〕,第374页)

〔5〕卡夫卡致密伦娜·耶森斯卡的信,1920年10月7日。(《1918-1920年书信集》,第355页)如果只从个体发病机理去解释那些因为时代原因而不可避免的痛苦,而且最后被当作无意义的牺牲,那么卡夫卡的反应就更加激烈。他认为,这正是弗朗茨·韦尔弗和他的剧作《沉默者》的遭遇。参见施塔赫:《卡夫卡传:领悟之年》,第517-519页。

〔6〕卡夫卡给弗朗茨·韦尔弗的信的草稿,1922年11／12月。(《卡夫卡遗作和未完成的残章》〔二〕,第529页)

〔7〕卡夫卡日记,1912年9月23日。(《卡夫卡日记》,第461页)

〔8〕弗朗茨·卡夫卡:《梦——"每天夜里拳击"》(*Träume*:"*Ringkämpfe jede Nacht*"),加斯帕尔·基迪斯(Gaspare Giudice)和米夏埃尔·穆勒编,法兰克福,1993年。

〔9〕卡夫卡致费利克斯·韦尔奇的信,1917年10月19-21日。(《1914-1917年书信集》,第353-354页)根据上下文,卡夫卡这里主要是指精神分析。

〔10〕1911年6月18日,布罗德在日记中写道:"我相当确信,卡夫卡患有强迫性神经官能症。"5月24日的日记中记载,他跟费利克斯·韦尔奇和卡夫卡

一起谈到了梦的意义和韦尔奇的强迫行为。

[11] 卡夫卡致马克斯·布罗德的信,1917 年 11 月 14 日。(《1914-1917 年书信集》,第 364 页)写下这段话的缘由是,是因为汉斯·布吕尔的《男性团体中性爱的角色》第一卷,卡夫卡认真阅读了这本书,而且甚至想写书评。他给布罗德写道:"这本书让我很激动,我不得不中断阅读两天。另外,它与所有精神分析[!]相同的是,他在最开始会让人非常饱,但很快就会又感觉到原来的饥饿感。精神分析'当然'非常容易解释:紧急压抑。专列最快。"(最后两句话是卡夫卡后来写在信纸边缘的)

[12] 这段像警句一样的笔记是 1918 年 2 月 25 日写在一个曲劳(Zürauer)八开本笔记本上的。(《卡夫卡遗作和未完成的残章》〔二〕,第 100 页)但是,在他自己同年结集出版的格言集中,卡夫卡却没有收录这句话,取而代之的是标号 93 的:"最后一次心理学!"(《卡夫卡遗作和未完成的残章》〔二〕,第 134 页)

[13] "我最近一直想象,我还是一个小孩子时,就已经被父[亲]打败了,只不过出于虚荣心,这么多年一直无法离开角斗场,尽管我一再被打败。"(卡夫卡日记,1921 年 12 月 2 日,《卡夫卡日记》,第 875 页)

[14] 卡夫卡:《致父亲》。(《卡夫卡遗作和未完成的残章》〔二〕,第 160、162 页)

[15] 卡夫卡对一张他四岁时的照片写道:"在下一张照片中,我的样子就像我父母养的猴子。"(卡夫卡致菲莉丝·鲍尔的信,1912 年 11 月 28 日,《1900-1912 年书信集》,第 280 页)

[16] 卡夫卡:《致父亲》。(《卡夫卡遗作和未完成的残章》〔二〕,第 150、153 页)

[17] "……这个世界没有被加热。"卡夫卡致奥特拉·达维德(Ottla David)的信,1921 年 3 月 9 日,载于《卡夫卡致奥特拉和家人的信》(*Briefe an Ottla und die Familie*),哈尔穆特·宾德和克劳斯·瓦根巴赫编,法兰克福,1974 年,第 111 页。

[18] 卡夫卡:《致父亲》。(《卡夫卡遗作和未完成的残章》〔二〕,第 149 页)

〔19〕参见卡夫卡:《致父亲》。(《卡夫卡遗作和未完成的残章》〔二〕,第168页)卡夫卡在这里写道:"确实,你实际上一次都没有真正打过我。"这不能明确地完全排除身体"教训",但是这可能要感谢母亲的干预,所以父亲不受控制的攻击只是罕见的个例。

〔20〕德语语言文学研究曾努力在卡夫卡的文学文本中寻找对阳台经历的直接、具体控诉,不过结果并不明确。儿子被父亲从起居室(《变形记》)或者甚至从住所赶出去(《判决》),只不过是一系列驱逐场景中最明显的。这些场景对于卡夫卡的自我形象具有非常重要的意义,很难把它们追溯到某一个创伤性事件上。《失踪者》中有一个形象上更贴近的场景,是年轻的主人公被关在了门外的阳台上(《失踪者》,约斯特·席勒迈特编,法兰克福,1983年,第295页起若干页),但是,卡尔·罗斯曼不是独自在那里,而且也没有表现出特别想回到破败的住宅中去的意愿。

〔21〕卡夫卡日记,1911年10月24日。(《卡夫卡日记》,第102页)

〔22〕卡夫卡:《致父亲》。(《卡夫卡遗作和未完成的残章》〔二〕,第178页)几个月之后,他用了同样的比喻,来描写犹太人的心理状态:"犹太人不安全的地位,内心的不安全,与人相处中的不安全,最能让人明白,他们只能相信自己已占有抓在手中或者咬在齿间的东西。"(卡夫卡致密伦娜·耶森斯卡的信,1920年5月30日,《1918-1920年书信集》,第150页)

〔23〕卡夫卡致菲莉丝鲍尔的信,1913年2月28日/3月1日。(《1913-1914年书信集》,汉斯-格尔德·科赫编,法兰克福,2001年,第115页)

〔24〕例如,一个很好的参照点是奥地利心理学家勒内·A. 斯皮茨(René A. Spitz, 1887-1974)对婴儿分离焦虑症和住院障碍进行的实证研究。约翰·鲍尔比也在五十年代发表了好几篇关于分离恐惧和对母亲依附的研究论文。不过,这些作者都专注于最早期的心理发展阶段,而盖试图把成年人的心理病学也涵盖进来。

〔25〕热尔曼·盖:《遗弃综合征》(*Das Verlassenheitssyndrom*),柏林/斯图加特/维也纳,1983年。1950年首版时标题为"遗弃神经官能症"(*Névrose d'abandon*），1973 年修订后再版时标题为"遗弃综合征"》（*Syndrome d'abandon*）。参见论文《遗弃官能症》（Verlassenheitsneurose），载于 J. B. 彭塔利斯：《精神分析术语》（*Das Vokabular der Psychoanalyse*），法兰克福，1972 年。这个概念首先出现在查尔斯·奥迪尔（Charles Odier）：《焦虑和魔法思维》（*L'angoisse et la pensée magique*），第三部分：《遗弃性神经症》（La névrose d'abandon），洛桑，1948 年。

［26］热尔曼·盖（出处同上，第 42 页起若干页）还区分了一种不太情绪化的"消极攻击型"遗弃焦虑患者类型。这类患者的特点是，通过强迫自己回忆过往来对所遭受的痛苦进行报复，并倾向于将所有一切与自己联系起来。在这类患者中，攻击型也主要在心理内部；在社会生活中，这类患者很被动，缺少决定能力。

［27］卡夫卡致菲莉丝·鲍尔的信，1912 年 11 月 21 日。（《1900-1912 年书信集》，第 253 页）

［28］这是 1897 年给胡戈·贝格曼的纪念册题字。（《卡夫卡遗作和未完成的残章》〔一〕，马尔科姆·帕斯利编，法兰克福，1993 年，第 7 页）下一份流传下来的卡夫卡的文字是他十七岁时写给他妹妹艾莉的明信片。（《1900-1912 年书信集》，第 9 页）

第七章　弗朗茨·卡夫卡：优秀学生

所有港口

在锚灯亮起时

最美丽

达格玛·尼克,《阴影对话》①

从前,有一只寒鸦,它叫卡夫卡,因为它出身于波希米亚地区,尽管它一直抗拒这个名字。"我不想叫卡夫卡,"它说,"因为所有以'a'结尾的名字都是女孩的名字,比如玛利亚、约翰娜、阿玛利亚……可我是个男人,而且是一个很聪明的男人,所以你必须叫我卡夫库斯,这才是有学问的男子应该叫的名字。他们叫我寒鸦,却称呼我的堂兄为乌鸦卡拉,不管他是男是女。但我不允许他们这样对待我!我叫卡夫库斯!就这么定了!"可是,它没有说"就这么定了",而是说"卡夫-卡夫"或者其实是"卡-卡……"

编这个童话的人,是布拉格妇科医生兼诗人胡戈·萨卢斯,他知道

---

① 达格玛·尼克(Dagmar Nick, 1926-),德国女作家,《阴影对话》(*Schattengespräche*)是她 2008 年出版的诗集。

他在说什么。[1] 因为他自己的外祖父就叫卡夫卡,是一名拉比和受人尊敬的学者,后者在开始自己的生涯之前,曾跟弗朗茨·卡夫卡的祖父在沃赛克的同一所房子里生活过,并有一定的亲戚关系。对于孩子们而言,家族姓氏毫不重要,所以他们都很晚才知道自己的姓,但是“卡-卡”的意思,就连最小的孩子们都知道。所以,毫无疑问,萨卢斯并不是自己编造、而是回想起了无知的寒鸦自辱的恶意称呼。

每个孩子在进入教室这一社会舞台之后,首先遭受到的惊吓就包括受到完全不认识的人的愚弄和攻击,而且不会有更高级别的力量出来阻拦和保护。弗朗茨·卡夫卡是一个被保护得很好的孩子,他生命中的前六年是在一个封闭的笼子中度过的。当然,那里也曾有敌人,但是,在叫得应的距离内,总有个能给评理的人,也有足够的机会让他告状、给他擦干眼泪。在他上学的第一天,1889 年 9 月 15 日,他进入了一群难友中,其中大多数比他声音大、比他强壮,有些可能比他聪明,有些比他穿得好。只是因为有张面孔是卡夫卡已经认识的,这才略微减轻了他感受到的震惊。他那个年级几乎所有男孩子都住在老城,而且大多数都是以德语为母语的犹太人。能在老城广场或者在父亲的店铺里见到他们的家人,他们彼此之间也认识——通过犹太教区或者犹太妇女联合会。所以,胡戈·贝格曼和胡戈·赫希特在几十年之后写下回忆录,记录了与卡夫卡一同度过的小学时代,估计他们可能上学之前就一起玩过,彼此都知道对方的玩具。

在“布拉格一区德语小学和市立中学”里,这些都没有用,这里根本不会问你愿意跟谁坐同桌。小个子坐前面,个子高点儿的坐后面,就是这个古板的原则。令人惊恐的是,从这一刻起,他的名字就不再是简单的“弗朗茨”,而是连名带姓称呼,这与成年人的交往模式很像。所以,在第一天,一位姓马尔科特的老师按照字母顺序点新生们的名字,每个被念到的学生都要大声答"到"："卡夫卡，弗朗茨？""到！"过了一会，大家发现，还有一个学生叫"卡夫卡，卡尔"，这在布拉格也不算什么稀奇事。[2]然后又宣布了校规和一般性的告诫，这就是第一天的全部内容。外面的走廊上，坐着临产的母亲，她旁边是赫希特太太，在等着她儿子胡戈。他们四个一起步行回家。

学校位于肉市场旁边，是一幢四层的新楼房，并不宏伟，装修简朴，还有一个非常小的内院，小到都没法用作课间休息的场地。但是有别的选择吗？高贵的人——或者想成为高贵之人的人——当然不会让他们的儿子上公立学校，他们会选择私立学校，比如教会学校。马克斯·布罗德和弗朗茨·韦尔弗的父亲就是这么做的——他们一个是雄心勃勃的银行职员，另一个是工厂主。不过，以教育者著称的修士们收的学费非常高，他们课堂上的学生，都来自新城说德语的犹太市民家庭（他们都乖乖地做基督教早祷），在这群身着考究水手服的孩子们中间，如果出现一个还没有能力承担全家必不可少的夏日旅游的老城小商贩家的孩子，那肯定是他走错了地方。而且，众所周知，那些修士老师都喜欢通过课后补习的方式收费，而这种流动的收入也相当于非正式的保护费，对学生的分数有很大影响。后来，当埃贡·埃尔温·基希抱怨说，作为老城的孩子，他总是被修士们欺负——不管怎么说，基希家还是房东呢——卡夫卡一定会暗自松了一口气，他当年不必遭受这样的不愉快。[3]

需要决定的是，小弗朗茨是选择德语学校还是捷克语学校——这是个棘手的问题，需要仔细权衡取舍。根据宪法规定，这两种语言在公共生活中是平等的，也就是说，在学校也是平等的，不能强迫任何一个孩子为了能跟上课程而去学另外一种语言——这是一种保护性规定，其结果是，在整个波希米亚地区存在着两种平行的学校体制。[4]不过，在布拉

92

格,捷克语是受到优待的,市政府为了努力实现"捷克化"也毫不避讳,直接给父母施加压力。对于赫尔曼·卡夫卡这样一个正拼命把生意做大的犹太商人,一个跟布拉格有关部门一起努力加快自己被接纳过程的犹太商人,肯定了解到应该表现为忠诚的捷克人,所以他必定在1890年的人口普查中选定捷克语作为自己的"交际语言"。他很愿意这样做,因为实际上他的大多数顾客(以及他的雇员)都是捷克人,如果他强势地坚持表现出自己是"德意志人"或者"德裔犹太人",那么他很快就能感觉到这样做的经济后果。

另一方面,传统上,德语一直是教育语言,哪怕是在最偏远的省份,在纯粹捷克人的村庄,几个世纪以来,犹太人一般都把孩子送到德语老师那里——就像赫尔曼自己的经历一样。另外,德语还是权力的语言,维也纳的语言,所以,在德语学校接受教育,对于将来要上大学或者从事其他"更高等级的职业"是必不可少的。赫尔曼如果能超出他当时的社会地位——赫尔曼坚信,他儿子将来的社会地位将远远高于自己——进行思考,那么,德语教育显然会提供更好的选择,另外在德语教育的环境中,德裔犹太商人的孩子占大多数,所以,不必担心受到反犹主义的伤害。当然,捷克语是不能荒疏的,要让弗朗茨为将来与他的客户交流做好准备,这一点也应考虑到。

至于当时六岁的弗朗茨是否已经预感到,他每天多次变换使用的这两种语言代表着日渐敌对的两种文化,这很值得怀疑。不过他肯定发现了,在他能观察到的小小生活圈子里,从事所有低级劳动的都是些只懂捷克语的人。但是,他与这些人并不敌对,相反,他与他们生活在一起,他们作为执行人,参与到他父亲的权力中;其中有些人,母亲对他们好像对待家人一样。在这个家庭般的内部环境之外,还有街道,或者像布拉格人说的**巷子**,弗朗茨很快就了解到,那里的规则完全不同。离他的德语学校几步远的地方,有一座房子,入口处立着教育家扬·科门斯基

（夸美纽斯）的半身塑像，塑像下面刻着（看起来）不会被误解的要求：
"捷克孩子属于捷克语学校！"这里也是一所国立学校，可以看出来，在
曲里拐弯的老城中，这样的**竞争**是根本无法避免的。在最年轻的人当
中，已经出现了有民族主义倾向的狂徒，两方都有，所以从现在开始，就
必须预计到，将来会跟"捷克人"发生斗殴。

　　卡夫卡的父母当然知道这种危险，尤其是考虑到他们的儿子身体瘦
弱，从此以后就要每天面对巷子里的各种不愉快事件，因此，他们丝毫不
想放松迄今为止的全覆盖看护。他们决定——或者，更有可能的是，卡
夫卡的母亲决定——让雇员每天接送小弗朗茨上下学。这是卡夫卡家
非常典型的"出发点是好的，但在教育理念上非常盲目"的措施。因为，
几天之后，弗朗茨就是班里唯一一个必须让人陪着走完家与学校之间没
有任何交通危险的短短路程的孩子了，也是唯一一个不许在学校旁边的
肉市场、穿堂建筑和隐蔽的院子里玩几分钟的孩子。这种在修士们那里
很常见的做法——那里，阶层的傲慢要求他们给自己的孩子配备雇
员——在普通的国立学校里却显得自负，并给被过度保护的孩子贴上
"孤僻"和"妈妈的小宝贝"的标签。

　　几十年之后，卡夫卡还非常不愉快地回忆起那段上学路。由于父母
的关心，家庭权力等级——他在其中占据最低等级——和他在学校面对
的同样有等级之分的秩序之间，最后一点空隙也被覆盖了。仿佛家里的
和公共的权力直接互相渗透了，没有给他留下一个其他孩子都能享受的
小小的中间空间。而且，这种情况持续了很长时间，不仅仅因为父母，而
且还有捷克女佣弗朗齐什卡的原因，她显然是怀着虐待的快感，利用着
对老板儿子有限的命令权。

　　我们的厨娘是一个矮小、干瘪、瘦弱的女人，长着尖鼻子、高颧
骨，脸色发黄，但性格坚定、精力充沛，她每天早上送我去学校。我

们家的房子位于大广场和小广场之间,所以,我们要先穿过广场,然后进入泰银巷,之后穿过一个拱门,进入肉市巷,一直朝肉市场走下去。每天早上如此,持续了一年。出门的时候,厨娘说,她要告诉老师,我在家是多么淘气。我当时也许并不是很淘气,但是固执、没用、伤感、爱生气,反正总能找出来点东西给老师告状。这我是知道的,所以不敢轻视厨娘的威胁。不过一开始,我总觉得通往学校的路非常长,所以路上还会发生许多事情(但是,上学的路并不是那么长,因此,我的这种看上去非常孩子气的轻率,逐渐变成了畏惧和认死理儿的当真),至少在老城广场上的时候,我还非常怀疑,厨娘——虽然她是个值得尊重的人,但只是在家里——是否敢跟全世界都尊重的老师说话。或许我说出来了类似的想法,厨娘就会撇着冷酷的薄嘴唇简短地说,信不信由我,但她肯定会说的。大概到了肉市巷入口的地方[……]我的畏惧心理占了上风。这时候就要上课了,学校本身已经是一种威吓了,现在,厨娘还要加重这种威吓。我开始请求她,她摇头,我越是请求她,就越是觉得所求的东西有价值,那么危险也就越大,我停下不走了,请求她原谅,她拽着我走,我威胁她,要通过父母报复她,她笑了起来,说现在她是万能的,我抓住商店的大门、抱住房屋拐角的石头,她要是不原谅我,我就不走,我拉住她的裙子往回拽(她也不容易),但是她拖着我继续往前走,并且保证说,她要把这些也告诉老师。时间晚了,雅克布教堂的钟已经敲了八下,学校的上课钟声也响了,其他孩子都开始跑,我最害怕迟到了,现在我们也必须跑起来了,我边跑边想:“她会不会去说? 她会不会去说?”她没有去说,从来没去说过,但是,她手里一直攥着去说的可能性,甚至是越来越大的可能性(我昨天没说,但是今天肯定会说),她从来没有放手这种可能性。[5]

95

　　像这种轶事，能不能相信？卡夫卡的书信是他生平经历的可靠来源吗？不容忽视的是，他给回忆都披上了叙事的形式：他想讲述，他讲述得引人入胜。然而，他不只是简单地把记忆中保存的印象罗列并呈现出来，而是直接追溯到生平经历的核心。这个核心就是对权力和征服的体验，他还特别强调实施权力的两个过程，具体干预的技术被他用作文学作品的核心母题，在作品中有多种变体。首先，是个人和公共领域之间界线的模糊：让他感到压抑的是，老师和学校理所当然地成了家庭（绝不只是父亲）命令暴力的帮手，所以，弗朗茨完全相信，马尔科特先生会乐意对自己在家里的淘气行为做出惩罚——如果他知道了的话。第二点就是持续存在的威胁背景，通过给他描述一系列惩罚的想象，使他这个罪犯完全丧失了反抗能力。如果老师发现，他的班里坐着一个六岁的罪犯，那他会采取哪些措施……这种无情的想象不需要非常具体的形象，仅仅是想象的场景就能让罪犯束手就擒。因为他从来没有真正尝试过，甚至连真实惩罚过程中的道德喘息之机都没有。威胁比实施惩罚的作用更强烈，这是十九世纪市民阶层普遍流行的"黑色教育学"中的一项简单原则，在卡夫卡家，显然正如雇员们仔细观察到的，这项原则也得到了成功的运用。直到几十年之后，卡夫卡还对这种隐藏在教育外衣下的权力游戏表示了强烈的不满，因而坚决拒绝再见小时候的一个保姆。"为什么她对我进行了那么坏的教育，"他写道，"现在她自己说，我当时其实是很听话的……我性情安静、顺从。她为什么没有顺着我的性格教育我，让我为更好的未来做准备呢？"[6]

　　在与父亲的清算中，卡夫卡对罪责感令人窒息的压力进行了律师般雄辩的描述，那不断堆积的道德负罪感，一开始是对父母的，后来是对整个世界的——所有这一切也许属于他后来的某一个发展阶段，但它却是一个隐藏在更深处的恐惧综合征的升华表现。当时那个六岁的孩子感受到的，首先不是罪责，而是纯粹的恐惧——对挨打的恐惧，对父亲的咆

96

哮和心理优势的恐惧，被母亲离弃的恐惧，对孤独的恐惧。卡夫卡很早就知道，某个能产生恐惧的状态基本上不会有好的结局。或者，你担心的打击真的会降临——但是，卡夫卡家极少采用身体伤害的方式——或者，你被宽恕了，但只是暂时宽恕，并且你继续生活在威胁之中。在这个恐惧的角力场中完全缺乏的，是对成功、对幸运的体验，对**无罪释放**的体验——不仅是因为父亲基本上不会夸奖他，主要也因为，即使在恐惧中完成了（或者超额完成）的义务，都不被理解成自己的成绩，所以也不会有骄傲感。

那个六岁的孩子把这种恐惧带到了学校，首先是因为厨娘，她让孩子以为老师是父亲的代表；其次是因为每半学期一次的成绩公布，成绩单也会越过学生，直接交给家长。卡夫卡不喜欢这样——这在他整个求学期间都没有太大改变——他认为，学校根本不对一个人的价值进行理解和评判，而是仅仅为某些专门的能力打分，这是不对的。另外，一个人的成功或失败，应该有不同于家庭之内的标准来评判。但是，父亲向他宣布的是，"缺乏"持久性，后来他在学校又得到了同样的评价，不可能是别的评价。如果教育主要是"大人物的阴谋"——后来，卡夫卡对这一根本性体验做了精确的表达——那么，父亲和老师之间就不可能有真正的不同。[7]你只能期望，天父看在眼里的所有这些劣迹，能隐瞒老师一段时间，而这最后的希望，正是厨娘要打破的——因为她知道小弗朗茨最敏感的地方。与此相比，真正的分数、表扬、升级又算什么呢？

> 我以为，我永远过不了小学一年级这一关，但是我成功了，甚至还得到了奖励；我又想，我可能通不过中学入学考试了，然而我又成功了；然后我想，中学一年级我要留级了，没有，我没有留级，而是一年一年地升学了。不过，我并没有从中获得自信，相反，我一直相信——你拒绝的表情就是证据——我成功得越多，最后的结局就越

97

坏。我脑海里常常会出现教授们聚集在一起的可怕场景(中学只是一个最集中的例子,我身边到处都是类似的情景),我读完了一年级,他们就聚在二年级,我读完了二年级,他们就聚在三年级,以此类推,他们的目的是研究我这个独一无二、闻所未闻的案例,研究我这个最无能、最无知的人是如何成功溜进这个年级的,因为所有注意力都在我身上,他们当然希望立刻把我吐出来,让所有从这个噩梦中解脱出来的公正之人欢呼庆祝。带着这样的想象生活,对一个孩子而言并非易事。在这种情况下,我哪里还有心思去想功课?谁能在我心里点燃一簇关心的火苗?我对上课感兴趣,但不只是上课,在这个关键年龄段遇到的一切,我都感兴趣,就像一个盗窃了公款的银行职员,他还在岗位上,但是害怕被发现,所以他作为银行职员要处理的每一件日常小生意都让他感兴趣,不管这些事多么小,离核心事件多么远。[8]

假如赫尔曼・卡夫卡真的看到了这份后来写给他的自白——这与他自己的回忆明显不同——那么,他也许会完全认不出自白中所说的那个孩子是谁。因为,从一年级开始,弗朗茨就是一个勤奋好学、遵守纪律、受老师们喜欢的学生,一个"优秀学生",成绩远远好于平均水平,他的升级从来都不是问题。[9]在阅读、写作、算术、直观教学课、宗教、唱歌和体育课上,他都获得了最高分,而且他还很勤奋守纪,只是在绘画课上得了一个两分:这是他一年级结束时的成绩单。那些在父母晚上从店铺回来前照看他的仆人们也能证明,他学习非常勤奋。他们都很惊讶,这么柔弱的身体里居然有这么大的能量。如果他是出于恐惧而不是好奇或者好胜心在学习,那赫尔曼和尤莉叶是很容易发觉的。至于这是否真的让他们感到不安了,这是存疑的。因为,按照他们的观点——也就是十九世纪的市民观点——教育首先是塑造和驯服,对孩子们的爱只是值得称赞的附加项。

对于一个六岁的孩子来说，他最早出现在公共场合，是在一个熟悉的、同质的环境中，这当然会比较轻松：他的同学中将近三分之二是德裔犹太商人的儿子，几乎所有人都住在老城，并且说两种语言，班里没有一个工人的孩子，没有犹太区里的居民，也没有贵族。[10] 然而，做出上德语学校的决定，也要求他们有所牺牲，卡夫卡家后来在第一次家长会时意识到了这一点：学校连个校长都没有，因为没有经费。捷克语占主导的城市管理部门非常不乐意维持公立德语学校，他们设法阻挠学校扩建计划，所以，这里的情况不仅与帝国的学校法相违背，而且与当时的教育和卫生水平不符。当然，市民家庭的孩子也还习惯跟其他人在比较狭小的空间中共处。但是，教区拒绝增加新的德语教师编制，这让课程安排有时候很困难：一开始，卡夫卡的班里挤了八九十人；从三年级开始，人数上升到一百多，所以不得不把学生们分成几个平行班，但是没法把他们分到不同的教室。即便是在寒冷的冬天，也不可能在这么拥挤的教室里一直关着窗户，老师经常要在课上给一部分孩子布置些作业做，因为老师还要去照顾另一个班——在同一间教室里。上一年级时，弗朗茨每星期就有好几次要下午去学校，这在当时是不允许的，但是，由于教育资源不足，这样的做法不可避免。随着年级的上升，又增添了新的科目，二年级的语法和正字法，三年级的自然史和地理，另外还有捷克语选修课，按照父母的意愿，弗朗茨必须上（他的分数一直是"优秀"），这门课也安排在下午。最后，他每星期有整整二十七小时要坐在狭窄的长凳上听课（相当于今天的三十六课时），当他下午四点终于可以放学了——有时候天都黑了——等待他的不是和跟同学自由玩耍，而是放在家里饭桌上的家庭作业。

卡夫卡记忆中没有留下对肉市场旁边学校上课的回忆，不过，不难想象，在如此极端困难的条件下如何传授知识：靠学生刻苦，检测成绩只能靠机械的问答。就算用当时的教学规格衡量，这也是令人绝望的安排。但是，本来已经超负荷的老师们，面对教室里拥挤不堪的学生，如何还能照顾到每个学生的特点和学习弱点？在每个科目上，他们每年给每个学生的时间是八分钟，也就是说，除了批改书面作业，还有两分钟——这个荒诞的数值，是1896年法律界人士主办的一份德语调研报告计算出来的。[11]这有些夸张，但说出了问题的关键。事实上，各种科目、拥挤的班级和太多的成绩单，给学生造成了永远不会结束的紧张和压力，也就是一种长期的考试氛围，这正是六岁的弗朗茨在早上上学路上——或许在他从远处看到那座令人不安的校舍之前——所害怕的权威性压力。这在他生活中是第一次，但绝不是最后一次，想象和社会真实以不祥的方式混杂在一起，相互证明，相互加强。卡夫卡后来认为，想象并不只是阴暗的王国，而是一个有着自己法则的宇宙，他这一观点的根源在这里，在他与大世界最早的冲突中，而世界似乎不断证实想象中的惊恐。

　　每年只有一次彻底休息的机会，就是从7月初到9月中的长长暑假。后来有记录，在最热的几个星期，卡夫卡一家喜欢到布拉格附近的普通避暑地租房子住一段时间——这样能节省费用，而且可以定期回城里，监督还在照常营业的"巷子店铺"。卡夫卡上小学时，他们一家的生活节奏很可能就是这样的：他们只能在夏天享受一种别样的、贴近自然的环境——不是特别令人兴奋，但有一定自由——而一年中的其他时间，日子都是一成不变的。父母有时候就连星期日也要到店里加班，如果能全家一起去公共浴场——父亲是不游泳的，他去那里只是喝啤酒——那就算是大事了。

　　教育是对有反抗性材料的塑造。没有人想到过有另外的一种可能，父亲没想到，儿子也没有，母亲相对的隐忍也不能算作教育，而只能说是对教育的阻碍。直到上学之后,卡夫卡才知道,还有其他种类的男性权威,完全能与一种截然不同的、更人性化的样貌搭配,不过那个时候对他来说显然太晚了。

三四年级的时候,他上了一位名叫马提亚斯·贝克老师的课,贝克的头发已经有些花白,是一位对教育事业充满热情的犹太老师,他还负责"信仰犹太教"的学生们食宿。[12]当然,他的课上也要拼命学习,但是,贝克对孩子们的个体感兴趣,他观察他们的发展,在课下还跟他们谈话——这已经非常不寻常了——给他们的父母提供咨询。尽管有各种时代的压力,贝克懂得保持人与人之间的关系,并把学生的兴趣转化为动力。比如,在他们毕业前不久,贝克要求他们,第二年到家里去看他,把他们的第一张中学成绩单给他看——对他来说,看看他对学生们的预测是否正确,当然是很有教益的,对学生们来说,这也意味着另一种鞭策。事实上,卡夫卡和他的朋友胡戈·贝格曼一起接受了这个邀请——他们给老师看的成绩非常出色,足够他们进入神圣之地,一位他们心中权威人物的私人空间。当然,要撼动卡夫卡心中的世界等级图像和因此而产生的恐惧,贝克的影响是不够的。卡夫卡十岁的时候就知道,适应和逃避是绝对有用的生存策略,他就是这么挺过来的,而在中学里,没有人像贝克老师那样。

102　　"卡夫卡-弗朗茨"最终成功进入了高一级的学校,没有受到什么伤害,这可能让贝克松了一口气。因为,尽管他对这个孩子的成绩非常满意,但是他观察到,卡夫卡的心理很脆弱,缺乏韧性,身体发育迟缓。他缺课的时间比一般孩子多,在低年级的时候就是如此,那个时候,他得过所有流行的儿童病,在他母亲后来的回忆中,他一直是个"柔弱的孩子"。他能承受更大的成绩压力吗? 四年的公立小学,加上一年的市立学校,是进入文理中学的前提条件[13];谁如果想上完四年小学后就换到文理中学,就必须通过入学考试。"您让他在五年级上一年吧,"贝克对卡夫卡的父母说，"他太弱了，这种揠苗助长的做法，以后会遭到惩罚的。"[14]当然，他的话对卡夫卡的父母而言就是耳旁风。一个优秀学生，自愿跟一帮没有天赋的孩子在一起蹲一年，而且还要交额外的费用——整个家族中都不会有人能理解这种做法。而且，那两个胡戈——贝格曼和赫希特会怎么说？他们的父母也是一样着急让孩子上中学。所以，这不可能。宗教、算术和德语，这是不算太难的入学考试的内容，对这三个孩子都不是真正的障碍，尽管他们其中至少有一个人真的非常害怕。

几十年之后，当卡夫卡回忆起当年目光敏锐的贝克先生的建议，不得不承认后者是对的。操之过急的做法受到了惩罚，而且他认为，是以一种完全不同的、比老师当时说的还严重的方式。那不只是身体上的而且还是精神上的急迫，使得外部时间和内心时间之间的距离越拉越大，学生时代就像梦一样一闪而过。哪怕最好的、最善解人意的教育者，也不可能预料到这种情况，贝克老师也是一样，他没有意识到，说出了灾难性的预言。他当年的学生后来还通过了许多考试，最后被别人称作"博士先生"，他说贝克老师的话是"预言性的玩笑"。不过这个时候，老师早已经去世了。

注释

[1] 胡戈·萨卢斯：《朋友卡夫库斯——一个儿童故事》（Freund Kafkus. Eine Kindergeschichte），载于《新自由报》，1908 年 4 月 19 日，第 101-104 页。

[2] 布拉格警察局的登记显示，出生于十九世纪并至少在布拉格生活过一段时间的人中，有五十多个叫"弗朗茨·卡夫卡"的。

[3] 埃贡·埃尔温·基希：《布拉格的胡同个黑夜》（Aus Prager Gassen und Nächten），1980 年，第 362 页起若干页。

[4] 1867 年 12 月 21 日的《内莱塔尼亚国家基本法》，第 19 条，第 3 款。

[5] 卡夫卡致密伦娜·耶森斯卡的信，1920 年 6 月 21 日。（《1918-1920 年

书信集》,第 191 - 192 页)

〔6〕卡夫卡日记,1911 年 11 月 21 日。(《卡夫卡日记》,第 261 页)

〔7〕卡夫卡日记,1916 年 10 月 8 日。(同上,第 804 页)

〔8〕卡夫卡:《致父亲》。(《卡夫卡遗作和未完成的残章》〔二〕,第 196 - 197 页)这封信的诞生,参见施塔赫:《卡夫卡传:领悟之年》,第 314-316 页,"赫尔曼·卡夫卡,留局待取"一章。

〔9〕关于卡夫卡学生时代的成绩及其国立学校老师们的详细信息,参见哈尔穆特·宾德:《布拉格的童年——卡夫卡的小学时代》(Kindheit in Prag. Kafkas Volksschuljahre),载于《如盐和力量一般的人文主义:图片与评论,献给哈里·耶尔夫》(Humanismen som salt & styrka. Bilder & betraktelser, tillägnade Harry Järv〔 = Acta Bibliothecae Regiae Stockholmiensis, Bd. 45〕),斯德哥尔摩,1987 年,第 63-115 页。

〔10〕关于卡夫卡所上学校的全面统计材料,特别是关于学生语言能力和信仰的统计,参见英格利特·施退尔(Ingrid Stöhr):《波希米亚的双语——卡夫卡时代布拉格的德语小学和文理中学》(Zweisprachigkeit in Böhmen. Deutsche Volksschulen und Gymnasien im Prag der Kafka-Zeit),科隆,2010 年。根据她的研究,卡夫卡一年级的同学中几乎 90% 既说德语也说捷克语,而同一时间的修道院私立学校中,这个比例只有 60% 。这清楚地说明,在富裕的德裔犹太人家庭中,民族界线的划分比卡夫卡那个社会阶层早。这个剪刀差越来越大:在接下来的十年中,老城国立学校中的双语比例基本保持不变,但修道院学校中双语学生的比例降到了 12% 。

〔11〕《布拉格德语小学和公立中学的现状及改善建议》(Die Verhältnisse an den öffentlichen Prager deutschen Volks- und Bürgerschulen und Vorschläge zu deren Verbesserung),布拉格城市事务德意志协会调研报告,1896 年。这份报告一开始(第 3 页)就宣称,布拉格市议会正在向德意志学校教育发动一场"歼灭战"。即便考虑到这里的民族主义偏激言论:每班学生数达到一百四十人,这真的到了对身体有害的程度,这种状况在三年之前,在卡夫卡上四年级的时候,也并没有

好多少。——自由主义历史学家和文理中学教师古斯塔夫·施特拉克什-格拉斯曼（Gustav Strakosch-Graßmann）的重要专著《奥地利学校教育历史》（*Geschichte des österreichischen Unterrichtswesens*，维也纳，1905 年，第 334-337 页）给出了更客观一些的描述，但指出的问题是一样的。不过，施特拉克什-格拉斯曼当然也不会提到，在德语占主导地位的波希米亚地区，捷克语学校的学生遭受到同样无情的对待；参见汉娜罗勒·布尔格（Hannelore Burger）：《1867-1918 年间奥地利学校教育中的语言权力和语言公正》（*Sprachenrecht und Sprachgerechtigkeit im österreichischen Unterrichtswesen 1867-1918*），维也纳，1995 年，第 104-105 页。

[12] 因为波希米亚地区乡间的国立学校大多数只有四个年级，所以，为了保证义务教育，十一岁的孩子们常常要到城里上学，通常会租住在别人家或者膳食公寓里。

[13] 不想进入文理中学的人（弗朗茨必须进入文理中学，这根本不用讨论），就要上两年市立学校，也就是说，上五、六年级。因为，卡夫卡出生的 1883 年，奥匈帝国的义务教育在工厂主的压力下从八年缩短到六年。一直到奥匈帝国解体之前，都是自愿上七、八年级。直到捷克政府统治，七、八年级才成为义务教育。

[14] 卡夫卡日记，1919 年 12 月 11 日。（《卡夫卡日记》，第 846 页）

第八章 洪流下的城市

生活的所有任务就是在生活中坚持……

阿尔尼姆①,《歌德与一个孩子的通信》

布拉格查理大桥上的卫兵们徒劳地试图维持秩序。夜里的大炮声预示着潮水的迫近,被炮声惊醒的人们,不顾大雨如注,一大早就涌到桥上来看热闹,想近距离欣赏这一自然奇观。密麻麻的雨伞堵住了桥面两侧的人行道,马车、牛奶车和马拉的"有轨电车"在警察们的帮助下在道路中间艰难地行驶,警察叫骂着,不断催促行人往前走。但是人们就像着了魔一样,死死盯着棕黄色的河水掀起浪潮,从桥拱下奔涌而去,裹挟着各种物品:破碎的小船、动物尸体、残缺的家具、树干,甚至大量整只整只的木筏,猛烈地在桥墩上撞碎,连桥上的车都跟着颤抖。伏尔塔瓦河水位比平常高出两米半,但是河上游城市传来的消息让人不寒而栗:这还只是开始。

下午,河水涨到三米半,傍晚到了四米半。谁若有时间并且能坚持待在查理大桥上,那他就能看到伏尔塔瓦河中的航标岛都逐渐消失了,

---

① 贝蒂娜·冯·阿尔尼姆(Bettina von Arnim, 1785-1859),德国浪漫主义时期女作家。

只剩下汽灯和折断的树木露出水面,最后河水漫过了岸边的防护堤,带着大量泥浆汹涌地流进约瑟夫城区,涌进原来的犹太区。直到半夜,当所有街道都被紧急疏散,桥上的人群才散去。天太黑了,不可能再近距离观察洪灾的过程了。后来很快证明,这真是走运。

104

　　第二天早上,天刚蒙蒙亮——大概五点三十分左右——桥上有十几个人,其中有些把身子探出石头护栏去看。那是一种三十年来从未出现过的令人毛骨悚然的景象:成百上千的树干和附近被冲散的木筏子木料,在查理大桥前横七竖八地堆积起来,形成了一道宽阔的障碍,使河道更加拥塞。洪水现在达到了顶峰,比平时高出了五米半,浪花已经溅到了桥上排列在两侧的巨大巴洛克式圣人雕像。然后恐怖的景象出现了:在一次猛烈的撞击之后,马路上出现了一道裂缝,有轨电车的轨道从石子路上立了起来,发出爆炸一样的巨响,一个巨大的棕色云雾团腾空而起,几个路人飞奔逃命,一辆出租马车立刻紧急调头,两个桥拱和支撑的桥墩坍塌,消失在几米高的洪水中。

　　每个亲历 1890 年 9 月 4 日查理大桥坍塌的布拉格人,一辈子都忘不了,因为那是一场出乎所有人意料的事件:五百年来,这座桥不仅是不可或缺的交通干道,而且具有象征意义,它挺过了各种灾害天气,现在这个样子,就好像布拉格城又添了一道明显的伤疤。虽然只死了两个人,但是在报纸的长篇报道中明显流露出惊恐情绪,同样不容忽视的还有居民们的反应:好像被催眠魔力控制着,想打听所有小道消息。如果说在灾难发生前一天好奇者的拥挤几乎就已经控制不住了,那么现在坍塌的桥变成了巨大的吸引力,把郊区的工人和小市民们都吸引到这历史的中心来了。据说,迅速封锁通往查理大桥通道和附近码头的警察们不断被围观者恳求,希望让他们靠近些,哪怕就看一眼也行,有两个第一时间赶到的职业摄影师,用耸人听闻的照片明信片做了他们一生中最好的一笔生意。

街上临时聚集起来的目瞪口呆、惊讶不已的人群，是那个时候的典型现象。因为缺少能在感性层面把时间保存下来的媒介——日报还不能刊登照片——所以，如果想体验什么，就必须**到现场**。街上的每一场斗殴、每一匹死马、每一节出轨电车（这是经常发生的）的周围，都会立刻聚集一圈观众，他们绝不是无动于衷地来了又走，而是会凑成一个暂时的交流团体：人们和完全陌生的人讨论所看到的情况，他们直接跟事件的当事人说话，常常还参与进去（卡夫卡详细描述过他在巴黎观察到的一个类似场景[1]）。人们大多通过口耳相传的方式获悉哪里有什么值得看的事情，所以，传言在传播消息和引导公共注意力方面起着极其重要的作用。就连 1891 年布拉格的一个爆炸性事件，因为无法准确确定事情发生的时间，最终也是通过口头宣传成了一个**事件**：载人热气球飞跃内城，真的有几千人观看，他们都及时赶到了现场。布拉格第一辆**摩托马车**——1898 年时还没有找到更合适的概念——的历史性照片上也能看到，车被一群观众包围，他们正严肃地朝车里看着。

因为一个人不可能到处都在场，因为只有很少的人能通过旅行满足他们对亲历事件的渴望，所以人们乐于接受各种间接的满足：报纸对于个人不幸事件、犯罪案件和道德丑闻进行长篇累牍的详尽报道，以满足人们粗俗的偷窥欲；发行量上百万的通俗连载小说送到家门口；从马戏团、杂耍场和年集轰动事件的吸引力，直到戏剧舞台上演出的高雅事件，人们都带着激动的认同感讨论——很像今天体育场里的表演。感官体验总是与地点和时间绑在一起的，非常珍贵，所以它不仅被消费，而且常常被欢庆。这种直接的、还没有经过媒体强化但也没有被媒体利用的体验，在与音乐结合时尤其令人印象深刻：谁若需要这种强烈的、早已平民化了的感官刺激，那他必须要么自己演奏音乐，要么到一个有人为他演奏音乐的地方去——所以在十九世纪的市民时代，才会出现了无数的钢琴课和小提琴课，从那时起，就有了从不间断的一系列疗养地音乐会、军队音乐会、酒店音乐会和家庭音乐会。谁若被激起了唱歌的欲望，还可以公开唱歌，而且不会显得太招摇，因为从无数的酒馆里传出了开心喝酒的人们晚间的歌声，没有谁不认识至少六七家小巷酒馆，每个人都会唱几首民歌，需要的时候就自己轻轻哼唱或者吹口哨。

　　到了卡夫卡这一代人，才进入了一种全新的体验模式，一种有距离的、被动的、几乎是可随意重复的，因而也是完全去身体化的在场。我们不知道，当时十三岁的卡夫卡是否记住了电影史上最早的、胚胎式的画面，当时在布拉格几家饭店的大厅里，流动放映那种"活动的照片"，卡夫卡一家肯定没有错过这个便宜的而且完全对青少年开放的新鲜事。想象一下：每个布拉格居民都有机会，在他一生中见到活生生的像皇帝那样等级的人，而且是见两三次，俄国的沙皇夫妇就这样，在萨克斯酒店挂着的、闪烁着幽灵般的光的银幕上，活生生地散步，每天上午十点到晚上九点不断重播。[2]作为附加节目，还会播放一段骑兵进攻、教堂列队游行和一些在游泳池嬉戏的人，这种节目，就连最容易恼怒的教会显贵们都会满意。如果他们读过柏林的报纸——布拉格所有咖啡馆里都摆着柏林的报纸——他们就会认识到，官方让他们看到的，是一个经过审查删减的奥匈帝国版本，而那些技术娱乐的先锋们——爱迪生、卢米埃尔、斯科拉达诺夫斯基①——已经有了完全不同的计划：杂耍、俄罗斯踢踏舞、斗鸡、摆各种姿势的肌肉男、女人们扔枕头游戏、拳击的袋鼠。

　　"我只需要出五十分钱，就能要求唤醒我最低级的本能！"这则臭名 107昭著的电影院笑话出现在媒介技术发达的大都市柏林，并不是偶然的，在波希米亚的乡下，还远远没到能如此随意对大众娱乐进行批评的时候。今天看来很流行的对社会角色和意识形态的讽刺挖苦，在当时还得

---

　　①　斯科拉达诺夫斯基兄弟也发明了电影放映机。

先练习练习，讽刺作为自由飘扬的智力游戏，最多是在文学中或者在舞台上出现。就连那些在帝制时期广受欢迎的"笑话杂志"——其中一本名叫《炸弹》，尽管它的内容完全没有爆炸性——重要的都不是精妙的讽刺，而是无聊的笑话，是学生般的横冲直撞和民族的刻板印象，报纸的娱乐版面也是一样，被新闻检查阉割过的幽默在今天看来都寡淡无味：它只让人"微微一笑"，根本不能让人开怀大笑或者甚至发出恶意的大笑。与之相应，一般的广告也直截了当，文字粗陋单调，基本是依靠"经过多次验证的""公认最好的"和"最灵活的条件"等这样的表述，避免任何有双关意义的笑话——因为害怕因此有损产品的严肃性。

在日常生活中，讽刺有可能是危险的，它被理解成攻击，比如，在德意志人和捷克人的民族辩论中，讽刺作为杀伤性武器经常被使用。在十九世纪九十年代，一句讽刺的话足够成为要求决斗的理由。卡夫卡记录下来的父亲那些尖酸刻毒的讽刺话，都是毒箭，会产生恶毒的效果——不能想象，赫尔曼·卡夫卡会在讽刺别人或者在自嘲中感到开心。另外还需要认识到，社会行为模式和等级秩序是相对的和短暂的——那些不惜一切代价想继续往上爬的人，恰恰最不愿意承认这一点。

十九世纪末的市民生活世界的特点是，有明确的社会分层和各种指挥结构，所以，其中最显著的指挥结构——军队——绝不是异类或者历史遗留，而是被看作整个社会的代表。类似这样显著的等级，在中小学、大学、机构、工厂和办公室里有，在家庭中也有：所有地方都规定得非常清楚谁说了算，而**命令**是人与人之间交流中非常常见的、习惯的方式。包括对惩罚，我们也不必遮掩或者进行语言上的包装，只要它遵循着普遍接受的规则，如果是对传统秩序的明显攻击——例如来自女权主义或者政治左派的——不会得到今天通行的融合及拥抱策略的对待，而是通过采取**措施**，也就是毫不掩饰地使用权力。秩序的维护，是借助一个粗网眼但随时可见可感的监视系统：如果没有大部分人都认识的官员带着笔记本出席，就不许有公共集会和戏剧演出；没有新闻监察机构的批准印章，就不许出版报纸、招贴海报、分发传单，不管它多么无害。

　　这个等级分明的、僵化的社会结构，最不能容忍的是所有的社会模糊性：讽刺性的游离，以及对社会标记的游戏态度。观察一下卡夫卡那个时代的历史照片，就能从严格的服装秩序上发现这一点。服装秩序精确地反映了每个阶层，能够让陌生人在这个庞大的等级之中迅速找到定位。只有那些想让自己看起来比实际情况更重要的人才会想到利用服装的某些特点：这不是开玩笑，而是欺骗。根本不存在什么业余时间的间隙，因为每个社会角色每时每刻都在生效，只要那个相关的人在公共场合出现。一个中层公务员，在下班后依然是中层公务员，他没有理由因为跟老友聚餐、与太太散步或者坐在去往波罗的海度假的火车上，就解开标志他社会身份的制服。"业余时间"这个概念是完全没有用的，因为大家不需要它：日常生活中重要的是**内部**（主要指家庭，有时候只指卧室）与**外部**（其他所有的）的界线，而不是上班时间和自由支配时间的界线。

　　尤其被看重的是官方特色的特征，比如，**官方赋予**的特征：制服、制服帽、袖标、徽章，也包括各种头衔。孩子们在小学就已经被灌输了要尊重这种识别标记，希望达到的效果是，在孩子们眼中，那个戴羽毛帽子、佩剑和手枪的警察，那个配着警棍的公园看守，那个桥头收费员（只有查理大桥是免费的），甚至酒店最普通的看门人，都成为权威形象，需要始终怀着畏惧之情去看他们——只是因为，这些人都肩负着**更高的任务**。在他的文学作品中，卡夫卡不断利用这些众所周知的社会标记，目的在于展示现存的权力关系和潜在的威胁，而对威胁的**解释**就完全交给读者的想象力了。所以，在《变形记》中格里高尔·萨姆沙的父亲，一个已经五年没有工作过的失败商人，突然之间穿上了银行仆役穿的"紧绷绷的、带金色纽扣的蓝制服"。《诉讼》里的看守都穿着制服式的衣服，却没有具体目的，法院大厅里听众的衣领上都戴着相同的令人费解的徽章，跟法官的一样——他们显然也是某个秘密委托人的代理。[3]

卡夫卡把被赋予意义的象征减少到最本质的层面：这个措施是为了保持现存等级秩序的稳定。他看透了这种把戏，他知道，权力随时随地都会出现，带着其特有的或者只是表面的傲慢。但是，看透并不意味着，卡夫卡作为一个家长式社会结构中的公民能够挣脱社会特征织就的密网。当他写那部奠定了身后世界级声誉的长篇小说开头时，他早已经获得了博士学位，他的学术头衔不仅在工作中被称呼，而且邻居、熟人甚至他自己的出版社也以博士称呼他。在他的日记中，找不到对这个头衔或者头衔产生的效果有任何讽刺性的距离。卡夫卡从来没有想过，通过随随便便的穿着、发型或者交往方式，借助蝴蝶领结或者宽檐帽表现出反市民倾向，甚至是"艺术家"所谓特别的自由。

110　　那种能呈现"老"布拉格风貌的德语作品数量繁多，从丰富多彩的回忆文学——其中弗里茨·毛特纳①和马克斯·布罗德的自传最为著名——到基希接近轶事风格的报告文学，一直到各种长篇小说和短篇小说，其情节在精心描绘的布拉格背景前展开，甚至这个背景就是作品的主角，比如赫尔曼·格拉布的《城市公园》、保罗·韦格勒的《伏尔塔瓦河边的房子》或者约翰内斯·乌尔齐迪尔的《布拉格三联画》。如果带着更多的历史兴趣而不是文学兴趣去读这些作品，当然很快就会发现其真实性的界线。首先是这座城市的**拼贴**特点，如果从德国人视角看，很容易就消失了；还有因为语言、文化和阶层的障碍形成的完全不同的各种环境，无论叙事者选取哪个立足点，都无法全面展示，更别说借助对个人生活回忆的能力了：城市公园旁巨大的、石膏花纹装饰的房子（韦尔

———————

①　弗里茨·毛特纳（Fritz Mauthner, 1849-1923），哲学家，作家。

弗在那里度过了他的童年），老城里迷宫般的街巷和穿堂房屋，小城区内宏伟的贵族宫殿，斯密齐夫区的德裔"教授区"，日热科夫区嘈杂的出租房（卡夫卡的《诉讼》中有所表现），约瑟夫城中的小商贩们的窝棚和充满苦艾酒味的酒馆。能把这一切安排到一种可感的相互关系中的**伟大的**布拉格长篇小说，还没有出现——如果真有这部小说，那肯定会像多德勒①的长篇小说《斯特鲁德霍夫梯道》——如果有哪个作家真的想做这样的尝试，那他必须首先远离那些数不清的德裔市民成长传记的描写，远离那些描写布拉格巴洛克风格的可爱随笔，这些实际上都是一幅宏大的城市风貌中的片段。

　　还有其他一些视角上的变形和扭曲，可能不那么明显，唯其如此，影响更持久。每个经历过这座城市的苦难和1918年崩塌的布拉格成年人，回忆起之前的几十年，都会认为那是相对和平统一的时代。的确如此，但只是相对而言，并且是在政治空话和仪式构成的越来越破绽百出的大伞之下，当权者希望借助这些套话和仪式在心理上建立起连续性，但实际上，大规模的社会、技术和意识形态的巨变已经开始。飞速的工业化进程，市郊的爆炸式扩张，从一个德语城市向一个多元的捷克城市的转变，这些变化还让城市的历史布景继续保持完好，如果有人作为游客在老城广场和瓦茨拉夫广场之间漫步，仍然会觉得是在一座充满了历史景观的德意志省城里。但实际上，布拉格人在世纪末经历着生活空间的加速度变化，原来老布拉格的小市民图像甚至是魔幻图像，很快就过时了——这些图像，在哈布斯堡皇朝灭亡后，染上了更加理想化的色彩。

　　最明显的就是技术革新。尽管不可能跟今天的速度相提并论，但是，世纪末技术革新的密度带来的文化和政治效应，是任何细致的新闻

---

① 海米托·冯·多德勒（Heimito von Doderer, 1896-1966），奥地利作家。

审查都没法清除的：技术革新标志着一个新时期的开始，迟早会把奥地利官僚国家的尘埃涤荡干净。这一进入现代社会的突破，在 1891 年的"工业博览会"上得到了充分展示，当时，博览会在布拉格外围，在皇家禁猎区公园（Baumgarten）的巨大场地上举行；事前关于这个展会的公开激烈讨论就已经很现代了。因为，在长达数年的准备过程中，人们发现，如果想尽量全面并且尽量用有趣的方式展示波希米亚的工业和手工业，那么这样一个博览会可以有完全不同的做法：德意志人最愿意把它办成一个忠于国家的，也就是说奥地利的展销会，而捷克人却以 1889 年轰动全球的巴黎世界博览会为参照，当然，他们还是把哈布斯堡国家的圣像当作装饰摆在前面的。双方对博览会理解的分歧最后激化，导致大部分德意志-波希米亚企业家找了各种借口退出博览会，尽管皇帝表示支持博览会，而且答应了来参观，但是这些企业都在开展前半年宣布抵制。

112　这是一个狭隘的、政治上短视的举动，在维也纳引起了强烈的不满，他们很快就后悔了。[4] 这样捷克人就获得了完全的自由，可以把博览会变成一个大规模技术和**政治**机会，用以完成本民族的朝圣之旅：他们基本上只把波希米亚工业作为捷克的成就展示，他们通过象征意义上与巴黎接轨，宣告捷克民族面向世界和面向未来的姿态。这就是捷克当政者的心态，他们满足参展者原本未被满足的所有要求。[5]

　　首先，捷克主办方容忍了博览会对布拉格城市面貌的改变，而且是长久性的：布拉格因此有了自己的埃菲尔铁塔：佩特辛瞭望塔，位于劳伦兹山上，塔高六十米，塔身全钢，还有自己独立的索道——这个提议不是来自城市或者国家一方，而是出自一个狂热喜爱巴黎的"捷克旅游者俱乐部"。如果经过贝尔维德宫高地前往展览区，那在高地上就能看到第一个令人震惊的景观：一辆有轨电车，不用马拉，就像是精灵之手拉着一样；这是布拉格第一条试验性的电力驱动的有轨电车线，这个经历可能会让最僵化的脑袋也相信捷克的进步，第一批乘客非常明白技术与政治之间的关系,他们高呼"荣耀"欢庆这一成就。做出这一成就的是工程师弗朗齐歇克·克西日克的电子技术公司,他被誉为"捷克的爱迪生",不止一次给布拉格人带来惊喜。早在1883年,他就用电灯为老城广场照明,用最感性的方式在一个历史悠久的地方形象地说明了未来现代化的布拉格将是什么样子。

电力的未来力量也体现在展区,展区有一个自己的小电站,这是一个核心的母题。毫无疑问,主办方首先是在向法兰克福学习,因为同一时间法兰克福正在举办一个"国际电气展览会",展示了神话般的技术创新:相距一百七十五公里的电力传输,六十公里之外能看到的探照灯,飞快的电梯。捷克人还不能与之抗衡,但是,在禁猎区公园中由钢架和玻璃搭建的巨大机器展厅里,人们面对弧光灯和发电机,感觉到一种无污染的新能源即将到来,它那精灵般的存在将会把一个幸福的技术化社会的梦想带到近在咫尺的地方。最吸引人的是这种力量的**不可见性**、**直接性**(只有"开"和"关")和速度,它用这种**速度**把每个空间连接起来,并达到令人震惊的远程效果,最后,还有电力的纤细**感官性**,它没有粗暴地破坏自然或者让自然蒙上一层黑灰,相反,它美化了自然:这个效果在**发光喷泉**上得到了充分展示,那是一个有彩色灯光照明的喷泉,仅这个喷泉设施就吸引了成百上千的参观者,主要是来自乡村的人们,他们还在使用昏暗的油灯,看到这样的电灯效果,像见到了神迹一样震惊。博览会建筑方面最吸引人的是一个五十米高的钢拱门设计,参照了当时极为现代的青春艺术风格,成为一座内部充满了光源的"工业宫殿",夜晚被无数的电灯照亮,在一个权力中心实际上还是宫殿而不是博物馆的时代,仅"工业宫殿"这个名字就隐含着乌托邦式的兴奋潜力(虽然在这个宫殿中,实际上展出的不是工业,而是捷克小企业)。至于这个美丽的新世界也有阴影,这是几乎所有观察者都回避的话题,电是一种力量,它的潜力包括**自动化**和由此带来的对人力的排挤,当然几个有远见的工程师预感到了这个问题,他们的眼光超越了波希米亚的界线。一个机器,一侧送进去铁皮,似乎不需要人动手,另一侧就出来做好的带盖的铁罐子,甚至可以直接拿回家去。这不是很好玩吗? 所有人,成年人和孩子们,都惊得睁大了眼睛。

114

当时八岁的弗朗茨也去看了展览,而且肯定不止一次。学校组织的集体参观是必须参加的,这是德意志教育家们后来在政治压力下做出的决定。1891 年整个夏天,一辆接一辆的专列到达布拉格,带来了来自整个波希米亚、维也纳甚至来自外国的学生和工厂员工,到最后实在找不到理由解释为什么偏偏**本地**的德语学生要远离这么有教育意义并且广受欢迎的活动。不过,卡夫卡家也没有错过这个迄今为止他们生活中最重要的社会大事件,尽管门票很贵。仅出于生意上的考虑,他们对这个展览也有非常大的兴趣,至少要看一下布拉格新的织布厂的产品和大批发商的展台,而且,在这个完全有理由让所有捷克顾客兴奋几个月的世纪秀上,如果插不上话,那就太不合适了。另外,这里可看的东西超出想象:种畜、化学制剂、首饰、望远镜和显微镜、业余爱好者用的照相机、消防设备、乐器、人造花和自然花、教学用品、最先进的鱼类养殖;一座传统波希米亚农舍,里面有人偶和家庭用具、高等贵族展馆和低级报纸展厅、一个巨大的"风塔",甚至在一个单独布置的长条型建筑中还有一个艺术展。不能忘记的是,弗朗茨的教父安格鲁斯·卡夫卡的葡萄酒和利口酒,他有个自己的展台。此外,博览会在一个非常美丽的花园中举行,有各种餐馆——从花园酒馆到可可柜台,到美国酒吧,应有尽有——人们可以到那里放松休息,度过快乐的时光,孩子们对此也非常期待。特别是那个一百多米高的"滑梯"——过山车的鼻祖——是对勇气的考验,没有一个学生愿意错过。

弗朗茨生平第一次看到完全运转的工业机器,绝大多数参观者跟他

一样,在此之前他们还没有见到过机械生产世界的情景。后来,弗朗茨

115

对这个世界有了更深的了解,但是,这第一次震撼的感官印象,肯定保留
在他的记忆中了。其中包括首次在波希米亚展出的"留声机":一个魔
力机器,在卡夫卡后来的生活中将扮演一定的角色,它使每一个被吸引
到爱迪生公司展厅前的参观者目瞪口呆。当然,人们已经知道了,有些
机器能自己演奏音乐,因为布拉格有几家娱乐酒馆购买了"弦乐队",一
种靠滚动乐谱控制的自动唱机。那是一种很聪明的发明,很复杂的机
器,但是它的机械原理是明了的,**原则**上没什么新的。而这个留声机能
再现一切,且能立刻再现:对话、唱歌、小提琴声和鸟叫声——这些转瞬
即逝的现象被忠实地保存在盒子里面,可以随意甚至在几个星期之后再
取出来。这是对易逝性的挑战,是照相机之后的第二次挑战,这是望向
遥远未来的目光,到那时,人可能会智胜空间、时间、自然规则,甚至是死
亡。从留声机里传出的是幽灵的声音,预言着这个未来,在一片欢呼声
中,没有一个人在听到这个声音时会感到一丝恐惧。

　　这还不是全部。后来对飞行器着迷的卡夫卡,如果父母允许并且也
喜欢的话,他可能会作为小孩子就升到空中,从上面俯瞰布拉格。因为
博览会上有系留热气球,每天几次把愿意冒险的参观者送到工业宫殿塔
尖的高度。可惜,这个设备后来被大意地作为自由热气球使用,然后很
快就爆炸了,从几公里高处落下[6],热气球的主人悄悄溜走了。这个空
闲下来的热气球场地,后来很长时间关着驯养的大象、狮子和斯瓦西
里人。

　　对于有政治意识的布拉格人来说,这个波希米亚国家展览之所以是
一个重要事件,是因为它给这个在千年历史中已经麻木的城市打开了一
扇新窗户:一丝未来之风刮了进来,就像进入一间密不透风的屋子,二
百五十多万访客使布拉格的形象获得了巨大提升。孩子们和年轻人把
这次博览会留在他们的记忆中,因为它以前所未有的密集度给他们留下

116 了全新的印象,并且——当后来皇帝真的现身——让这个用巨额投资装饰起来的城市陷入了长达数日的例外状态。那些日子每天都像过节,在成千上万人中,所有学校的学生列队夹道欢迎,虽然那个父亲般的君主没有时间光临老城的德语小学,但作为学生的弗朗茨还是得到了机会,第一次亲眼见到那个跟他同名的人。因为,在 9 月 27 日下午——那是一场梦吗?——那个至高无上的人,在总督和市长的陪同下,乘着巨大的马车,在震耳欲聋的欢呼声中,穿过挂满了黑黄相间旗帜的策尔特纳街。他出现了,皇帝本人坐在豪华的马车里,穿着礼服,朝各个方向亲切地点头致意,缓慢地沿着欢迎夹道驶过,因为街道狭窄,欢迎的人群被挤到了两侧的墙上,皇帝的马车经过了犹太人卡夫卡家装饰得焕然一新的时尚用品店。好像这次天主显灵还不够神奇,第二天晚上,又显现了一次,这次方向相反,是往广场方向,皇帝的马车队再次驶过策尔特纳街,在千万盏汽灯和油灯照耀下,在整个城市密集的灯饰照耀下,在这座城市的历史上,夜晚第一次亮如白昼。[7]对于弗朗茨来说,那一定是一种非常矛盾的印象,他居然经历到,他那强大的父亲对皇帝的忠诚深入骨髓,被皇帝既虚幻又神圣的光芒所迷惑,在那个比自己更强大的人面前卑躬屈膝。这让他不禁想象:如果试着对这豪华的场面投射出极端冷漠的目光,一种他父亲和其他人都没有能力投射的目光,那会怎么样?那会不会让整个庞大的等级体系崩溃?或许那就是自由的开始,尽管这种大不敬的想法只存在于一个八岁孩子的脑海里,没有人知道。"我是多么冷静啊……作为一个孩子!"他二十年后写道,"我常常希望能跟皇帝面对面,告诉他他的无能。这不是勇气,而是冷静。"[8]

然而,这不是梦,在一个工作日都是千篇一律、生活中极少出现激动
117 人心时刻的时代,这种想法很难忘记。完成学校作业之后,德裔犹太人家的孩子们通常会被带到城市附近的娱乐区散步:劳伦兹山、乔泰克公

园、贝尔维德宫、狩猎区公园……这些后来都是卡夫卡最喜欢的地方,他坐在婴儿车里的时候就去过了。在后院,在城市公园或者在安静的街巷里,人们踢球、玩铁环、跳绳、抽陀螺、打弹子球,尽管家长不允许,还有人玩小刀,在家里玩娃娃、集邮票、读童书、收集画片。如果出现一个绑铁丝的人(drátovat)、一个卖沙子的人(pisek)或者一个收破烂的人(hadry, kosti),那就是大事情了,大家热烈欢迎城里的灰土车来收集各家的垃圾,街上就会不断升腾起漫天的灰尘。类似犹太人岛上的约翰尼集市或者老城广场上的圣诞集市——被称为尼克罗集市,一直有木偶戏表演和旋转木马——大家都是提前几个星期就热切盼望,会在几十年后的记忆中留下金色布拉格的印记。

孩子们和年轻人不仅要学习,还必须有充分的运动,这早已是教育学的共识。当然,这个观点不是指随心所欲、无拘无束的身体机能宣泄,而更多是说要"强身健体",提高整个民族的身体素质,尤其是要有利于国家的军队储备。由此,就出现了一个奇怪的、从未来发展角度看非常滑稽的矛盾:一方面,小学甚至人性化的文理中学乏味的体育课受到了高度重视,体育课成绩当然要打分;另一方面,私人组织的体育项目的迅速开展却受到怀疑和社会歧视,甚至公开踢个皮球,都会在班级记录簿中被警告或者更严重。卡夫卡的童年时代,体育课和体育运动分属于社会层面两个不可调和的世界(当时还没有"大众体育"这个概念),后来,跟大人一起打网球和划船很快成为日常选择,或者加入一个体育协会,不必考虑那些只想着教学的人怎么想,不过这些对卡夫卡来说都来得太晚了。有些学校曾经试验性地引入了类似竞赛性质的所谓青年游戏,也随着学生们年龄的增长越来越不受欢迎。对此,谁都不会觉得奇怪。因为,"立定传球""丢手绢""拔河""撞拐"——这都是当时十岁的卡夫卡可以选择的一些**体育项目**——这些游戏,连小女孩都吸引不了。卡夫卡也根本不可能射进一个像样的球。[9]

　　所幸还有一些有意思的活动,不用进行严肃的思考,既可以认真对待,也可以作为游戏。冬天很难让孩子们从事户外活动,所以就利用一切机会去**滑冰**——或者用布拉格人的话说,溜冰。卡夫卡家也经常让孩子们去某个溜冰场[10]:去结了冰的伏尔塔瓦河上,或者是小城区精心浇注的冰场,学生可以办便宜的年卡,而保姆们在完成她们任务的同时,也可以听听管风琴音乐,喝上一杯加朗姆酒的茶。至于卡夫卡是否对滑冰充满兴趣,是值得怀疑的:没有任何证据说明,已经过了童年期的卡夫卡曾经穿上过雪橇板。在他的画中,滑冰的题材很少出现,在他描写冬天的小说《城堡》中则根本没有出现。

　　而重要的夏季娱乐项目就完全不同了,伏尔塔瓦河岸边的那些浴场被称为“游泳学校”。这个名称是有道理的,因为这里确实有受过训练的“游泳老师”——当然是穿着制服的——开设系统的游泳课,当然会使用各种救生器械,最后有严格的考试,合格者才能成为“自由的泳者”。① 很多成年人也参加这样的课程。重要的是,游泳学校属于那些极少(在体育时代到来之前)能够容忍无拘无束活动的地方,布拉格所有学生——被判处每星期在课桌前坐三十小时——都准确地知道每个浴场的开放时间和门票价格。

119　　伏尔塔瓦河两岸有许多这样的浴场供人选择,它们的结构都差不多:一个伸到水面上的浮动木栈桥,为了避免被浮冰破坏,每年春天都要重新加固,然后用链条固定在岸边;里面有一片像人工水池一样的空地,被称为“镜子”,注满了河水;平台边缘是更衣室,隔开的淋浴室,跳板,体操器械,还有一个小厨房和几张休息桌,可以提供咖啡和皮尔森啤酒。

　　这种小市民的娱乐场所,在天热的时候人满为患,它给布拉格人带

------

① “自由的泳者”是指参加十五分钟连续游泳测试并获得证书的人。

来的不仅仅是快乐,因为其卫生条件并不好。布拉格的自来水经常是可疑的黄色,并且被证明是导致了很多次伤寒病的原因,而伏尔塔瓦河水就更脏了,整个城市的污水不加过滤地直接排入河里,所以,游泳学校的经营者都接到官方指示,洗浴水必须使用泉水。在这种脏水里,当然也是会淹死的,而且每年夏天都有淹死人的事故发生。因为,尽管所有救生人员努力照看,尽管岸边立着许多警告牌,但是孩子和年轻人是拦不住的,他们潜到木架子下面,游到河心很远的地方,从船的下方穿过,攀住驶过的木筏子,或者爬上附近湿滑的堤坝。任由附近桥上的看守把哨子吹个不停,他们根本不理会。

　　我们不知道卡夫卡参与了多少这种调皮捣蛋的事情,但是可以肯定的是,游泳学校是最重要的城市体验空间之一,他一生都非常忠诚于此,就连去世前几个小时,他还不无伤感地回忆过。这让我们一开始很惊讶,但这是他最早、最重要的经历,当然绝对不轻松。他父亲把这当成了习惯,带着弗朗茨——肯定是他小学时期——一起在炎热的周日去小城区一侧的"市民游泳学校",在那里划拉几下水,然后(这可能是更重要的)跟那里的熟人喝杯啤酒。另外,他还雄心勃勃地要亲自教会儿子游泳,但是,他忽略了,儿子那常见的、令人讨厌的畏惧,并不只是因为怕水。

　　　　你的身躯就已经把我打败了。比如,我还记得,我们经常在一间更衣室换衣服。我纤瘦、弱小,你强壮、高大。在更衣室里我就觉得自己可怜了,不只是在你面前,而是在全世界面前,因为你是我衡量一切的标准。后来,当我们从更衣室里出来,来到众人面前,我拉着你的手,瘦小的身板,没有信心,光着脚站在木板上,怕水,根本不能模仿你的游泳动作,你是好意地示范给我看,但实际上让我更加羞愧,然后我就很绝望,我在所有领域的不愉快经历与那个时刻完美契合。我觉得最舒服的是，有时候你先换完衣服，我一个人留在更衣室，我就会尽量拖延在众人面前丢丑的时间，直到你最后回来找我，把我拉出更衣室。我很感谢你，似乎你没有看出我的困境，我也为我父亲的身躯感到自豪。[11]

那个"小身板"很快就超过了父亲非常平庸的游泳水平——他对朵拉·迪亚曼特说，父亲那根本不叫游泳——卡夫卡很明智地没有提过这一点；尽管心怀畏惧，他们一起去游泳学校这件事似乎持续了较长时间，因为到后来，卡夫卡甚至可以一起喝啤酒了。[12] 但是，身体瘦弱引起的羞耻感却一直留在他心里，直到他早已成年，只要一穿上泳裤，就要与这种羞耻感斗争，晚年还增加了其他敏感，主要是对噪音和生理困境的敏感。不过，卡夫卡一生中在公共浴场度过的时间超过一千小时：一开始是在市民游泳学校，他在那里还学会了划艇，并且很长时间在那里有自己的一艘船；后来他去了斯拉夫小岛上的游泳学校，作为结核病患者他也不断延长在岛上订房的期限；他在旅行途中也保持着这个习惯，每到一个地方，立刻打听浴场。一定是有一股强大的力量把他拉到水里，能让他暂时忘记恐惧、障碍和社会焦躁，释放出在"陆地上"不可能有的幸福感。

游泳是一种古老的经验，它能触及内心深处无意识的经验结构，是一种强烈的、多层次的、容易实现的身体和精神的例外状态，只有性可以与之相比较。游泳首先是**漂浮**，对于不会飞的生物来说，这是唯一让身体暂时摆脱地心引力的可能。这种身体上的解脱感，在水中**立刻**就能出现（不像在长跑中，只有在身体自己的内啡肽作用下才会有），这是一种对深藏在躯体内的自由的体验，这种自由会在心理高度兴奋时继续，甚至变成隐喻：人可以**自由地**游泳，也可以让**自己**在游泳中获得自由。这种运动一旦成为身体的技术，就能提供一种持久的自恋式满足，身体似乎能自主反应,好像能完全自主地在一种媒介中活动,而这种媒介根本没有提供支撑——卡夫卡非常重视这种不可思议的能力,他甚至把健壮的、训练有素的游泳者看作生命力的象征:"我的堂兄,那个开朗的人,"他对马克斯·布罗德说,"他叫罗伯特,已经四十来岁了,每当他晚上去市民游泳学校,几下子扒掉身上的衣服,跳进水里,上下扑腾,展现出一种美丽野兽的力量,身上的水亮闪闪,眼睛里冒着光,一眨眼就朝着河堤游出去好远——这太好看了。可是半年以后,他死了……"[13] 游泳作为一种体育运动或者有组织的竞赛,卡夫卡没有兴趣(尽管他在一篇令人惊讶的未完成作品中让一位奥林匹克冠军登场[14]);然而,对他而言,游泳者可控制的自我享受是一种高度的自由,一种具体的**身体可感**的自由,一种比选举自由更重要的自由。很难想象,如果有人达到了**这种自由**,还要死去。

就算这已经超越了通往深层心理学推测的界线,这种想法是容易理解的,流动媒介的感官体验本身,对卡夫卡的心理机制肯定具有终身的影响,远远超过了人们通常从游泳中获得的快乐。水的流动抚摸着身体,均匀地抓住、包裹整个身体,这完全可以是某种情欲越界的体验,尤其是在一个严格区分身体的高贵与低贱、可说和不可说区域的社会里。男人的性欲只存在于唯一的器官中,并且只能在那里得到满足,这种看法(也是一种隐含的社会要求),卡夫卡从没有让它与自己的经历和希望完全吻合。他的性欲,尤其在晚年,被这种强烈的共生力量左右着,这一点是不容忽视的:希望进入的愿望,越来越强烈地与对女性的渴望重叠在一起,他渴望的女性,是一种迎受的、能够掩藏身体和灵魂的,同时还能保证所有方向自由的媒介。这是说得通的——同时打开了观察最深层经历的一个角度——卡夫卡为亲密关系引起的恐惧快感(这种感觉折磨着他,但他无法让他爱着的女人们和最亲密的朋友们理解这一点)找到了最具说服力的比喻:在**无尽**的水中游泳:

这就是最普遍的恐惧，死亡恐惧。就像是有一个人，无法抗拒跳进海里游泳的诱惑，觉得漂在海上很幸福，"现在你是人，一个伟大的游泳者"，突然，他直起身来，没有什么缘故，他只看到天空和大海，波涛之上是他渺小的身体，他感到无比恐惧，其他一切都无所谓，他必须回去，如果肺裂了就完了。就是这种恐惧，没别的。[15]

刚刚成为自由的泳者的男孩弗朗茨躺在市民游泳学校滚烫的木板上，他能看到伏尔塔瓦河对岸未加固的沙土河岸，后面是约瑟夫城区一些出租房单调的外立面。这幅图景后来在他青年时代发生了彻底变化，在一战之前的几年，他生活世界中一个重要的区域，就已经只存在于记忆中、照片上，只作为母题存在于城市民俗文学中了。

那是 1886 年，捷克的城市管理部门决定，要对老布拉格的市区进行彻底改造。约瑟夫城，也就是到十九世纪中叶才合并进来的原犹太区，在两代人的时间里，就变成了一个贫民区，单是出于卫生方面的考虑，都不能让这里如此继续下去了。这里的居民只有十分之一是犹太人，这些房子的主人早就搬到更好的城区去了，对这里破败的、卖不出去的房产，除了粗暴的经济利用，再也没有其他兴趣。每个人都能在这里找到一个容身之处，没人打听你是干什么的，有没有前科，有没有私生子。但是要交房租，于是只能靠把房子继续转租给更多的房客和"租床位的人"来获得所需的房租，这样，这个地区的人口密度就越来越大：约瑟夫城的人口密度比老城和新城高三倍，而且，这个区的采光和通风非常不好，都是中世纪小结构房屋，迷宫般的街巷，很多地方不足两米宽。

这不难想象，如果考虑到，这些住宅大部分都人满为患，根本谈不上任何舒适性，每间厕所要供五到十个住宅甚至整栋房子使用，没有院子和小花园可以用作空气储备处，所有楼梯、通道、过道都是昏暗的,整个约瑟夫城在 1890 年 9 月被洪水淹了,有些街巷水深一点五到二点五米,直到今天(九年之后),地面层的房间仍然非常潮湿。如果考虑到交际区域的狭窄以及曲里拐弯的走向,那么就能够想象出一幅在别的城市不容易找到的城区景象。如果不想让整座城市都腐烂发臭的话,那就绝不能容忍这种状况继续下去了。[16]

　　毫不奇怪,这里的传染病发病率和死亡率远远高于布拉格其他地方,所以,上述文章的作者,身为布拉格城市医生的普莱宁格,也只能同意市议会的决议:约瑟夫城里很早就没有私人的改造翻新措施了——当然,应该强迫房主们采取措施——拆除和重新修建这片区域是唯一可行的办法。项目公开招标,最后胜出的是一个城市建设"修复计划",计划书的标题用最简洁的方式体现了这次举措的目的:**终结犹太区**。

124

　　布拉格的修复计划,仅从规模看,在欧洲是独一无二的:它涉及的面积大约三十七公顷,至少一万八千人会因此失去住所。六年时间转眼过去了,为这项大规模计划的法律准备还没有完成,直到 1893 年,维也纳帝国议会才批准了必要的征收举措,补偿谈判也进行得很艰难,常常牵扯到民事诉讼。没有什么地方的财产关系像约瑟夫城这样混乱不清,有些小巷子里,不仅每栋房子,而且真的是每一层房子的主人都不同,这让负责登记的官员几近崩溃。快速找到确凿的事实证据,是政策上最好的办法,但是这事连想都不用想,在开工四年后,决定要拆除的六百多座房子中,只拆了不到五十座。

　　有足够的时间让其他城区的居民认识到这个项目的危险和后果。当然,在 1890 年的洪水之后,每个人都明白,必须用堤坝加固河右岸,并且把有些地区的地面高度提高。但是,重新规划整个区域,不需要考虑日渐增长的结构吗?布拉格市如此生硬的举动,难道不会伤害自己的历史根基吗?修复计划非常理智地明确规定,"无论如何"必须保护文物古迹和宗教祭礼场所,确实,六座重要的犹太教堂、老犹太墓地和犹太市政厅都完好保留下来了。但是,犹太区的中心原本都是一些著名建筑(也早就是旅游景点了),却被一条宽阔而笔直的新大街一分为二了:尼克拉斯大街(后来的巴黎大街),老城和伏尔塔瓦河之间的主干道,一条林荫大道,两旁是新建的、富丽堂皇的、对于原来的居民而言过于昂贵的市民住宅。布拉格的设计者们认为,必须有一条通往河边的道路,为此,他们不仅拆除了犹太区的历史中心,而且强行改动了最重要的地标:老城广场。1890 年,这个巨大的中心广场四周是被围起来的,所有通向广场的街巷只是这个封闭的整体建筑群上的一些小缺口。如果新建的林荫大道和有轨电车要从这里经过,那么只能把广场的西侧全部打开,把老城市政厅旁边挡路的巴洛克风格的"克伦故居"拆掉。[17]

这个计划逐渐广为人知,人们越来越看清,仅从交通技术的原因出发,约瑟夫城的新规划必然会波及老城区域。于是出现了反对的声音,城市管理部门发现,有必要通过宣传缓解逐渐加剧的不满情绪。因此,被住户们遗弃的犹太区住宅向公众开放,那些平时不会到这个区域来的布拉格人都可以亲眼看到并且确信这里**真的**只能拆除了。但是,捣毁几个不关任何人痛痒的老鼠洞,还是没有回答关键问题:是否真的有必要,有理由,完全重新规划城市中这么大一块区域,并且对布拉格的核心和与此相关的城市氛围进行不可逆转的更改?1895 年就有很多建筑师和工程师以一份调查报告的形式提出了反对意见,第二年,出现了题为《为了捷克人民》的宣言,一百五十名捷克著名人士签名,反对翻修计划,发生多次大学生集会示威。作家威廉·姆尔什季克也撰文(《野兽的胜利》)抨击布拉格市议会忽视民声,引起了巨大反响,他勇敢地指出,当初在德意志人的统治下,也从来没有发生过对"母亲布拉格"如此的破坏。然而,大部分捷克知识分子几年之后才意识到,这实际上是关系到他们未来首都的脸面问题。除了在某些没有作用的文化委员会里说几句话，他们没有起到任何作用，翻修工作基本上按照最初的计划平稳地、没有中断地进行到一战期间。

在布拉格城市形象现代化问题上的冲突是另外一个重要证据，能够说明，就像在回忆录和更多**口述历史**中经常出现的关于"老布拉格"的难忘话题，提供了一幅不仅被美化过的而且是过于静态的图像。[18] 城市的和谐景象曾经有过，卡夫卡那一代人可以证明，最后的痕迹甚至在今天的布拉格还能找到。但是，他们同样经历了这个和谐景象的变化和破坏，最晚到世纪转折时期——尤其是 1900 年，那年成立了一个拯救"老布拉格"捷克俱乐部——对于童年时代城市舞台的回忆，就已经笼罩上了一层意识到这一切都一去不复返的阴影。

卡夫卡的青少年时代，就是在距离这个巨大的建筑工地几百米远的地方度过的，在他高中毕业那年，这个工地已经挺进他生活的地理中心：老城广场。当时还没有重型建筑机器，施工的声音还能够忍受，很多是手工劳动，扬尘漫天，不间断地挖掘和铲土的噪音。毫无疑问，他也观察过这个过程，有时候，当一段古老的墙壁倒塌时，他也会驻足观看。他当时已经相当成熟，知道这意味着告别。

最后，他也不得不眼睁睁地看着他出生的房子，圣尼克拉斯街上那幢巴洛克风格的高级教士住宅被拆除。那是 1898 年，只有雄伟的大门和悬在门上面的阳台被小心翼翼地拆下来，几年之后，在房子重新建好后，又安装到原来的位置。为什么要拆除这所房子？因为这里着过火。不过这里既不属于犹太区，也不妨碍修建新林荫大道的工作，林荫大道马上就要穿过广场的围墙了。那为什么还要拆呢？不知道卡夫卡是否得知了真正的原因，不过，他一定把这看作时代的象征：他出生的故居，也要为一条几何直线做出牺牲。是因为那条弯曲的麦瑟尔巷让设计者们觉得碍事，而卡夫卡出生的房子伸进麦瑟尔巷比较多，就这么简单。

"这些人搞万年大计,考虑到了一切,就是没有考虑到破坏者的胡闹,会让一切让路。"[19]这是歌德在罗马看到亚壁古道沿途被毁坏的墓碑时写下的,威廉·姆尔什季克把这段文字放在抗议布拉格翻修计划的文章最前面,用的是**德语**。

注释

[1] 一场毫不重要的交通事故,却吸引了一群好奇的观众。(卡夫卡旅行日记,1911 年 9 月 11 日,《卡夫卡日记》,第 1012 页起若干页)参见下文"文学与旅行"一章。

[2] 记录沙皇尼古拉二世加冕(1896 年 5 月)、记录他与威廉二世在布雷斯劳会晤和访问巴黎(1896 年 9 月)的电影,是早期电影实践中最受欢迎的影片。这些短片(今天许多都可以免费在网上观看)基本都不超过一分钟。

[3]《卡夫卡生前问世之作》(*Drucke zu Lebzeiten*),沃尔夫·基特勒(Wolf Kittler),汉斯-格尔德·科赫和格尔哈特·诺伊曼(Gerhard Neumann)编,法兰克福,1994 年,第 169 页;《诉讼》,马尔科姆·帕斯利编,法兰克福,1990 年,第 7、71 页。

[4] 1891 年 6 月 13 日,奥匈帝国外长古斯塔夫·卡尔诺基伯爵给总理塔菲伯爵写信道:"德意志一方拒绝参加博览会,是一个非常愚蠢而且后果很危险的决定,对此我毫不怀疑。"(阿图尔·斯凯德尔〔Arthur Skedl〕:《爱德华·塔菲伯爵的政治遗产》〔*Der politische Nachlass des Grafen Eduard Taaffe*〕,维也纳／莱比锡,1922 年,第 600 页)

[5] 德意志一方的抵制并不彻底,有些倾向"圣杯派"的德意志企业还是参加了博览会,但是这在宣传上对捷克更加有利,他们可以借此来回应"博览会不能代表波希米亚(因为苏台德的德意志企业都没有出席)"的指责。最重要的是两家德意志企业的参展,一家是波希米亚最重要的机械企业弗朗茨·林霍夫,它后来承包了布拉格有轨电车所有车厢的供货,还有一家是纺织巨头埃米尔·库宾斯基。

[6]　参见《布拉格日报》1891 年 6 月 17 日的报道。三名乘客侥幸活了下来。

[7]　布拉格居民,包括郊区居民,被要求在 9 月 28 日晚上把所有朝街道的房间都点上灯,尽可能地亮。所有店铺的主人——当然也包括卡夫卡家,因为他们的店铺就在事先已经公布的皇帝经过的路上——利用这个机会,用灯光把自己的店铺和橱窗好好装饰了一下。因为 1891 年时夜间的汽灯照明效果还非常有限,而电力照明还处在起步阶段,所以这种措施就产生了非常强烈的感官印象。这种大张旗鼓的举动,掩饰了皇帝对布拉格的访问实际上是一场小心翼翼的外交蛋舞①表演,是德意志企业家们抵制博览会的后果。在多场公开的接见中,弗朗茨·约瑟夫皇帝只能说一些空话、套话和感谢的话,以避免让某个民族感觉自己被忽略了。在几次德意志人和捷克人共同参加的觐见活动中,事先都商量好了,大家都不许提博览会的事,尽管皇帝在五天的访问中,参观了博览会三次。

[8]　卡夫卡日记,1911 年 11 月 12 日。(《卡夫卡日记》,第 246 页)

[9]　情况变化很快:十九世纪九十年代中就建立了第一个布拉格足球俱乐部,1900 年“德意志阅读和演讲大厅”——一个大学生文化社团——就成立了自己的足球队,还去其他城市踢球。卡夫卡参加过的青年游戏的竞赛方式,参见老城德语文理中学 1893-1894 学年年度报告。根据报告中的图表记载,当时高年级的学生也可以打壁球。

[10]　安娜·普察洛娃:《在卡夫卡家做家庭教师》(Als Erzieherin in der Familie Kafka),载于科赫:《当卡夫卡朝我走来》,第 62 页。

[11]　卡夫卡:《致父亲》。(《卡夫卡遗作和未完成的残章》〔二〕,第 151 页)

[12]　“另外,我在天气炎热的时候常常想起,当时我们就已经常常一起喝啤酒了,那是很多年前,父亲带我去半民游泳学校。”(卡夫卡致赫尔曼和尤莉叶的信,1924 年 6 月 2 日,载于《卡夫卡致父母亲的信,1922-1924》〔 *Briefe an die*

---

①　蛋舞是一种舞蹈,舞者蒙住眼睛在布着鸡蛋的场子中跳舞。

Eltern aus den Jahren 1922-1924〕，约瑟夫·塞马克〔Josef Čermak〕和马丁·斯瓦托斯〔Martin Svatoš〕编，法兰克福，1990 年，第 80-81 页）朵拉·迪亚曼特讲述的版本载于布罗德：《关于弗朗茨·卡夫卡》，第 180 页。

［13］参见布罗德：《关于弗朗茨·卡夫卡》，第 180 页。——卡夫卡的堂兄罗伯特，1922 年死于一种脾脏疾病，时年四十一岁。亦参见诺西：《卡夫卡一家子》，第 66-67 页。

［14］参见施塔赫：《卡夫卡传：领悟之年》，第 402-404 页。

［15］卡夫卡致马克斯·布罗德的信，1921 年 1 月 13 日。

［16］V. 普莱宁格（V. Preininger）：《布拉格的翻修》（Die Prager Assanation），载于《德语公共健康保护季刊》（*Deutsche Vierteljahresschrift für öffentliche Gesundheitspflege*），1899 年第 31 期，第 724 页。普莱宁格考证了犹太区最窄的巷子——墓地巷(U hřbitova)，最窄处只有一点二米宽。

［17］奥地利城市规划师鲁道夫·乌尔策认为，如果当初修复计划的规划者们让新建的尼克拉斯大街稍微绕一个弯，至少能避免把犹太区中心一切两半。参见文章《布拉格约瑟夫城的"翻修"》（Die »Assanirung« der Josefsstadt in Prag），载于《老城市》（*Die alte Stadt*），1995 年第 22 期，H. 2，第 149-174 页，尤其是第 172 页的草图。

［18］这也适用于关于世纪转折时期德语布拉格的一个重要资料来源：在慕尼黑的一份杂志《布拉格消息》上，从 1950 年开始连载当事人回忆录。这些回忆录提供了宝贵的感性细节，但是对于了解当年的社会趋势和冲突却没有任何帮助，那些事件常常只是像自然现象一样被轻描淡写地提到，或者被简化为轶事，甚至被否认。当然，这对了解说德语的布拉格人的精神气质是有帮助的。

［19］约翰·沃尔夫冈·歌德：《意大利游记》（Italienische Reise），载于《歌德作品全集》（*Sämtliche Werke*），第十一卷，慕尼黑，第 147 页。

第九章 艾莉,瓦莉,奥特拉

> 人们没有权利恨没有权利只是
>
> 这如此容易如此自然如此令人作呕地
>
> 符合人性
>
> **托马斯·莱尔[①],《九月:海市蜃楼》**

后出生的孩子当然有劣势,但与第一个孩子相比,优势更多,我
是一个做长子的消极例子。而后出生的孩子,一出生周围就充满丰
富多彩的事情,有些是教训,有些是经验,还有各种认识、经历、发现
和收获,一个亲近的、关系复杂的亲属圈子能给他的教育、鼓励对他
非常有益。而且,家庭也已经成长得更好了,父母也尽可能从以前
的错误中吸取了教训(当然也因为错误变得更固执了),后出生的
孩子天生条件就比长子(女)好,家长对他们的操心少了,但有好也
有坏,不过坏处肯定没有好处多,而且家长也不需要专门多为他们
操心,因为一切都是下意识地去做的,所以非常有效,没有坏处。[1]

---

① 托马斯·莱尔(Thomas Lehr, 1957-),德国作家。

卡夫卡在这里说的当然是他自己的家庭,很明显,作为孤独的长子,他嫉妒所有比他晚出生的妹妹,她们似乎过得比他轻松。三个"晚出生的孩子"来到了卡夫卡家——三次,伴随着担忧和害怕的幸福,但仍然无法弥补失去两个儿子的损失,因为这三个都是女儿。1889 年 9 月 22 日,加布里艾乐出生了(捷克语加布里艾拉,被称为艾拉或者艾莉);一年之后,1890 年 9 月 25 日,瓦蕾莉(瓦莉)降生;1892 年 10 月 29 日,最后一个孩子奥缇莉到来,被称为奥特拉。一个妇女小分队带来了许多变化:首先是家庭日常气氛的迅速变化,家里的关系越来越多,需要雇用更多的服务人员,所以,厨娘们、女仆们、保姆们和家庭女教师们扮演着越来越重要的角色。[2] 弗朗茨第一天上学的时候,还是家里的独子,所有人的期待都集中在他身上(当然还有所有雇员的温柔和刁难),而小学阶段的最后一天,他已经是四个孩子中的一个了,这个十岁的男孩,有了三个难缠的妹妹。

129

卡夫卡没有留下任何书面记录说三个妹妹的到来对他产生怎样**有意识**的影响和改变,不过,在一个明显由权威统辖的家庭中,兄妹生活中的矛盾是可以想见的。他从中心地位稍微退出了一点,也不再是全部关注的焦点。他虽然失去一些关注和关心——这与两位弟弟出生时不同——却从等级制度的最底层,明显上升了一大步。作为"大孩子",他要达到严格的要求,不像那几个还不懂事的妹妹,有时候,他还要承担一些责任,不过另一方面,他也有一些机会,把一部分越来越大的压力向下疏散。据我们所知,卡夫卡会充分利用这种机会:只要他跟妹妹们单独在一起,就会像指挥和命令一帮傻子一样,很快就跨过了独裁的界线。比如说,他让妹妹们只穿着内衣平躺在地毯上做均匀呼吸,他离开后,她们也要乖乖地继续做。有时候,趁着家中有庆祝活动,他会写个小独幕剧,让妹妹们先背熟,然后在他的严格导演下,在父母和亲戚们面前演出——这种活动在他上大学后还在继续,有一次,甚至妹妹们的女家庭教师也被邀请作为"女演员"参加演出。[3]

显然，卡夫卡成功地把因为年长和受教育获得的自然权威，逐渐转变成教育的、然后是个人的、成熟的权威，并因此避免了权威的自然崩塌。[4]但是，妹妹们没有因此而变成他的朋友。市民教育原则在两性之间挖了一道非常深的鸿沟，早在孩子们性成熟之前，就对男孩和女孩提出了不同的要求，这就造成了男孩和女孩的失望和彼此间潜在的敌意。提起女孩子们做的事情、她们的兴趣和成绩，总会有明显的保留——就好像不必**完全**认真对待——这种保留，连孩子们都觉得顺理成章，因为男人的支配地位无处不在，而女孩子们显然没有自由、没有自立，没有人看护，她们一步都不能行动，到十二岁还要被牵着手。所以，当男孩子们说起自己的姐妹，都会露出心照不宣的坏笑，所以他们才小心翼翼地试图避免让别人觉得自己对女性这种从属性生物很熟悉。女性人数的优势（就像在卡夫卡家）或者重要的社会功能（就像犹太母亲们传统的重要地位）丝毫不能改变这种性别间的生疏感和习以为常的对"另一个"性别的鄙视（和自我鄙视）。

主要由于学校和对学校法规有重要影响的教士的作用，这种不均衡而且极端不公正的现状很难撼动。哪怕女孩子们有强烈的求知欲和纪律性，她们几乎没有希望进入大学课堂，因为还没有哪个国家机构会允许这么做。哪怕到了1897年，女性终于被允许进入哲学系，文化部仍然明确规定，不要再用纳税人的钱来支持这项迫于公众压力而做出的妥协：

> 教学管理部门认识到了时代的潮流，让年轻女性获得了与男性同等的受教育权，以便让她们拥有更强的谋生能力，只要这是女人的天性和真实需求，当局就不会阻挡……但是，当局的本意并不是

让女孩子毫无限制地进入为青年男性的需求设立的文理中学和实科中学，然后再进入已经被男性充分占领的职业领域。[5]

时代的潮流在奥匈帝国流淌得磕磕绊绊，所有受欢迎的岗位，特别是那些报酬高的，都被"充分占领"了。于是，在上了四到五年女子小学之后（只有农村存在男女同校情况），如果要继续接受更全面的教育，女孩子们基本上只有两种选择。第一种，也是多数人的路，转入一所"女子中学"（有时候也叫"高级女子学校"），那里教授法语和一点拉丁语，然后十六岁进入一所女子师范学校：如果只依靠国家的话，那这就是最好的女性教育轨迹了，当然还远远达不到男性高中毕业的要求。私立学校能做得多一些，尤其是从教育效果来看。私立学校接受国家的监督，但不享受国家补贴，所以经常收取高昂的学费。另外还有一条布拉格的特殊道路：捷克"米诺娃"协会于1890年开办了中欧第一所女子文理中学，由热爱捷克民族的女教师用捷克语授课，不过暂时还没有资格举行自己的中学毕业考试。

卡夫卡家决定，选择位于瓦茨拉夫广场的德语犹太女教师阿黛尔·舍姆博尔建立的私立学校——这清楚地表明，他们希望几个女儿能享有更好的基础教育，他们没有费心思去想什么职业培训，更别提大学教育了。[6]如果有一个女儿能留在这个行业——那就更好了，她能从父母的经营中学到足够的专业知识，让她能站在店铺的柜台后面，完全学着她母亲——布料商的女儿尤莉叶·勒维的样子。如果没有，那她们就为未来的丈夫操持家务，那得是一个能干的男人，父母会为她们找一个好丈夫。最重要的变化发生在1899年，那一年，大女儿艾莉从四年义务教育的小学毕业了。正好在这个时候，布拉格的女子中学以米诺娃-文理中学为样板，成立了一个文理中学部，只不过是用德语授课，而且一直上到高中毕业考试。这是个轰动性事件，一个完全不知道结果的社会试验。

据说,捷克语大学已经收了几个女大学生,在德语大学还一个都没有,这种状况要改变。卡夫卡的妹妹们中是否有一个可能有足够的天赋能走上这条路,我们不可能知道。不过,不管有没有天赋,卡夫卡家从来不想当社会先锋,他们只想随大流。所以他们选择了私立学校。

赫尔曼·卡夫卡既没有能力,也不愿意把他对于没有第二个儿子的失望之情掩藏起来。[7]是的,好像主要是他的大女儿艾莉完全感觉到了这种失望,产生了非常明显的后果。"她曾经是个那么迟钝,"卡夫卡给他父亲写道,"那么疲惫、胆小、阴沉、有负罪感、过分自卑、阴险、懒惰、贪嘴、吝啬的孩子,我一见她就受不了,更不愿意跟她说话,她太容易让我想起我自己了,她跟我处在同样的教育桎梏下。"唯一一张看到小弗朗茨脸上厌恶神情的照片,证明了他们彼此之间的厌烦,因为照片上的小艾莉不高兴地看着镜头,明显是想躲开哥哥搭在她身上的手。但是,二十年之后,她超过了他,几乎摆脱了仍然脾气暴躁的父亲的影响,在幸福的婚姻中朝着意想不到的方向发展,仍然留在家中的单身汉哥哥觉得她变得"快乐、无忧无虑、勇敢、大方、不自私、充满希望"。[8]

第二个妹妹瓦莉,显然压力更小一些,出于很难解释清楚的原因,她从父亲那里遭到的否定少得多。弗朗茨跟这个安静、没有要求、顺从的女孩子不怎么亲近——后来,在书信和日记里,他也极少提到她——但是她在家里奇怪的特殊地位却让他思考,他猜测,又是神秘的遗传气质在起作用:

> 与你相处最好的是瓦莉。她跟母亲最亲近,也像母亲一样顺从你,没有费什么力气,也没有受什么罪。你也亲切地接受她,因为她让你想起母亲,尽管她身上卡夫卡家的气质很少。但是,你可能恰恰觉得这样才好;如果根本没有卡夫卡家的特点,就连您也没法要

133

求；你也没有我们这些人的感觉，觉得这样就少了点什么，必须要用暴力抢救回来。另外，你好像从来不喜欢女性身上表现出来卡夫卡家的气质。假如我们其他人没有从中进行一些干扰，瓦莉和你的关系或许还会更好。

确实，真正的顺从或者假装的听话（这对赫尔曼·卡夫卡来说没有区别）最能让赫尔曼·卡夫卡保持好心情，如同在他妻子尤莉叶身上一样，他在瓦莉身上没有感觉到任何反抗。当然，那个问题还是没有答案——卡夫卡的遗传理论在这里到达了极限——为什么更复杂、更阴暗、更柔软，比卡夫卡特质更加陌生的"勒维特质"，居然能够驯服这头脾气暴躁的熊，能让他表现出人性化的特征。有可能是尤莉叶和之后的瓦莉代表着赫尔曼从幼年时就不得不放弃的所有特点，所以，她们能满足一种乌托邦式的渴望：对人性本质无意识的、无法描述的渴望，即便在最艰苦的生存斗争中，也依然保留着人性的本质，从来没有被完全工具化。

当然，赫尔曼·卡夫卡只能把这种人性想象成主要是女性化的，从根本上说是母性特点，以平常没有的柔和话语和举动表现出来——就是一种气质，一种可靠的、心灵的温暖源泉。而那种行动的、要求社会公正的人性——他的小女儿奥特拉从小就表现出这种气质——却让他恼怒，有时候甚至会刺激得他暴跳如雷，因为这种人性会对他选定的生活方式和自我认识的基础提出质疑——不管是有意还是无意，在不确定的情况下，他就认定是故意的。

一开始，小女儿是个热情外向的"野丫头，不过也是最受宠的孩子"，很多时候大家都迁就她，对于她调皮捣蛋的事情，不仅是迟钝的姐姐们，就连父母也在很长时间内觉得很开心；卡夫卡家当年雇了几个女教师，其中一个还能想起来这事。[9]奥提尔卡让平淡的日常生活更加有活力,却没有出格,不过当时绝对看不出来,这个很早就显示出来有独立想法的调皮丫头将来有一天会真的跟父母对着干。卡夫卡把这个二十岁的妹妹看作自己"最喜爱的"妹妹[10],再后来,她成为他最信任的人和同盟。不过,他不太可能在奥特拉童年时候就感觉到跟她特别亲近甚至"性情相投",因为当时的弗朗茨,凭借年长九岁的优势,看问题的角度已经接近成人了,而妹妹们还是可爱的小娃娃,打扮得像三胞胎一样在广场上散步。[11]值得注意的是,后来,卡夫卡在信件日记中经常提到"妹妹们",但没有具体区分——这也反映了当时人们对女性个体普遍缺少特别的关注。

小奥特拉在多大年纪时失去了特权?这个小野丫头什么时候变成了反叛的、常常不高兴的、只能用威胁和强制手段才能管得住的女孩?由于缺少信息来源,已经不得而知。很有可能奥特拉的青春期让她的不听话更加显现出来——按照卡夫卡家循规蹈矩的标准衡量不听话——原来的顶嘴和其他淘气行为突然一下子变成了严肃的事情,小孩子不懂事不再能成为原谅借口。母亲一如既往试图弱化不断升级的矛盾,而赫尔曼·卡夫卡越来越觉得小女儿讨人厌,她的脾气也很过分、奸刁,并且是专门针对他的。父女之间关系的这种变化和彼此之间敌意的急速升级,使卡夫卡在很多年之后都找不到其他理由解释,只能又借助他基于遗传的气质理论。他觉得这个不幸就像是命运的安排,但是,父亲那方有某种程度上可以避免的不理智:

在一般情况下,也就是说,如果她[奥特拉]不是陷入了特别的困难和危险,你对她就只有憎恨;你自己跟我承认过,你觉得她是故意不断地气你、伤害你,而你却一再忍耐,她却感到满足得意。就像是某种魔鬼。你跟她之间一定是出现了巨大的疏离,比你跟我之间的疏离还要大,所以才会产生这么大的误解。她离你那么远,远到你根本看不见她,所以,你就在猜测她所在的位置上,想象出一个魔鬼。我承认,你跟她相处尤其困难。我没有完全看透这件及其复杂的事,但是,她肯定是一个具有勒维家气质的人,又配备了卡夫卡家最好的武器。在你我之间没有真正的战斗;因为我总是很快就失败了;剩下的就只有逃跑、痛苦、悲伤,内心的斗争。但是你们两人总是处在战斗状态,总是精神饱满,总是斗志昂扬。这是多么壮观同时又多么绝望的景象啊。一开始,你们两人是非常亲近的,因为直到今天,我们四个当中,奥特拉可能是你和母亲婚姻关系以及把你们联系在一起的那种力量的最纯洁的表现。我不知道是什么夺走了父亲和孩子之间和睦的幸福,我几乎认为,事情的发展跟我这里是一样的。你那方面是你本质中的专制,她那方面则是勒维式的固执、敏感、正义感、焦躁,而这一切的后面,还有卡夫卡家力量的意识作为支撑。我也对她有过影响,但不是出于自己的意愿,而仅仅是因为我的存在这一事实。另外,她作为最小的孩子,直接进入了已经完成的权力关系中,她可以根据许多已有的材料形成自己的判断。我甚至可以想象,她内心曾经犹豫过一段时间,不知道是应该投入你的怀抱,还是投向你的对立面,显然,你当时错过了时机,把她推开了,如果有可能,你们两人会是非常和谐的一对。那样的话,我虽然会失去一个同盟者,但只要看到你们两人,我也算得到补偿了,而你也会因为在一个孩子身上得到了完全的满足而变得对我好一些。不过这一切在今天都已经是梦想了。奥特拉与父亲没有关系,她不得不独自去寻找自己的路,像我一样……[12]

这当然都是从成年人的视角出发考虑的,战斗、联盟和敌对这些比喻之所以能如此轻松地从写作者笔下流出,是因为如果没有这些比喻,他就无法理解自己的失望。另外,卡夫卡在写这封信的时候(1919 年),

早就意识到,奥特拉给他提供了一个样板,一个独立的,不仅寻找自己的道路,而且最后坚定地走自己道路的样板,他在阅读各种传记时不断寻找这样的样板。而至于卡夫卡是否真的会因为父亲和女儿之间的和谐感到高兴,却是值得怀疑的,因为父女间的和谐很可能让他感觉到自己更加被孤立,除此之外,他一开始对奥特拉的发展根本没有表示关心,到了后来才关切地参与进来。他很可能是带着冷漠的、嘲讽的、有性别意识的、不是很大的好奇心观察着他的妹妹们;对他来说,她们的需求跟她们的内心世界一样陌生,她们对他真正关心的事情也毫无兴趣:奥特拉刚学说话的时候,弗朗茨已经完成了他生命中的一个重大时期:小学岁月。他心中的情感,没法跟妹妹们分享,那是一种恐惧、骄傲、羞耻、悲伤和按捺不住的期待的混合体。他不可能预感到,那一小队无法理解的小女孩中,将来会成长出一个他最信任的人,一个他**生命中最重要的人**。在生命接近尾声时,他觉得这个变化像一个无法理解的、受之有愧的奇迹。他用默默的坚守维护着这个奇迹,必要的时候,还会用明显的言语针对父亲,向对方宣示在这场争夺奥特拉的战斗中自己的力量界线,他以前从没有这么做过。**这**一回合,他赢了。

注释

[1] 卡夫卡致菲莉丝·鲍尔的信,1912 年 12 月 19 / 20 日。(《1900–1912 年书信集》,第 345 页)

[2] 1890 年人口普查时,赫尔曼·卡夫卡填写的表格中明确写明了三位家庭雇员(都是基督徒):三十五岁的厨娘弗朗齐什卡·聂德维多娃、二十岁的女仆玛利亚·泽曼诺娃和二十二岁的保姆安娜·库察洛娃。参见库尔特·克罗洛普(Kurt Krolop):《安娜·里希滕施泰因回忆弗朗茨·卡夫卡》(Zu den Erinnerungen Anna Lichtensterns an Franz Kafka),载于《卡罗来纳大学学报——语文学、日耳曼语言文学》(*Acta Universitatis Carolinae — Philologica. Germanistica*

Pragensia），1968 年第 5 期，第 56 页。

[3] 安娜·普察洛娃还记得卡夫卡的这些剧目：《变戏法的人》《照片说话》《格奥尔格·冯·珀迪布拉德》（这部剧显然是致敬在珀迪布拉德出生的母亲）。汉斯·萨克斯的独幕剧也上演过。"观众们坐在客厅，整个餐厅是舞台，宽大的门就是幕布。演出时，卡夫卡太太的父亲和哥哥一家也回来。据说，我们的演出非常好。女孩子们给我戴上一副没有镜片的眼镜，让我在剧中的角色显得有学问。"（《在卡夫卡家做家庭教师》，载于科赫：《当卡夫卡朝我走来》，第 68 页）——卡夫卡的妹妹们后来自己说过，弗朗茨喜欢穿着奇怪的衣服突然出现，吓她们一跳。（瓦根巴赫：《弗朗茨·卡夫卡：青年时代传记》，第 51 页）

[4] 参见盖尔蒂·考夫曼（Gerti Kaufmann）：《回忆我的舅舅》（Erinnerungen an meinen Onkel），载于科赫：《当卡夫卡朝我走来》，第 223-226 页。

[5] 转引自奥古斯特·费克特（Auguste Fickert）：《奥地利的女性教育状况》（Der Stand der Frauenbildung in Österreich），载于海伦娜·朗格（Helene Lange）、盖尔特露特·博伊默尔（Gertrud Bäumer）主编：《女性运动手册》（Handbuch der Frauenbewegung）第三部分："文化国度的女性教育状况"（Der Stand der Frauenbildung in den Kulturländern），柏林，1902 年，第 161-190 页。此处，第 175 页。同时参见"1897 年 3 月 23 日的文化和教育部部长条例，关于允许妇女进入二元帝国大学哲学系正式和非正式听课"，载于《帝国法律杂志》（Reichsgesetzblatt），维也纳，1897 年，第 427 页。文化部部长隐含的威胁，绝不是撤退时的反抗，而是要严肃对待。奥地利多个妇女协会都在抱怨，女性教师和律师受到的考察多于男性同事。这导致了女性获得的评分更低，因此得到高薪职位的机会就更少。所以，世纪转折时期，维也纳的小学和公立中学中，只有一位女校长和九十位男性校长、八位高级女教师和二百二十二位男性高级教师，而普通教师中男女人数相同。

[6] 值得注意的是，卡夫卡家给女儿们选择了一位写文章公开支持女性受教育的私人女教师。阿黛尔·舍姆博尔是第一位在奥地利文理中学任教的女教师，另外，她是布拉格"妇女进步"协会的创立人之一（建立时的名称是"促进布

拉格女性幸福和教育德意志协会"),这个协会在 1898 年记录有一位新会员入会,名字是"赫·卡夫卡太太",按照当时的习惯就应该是"赫尔曼·卡夫卡太太"。(参见《女性生活》〔*Frauenleben*〕,维也纳,第 9 年度,第 12 期,第 85 页,及第 10 年度,第 2 期,第 4 页)

[7] 赫尔曼·卡夫卡明显更喜欢男孩子,后来,他的外孙女,奥特拉的女儿维拉·索德科娃在采访中证实说:"外公不仅想要小孩儿,而且想要小男孩,他的三个女儿都只有女儿,只有艾莉有过一个儿子,费利克斯——不过他没有活下来……"阿蕾娜·瓦根纳洛娃:《"弗朗茨把它给了我们"——在布拉格遇到维拉·索德科娃,卡夫卡最后一位在世的外甥女》(»Franz gibt es uns«. Eine Begegnung in Prag mit Věra Saudková, der letzten lebenden Nichte Kafkas),载于《新苏黎世报》,2012 年 1 月 30 日。

[8] 卡夫卡:《致父亲》。(《卡夫卡遗作和未完成的残章》〔二〕,第 177-178 页)卡夫卡在 1913 年 1 月 10 / 11 日给菲莉丝·鲍尔的信中也写过类似的内容:"另外,我是个很差的预言家,比如我妹妹艾莉的婚姻,在她订婚时,我感觉到了一种无望,但是,这个妹妹,原本迟钝、对什么都不满意、整天不停抱怨的人,现在已经有了两个孩子,在婚姻中非常快乐,并且扩大了自己的生活领域。"(《1913-1914 年书信集》,第 33 页)

[9] 普察洛娃:《在卡夫卡家做家庭教师》,第 59 页。

[10] 卡夫卡致菲莉丝·鲍尔的信,1912 年 11 月 1 日。(《1900-1912 年书信集》,第 204 页)

[11] 保留下来的照片上,卡夫卡的妹妹们从头到脚打扮完全一样,连头发的长度都一样。

[12] 卡夫卡:《致父亲》。(《卡夫卡遗作和未完成的残章》〔二〕,第 178-180 页)

第十章 拉丁语,波希米亚语,数学和其他重要事情

> 我个人觉得,如果有人开始解释什么,就已
> 经非常可怕了,因为有必要的话,我自己能
> 明白一切。
>
> 黑格尔,《谁在抽象思考?》

当全体学生都聚集在教室,

校工的钟声告诉老师们,

每个人应该去教室,他的学生们正期待着他,

白发苍苍的迈尔老师迈着畏惧的脚步走向班级。

老远就听到了男孩子们的喧闹

老头犹如梦游,内心惶恐不安。

现在他走到门边,想推门而入,

他在犹豫不决,脑子里还在思考。

对犹豫的人,下面这是最好的建议:

轻轻按住门把手,就像校长那样,

打开教室门,不让学生看见自己。

学生们就会猜,这是布鲁姆校长

于是就都安静了;他经常这么干。

于是他现在照样行事,但是克罗尼德这次想换个花样。

因为刚才克拉佩茨阴险地

通过锁眼偷偷观察到好脾气的老头。

他心里猜出来老头想干什么。

所以他居心险恶地对全体同学说:

"迈尔正站在门外想吓唬我们,

万克你到这里,塔施纳和亚特勒斯,朗格和艾德里茨!

我们大家一起顶住门,让他进不来。"

他说着;把大家说得心动了。[1]

还有其他几千名学生也心动了,当时是 1891 年,同样无能、令人同情的历史和地理老师迈尔(他的真名是约瑟夫·赛德尔)的命运也处于压力之下,在整个德语区,大家都在热烈议论。《梅里亚德》的创作者是个名叫奥斯卡·克劳斯的十六岁布拉格文理中学学生,这部作品成为"雷克拉姆大学图书馆出版社"出版的单行本中迄今为止最成功的例子之一,它以滑稽的方式戏仿史诗《伊利亚特》中的六音步诗行,读者们对它的兴趣远远大于对其古希腊样板的兴趣。很快,只卖几毛钱的《梅里亚德》成为所有文理中学的必读书,有些诗句甚至流传了好几代人("屁股带着雷电迅速坐到长凳上……"),毫无疑问,教师中也有很大一部分人偷偷读这部学生的庸俗恶作剧,读到它与英雄史诗的高雅用词针锋相对,暗地里开心不已。这完全是无伤大雅,同时是系统内的、故作庄重的幽默,这种幽默在受到出版审查的幽默杂志上已经收敛了,同时《梅里亚德》也是成功的人文主义训练令人瞩目的证明。因为,如果一个还没脱离青春期的文理中学学生有能力用古典韵脚写出"长歌",那他本身就是一个具体的(估计也是有意的)例证,证明他并没有把他的时间

全都浪费在作品中描写的那些蠢事上，而他的学校生活也不仅限于一个人闷头死用功。

《梅里亚德》的作者后来成了哲学教授，卡夫卡后来见过他本人[2]；但是，当年只有十岁的他不可能懂得另一个学生克劳斯的成就，而克劳斯显然非常了解自己的幽默。卡夫卡肯定觉得作品中精心刻画的不服从精神非常美妙。这种事情有可能出现在一所奥匈帝国的文理中学吗？他听说自己未来的学校——"布拉格老城德语授课国立文理中学"完全不是这样的：那是最严格的文理学校，有着非常刻板的选拔制度，大部分学生根本不可能完成高中毕业考试。[3] 当卡夫卡 1893 年 9 月 19 日下午走进老城广场那座富丽堂皇的洛可可式金斯基宫殿——估计又是在母亲的陪伴下——想先去看看在宫殿后院侧翼的教室时，他就已经明白了，小学要求的刻苦、专心和顺从——他居然都做到了，令自己都很吃惊——跟这里的要求相比，根本不算什么。金斯基宫殿中典雅、高大的房间，跟肉市场边那座现代但拥挤的实用建筑没有什么共同点，而作为新生，只有四十个同学跟他一起听纪律要求和课程计划宣讲，这个情况让他明白，这里的每个学生都会受到极大关注。让他稍感安慰的是，很多小学同学现在也跟他同班，比如说那两个胡戈——贝格曼和赫希特，他们两个也同样紧张。所有人中，肯定是卡夫卡最强烈地感觉到，从现在起，只做到不引起老师注意肯定是不够了。

卡夫卡曾经想象过"教授们的可怕大会"，会上，他，"最差或者反正是最无知的学生"肯定会被开除，是的，被"吐出去"：等到一切都被揭穿的时候。在那漫长的十二年中，包括小学和中学，这种期待从来没有改变过，每升一个年级，只会让未来不可避免的耻辱变得更加可怕。"在这种情况下，上课跟我还有什么关系呢？"很长时间以后，卡夫卡反问道。

这真的是一所学校吗？或许更像是一座法院？当然，在《致父亲》

中,卡夫卡给出的是有意过滤过的以往的图像,他的感觉有道理,他觉得自己的发展不是受到确实发生过的事情的影响,而是更多受到他自己对这些事情的体验和加工的影响。这是他想象世界的逻辑,他想让他的父亲明白。所以,他没写一句关于老师真的说过什么,以及他自己取得了什么成绩。卡夫卡当然知道,一个完全无知的学生是不可能蒙骗老师好几年的,而且他在学校也没必要真的害怕任何被揭穿的威胁——除了很平常的几次小作弊,他班里有几个"公正"的学生当然比他更依赖作弊。但是,那种想象,觉得自己一无是处,到最后,他的整个一生将在一场可怕的、永远无法完成的考试中被冻结——这种想象,据卡夫卡自己说,在他十岁的时候就已经击溃了他,扼杀了他所有的积极性和求知欲。

140

这个需要严肃对待。即便他自己把各种变化的法庭和惩罚隐喻——这些比喻在他创作生涯刚开始时曾经支配了他一段时间——往前推了好几年,但是,这种内心充满恐惧想象的症状,特别是卡夫卡在社交上冷漠、被动、没有兴趣的态度,留在了好几个同学的记忆中。"如果别人要求他,他会参加所有活动,"胡戈·赫希特写道,"他从来不败坏大家的兴致,但是他从来不主动。他从来没有提出过建议,虽然我们知道,他非常聪明。"卡夫卡十三岁时认识的埃米尔·乌提茨说:"外表上看,他是最安静、最拘谨、最节制的人……另外,他跟学校的事情有些疏离。但绝对不是傲慢,而是有些陌生,好像他内心对这些事情毫无兴趣,但又必须按规定完成。"[4]尽管这种冷淡的态度在各个科目表现得不太一样,但可以肯定的是,对每一次打分的畏惧给他对学科内容的所有兴趣投上了阴影。学校学习的内容就是考试内容,是你也许在搞清楚其味道之前就必须咀嚼并吞咽下去。

然而,"老"奥地利的人文文理中学**究竟**是什么样的呢?如此摧残人,至少是消解人积极性的成绩压力,是因为体制问题造成的,还是因为学校教育的原则,或者更多是因为各个老师的无能和恶意,把自己当成了法官？这个问题，在亲历者中也是有争议的。学校经历对人的影响很深刻，往往有很重的感情色彩，尤其是在心思敏感的青春期，在亲历者的回忆中，学校的经历也常常带着很强的滤镜——取决于每个人的命运如何。所以，曾在班里拔尖的学生，很难体会那些因为成绩差而难免受到老师刁难的学生的处境。同样，那些在校表现在家里得到好评的学生，也根本无法想象赫尔曼·卡夫卡这样的父亲，他认为只有成绩才算数。还有一个值得注意的现象是，在许多对学校的回忆中，都有美化的倾向：开心的轶事留在了记忆中，变成了最好的故事；丢脸的事、毁灭的恐惧和毫无意义的死读书的折磨却常常被压抑，或者为了自尊避而不谈。

　　在一个各种民族、宗教和各种语言的认同互相冲撞的生活空间里，你上的**什么**学校可能具有非常重要的意义。卡夫卡在老城文理中学——如同之前在小学——面临的是一个非常同质的环境，主要都是德裔犹太中产家庭的孩子们在一起玩耍[5]：在这片社会岛屿上，反犹主义和民族敌对情绪都不明显，在课上也不会谈到这些问题。而在同一时间，马克斯·布罗德上的学校是位于新城区的史蒂芬文理中学，相距只有几分钟路程，那里就是一个非常繁杂的社会混合体，相应地也有各种摩擦。那里的气氛明显粗暴，犹太学生尽管数量占优，也不得不用拳头回击恶意的攻击，这是"史蒂芬学生"的日常规则。布拉格学区的语言地图也很重要：卡夫卡中学一年级班里只有五名学生家里说"波希米亚语"，但他们还是遵照父母的意愿选择了德语学校。不言而喻的是，学校对这些少数派是不会有任何照顾的，所以他们大部分只能坚持几年，也就不奇怪了。相反，孩童时代就展现出天赋的语言哲学家弗里茨·毛特纳，早在三十年前就在教会学校感到无聊至极，因为那里有一半的捷克学生，他们只能非常吃力地跟上上课的节奏，所以必然影响了其他学生的学习进度。[6]

　　我们有足够的理由不急着把自传中关于布拉格学校经历的内容普

遍化甚至投射到整个奥地利的学校制度上。这恰恰也是很多亲历者批评克劳斯·瓦根巴赫的《卡夫卡传》的原因:胡戈·贝格曼、汉斯·科恩和圭多·基希(1889-1985)等人指责说,他们老城文理中学并没有笼罩在“僵化、保守的二元帝国学校精神”下;而瓦根巴赫认为,“学生和老师都深受迂腐的规定课程的折磨,还不断受到审查机构的检查”,这种说法是不对的,之所以得出这种结论,是因为他对真实情况没有具体了解,并且用今天的伦理和教育标准去衡量当时的情况。[7]

　　这些指责都不符合历史真实,而且还很幼稚。因为,早在世纪转折之前,就出现了公开批评,议会上也有过争论,焦点就是:给文理中学生的脑袋里塞进“尽可能多的细节知识”和“大量死记硬背的内容”,并且在高中毕业考试中也只考记忆能力,是否有意义?[8]而且,如果不用今天的标准和知识,还能用什么标准去评判当年的教育实践和心理影响呢?当然,当时狭隘的意识形态和教育规定,也给文理中学的每个老师留下了足够的自由空间,可以给僵化的教学材料增添一些活力,可以给有天赋的学生和比较弱的学生更多个性化关注,可以避免羞辱学生。有些老师具有这样的能力,卡夫卡就遇到过这样的老师。但是,即便是社会触角最敏感的教育者也要不断争取这样的自由空间——与一种植根于成绩伦理和责任伦理的教育制度作斗争。

　　胡戈·贝格曼自己就提供过一个印象深刻——虽然是无意的——的例证,充分说明仅用当时的标准去衡量这些情况是毫无用处的,根本不可能因此而获得对过去生动、准确的记忆图像。他说过一场“深深印在”他记忆中的学校经历:

　　　　我们八年级的班主任是埃米尔·格施温德,获得过教士勋章的神父,老传统的卫道士。在中学第三年时,我还不到十三岁,我一个叔叔在布尔诺结婚,我请了两天假,去参加婚礼。家族的人劝说我父母,把两天假延长到了四天,因此,我旷课七节。当我回到学校,灾难开始了。我受到了严重警告处分,班主任批评我不诚实批了好几个月。我是班里的优秀生,因为家庭贫困被免除了学费。但免学费的条件是,该生的操行课必须是 1 分或者 2 分①;3 分意味着会失去免学费的机会。很明显,一个受到警告处分的学生,是不可能得到 1 分的。但是,格施温德会同意给我 2 分并让我继续享受免学费的机会吗?判决的日子到了[!],发冬季成绩单的日子到了。格施温德把成绩单递给我,宽容占了上风。直到今天我还能回忆起他的声音:"您的操行课得分是良好,我投了反对票,但我是少数,我很愿意服从多数。"

我讲这个故事,是为了告诉您,这个班主任对学校的事情非常严肃。学校首先要教的是:尽职。[9]

也许这个老师的行为按照当时通行的价值体系来看是完全正确的,甚至是值得赞扬的。但是,他却让最好的学生(虽然违反了规定,但却是无辜的)承受了几个星期的恐惧,是的,这个学生的生存受到了威胁,因为他要忍受自己的中学教育可能仅仅因为缺钱而半途而废的噩梦——即便贝格曼已经把老师的道德要求部分内化,即便这件事让格施温德自己也不愉快,但那也于事无补。这种毫无社会意义的、被抬高为伦理元标准的"尽职",非常容易演变成野蛮行径——这首先是二十世纪的经验——贝格曼在以温和的视角回忆起布拉格文理中学生涯中这一段插曲时,似乎没有想到这一点。这种没有恶意的表态,后来被法学家圭多·基希超越了,基希也反对瓦根巴赫,他为老城文理中学的教学方法辩护,同时也承认,他在上学的前几年,常常因为害怕考试而呕吐,

---

① 德语学校的评分是 1-6 分,1 分是优秀,2 分是良好,3 分是尚可,4 分是及格。

没有一个老师对此表示过理解。[10]

　　高大、肥胖的埃米尔·格施温德是卡夫卡中学期间影响最大的权威:不仅因为他从开始到高中毕业一直是班主任,更因为他作为古典语言的任课老师,课时数远远多于其他老师。学生们每天都会见到格施温德教授(所有老师都叫"教授"),他每星期上八节拉丁语课,从三年级开始上六节拉丁语和五节希腊语。这两门语言被普遍认为是教育的基础,所以要求最严格,学习中要求背诵的也最多。每星期结束时,都要对所学内容进行书面考试,每两个星期交一份家庭作业,同样也会打分。更细致的是所有人都害怕的口头问答形式的测验,每节课的前半段时间都用来干这个:这是所有科目中雷打不动的习惯,所以在恐惧排行榜上,所有老师的区别仅仅在于,他是按照学生姓名的字母顺序提问,还是按照出人意料的原则。但是想在拉丁语和希腊语这两门课上取得最好成绩,还必须做到更多,因为格施温德要求在授课内容之外须阅读古典作品("私人阅读"),而且,他让学生自己准备抄写语法例句和相似点的本子,交到他位于教士修道院的私人住所去——这是一项特权,卡夫卡和贝格曼也享受过。[11]

　　格施温德是古典文化专家,他主张在课堂上尽可能多地使用实物,特别是古希腊和罗马艺术品的图片和复制品。[12]尽管如此,他的课还是受到教学大纲的限制,大纲只重视语法,并且在学生们对内容还远远没有产生兴趣之前,就让大部分学生在形式技巧编织成的铁丝网中受挫。贝格曼宣称拉丁语是"整个生命中的礼物",并且把"一门语言中最小的语法细节"都学到了,就连他也是很晚才懂得要对此感恩。[13]更能体现这种僵化的人文教育理念的是心脏科医生布鲁诺·基希(1890-1966)的回忆,他比卡夫卡晚七年进入老城文理中学学习,教学计划基本没有改变:

144

145

　　　　拉丁语和希腊语，我这两门课的老师显然只重视语法机械练习，所以我在学校对这两门课深恶痛绝，很长时间以后，我才意识到，凯撒或者李维并不只是为语法课写的书。当贺拉斯和索福克勒斯这样的作家进入我的视线后，我才获得对他们以至对这两种语言的兴趣，虽然学校的授课体系依然非常枯燥。我的老师们努力用一种我忍无可忍的迂腐语法磨灭我的兴趣，他们只取得了部分成功。[14]

卡夫卡对他的文理中学，没有留下这么明确的评判，但是据他回忆，还是学生时，他就清楚地知道内容教育和形式教育的区别；是格施温德教授个人的做法使班里同学对这种区分不抱有什么幻想。卡夫卡给菲莉丝·鲍尔写道：

　　　　不应该强迫孩子们去学习他们根本不懂的东西。尽管学习不懂的东西有时候可能会产生非常好的效果，但是，这种效果是完全不可预计的。我想到了一位教授，他在给我们读《伊利亚特》的时候常常说："很遗憾，我不得不跟你们一起读。你们还不能理解，哪怕你们觉得能理解了，实际上你们根本不能理解。必须经历过很多之后，或许才能理解一些皮毛。"他的这些话（他整个人都是这种风格），给当时冷漠年轻的我留下的印象，比《伊利亚特》和《奥德赛》合起来还深。这种印象或许过于贬低我们了，但至少是非常本质的。[15]

对贬低极其敏感的卡夫卡，肯定不是班里唯一一个因为这个矛盾的信息而感到泄气的人：你们必须努力学习，才能懂得些东西，但尽管你们努力学习了，到最后也会**什么都不懂**。这是教育中具有毁灭性作用的

双重束缚，它实际上是把神秘、模糊的父权戒条——不懂也要服从——扩大到了公共空间。后来，卡夫卡仍然觉得，他不断遇到这条与人为敌的悖论，他认为这条悖论非常"**本质**"，因此把它嵌入了自己小说的基础。所以，被告约瑟夫·K在模糊不清的威胁下，不得不把所有精力集中到他的案情审理上，严格遵守所有程序，而同时，法庭又向他保证，作为审理基础的法律是他一辈子无论怎样努力也无法认清的。小说《城堡》的主人公、土地测量员 K 也由于同样的矛盾最终走向毁灭：别人反复向他明确表示，他对村子里的真实情况一无所知，而只要 K 一开始了解村里的本质问题，他的谈话对象就仅仅围绕程序问题向他进行解释。直到最后才发现，就连村民们也根本不理解他们的世界，他们生活在一片神秘之中。

　　学校制度本身就已经投下"你什么也不知道"的阴影，那么难以区分的只是，这些大量的学习内容，通过日复一日的死记硬背，只是"留在了"记忆中并且以这种方式融入了每个人的教育视野，还是像奥斯卡·基希那样，**尽管**有不断的问答测验，仍然点燃了他长久的兴趣。那个时代的大部分人对学校生活的回忆都抹去了这种区别。卡夫卡在高中毕业之后也没有再继续系统学习古典文化和语言，但是他绝对没有满足于从中学训练中学到的那些名言警句，有时候他还继续阅读他感兴趣的作家，特别是柏拉图。他的文学作品中也出现了古典世界中的人物，当然不是为了显示自己的教育积淀而顺笔一提，而是作为作品主人公，但是已经完全抽离出他们的历史语境。《塞壬的沉默》《波塞冬》《普罗米修斯》《新律师》，在这些寓言式作品中，卡夫卡表现出对这些人物形象观念史的兴趣，他更多是利用这些人物名字的意义，用最大的效果，把它们放到现代霓虹灯下。于是，古典神话被毫无敬意地肢解然后重新组合——比如波塞冬，卡夫卡笔下的波塞冬是一个脾气暴躁的中级管理层公务员——是一种文学游戏，如果作为家庭作业交给格施温德教授，教

146

147

授一定会联想到《梅里亚德》的放肆。

卡夫卡三十九岁时总结自己的经历，抱怨他一生中曾有过许多不冷不热的兴趣，最后都半途而废了，在他纷杂的单子上有"钢琴、小提琴、语言"。[16]这两种乐器令人意外，因为他的书信日记中没有其他关于学习这两种乐器的记录。估计可能是卡夫卡家为了能与富裕市民阶层的生活方式接轨，短期聘请了私人教师到家里来教授乐器。至于当时是否考虑过年仅十岁的弗朗茨的喜好，是很值得怀疑的。因为，除了哼唱一些他喜欢的旋律和歌曲——这个习惯一直保持到成年——他对音乐的兴趣很小，也没有培养出对音乐审美形式的感受力，尽管他最好的朋友中就有出色的钢琴家。"我没有音乐细胞，最主要是因为，"他总结道，"我不能对音乐进行有关联性的欣赏，只是偶尔在这里或那里产生一些影响，但很少是音乐性的影响。"他还曾半开玩笑地对布罗德说，他没法区分雷哈尔的《风流寡妇》和瓦格纳的《特里斯坦和伊索尔德》。[17]文理中学开设的音乐课是选修课，所以他很少去上，因而也不可能弥补他身上这明显的缺陷，那么卡夫卡家也就理所当然地不用给他们的儿子交另外的学费去参加音准训练，或者去参加多声部教会歌曲练习。后来，他对此并没有感到遗憾。

但是，他总结自己失败的事情中提到了**语言**，这触及他一个很深的伤口。卡夫卡在这里指的不太可能是拉丁语和希腊语，因为在这些"死的语言"中，他曾经有过一段很稳定的学习经历，所以，如果他要在大学继续学习古典语文或者古典学，不会觉得太难。除了捷克语，他在任何一种"活着的语言"里都没能够达到较高的水平。是不是人文文理中学没有激发出他的兴趣，没有让他对语言作为文化间相互理解的工具产生兴趣？卡夫卡不认为这是理由，因为学校的沟通教育理念使他在其他方面——比如文学——早就有了兴趣和意识。不，应该是意志薄弱的原因,缺少严肃的态度和坚持的精神,类似的原因**到处**都阻碍着他,让他无法达到自己设定的目标,他甚至还担心可能是他缺乏天赋。

事实上,老城文理中学开设的现代语言课程中只有捷克语和法语,而且这两门语言课也是"相对必修",也就是说,这是自愿选择的课程,所以没有人会"留级",而且学校还会帮助学生不留级。卡夫卡上了三年法语课,每星期只有两课时,尽管他的分数只是"尚可",但他具备了流利阅读法语长篇小说的能力——在比利时家庭女教师席琳·贝利的帮助下,当然,后者出现得太晚了,没能够让卡夫卡提高在学校的法语成绩。贝利是妹妹们的家庭教师,但是她给弗朗茨提供了机会,可以主动使用法语日常词汇,并改善发音,只有这样才能理解,卡夫卡后来对自己的雇主说,自己"掌握"了这门语言。[18]英语可能是他在上商学院时才接触的,意大利语是他尝试自学的,这两种语言,他都仅仅掌握了一些基础知识——显然,卡夫卡缺少研究这些陌生文化,特别是这些陌生文学的动力,由于缺乏练习和应用的机会,所以他的水平一直没能跨越主动使用一门语言的门槛,因而也无法打开通向更高层次自由的通道。他同时抱怨这两个方面,这在他身上是非常典型的:"我没有独立行动、掌握外语和遇到幸运意外的能力。"[19]

他指的肯定也不是捷克语。因为在他成长的德裔犹太人环境中,"波希米亚语"不是外语,是**第二语言**,所以,小学开设捷克语课程的目的,不仅是提高使用这门语言的水平,同时也是要把捷克语和德语更清楚地区分开,要彻底扫除普遍的、把德语和捷克语词汇混淆或者在句子中混用的习惯。这种**混搭**——在卡夫卡家后来非常普遍[20]——对于那些有民族意识的老师和教授们而言,是一种罪孽,因为他们认为,这样会瓦解自己的语言,进而损害自己的文化认同。事实上,卡夫卡在他的学生时代后期才真正做到对这两种语言的区分;在此之前,他耳朵里听到的德语和捷克语差不多一样多,可能捷克语更多些,他心里认定自己每

149

天大部分时间使用的是捷克语。他在给密伦娜·耶森斯卡的信中写道："我从来没有在德意志民众中生活过，德语是我的母语，所以对我而言更自然，但我觉得捷克语更加真诚。"[21]密伦娜肯定会感到非常惊讶，居然有人认为自己的母语**不是**最真诚的。但是，卡夫卡的童年经历必然会让他产生这样的认识：他们家族的所有成员彼此间都说德语，而他感受到的所有安全、放松和快乐的瞬间都充满了捷克语的声音，是的，就连母亲表现得温柔的时候说的也是捷克语。

如何让自己完美使用这样一种**心灵语言**？肯定不是通过"例句"和"替换练习"。当家庭教师安娜·普察洛娃批评说，他的三个妹妹虽然捷克语说得很流利，但是有很多语法错误，卡夫卡表示反对："重要的是，她们能说，语法她们可以以后再学。"[22]他自己也是同样的情况，在小学时，他这两门语言的口头表达已经达到了相当的水平，他的"波希米亚语"科目一直都是最高分，甚至超过了那几个母语是波希米亚语的同学。在文理中学当然有另外的规则，这里注重的是，把捷克语作为书面语言使用，所以要求语法和拼写正确，尽管教学计划也考虑到让初学者入门，但是如果没有充足的前期知识，是无法跟上快速推进的课程进度的。课时跟法语课相同——每星期两节课，每月一篇作业——但强度明显大很多。学生们上完低年级之后，就要求能够进行德译捷的翻译了，他们使用的捷克语教材的练习课文，内容都是国情和历史知识，并且有文学作品的大段节选——比如，仅从鲍日娜·聂姆佐娃的长篇小说《外祖母》中，就节选了三十页，用卡夫卡自己的话说，这本书教给了他捷克语的"音乐性"。[23]卡夫卡是以何种方式第一次接触到捷克文学和传统，已经无法确切考证。特别是在中学最后两年级，他借助一套新发行的、其实是捷克语文理中学指定的三卷本阅读教材，了解了"民族复兴"的全部经典，从叙事、诗歌、戏剧作品，有民族思想的报刊，到现当代的语言哲学讨论。[24]

这是一个要求很高的教学计划，卡夫卡也曾一度感觉吃力。尽管他的成绩让他能在五年级时半年不上捷克语课还能跟得上——他用这段时间去学了速记——但是，他再也没有拿到最高分，有几次他只给父母带回去了"尚可"的分数。有一段时间，卡夫卡家付给学徒弗朗齐歇克·巴斯克费用，让他给家里的儿子上私教课，因为除了那个非常出色的语言老师瓦科拉夫·罗西奇博士，弗朗茨很少有机会跟**母语**是捷克语的人接触，这妨碍了他在日常生活中用捷克语流利地交流。而且，关键是考虑到他未来的职业——就算他不做时尚用品批发商，而是像当时已经显现出来的迹象，成为律师或者公务员，那也需要很高的捷克语水平。[25]

后来，1897 年 4 月的事情证明，这个附加的训练，是个非常聪明的决定。因为，奥地利总理卡西米尔·巴德尼伯爵宣布，从现在开始，德捷两种语言不仅完全平等，而且所有机关部门要**确实**实行双语制，当时，整个德裔波希米亚区都感到非常震惊。这首先意味着，只掌握一种语言的人不再可能成为公务员，这对奥地利的情形而言是一个革命性的举措。巴德尼没有通过议会，而是巧妙利用宪法颁布了这个规定，他真的相信能一次性结束波希米亚地区的语言之争吗？[26] 实际上很容易预料，肯定是起到了相反的作用。因为，这项语言规定对捷克人而言毫无问题——在他们的文理中学，有非常系统的德语教学，甚至在高中毕业考试中有德语笔试——但是，德意志人却突然面临非常大的障碍，因为他们的捷克语都是凭各自的兴趣爱好学习的，或者是在街上学来的，甚至有人根本就不懂捷克语。新颁布的语言规定，无异于限制了德意志人进入公共职位的可能性，所以在权力关系中是有利于捷克人的。不懂捷克语的公职人员，必须在四年内学会，否则就会失去现有的职位，就这样！

皇帝批准了巴德尼的政策，他们预料到会遇到巨大的政治阻力，但是他们显然没有料到随之而来的民族反抗。愤怒的德意志议员们决定破坏帝国议会,他们组织人大声喧哗争吵,最后发展成厮打,直到警察介入才平息,这成了整个欧洲的笑柄。在维也纳和布拉格,大规模的游行示威演变成了街头群殴,在许多德意志人占多数的中小城市(科莫托、特普利采、赖兴贝格、扎泰茨、布德维斯)举行了大规模集会和"人民代表大会",沙文主义的声音越来越强烈。[27]德意志民族运动领袖卡尔·赫尔曼·沃尔夫议员,在波希米亚的边远地区(后来的"苏台德"地区)作为煽动者而远近闻名,他在帝国议会中称捷克人是"极端劣等民族",甚至跟总理决斗。到这年年底,局势越来越动荡,议会关门,巴德尼被迫下台,他的语言规定也不再强制推行,最后完全取消了。但是德意志人和捷克人之间的关系却从此被破坏了,直到奥匈帝国灭亡,再也没有政治家敢尝试推行全面的平等政策。而"巴德尼危机"却作为一个警告,留在了德意志人和被迫小心翼翼的犹太人记忆中。捷克人正在试图把他们人数上的优势变成政治力量,甚至在维也纳也是如此。他们会卷土重来。那么在这种情况下,脚踩两只船就有利了,首先是在语言上两边都选。

今天,我们不太容易清晰地了解卡夫卡的语言社会化过程,然而,这在他那个时期的布拉格是非常普遍的。双语**当然**不会被当作社会问题或者构成对智力的挑战,日常的生活经验让人们不会担心说多种语言长大的人最终哪种语言都不能"真正"掌握。当然,被煽动起来的民族主义政治话语不会满足于此,它在巴德尼危机中已经达到了对立的最极端和现实适用性的最深处。语言方面的归属越来越成为唯一确定民族身份的标准,仅仅能做到实用性沟通——也就是说,根据具体情况,使用一种合适的语言、方言、行话或者某一阶层的语言——是不够的,现在要求的是表明意愿,要表白,而且必须要明确。比如说,在进行人口普查时,申报的日常使用语言不允许再多于一种——这样做的结果必然是,采集到的数据完全不真实,不能显示出布拉格多语言的实际常态。尤其是犹太人,出于政治考虑,他们越来越多地"表白"选择捷克语,但是这对他们日常使用德语和对偏爱德语学校的状况没有任何改变。[28]

有些家庭的做法证明了这场闹剧的**荒诞性**,其中包括卡夫卡家。因为根据 1910 年户主赫尔曼①填写的"申报单",他们全家人都说捷克语,只有他们的儿子是例外,儿子用德语回答他们。他们的邻居、犹太人舒尔霍夫家的情况一样,他们家的女儿也只说德语。但是,其他自称捷克人的邻居们却不能用捷克语正确写出自己的名字。[29]这并不奇怪,布拉格当时已经流传着一系列关于那些拿拉丁语作为日常交往语言天主教神父的笑话……(比如:"交往"〔Umgang〕就是"绕圣坛仪仗巡行"〔Prozession〕的意思)

如果是受其他教育机构的影响,卡夫卡是否也有可能发展成一个捷克语作家?因为卡夫卡显然是通过学校的课程才最终固定在德语,特别是**书面**德语上的——他上文理中学时,已经完成了这个转变过程。但是,他思考、梦想、言说和写作的是**哪种**德语?他在自己身边环境中听到的德语,绝对不是那种令人生厌的、过于正确的"舞台腔德语",那是富裕起来的犹太人用来展示他们彻底世俗化的德语。卡夫卡接触到的更多的是一种界线模糊不清的德语,混合着奥地利德语和意第绪语的特点,语法和发音上接近捷克语,还受到波希米亚方言的影响,混杂着某些地域性语言的特点:是一种被称为"布拉格德语"的混合物,有些说这种语言的人认为这是一种标准语言,而其他人则表示反感。直到二十世纪,这种"布拉格德语"还长期在回忆录、传记和语言学专业文章中出现,但是没有人能给出一个令人信服的描述或者定义,哪怕有的人耳际还萦绕着这种语言的声音。显然,布拉格德语显示出一种非常宽的语言

---

① 名字的写法已经不是德语的 Hermann,而是捷克语的 Heřman。

频段;从语音和惯用语的小差别——卡夫卡直到生命最后,一直保持着这些特点[30]——到小市民阶层受到斯拉夫语影响的现象,直到结合了乡村"库赫尔波希米亚语"——这是一种德语中的克里奥尔语①,逐渐被捷克母语者带到布拉格。就连在文理中学里,也会如埃米尔·法克托尔在回忆录中所说,"有无数种布拉格德语的土话"[31],没有哪个农民或工人家的孩子会感到不适应。

因此,对布拉格而言,具有代表性的不是语言的变体本身,而是其多维度的丰富性,清楚地折射出这座城市的冲突线:德意志—捷克,犹太教—基督教,市民—小市民—无产者……每一个区域的冲突都有些微的不同。在老城广场附近,德裔犹太人的影响是最大的,尽管单一的意第绪语在这里也已经被压制了。所以,卡夫卡家经常能听到关于那些**疯狂的家族亲戚们**的消息,却不怎么谈论那些作为顾客经常光顾自家店铺的**非犹太人**(当年,他们作为雅克布·卡夫卡肉铺的客户并不觉得这个称呼有何不妥)。著名的**小人物**②作为东欧犹太人的标志,是无数笑话的主角,但在卡夫卡家是禁忌,不过,卡夫卡肯定从小就听过一些典型的布拉格德语句式,比如:"您需要这个干怎么",或者"您认识我们的邻居吗? 他乃是个公务员",或者"他自己非常表扬了一下这个",或者"解下帽子"③,这些句子都带着方言土语的色彩,他们的家族通信中也留下了这种色彩的些许印记:母亲写的是**工斤**、**份钟**、**早食**。[32] 卡夫卡是否也曾这样说话? 古斯塔夫·雅诺施声称,卡夫卡的德语"有很重的口音,像是捷克人说德语的口音"。那他的捷克语怎么样呢? 不言而喻,

① 克里奥尔语(Kreolsprache)泛指世界上那些由葡萄牙语、英语、法语以及非洲语言混合并简化而生的语言,也称为混成语或混合语,通常在操不同语言人群混居的地区形成。

② 黑体的几个词,原文是意第绪语。"非犹太人"在原文中,含有贬义。"小人物"也带有贬义,有可怜虫的意思。

③ 这些德语句子在语法和搭配上都不符合标准德语规则。

有**德语**口音,这也有人证明。[33]

> 我在我使用的这种语言中长大,我有能力放弃它十次,因为我必须在所有语言回忆之外,是的,在压制所有语言回忆的同时把它建立起来。所有相互排斥的语言机构之间不愉快的接触,在我们的国度导致了语言边缘的持续恶化,这种情况造成的结果就是,在布拉格长大的人,从小就说着这样堕落的语言垃圾,致使他后来对所有学到的最成熟、最温柔的东西,会产生一种抗拒、一种无法压抑的羞耻感。[34]

这是里尔克在向他最重要的赞助者,德语文学研究者奥古斯特·绍尔控诉。里尔克夸张了,因为他鄙视布拉格的语言变化,认为这是狭隘的。不过卡夫卡的情况也是如此,他也是后来才从他从小就用的两种语言中,选择了一种,"建立"成标准语和书面语。先是学校的德语课,后来主要是印刷文字,在这个过程中起到了决定性作用,不过,最开始的推动力是什么,仍然不可知,我们不知道卡夫卡为什么开始阅读。他家中只有起居室书柜里有一点点书籍,他顶多能从保姆和厨娘那里获得一些读书的鼓励,而他的父母既没有阅读的习惯,也不给他朗读。不过,在他进入文理中学之前,他的没什么文化的父母给他提供了随心所欲阅读的最重要资源:在奥特拉出生前,他们搬进了位于策尔特纳街3号的"三圣王"大楼中的新住宅里——就在父亲商店的楼上——弗朗茨有了**一间自己的房间**。床、写字台、书架,从窗台可以从三层往下看到狭窄的店铺街。还有能锁上的门。这可能是卡夫卡一生中获得的最重要的礼物。

显然,他出于自己的愿望和越来越大的兴趣,在这片新建立的保护区里发现并探索着**小说**的世界,使他忘记了外面真实世界的可怕和钻心的孤独感。"如果想让孩子成为作家,"拉尔斯·古斯塔夫松在回忆录

155

中写道,"那必须把他在一个箱子里关几年。这样,这个孩子就会开始向内生长。"[35]正如卡夫卡的例子说明,只要这个箱子被威胁和恐惧关上就足够了。如果这个孩子学会了随意进入那个内心回音室,并在其中自由活动,就会感觉到强烈的诱惑,想强化这种感受,不仅是想读书,而且是想"吞"书。反复的、如饥似渴的阅读能缓解痛苦,它通过游戏式的认同,让人产生自己非常了不起的强烈幻觉并影响到现实,通过这种方式,阅读可能会治愈自恋的伤害。

卡夫卡自己没有说过,他是什么时候、如何对这种药物上瘾的,但是有充足的证据表明,有很多年,只要他一打开书,就在寻找秘密享受的**旅行**。因为他的阅读不限于纯文学作品,纪实报道也能让他内心的火焰继续燃烧,只要它们能让他远离布拉格的现实。所以,他对游记和探险报道产生了兴趣,即便在后来,他也没有把旅行文学与更高雅的文学享受区分开:在同级别的德语作家中,卡夫卡是唯一一个成年之后还坦然阅读印第安人小说、爱斯基摩人故事和动物冒险故事的。[36]他同样贪婪地阅读历史方面的报道和尽可能还原事件过程的战争描写。通过阅读这种书籍——不是全面的历史文献——卡夫卡常常追溯过往,希望形象地再现历史过程,并与自己的经验世界结合起来:这是一种孩子式的、移情的阅读方式,直到生命的最后阶段卡夫卡仍保持着这种阅读方式。

这种异域与历史的交叠在文理中学得到了促进,因为历史和地理合成了一门课,这对两个专业当然没有任何好处。卡夫卡虽然自认为地理知识"非常丰富"[37]——这是他很少见的自我表扬——但是,其实内容贫乏的历史课只教授了零星的知识,而且因为只注重年代和谱系,只是简单推崇古希腊、罗马,宣扬一些空洞的爱国主义口号,所以让人完全提不起兴趣,无法让卡夫卡获得通过系统学习填补自己知识空白的动力。"如果没有能让我抓得住的具体内容,我的注意力就很容易飞走"[38],卡夫卡抱怨自己阅读科学文章时非常吃力,这个弱点完全可能成为他在文理中学时期的灾难,不过幸亏他遇上了实用科学的老师们,他们对看不见摸不着的抽象科学持怀疑态度。尤其幸运的是,他认识了阿道夫·高特瓦特,一位知识全面的自然科学家,坚定的达尔文主义者和实证主义者,他鼓励学生们用批判的态度对所有书本上的知识进行检验,并相信自己的感官经验。而且,他把这些革命性的做法写入了文理中学的年度报告。后来成为医生的胡戈·赫希特这样回忆高特瓦特:

> 他用独特的方式讲授自然史、物理、植物学、动物学、矿物学和天文学,学生们如果专心听讲,就不需要课后自己学习。他痛恨背诵。他要求学生用自己的语言表达从课上学到的知识。他能用简单的语言让学生们了解自然的奥妙。他也会提到一些不包含在教学计划中的知识,比如,他有时候会讲到地质学、古生物学,尤其是物理和化学的最新研究成果,借助这些成果能做到什么,在不远的将来能期待实现什么。[39]

157

除了每年的班级郊游之外,高特瓦特有时也负责安排一些与自然科学知识相关的考察活动,比如去星宫的动物园或者"第二届国际药剂展览会"。[40]赫希特回忆说,卡夫卡对这些内容都不太有兴趣,这可能是高年级时的情况;如果说在文理中学的前几年,在卡夫卡还没有确定认识世界的语言-审美方式之前,高特瓦特这种形象化教学方法就对卡夫卡完全没有作用,是很难想象的。

在数学课上,这种方法的作用非常有限,卡夫卡对形象思维的偏好陷入了虚空。数学是唯一一门他必须借助补习才能应付的课程;对胡戈·贝格曼来说,数学一直都易如反掌,他全力帮助卡夫卡,而且还让他抄作业。但是,在关键时刻,没人能帮他:一个人站在黑板前,手里捏着粉笔,老师就在令人窒息的近旁,满脑子都是逃跑的念头。很多年之后,卡夫卡还痛苦地回忆起当时的情景——这是为数不多的关于文理中学年代的回忆——他被叫到前面,演算一道数学题,因为他把对数表忘在家里了,老师朝他吼了一声"您是条鳄鱼!",给了他一个**不及格**,就让他回座位了:他觉得这没什么不对,反正他也不懂什么对数。他还在考数学的时候哭过。老师就是因为他的眼泪,才没让他留级,这也是卡夫卡的个人传奇。[41]尽管他心里承受着巨大的恐惧,但他的学习成绩仍然高于平均水平,常年是个优秀生。

158　　一直以来,高中生们聊以自慰的说法是:有才能的人,甚至大天才们,往往在学校不会被发现,甚至还很失败。二十世纪一大传说是爱因斯坦惨不忍睹的数学成绩(这其实是个谣言,但是,只要有学生存在,就没法根除它),那么,十九世纪末的传奇就是俾斯麦年轻时糟糕的成绩:这些未经证实的故事主要深受留级生的喜爱,比如弗朗茨·韦尔弗。很久以后,卡夫卡和他从事写作的朋友们得知,受人敬仰的托马斯·曼二十六岁就创作出了代表作,竟然留过**两次**级,最后没有通过高中毕业考试就离开了学校……这是自决自主的真正榜样。

事实上,在他发展的早期,作家天赋经常被忽视,包括在比较人性化的教育环境中。一方面是因为,写作能力是各种相互补充的能力的集合,往往在青春期才会以创造的方式汇集在一起:语言天赋、联想能力、冲动性、对形式的意识以及精神上的自控能力。仅仅靠语言天赋往往不足以让独特的天才显现出来;尽管在文理中学期间,语言天赋有助于几乎所有科目的学习,因此会被老师视为最重要的能力;但是,即便是在最能集中体现出语言的形式中,语言能力也不一定被看作具有创造性的,比如在德语课上。假如大作家们的学校作业本能大批保留下来,估计能显示出,老师所考察的成绩往往过于标准化,太缺少区分度,没法让天才明显地显现出来。[42]

卡夫卡没有留下学校的作文,不过我们对他的德语课还是有比较清晰的了解。因为一方面，文理中学的年度报告记录了所有的教材和阅读材料，甚至所有作文题目；另一方面，卡夫卡的一位德语老师费迪南·德梅尔在一篇文章中详细描述了他课程的目标和教学过程。[43]当然，学校方面也有明确的规定；比如，预先规定了大约三分之一的课程——也就是说每周一小时——要用于语法练习，要背诵的范围也有规定：一开始是每学年十首诗，就连最有洞察力的教师也不能减少，填鸭式学进去的东西要借助抽测进行检查。不过，教育的空间还是有的，德梅尔虽然没有直接说，但让大家看到了。他在文章开头引用官方文件《奥地利文理中学课程指示》："德语课的目的……绝对不只是进行语言训练，而是应该提供古典或者至少完美形式的、有助于塑造精神和性格的丰富材料，并使所有讲授内容生机勃勃、相互关联、相互补充，在课堂上发挥作用。"这里明确无误地表达了德语课不仅应该教授能力，而且要传授**价值**，当然——官方推荐的作文题目证明了这一点——这首先指的是民族自豪感和日常责任伦理准则。[44]德梅尔似乎对这些常规的目标没什么兴趣，把它们忽略掉了，避开了关于民族的空话套话，而是不断强调语言应用中的清晰性、简洁性和形象性；是的，德梅尔甚至在他文章的最后否定了那种矫揉造作的书面语言，引用了莱辛的一段话作为文章的核心和建议："你怎么说话，就怎么写，这样就会写得漂亮。"对此，德梅尔解释说："若是知道自己想说什么，就会找到合适的词语，你不需要什么特别的规则和理论上的艺术概念，这些只会限制你的思想、束缚你独立塑造能力。"这肯定让班里那些十三岁的诗人们非常高兴，但是德梅尔教授的这篇文章几乎让他到了自毁职业前途的边缘。

在对卡夫卡产生了作用的诸多语言教学论点中，德梅尔的只是其中一个声音，早年保留下来的只言片语记录，使我们很难对这位榜样有更多的了解。然而，德梅尔认为，简单的、包括"自然"的语言有能力表达不同的内容和意义，在美学意义上也有优势，这一观点对卡夫卡不无影

160　响。德梅尔着重让学生们阅读大量童话和寓言,这也充分显示了他的态度,另外,卡夫卡之所以尊重作家黑贝尔那毫无雕琢的语言,肯定与文理中学预备班时的经典阅读有关。

德语老师也负责十至十四岁学生的说话训练,除了口头复述能力,主要是训练朗读的艺术:在为数不多的这种练习中,学生能**立刻**获得对自己所付出努力的心理奖励。在十九世纪,朗诵是一项比现在普遍和广泛得多的活动,但是即便如此,在一个充满了沉默听众的空间里,让自己发出响亮而清晰的声音,仍然是一个社会行为,需要有一定的自信,而这种自信会打开新的自由度,传达自恋的满足感。卡夫卡跨过了这道门槛,一生都在这件事上获得满足,这与他一贯低调消极的行为方式完全相反;胡戈·赫希特清楚地记得,卡夫卡能把像奥维德和荷马的译本这样非常难的文章朗读得很好,令人印象深刻。[45]估计还在他第一次进剧院看戏之前,他就以这种方式感受到了文学语言的**身体性**维度,因为在朗诵时禁止有任何辅助性手势,因此他学会了信任那种从语言自身流淌出来的能量。这可能对他的演讲练习也有益处,在这种练习中,高年级的学生们可以谈论一个自由选择的题目,但不能朗读书面辅助材料。十七岁的卡夫卡曾经口头比较过中世纪早期的《救赎》和克洛普斯托克的《弥赛亚》,十八岁时谈论过歌德戏剧作品《塔索》的结尾,肯定大部分都是事先准备好背下来的内容,但一点背诵痕迹都没有。

在谈论文学作品时,当时不言而喻的出发点是,每个民族文学都有自己固定的、无可争议的经典,文理中学的任务是把这些宝藏尽量完好地传给后代。卡夫卡德语课上使用的阅读教材和其中收录的文章节选可以让人清楚地看出这些经典是什么:莱辛、歌德、席勒和德国浪漫文161　学构成了核心,其中还选了一些研究文献,如艾克曼的《歌德谈话录》和文学批评文章(赫尔德、莱辛);还有一个重要的部分是奥地利作家,例如格里尔帕策和施蒂夫特;到文理中学最后几年,才把视野放到一个更广的德语文学历史传统中,读一些最早的文献(《希尔德布兰德之歌》《尼伯龙根之歌》)的原文,并借助语文词汇解释理解消化。当然,这些不太专业的浮夸阅读教材,只能给学生们真正共同阅读的文学勾勒出一个粗略的轮廓。每个星期只有三节德语课,在这三节课中,不仅要读阅读教材中的作品节选,还要学习完整的戏剧作品,每个文理中学生衣服口袋里都揣着翻破了页的雷克拉姆出版社的口袋书,从这些作品中,可以衍生出无数的作文题目:歌德的《赫尔曼与窦绿苔》,席勒的《墨西拿的新娘》和《威廉·退尔》,克莱斯特的《洪堡亲王》,格里尔帕策的《奥托卡尔国王的幸福与结局》——这是八年级的必读书目。

　　文学形式,确切地说:**对形式的要求**,这是最重要的标准,用来确定一部文学作品能够放到美学和道德价值的哪个等级上。高居所有体裁顶端的必然是形式要求最严格的诗歌;形式自由的散文体作品,尤其是长篇小说,极少被承认是严格意义上的艺术。卡夫卡从来没有经历过学校将某长篇小说或者短篇小说——不管作者是谁——作为作文题目的情况,胡戈·贝格曼曾经坚持在自由演讲练习中谈论包括"歌德的维特"在内的十八世纪德语长篇小说,这在其他人看来就几乎是炫耀了:那个永远的优秀生就是想显示,他对经典作家的了解已经深入到这些不是最主要的地方了。相反,押韵的、有节奏的、精心创作的平庸之作却大量进入普及教育,享受着教育的特殊照顾,相应地也会经常被引用,成为节日庆典朗诵和知名人士聚会朗诵经常选用的篇目:"我常常觉得,任何赏心悦目的东西,/都不能取代故乡在我心中的地位"——**就这**也值得写一篇作文。

　　在青春期那几年,卡夫卡失去了优秀生的地位,他的成绩下滑,他的勤奋程度,甚至"操行"都只得到了"**较好**"的分数——对这个胆怯而上进的男孩的家长来说,这肯定出乎意料,他们不能想象,这孩子怎么可能伤害了严格的老师们的道德感受。或许是因为弗朗茨早熟且无节制的阅读？当然,在德语、地理和历史课上,他还是保持着原来**值得赞扬**的成绩,这些都是学校和个人阅读有一定交叉的科目。但是,他已经开始为了读书而减少睡眠,哪怕是一些可疑的书籍,而且有时候还会把家庭作业拖到第二天早上再做。他房间里亮灯的时间越来越长,其他人早就睡了他的灯还亮着,这种情况不仅像人们警告他的,"对眼睛不好",而且是闻所未闻的,尽管他说班里的同学都这样。就连明令禁止也不管用了,最后只能关掉煤气——也就关掉了灯——**强迫**他去睡觉。

这是一种令人痛苦的干涉,后来卡夫卡把它写成了一篇思考教育的文章。"每个人都是独特的",他写道,**他的**独特性之一就是如饥似渴的阅读,当年在学校和家中,大家都想把他这个毛病扳过来。[46] 我们不太清楚他这里说的是哪个年龄段——他把年轻读者统统称为孩子——不过根据胡戈·贝格曼的回忆,在卡夫卡成绩下滑之前,他过度的阅读(蜡烛和火柴的作用是什么?)就已经让他宽容的父母感到不安了。因为卡夫卡不仅读,而且还开始写。他开始**示威式地**在所有人面前写作。他十二或者十三岁时就决定要当作家了。[47]

卡夫卡在写作的开始阶段,几乎完全是在黑暗中摸索,没过几年,他就称自己最开始写的都是"孩子的玩意儿",还没等好心的朋友们产生兴趣,就都被他销毁了。驱使他开始写作的,似乎不是成为**作家**的抱负;没有任何证据说明他曾经参加过当时在文理中学中非常流行的、强调情感和形式的韵律锻造社[48];我们也不知道卡夫卡写过任何悲剧,尽管他作为读者和观众,很快就熟悉了这个体裁。这样,他实际上从一开始就放弃了按照人文主义教育标准处在文学最高位置的语言艺术。他反而转向了不太强调规则因而也不太受尊重的文学创作,即散文体的叙事文学,他从事文学创作所需的工具,只能通过家中的阅读获得。这一点——前提是学校里大家都在议论——真的可以作为充分的理由,给学生卡夫卡的道德评分降级,因为在教授的眼中,专门从事小说创作的作家地位并不比八卦小报高多少,在他们看来,一个沉迷于这种毒品的文理中学学生比一个沉迷于踢足球的学生面临的危险更大。

但是卡夫卡坚持散文体(Prosa)创作,后来他也只是非常偶然地试着创作过短诗,一首也没有发表过。似乎他从一开始就在寻找一种完全不同的文学创作模式,一种能赋予他宽阔的想象力翅膀、能让情境中的人物自己下沉并长时间潜入平行世界的模式。这是一种空想的形式,一般只能在梦中出现,但绝不是快速的画面变换,不是诗歌中情绪的反响,诗歌的零碎形式要求就像铅块一样,坠得诗歌升不上去。他用了几年时间才认识到,不受约束的想象和严格的形式,在散文体文学作品中也不是**完全**互相排斥的,在写了无数开头之后——其中只有一小部分保留了下来——他才为这种罕见的融合找到了自己的解决方法。

卡夫卡自己把他最开始的文学尝试总结为一个令人惊讶的词:**寒冷**。"我是带着怎样的痛苦……开始的!"他 1911 年的日记写道。"写下的东西中冒出怎样的一种寒冷整日追着我!"这只在第一眼让人觉得矫情。事实上,他在这里说的是每个作家都经历过的体验:在写作中像火山爆发一样喷发出来的心理物质,一旦找到了它的语言表达方式,就会立刻凝固、冷却,所以有时候会出现这样的情况,就连写作者本人在**所写的东西中**也不再能找到**写作**的动感。卡夫卡显然很早就深刻体验过这种令人失望的感受——这是一个可靠的迹象,说明那个"寒冷的"、自认为情感贫乏的孩子,在写作中寻找并找到了一种可能性,让他能得到一些火焰,从别人那里给自己赚取一些火热生命力。他还经常在自己的日记中抱怨说,最成功的文章也只能保留很少的火焰,直到最后他一直说**写作**才是最珍贵的,不是写作产生的**作品**,作品只能体现创造力闪电的一个模糊影子(哪怕只有作者一个人看到了这种模糊)。

卡夫卡不写诗,但他并没有因此免除诗人的儿童疾病。一个十三岁的学生会以一种非文学的幼稚方式,一方面把自己与他读的小说中的人物认同,同时把自己与他自己想象出来的人物认同,这是规律;即便卡夫卡在这个年龄已经能比大多数认识他的人进行更细致甚至可能更"冷漠"的观察,但是,认同的快乐以及由此才能产生的体验充盈是重要的动力。卡夫卡还是孩子的时候就知道,写作不只是一种行为,同样是一种**姿态**——在一个天然赋予文字权威性的社会中,创造性写作甚至是一种极具意味的姿态。谁能集中写作并公之于众,就能获得一部分权威:首先因为他认为自己作为写作的人很有意思,从而获得内心的权威,然后,只要别人相信他的这个姿态,他就获得了社会意义上的权威。

人们**没有**相信他,这对卡夫卡来说是个极其不愉快的意外。他身边的成年人中,似乎没有人认为他的写作是一项值得尊重的,更别提是高贵的事情;没有人有兴趣和时间去尝试让自己相信,他面前这个男孩笔下真的能创作出超越现实丰富性和自己生活经验的作品。但是,没有认可,写作就不再是什么特别的事了;它进入了普通游戏、爱好和业余消遣的行列,大人只需要注意这个男孩"不要太过分",别的就不用管了——这是当时家长教育孩子最喜欢说的套话。卡夫卡详细描写了家中对于写作惊人的鄙视;在那一刻,写作和生活永远分道扬镳了,写作要被迫为自己辩护。他觉得,那是他作为作家的原初场景:

> 有一次,我打算写一部长篇小说,写两个互相斗争的兄弟,一个去了美国,另一个留在欧洲的一个监狱里。我只是开始在这儿或者那儿写上几行,因为我很快就累了。有一次,在一个星期日的下午,我们去看望祖父母,把一种当地很普通的、非常软的面包涂上黄油吃光了,我也是这么写着,写下了一些关于监狱的文字。很有可能,我这么做的绝大部分原因是虚荣,是想通过在桌布上把纸推来推去,用铅笔在桌子上敲,在灯下四处张望等动作吸引别人的注意,让别人把我写的东西拿走仔细看,然后对我表示赞赏。在写下的那几

行里,主要内容是描写监狱的走廊,特别是它的寂静和寒冷;关于那个留在监狱的兄弟,也写了一句同情的话,因为这是那个好的兄弟。或许有一瞬间,我觉得我的这些描写都没有价值,不过那天下午之前,我从来没有太注意这种感觉,因为我通常都是习惯了跟亲戚们在一起(我非常羞怯,只有在熟悉的环境中才能感到舒服一些),坐在熟悉的房间里的圆桌旁,一刻也不会忘记,自己很年轻,从目前这种不受干扰的状态中,我会被赋予干大事的使命。一个喜欢嘲笑人的叔叔终于从我这里抽走了那张我只是轻轻按着的纸,短暂地看了一眼,又递给我,连笑都没笑,只是对几个眼睛盯着他看的人说"很一般",对我则一句话都没说。我虽然坐着没动,像刚才一样俯身在我那张毫无用处的纸上,但是,我实际上是被一把推到了社会外面,叔叔的判决在我脑海中不断回响,几乎具有了真实的意义,我自己在家庭感情内部,看到了我们世界的寒冷空间,我必须用火焰去温暖它,而我先要去寻找火焰。[49]

注释

[1] 奥斯卡·克劳斯:《梅里亚德》(*Die Meyeriade*),莱比锡,1891 年,(雷克拉姆大学图书馆出版社,两千九百八十册),此处是第三节的开头,转引,全文发表于《修士教师和高中生——老布拉格的学生生活》(*Piaristen und Gymnasiasten. Schülerleben im alten Prag*),海因里希·普雷提查(Heinrich Pleticha)编,布拉格,2001 年,此处第 38-39 页。

[2] 参见本书"知情朋友圈"一章。

[3] 老城文理中学卡夫卡这一级,一开始有八十七名学生,按照姓氏字母顺序分成两个班(所以卡夫卡的同班同学的姓都是字母 A 到 K 开头)。到四年级时,就只有五十名学生了,从那以后就合成一个班上课了。最后,二十二名学生完成了高中毕业考试。——关于卡夫卡在老城文理中学的学习情况,最重要

的信息来源是未发表的学校年度报告，以及保存在布拉格城市档案馆的学校编目和考试记录。其中不仅有所有学生和任课老师的名字，而且还有关于学习和考试内容、所用教科书、体育运动、出游、学校庆典等事项的详细说明。

［4］胡戈·赫希特：《与弗朗茨·卡夫卡同学十二年》（Zwölf Jahre in der Schule mit Franz Kafka）；埃米尔·乌提茨：《八年老城文理中学》（Acht Jahre auf dem Altstädter Gymnasium）。载于科赫：《当卡夫卡朝我走来》，第 36 页，第 49 - 50 页。乌提茨的观察与卡夫卡自己的回忆有惊人的相似，但他不可能受到卡夫卡回忆的影响，因为乌特里茨的自传文章发表于 1947 年，比卡夫卡《致父亲》首次出版还早五年。

［5］犹太学生比例占 80%，大约 70% 属于传统小市民。这种同质性也有行政管理的原因，因为布拉格的文理中学严格划定学区。所以，老城文理中学的学生都居住在老城或者约瑟夫城。对于自由选择文理中学是有限制的，父母只能决定，他们的儿子是上一所人文文理中学，还是实科文理中学（偏重自然科学），以及用什么语言上课。

［6］弗里茨·毛特纳：《布拉格年轻时代》（Prager Jugendjahre），法兰克福，1969 年，第 44 页。教会文理学校经常被称为"护城河街文理学校"，因为这所学校位于护城河街和先生街的汇合处，该校于 1874 年也受到国家监管，所以，毛特纳所描绘的那种绝望的情况有所好转。卡夫卡上学的时候，护城河街文理中学是除了老城文理中学和史蒂芬文理中学之外，伏尔塔瓦河右岸第三所德语文理中学。《梅里亚德》的作者奥斯卡·克劳斯也在这里上学。

［7］瓦根巴赫：《弗朗茨·卡夫卡：青年时代传记》，第 34 页。胡戈·贝格曼：《中学与大学》，载于科赫：《当卡夫卡朝我走来》，第 20 - 22 页。圭多·基希：《一位法学史家的生命之路——回忆录》（Der Lebensweg eines Rechtshistorikers. Erinnerungen），锡格马林根，1975 年，第 24 - 26 页。圭多·基希：《错误道路上的卡夫卡研究》（Kafka-Forschung auf Irrwegen），载于《宗教和精神史杂志》（Zeitschrift für Religions- und Geistesgeschichte）1971 年第 23 期，第 339 - 250 页。汉斯·科恩：《回顾共同的青春》（Rückblick auf eine gemeinsame

Jugend），载于《罗伯特·韦尔奇七十寿辰纪念文集》（*Festgabe Robert Weltsch zum 70. Geburtstag*），特拉维夫，1961 年，第 113–114 页。

[8] 1891 年，前国务部长理查德·贝尔克雷迪伯爵在奥地利上院如是说。贝尔克雷迪在讲话中引用了大量奥地利法学院的证明材料，说明中学死记硬背的课程毫无创造性。参见《奥地利帝国议会上院 1891–1897 年会议记录》（Stenographische Protokolle über die Sitzungen des Herrenhauses des österreichischen Reichsrathes in den Jahren 1891 bis 1897），1891 年 5 月 29 日第十一次会议第六场记录，第 32 页，以及斯特拉科施-格拉斯曼：《奥地利学校教育历史》，第 325 页。

[9] 胡戈·贝格曼：《中学与大学》，第 23 页。贝格曼对分数的回忆是不准确的。操行课的评分等级是：**值得嘉奖**、**达标**、**不完全达标**、**不达标**。只有获得第一或第二等级分数的学生才能免除学费。事实上，贝格曼后来得到了"**达标**"。

[10] 基希：《一位法学史家的生命之路》，第 26 页。

[11] 参见胡戈·贝格曼：《中学与大学》，第 23 页。1915 年，卡夫卡还回忆起"我的班主任在修道院里的两间房子"。（《卡夫卡日记》，第 727 页）必读书和每个学生的私人阅读都在文理中学的年度报告中有记录，所以，卡夫卡巨大的阅读量也可以精确还原。例如，四年级，拉丁语课上学习的有：李维的《罗马史》（I，XXI）、奥维德的《变形记》（II 1–242, 251–332／V 358–437, 462–571／VI 146–312／VIII 133–235, 618–720／X 1–63, 72–77／XI 87–193）、《岁时记》（I 465–586／II 193–242, 475–512, 639–684, 687–710／III 713–714, 725–790, 809–834／IV 393–620）、《哀怨集》（I 3／IV 10）、《黑海书简》（III 2）。卡夫卡的私人阅读包括：李维的《罗马史》（XXII）、奥维德的《变形记》（XII 1–38／XIV 246–307, 581–608）和《黑海书简》（IV 3）。

[12] 参见格施温德：《文理中学的直观教学课和高年级古罗马知识介绍的分配》（Anschauungsunterricht auf dem Gymnasium und Vertheilung der Realerklärung aus der römischen Alterthumswissenschaft auf die einzelnen Classen des Obergymnasiums），载于《布拉格老城文德语上课的国立文理中学 1899–1900 学年年度报告》（*Jahresbericht über das Staats-gymnasium mit deutscher Unterrichtssprache in Prag-Altstadt für das*

Schuljahr 1899-1900），布拉格，1900 年，第 4 页。

[13] 胡戈・贝格曼：《中学与大学》，第 24 页。

[14] 布鲁诺・基希：《历程与转变——一位二十世纪医生的故事》（*Wanderungen und Wandlungen. Die Geschichte eines Arztes im 20. Jahrhundert*），科隆，1966 年，第 63 页。上文提到过的贝尔克雷迪伯爵，在奥地利上院的发言中提到过"八年的语言文理中学"。布鲁诺・基希上中学时，斯特拉科施-格拉斯曼的《奥地利学校教育历史》已经出版，他在书中也批评："现代语言的老师们对语言的内容和文学的兴趣普遍高于语文学老师，这些语文学老师中，有很多人只关心词法和对文章的语言分析。"（第 325 页）

[15] 卡夫卡写给菲莉丝・鲍尔的明信片，1916 年 10 月 9 日。（《1914-1917 年书信集》，第 251 页）

[16] 卡夫卡日记，1922 年 1 月 23 日。（《卡夫卡日记》，第 887 页）

[17] 卡夫卡日记，1911 年 12 月 13 日。（同上，第 291 页）布罗德：《关于弗朗茨・卡夫卡》，第 103 页。

[18] "本人具有很强的德语和波希米亚语口头和书面表达能力，另外掌握法语和部分英语。"（给布拉格劳工事故保险局的自荐信，1908 年 6 月 30 日，《1900-1912 年书信集》，第 85 页）1907 年 10 月 2 日，卡夫卡在一份调查问卷关于语言能力一栏中写道："波希米亚语，另外还有法语和英语，但后两门语言缺乏练习。"（《1900-1912 年书信集》，第 69 页）

[19] 卡夫卡致菲莉丝・鲍尔的信，1913 年 9 月 13 日。（《1913-1914 年书信集》，第 279 页）

[20] "我外甥在旁边哭，我母亲不停带用捷克语跟他说'乖孩子'和'小伙子'……"（卡夫卡致菲莉丝・鲍尔的信，1912 年 11 月 3 日，《1900-1912 年书信集》，第 207 页）这个外甥是当时才十一个月大的费利克斯・赫尔曼，卡夫卡妹妹艾莉的儿子，当时肯定还区分不开两种语言。这个例子说明，语言的混搭也传递给了隔代人。在家庭成员内部的通信中，尤莉叶・卡夫卡多次用捷克语小名称呼女儿们奥提尔卡和艾琳卡。

［21］大约是 1920 年 5 月 12 日。（《1918-1920 年书信集》，第 134 页）

［22］普察洛娃：《在卡夫卡家做家庭教师》，第 66 页。

［23］"（以我捷克语的粗浅知识）我只知道那是一种语言音乐，鲍日娜·聂姆佐娃的语言……"（卡夫卡致密伦娜·耶森斯卡的信，1920 年 5 月 25-29 日）普察洛娃也说，卡夫卡十九岁时，曾给她一个《外祖母》（*Babička*）的插图版，她给他的妹妹们读过。（同上）

［24］安东·特鲁拉（Antonín Truhlář）编：三卷本《捷克近现代文学选编》（*Výbor z Literatury České. Doba Nová*），布拉格编，1886 年。关于这套书和老城文理中学使用的捷克语教材的内容，详见内库拉：《弗朗茨·卡夫卡的语言》，第 143-151 页。

［25］巴斯克：《我在卡夫卡店铺当学徒》，第 88 页。巴斯克回忆道，说卡夫卡十一岁时就在捷克语学习中遇到了真正的困难，这是不太可能的；这些困难是后来才出现的，伴随着要求的提高和青春期普遍的成绩下降。

［26］巴德尼与捷克议员们就计划中的语言规定进行了非正式的讨论，并且在此基础上考虑了捷克的所有特殊要求。而他事先与德意志议员进行了什么程度上的交流，是有争议的。他利用了皇帝的紧急法令权——这是国家基本法第十四条的规定，但在危机中经常被滥用——因而绕过了议会。关于巴德尼的策略，参见汉斯·蒙森（Hans Mommsen）：《1897：巴德尼危机作为德-捷关系的转折点》（1897：Die Badeni-Krise als Wendepunkt in den deutsch-tschechischen Beziehungen），载于《1848-1989 年间德意志人、捷克人和斯拉夫人关系的转折》（*Wendepunkte in den Beziehungen zwischen Deutschen，Tschechen und Slowaken 1848-1989*），德特勒夫·布兰德斯（Detlef Brandes）、杜尚·科瓦奇（Dušan Kováč）和耶基·佩塞克（Jiří Pešek）编，埃森，2007 年，第 111-117 页。

［27］最臭名昭著的是历史学家特奥多尔·蒙森的公开信《致奥地利的德意志人》（An die Deutschen in Österreich），于 1897 年 10 月 31 日刊登在《新自由报》头版。蒙森把这场语言之争理解为一场"生死之战"，并号召奥地利的德意志人："你们要强硬！捷克人的脑袋不接受理智，但可以接受拳头。"

［28］1880 年,三分之一的波希米亚犹太人选择捷克语作为日常用语,到 1900 年就超过了 50%。1890 年到 1900 年间,布拉格内城有四千多犹太人改变了自己的民族认同;1890 年,布拉格的犹太人中 74% 选择德语作为日常用语,到 1900 年就只剩下 45%。(克里斯多夫·史提尔策:《卡夫卡的故乡——恶毒的波希米亚。一个布拉格犹太人的社会史》〔*Kafkas böses Böhmen. Zur Sozialgeschichte eines Prager Juden*〕,慕尼黑,1975 年,第 50 页)

［29］尼克拉斯街 36 号所有居民申报表,选自克罗洛普:《安娜·里希滕施泰因回忆弗朗茨·卡夫卡》,第 51-53 页。

［30］1920 年,卡夫卡遇到一位奥地利将军时,自称是布拉格人。但是,将军觉得卡夫卡的德语发音非常怪,所以,卡夫卡最后不得不补充说明自己的犹太人身份。(卡夫卡致马克斯·布罗德和费利克斯·韦尔奇的信,1920 年 4 月 6-8 日,《1918-1920 年书信集》,第 117 页)

［31］埃米尔·法克托尔(Emil Faktor):《从八岁到九岁——一部没有写出来的文理中学小说》(Von acht bis neun. Aus einem ungeschriebenen Gymnasialroman),载于《波希米亚》,1910 年 12 月 25 日,第 36 页。早已消失的库赫尔波希米亚语,其词汇源自德语,变格和变位按照捷克语规则。

［32］这几个字的拼写,与标准德语有差别。参见内库拉:《弗朗茨·卡夫卡的语言》,第 76 页。例句选自埃贡·埃尔温·基希的文章《布拉格小城区德语和布拉格无脑记者》(Vom Kleinseitner Deutsch und vom Prager Schmock),参见《布拉格街巷和夜晚》,第 469-477 页。基希举了很多受捷克语影响的例子,但没有说明犹太语言对德语的影响,所以他也没有描绘出布拉格德语的丰富杂糅性。其余的例子选自弗里茨·邦迪(Fritz Bondy):《布拉格德语》(Prager Deutsch),载于《布拉格日报》,1917 年 8 月 15 日,第 3 页。

［33］古斯塔夫·雅诺施:《卡夫卡谈话录》(*Gespräche mit Kafka. Aufzeichnungen und Erinnerungen*),法兰克福,1981 年,第 32 页。玛丽·维色拉的信息参见约瑟夫·切尔马克(Josef Čermák):《弗朗茨.卡夫卡在卢日尼采河畔布拉尼镇的时光(1922 年夏季)》(Pobyt Franze Kafky v Plané nad Lužnicí〔*Léto*

1922]),载于《世界文学》(*Světová Literatura*),34(1989),H. 1,第 224 页。

[34] 赖内·马利亚·里尔克致奥古斯特·绍尔的信,1914 年 1 月 11 日。载于里尔克:《书信集》(*Briefe*)第一卷,1897-1914 年,威斯巴登,1950 年,第 472-473 页。

[35] 拉尔斯·古斯塔夫松:《回忆的宫殿》(*Palast der Erinnerung*),慕尼黑,1996 年,第 20 页。

[36] 卡夫卡有过并读过一套《沙夫斯坦的绿丝带》(*Schaffstein's Grünen Bändchen*)丛书,其中就包含着许多这样的故事。他对菲莉丝·鲍尔说,这是他"最喜欢的书"。(1916 年 10 月 31 日。参见于尔根·博恩〔Jürgen Born〕:《卡夫卡的藏书——一个描述性目录》〔*Kafkas Bibliothek. Ein beschreibendes Verzeichnis*〕,法兰克福,1990 年,第 144-148 页)犹太复国主义者克拉拉·泰恩回忆说,卡夫卡在一次散步时,带着一个记录了亚马孙雨林地区探险报告的小册子并送给她。(参见哈尔穆特·宾德:《卡夫卡生命中的女人们》〔Frauen in Kafkas Lebenskreis〕,第二部分,载于《苏台德区》〔Sudetenland〕,1998 年第 40 期,第 25 页和注释 206)卡夫卡对这种类型的其他书也很喜欢。他遗留下来的书籍中有两册《宝藏》(*Der Schatzgräber*,慕尼黑,卡尔维出版社),其中有马克斯·玛利亚·冯·韦伯(Max Maria von Weber)的《狩猎羚羊》(*Die Gazellenjagd der Araber*);参见埃尔莎·布罗德打字的遗物清单,收于瓦根巴赫:《弗朗茨·卡夫卡:青年时代传记》,第 263 页。

[37] 卡夫卡致马克斯·布罗德的信,1908 年 9 月初。(《1900-1912 年书信集》,第 88 页)

[38] 卡夫卡致菲莉丝·鲍尔的信,1913 年 2 月 27 / 28 日。(《1913-1914 年书信集》,第 112 页)

[39] 赫希特:《与弗朗茨·卡夫卡同学十二年》,第 42 页。

[40] 奇怪的是,卡夫卡那位忙碌的教父安格鲁斯也带着他利口酒酿造技术参加了第二届国际药剂展览会(1896 年 8 月 15 日-9 月 15 日),在展会上展示蒸馏技术。在展会目录上,他的公司归在"个人卫生"类。

[41] 卡夫卡致密伦娜·耶森斯卡的信,1920 年 7 月 26 日。(《1918-1920

年书信集》,第 252 页)布罗德:《弗朗茨·卡夫卡》(*Franz Kafka*),第 21 页。

［42］汉斯·亨尼·雅恩的学校作文,可以作为 1909 年至 1910 年间的原始直观材料,他也曾经留级一次,十五岁就偷偷开始写作。他的德语老师有一条非常有代表性的评语:"扬的想象力过于**任性**。鉴于他语言表达相当稳定,良好。"(汉斯·亨尼·雅恩:《早期作品集》〔*Frühe Schriften*〕,乌尔里希·毕茨〔Ulrich Bitz〕编,汉堡,1993 年,第 1336-1337 页)

［43］费迪南·德梅尔:《实现用德语清晰和熟练表达方式的手段》(Betrachtung der Mittel zur Erreichung klarer und gewandter Ausdrucksweise in der deutschen Sprach),载于《布拉格老城文德语上课的国立文理中学 1895-1896 学年年度报告》(*Jahresbericht über das Staats-Gymnasium mit deutscher Unterrichtssprache in Prag-Altstadt für das Schuljahr 1895-96*),布拉格,1896 年。

［44］卡夫卡写过的作文题目包括:《为什么说人是自然的主人?》(Inwiefern ist der Mensch Herr über die Natur?)、《母语颂歌——仿什肯多夫》(Das Lob der Muttersprache — nach Schenkendorf)、《傲慢出现在衰落前》(Hochmuth kommt vor dem Fall)、《我的祖国,我的奥地利,胜利和荣耀的国度》(Mein Vaterland, mein Österreich, Du Land an Sieg und Ehren reich)(五年级);《尼伯龙根传说中的日耳曼式忠诚》(Germanische Treue nach der nordischen Überlieferung der Nibelungensage)、《什么是真正的英雄精神?》(Worin besteht das wahre Heldenthum?)(六年级);《为什么我们的母语是珍贵的财富?》(Warum ist unsere Muttersprache ein kostbares Gut?)、《十六世纪,奥地利的英雄时代》(Das 16. Jahrhundert, ein Heldenzeitalter Österreichs)、《为什么我们应该敬畏老者?》(Warum sind wir dem Alter Ehrfurcht schuldig?)(七年级);《席勒之后的文化发展》(Die Entwicklung der Cultur nach Schiller)、《权力,暴力,强力——概念的区别》(Macht, Gewalt, Kraft, Stärke. Eine Distinction der Begriffe)、《圣女贞德如何统一心中的义务与情感之矛盾?》(Wie führt die Jungfrau von Orleans den in ihrer Brust entstandenen Streit zwischen Pflicht und Neigung wieder zur Einheit?)(八年级)。

［45］胡戈·赫希特:《未发表的回忆》(Unpublizierte Erinnerungen),参见宾德:《卡夫卡手册》,第一卷,第 199 页。

〔46〕参阅《卡夫卡遗作和未完成的残章》(二)第7页起若干页。卡夫卡作品校勘版的出版人认为这段反思出自1916年夏天。

〔47〕胡戈·贝格曼:《中学与大学》,第25页。

〔48〕埃米尔·乌提茨还记得一个类似的高年级学生文学小组,学生们还在那里朗读和讨论自己创作的诗歌。他说卡夫卡参加了这个小组,但从没有朗读过自己的创作。(乌提茨告诉克劳斯·瓦根巴赫,参见瓦根巴赫:《弗朗茨·卡夫卡:青年时代传记》,第51页)

〔49〕卡夫卡日记,1911年1月19日。(《卡夫卡日记》,第146-147页)

第十一章　犹太文化课

只是很遗憾，那些本应该有很多爱的人，总是非常卑鄙。

路易-费迪南·塞利纳,《茫茫黑夜漫游》①

　　"P. T. 我敬邀您光临我儿子弗朗茨的坚信礼,仪式将于1896年6月13日上午九点三十分在齐戈伊纳②犹太教堂举行。**赫尔曼·卡夫卡**,策尔特纳街3号。"一张印刷的卡片,那个时代的一份文献,诉说着一些小谜团。

　　首先,最神秘的"P. T.":这是 *pleno titulo*(完整头衔)的缩写,适用于所有头衔,每个受邀者所需要的但是必定不会再在卡片上出现的头衔都可以用这个取代。这是哈布斯堡皇朝非常典型的一个特色,被这个国家的所有语言接纳了。

---

　　① 路易-费迪南·塞利纳(Louis-Ferdinand Céline, 1894-1961),法国小说家、医生。《茫茫黑夜漫游》(也译作《长夜行》)是他的代表作长篇小说,讲述了一位医生目睹普通人在日渐疯狂和道德败落的社会中所经历的痛苦,写作手法与法国文学传统完全不同。1932年出版后,立刻轰动法国文坛,作者因此一举成名。

　　② 齐戈伊纳是该教堂创建者的姓氏,意为"吉卜赛人"。

很特别然而在那个时代市民环境中又司空见惯的是,邀请人只有一个。如果有个陌生人在街上捡到这张卡片,那他从上面看不出邀请人是一位已婚的四口之家的主人,还是一位孤独的、独自抚养孩子的鳏夫。能确定的只有一点,要为**他的儿子**办庆礼。显然,尤莉叶·卡夫卡不完全甘心自己的消失,因为在唯一一张保留下来的卡片上,手写补充了非常小的字迹:"及太太"。

最令人惊奇的信息当然是在一个犹太教堂举行**坚信礼**。负责的拉比显然对这种语言表达没有提出任何异议,这在布拉格教区里被同化了的犹太人中间很普遍,而且是大多数——只有三所新的犹太教堂还严格遵守正教形式进行,而齐戈伊纳教堂不在此列。"犹太坚信礼"早已是符合社交礼仪的表达,德裔改革教区在十九世纪按照新教的样板引入了这种形式,但是卡夫卡的父亲没有考虑这些。当然应该按照犹太习俗举行一个真正的成人礼(Bar-Mizwa),只不过,这个希伯来语概念(意为"训诫之子")写在一个捷克商人的卡片上,显得不太好,而那些说德语的犹太老主顾都理解这种日常的妥协。[1] 十三年前为还是婴儿的弗朗茨举行割礼时还比较容易决定,因为这个必不可少的仪式不需要在陌生人面前举行,可以叫一位妇科医生上门帮助完成,当时是一位维瑟尔博士到家里来做的:很熟练的一刀,流了一点血,一杯葡萄酒,结束时祷告,然后一切就结束了。

但是,成人礼却名副其实(尽管人们不愿意在陌生人面前说出这个词)必须是一项公开的活动,因为它的意义恰恰在于,让男孩子首次作为一个宗教主体展现在众人面前,也就是说,让他**出场**。为此,弗朗茨必须做些准备,经过了几年的学校训练,这些事他早已经习以为常了:他必须事先背熟《妥拉》中指定一个段落,然后在仪式当天在众人面前吟唱出来(不可能从羊皮纸经卷上直接朗读,因为经书是用非拼音文字的希伯来语写成的)。此外,他要准备为来宾讲一段话,这段话也要与他背诵的《妥拉》诗句有关，并且要包含一些深奥的格言。家教上已跨过"成人"门槛的人用这种方式宣告他理解了或者是有能力理解《妥拉》中的宗教戒律：从现在开始，他必须要求自己遵守六百三十多条戒律。作为奖励，他会得到很多礼物：父亲的一本祝福书和整个家族的吻。[2]

成人礼作为一个家族仪式是必不可少的，作为礼拜行为，它对男孩而言完全是外在的：像一个滑稽短剧，他要在其中扮演一天的主角。这种把庆典和普遍的情感结合在一起的宗教日常，在卡夫卡家是没有的。他家既不会按照犹太教规做洁食，也不会真正斋戒，更不会守安息日，他们只知道犹太教的那些最重要庆典节日，这些日子，父亲不会错过，都要跟儿子在犹太教堂出现：犹太新年、赎罪节和逾越节。逾越节是纪念犹太人离开埃及的节日，只有逾越节是作为明确的家庭节日，在所有家庭成员的参与下在家中庆祝的，包括极具仪式感的逾越节晚餐。晚餐在逾越节前一天，包括很多道菜，主菜是烤羊羔，孩子们也可以喝一口葡萄酒，每次都欢声笑语、轻松活泼。只有在这个时候，才会从阁楼取下特殊的瓷器餐具，而在一年的其他时间，乳制品和肉食都是放在一成不变的盘子里端上来的（所以，这在卡夫卡的祖父母眼中，肯定是**不洁净**的）。**未发酵的面包**（Mazzes）虽然在逾越节会端上桌，但是不喜欢的人可以不吃。弗朗茨就**不喜欢吃**。[3]

这一切与宗教内容的联系已经非常弱了，赫尔曼·卡夫卡也根本不想让他的孩子们对犹太教的家庭仪式感兴趣，更别说假装虔诚参与其中了，他早已经不关心宗教了（他太太的态度如何，我们不得而知[4]），但这并不会让他觉得宗教活动的**公共**形式不重要，恰恰相反，他倒是认为这些形式很重要。所以，他一定会让自己的儿子早早学习并熟练掌握已经成为社交模式的虚伪套路。

你一年中有四天要去教堂，在那里，你不像是严肃对待宗教仪式的人，倒更像是怀着无所谓的心理，像走形式一样耐心地完成祷告，有时候，你能在祈祷书中指出正在念的地方，这让我非常惊讶，另外，只要我待在教堂里面（这是主要的），我就可以到处溜达，想去哪里都行。每次，我都无聊得哈欠连天，瞌睡不断，熬过那漫长的时间（我觉得后来我只在舞蹈课上才感到过这么无聊），我总是尽量从一些小小的插曲上找到些许乐趣……另外，我在那里还感到非常害怕，不仅是因为显而易见地要跟那么多人接触，也是因为有一次你顺便说道，我也可能被叫到去朗诵《妥拉》经。我为此心惊胆战了好几年。除此之外，处于无聊中的我没有受到太多的干扰，至多是成人礼，不过成人礼也只是可笑地要求我背诵经文，也就是说，只是让我付出应付考试那样的可笑努力，然后就是跟我有关的一些不太重要小事情，比如你被叫到朗诵《妥拉》经，并且经受住了这个在我看来纯属社交事件的考验；或者你在伊实可仪式①时要待在教堂中，所以把我打发走。有很长时间，我因为那种被打发走的感觉和缺少深度参与，常常在心里不自觉地认为，这些事情都不是正经事。[5]

在后来的岁月中，他父亲要求他至少"出于尊重"继续参加这样的仪式。一开始卡夫卡完全不理解，最后他明白了，这句话就是要严格按照它的字面意思去理解，就是指对于一些图腾的尊重。因为赫尔曼·卡夫卡主要把他生活中仅存的那些宗教活动与对一个无法回去的时代的回忆联系在一起，而对那个时代的衰亡，他自己也起到了小小的推动作用。至于下一代对这种伤感表现出来的无感让他很受伤，原因跟孩子们对他讲了几十遍的军中轶事毫无兴趣一样：他认为这种漠然是针对**他**

---

①　犹太教纪念死者的祷告仪式。

本人的，而他本人对犹太传统毫无继承，这点丝毫没有改变——"你继续传递着变得干涸枯萎的犹太文化"。估计卡夫卡在了解了另外一种完全不同的、狂热的犹太教之后，在因犹太文化复国主义影响而开始严肃思考自己的犹太人身份问题之后，才看穿这个机制。父亲一边提醒着别人要定期去教堂里，一边突然宣称家里到处摆放的犹太书籍"让他觉得恶心"，这只是这种机制的表现结果。[6] 因为，这些书籍既与他的乡村生活回忆无关——至少他是这么认为的——又不会创造出什么社会价值。它们展示着另一种很麻烦的犹太教，一种既没有"坚信礼"也没有"宗教税"的犹太教，所以人们跟这种犹太教保持着稳定的距离。这是所有德裔犹太商人的态度，他们对社会划分非常敏锐，对他们而言，犹太教更多意味着社会-精神归属，而不是宗教归属。在这个环境中，犹太教仅仅是一套共同特性和习惯：语言特点、能被辨认出来的手势、社会心理学方面的特点（比如对安全感的过高要求或者犹太女人在家中的强势地位），童年大家族生活的回忆，最后还有早就学会的宗教指南。"我们全部的犹太教就在于，"韦尔弗对这种**牲口棚气味**的范式有精确的描绘，"我们在与精神和社会地位相同的犹太人交往时，会感到比跟同等地位的雅利安人交往更舒服、更愉快，我们能感觉到，后者在本质上隐藏着对我们的危险。"[7]

　　如果卡夫卡的父亲去了"犹太事务中央协会"的成员大会——这是为数不多的参与布拉格社会生活的机会——那他肯定会在那里找到许多思想相近的、支持他观点的人。[8] 1885 年成立的中央协会是一个遵循市民自由主义精神的议会外团体，它不仅讨论宗教问题，还代表犹太人的利益，抵御种族歧视。这个协会的经济资源非常可观，所以能够举办大规模的活动：从出版关于波希米亚犹太教区的手册，到建立"以色列护士"培训基地。在这一系列积极活动的背后，当然隐藏着说不清楚的恐惧感，害怕被民族主义情绪越来越高涨的捷克人当作所有跟德意志有关事务的替罪羊。这种威胁不仅涉及影响力、财产和升迁机会，而且早就触及基本权利和需求，甚至人身安全。

奥匈帝国的反犹综合征，在卡夫卡出生前后那个时期达到一个全新的、令人难以置信的程度，即便在进行历史回顾时，综合考虑现有的所有资料，基本上仍然是一团意识形态乱麻，其中交织着宗教、民族、伪科学和阶级斗争的各种阵线。当时的犹太人和少数中立知识分子，依靠那些有倾向性的和受到审查的新闻报道，根本不可能对形势发展和危险做出现实的判断。不过能够看出来，新一轮的攻击从许多个中心同时展开：在波希米亚主要是激进民族主义青年捷克运动，这个组织在选举中获得巨大成功，因而确立起合法性；在维也纳是那些说德语的种族主义者，比如反天主教地主格奥尔格·海因里希·冯·舍纳勒；还有"基督教-社会主义"政治家们，比如后来担任维也纳市长的卡尔·吕格。不过，尽管这些新型政治家们不断叫嚣，但是，他们究竟代表什么人，他们对政治和经济究竟能产生什么实质性影响，他们反犹口号下隐藏着什么利益，这些都还不明朗。十九世纪八十年代社会氛围的变化，当然是在整个帝国内都能感觉到的，最开始大家认为是没有受过教育的民众令人惋惜的仇恨心理，但后来连思想自由的新闻界也视之为政治"意见"。

但是，最重要的是——对那些政治敏锐的人而言，这是尤其危险并且从未经历过的现象——反犹主义话语开始迅速变成一个独立的话题，它跨越了民族、宗教和社会界限，甚至被认为能**消解矛盾**而受到欢迎，在这样的话语体系下，最奇特的联盟得以建立。于是，1883 年秋天，维也纳、匈牙利和波希米亚的政治家们在布拉格商谈，他们非常严肃地考虑，在反犹主义的基础上实现各民族的和解。那些加入青年捷克运动的犹太人，通常只是很冷淡地被接纳，并且只拥有选举权——人家不相信他们新萌发的对捷克的爱国主义情感——而青年捷克运动的政治家们，比

如瓦萨蒂、布雷茨诺夫斯基和巴克萨,在 1891 年并没有对接受敌对民族
阵营中的极端反犹主义者、臭名昭著的恩斯特·施耐德作为和解会谈的
人选提出反对意见。就连一向视斯拉夫人为"文化劣等民族"的泛德意
志民众领袖卡尔·赫尔曼·沃尔夫,也赞扬那些仅仅因为他坚定的反犹
主义思想而支持他的捷克裔选民。[9]

　　没有书面记载能证明,这种逐渐蔓延到布拉格犹太人生活的反犹主
义阴影在卡夫卡家引起了具体的忧虑或是导致了什么后果。犹太人要
有随时随地遇到冷漠或者敌意的思想准备:这种最基本的经历给每个
犹太人的生活——不管物质生活是否安定——造成了一定的社会心理
上的限制,犹太人从小就学会了用防御性放松心态面对这一切。放松心
态也包括,要用一种自嘲的无所谓态度忽略那些日常的小伤害,并把它
们看作人们的"愚蠢",因为他们根本做不到更好了。犹太人努力通过
适应、保持低调和最重要的沉默来减少这种伤害的频率。犹太教是一种
社会印记,所以,在那些被同化了的家庭中不愿意谈起这个话题,这些家
庭的孩子往往在街上或者在学校才吃惊地得知这一切。在卡夫卡《致
父亲》的信中也没有任何证据证明,这个家庭曾对他们不可更改的特殊
身份进行过反思,或者让孩子们了解过这个身份,父亲政治上幼稚的夸
夸其谈建构了自己与别人的隔阂:"比如说,你可以骂捷克人,然后骂德
意志人,然后骂犹太人,不仅是有选择性地骂,而且是全面地骂,最后没
人能躲过你的骂,除了你自己。"[10]几十年之后,当反犹主义在身体上越
来越具威胁性,并且破坏了他生活的世界时,卡夫卡自己也痛苦地记录
下感受到的反犹敌意;但是他并没有说,这是否真的是最新的经历。[11]
我们能想象卡夫卡在童年和青年时代从来没有经历过激烈的反犹主义
吗?这个问题是可以回答的。

　　1897 年 11 月 29 日上午,大约一千名德裔大学生聚集在布拉格大学

庄严的卡罗林大礼堂,他们都带着各自学生社团五彩缤纷的绶带和
帽子,气氛轻松甚至有些放纵,因为他们有庆祝的理由:奥匈帝国最遭
人恨的政治家之一,德语和捷克语平等之争的始作俑者,总理巴德尼在
狼狈不堪的情况下被解除了职务。德意志议员们在帝国议会中的坚决
反对、大规模民众示威游行和舆论的压力,最终导致新的语言规定失效:
这是奥地利"德意志文化"的胜利,对捷克人来说是一个令人沮丧的消
息,他们在争取民族自治的路上被迫后退了一大步。

　　就连时任德语大学校长的国家法专家乌尔布里希教授也认为,这样
一件令人愉快的事情,必须公开庆祝。他的学生们获得了机会,大张旗
鼓地申明他们"应得的、统领所有劣等民族的地位"(《布拉格日报》直接
引用他的话),对此,校长表示非常欢迎,同样,正在开始的遍及护城河
街、瓦茨拉夫广场的大学生游行和德意志之家的"上午酒会",他认为都
非常好。在德意志之家,在校长出席并且窗户大开的情况下,不断反复
齐唱德意志民族战斗之歌《守卫莱茵》。实际上,这是在警察保护下进
行的一场非法示威,当然会被愤怒的捷克人看作挑衅,所以捷克人用嘘
声和口哨表示他们的不满。最后,傍晚时分,捷克大学生效仿德意志大
学生举行游行,却被骑兵警察驱散了,情绪终于爆发了。这就是作为
"十二月风暴"载入布拉格史册的那场社会动乱的序幕,那是一场几十
年未见的暴力升级。

　　首先是一些象征德意志文化的机构遭到石块的攻击:大学的院系、
学生社团的聚会地、德意志之家(几天之前,阿图尔·施尼茨勒还在这
里朗诵过)和新德意志剧院。很快,这股怒火就开始寻找更多的目标:
德意志的银行、报刊编辑部、体育运动俱乐部、咖啡馆、旅馆(特别是高
级旅馆),另外还有中小学校,捷克人认为,中小学校是德意志统治思想
的再生产中心。尽管在老城广场上出动了大批警察,仍然有一群打砸抢
掠的捷克人占领了金斯基宫和老城的所有德语文理中学,几乎在同一时

间,位于肉市场边上的卡夫卡原来的小学被夷为平地。最后,所有跟德意志沾边的事物都不安全了,一群失控的、混乱的散兵游勇聚在一起,成为乌合之众,掠过老城和瓦茨拉夫广场,砸碎了每一扇德意志风格的橱窗,抢劫了商店,砸毁了德语街名牌和商铺牌匾,殴打行人,特别是那些敢用德语反抗的大学生。几个小时之内,火星就烧到了以捷克人为主的郊区,引发了大面积的火灾,虽然有迅速赶来的布拉格卫戍区整整一个营的士兵协助,也无法扑灭。

　　布拉格犹太人既不是这场骚乱的导火索,也不是其首要攻击目标,但他们是一个**不可避免**的目标。历史经验多次向他们证明,犹太人不仅被迫害,而且一旦集体暴力的程度超过了一个警戒线,犹太人也会成为捎带被迫害的对象。这种经验深深地刻入犹太人的记忆,所以他们当然会预料到:"下一个就轮到我们了。"事情的发展确如所料。尽管犹太社区主席向警察局长提出申诉,请求对约瑟夫城进行保护,尽管警察局长立刻同意提供保护,仍然无法阻止大批捷克人攻击原犹太区内的商店、住宅和犹太教堂。有些街道,比如鲤鱼巷,被洗劫一空。新的、完全属于当代的民族仇恨,好像一块共振板,它只不过是激活了另外的、古老的仇恨。谁若是天真地认为这只不过是偶然的巧合,捷克人针对的是"德意志人",那他一定会被来自郊区的可怕消息教训一顿:在郊区,就连支持青年捷克运动的犹太人店铺和犹太教堂,也遭到了攻击,因为人家还是把他们看成犹太人,也就是说,他们不被视作捷克人;在日热科夫工人区,犹太商人被公开宣布为最主要敌人,而说德语的基督徒却能幸免。在这里,再次证明,对犹太人的仇恨是更广泛、更深刻的仇恨:它绝对是**跨**民族的。

　　亲眼见到这番景象时,卡夫卡十四岁,尽管在保留下来的书信和日记中,没有任何一处明确提到"十二月风暴",但这场持续几天几夜的社会混乱肯定让他感到深深的恐惧。作为一名少年,那些画面和场景给他留下了深刻印象,而且只要他探头朝窗外看,就能见到大量这种景象。因为策尔特纳街就是一个战场:这里多次发生抢劫者和背着刺刀行进的士兵们之间的冲突,被抓住的扔石头者跟警察拉拉扯扯,试图逃脱,某个被抢劫一空的领带店铺被砸破的橱窗里冒出烟,老城广场上火光闪闪,捷克人把从**犹太人**的"王子咖啡店"抢来的家具堆成一堆烧毁了。作为背景声音,能听到歇斯底里的叫喊声、军队的命令声、低沉的砸门声、店主们急急忙忙用木板把橱窗钉上的敲打声和皮靴踩到碎玻璃的声音。

与外面的混乱同样令人印象深刻的是家中的无助。卡夫卡已经熟悉了母亲充满恐惧的、随时准备适应环境和妥协的担心,但在此之前,他从未见过父亲的决断力和社会角色受到如此的威胁。如果他家位于策尔特纳街的仓库遭抢劫,会造成他家的破产,就会让这一家十五年的辛勤劳动成果付之东流,就会让他父母要完全依靠家族和社区才能养大四个孩子。但是,不管赫尔曼·卡夫卡多么大声地咒骂:他没什么别的办法避免这场灾难,只能依靠他的捷克雇员们的善良,只能在橱窗中挂出斯拉夫三色旗①(所有人都这么做了),只能依靠他流利的捷克语,不过,面对疯狂猎杀犹太人的捷克人,他的捷克语也救不了他。如果一群充满攻击性的歹徒涌进街巷——没有人能提前通知他们,因为他们那时还没有电话——那么,他们能做的就只有尽量远离最前面的窗户,一声不吭地俯下身,要么等着飞进来的石子(完全可能扔到儿童床上,马克斯·布罗德家就发生过[12]),要么等着解救的呼声"To jsou Češi!"(我们是捷克人!),这句捷克语的呼喊,意味着暂时的解脱。实际上,卡夫卡家运气不错,他们没有受到骚扰。直到暴乱的第五天,才不得不使用最后

176

———————————

① 指泛斯拉夫色,即红、蓝、白三色,源于俄罗斯国旗,但也广泛用于斯拉夫人为主体民族的国旗上,比如捷克国旗。

的、非常有效的方法：布拉格全城实施紧急状态法，终于恢复了平静。[13]但是，那无助等待和紧张倾听的时间，无异于社会教育课，除了年幼的奥特拉，家里谁都不会忘记。最后的结论只能是，宗教和民族的机会主义都不是可靠的策略，因为从这一刻到下一刻，一切都可能完结。

如果研读**全文**发表在布拉格和维也纳报纸上的目击者叙述，就会发现，"十二月风暴"大多被描述为大规模的**毁坏物品行为**，身体攻击顶多是伴生现象，或者是非典型的个别案例。具体的死亡数字（显然不超过十个）和伤者人数（主要是被石头砸伤以及被刀砍伤的）不得而知。尽管布拉格的武器商店一度生意繁忙，几个小时内手枪全部售罄，但也只是在两三起案件中真的使用了武器，没有证据显示乌合之众有明确的屠杀行为，因为对他们来说更简单的做法是把整个约瑟夫城付之一炬。大家不愿意谈论暴力**威胁**的程度，新闻报道对这个话题也缄口不言：这里终究不是加里西亚，在那里还能让农民们相信，打死犹太人是符合政府意图的。[14]

于是在接下来几个星期，新闻评论的主题是，在一个正努力驱除犹太区气氛的现代化大城市里，必须在多大程度上再次或者是继续严肃对待反犹主义——他们主要讨论德意志人的"挑衅"和捷克人"有组织的"或者说"被上面默许的"暴力之间的相互影响，因此必然落到一个问题上：究竟谁应该为那几十个被毁的店铺和几千扇被砸碎的橱窗负责。[15]就连店主们的抱怨（他们今年的圣诞节生意惨了）和酒店老板每天的申诉（他们想恢复正常的开门时间）以及还远未达到平均水平的游客数量，这些问题所赢得的关注，都高于客观上已经排上日程的社会和政治预防的问题。

布拉格犹太人占居民人数的比例不到百分之十，但在商业生活中占比却非常高，从他们的角度看，这次大规模抢掠导致的后果，无异于一次物质材料的重新分配，换言之，失败者、未受过教育者、弱势者盗取了成功者的财富。这肯定也是赫尔曼·卡夫卡的看法,因为这与他的世界观和青年时代的经验完全契合:犹太人主要是作为竞争对手遭到了"犯罪分子"的攻击。当然其他文化圈里也有反犹主义者,这一点卡夫卡家和勒维家都很清楚,但是,基于宗教原因对犹太人的仇恨在他们的城市生活环境中并没有明显的表现(否则,他们也不会把养育孩子的工作交给基督徒仆人),反犹主义最现代、基于种族理论的版本,当时还属于遥远的学术范畴,在维也纳议会辩论中,必须要密切关注,才能了解其中新的潜在威胁。那是来自过去的鬼魂,穿上了新的外衣。是吗?

> 波尔纳,4 月 4 日(**谋杀**),上个月 29 日,十九岁的缝纫女工阿内日卡·赫鲁佐娃失踪,她每天从小维茨尼茨去波尔纳去上班。在距离波尔纳只有一刻钟路程、离大路约八步远的一条小水沟里,人们在灌木丛中找到了这个女孩的尸体。尸体上只有鞋袜,衣服藏在不远处的云杉树下。尸体脖颈处有一道很长的刀伤,头上有很深的伤口。现紧急通缉凶手。

178

这个报道并不引人注意,在波尔纳省的各种稀奇古怪事情中很容易被忽略,而且,1899 年 4 月 6 日在《布拉格日报》刊登出来时,已经过时了。因为嫌疑人已经被高度警惕的民众抓获了:二十二岁的莱奥波德("珀迪")·希尔斯纳,没有固定工作,小流氓,跟同样一贫如洗的母亲生活在一起,人们经常看到他无所事事地到处游荡。希尔斯纳为什么要袭击这个姑娘? 没有强奸的迹象。但是犯罪行为中明显的血腥残酷,尤其是脖颈处长长的刀伤引人深思。人们经常听说,犹太人在逾越节庆典时,要按照规定屠杀基督教牲畜,用它们的血做未发酵的面包;每隔一两年,在波希米亚就会出现一起类似的案件,尽管嫌疑人最后总是都被无罪释放,但关于犹太人"血祭谋杀"的传说却长盛不衰。这主要是在中东欧农村地区流行的一种幻象,天主教宗教老师和迷信的少女们尤其相信,这种传说在日常与犹太人的交往中很少被提到,但是,一旦出现不利的状况,它就会成为社会炸药。在波尔纳,一个位于波希米亚和摩拉维亚交界处的五千人的小城,形势不能更坏了:这具带着令人震惊伤口的尸体,恰恰是逾越节那天发现的,而那个没有确凿证据就被怀疑的莱奥珀德·希尔斯纳,正是犹太人。

大城市的日报,通常都不会太关注这种鸡毛蒜皮的小事,所以,关于"血祭谋杀"的传言,在其自行消失之前,一般会在地方报纸上喧嚣一段时间。就连希尔斯纳被捕后的骚动——波尔纳几百市民参与其中,所有犹太住宅的窗户玻璃都被砸碎——也只是一则让人厌烦的消息,算不上令人不安,当地德高望重的捷克人一开始也没有表示明确的立场。"我不相信这是一起血祭谋杀。"市长萨迪尔撒谎说。法医主管普罗克什博士被问到死者是否如传言中所说被放干了血时,很诚实并豁达地回答:"我们可是生活在十九世纪。"[16]

当然,如果法医的意思是说,类似犹太人血祭谋杀这种心理暗示在这个已经被启蒙的世纪没有必要当真了,那么他就大错特错了。因为,最终的关键一点不是劝说一些无知的人面对自己的良心,让他们认识到他们相信的所谓鲜血童话早已不合时宜;问题的关键在于,人们面对的更多是一种具有高度传染性的集体癫狂,无法靠说理对其施加影响,而且它借助朗朗上口的口号、图像和类型化的象征,非常容易被工具化。最现代化的社会交际媒介——大众新闻报刊,早就掌握了所需的操纵手段,法国的"德雷福斯丑闻"尤其证明了这一点,好几年以来,这一事件不断提供着每天的讨论话题,事件中正反两方不仅在为受到不公正判决的当事人而战,而且在全欧洲为赢得媒体的关注进行激烈的斗争。斗争的关键是,把公共交流的主动权掌握在自己手中,在宣传方面要比其他所有人做得更精明,特别是声音要更大。

在哈布斯堡皇朝，有组织的反犹主义迄今为止还没有成功过，基本上仅限于民族和宗教争端。但是，希尔斯纳案件突破了这个界限。一个**捷克人**，一个以血祭谋杀研究专家著称的、曾被判过刑的布拉格编辑，名叫亚罗米尔·胡塞克，是他让反犹主义者、**德意志裔**帝国议员恩斯特·施耐德注意到了希尔斯纳案件。[17]施耐德表示感谢，并立刻积极行动起来。对他来说，最简单的做法就是发起一场新闻界讨伐运动——从观点极端的《德意志人民报》开始。但是，这一次人们想看到最终做出判决，所以仅仅做出些评论——这事已经做得很到位了——是不够的。关键是要及时干预，对当地的"意见引领者"施加压力，这些人带着自豪而畏惧的心理看见自己的名字出现在跨地区的报纸上，所以会非常谨慎地考虑，他们是否能采取一种"对犹太人友好"的态度。于是，就出现了波尔纳的**捷克裔**市长和他的两名地方议员，联合一大群**德意志裔**记者，试图共同努力夺取司法机构的权力，让民众的意志发挥作用。他们成立了一个"法律委员会"，独立调查阿内日卡·赫鲁佐娃谋杀案，进行"审讯"和"现场调查"，寻找证人并施加压力，试图修改那些他们不愿意看到的、与血祭谋杀主题不相符的证词。短短几个星期之内，波尔纳的气氛就迅速恶化，没有人再敢公开质疑血祭谋杀的提法，而且这种自我暗示的力量非常强大且持久，就连负责此案的检察官都毫无恶意地认为，波尔纳多数市民的意见可以作为充足的理由来证明希尔斯纳有罪。"为什么会怀疑希尔斯纳？"审讯第一天，持怀疑态度的陪审团法庭庭长一上来就问逮捕了希尔斯纳的警员。"这个传闻早就有，而且一直保持着。"这是被询问人给出的严肃认真的回答。

维也纳、布达佩斯和布拉格的犹太人，每天早上翻开自由派的报纸时，都不敢相信自己的眼睛：没有别的标题，几个星期以来只有血祭谋杀，而且没有一个头脑还清醒的人曾经愿意认真讨论这个事件，这个事件突然升级为一个半官方认定的犯罪行为，引起了成千上万人的注意。

二十七名记者还有两名插画家被派往库特纳霍拉(库滕贝格)地方法院,整整五天,从 1899 年 9 月 12 至 16 日,希尔斯纳庭审记录充斥于无数报纸专栏(所有内容都给德语读者逐字翻译了)。

这是一场不平等的角斗。被告只能凑合着用库特纳霍拉的一位法律顾问,而被害者家庭却从布拉格聘请了精明的捷克青年律师卡雷尔·巴克萨,巴克萨是一个极端强硬的民族-捷克党派的创建者之一,他很愿意利用这个机会,把法庭变成政治舞台。[18] 陪审团成员对希尔斯纳的看法,已经在案件审理过程中非常明确地表达了,他们也可以公开表示:尽管检察官谨慎地避免了那个肮脏的词汇,他们还是接受了那些捕风捉影的猜测,强行证明可疑的**血祭谋杀**,同样被接受的还有最重要的原告证人证词,证人宣称他从七百米外认出并观察了犯罪现场的希尔斯纳。表现笨拙而暴躁的希尔斯纳被判处绞刑,而许多证据证明有重大嫌疑的死者的哥哥——非常有可能是真正的凶手——却获得了机会,逃往美国。[19]

希尔斯纳先是平静地接受了判决,因为按照他的辩护律师的解释,到了更高一级审判机构,加入了独立专家鉴定后,这个判决反正会被推翻。他们希望在绞刑——绞刑将在距离案发地很远的南波希米亚的县城皮塞克执行——之前,在一个相对客观和不太受媒体影响的气氛中开始改判程序,但是,所有希望都落空了:将近五十名记者涌进了为他们预留的位置,酒店和旅馆全部订满,猎奇的游客、疯狂的签名收集者和纪念品小商贩挤在一起,迫不及待地打听消息。另外,希尔斯纳案件早已经超出了地域的界线:到处都在销售希尔斯纳小册子和明信片,参加案件审理的人、记者和出版人之间开始了各种诽谤诉讼,审理过程成为党派之间激烈斗争的战场,读者甚至能在国际性报纸上感受其反响。

只有很少的捷克时事评论人还努力在这场喧嚣中保持冷静的头脑,哲学教授托马斯·G. 马萨里克就是其中一位,他曾经也是青年捷克运动的追随者,但是他和他的"现实主义者"小组以及他们的周刊杂志《时代》(Čas),早就脱离了狭隘民族主义宣传的丑恶。"十九世纪末的人,"他在希尔斯纳的死亡判决宣布后写道,"无法相信,犹太宗教,对,不是某个精神上狭隘的邪教,而是犹太教,会沦为这种令人作呕的迷信的牺牲品。我们感到非常遗憾,恰恰是捷克人民和捷克的国土,因为这个而引起整个欧洲的瞩目。"[20]

马萨里克知道他自己在说什么:他是在摩拉维亚农民家庭长大的,他清楚地记得当地人灌输给孩子们的关于犹太人的无稽之谈。十一岁刚上中学时,他曾经充满恐惧地偷偷看犹太同学的手指,看他们手指上是否有血迹,他承认,这种厌恶感深深地进入了他的内心,所以他只能依靠理性克服反犹主义,但感情上无法克服。[21]这股反犹行为的回潮与捷克的民族自豪感有什么关系? 这是一种耻辱、丢脸,尤其是在傲慢的德意志知识阶层面前,捷克人恰恰想向他们表明,捷克文化站在时代的最高峰。马萨里克感到被这种荒谬和非人性的行为"伤害到了内心最深处",他在一份要求对希尔斯纳案件重审的小册子里写道,他匿名对波尔纳的刑事案件进行了调查,然后发表了另一篇将近一百页的文章,他在文章中表示,希望把关于血祭谋杀这种妄想从地球上铲除掉。[22]马萨里克相信说服的力量,相信论据的文化持久性。与卡尔·克劳斯[23]不同——当大批读者指责克劳斯的杂志《火炬》,说他没有与那些血腥童话拉开明显的距离,他感到非常惊愕——与大多数启蒙-自由的副刊作家不同,马萨里克认为,对每一个——不管多么荒诞的——仇视犹太人的"民间观点"进行辨析,绝对不是多余的事情。对于克劳斯来说,希尔斯纳案件首先是对人类理性的侮辱;对马萨里克而言,除此之外,还是令捷克人蒙羞的事,让他内心不得安宁。

他太熟悉这种局势了,马萨里克正经历着一场**似曾相识**的社会状况。因为,早在十三年前,当他大胆地揭露两个最重要的象征"捷克重生"的圣物——据称是出自中世纪的"昆尼根霍芬手稿"和"格林贝格手稿"——是伪造时,就已经在孤军奋战了。马萨里克认为,民族认同决不可建立在谎言甚至是一个虚构历史的基础上;问题的关键是,尽量控制损失,并且表明,捷克人确实有能力改正自己犯下的错误。由他引发的那场愤怒狂潮,席卷了所有社会阶层,它的爆发并不奇怪:只有少数人有幸能够明白证明造假所需的文本学论据,而更少的人愿意相信,一个雄心勃勃的年轻讲师在学术上的吹毛求疵,能够成为重新改写捷克民族全部古代历史的足够理由。人们甚至可以理解,在那次轰动事件之后,马萨里克不得不多等了几年才升为正教授。但是,希尔斯纳案件呢?血祭谋杀的传说呢? 难道不是借助基本的理智就足以从短暂的蒙昧中醒来,抛弃这种精神垃圾吗?

可惜,不是这样的。1899 年 11 月 16 日,当马萨里克从克莱门特学院前面经过,去上"实践哲学"讲座课时,遭到上千名学生的齐声叫骂,其中绝大部分是捷克学生,他们要惩罚这个民族叛徒。马萨里克穿过人群,进入拥挤的大教室,在持续不断的喧嚣中,请求大家听他说话,然而没有用,于是他毫不畏惧地转身,开始把他的观点写在黑板上。这是具有传奇性的一幕,二十年之后,马萨里克成为捷克斯洛伐克的第一任总统,当年那次表现也成了他独特魅力中的一个亮点。但是,他无法忘记的是,恰恰是大学生们,这些受过人文主义教育的人,相信了那些阴暗的迷信,更愿意听从那些德意志反犹主义者的观点,而不是他们的捷克老师。"那次运动我感触很深,"马萨里克后来冷静地说道,"但是,让我感到难堪的主要是其低下的水准。"[24]

布拉格的犹太人中,有不少人本来认为,所谓血祭谋杀之说只不过是乡下的一场闹剧,然而,最晚到上诉程序开始后,他们就清楚地观察到这件事对捷克公众社会产生了怎样的影响。在卡夫卡家的餐桌上,希尔斯纳案件肯定也是他们谈论了几个星期的忧心事,因为重审恰恰是在皮塞克进行的——赫尔曼·卡夫卡年轻时曾在那里工作过,他的许多亲属还在那里生活——这个地方立刻让他回忆起许多不愉快的冲突和被砸碎的玻璃窗。另外,大家都知道,布拉格的"十二月风暴"在皮塞克曾经再次引发打砸犹太人商铺和住宅的暴行。不,这里一切都很平静,《布拉格日报》信誓旦旦,给读者们提供了一篇田园牧歌般的、长达好几版的文章,描写皮塞克的历史、矿山以及性格平和、勤劳的民众。这就形成了一种奇怪的矛盾,只能让犹太人更加紧张。因为,如果希尔斯纳案件真的像一些自由派报刊所谴责的那样,只是一场闹剧,那么,这样长篇累牍地描写这个重审案件的地方,好像那里正要发生一个历史性事件一样,其意义何在?

无论从法律还是传媒角度看,这都是一个大案,因为传唤了将近一百五十名证人,询问证人就持续了十七天,几百个报纸专栏进行了报道——按照当时的标准,这是一个巨大案件。不容忽视的是,在这期间就连法庭人员都觉得血祭谋杀之说太令人难堪了:新的检察官说这是一个已经造成了许多不幸的"童话",庭长甚至警告说,谁如果再乱用这个词,就剥夺他说话的权利。然而,这对被告人并没有什么帮助:希尔斯纳甚至被控告犯下了第二桩谋杀案,1900 年 11 月 14 日,希尔斯纳再次被判处死刑。当检察官卡雷尔·巴克萨——他直到最后都坚持反犹主义演说——胜诉后来到法庭外,受到了"性情平和"的皮塞克民众震耳欲聋的欢呼。

希尔斯纳是个信号,留在了公众记忆中,尽管后来弗朗茨·约瑟夫皇帝——显然是迫于压力,因为案件引起了全欧洲的关注——把死刑改为无期徒刑。[25] 当时的卡夫卡还有两年就中学毕业了,某些落后村镇发生的血祭谋杀当然不会引起他理智上的兴趣,但是他仍然把这一经验深深地储存在记忆中。多年之后,当他重新面对犹太人身份认同问题时,只需要重新调出这个话语模式,敲出"希尔斯纳"这个名字:"这里,人们看着'希尔斯纳'一步一步做了这件事。"1920 年,他在评论一个类似案件时写道,这个案件中,一个犹太人**好像**是把一个女基督徒拉入了不幸的漩涡。朵拉·迪亚曼特说,卡夫卡在生命的最后一年,甚至把血祭谋杀审理当作一篇小说的素材。[26]

　　这说明,他把握了事件的范式。因为,用"社会嫉妒"(当时还没有这个词)根本没法解释,为什么整个波希米亚社会,包括那些受过最好教育的人们,几乎**一致**针对一个精神和物质上都一贫如洗的犹太打工者。如果说**那个**蹩脚的借口——血祭谋杀的迷信——就足以让大众陷入种族仇恨情绪并对死刑判决欢呼雀跃,那就说明随便一个借口都可以达到同样的结果,只要它能提供足够的情感催化剂:"鲜血""强奸""被玷污的纯洁"……任何一个类似的借口。对犹太人的仇恨一直都有,这种仇恨最终根本不是针对犹太人的某种特质,而是把犹太人看作他者、异者和非我族类的化身。这是指犹太教作为精神性和象征性的**物质**。这意味着,犹太人所有单方面的同化努力都没有意义——除非他们能完全抹去自己的出身,包括他们的记忆。成千上万的犹太人曾经非常认真地尝试过,主要是维也纳和柏林这些大都市的犹太人,那里的社会控制最弱。在布拉格,"异族通婚"的情况和接受基督教洗礼的犹太人相对较少,卡夫卡一家也从来没有考虑过放弃他们的犹太人身份。这是一种选择吗? 他们的儿子还在思考。

　　卡夫卡十四岁时第一次经历针对犹太人的集体暴力:1897 年的"十二月风暴"。幸亏他没有看到士兵们是如何冲进他学校的楼道驱散那些施暴者的,暴行持续了五天,危险才过去,学校继续上课。在学校的年度总结中,这个小插曲没有被提到。校长很谨慎,不想无谓地惹恼捷克学校管理部门。他的学生们同样很谨慎,他们在路上说德语时都会压低声音,至少有一段时间是这样的。

有哪个老师胆敢在课堂上讨论这里发生了什么吗？学校没有设置一门课程让老师来讲授和分析当前的社会状况。在历史课上，也不会提到社会上最新的发展变化，学生们对亚历山大的征服战争了如指掌，但对德意志人和捷克人之间矛盾对立的根源却一无所知，更不要说基督教的反犹排犹了，谈论这个问题，如果要说点真话，就不可能不给自己找麻烦。如果要讲，那么这个令人不快的话题，应该是"摩西教"或"以色列教"或"犹太教"宗教课程老师·格吕的任务，他被大家称为"格吕拉比"，他的任务包括把犹太民族的命运传播下去，并保持鲜活。但即便是在这门课上，历史依然显得如此遥远，让卡夫卡觉得历史像是古老的童话故事集，为了成年，就必须迅速地、没有忧伤地与这些故事告别。[27]那么当下政治呢？格吕拉比会小心提防的。

宗教课上当然是学习《圣经》，一行一行地学习，大多是读德语译本，有些章节也要读希伯来语原文，每周两节课，八年时间，其中还加入一些简单的道德教化，这只能让那些习惯人文教育的男孩们觉得无聊。就连哲学方面的内容也非常少，基本都是按照拉丁语、希腊语和德语课的水平，除了成人礼上用到的那几句零零碎碎的希伯来语，卡夫卡什么都不记得了。格吕至少可以讲讲布拉格的古老犹太人传说，或者讲讲约瑟夫城引人入胜的历史，他对这些都非常熟悉，还出过书[28]，可是他为什么不讲呢？相反，他故作庄重、絮絮叨叨的样子非常可笑，学生们经常学他的样子取笑他。另外，他那漫不经心、自言自语讲课的样子，可能是学内斯特罗伊。学生们要么走神了，要么就记下他讲的内容，为课间休息增加点笑料。格吕后来有个学生叫恩斯特·多伊奇，有演员般的记忆力，清楚地记住了这些独白，并且让他的朋友弗里德里希·托尔贝格记录下来。所以，格吕经师虽然在卡夫卡的作品中没有留下痕迹，但还是进入了文献记录：

"哈斯莫代尔家族的老祖宗是马塔提亚斯,玛卡贝尔一族就是他的后代。马塔提亚斯有五个儿子:艾莱阿萨尔……犹大,后来被称为犹大·马卡比……尤纳罕……不,尤纳罕是大儿子,那么就是尤纳罕……犹大……西蒙……尤纳罕……可以说已经说过他了,我是说尤纳罕……"(他开始不停地绕圈子,不断绕回开头,想搞清楚顺序:)"马塔提亚斯有五个儿子。他们的名字是……尤纳罕……西蒙……犹大……其实他是最重要的,因为他后来被成为犹大·马卡比……约拿旦……不,艾莱阿萨尔……"(又重头开始)"马塔提亚斯有五个儿子。尤纳罕是大儿子,但是犹大是最重要的……中间是西蒙……还缺第五个……艾莱阿萨尔我已经说过了……"

他沉默了,脑子里最后过了一遍现有的可能性,最后,用最终的不可辨驳的确定性说:

"马塔提亚斯有五个儿子:犹大,西蒙和艾莱阿萨尔。"[29]

注释

[1] 二十五年之后,卡夫卡还认为,他的捷克基督徒女友密伦娜·耶森斯卡**不**可能知道成人礼。他写道:"你知道吗,你是我的坚信礼礼物,我们也有一个类似的犹太坚信礼。"(1920 年 8 月 10 日)胡戈·贝格曼的父母也邀请宾客参加"坚信礼",但是在括号中用希伯来文标注了"成人礼"(耶路撒冷的犹太民族图书馆中保存的贝格曼遗物中有一份邀请函)。

[2] 卡夫卡的成人礼物中,只有两件能比较确定:卡米尔·弗拉马利翁(Camille Flammarion)的乌托邦长篇小说《世界的尽头》(*Das Ende der Welt*,1895),卡尔·福尔曼(Karl Faulmann)的《在精神王国——形象的插图科学史》(*Im Reiche des Geistes. Illustrirte Geschichte der Wissenschaften, Anschaulich Dargestellt*,维也纳,1894),这是给卡夫卡这一代年轻人的标准礼物。这两册书今天已经丢失,但是在二十世纪三十年代,海伦·齐贝贝格在卡夫卡以前的财产中找到过它们。(参见

齐贝贝格整理的书单,收藏于德语文学档案馆她的遗物中)

[3] 普察洛娃:《在卡夫卡家做家庭教师》,第 68 页。马克斯·布罗德在自传《好斗的一生——自传,1884-1968》(*Streitbares Leben. Autobiographie 1884-1968*)中也回忆了自己童年时代的逾越节晚餐,觉得整个过程一点都不庄重。法兰克福,1979 年,第 223-224 页。

[4] 后来,尤莉叶·卡夫卡曾经说过一段话,似乎能够说明她试图在家中保持一些犹太宗教仪式。她在 1916 年 10 月 8 日给菲莉丝·鲍尔的信中写道:"我们像真正的犹太人一样过犹太节日。新年期间我们的店铺关门两天,昨天是赎罪日,我们斋戒并且虔诚地祷告。"(弗朗茨·卡夫卡:《订婚期间致菲莉丝·鲍尔信和其他通信》〔 *Briefe an Felice und andere Korrespondenz aus der Verlobungszeit* 〕,埃里希·海勒〔Erich Heller〕和于尔根·博恩编,法兰克福,1967 年,第 721 页)但是,对这段话的评价要谨慎,因为它其实也是写给菲莉丝·鲍尔宗教保守的母亲看的。卡夫卡本人没有留下只言片语能说明他们家曾经"虔诚地祈祷"过。

[5] 卡夫卡:《致父亲》。(《卡夫卡遗作和未完成的残章》〔二〕,第 186-187 页)卡夫卡谈到每年有四天要跟父亲一起去教堂,所以这应该是指,他们的犹太教新年跟保守犹太教的传统一样,要庆祝两天。

[6] 同上。(《卡夫卡遗作和未完成的残章》〔二〕,第 188-189 页,第 191 页)

[7] 弗朗茨·韦尔弗:《倾诉与忏悔》(Erguß und Beichte),载于《上与下之间——散文、日记、警句、文学随笔》(*Zwischen Oben und Unten. Prosa, Tagebücher, Aphorismen, Literarische Nachträge*),慕尼黑/维也纳,1975 年,第 695 页。

[8] 赫尔曼·卡夫卡是这个协会的会员,这一点,保存下来的协会会员登记表能够证明。马克斯·布罗德和弗朗茨·韦尔弗的父亲都曾在该协会中担任过领导职位。至于赫尔曼·卡夫卡是否与他们有过交谈,并没有记载。

[9] 参见史提尔策:《卡夫卡的故乡——恶毒的波希米亚》,第 50-54 页。恩斯特·施耐德,作为基督教社会主义议员和吕格的密友,是最早公开号召对犹太人进行身体攻击的奥地利政治家之一。

[10] 卡夫卡：《致父亲》。(《卡夫卡遗作和未完成的残章》〔二〕，第152页)

[11] 参见施塔赫：《卡夫卡传：领悟之年》，第370-372页。

[12] "夜里，我父母家的窗户被打碎，我们惊恐地从临街的儿童房中逃进父母的卧室。我还看到，我父亲把小妹妹从床上抱起来——第二天早上，床上真的有一大块石头。"引自马克斯·布罗德：《阿道夫·施莱伯：一个音乐家的命运》(*Adolf Schreiber. Ein Musikerschicksal*)，柏林，1921年，第29页。

[13] 在布拉格实施紧急状态法，首先是作为社会施压手段，然后才是军事措施；这首先意味着，抢掠者会面临死刑。但是，接下来几个星期中被抓捕的几百人都只是按照正常的刑法判决的。为了避免死刑，大多数情况下会假定罪行是在实施紧急状态法之前的行为。很多审判延迟到第二年春天。

[14] 几个月之后，1898年6月，神父、记者和政治家斯坦尼斯拉夫·斯托贾洛夫斯基操纵散布出谣言，说犹太人是政治上不受保护的人。紧接着，在加里西亚大约三十个村子里发生血腥大屠杀，最后只能派军队才得以平息。参见本雅明·瑟夫（也就是特奥多尔·赫茨尔）：《加里西亚的火焰》(Feuer in Galizien)，载于《世界》，维也纳，1898年6月24日；载于赫茨尔：《犹太复国主义文集》(*Zionistische Schriften*)，柏林，1920年。

[15] 关于"十二月风暴"流传最广的传说，是关于捷克人起义的指挥者们的，据说那帮乌合之众是根据指挥者的五百二十二条命令行事的。谣传说，这些指挥者（当然永远不可能抓住他们）每天凌晨穿过城市，在那些应该被袭击的房子上用粉笔画上记号。德意志方经常指责的是，捷克管理层根本不是真的想让布拉格安宁。就连克里斯多夫·史提尔策都说："这个城市的老爷们，那些年轻的捷克政治家，幸灾乐祸地袖手旁观这场浩劫。"(《卡夫卡的故乡——恶毒的波希米亚》，第63页)他们当然不是袖手旁观，否则他们就被波希米亚总督撤职了。事实上，为平息暴乱而颁布的行政措施非常全面，但因为实施者早就沾染了民族主义思想，所以措施推行不下去：比如，一个德裔警察局长，只能通过颁布命令，才能让一个捷克裔警察去保护一名受到捷克抢劫者袭击的德裔犹太人（哪怕这四个人都是说双语的波希米亚人。）这种情况，就算是派军队也没用，因

为军队也会面临同样的问题。要想对整个过程获得准确的了解，是非常不易的，因为全部新闻刊物对布拉格"十二月风暴"的报道都非常不公正（一个奇怪的例外是捷克-社会民主刊物《人民权利报》〔Pravo Lidu〕），而且还要经过新闻审查。形势的复杂性对文学加工也提出了过高的要求：维克托·迪克在他的长篇小说《十二月》（Prosinec，1906）中，尽管反映了捷克人的要求，并与大众的破坏情绪保持了距离，但他完全没有提到捷克人的反犹主义。卡尔·汉斯·施特罗布尔描写大学生的小说《瓦科拉夫小屋》（Die Vaclavbude，1902）却掺杂了大量德意志沙文主义，不可能期待它能提供可信的材料。米歇尔·弗兰克尔的《布拉格从此开始反犹》（Prag ist Nunmehr Antisemitisch）是一份基于警察档案的分析，能提供关于布拉格"十二月风暴"和其他波希米亚城市的类似事件的概况。参见《十九世纪末的捷克反犹主义》（Tschechischer Antisemitismus am Ende des 19. Jahrhunderts），柏林，2011 年，第 233-250 页。

　　[16]《布拉格日报》，1899 年 4 月 15 日，第 10 页。后来，在希尔斯纳案件审理公众舆论压力下，法医不再做出如此轻松明智的表态。当附带诉讼代理人问他："您相信脱光女子的衣服，是要得到她身体里的全部血液吗？"普罗克什博士回答说："是的，我相信。"被告律师要求他证明这一点，他沉默不语。（《布拉格日报》，1899 年 9 月 16 日）后来，"放干血"一说被中立医学鉴定否认。在这个附带的医学演示场上，波尔纳审判也遵循了以往的模式。在德意志帝国境内发生的一起最离奇的仪式谋杀案审理过程中（那是 1891 年发生在克桑滕的一个案件，一名五岁的男童被割喉而死），当时，五百二十三人的情绪被医生煽动起来，医生说男童尸体中血液含量非常少：没有对发现尸体的地方进行仔细检查，而且与事实不符。最后嫌疑人被无罪释放。

　　[17] 胡塞克在 1893 年被判处过十四天监禁，因为他指控一名犹太教屠夫"放干了基督的血"。他在给施耐德的信中，不顾事实真相，称波尔纳的负责法官是犹太人，所以想保护希尔斯纳，他的信刊登在《德意志人民报》上。在希尔斯纳案件审理过程中，胡塞克通过不断插嘴，出尽了风头。

　　[18] 立宪激进党（Státoprávní radikální strana）要求波希米亚完全独立，1899

年 2 月 19 日，它作为自由民族党（Národní strana svobodomyslná，"青年捷克"）的一个分支成立。它的发起人之一是反犹主义者卡雷尔·巴克萨（1863-1938），后来成为布拉格市长。参见奥托·乌尔班（Otto Urban）：《捷克社会 1848-1918》（*Die Tschechische Gesellschaft 1848-1918*），维也纳／科隆／魏玛，1994 年，第 711-713 页。

［19］1960 年代末，捷克报纸上流传着一条消息：扬·赫鲁扎在临死前承认杀害了自己的妹妹。但这个传言至今没有得到证实。

［20］《波尔纳案件》（Polenská vražda），载于：《时代》（*Čas*），1899 年 9 月 29 日。

［21］扬·赫尔本（Jan Herben）：《T. G. 马萨里克谈犹太人和反犹主义》（T. G. Masaryk über Juden und Antisemitismus），载于《马萨里克和犹太教》（*Masaryk und das Judentum*），恩斯特·里修诺夫斯基（Ernst Rychnowsky）编，布拉格，1931 年，第 274-299 页。此处引自第 274-275 页。同时参见卡雷尔·恰佩克（Karel Čapek）：《与马萨里克谈话录》（*Gespräche mit Masaryk*），斯图加特／慕尼黑，2001 年，第 42-43 页。

［22］马萨里克的第一篇文章标题是"改判波尔纳案件的必要性"（Nutnost Revidovati Process Polenský）。这份册子立刻被当局没收，马萨里克因此被罚款，但是，这篇文章的内容还是借助程序技巧被大家所知：维也纳帝国议会中，反对没收册子的社会民主党提出质询，全文引用了册子中的内容（参见 1899 年 1 月 9 日第十六场，第十次会议速记备忘录德译本）。1900 年，《波尔纳案件中对仪式迷信的意义》（*Význam Procesu Polenského Pro Pověru Rituální*）同时出版了捷克语版（布拉格）和德语版（柏林）。

［23］参见《火炬》杂志第 59 期（1900 年 11 月中）刊登的克劳斯关于希尔斯纳审判的文章，第 1-4 页，以及第 61 期（1900 年 12 月初）上他回复读者来信，第 23-24 页。他认为，要求他明确表示不相信仪式谋杀，这完全是多余和可笑。他在第 58 期里就已经在抨击媒体在这个问题讨论中的主宰地位："什么结果呢：民族斗争没人再提，社会矛盾黯然失色，从现在起，只有一个大矛盾，那就是相信

仪式谋杀派和反对仪式谋杀派之间的矛盾。"(第5页)

[24] 恰佩克:《马萨里克谈话录》,第177页。捷克大学只是半心半意地保护马萨里克。他在下一次讲座也受到了干扰,又有几百名示威者聚集在教室,甚至有人跑到他的私人住宅。之后,马萨里克只能停止了该学期的教学工作。

[25] 莱奥波德·希尔斯纳总共被监禁了十九年,1918年才因查理一世的大赦而被释。释放后,他身无分文,改名换姓在维也纳生活,也有一段时间在布拉格,靠犹太人教区的救济为生。(《新自由报》,维也纳,1928年5月27日,第10页)他参演了一部描写他命运的电影。(《新自由报》,1921年5月27日,第6页)马萨里克总统拒绝接见他。希尔斯纳于1928年去世,终年五十二岁。

[26] 关于威利·哈斯和娅尔米拉·安布罗若娃的绯闻,后者的丈夫因此自杀身亡,参见施塔赫:《卡夫卡传:领悟之年》,第366-368页。朵拉·迪亚曼特的说法是布罗德记录下来的,参见《关于弗朗茨·卡夫卡》,第177页。卡夫卡(据说被销毁了)的小说中,讲的是拜李斯案件,那是另外一起同样引起轰动的也同样证据不足的荒诞仪式谋杀案件审理,发生在基辅,1913年最终判决无罪释放。阿诺德·茨威格的一部悲剧作品描写蒂斯莱什勒(匈牙利,1883年)的一起仪式谋杀案件审判,卡夫卡评论道:"世间的场景……有强大的生命力,它肯定来自审判的档案。"这些话说明,卡夫卡肯定了解过波尔纳这个引起轰动案件的细节(卡夫卡致菲莉丝·鲍尔的信,1916年10月28日)。关于仪式谋杀迷信对卡夫卡可能的影响,参见贝诺·瓦格纳(Benno Wagner):《卡夫卡的波尔纳——超越民族的写作》(Kafkas Polná. Schreiben jenseits der Nation),载于《身处德意志人和捷克人之间的犹太人——波希米亚的语言和文化认同,1800-1945》(Juden zwischen Deutschen und Tschechen. Sprachliche und kulturelle Identitäten in Böhmen 1800-1945),马雷克·内库拉/瓦尔特·寇什马尔(Walter Koschmal)编,慕尼黑,2006年,第151-172页。

[27] 据说,卡夫卡在跟雅诺施的谈话中回忆过他的宗教课:"于是,犹太人的历史获得了一种童话面貌,后来,人就把它和自己的童年一起扔进了遗忘的深渊。"(雅诺施:《卡夫卡谈话录》,第131-132页)马克斯·布罗德在他的自传体

小说《几乎是优等生》(*Beinahe ein Vorzugsschüler*)中写道：在施台凡文理中学的犹太教课上，对选读的圣经旧约章节，没有任何宗教或历史点评，"所以，大多数我们生吞活剥阅读的片段，都让我们觉得荒诞"。（慕尼黑／柏林，1973 年，第 312 页）

[28] 纳旦·格吕：《崇高的拉比勒夫》(*Der hohe Rabbi Löw*)，布拉格，1885 年，载于格吕：《传说和历史——布拉格以色列教区的历史》(*Sage und Geschichte. aus der Vergangenheit der Israelitischen Gemeinde in Prag*)，布拉格，1888 年。另外，格吕还编写了一本摩西教和圣经故事教材（布拉格，1889 年），1902 年被翻译成捷克文出版。

[29] 弗里德里希·托尔贝格：《尤勒诗姨妈或西方的没落轶事》(*Die Tante Jolesch oder Der Untergang des Abendlandes in Anekdoten*)，慕尼黑，2004 年，第 37 页。与托尔贝格说的不一样，格吕真的有经师的尊严。他有博士学位，负责布拉格的犹太教区图书馆，也在布拉格犹太教法典学校上课。由此推测，他的无能不是专业问题，而更可能是教学法问题。胡戈·贝格曼只字未提他，而布鲁诺·基希却对他评价不错。（《历程与转变》，第 72-73 页）

第十二章 纯洁和放肆

> ……他已经熄灭了灯：这样，当他收到决定
> 时，就不再有一丝恐惧。
>
> 马克斯·弗里施[1]，《日记，1946》

玛丽，一位二十多岁的女子，已经在卡夫卡家做了一段时间厨师。 有一个雇员，犹太裔店员穆勒，引起了她的注意和好感，令她无法抗拒：那绝对是个帅哥(奥地利人都这么说)，长着络腮胡子，行为举止彬彬有礼，做事干脆利落，这是在军队里练出来的。她经常见到他，虽然她几乎都在卡夫卡家宽敞的住宅里干活，而穆勒工作日都在店铺和仓库里。但是自从住宅和店铺都搬到策尔特纳街的同一栋房子里之后，生活和生意两个领域就开始以负面的方式相互渗透。

负面主要是对主人的家庭而言。当然与以前相比，可以更有效地对家务和教育进行监督，如果仆人们离开住宅中的工作岗位，他们必然会从橱窗前经过。但是，卡夫卡夫妇也就不再有真正意义上的下班回家了，孩子们也前所未有地切身体验到经营的艰难。直到时尚用品店——

---

① 马克斯·弗里施(Max Frisch，1911–1991)，瑞士作家。

他们经营的种类已经多得数不过来了——越来越多地从事批发生意，客户要求的商品数量需要越来越大的仓库，卡夫卡家又租下一个巨大的地下室做仓库，再加上后院的仓库，这些地方还是不够，他们甚至开始把自家的房间也用作临时仓库。所以，常常有店员上到三楼来，女家庭教师或者系着围裙的玛丽会给他开门。店员穆勒很珍惜能见到这位热心厨娘的机会，于是，用调情来给工作日增添乐趣慢慢成了他的习惯。然而，这两个人越来越胆大，警觉的老板娘突然袭击，抓住了他们两人：一个很尴尬的事件，处理结果也很不公平。厨娘在当天晚上就被卡夫卡太太赶了出去，而精明能干的穆勒先生——估计也少不了一些**形式上的警告**——第二天又出现在他原来的岗位上。

他得益于一种对卡夫卡父母那一代人还是天经地义的性道德观念，尽管这种道德标准会在伦理上导致非常成问题的结果。按照这种道德观念，男人在看到某些身体曲线时，是控制不住自己的，而一定的性能力是一个**健康**男性的根本所在。这绝对不是特权，却是某种鼓励，同时也是一种男性集体的心照不宣。拿"征服"异性（不可能不用战争比喻）来自我吹嘘，在男人中间不仅很平常，而且他们还经常公开谈论这类话题，甚至故意在女性在场的情况下。大多数时候，这种所谓的"登徒子"能确定会得到男性上司（只有男性上司）的理解：难以想象，某个男职员仅仅因为被人看到经常更换情人而失去工作。相反，女雇员在性问题上的情形却常遭人猜疑非议，在这方面女性绝不可能享受道德上的眷顾，如果被发现有婚外孕，基本上就意味着立刻被解雇——这是不可想象的苦难的根源，也是成千上万起堕胎的原因。

而事情发生的地点是自己的住宅，这就更让尤莉叶·卡夫卡恼火了。更可怕的是，她想到，不懂事的孩子们有可能看到或知道了什么。她能确信，当时十一岁的弗朗茨还什么都不知道，也就是说很"纯洁"。还没有发现他对性有任何好奇心，当然母亲会监督他跟什么人交往——

标准非常严格，目的是把弗朗茨与外界的接触限制在一个可控的最低限 190
度。就连学徒弗朗齐歇克·巴斯克——就是他讲述了厨娘玛丽的故
事——也尝到了这种严格监督的苦果。

　　十六岁的巴斯克享受着很大程度的，当然也遭到很多人嫉妒的特
权，他可以在上班时间给老板的儿子上捷克语课，而且能得到些许报酬：
每天一小时，在家里的写字台边，然后在一起散步时进行自由对话练习。
巴斯克肯定很快就发现了，弗朗茨其实并不需要这么频繁的补习；事实
上，这种教学方法给并不善交友的小弗朗茨送来了一位可信赖并且可控
制的同伴。这一点，在卡夫卡一家去布拉格东南的日恰尼避暑时，表现
得尤其清楚，他们没有请家境贫寒的胡戈·贝格曼同行——对他来说，
在乡下河边度假，会是一种全新的体验，从他身上弗朗茨也确实可能学
到很多——而是带上了相比较而言受教育程度不太高、只读到七年级的
巴斯克。选他，显然是把他作为勤快的陪同，根本不用去想什么个人义
务的事，于是，说德语的犹太裔文理中学生弗朗茨和说捷克语的基督教
学徒弗朗齐歇克住在一个房间里达两个星期之久。

　　这种精心编织的伙伴关系并没有持续很长时间。弗朗茨的希望是，
至少能在**一个**领域，从这个年长五岁的同伴身上学到点什么，所以就在
他们在布拉格的某次散步时，突然问起了孩子是怎么来的。之前刚刚谈
了一个偏哲学性的话题，谈论的是各种类型的美，巴斯克愚蠢地转了话
题，他想用一句不知道从哪里听来的话给小卡夫卡留下深刻印象，他说：
"在人的一生中，没有什么比满意的婚姻生活更美好。"弗朗茨完全听不
懂是什么意思，不过这让他联想起孩子是从哪里来的问题。巴斯克困窘
不堪，他也不知道夫妻是怎么生孩子的，他想不出更好的解释，于是就 191
说，爸爸和妈妈非常虔诚地祈祷，然后他们的宝贝就会突然出现在床上。
当然不可避免的是，尤莉叶·卡夫卡得知了这些危险的谈话。几天之
后，她就把那个学徒叫来，塞给他三个古尔登，告诉他，他们的弗朗茨在

学校有了更好的捷克语课,所以以后不需要上私课了。[1]

她还能采取什么预防性措施呢？就算她能置普遍的分寸和个人的拘束于不顾,自己去给儿子解释,满足儿子突如其来的求知欲,可是她连这方面最简单的语言表达力都没有。她能用的要么是"脏话"(但是,大部分市民阶层的女性一生中都没有听过这些话),要么是不知所云的委婉描述,这种描述会有很明显的漏洞,所以会激起听者更大的好奇。所以,几乎所有市民家庭对这个问题都避而不谈,他们希望孩子们会从不知道什么地方获得必要的知识：要么在某个聪明的老师帮助下——这当然是幻想,因为除了用春天的比喻,最优秀的教育者也不敢用别的方法——要么在同学中,总会有某个人比别人知道的多一点,而且最好是成年人听不到的时候。

卡夫卡夫妇觉得避而不谈比较简单,因为儿子在性方面的兴趣即便在青春期比较危险的那几年,也还在可控的范围内。"产妇"的概念他早就熟悉了——他在家里常常听到——不过有可能到十五岁他还不知道自己生物学上的来源。"我还是小孩的时候,"他后来回忆道,"在性方面非常单纯,不感兴趣(如果不是被迫面对性方面的事,这个时间会持续很长),就像我今天对相对论毫无兴趣,毫无了解一样。我只能想起一些小事(也有一些是经过详细解释的),比如有人跟我说,我在街上看到的那些最美丽、穿着最漂亮的女人们,是坏女人。"[2] 胡戈·赫希特在他的回忆录中证实了这一点,当然,他也记不清准确的时间了：

> 就像每个年轻人团体一样,我们一群人也谈论性方面的事情。在文理中学低年级(一至四年级),大多数同学都不太懂。也像每个年轻人团体那样,我们中间也有早熟的。到了高年级,情况就完全不一样了。根据我的记忆,卡夫卡从来不参与我们性方面的议论。我们也不敢叫他,从来也没见过他跟女孩在一起。我们认为,

他大概在七年级时，就已经[！]明白这方面的事了……[3]

这份（草率写就的、不能完全相信的）回忆录有一点很奇怪，赫希特虽然还清楚地记得卡夫卡独特的与年龄完全不符的矜持，但是他完全想不起来自己和其他人想冲破禁锢的急切心情。事实上，根本没有大家"不敢"用性方面的讨论去打扰卡夫卡的情况，相反，正是赫希特，让卡夫卡直面了身体的真相，他用的方式让受教者在几十年后回忆起来仍心有余悸：

> 比如，你看那两个启蒙过我的男子，他们今天肯定不会比当时知道的更多，不过他们都是性格特别坚定的人。他们同时在教我，一个从右边，另一个从左边，右边那个比较风趣，像父亲一样，老练世故，他的笑声，我后来在各种年龄段的男人身上，包括我自己，都听到过（关于这种事情，肯定也会有另外一种、自由的笑声，不过我还没在任何一个人身上听到过），左边那个比较客观、偏重理论讲解，不过这很令人讨厌。这两个人当时早已经结婚了，都留在布拉格，右边那个患梅毒很多年，已经被折磨得脱形了，我不知道他是否还活着，左边那个是性病领域的教授，也是一个抗性病协会的创建者和主席。[4]

当然，那个性格坚定、总是笑着的老练男子，在三十六岁时死于梅毒（实际上，卡夫卡在写下这封信的时候，那个人已经去世了），而那个喜欢理论的男子，也就是赫希特，作为皮肤病和性病专科医生，作为医学教授和协会主席，后来成长为性启蒙专家。不过卡夫卡忽略了最戏剧性的一点：这两个人，其中一个曾经是多年接受另一个人治疗的绝望病人。

卡夫卡为什么会觉得这两个人——一个是实践者，另一个是理论

193

家——的知识停留在青年阶段呢？为了理解这句话中的悖论，我们必须想象，绝大部分性启蒙，不管是卡夫卡获得的还是所有成年人的自助指南读物，都不会讲心灵和身体的享受——更不要说某些性文化的形式了——而只是讲卫生问题以及如何避免社会及健康风险。比如，当时比较流行这样一本小册子，标题是"男子预防性病指南"，这是一位名叫"M. 伯恩斯坦博士"于 1900 年出版的，后来在卡夫卡的遗物中发现了。[5]

　　仅有性能力，还远远不能让人"老练世故"地跟别人交谈，还需要特别的经验知识，只有经验才能让人"毫不"后悔地去征服异性。性行为像是一片雷区，在这里，每一步真的都隐藏着新的危险，没有任何人（包括最有知识和经验的人）在十九世纪末能够有把握地区分真正的风险和恐惧的幻想：从男性"自渎"（卡夫卡也曾内心不安地做过）的所谓不良后果，到一系列非常痛苦的、难以治愈的性病（每一份报纸的广告栏里，都有信誓旦旦许诺治疗"难言之隐"的广告），到意外怀孕的灾难——这是对付好奇心重的女孩子最有效的威胁——各种吓人的例子**总是**随处可见。

　　那两个"教导"卡夫卡的男子，长大后成为这场冒险话语的专家——一个把它科学化和专业化，另一个呢，因为预料之中的不幸真的降临在他身上，所以他自己的身体成了观察材料。两人的视野都限定在性的**危险**上了，两人都完全没有意识到——这样才能解释卡夫卡的话——性方面的内容远不局限于如何以社会能承受的方式，且在不损害健康的情况下，满足对女性肉体的欲望。爱与恨、温柔与侵犯、亲密与孤独，这一切都被逐渐苏醒的渴望推到了一个充满张力的全新关系中，同时张开的还有心理上的深渊，迄今为止还没有精确的实际知识能帮助人跨过去。青春期的人们也已经感觉到了这一点，他们根本无法把握自己身体里塞满的强烈情感，于是充满羞耻地自问，自己是否还"正常"，别人是否能看出来他们内心的这种脱轨。另外,对性的社会角色也有了新的定义,这对正在长大的孩子们就像是一场考试,考的是细微的差别。一个十二岁的男孩,用胳膊搂着最好朋友的肩膀,被看作合乎规范的,然而,几年之后,同一个姿势就可能引起怀疑。卡夫卡向两个给他启蒙的朋友提出了性的**社会**意义问题,可能让两人无言以对,他的问题是,为什么现在要突然重视那些原本在各个方面都处于从属地位的"人",而且与她们的沟通突然变得前所未有的艰难。性格有些咄咄逼人的赫希特不懂这些细微的感受,后来上大学后,有一次偶然碰到卡夫卡,他终于问了出来,卡夫卡为什么对女孩子不感兴趣。[6]

尽管有各种迷茫,但是少年卡夫卡当然觉得很满足,因为他通过了接纳仪式,终于明白了相关的事情。那些糊弄妹妹们的无稽之谈,现在再也骗不了他了,有些原先一直想不明白的现象——比如那些总是能在某些街巷遇到的打扮得非常漂亮的神秘女子们——现在,只要他愿意,就能用一个成年人的眼光来观察。当然,揭开身体的秘密总会有些粗俗下流的内容,仅仅针对身体的性启蒙不可避免会让人产生失望:就像是脱衣舞的最后结果一样,很少能与之前想象的快乐一致。不过,这种失望一开始不会说出来,甚至没有真正意识到,因为随着青春期的开始——卡夫卡那个年代,青春期开始的年纪至少比现在晚两年——身体总会有新的奇特感觉凸显出来。

而且绝对不仅是性欲方面的。身体轮廓、身材比例、身体毛发、声音等方面的迅速变化,导致与以往的身体模式产生冲突,强迫人进行痛苦而细致的自我观察,这是孩子们以前从来没有经历过的。对卡夫卡而言,主要是——从十六岁开始[7]——飞速地长个儿和暂时性的四肢比例失调,这让他感到非常不舒服,并且给了其他人**议论**他身体的缘由。我们不知道,他是否真的因为自己的消瘦和身高遭到了嘲讽,不过,他母亲经常温柔地捅他的腰,用外行的医学知识教育他,要求他挺直身体,这就

195

够让他烦的了。不过这当然没什么效果。卡夫卡还是继续"驼着背、斜着肩膀、两手不知所措地"晃来晃去，抱怨父母从便宜渠道买来的衣服更加突出了他的丑，他觉得从镜子里看到的样子是不可靠的：如果那**真的**是他的样子，他想，那他肯定在街上会引起完全不同的关注。[8]

　　卡夫卡外在的举止在青春期显然发生了持续变化——他"操行"分数的下降只是众多证据中的一项——原本早已成为他性格特点的防御性行为模式，令人惊讶地被违规和抗拒所代替。他的社会**表现**变得更加复杂多样，那段时期为数不多的几个事件，已经能大致反映出他难以解释的、充满矛盾的反叛，成长中的卡夫卡这样的行为，将会让他身边的人，特别是女人们，不断面对新的谜团：一方面，他贬低自己，把自己的能力说得很低，尽可能通过提前自我攻击而避免外界的惩罚；另一方面，对于所有他认为重要和正确的事情，他都以意想不到的精力和近乎执拗的态度坚持，即便付出被别人排斥的代价，他小时候没有把这种排斥看作惩罚，反认为这是适合他的一种坚持自我的形式。卡夫卡逐渐从反传统中找到了乐趣，他的做法是**不配合**，他的这种坚持自我，在同学们看来是无关紧要的孤僻，但在家里就引起了不愉快、不理解和疏离。后来，他问自己，到底是怎么走到这一步的，为什么会在生活中拒绝如此多的社会性邀请。他承认，最开始他认为自己这种不配合的能力是一种强大的表现，"误导我对自己寄托了许多巨大期望"，然而实际上核心是缺少生命力。[9]

　　卡夫卡当然知道，这不是全部真相，对青少年的社会要求通常不会以邀请的形式提出。在这个年龄，内心要求解放与外部依赖之间的鸿沟越来越大，所以要有某种能量，让自己对外界不仅是反抗，而且也要先学会享受正在练习中的自主性，学会认可自己、同化自己的自我形象。卡夫卡在这方面显然很成功。因为，尽管他对某些观念的坚持、有些厌恶的东西和有些情绪有时候显得小气，甚至是幼稚，然而，他生活中只流传下来很少几件轶事，能说明他——他私下里总是很乐意接受别人对他贬低的评判——对外表现得有时候有些投机，有时候甚至很屈从，而在这些事之后，他很快就会产生强烈的悔意。[10]事实上，他是以一种青春期不自信的反抗形式学会了这种微笑的坚持，这种坚持后来也引起了别人的敬佩，日记中一段详细的回忆证明，他对自己这种性格的形成是完全有意识的。

　　他十六七岁的时候，面临上舞蹈课的问题：这项活动，在某个社会阶层以上，就是一定要参加的，所以必须认真对待。因此要有礼服，于是，首先把卡夫卡家的裁缝叫来咨询。裁缝量了尺寸，不出意料地提出了多少代人都采纳的建议：燕尾服。但是弗朗茨表示不愿意，他问，能不能简单些，比如说小礼服，这还是可以接受的。但正规的小礼服也不舒服，跟燕尾服一样，小礼服也要配一个笔挺的白色衬衫假前胸。"那您就把小礼服的领口开小一点。"卡夫卡提出反对意见——这让大家很吃惊，因为他从来没有在试衣服的时候发表过自己独立的想法。"没有这样的小礼服，"裁缝说，"没有。""有，"弗朗茨坚持说，"有这样的，我前不久还在老城广场的一个橱窗里看见了。"因为儿子坚持自己的主意，要求母亲做出决定，所以裁缝只能跟着弗朗茨一起去老城广场，而那件所谓小领口的小礼服当然早就不在橱窗里了。最后，依然不愿让步的小伙子只能忍受母亲的一顿指责，而突然萌生的幻想——"女孩子，优雅的外表和跳舞时的聊天"——也就消失了。"我在感到开心的同时，也觉得痛苦，另外我害怕，我是不是在裁缝面前表现得非常可笑，在他所有顾客中没有这么可笑的。"[11]

197

　　当然，舞蹈课还是上完了，除了预料中的拘谨，卡夫卡在那里感觉到他生活中从来没有过的无聊。就像是悲伤和喜悦同时爆发——悲伤是因为又被排斥在外，或者说自己把自己排斥在外，特别是被女孩子们排斥；另一方面，喜悦是因为在舞蹈课上出场并没有让他感到害怕和羞耻——在这种因自我观察而更加痛苦的矛盾中,已经闪现出卡夫卡的一个重要主题,他徒劳地尝试在文学中解决这种不和谐:生活渴望和生活恐惧之间的二律背反。

即便是防御型的卡夫卡,在少年时也有过冲动,想出风头,在其他人面前表现自己,要求自己的位置,在这世界上表达自己独立的意愿——如果你只是学习成绩好而没有其他有意思的特长,那这就是一项艰难的任务。这方面女孩子们在一开始会容易些:如果没有别的办法,她们可以让自己作为**客体**凸显出来,这只需要把上衣领口开低一厘米就够了(这是所有市民家庭中都激烈争论过的问题)。而男孩子和年轻男子就要想想办法了;他们可以装模作样做出诗人的样子(卡夫卡不幸失败了),或者用某种外在的独特性吸引大众的目光:比如像里尔克那么时髦,拄着老父亲的手杖,戴着宽边帽,拿着一朵长茎鸢尾花在墓地散步,或者像卡夫卡那么小心谨慎,他在同一地点(大概是同一时间),双臂交叉在脑后跑来跑去。这种"幼稚、故意的游戏",后来让卡夫卡感到很难堪,是的,他把这解释成"精神没落"[12]的开始。事实上,他是在尝试为自己的畏惧和已经深深扎根的防御型特征赢得一份尊重和自我尊重,没有别人的尊重和自重,作为成年人,心理上是无法活下去的。这些都是测试,要证明自己的心灵将会承受怎样的自由和相伴而生的被抛弃感,尽管这些测试的结果都不合格,但它们是自我定义过程中必不可少的一步。

青少年特有的放肆和挑衅,只不过是这类自我测试,这都很常见。其作用是扩展并重新划定自己的心理界线,而心理界线如果不遭遇外界的阻力将会是模糊不清的,其引起的关注及不可避免受到的约束,都是确定内心有可能获得的自由度的标准——所以,就连挨打也可能是骄傲的理由。就连所有人记忆中内向、疏离的弗朗茨,也尝试过这些战略上的挑衅方法。但是,关键是正确选择战斗的地点,要有敏锐的感觉,知道在哪里能至少取得象征意义上的胜利。一个过早挑起男性好奇心的女孩子一般都知道,机会在她这一边,她平常的软弱无力和不成熟,也会意味着优势;一个让父母直到深夜还万分担心地等他回家的男孩,会用这种方式让父母意识到这种情况很快会经常发生,从长远看,他们不能对此有什么反对意见(尽管**马上就会落到他头上的关禁闭会很痛苦**)。在这些游戏中,成年人赢不到什么,而孩子们会不断向前,把他们小小的胜利放大。少年卡夫卡似乎也与父母发生过争执,但争执的结果不外乎是他注定的失败,然后深深地嵌入他的记忆,就像溃疡一样。

199

　　我还记得,有一次我跟你和母亲傍晚去散步,是在现在的国家银行附近的约瑟夫广场,我开始谈论一些有意思的事情,像我平时跟你说话的情形一样,我又表现出愚蠢的自鸣得意、态度傲慢、骄傲、冷静(这不是真的)、冷漠(这是真的)、说话结结巴巴,我指责你们,当初什么都不教我,还得让我的同学们照顾我,我还曾面临过巨大的危险(这里,我以我的方式厚颜无耻地撒了谎,目的是显示我的勇敢,因为,以我的胆小怯懦,除了城里孩子通常都有的"床第之罪",我根本不知道什么是"巨大的危险"),最后我说,幸运的是,我现在什么都知道了,不再需要任何建议了,一切都没有问题了。重要的是,我开始谈论这些事,是因为这让我感到高兴,至少我说出来了,另外也是出于好奇,最后还因为我想对你们进行某种报复。你按照你的习惯,根本没把这当回事,只是简单地说,你也可以给我建议,让我能在做这些事情时没有危险。也许我正是有意想引诱你给出这样的回答,这完全符合一个衣食无忧、无所事事、永远在反思自己的孩子的欲望,但是,我外在的羞耻心却因此受到了巨大伤害,或者是我觉得它受到了巨大伤害,所以我一反常态,没法再跟你谈论,傲慢且放肆地中断了谈话。[13]

　　这明显是赫尔曼的得分点,他一直不认为自己的儿子是一个具有男性气质的榜样,并且在二十年后还将给儿子同样的建议。性——甚至性启蒙——是一个战场,弗朗茨根本不能适应,也不该选择:不仅因为他毫无经验,而且主要是父亲在性方面拥有绝对的自信,即便是他势力范围之外的最棘手的问题,他也能"非常轻松"地应对。当然,弗朗茨很快也会享有性自由,赫尔曼认为,弗朗茨理所当然会利用这种自由,是的,他甚至用这些可能性引诱弗朗茨。但是,根据弗朗茨方面反馈的信息,除非父亲拉着他的手把他拽到那里去——妓院(后来父亲坚定并且非常认真地向他这样建议过),他才可能得到。卡夫卡写道,这竟然是他从父亲那里获得的"第一个直接的指导生活的教诲"。[14]

　　这的确是一个令人非常沮丧的教诲,当年的小伙子认为,这只能是针对失败者的教诲。因为,父亲自己显然是不需要这种命令的,他已经结婚了,可以轻蔑地俯视那些不得不花钱买满足的人。这是"肮脏"的解决办法,弗朗茨坚信父亲跟自己一样,认为这种事情是肮脏的。如果赫尔曼仍然给了这样的教导,那么这说明:第一,他认为儿子已经足够成熟,能听这些不干净的东西;第二,他认为这个肮脏的解决办法是唯一对他儿子有用的。这就是卡夫卡在《致父亲》中的宿命论解读。如果他的解读是正确的,那么至少在这个敏感的、重大的生活领域中,斗争已经分出了胜负。因为,如果他听从父亲的建议(后来他真的这样做了),那么这条路真的会把他引向肮脏;如果他不听从父亲的建议,那么他只是证实了父亲的成见:他是个软弱的、不自立的,而且**没有男子气概**的儿子,即便建立了自己的家庭,最多也只会是个模仿者。

　　不过,显而易见,这种解读定式受到了后来经验的影响。然而,作为一个以这样不聪明的方式挑战父母的十六七岁的少年,肯定没有意识到,他让自己处在了"越位"的位置,普通的成熟过程,也就是单纯的长大,将不再能把他拉回来。所以,成年后的卡夫卡也不把他的这种发展

理解为进步。他认为，还是孩子的时候，他就拥有了最大限度的生活可
能性和多样性；而后来的变化，就是不断加剧的限制、不幸的限定、普遍
的冷却和精神灵活性的丧失，这是防御性体系不可避免的后果。卡夫卡 201
从来没能**详细**描述这一"没落"，尽管他在有些时候感受到，关联式的自
传性反思对他来说是非常值得的，甚至是迫切的任务。可以想象，他还
是害怕幻想的完全破灭。因为，如果在自己的青少年时代——普遍认
为，在那个时期，每个人的潜力刚刚开始迸发——没有任何好的发展，那
么，对于任何想改变命运、让自己的生活发生根本转变的希望来说，都为
时已晚。卡夫卡从来没有能够把生命力和智性进步的理念（这是他那
个时代最重要的精神思想表达方式之一）应用于自己的生活。他觉得，
人的内核不会被任何形式的"进步"打动，每个"形成的"或"展开的"身
份认同，都建立在一个不可改变的、坚不可摧的基础之上。直到去世前
两年，卡夫卡才敢于从这种想法中得出令人绝望的结论："我不想以某
种方式发展自己，我想去**另外**的地方。"[15]

注释

［1］巴斯克：《我在卡夫卡店铺当学徒》，第114-116页。

［2］卡夫卡日记，1922年4月10日。（《卡夫卡日记》，第916页）贝格曼在
他的回忆录《中学与大学》中写道，卡夫卡给他解释过什么是"产妇"。（第21页）

［3］胡戈·赫希特：《与弗朗茨·卡夫卡同学十二年》，第37-38页。

［4］卡夫卡致艾莉·赫尔曼的信，1921年8月初。那个患梅毒的男子的名
叫奥斯卡·夫拉姆舍恩。

［5］参阅瓦根巴赫：《弗朗茨·卡夫卡：青年时代传记》中的遗物清
单，第261页。

［6］1905年2月7日，胡戈·赫希特在"布拉格德裔大学生阅读和演讲大
厅"作了关于同性恋的报告，卡夫卡也去听了。几天之后，他们在学生会的阅读

室遇到,赫希特提出这个鲁莽的问题后,卡夫卡转换了话题,没有回答这个问题。(根据胡戈·赫希特未发表的手稿记载,参见哈尔穆特·宾德:《卡夫卡的世界——图片中的生平》〔*Kafkas Welt. Eine Lebenschronik in Bildern*〕,莱贝克,2008年,第56页)

〔7〕 在一张1897-1898学年的班级集体照中可以清楚地看到,卡夫卡当时还没有开始长个儿(成年后,他身高一米八几),跟他站在一排的五个男生中,有四个比他高。

〔8〕 卡夫卡日记,1911年12月31日至1912年1月1日。(《卡夫卡日记》,第334-335页)

〔9〕 卡夫卡日记,1921年10月25日。(同上,第871页)

〔10〕 最具代表性的一件事,参见施塔赫:《卡夫卡传:关键岁月》,第453-455页,卡夫卡在这里向未婚妻菲莉丝·鲍尔保证,会改掉一些性格特点,让她感觉舒服。

〔11〕 卡夫卡日记,1912年1月2日。(《卡夫卡日记》,第339页)

〔12〕 卡夫卡日记,1922年1月24日。(同上,第889页)关于里尔克的描写参见彼得·德密茨:《赖内·里尔克的布拉格年代》(*René Rilkes Prager Jahre*),杜塞尔多夫,1953年,第193页。

〔13〕《致父亲》。(《卡夫卡遗作和未完成的残章》〔二〕,第202-203页)

〔14〕 同上。(《卡夫卡遗作和未完成的残章》〔二〕,第203页)

〔15〕 卡夫卡日记,1922年1月24日。(《卡夫卡日记》,第889页)

第十三章　通往自由之路

学生还未抵达最后一级，老师已将它忘记。

道信[①]

恐惧，每当卡夫卡想到面临的高中毕业考试，他只感觉到惊慌和恐惧。他坚定地认为，从很小的时候开始，他就是靠着作弊一级一级升上来的，他总是在最合适的时间点做了最必要的准备，能够展示出刚刚够升级用的知识。但是，他觉得这就像是对道德世界秩序的伤害，如果到最后，所有教师集合起来，对每个**案例**重新进行彻底调查，那他的这种惊天骗局不可能不被发现。他有四门主课的笔试要完成，分别是德语、拉丁语、希腊语和数学，另外还有一系列口试，主要是考古代语言的词汇和语法，要背大量词汇，都是在三千多节课里灌输给学生们的。这对每个骗子而言，都意味着职业生涯的结束。

---

① 司马道信（Tao-hsin，580—651），隋唐高僧，佛教禅宗四祖。这里引用的对话相传是道信与弘忍（禅宗五祖）的问答。完整内容如下：弘忍问道信："学生与老师的区别何在？"道信答："学生还未抵达最后一级，老师已将它忘记。"弘忍问："最后一级是什么？"道信答："自由"。

　　卡夫卡不是唯一一个吓得要死的学生。他的"同学"卡尔·克劳斯是工厂主的儿子，一个小混混，从小学一年级起卡夫卡就跟他同桌，卡夫卡不能想象他会顺利通过毕业考试。而且，他由于经常扰乱课堂，已经惹恼了老师们，不可能指望老师网开一面了。于是，他果断地偷拿了父亲钱包里的钱，并说服一个朋友跟他一起跑到美国去。不过，他宏大的旅行在汉堡就结束了，他们两个被抓住，在监狱里关了好几天。在考试前，克劳斯被准时送回布拉格，令大家惊讶的是，克劳斯避开了所有公开丑闻：他不仅被允许参加高中毕业考试，而且还通过了。不过，这也只是让他短暂一生的演出延长了一点点而已。一年之后，克劳斯再次失踪，这次是永远消失了：他欠下了赌债，于是伪造了一张汇票，除了给自己胸口一枪，他似乎没有别的出路。

　　作为更顺从社会要求的卡夫卡没有这种能量，他的美国之行是在想象中，在纸上进行的。然而，就连他——他在客观上没什么可害怕的——也觉得情况很危险，他也愿意参加一场拯救式密谋活动。针对的目标是希腊语老师林德纳，他虽然为人和善，要求不苛刻，得到学生们的认可，但他依照考试规定，坚持给每个考生一篇**不同的**文章做口头翻译，其中包括一些大家在课上从来没听说过的作家们的文章。这样的话，就连最勤奋的学生也无法有针对性地备考，"显然，"胡戈·赫希特在他未发表的回忆录中写道，"只有一条路，让我们能学到我们需要的内容，那就是把我们希腊语老师那个记录着详细信息的小笔记本拿到手。"他们最后成功了：他们精心策划与林德纳的年轻女管家见面，在给了她一些钱之后，她真的表示愿意把教授的笔记本偷偷拿出来一个小时。于是，大家在一个咖啡馆里急急忙忙抄写笔记本的内容，卡夫卡也参加了，所以后来在口试中，学生们都是在表演他们背下来的内容。毫不知情的林德纳为学生们的成绩感到骄傲，而卡夫卡在感到片刻的轻松之后，重新背上了沉重的负罪感。他后来跟父亲承认，他的高中毕业考试，"一部分是靠作弊"[1]通过的。

这个小插曲能够清楚地反映出少年卡夫卡的心理状态。他一直有焦虑综合征，从上小学一年级开始就折磨着他，而由于焦虑综合征，他没有能力清楚地区分来自权力等级的说不清楚的压力和现实的、具体的威胁。权力落差本身以及他在面对考试关键时刻的强烈无助感，卡夫卡都觉得非常具体，所以各种从实际情况出发的考虑（"以我一贯的成绩，我是不可能考不过的"）或者自我鼓励（"到现在为止，一切都很顺利"），都毫无作用。大部分人都有过这种对考试的恐惧，但是这种小插曲式的实际损失在卡夫卡身上却有着更深的根源，并且相应地显现出更持久的后果。十二年之后，卡夫卡已经拿到博士学位，成为公务员，但是还有一个念头让他不寒而栗：总有一天，会有一场**真正的**，也就是不能贿赂的考试降临到他头上，而考试的结果是毫无疑问的："我好像觉得自己什么都没有经历过。"他在给菲莉丝·鲍尔的信中写道："我好像什么都没学过，实际上，我对大多数事物的了解比小学生都要少，而我所知道的也只是些皮毛，都不够我答出第二个问题。"[2]从这个角度看，每个特别的考试都只是贯穿人生中更加全面的长期考试中的一步，然而却在最小的事情上暴露出自己巨大的无知。带着**考官**面具的法官，一直把剑悬在他头顶，卡夫卡把它与自己个人的神话完全合二为一了，这个画面对他文学作品的影响似乎比那有法律意味的罪责隐喻——在今天被看作卡夫卡的标签——更大。他的主人公并不都与官僚-法律体系有冲突，但是，几乎所有人物都处在生存的考试和考验中，而他们对此毫无准备，最终也都会失败——不管他们是否反抗。

十八岁的卡夫卡真的反抗了，用精心策划的违规行为来对抗巨大的考试恐惧，这证明了卡夫卡显然在青春期才拥有更强的决断力和灵活性。**表面上**他已经早就不像当年那样孤僻，那时候，他父母不得不花钱给他雇了个说捷克语的学徒做同伴；而现在，有一小群高中毕业班学生

204

认为卡夫卡足够可靠,能让他参与到一项非常冒险的行动中来(这个行动很容易以被学校处分而告终),仅这个事实就证明,卡夫卡的社会融入度比较高。卡夫卡现在有朋友了,他们信任他,尽管他整个行动中只是随大流的那一个。

205　　关于文理中学的最后几年,我们能获得的信息只是一些片段的回忆、零散的智性思考和几十个名字,其中一些还很可怕:我们的材料太少,无法勾勒出一个生动的场景,更不要说梳理出一部成长小说所必需的逻辑线。至少有些时间段,卡夫卡身边有一些人,而我们对他们几乎一无所知。比如说,谁是奥托·施陶约?"我在描写异乡的朋友时,常常想到施陶约",卡夫卡在谈到他的小说《判决》时这样写道:"当我在写完这个故事大约三个月之后偶然遇到他时,他告诉我,他大约三个月前订婚了。"[3]这是一个留级生,在高中毕业前两年到了卡夫卡班上,卡夫卡显然知道他中学毕业后的发展状况——再多的情况我们就不知道了。

　　或者那个喜爱运动的卡米尔·基比安,医生的儿子。卡夫卡和他一起度过了自己的整个学生时代,并且据卡夫卡后来说,"非常喜欢"他,在高中毕业后也与他保持着非常密切的朋友关系,基比安甚至可以不事先打招呼就直接到卡夫卡家里。但是,没有关于他的任何信件与记录,基比安自己的回忆录也成了永远的秘密,因为他在二十二岁时——也在大学学习法律——自杀了,胡戈·赫希特说是因为害怕考试,家里人认为是因为失恋。[4]

　　卡夫卡与埃瓦尔德·普日布拉姆的友谊也同样是个谜,后者出身于布拉格一个富有的颇有声望的学者之家,家里说德语。普日布拉姆对文学和艺术没有太大兴趣,相反,对花卉的喜爱使得他在同龄人中间备受嘲讽,让卡夫卡也觉得很无聊。然而,在卡夫卡的所有朋友中,这位彬彬有礼、谦和内敛、衣着优雅的普日布拉姆,是去拜访他最多的,在他们共同度过的大学期间也是如此。卡夫卡也去过普日布拉姆家在郊区布本

奇的别墅做客,他跟埃瓦尔德围着后者的花圃散步,并且遇到了埃瓦尔
德的三个哥哥——都是知识分子——和两次丧偶的父亲奥托·普日布
拉姆,卡夫卡当时根本不可能想到这是他后来的大老板。在这里,卡夫 206
卡第一次窥见了德裔犹太富裕市民上层社会的日常,正是这些人掌控着
布拉格的公共生活,这里氛围自由,来往的都是教授、非常专业的医生和
著名的法律专家,这一切不仅让卡夫卡印象深刻,而且也让他父母非常
敬仰:这种关系是有价值的。当然,自己的出身在这个逐渐被同化了的
圈子里已经不再重要了,就像普日布拉姆家一样,这些人秉持实用主义,
为了学术升迁,他们已经告别了犹太教,这种做法在保守的犹太商人那
里是不太被理解的。

这些观察在卡夫卡本人身上也留下了非常矛盾的印象。埃瓦尔德·
普日布拉姆十八岁时,就在家人的许可下退出了犹太教社区,表现出一定
程度的社会灵活性,对此,卡夫卡只能表示惊叹:如果是在卡夫卡家,这
家唯一的儿子如果决定走这一步,那么全家人都会疯掉——尽管在家族
的远亲中已经有了为数不多的几个类似先例——因为弗朗茨如果这样
做,就不仅埋葬了传统,而且是彻底拔掉了社会根基。另一方面,在成功
的市民犹太人中,这样的举动大多并不是"信仰声明",而只是简单的适
应性表示。普日布拉姆皈依了天主教,也就是奥地利的国教,估计他跟
卡夫卡一样,对这个宗教本身毫无兴趣,这种纯粹投机的决定,在亲友们
中间不可能不引发非议。

卡夫卡已经成长到一个年龄,在这个年龄,不可能再毫无抵触地接
受内心态度与外部行动之间、道德与生活实际之间、理性判断与被迫的
口头表态之间的矛盾——在这个年龄,如果能通过观点的力量,也就是
借助"真理",撼动权威,会让人非常兴奋。胡戈·贝格曼对此深有感
触,他虽然跟卡夫卡一起提倡"不遵从主流见解",但只要一涉及宗教问
题,便立刻自动变成一个好斗的争吵对手。因为贝格曼有很强的犹太

207　宗教认同感，十五岁时就表示赞同犹太复国主义，而卡夫卡却经历了一个极端的启蒙阶段，使他走入了明确的无神论的冰冷领域。曾经有一段时间，反驳上帝存在的证据，对他来说是一件非常有趣的练习。后来，卡夫卡怀疑说，他是在下意识地模仿贝格曼的"犹太法典"论证方法；而贝格曼却清楚地回忆起，他当时非常艰难地回应卡夫卡的辩证说理攻击，并且捍卫了自己的信仰。[5]

　　这种早年的友谊，也只能根据残存零碎的轶事回忆来推断，无法从中得出可靠的全貌。卡夫卡似乎也是带着一丝居高临下的态度看待心地善良但善于钻营的贝格曼的，而贝格曼试图通过没有限度的勤奋工作（他靠给人补课挣钱）改善家庭的贫困状况。"小时候，他无足轻重，在所有方面，"卡夫卡后来写道，"不过也许并不是在所有方面，只不过我的愚昧让我这样认为。"[6]这段文字清楚地表明，卡夫卡不仅社会等级高于贝格曼，而且在两人关系中也是主导者。有一次，他们在一家大书店的橱窗前，卡夫卡闭着眼睛，贝格曼把书名告诉他，卡夫卡猜对了所有书的作者，这让贝格曼感到非常震惊。他显然不知道，卡夫卡会花几个小时仔细看出版社的出版目录和年鉴，早就对所有新出版物了然于心（这是他保持一生的爱好）。另外，对包括贝格曼在内的早期犹太复国主义者们表现出来的激进世界观，卡夫卡也觉得更多的是好笑：建立一个自己的国家，不能依靠一个协会，更不能靠与没有受过教育的农村犹太人认同，而贝格曼每年夏天到他叔叔的农家院子过暑假，都会赞美犹太村民。卡夫卡从中看出了某种形式的智性狭隘，并且清楚地告诉了贝格曼。但是贝格曼依然坚定不移，有时候甚至把凯伦·凯耶梅斯犹太复国主义民族基金会的捐款箱拿到卡夫卡面前。有一次，在一个公园里，
208　卡夫卡的反应很独特。他把自己的手杖递到贝格曼手中说："如果你能鼻尖上顶着手杖从散步的人中间穿过，我就给凯伦·凯耶梅斯捐一个十字币。"贝格曼做到了，卡夫卡笑着捐了钱。[7]

贝格曼也笑了。他已经习惯了别人拿犹太复国主义各个派别开玩笑了："如果某个咖啡馆的天花板塌了，布拉格的犹太复国主义运动就完了"——他和他的同伴们经常听到类似的笑话。他当然也感觉到卡夫卡的言行有点侮辱的意味，在他写给这位朋友的一封长信中——估计是高中毕业考试期间或者刚考完的时候——能够清楚地看出，在他们这几年的关系中，出现过几次不愉快，是那种单靠口头交流无法克服的不愉快。"如果我面前有个疯子，"贝格曼给卡夫卡写道，"他有个固执的想法，那我不会笑话他，因为他的想法是他生活的一部分。对你而言，我的犹太复国主义思想也只是我的一个'固执的想法'。然而，你显然不知道，这个想法也是我生命的一部分，就是这样。"他颇具洞察力地继续写道：

> 从童年时代起，你就无意识地寻找某种生活的意义。我这么做过。但是你跟我的成长道路不一样。你可以在高空中飘来飘去，把你的梦想扯到天上去。有什么能限制你的力量呢？你从一开始就能依靠自己，而且也有力量独自一人。而我呢？我从没有过很多的梦想，即便有，也不会很高远，因为粗鄙的现实会压制它，现实会告诫我，不要偏离目标。我寻找、寻找……但是，如你所见，我没有力量。[8]

事实上，贝格曼一直是个性格不稳定的人，他认为自己"毫无创造力"，是个永远在寻找的人，所以别人对他的接受度对他有非常重要的意义。所以，他的遗物中不仅有一般上课的速记，而且还有很多这些课程的誊抄手稿。早在年轻时代，贝格曼就有一个非常独特的习惯：他会当着所有人的面立刻记下谈话伙伴说的话。[9]

毫无疑问，卡夫卡是一个更具灵活性的人，他不仅会接受听到的和读到的信息，而且会继续发展，毫不牵强地把它们融入自己的想象世界——这种能力，他成年后还有意识地继续显著提升，并且后来在他的文学作品中，能唤起一种错觉，让读者觉得有一种飞快展开且完全无条件的独创性。实际上，卡夫卡当然也受到了多重文化和精神影响，他对这些也只是部分地理解，而且作为年轻人，他带着他那个年龄的怀疑态度看待这些影响。比如，据贝格曼回忆，他跟卡夫卡一起经历过一段时期的德意志爱国主义热情，甚至还加入了一个帮派，一个秘密"学生组织"——卡夫卡作为民族主义者的生涯正是在这里走到了尽头。因为"好斗"的大学生协会继承了这里流行的灌啤酒仪式，这完全不符合卡夫卡的趣味，当其他学生唱起德意志民族的战斗颂歌《守卫莱茵》，而这两位好友坐着不动表示抗议，于是他们被赶了出去。[10] 在以后的年代，特别是战争时期，卡夫卡的有些言论明确表达了他对那个德意志人占统治地位的多民族国家的认同——这毫不奇怪，因为他作为犹太人，最有理由担心哈布斯堡皇朝的灭亡和任何形式的剧烈变化。但他没有丝毫民族主义思想，他对这种病毒是免疫的。

有些令人费解的是，卡夫卡有段时间对社会主义运动表现出好感。在奥地利，社会主义运动虽然是以德意志帝国为榜样组织起来的，但捷克工人在其中起了非常重要的作用（所以 1899 年 1 月 1 日成立社会民主工人党时，名称中避免了"奥地利"）。卡夫卡不可能读过社会主义运动的基本著作，尤其没有读过马克思主义著作，但他有个同学叫鲁道夫·伊洛维，后者觉得自己属于捷克左派党。伊洛维本人很低调，但理论知识丰富，他不仅不断给卡夫卡传播政治信息，而且对卡夫卡的影响比贝格曼的犹太复国主义乌托邦对卡夫卡的影响大得多。有几次，卡夫卡甚至把代表社会主义的康乃馨花别在扣眼里——这是个非常大胆的举动，而且很冒险，因为不管在学校还是在家里，这么做都可能给他带来非常大的麻烦。在布拉格老城，人们通常把康乃馨看作有组织的店员和其他服务人员的象征，赫尔曼·卡夫卡统统将他们视为自己的天敌。所以，自己的儿子公开表达跟这些人的团结，不仅让赫尔曼非常气愤，而且还证实了他的怀疑：这个倔强的孩子原本就跟员工们过于亲近，现在干脆跑到"员工党"那边去了。[11]

人们可以想象，作为一个中学生，在做这种大胆尝试时的快感——偶尔战胜了自己畏惧心理的快感——不过他对"社会问题"的关注由来已久，所以引起了他跟伊洛维的多次交谈。卡夫卡少年时，甚至儿童时，就对那些像他一样依附于他人之人的命运，表现出深切的关心。他得知，这些无权无势的人中间，有一些懂得自助，甚至其中有一些思想坚定的人团结在一起，依靠自由意志和自我牺牲精神为其他人，为其他更加弱小的人打破锁链。卡夫卡对这样的行为表示道德上的敬佩，不过这还不足以说明他是社会主义者。但是他一生都对左派政党的人道主义宗旨保持着清晰的毫无偏见的看法，这在一个通常把社会主义者看成是谋反者的环境中是很不同寻常的。莉莉·布劳恩没什么文学性的《一个社会主义者的回忆》，后来成为卡夫卡最喜欢的读物；这也是他送人最多的书。卡夫卡也带着寻开心的好感关注着布拉格的各种捷克无政府主义（但并没有像谣传的那样参加过他们的集会[12]），当埃贡·埃尔温·基希在一战及俄国革命后，情绪激昂地给他讲述共产主义运动的目标时，卡夫卡专注地听着，最后非常严肃地总结道："其实，我最本质的地方跟你们没有区别。"[13]

卡夫卡一生都不会用社会学、政治学和宏观经济学的概念进行思考，但是他很早就表现出一种关心社会的立场，并且以此让自己对现实存在的社会不公正有更加敏锐的意识。这肯定是跟父亲对着干的。曾经有一段时间，卡夫卡出于自己的原则和叛逆，给予那些弱势的人一些权利，这就惹恼了父亲。然而，正是他骨子里这种反权威的特点以及与父亲的对立，才能最终让卡夫卡对统治本质的认识比一般政治党派的普遍看法深刻得多。与那些聒噪的无政府主义者不同,卡夫卡认为,权力和权威不仅能导致压迫,而且会产生认同的危险可能,会提供一种精神支柱,是的,甚至是安全感。这类诱惑,既不能通过自由选择,也不能依靠物质再分配彻底根除。

不过也许能借助启蒙?世纪转折时期,政治上的极端批评只是突出了一条漫长文化战线中的一段,在这条战线上,人们与思想控制、僵化的意识形态和被利益主导的(双重)道德进行斗争。很有可能——即便一战的惊恐后来扭曲了视角,并且让一战前的年代显得安逸宁静——恰恰是对于卡夫卡的教育视野具有决定性作用的那二十年,几乎所有亲历者都感觉,那是一个幻想持续破灭的时期。因为与一百年之前不同,当时康德启蒙引起的震惊几乎只涉及受过教育的知识分子,而在这个大众传播的时代,意识形态的地震会波及整个社会,虽然像达尔文、尼采、弗洛伊德或者爱因斯坦这些人前所未闻的观点经常超出其学科范畴,只是以大众化的,甚至是走了样的形式流行于世。

达尔文进化论的胜利是令人印象最深刻的例子。虽然整个欧洲也不过几百人有足够的自然科学知识,能够通晓达尔文假说的结论,知道达尔文给出的证据的价值。但是突然之间,仿佛每个报纸读者都知道了"人是从猴子变的",因此,人在自然界(或者说"造物")的独特地位就被大大削弱了,这样一来,神父先生以及受人尊敬的拉比就变得词穷了。这种情况就连国家控制的文理中学都无法长期忽略,于是,卡夫卡也陷入了一种悖论般的学习境况:在卡夫卡不得不学的生物课程中,传统教科书对进化论只字不提,然而,自然课老师高特瓦特却利用每一个机会向学生们解释实际情况是怎样的——他毫不顾及神学专业的同事们的看法,后者必须在下一节的宗教课上竭力把车轮再扭转回来。这件事实际上是对宗教传统的正面进攻,高特瓦特最多只敢做些许暗示,就连在德语课上,大家对这场令人不快的讨论也怀着巨大的畏惧心理,所以达尔文的理论不能成为必修的演讲练习课的内容。然而人们早就听闻,在德国有一个伶牙俐齿的达尔文理论传播者,那是一个名叫恩斯特·海克尔的动物学家,他大胆地揭开了学术讨论的盖子,以非常通俗明了的方式,得出了这个理论会导致必然的结论。达尔文埋下了导火索,海克尔点燃了它。他最畅销的著作《世界之谜》,对于十六岁的卡夫卡来说,出现的正是时候,卡夫卡买来这本书,怀着极大的热情,看作为业余哲学家的海克尔如何说明**白板哲学**①,看他如何推翻创世纪和犹太教-基督教的造物主上帝,他还揶揄上帝是"气态的脊椎动物"。对于大部分世界观上的胆小鬼来说,这无疑是新的、神奇的炸弹,尤其是对贝格曼来说。

大众化了的达尔文主义,恰恰是在海克尔那里表现出其绝对阴暗的方面,当时还是少年的卡夫卡当然还不会意识到这一点:把物竞天择的原则置于社会集体中("社会达尔文主义")、把人"种"降低到动物的层次、简单机械地揭示人的心理过程——所有这种智识上的脱轨在十九世纪后期掀起的启蒙风暴中也许还并不引人注意,然而它凶残的后果在几十年之后才会显现出来。卡夫卡对此不感兴趣。因为,在另一个领域已经开始了关于达尔文主义本身的决战,而他早已经远离这个领域,那是自然科学的领域,因为在这里得不到一种更深刻的、关于人的存在的导向,这也包含了青春期最紧迫的意义问题。卡夫卡关注的不是世界之谜,而是自己生活之谜,是自己天职之谜。

在这个寻找身份认同的炙热地带,更多人其实是抱着游戏的态度而非在意正确的世界观,但卡夫卡是幸运的,他在这里也找到了一个可以交谈的伙伴 ——当然,刚开始交往时,卡夫卡不得不努力攀附对方。在1898年的一张班级集体照上有这个人:奥斯卡·波拉克,一个不是很成

---

① 白板哲学(tabula rasa)是一个认知论概念,它认为人的个体没有内在或与生俱来的心智,即是一块白板,所有的知识都是逐渐从他们的感官经验而来。

功的商人之子,年轻的通才型学者,有着无穷的兴趣,还喜欢划艇、滑雪、弹奏鲁特琴。照片上的卡夫卡流露着明显的孩子气,而站在前排跟他同年的波拉克已经像一个大学生一样,直视着照相机,表现得自信、从容,同时充满怀疑。卡夫卡很快就开始与这个比自己优秀的人交往,他生命中第一次也是最后一次,几乎毫无保留地接受了另一个人当作老师和能量的源泉,是的,他甚至半玩笑半严肃地模仿对方的言行特征。我们不知道什么样的性格如此吸引卡夫卡——保留下来的只有十三封写给波拉克的信和信件片段,而波拉克的回复一个字都没有保留下来[14]——但是,卡夫卡显然带着罕见的对人的信任,在很多年间把波拉克当作一位"兄长",在身边的人当中,卡夫卡最能向他敞开心扉。而令他不安的问题是,他能给波拉克什么。这个头脑清晰、能言善辩的人,思想活跃,批评态度强硬,他会不会觉得卡夫卡这个忠诚、单纯的追随者很无聊呢?

> 你不会相信,我对你的不愉快是有责任的。事情最多是这样的：一个智者,他对自己的智慧一无所知,他跟一个傻子说了一会儿话,谈论的好像是不着边际的事情。谈话结束后,傻子想回家了——他住在一个鸽子笼里——这时,智者突然抱住他,亲吻他,大声说：谢谢,谢谢,谢谢。为什么? 因为傻子太傻了,让智者看到了自己的智慧。[15]

214

卡夫卡说得很夸张,这是他惯常的手法——从早年这些玩笑中,已经能看出他后来纯熟的夸张技巧了——但这里面隐藏着真相。那个时候,卡夫卡确实还住在一个精神的"鸽子笼"里,无数的要求和吸引、内心的和外部的声音、回忆和投射,都还远远没有融合成一种连续性的体验,更谈不上服从一种主要的意志了,然而,"聪慧"的奥斯卡·波拉克此时似乎已经坚定地在走自己的路了,对于自己接触到的知识,他接收、分类收集或者摒弃。波拉克是让卡夫卡明白了达尔文主义的重要意义的人，波拉克还向卡夫卡介绍了很多艺术史的知识（这是他后来选定为自己职业的专业），显然，也是在与波拉克的交谈中，卡夫卡才尝试弄清文学审美的问题。

在那个年代审美教育领域影响最大的刊物中有一本期刊，其刊名就已经表明了全面性和规范性的要求：《艺术守护者》——有关文学、戏剧、音乐、造型艺术等相关艺术的半月刊。出版人费迪南德·阿芬那留于 1887 年创办了这份杂志，明确地遵从着教育民众的宗旨；所以，《艺术守护者》并不是为了满足那些受教育程度很高的精英阶层的需求，而是面向还不太确定、刚刚开始欣赏不同艺术的中层市民。杂志中几乎没有理论文章，阿芬那留关心的是，打开经典艺术概念，在**所有**生活领域促进人们表达的审美维度：这既涉及造型艺术，也涉及服装、家居和各种类型的工艺美术，甚至包括营养和卫生的文明意义。那个小词"真正的"，是《艺术守护者》推出的最重要、最受重视的形容词：一切都应该是真正的，从民族性格（"真正的英式幽默"，"真正的德式忠诚"）到一个艺术作品的表达语言（纯粹形式上的游戏不是真的），再到一件家具真正的，也就是说纯粹目的性的**因而**是美的形式。这种全面的、生活改革的要求，以及对一种新的、真实的、以文化为基础的民族主义的承诺，再加上《艺术守护者》附带的绘画复制品和乐谱等直观视觉材料，使得读者数量在世纪末激增。结果，阿芬那留在这个浪潮的最高峰时，往前更进了一步，他试图把当时几乎已经达到两万的订户与新成立的"丢勒协会"结合起来，在制度和文化政策上激励他们。属于这个组织的人，可以获得一种新的、属于未来的精神贵族的感觉。对于生活在一个有着阶层等级国家中、处处受到严格限制的中产阶层的许多人而言，这是一个不可抗拒的机会。[16]

215

　　又是奥斯卡·波拉克,让卡夫卡接触到了《艺术守护者》,杂志中介绍的观点让他们两人有了非常多的话题。卡夫卡上中学时就订阅了这份期刊,尽管《艺术守护者》一度宣扬德意志民族主义(但波拉克对此非常赞赏),他在成年后都还在阅读这本杂志。[17]杂志对卡夫卡发展的影响绝不能低估;尤其他一生都对所有生活改革的问题抱有极大的兴趣——从素食到进步主义教育——还有他在居室布置、日用品和服装方面对实用性和简洁性的偏好,也通过《艺术守护者》得到了加强,甚至可能从中得到了启发。他早期信件中明显的矫饰风格,非常清楚地泄露出其出处:"如果有个人穿着千里靴环游世界,"他给一位旅行中的朋友写道,"从波希米亚森林到图林根森林,那如果想抓住他或者仅仅触碰一下他的衣角,都会相当困难。他不会因此而生气。"这种童话文风经常出现在《艺术守护者》上,卡夫卡执着于这种牵强的古风语言说明,他采用这种风格绝对不只是出于讽刺。[18]

　　更加难回答的问题是,这份杂志对于卡夫卡与文学的关系,甚至对于他的文本本身是否有影响。他最早期的大量文学创作尝试——其中至少有两个长篇小说的计划和一个题为"孩子与城市"的散文作品集——卡夫卡都曾长期秘而不宣,他曾参加一个由有志于诗歌和戏剧创作的同学们组成的文学小组,在那里,他也只是个安静的倾听者。高中毕业两年后,卡夫卡才决定把所有——或者说几乎所有——他进入青春期以来写下来的东西都拿给奥斯卡·波拉克过目评判,尽管他自己已经觉得其中"绝大部分"都"令人作呕",甚至"浮夸做作"。所有这些文章——卡夫卡说有"几千行"——最后肯定都遗失了,而我们也只能因为他突发奇想把一封给波拉克的信写成了散文作品,进而推测逐渐成长起来的卡夫卡当时的写作风格是怎样的。那是一个"混乱的故事,讲的是一个害羞的大个子,以及他心中不正派的想法",一个怪诞的场景,随着情节的发展,大个子——显然是作者的自画像——逐渐显现出自我分裂。这种文学母题并不新鲜(卡夫卡后来还会回到这个母题),文中堆砌了很多荒诞的细节和异想天开的比喻,这与《艺术守护者》编辑部的风格相差甚远,编辑部主要受默里克①影响,主张"真实表达",比如说,卡夫卡的文章中,主人公的大长腿晃荡出窗口,因为房间里没有地方,人物说的话就像"穿着漆皮靴、打着英式领结的高贵先生们"列队从嘴里走出来,直接说出来的话,似乎完全没有意义。[19]

　　卡夫卡在做游戏,唯一能把这凌乱的、无法发表的作品联系在一起的,是他对图像化想象的无限兴趣。然而,考虑到他后来对于形式成熟的意识——他的形式意识,将会让不可能的事情自然而然地出现——《艺术守护者》的影响还是很容易确认的,无论两者在意识形态和审美方面的交集有多大。对以古典主义为榜样的简单叙述形式的赞赏,为了实现文学"真实"而对所有矫揉造作、浮夸装饰的鄙视,对"为艺术而艺术"(l'art pour l'art)的不屑,对那种自娱自乐式象征艺术或者过于喧闹博眼球的先锋艺术的漠然——卡夫卡之所以会突然对这些产生好感和厌恶,当然不只是因为它们在《艺术守护者》和生活改革方面,都是标准。这里还有很多其他方面的影响也在起作用:比如,他年轻的德语老师约瑟夫·维汉(后来升至布拉格文学教授)对歌德和黑贝尔的推崇;此外,还有他对演出质量很高的现代德语戏剧以及与之竞争的捷克民族戏剧的诸多体验;最后,他还阅读了其他重要的杂志,每个讲究点的咖啡馆里都摆着这些杂志,比如 S. 费舍尔出版社的《新德意志评论》(后来更名为《新评论》),卡夫卡可以从中获得关于新出版书籍的信息,并且能在纲领上以更加开放的角度去了解文学争论,另外还能了解欧洲其他国家的文学动态。[20]

217

---

　　① 爱德华·默里克(Eduard Mörike, 1804-1875),德国比德迈耶文学代表作家,写过大量赞美自然的诗歌。

　　然而,尽管卡夫卡的文学视野迅速扩展,《艺术守护者》的某些评论文章努力表现出来的说教口吻很快就不能满足他了,但他对杂志所宣传的一些经典作品产生了巨大的好感。因此,在他的遗物中不仅有"丢勒协会"的传单,而且还有阿芬那留主编的《德语抒情诗家庭读本》,这是一部完全无视文学现代派兴起的诗集,卡夫卡本人直到 1922 年还在向别人推荐。不过,卡夫卡的这种忠诚却没有得到回报,因为卡夫卡看到对自己一部作品最愚蠢的书评恰恰刊登在"丢勒协会"每年一期的文学指南上,文章写道:《变形记》"相当没有想象力,非常无聊"。[21]

　　这绝对不是偶然。因为,《艺术守护者》越是有意识地强调或者拒绝它的"真实性"标签,那么,当遇到文学或审美方面的新现象,需要提出合适的全新概念时,它的评论就会显得不确定、死板、狭隘。比如说,尼采现象就造成了他们长期的窘迫。尼采的影响主要是对年轻一代的影响,甚至是对当时文学的影响,在世纪转折时已经非常之大,他作为"现代炎症"(《艺术守护者》语)的症状,已经没有人能视而不见了。另外不能忽视的是,尼采对"生命"的崇拜和他对所有廉价、嘈杂和不自然的厌恶,都与生活改革有非常多共同点。所以,《艺术守护者》创立时就曾邀请尼采参加(遭到了拒绝)。但是令人不能接受的是他智识上的精英主义、他反传统的论战、他作为无神论者和虚无主义者的恶名,更恶劣的是,他毫不留情的道德批判,甚至把同情和博爱这种最受尊崇的社会动力都解释成阴暗的心理原因,还顺带把所有形式的爱国主义都说成是荒诞。[22] 在尼采那里,一切都在流动的河中,没有任何东西是可靠的,除了经历过的瞬间,没有任何东西是不容置疑的真善——他精确地描述了许多正在成长中的年轻人摇摆不定的生活感受和他们的心理特点,因此引发了一波崇拜尼采的浪潮,这毫不奇怪。兜里揣着尼采,就能真正对付所有宗教和世俗权威,破除幻想的高傲激情,能在其冷漠之外产生安慰。这种诱惑,就连卡夫卡也不能长时间抵御。

那是 1900 年的假期,他父母按照惯例要租避暑的住处:地点要在城外很远的森林中,但是那个距离也要让他们能监督布拉格城里的生意。这次,他们选择了沿河而下十公里处的别墅区罗斯托克,那里也有游泳设施。卡夫卡的班级来这里郊游过一次,所以他了解这里的情况。不过,后来情况表明,这不是吸引这个十七岁少年的唯一优势,因为房主——邮局局长科恩——有个漂亮的与卡夫卡同年的女儿瑟尔玛,她立刻就被弗朗茨的聪慧和博学迷住了,以至于双方父母竭尽全力让这两个年轻人保持距离,尽量不让他们单独相处。当然夏季很长,所以有足够的机会。最后,瑟尔玛和弗朗茨约定,等到深夜,等所有人都睡着了,他们俩溜出去到花园深处,在山坡脚下有个长凳,坐在那里可以看到月光下波光粼粼的伏尔塔瓦河的转弯处。一小片树林隔开了所有住房,在这里的一片林中空地,弗朗茨点燃蜡烛,从兜里拿出尼采的《查拉图斯特拉如是说》,开始大声朗读那些他白天默默诵读过的段落。

卡夫卡从来没有在通信和日记中提过这段暧昧关系——这是我们所知道的卡夫卡最早一段恋情。而我们也只能猜测,这个夏天他与尼采的相遇,比与热情女听众的关系对他产生了更长久的影响。不过,他留下了明显的痕迹。因为在告别罗斯托克的田园风光时,卡夫卡在瑟尔玛的留言簿里写下了一段查拉图斯特拉风格的、充满感伤和语言怀疑论的文字,其中提到他们二人共同阅读的经历。这是一段奇异的非个人化的文字,所以没有让双方警觉的父母产生怀疑,然而,言辞之间还是流露出隐秘的亲密关系。

　　那本书中有多少话语!

　　它们会让人回忆!仿佛话语能让人回忆!

　　因为话语是拙劣的登山者和拙劣的矿工。他们不是从山洞里挖出宝藏,也不是从登山靴里取出宝物!

但是,有一种生动的纪念,能够像抚摸的手,温柔地掠过所有值得回忆的事物。如果能从这灰烬中生出火焰,滚烫灸热、强烈有力的火焰,你死死盯着看,像着魔一样,然后——

但是,人们无法用笨拙的手和粗陋的工具把自己写入这纯洁的纪念中,人们只能在这白色的、简单的纸上书写。我于1900年9月4日就是这么写的。

弗朗茨·卡夫卡[23]

希腊语:**值得嘉奖**(奇迹发生了)。同样,还有捷克语、地理和历史、化学、哲学入门也都是这个成绩。其他科目只达到了**尚可**。其中包括德语,这对一个将要成为作家的人来说,是非常令人担心的。原因是什么?高中毕业考试笔试中的作文题不适合激发他的文学技巧:"奥地利从它面临的世界政局和土地状况中能获得什么优势?"面对这样的题,卡夫卡必须挖空心思去写,因为他想不出什么。奥地利占据优势的世界地位是不可能一眼看出来的,席勒的《华伦斯坦》读本中著名的那句话,**每个考生肯定都引用了**"奥地利人有一个祖国/他爱自己的祖国,并且/有理由爱她"。这句话尽管漂亮,但是从论证的角度没有什么用处。遗憾的是,人们没法去问皇帝本人,他于1901年6月,也就是笔试四个星期之后,再次来到布拉格,检阅那些排队欢迎他的中学生们,同时,他还想强调,国家期待他们做出成就。这次巧遇肯定也对卡夫卡产生了影响。

最终,德语课成绩造成的痛苦还是可以克服的。因为对他来说,在持续四天的口试中坚持下来,无异于熬过一场一个多小时的审讯。几年里,他常常在恐惧中幻想着已经完成这场考试,仅仅是这种想法,就能改变世界的颜色。二十二名考生参加考试,十八人通过。他是其中之一。

事情就应该是这样,对此,他们家里除他之外,没有人怀疑这一点。

弗朗茨是勤奋的,他总是在看书。不过对卡夫卡夫妇来说,这一天也是值得纪念的,因为他们只有这一个儿子,而这个儿子做到了他们自己永远做不到的事情。高中毕业证书不仅是对个人成绩的证明,那上面的公章说明,这一家以后会向上,而且只会向上发展。

弗朗茨获得了一份礼物,家人在这方面表现得很慷慨。他可以去海边旅行,这是他的第一次长途旅行,是对未来独立生活的试验。当然,大家不会让他完全一个人去旅行,尤莉叶同父异母的弟弟西格弗里德表示,只要他在摩拉维亚小城特热什季的医生工作允许,他就陪着外甥去旅行。卡夫卡曾经在一年前的暑假去过那里一段时间,可能当时就策划了这次旅行。他跟西格弗里德舅舅谈得来:这位才三十四岁的舅舅虽然外表有些呆板,但是他比父亲的所有亲戚都更有教养、更开放。作为乡村医生和三个织布厂的企业医生,西格弗里德·勒维非常受欢迎,当然,这也与他超出正统医学的视野有关。他对自然疗法运动很有好感 221 (毫无疑问,卡夫卡是在夏天的特热什季完成了他最早的体操练习),他有一所自己的图书馆,规模相当大,勒维也是全国第一个不赶着马车而是骑着摩托车出诊的医生。跟这样一个人在北海边待几个星期,肯定不会无聊,尽管这个舅舅或多或少也要充当监护人。

已经年满十八岁的弗朗茨可以单独完成前往黑尔戈兰岛的旅程:这是他第一次长途火车旅行,第一次住酒店房间,第一次看见大海,第一次乘船。西格弗里德·勒维一个星期之后到来,他们在岛上一起度过了四天(那个岛十一年前才归属德国),然后,他们乘轮船继续前往诺德尼岛。现在已经不清楚是谁选定了这些目的地:勒维跟黑尔戈兰岛可能有职业方面的联系,因为他住宿在当地的浴场医生家;而诺德尼岛作为海滨和疗养浴场,特别受奥地利人喜欢,布拉格的德语媒体也不断宣传这个地方。这里有大量的旅店和餐馆,各种价位都有,与其他弗里西岛屿不同的是,这里也非常欢迎来疗养的犹太客人——不久前,诺德尼岛得了个"犹太人岛"的臭名[24]——甚至打算开始兴建犹太基础设施,包括犹太教堂和提供符合犹太洁食规定的餐馆。疗养地的经营者非常善于交际,这里也有普鲁士上层贵族;经常举行舞会,每天都有音乐会,有一家"王室疗养院剧场",一座按照英国样式新建的海上栈桥,甚至还有一家维也纳咖啡馆。8 月 18 日,在皇帝生日那天,弗朗茨和舅舅看到了一场壮观的烟火表演。对他们两位生活改革者来说,更重要的是这里有空中和水上的自由运动,为了能住得更久,他们从"帝国贵族"酒店换到简朴的"弗丽莎"宾馆,距离男士浴场海滩只有几分钟路程。这里与市民游泳学校里湿滑的木板不同:卡夫卡在这里第一次体验到在海里游泳的激动感觉,尽管这种享受受到严格限制,浴场管理员用洪亮的声音和号角声不断提醒大家,不许进入汹涌的波涛中,更不准踏足五百米宽的女性浴场禁区。[25]游完泳,可以在租来的沙滩椅上休息,看书,聊天。令人烦恼的是,即便是持续几个星期的好天气,也无法完全消除困扰他们的问题,而主要一个问题就是:这个装满了人文主义思想的年轻人,以后究竟该做什么。见多识广、经验丰富的舅舅给出了一些建议,他外甥专注地听着。这显然是非常重要的时刻,但是我们对此一无所知。

八月底,海边的天气突然变了,在风雨交加中,他们收拾好行李,弗朗茨回到布拉格。这次旅行让他很高兴,有许多可以讲述的经历,他对"时尚的"北海浴场的描述,给他的家人留下了深刻印象,不久之后,赫尔曼·卡夫卡和兄弟们就把一次夏季家庭聚会安排到了诺德尼岛。不过,兴奋的情绪没有持续很长时间,因为一个令人震惊的意外消息,让所有人再次意识到,他们的家庭幸福,仅仅维系在一根非常细的线上。奥斯卡·卡夫卡,弗朗茨一位十七岁的堂弟,开枪自杀了。[26]他想参军,已经完成了步兵培训,正准备进入著名的摩拉维亚维斯基辛骑兵学校(赫拉尼斯纳莫拉韦)。在那里,他首先要通过一个考试,面对这个考试,他的感觉跟他那位布拉格文理中学的亲戚一样。作为考试成功的奖励,当然不是上大学,而是比上大学好得多,是一套轻骑兵制服,穿上那套漂亮的军服,看上去**几乎**就像正式军官一样。但是,维斯基辛考试的骰子结果与布拉格不同:**不及格**。

注释

〔1〕卡夫卡:《致父亲》。(《卡夫卡遗作和未完成的残章》〔二〕,第197页)赫希特:《弗朗茨·卡夫卡的悲剧》(Franz Kafkas Tragödie),转引自宾德:《卡夫卡的世界》,第68页。同时参见赫希特:《与弗朗茨·卡夫卡同学十二年》,第32-43页。

〔2〕卡夫卡致菲莉丝鲍尔的信,1913年6月10-16日。(《1913-1914年书信集》,第209页)

〔3〕卡夫卡日记,1913年2月12日。(《卡夫卡日记》,第492-493页)

〔4〕卡夫卡致费利克斯·韦尔奇的信,1917年10月22-25日。(《1914-1917年书信集》,第357页)安东尼·诺西:《卡夫卡的自杀凶手》(Franz Kafkas Selbstmörder),载于《苏台德区》,2007年第49期,第208-209页。见普察洛娃:《在卡夫卡家做家庭教师》,第65页。

〔5〕卡夫卡日记,1911年12月31日。(《卡夫卡日记》,第333页)贝格曼:《中学与大学》,载于科赫:《当卡夫卡朝我走来》,第24、27页。

〔6〕卡夫卡日记,1913年12月17日。(《卡夫卡日记》,第616页)

〔7〕胡戈·贝格曼:《回忆卡夫卡》(Erinnerungen an Franz Kafka),载于《普遍知识》(Universitas),1972年第21期,第739-750页,此处第745页。

〔8〕《1900-1912年书信集》,第605-606页。

〔9〕格斯霍姆·肖勒姆致埃尔泽·贝格曼的信,1916年2月9日。(原件存于耶路撒冷以色列国家博物馆)载于格斯霍姆·肖勒姆:《从柏林到耶路撒冷》(Von Berlin nach Jerusalem),法兰克福,1997年,第129页。

〔10〕贝格曼:《中学与大学》,第24页。因为纪律规定,文理中学生们不许

参加任何政治活动。大学生协会也禁止通过在中学建立分支机构的方式,招募未来的成员(卡夫卡那次活动是"老城大学日",所以不必遵守上述规定)。所以,贝格曼和卡夫卡的抗议,是针对他们那伙"没头脑的人"的民族主义,还是仅仅针对他们的(政治)工具化,也并不明确。

[11] 贝格曼:《中学与大学》,第 24 页。卡夫卡:《致父亲》。(《卡夫卡遗作和未完成的残章》〔二〕,第 174 页)

[12] 这个传言的源头是捷克记者米哈尔·马雷什,他跟卡夫卡的关系只能算是认识。(参见马雷什:《卡夫卡和无政府主义者》〔Kafka und die Anarchisten〕,载于科赫:《当卡夫卡朝我走来》,第 86-91 页)马雷什说,是他把卡夫卡介绍到无政府主义者的"青年俱乐部",在一次被警察驱散的抗议活动中,卡夫卡甚至还有过很短时间的被捕。但是,这个故事得不到其他任何证明,马雷什所说的很多细节,后来都被证明是错误的或者相互矛盾的。(参见宾德:《卡夫卡的世界》,第 602 页;以及约瑟夫·切尔马克:《弗朗茨·卡夫卡——虚构与神秘》〔Franz Kafka — Výmysly a Mystifikace〕,布拉格,2005 年,第 51-55 页)另一方面,不容忽视的是,卡夫卡赞成反权威,这让他的许多评论者都很不理解,所以,与其他感兴趣的方面相比,研究者们对这方面的研究和思考都不够深入。克劳斯·瓦根巴赫的卡夫卡传记新版算是对卡夫卡的政治态度做了个暂时的小结。(柏林,2006 年,第 237-241 页)

[13] 转引并译自荷兰记者尼科·罗斯特的回忆,他在 1923 年见证了那场运动。(《与弗朗茨·卡夫卡和我的捷克朋友的私人会面》〔Persoonlijke ontmoetingen met Franz Kafka en mijn Tsjechische vrienden〕,载于《弗拉芒指南》〔De Vlaamse Gids〕,1964 年第 48 期,第 75-97 页)

[14] 马克斯·布罗德在 1958 年第二版书信集的附录中写道:"这里发表的卡夫卡写给波拉克的信,是奥斯卡·波拉克的遗物,是我与波拉克的遗孀一起整理的。为数不多的几封不重要的信,我在 1937 年第一次出版书信集时没有收录,现在可惜找不到了,因为原件很可能在布拉格被占领期间丢失了。"(弗朗茨·卡夫卡:《书信集,1902-1924》,法兰克福,1958 年,第 496 页)马克·M. 安

德森说的有道理,他认为,对布罗德随意删改卡夫卡书信和日记的行为,大家应该从根本上持质疑的态度,因为这种行为通常都有倾向性——比如说掩盖卡夫卡关于犹太教的一些不令人喜欢的话。(《卡夫卡的外衣——哈布斯堡皇朝世纪末的装饰和唯美主义》〔*Kafka's Clothes. Ornament and Aestheticism in the Habsburg Fin de Siècle*〕,牛津,1992 年,第 55 页,注释 5)索尔·弗里德兰德则更加大胆地猜测,布罗德"隐藏"或者"销毁"了"卡夫卡与波拉克之间的一部分通信",不过这种猜测毫无根据。(《弗朗茨·卡夫卡》,慕尼黑,2002 年,第 22 页)布罗德的遗物中,没有卡夫卡与波拉克之间的任何信件。

　　[15] 卡夫卡致奥斯卡·波拉克的信,1904 年 1 月 27 日。(《1900-1912 年书信集》,第 36 页)马克斯·布罗德写道,波拉克有点"强硬和不好接近"(《关于弗朗茨·卡夫卡》,第 56 页),卡夫卡本人指责朋友,说他随身携带着一个"批评人的毒舌"。(卡夫卡致奥斯卡·波拉克的信,1902 年 8 月 24 日,《1900-1912 年书信集》,第 13 页)

　　[16] 丢勒协会于 1902 年 10 月在德累斯顿成立,从 1904 年开始,在布拉格也有了一个分会。1905 年的一份名单显示,协会会员有大约三千一百人,其中三分之一多是教师和神职人员,也就是说广义上的"教育工作者"。从中可以推测出《艺术守护者》当时产生的巨大和广泛影响,这种影响肯定远远超过了数字显示的成果(最多时有两万两千位订阅者)。《艺术守护者》越来越有意识(和自我意识)地指引着生活改革的导向,这在其新的副标题中体现出来:"所有生活领域的表达艺术半月刊"。参见比尔吉特·库尔霍夫(Birgit Kulhoff):《市民自我宣示在艺术中的体现——对帝国时期(1871-1914)评论杂志中文化考察》(*Bürgerliche Selbstbehauptung im Spiegel der Kunst. Untersuchungen zur Kulturpublizistik der Rundschauzeitschriften im Kaiserreich〔1871 - 1914〕*),波鸿,1990 年,第五章第二节。

　　[17] 参见卡夫卡致奥斯卡·波拉克的信,1902 年 2 月 4 日,信中卡夫卡两次以双方都熟悉的缩略语方式提到《艺术守护者》:"如果谈论的不是铺路石或者《艺术守护者》"……(《1900-1912 年书信集》,第 10 页)1922 年秋天,卡夫卡

在给奥斯卡·鲍姆十三岁的儿子莱奥·鲍姆——后者当时正在黑彭海姆的奥登瓦尔德学校读书——的信中写道:"博努斯也已经给你上课了? 多年前,我曾怀着极大的敬意读过他在《艺术守护者》上写的文章。"阿图尔·博努斯(1864-1941)是新教牧师,作家和教育家,在1917-1921年间担任过《艺术守护者》的编辑。对于卡夫卡所说的"极大的敬意",我们不必过于认真——他对一个孩子肯定不可能表示出对其老师的批评——不过,博努斯在宣传生活改革的教育思想之外,还支持"日耳曼化的基督教",显然并没有引起卡夫卡的反感。出于对《艺术守护者》的好感,卡夫卡肯定也坚信,这里的反犹主义攻击也会停止。

[18]卡夫卡致奥斯卡·波拉克的信,大约1902年8月12日。(《1900-1912年书信集》,第12页)"当我认识卡夫卡时,"马克斯·布罗德写道,"他正在逐渐走出细腻矫饰的、同时是哥特式的风格时期。在那段时期,他在《艺术守护者》——那是一本批评性很强、只看重某些大作家的杂志——的影响下,有时候会沉迷于过分夸大德意志性。"(《好斗的一生》,第188页)

[19]这篇散文在卡夫卡1902年12月20日写给奥斯卡·波拉克的信中。(《1900-1912年书信集》,第17-19页)1903年9月的两封信中谈到了把手稿交给波拉克的事。(《1900-1912年书信集》,第24-27页)

[20]卡夫卡后来也订阅了《新评论》。三十年代末,埃尔莎·布罗德提供了一份清单,包括了卡夫卡遗物中的杂志和五百二十九本小册子,其中有很多是单册《新评论》(1906年之后),不过也有1922年一整年的。(参见瓦根巴赫:《弗朗茨·卡夫卡:青年时代传记》,第262-264页的摹本)估计,卡夫卡上中学时,就已经知道这些随处可见的杂志。卡夫卡也会去捷克剧院看演出(但不去看歌剧),这一点胡戈·赫希特的回忆可以证明。(《与弗朗茨·卡夫卡同学十二年》,第37页)当时他同学中有一些人疯狂崇拜瓦格纳,但卡夫卡对此持毫不关己的观望态度(赫希特的回忆)。也没有证据证明卡夫卡曾参加过五月节,五月节的名声远远超出了布拉格,世界上最著名的歌唱家都会在五月节上演唱。

[21]这是一位匿名评论者的文章,发表在"丢勒协会"的"文学年度汇总"上,其中只有两句提到了卡夫卡的《变形记》。参见《第二战争顾问,1916-1917》

(*Literarischen Jahresbericht des Dürerbundes. Zweiter Kriegsratgeber 1916-17*)，慕尼黑，1917 年；后被收录于于尔根·博恩主编的：《弗朗茨·卡夫卡：生前的评论与接受，1912-1924》(*Franz Kafka. Kritik und Rezeption zu seinen Lebzeiten 1912-1924*)，法兰克福，1979 年，第 75-76 页。——印数高达六位数的《德语抒情诗家庭读本》，卡夫卡拥有 1913 年的版本；他在 1922 年 7 月的一封信中(见《1921-1924 年书信集》〔*Briefe 1921-1924*〕)，建议妹妹艾莉购买这本诗集。1918 年，他送给奥斯卡·鲍姆同样是费迪南德·阿芬那留主编的《叙事谣曲集》(*Balladenbuch*)，当然也不是出于偶然。阿芬那留特意为前线士兵印制的消遣读物，卡夫卡也购买。(尽管他知道卡尔·克劳斯对这本书进行了毁灭性批评；参见《火炬》杂志，H. 423-425，1916 年 5 月，第 20-21 页)

[22] 尼采对弗朗茨·奥韦尔贝克说，《艺术守护者》是一份"丢人现眼的垃圾杂志"(1888 年 4 月 18 日明信片)。之后不久，杂志出版人失望地表示，尼采退订了该杂志。尼采解释说，《艺术守护者》中充斥着"该死的德意志民族性之风"。尤其让他恼火的是一篇针对海因里希·海涅的批评文章。(1888 年 7 月 20 日写给费迪南德·阿芬那留信稿) 参见《尼采书信全集》(*Sämtliche Briefe. Kritische Studienausgabe*)，八卷本评注研究版，慕尼黑，1986 年，第 297、359 页。卡夫卡那一代读者，对这些冲突不甚了解；阿芬那留在尼采的讣告中甚至说，尼采在《艺术守护者》创立时，曾提供了"友好的帮助"。阿芬那留对于与尼采的冲突避而不谈，据他说原因是，尼采根本没有令人信服的世界观，而是只留下了"思想-文学"。(费迪南德·阿芬那留：《写于尼采之死》〔*Zu Nietzsches Tod*〕，载于《艺术守护者》，第 13 年度，第 24 期，1900 年 9 月)

[23] 《卡夫卡遗作和未完成的残章》(一)，第 8 页。留言簿这一页保留了下来，因为瑟尔玛·科恩(婚后姓罗比切克)后来把这一页撕下来交给了马克斯·布罗德。她的相关消息，布罗德记录在他出版的《卡夫卡书信选集》的注释中了。(第 495-496 页)

[24] 如果一个地方能看到的犹太人比例，明显高于一般的平均水平(德国大约是 1%，柏林大约 5%)，那么这个地方就会被冠以"犹太人占多数"的名声。

特奥多尔·冯塔纳早在 1882 年就曾抱怨过,诺德尼岛上"到处可见"犹太人"粗鲁、丑陋的骗子面孔",尽管那里的非犹太游客当然还是绝对的大多数。(特奥多尔·冯塔纳写给艾米丽·冯塔纳的信,1882 年 8 月 17 日,参见冯塔纳:《书信作品集》〔Werke, Schriften und Briefe〕,瓦尔特·凯特尔〔Walter Keitel〕和赫尔穆特·纽恩贝格〔Helmuth Nürnberger〕编,第四部分,第三卷,慕尼黑,1980 年,第 200 页)世纪末时,北海的其他海滨浴场开始从诺德尼岛招揽有反犹思想的游客,吸引游客的点就是,他们明确表示,自己的浴场没有犹太人。例如,在博尔库姆岛上,每次音乐会后,浴场乐队都会演唱一首臭名昭著的"博尔库姆之歌",而观众们总是跟着一起唱:"博尔库姆,北海最美的装饰,/ 你因没有犹太人而保持着洁净,/ 让罗森塔尔和莱文松 / 自己待在诺德尼岛吧。"试图通过司法手段限制这种仪式的尝试,都失败了。作为反馈效果,直到二十年代末,诺德尼岛上的犹太疗养客人的比例显著增加,因为他们在这里基本能够免受流氓行为的骚扰。关于"犹太"疗养地的历史,参见米尔贾姆·特里恩德尔-扎多夫(Mirjam Triendl-Zadoff):《下一年在玛丽亚温泉市——现代犹太文化的相反世界》(Nächstes Jahr in Marienbad. Gegenwelten jüdischer Kulturen der Moderne),哥廷根,2007 年。

[25] 关于诺德尼岛浴场对两性间严格和过度管控措施的描述,参见朱尔斯·胡雷特(Jules Huret):《1900 前后的柏林》(Berlin um Neunzehnhundert),慕尼黑,1909 年(重印,柏林,1979 年),第 121-123 页。甚至夫妻也不能一起游泳。

[26] 奥斯卡·卡夫卡是赫尔曼·卡夫卡的大哥菲利普及妻子克拉拉的儿子,他们生活在科林,位于布拉格东面约六十公里。弗朗茨和奥斯卡之间的交往没有记载这方面的信息,但事情应该就是这样。参见诺西:《弗朗茨·卡夫卡的自杀凶手》,第 273 页。

第十四章　让德语语言文学下地狱吧

我想活着。有人在笑吗?

耶里·奥尔藤

好多年前,有一次我坐在劳伦兹山的山坡上,非常悲伤。[我审视了自己生活中的所有愿望,发现最重要和最有吸引力的愿望是,获得对生活的看法(并且——与此必然相关的是——用文字的方式说服别人接受这种看法),有了这种看法,生活虽然仍然保持着其自然的沉重下降和上升,但同时也能清楚地认识到,生活就是虚无、是梦幻、是漂浮不定。也许,如果我真的这么希望了,这会是个美好的愿望。比如说,愿望是用手艺人严格的精准做一张桌子,但同时又什么都不做,为的是不要让别人说"对他来说,锤子什么都不是",而是让他们说"对他来说,锤子就是把真正的锤子,同时也什么都不是",这样,锤子就会变得更加冷静、更加果断、更加真实,如果你想听的话,还会变得更加疯狂。但是,他不能这么希望,因为他的愿望不是愿望,它只是一场防卫,是虚无的市民化,是他想赋予虚无的一丝欢乐,当时他虽然还没有有意识地踏入虚无,但已经感受到了虚无。]这在当时是一种告别,是他与年轻的表象世界的告别；这个世界并没有直接欺骗过他，只是通过身边所有权威的话欺骗他。于是就产生了"愿望"的必要性。[1]

卡夫卡当然并不是很清楚，不过他在这里——布拉格最美丽的地方之一，脚下是伏尔塔瓦河和整个城市全景——发现了他生活中最核心的愿望，并且第一次清楚意识到其结果，这其实就是**禅**：对于最不显眼事物的注意，同时认识到这些事物的易逝性和偶然性。他后来回忆时承认，他能获得这样一种"生活看法"的前提条件是用文学的方式表达并给其他人留下印象——因为，仅仅作为"世界观"、作为"观点"或者内心"态度"，当时已经不能满足他了。不是宗教和哲学理论，而是文学作品让他认识到，他所向往的充盈生活与所有生命体——尤其是他自己——都漂浮其上的虚无并非相互排斥。相反，不管目光投向何处，转瞬即逝的现象需要更强大的集中，黑暗虚空的背景会凸显细节。甚至在歌德那里就已经如此，他刚刚接触到的福楼拜也是这样，存在与虚无显现于同一时刻、同一客体、同一句话，卡夫卡认为，这代表着一种完满，一种值得人穷尽一生的完满。

不过，首先必须要做出一个决定，一个很普通但同时非常困难的决定：普通，是因为它与卡夫卡在劳伦兹山上许下的愿望只有表面上的关系；困难，是因为它来得太早了，所以其实是无法回答的。这是一个关于大学专业的决定，实际上也就是未来谋生职业的决定。当然，弗朗茨要上大学，这是所有人都接受的事情——把生意传给长子的梦，在卡夫卡家早就破灭了——但父母亲的建议是，选择将来能带来社会地位和物质收益的专业，就像家族中几个光芒耀眼的榜样那样。对他们来说，**只能**选择将来能有好职业的专业，让弗朗茨能养活他将来的家庭。

卡夫卡的父母非常清楚——尽管他们对从事学术研究活动的规律

性没有清晰的了解——犹太人在国家公职方面是非常受歧视的。很大比例的犹太人作为"自由职业"的知识分子身份谋生，尤其是作为医生和律师，这是有其充分（抑或是恶毒的）理由的。弗朗茨在高中毕业登记表中职业愿望一栏填写了"哲学"，从而确定了他大学将学习人文学科，这说明他对此情况肯定有清醒的认识。这将会导致什么结果？当然，大学里也有犹太教授，而且，与上一代人相比，犹太教授的比例甚至有了些微的提高。不过，犹太人只能通过支付高昂的保护费才能获得公职，这早已经不是秘密，而且如果考虑录用犹太求职者，通常还会公开建议他"接受基督教洗礼"。当时还根本没有机构性的大学学习咨询服务，最多只能通过犹太组织机构提供的报告会获得一些一般性的建议。因为每个公开发表的词语都要接受审查，所以即便在这种场合，关于犹太知识分子将会遇到的障碍，也不会获得全部真相。

225

对于赫尔曼·卡夫卡来说，对经济上完全不独立并且早已成年的弗朗茨施加压力，原本是轻而易举的事。但是，对唯一的儿子做出大学专业选择的规定，这在他自认为所属的那个社会阶层是不常见的，而且，因为他自己没有受过多少教育，这么做会显得有些难堪。因而，他唯一能做的，就是向家族中的知识分子寻求帮助，而家族中的知识分子几乎都是法学专业的。学习这个专业还有一个好处：可以再推迟几年确定职业，因为不仅法庭和大学课堂需要法学家，一些大型企业也有需求。但是，对这个痛苦的、在他看来最终的妥协，卡夫卡并不愿意接受。他在寻找出路，而且他不是一个人。

关于未来的职业，卡夫卡和他的同学们肯定有过很多讨论，然而，即便在那些真的追求自己哲学和文学兴趣的同学中，起点条件也相差很大。常年是班级最优秀学生的埃米尔·乌提茨——他的矫揉造作让卡夫卡不太喜欢——家庭富有，因而有条件学习哲学（后来他接受了基督教洗礼，正式成为教授）。基比安决定学习法律；普日布拉姆也是，他大

226　哥是法学博士,所以可以给他专业帮助。相反,波拉克、贝格曼和卡夫卡在各自的家庭中,既不能得到专业帮助,也无法获得资助,不可能让他们真正**自由**选择职业,他们中也没有人愿意把自己的语言天赋用于法学甚至是律师行业的咬文嚼字上。如果必须如此,他们更愿意找一个"中性"的职业——选择一个新兴学科,做些有益的事情,而不必去顺应僵化的官僚体制或者讨好固执的客户。是谁提出了这个主意,已经无从考证,反正高中毕业考试后不久,他们就做出了一个奇怪的决定:他们三个决定一起去学习化学。1901 年 10 月 1 日——在同一天,卡夫卡终于获得了布拉格的居住权——他们三个在医院巷 3 号的德语化学学院受到了圭多·高特施密特教授的接待。

　　这是一位非常有名望的人物:这个皈依了基督教的犹太人是奥地利自然科学领域极高荣誉"利本奖"(Lieben-Preis)的获得者,在高特施密特"手下"工作,对每个人未来的职业生涯将起到很大的促进作用。但事实证明,这三个年轻人的考虑过于肤浅了。当然,他们早就知道现代化的化学实验室是什么样的,五年前,他们在班级集体参观大型医药展览时就看到过。在专业介绍时,他们也得到了一些肯定,因为每个初学者都要向学院院长进行自我介绍,完成被录取的形式。但是,他们三人谁也不太清楚,学习化学,仅靠刻苦学习——这一点他们已经习惯了——是不够的,主要还要靠实践。"化学练习"意味着每星期十五个小时无聊地操作试管烧杯,精心操作和重复各种技术行动,而他们三人中没有一个手脚灵活;除此之外,还有两课时实验物理的"混合练习"。卡夫卡在诺德尼岛上时就以"化学专业大学生"自称[2],这时第一个投

227　降了:仅仅三个星期之后,他就转专业到了法律系。波拉克按照自己的兴趣转到了艺术史专业,贝格曼在实验室干满了两个学期,并且获得了最好的分数,最终也学着另外两人的样子转到了哲学专业。跟以前一样,他的空间最小,因为他家境贫寒,被免除了所有学费,所以必须就转

专业写报告详细说明。

对于卡夫卡来说，这是一次全新的体验，具有超出专业选择之外的根本性意义：这是他第一次经历非想象的而是真实的失败，他要自己承受，而且要在众多亲戚疑惑的目光中为自己解释。因此，刚刚为自己辩解清楚，就再次陷入巨大的适应压力之中：他现在面对职业规划，如果没有令人信服、持之以恒的想法，那就不可能摆脱家族中那些法学家们的好心建议了。然而，卡夫卡没能等来这样的想法，于是他决定，至少通过形式上转到法律专业，暂时结束这些烦人的讨论。

后来，卡夫卡在给父亲的信中写道，虽然表面上他有选择职业的自由，但是由于家庭的干涉和他本人缺乏强烈的自我价值感，实际上他没能真正利用这个自由。这是真的：事实上，十八岁的卡夫卡对自己未来生活的**社会**形态根本没有具体设想，而社会为他准备了什么有意义的任务——除了仅仅为获得社会地位的任务——这对他来说是个非常遥远的想法，因此他在很多年里都觉得，**没有任何事情**需要他去做。[3]

这个弱点并不像卡夫卡后来回顾自己一生时所感觉的，当时还绝对不是根本性的和不可逆转的。这个年轻的大学生非常清楚，自己对什么感兴趣，对什么不喜欢，他也不愿意让自己的精力和求知欲全部屈从于职业规划的实际要求。假如他的父母有时间和知识，在接下来几个月内仔细观察他的进步，他们就会发现，他虽然都去上了初学者必修的法学讲座课，但是他怀着更大的兴趣陪着朋友奥斯卡·波拉克去听关于"德意志艺术史"或者"建筑艺术史"的讲座。另外，卡夫卡第一次见识到了布拉格德语大学里最独特的人物：哲学家和诗人克里斯蒂安·冯·厄棱费尔，格式塔心理学的奠基人之一，卡夫卡选了他关于"实践哲学"的四节课。一些哲学课程也是法学新生必修课，卡夫卡当然不会感到不高兴。

家里关于卡夫卡混乱的、缺乏积极性的大学开端情况的讨论，并没有留下任何回忆的痕迹,但是他无疑感觉到了强烈的反对态度——至少,在他一个学期之后宣布对"罗马法律史"已经没有了兴趣时。这是他第一次坚定的而且并非无望的尝试,尝试摆脱束缚,离开早已被决定的道路,自己掌握自己的命运。波拉克的鼓励和强烈的示范力也起到了重要作用;这从卡夫卡在1902年夏季学期所选课程的丰富主题中能看出来,这些主要是哲学系的课程:其中有艺术史课、文学史课、心理学课,也有语法练习和修辞学练习,甚至还有一门关于"音乐戏剧美学"的课,卡夫卡选这门课,肯定不是真的出于专业兴趣,而是他非常喜欢厄棱费尔在讲台上活泼有趣的风格。卡夫卡的学分表(他所选课程列表)上,这个学期总共有二十九个周学时,这个数量完全可以跟文理中学的学习强度相提并论,他想用这个列表向所有人证明,他是当真的。[4]

不过这份热情很快耗尽,这是有原因的,而且是非常有说服力的原因,但是根本没法告诉父母。他当然不只是对文学感兴趣,但他对文学的兴趣越来越大,他一直没有放弃一个想法:自己未来的职业必须以某种方式与他的文学兴趣相关。但是,他的梦想在大学里撞到了坚硬的边界,因为,这里所说的文学**研究学**,在他看来相当枯燥,不能给人任何灵感和启发,所以几个月之后,他又想逃离了。

一个叫奥古斯特·绍尔的人,对卡夫卡的两难处境负有主要责任:他是一个强势的讲席教授,主宰着布拉格的德语语言文学,他对教育政策的影响力超出了波希米亚地区。四十七岁的绍尔非常有名,他主持了许多大型出版项目(格里尔帕策,施蒂夫特),是众多专业学术期刊的创刊人和出版者(《欧福里翁》《德意志创作》);另外,他还是布拉格年轻女诗人黑达·绍尔(她父亲是古典语文学者阿洛伊斯·察赫,曾经监考过卡夫卡的高中毕业考试)的丈夫。绍尔在布拉格德裔市民中享有的声望和地位,主要归功于他为捍卫"德意志民族性"、抵抗斯拉夫侵蚀而进行的**斗争**。绍尔眼中的文学史仿佛是民族志的一个特殊领域,仿佛文学作品中反映出德意志"各种族"的特性和他们所居住地区风景的特点——这让他不断有机会强调奥地利文学的独立性。卡夫卡在绍尔的"德语文学史"课上听到的内容也都是这些,所以,他很快就对这种持续不断的、一半出于精心算计、一半出于狂妄自大而吹嘘德意志文化的行为非常反感,所以决定,要么换到别的大学去,要么彻底放弃德语语言文学。"它[德语语言文学]应该下地狱去被煎熬",他给奥斯卡·波拉克的信里写道,他说自己的这个诅咒的原因是与绍尔教授的激烈论战(可惜没有记录保留下来),"上帝保佑了他",但他"被卡夫卡打败了"。[5]

然而,虽然他明确知道,从这些德意志民族学派的精神官员那里学不到什么关于文学的知识,但他依然无助地面临一个问题:他应该如何选择。他高中的班级中,只有一个人大胆地选择了文学作为自己的主专业:保罗·基希,也就是后来以"狂记者"著称的埃贡·埃尔温·基希的四个兄弟之一。保罗也有当作家的抱负,卡夫卡与他一直保持着交流,一种在男孩子间的无拘无束中培养起来的友情,当保罗·基希两个学期后决定转到慕尼黑继续学业,卡夫卡也表示愿意步其后尘。然而,在1902年夏天,有太多的顾问以理性的名义对他施加影响:在易北河边的利博赫避暑期间的父母亲,在特热什季做乡村医生的舅舅——卡夫卡又去他那里待了几天,最后,卡夫卡甚至求助回乡探亲的舅舅阿尔弗雷德·勒维,他在马德里当铁路经理,拥有丰富的阅历和经验,卡夫卡"突发奇想,真的是奇想,请求他,不,不是请求,而是问他,"是否能帮我摆脱这些事情,是否能带我离开,去任何地方都行,只要让我能重新开始"。[6]可惜,勒维不能这么做,**还不能**这么做,不过,这个信奉实用主义的商人不会鼓励他去学德语语言文学,也不会鼓励他过早离开父母,这是不难猜出来的。就连奥斯卡·波拉克也不建议采取任何极端的方式,他本人想暂时留在布拉格,所以,一切都处于悬置状态,直到最后时刻。10月13日卡夫卡申请旅行护照,想去慕尼黑,四天后证件签发了。但是,开往慕尼黑的火车上没有卡夫卡,因为他又回到了大教室的硬板凳上。他随身带的笔记本上当然写着别的课程名称:债权法,德国私法,教会法,国际法。他又回到了老路上,出乎所有人的意料,他回到了家里人希望他去的地方。

布拉格大学,中欧最古老的大学,是一个教育政策的怪物,因为二十年以来,它就由两个彼此相当独立的学院组成,两者在狭窄的空间里几乎是背靠背工作着:**皇家德意志查理-费迪南德-大学**和**皇家波希米亚查理-费迪南德-大学**。分裂和对立是不可避免的。因为,捷克人要求赋予他们的上课语言以宪法所保证的平等权利,而德意志人这一方则担心,随着捷克学生比例的增加整个查理大学最终会被捷克人接管。但是,相较于让捷克人建一所他们自己的大学,并使之成为捷克民族的圣地——在捷克人已经建造了一座宏伟的民族剧院之后——这样做,危害似乎小得多。

媒体在说大学的"分裂",但是德意志人却根本没想过自愿让出任何资源,他们只是愿意容忍新建一所大学,第二所布拉格大学,这所大学必须自己想办法去筹措资金。[7]特别要说明的是,拥有大量仪器设备的自然科学院系不能分开。大学的管理当然也不能分开,而是双重化了,但没有提对教师和办公室的新需求,在老城里根本没有可供使用的房屋。所以,即便德意志人不愿意,也只能继续共用那些最重要的建筑物——作为大学历史核心的卡罗林楼,以及克莱门特楼(顶层是图书馆)——卡夫卡上大学期间,各个教学楼一层大厅中间都画上了德-捷分界线。这对原本就紧张的关系毫无益处,因为与"对方"不可避免的接触越近,划界就会越明显。在卡罗林楼里,大家用一种非常可笑的方式解决了这一问题:德裔学生和捷克学生分别从不同的侧门进入大楼,一方从铁器巷一侧,另一方从水果市场一侧进入。礼堂由双方按单双号日子交替使用,大学图书馆也照此执行。

二十世纪初,捷克语大学共有三千一百名大学生,其中只有大约一千三百名德裔学生,只要继续分裂,这个比例就不会有变化。德语院系的学术水平暂时领先,因为在为空缺岗位招聘教师时,可以面向整个德语区——这也是必要的,因为从外地过来的许多德语教授在这个语言孤岛上感到非常不适,最后都离开了这座城市——而捷克语人群中受过教育的精英非常少,他们虽然忠于**他们的**首都,但在国际学术界却没有什么影响。再加上年轻一代民族主义者普遍具有一种很典型的心态,在首先考虑自己的情况下再接受他者,这是一种狭隘的视角,很容易就会变成地方偏见,这在捷克人身上比在德意志人身上更加明显。比如说,谁在捷克大学学习德语语言文学,就会了解到许多捷克文学和德语文学之间的共同点,而这个题目在绍尔教授那里只是一个更加广泛的"国情"研究的一部分。[8]不过,在充斥着德语学习材料的情况下,这也是一种领先,那些捷克院系在几十年后也没有完全赶上。所以,直到1901年才出版了一部捷克语的罗马私法历史著作,1912年出版了一本捷克语的刑法教材。在那个时候,除了象征性的共同名字,已经没有什么还能把两个大学联系在一起了;在捷克斯洛伐克共和国成立后,最后一条纽带也最终断裂,从此以后,只有捷克大学可以用其缔造者查理四世的名字。[9]

1901年10月,当卡夫卡第一次进入有些昏暗和阴冷的大教室时,他还不知道,等待他的绝不仅仅是"提供的课程"(这个概念,实际上还没有出现)。教师和学生之间的关系比在文理中学更加多样化和个人化,当时的学术活动——按照今天的标准——还非常有限,但对人员的管理却很严密:谁上了什么讲座和研讨课,谁属于什么协会、社团和聚餐团体,谁参加什么庆祝活动,这一切都要登记,不欢迎匿名参与者,而且匿名参与对其个人地位和学习成绩也没有益处。

　　所以，大学生活并不仅是延期踏上职业生涯阶梯的一段时间，它本就是一种社会交往形式，有已被认可的游戏规则和传统的组织结构，卡夫卡只能以完全孤立为代价才能摆脱这一切。最主要的是，为数众多的大学生协会给人造成了大学生们好斗的印象。因为这些组织通过许多喧闹的，有些是公开的仪式来形成各自的团体自我，这包括身穿制服的集体周日散步，也就是所谓的"漫步"，重要的是，他们尽一切努力，保持他们的民族和宗教的同质性。这样一种男性社团里的情况，卡夫卡在他那被禁止的"学生帮"中已经有所了解，这一经历没有让他被吸引到某个大学生社团中去，也没有进入某个随处可见的犹太大学生团体，这些社团唱歌、比剑，最主要的是无节制地喝啤酒，一切都严格遵循"社团准则"。

　　卡夫卡认为，更有意思的是另一个横向组织，它关注代表学生们的利益、促进通识教育和文化方面的事宜：这个组织叫"布拉格德裔大学生阅读和演讲大厅"，简称**大厅**。"大厅"是一个协会，协会不在意地位的差别，也就是说，会员是否属于某个社团或者属于自由"非社团大学生联合"，都不重要，这里看重的是每个人个体的投入。当然，"大厅"也是有德意志民族主义倾向的，自我定位是抵御日渐增强的捷克人影响的堡垒。不过，尽管如此，它还算是自由的，秉承着 1848 年理想的德意志民族性，与反犹主义甚至种族主义等乱七八糟的思想毫不相容：他们的口号是"德意志自由"，即便是受过教育的、有传统意识的老城犹太人也能用这个口号。有德意志沙文主义思想的学生们都不加入"大厅"，而是更愿意加入"日耳曼尼亚"，这是一个与"大厅"平行的学生组织，是十年前从"大厅"中分离出去的，它的组织原则中有一条极端的"雅利安条款"，所以明确拒绝犹太人加入。在"大厅"这个组织中，来自波希米亚北部和摩拉维亚德语区——也就是后来的"苏台德区"——的大学生们感到非常舒服。

　　鉴于有这样一群人，所以在"大厅"中还是非常安全的，卡夫卡毫不犹豫地加入了。大学注册之后，他立刻到位于费迪南德大街（Národní trída）的"大厅委员会"自我介绍，填了一份申请表，交了四克朗的入会费。然后，他的名字被公示在协会布告栏一个星期，如果有人对他的民族归属性或者思想有任何怀疑，可以举报。因为没有出现这种情况，卡夫卡在 11 月受邀参加一个内部集会。集会上，他必须与其他新会员一起，身着黑色西服，站在协会旗帜前，举手宣示，保证在"思想上忠于德意志"——这个仪式是"大厅"章程中明确规定的。之后，按照所有大学生协会的样子，给他胸前斜挂一条绶带，黑红金三色，上面写着 1848 年。这条绶带，卡夫卡在有庆典时经常戴着，包括在街上，女教师安娜·普察洛娃甚至能回忆起，有一次他戴着德意志绶带走进厨房，来跟她"严肃地敬礼"告别。[10]

　　卡夫卡对自己进入新角色后的这种意识形态基本教育不仅接受，而且还有些炫耀，这是完全可以相信的——因为在他成长的那个世界里，制服、旗帜和颜色的象征完全是日常现象，而且带着一种平民的纯洁无辜，并且在情色广告中也有不小的意义。卡夫卡从来没有沾染过这种游戏——他的朋友保罗·基希在通过中学毕业考试后**几个小时**，就穿着某个大学生社团的礼服四处炫耀。卡夫卡也从来没有想过必须通过排斥甚至贬低其他人来不断强化和唤醒自己团体的认同。卡夫卡很反感敌对状态，他认为命中决定的敌对状态是不幸，他根本不理解怎么能从对手身上获得**快感**。

　　当然，在自由的**大厅**里也不可避免地会遇到完全不同的人。尤其是协会的领导层——**委员会**，那里面都是一些精英学生，他们非常在意自己的德意志民族性，如果有协会成员（他们依靠这些人的选票），甚至德裔的教授们（其中有很多是"大厅"的荣誉成员）说他们有妥协倾向，那他们会极为不舒服。奇怪的是，卡夫卡的一位亲戚，一个远房堂兄，作为

发言人和积极的决策者,在协会中非常突出:这位比弗朗茨年长两岁的
布鲁诺·卡夫卡直到1904年获得博士学位前(他博士毕业的同时退出
了犹太教会)一直在协会的领导位置上。这位成功人士出自卡夫卡家
族威望最高的那一支,对他的旺盛精力,弗朗茨带着礼貌的距离感表示
敬佩,而布鲁诺对这个沉默寡言的新会员则视而不见。[11]

　　"大厅"内大约五百名基层会员,跟位于最高层的那群人,当然只在
一些正式活动中才有交集。实际上,社交生活是在各个"部"里进行的,
每个部里都有几十个兴趣相同的学生,他们之间的交往就没那么程式
化——虽然彼此间的称呼还必须用"您"。卡夫卡报名参加了"文学和
艺术部",虽然可以同时参加几个部,并且很多人都这么做,但是他似乎
从来没有光临过"法学和政治学部"(在这个部里,他的堂兄当然是一言
九鼎),同样,他也没有涉足技术部、医学部、象棋部和击剑部。

　　各个部的学生们主要是在"大厅"藏书丰富、秩序井然的图书馆里
会面,书籍都是整个德语区的捐赠者送来的。与大学图书馆不同,这里
有上千册包括最新出版的文学书籍,还有六百多份报纸和杂志,以及涂
了厚厚一层黄油的面包,这是图书馆专职管理员提供的。对于卡夫卡来
说,这个突然出现在面前的、开放的文化仓库,肯定具有非常重要的意
义,因为他自己家的藏书实在少得可怜,而他——完全依赖父母给的零
花钱——也不能太经常买新出版的文学作品。[12]左拉、施尼茨勒、维尔
布兰特、托尔斯泰、苏德曼、豪普特曼和易卜生:这些名字都排在大厅图
书馆被借阅最多的"纯美精神"书籍的热门书单最前面,很有可能,这些
作家也为文学部大约五十名成员提供了最多的讨论话题。卡夫卡在这
里得以极大拓展文学视野,并且与当下的发展趋势有了更紧密的关联,
而不仅限于《艺术守护者》为民众普及教育推荐的书目。另外,他在这
里还结识了不同专业方向的学生,这些人是他在大教室里永远不会遇到
的,其中也有几个是工业大学的。这些人聚在这里,目的是提高自己的

修养。

"大厅"的各个部之间就像相互独立的协会：每个部有主席和副主席，一个会计和一个书记员，负责为所有正式会议做记录。另外，每学期都会指定与总"大厅"之间的联络员，他们的名称是"文学和艺术汇报人"，甚至还有个人负责新闻工作，专门负责让所有公开活动及时刊登在日报上。

这类对**德裔**宾客甚至对**女士**开放的报告会和朗读会，文学和艺术部每学期要组织很多次，报告人大多来自他们内部（这才让**演讲**大厅名副其实）。报告会后的讨论只有简单记录；其中没有卡夫卡发言的记录。[13] 他的内向似乎在这个圈子里引起了一些人的惊讶，有一次，大家开玩笑地建议，可以专门为卡夫卡建立一个"内心生活"处。[14] 不过，他肯定也在逐渐成长，摆脱了惯常的观察者角色，因为第五学期初，他被选为艺术汇报人——接替他的朋友奥斯卡·波拉克，波拉克当时离开了布拉格——第六学期被选为文学汇报人。

他最终是否完成以及如何完成了这些角色要求，我们不得而知，然而，这些职务的惊人组合，正好反映了他的兴趣。卡夫卡在大学时代早期，曾经专心学习过造型艺术，他绝对没有把文学语言当作自己唯一可能的认同媒介。是的，他甚至认为自己有一定的绘画天赋，后来，他带着伤感的讽刺口吻写道：他曾经是"一个伟大的画家"，他一度能从绘画中获得最大的满足，但是，学校里的绘画课摧毁了他的绘画才能。[15]

237

所以，卡夫卡大学期间唯一一次**差一点**就做成的报告，不是讲文学作品，而是一个当下艺术题目。他与他那一代许多受过教育的市民一样，对日本绘画和彩色木刻印象深刻，这些作品，有些是出生于布拉格的犹太版画家和手工艺人埃米尔·奥尔力克自己的创作，有些是他从日本带回来的，并在一些引起轰动的展览和幻灯片报告中展示过。[16] 特别是生活改革的支持者们，被奥尔力克展览的内容所震撼：如果说在此之前,人们一直只把"日本主义"当作一种法国的时髦现象,那么现在,《艺术守护者》作为纲领宣称的"让审美渗透日常生活",在日本已经是现实和榜样了。

　　有明显的证据显示,在"文学与艺术部"内部,关于日本文学的讨论,很快也已经走到了文明评论的方向。因为1902年11月,二十岁的画家和法学系学生马克斯·霍尔博做了一个关于奥尔力克的报告,大受欢迎,之后仅仅两个星期,奥斯卡·波拉克就更进一步,在改革的意义上再谈这个话题:那次会议断断续续的记录中写道,"波拉克先生从埃米尔·奥尔力克的日本展览出发,探讨了我们时代的审美缺陷,我们的审美总是认为美离我们很远,我们的审美对于我们身边最近的自然毫无作用。报告人谈到了文化的缺陷——与文明相对的文化——并以日本人为例指出,他们比我们优越。"记录中没有显示卡夫卡是否参与了报告后的讨论,但是可以确定,他在会议最后突然出人意料地即兴宣布,他自己将做一个报告,他会在报告中——比他的朋友波拉克走得更远——把话题转到最根本的问题上:他的报告题目是《日本和我们》,虽然看似简单,但是难度很大。

　　卡夫卡没有兑现这个承诺,但这件事说明,只要有事情触动了他,他会立刻兴奋起来,在人际交往中的防御态度也会暂时松懈。在这件事中,甚至是在一位女性在场的情况下,因为布拉格女艺术家伊达·弗罗因特——卡夫卡后来还多次遇到她——作为客人参加了波拉克的报告会并且发了言。但是,刺激是从哪里来的?卡夫卡当然知道,不能把日本艺术品简单理解成生活的表达,而更应该是奥尔力克在日本学到的艺术技巧,与欧洲的艺术院校讲授的同样复杂、丰富。喜多川歌麿、歌川广重、葛饰北斋——这些人都不是所谓的"自然画家",不是像大家把唱歌的外行称为"自然歌者"那个意义上的艺术家。他们所创作的作品,都是经过强烈加工的,却具有一种迷惑人的简朴性,仿佛艺术中的技术因素完全被放弃了：他们似乎只需要一个动作，就能够准确表达一个形象或者一片风景的本质，他们画作所特有的"扁平性"，造成了一种二流的精致，一种极度简约的精致。"他们的理想是表现最根本的东西"，卡夫卡很可能在几天前从奥尔力克的一篇经验报道中读到了这些表述。"手段越简单，艺术家在创作时就越能集中注意力，作品也就越有价值……他们思考的时间越长，画的时间就越短。因为画中甚至常常——恰恰是那些最著名的！——只有很少的几笔墨迹。"[17]我们可以把保留下来的卡夫卡画作、特别是那些著名的"线条小人"，当作成功的尝试，在自己的路上追寻简约风格。或许，卡夫卡在接触日本艺术后，第一次豁然开朗地认识到，选择简单甚至是简陋的美学形式，并不一定最终走向"民间"糟粕。这一点，恰恰是超越了《艺术守护者》提倡的文人学院派理念的重要一步——即便卡夫卡当时还暂时没有认识到如何把这一新认识带到文学语言中来。

　　1902 年秋天，文学部给了卡夫卡一个影响深远的推动力，当然，这不是唯一一次。在学期初例行的组织大会上，出现了新面孔：卡夫卡**之后**的下一届学生，来自波希米亚和摩拉维亚各学校的毕业生，其中也有 239 老城文理中学的几个学生，他可能有模糊的印象。一个思想敏锐的法律系学生名叫费利克斯·韦尔奇——卡夫卡很可能在宗教课（因为总是两个年级一起上宗教课）或者甚至在犹太教堂里注意到他了。这个韦尔奇似乎与另一个新人，一个显然能言善辩且外表引人注目的年轻人很熟悉。那个十八岁的年轻人名叫马克斯·布罗德，他因为个子很矮，而且肩部明显畸形，所以看起来有些像侏儒，他戴着一副学究气十足的夹鼻眼镜，与年轻人的温和气质不太般配，更加突出了他的滑稽。

　　布罗德似乎没有任何自卑感，跟同样来自史蒂芬文理中学的几位老同学一起出现在这里，他感到很惬意。在文学部的第一次会议上——当时，他还没有宣示忠于德意志精神——他就积极参与讨论，主动报名要担任艺术报告人和书记员，甚至预告要独立做报告，当时，他显然已经写完了报告，因为仅仅四天之后，他就想加入系列报告。而且据说这还远远不是全部。布罗德几乎同时加入了音乐部，在其中担任"账房先生"的职务，并且明确许诺参与一次公开的学术音乐会。小个子布罗德学习法学，这是一个需要刻苦学习的专业，他是否过高估计了专业学习留给他的课余时间？

当时很普遍的是，学生们就某部文学作品、某次戏剧演出或者某个展览做报告；哪怕是自己去意大利的旅行印象，也足够让人作为报告人踏上讲台。像波拉克和卡夫卡预告的那种宽泛的题目，是比较少见的，因为那要求报告人有超强的自信和极大的动力。对布罗德来说，这都不是障碍。他想讲的是他在过去三年中最关心的事情——除了文理中学的课程学习和数不过来的钢琴课——那就是叔本华哲学。雷克拉姆出版社出版的六卷本叔本华选集中的每一个字，他都读过好几遍了，好像那是神圣的文章；许多段落他都能背下来；他读过**关于**叔本华的书，也读过被叔本华称为有资格与自己决斗的作家们。他想做这方面的报告：不是讲某个文本历史或者什么知识性的内容，而是讲所有这一切，讲"叔本华哲学的命运和未来"。

这真的是不幸的意外：恰恰是在 1902 年 10 月 23 日晚上，那个对布罗德和卡夫卡应该都具有非常意义的晚上，**没有**找到记录，也没有报告人的原始笔记，或者某位在场者的报告。布罗德本人后来曾试图按照时间顺序整理那天发生的事，他回忆起，他曾非常激烈地反驳尼采对叔本华的批判。如果人们明白了叔本华的确定性学说——那个敏捷的年轻人布罗德坚信——那人们就不可能找到确凿的理由去反对它。尼采**确实**理解了叔本华，所以，他对自己曾经的老师的贬斥完全是出于另外的原因，是出于竞争的想法，是因为虚荣……不论用什么词形容吧。总而言之，布罗德认为尼采是不诚实的,背叛了自己的师承。尼采是"骗子"。[18]

这种观点有点太过分了,就连谨言慎行的卡夫卡都无法容忍。他的尼采之夏,他阅读《查拉图斯特拉如是说》的难忘经历,刚刚过去两年;现在,这个毛头小子想告诉他,那本世纪之书是一个大骗子拙劣的作品?卡夫卡抗议并反驳。至于其他人是否赞同他——波拉克应该也在场——我们不得而知。但这件事让他无法平静,活动结束后,他还跟布罗德继续讨论,他们一起走进湿冷的夜里,走回家,一个陪着另一个,走到沙伦巷,又走到策尔特纳街,接着又走回去,然后又重新开始。他们谈论哲学和文学,争论艺术与生活的关系。

这是短短几年中的第二次,在与奥斯卡·波拉克接近之后,卡夫卡第二次经历了一个人,一个与他自己内心阴暗的经验完全相反的人。他所遇到的是个有多方面天赋的人,他不是以空想的方式消耗自己并让自己失去行动能力,而是积极地甚至是躁动地向外散发能量,似乎没有自我怀疑,具有不可思议的兴趣和精力。那么说,人是有可能极具天赋、敏感和有教养,而不必在这些负担下变得沉寂;有可能在一个由书籍、绘画和理念组成的世界中生活,同时不把自己从别人的现实世界中剔除出来。使这一切成为可能的能量源泉是什么,还不清楚,这是十九岁的卡夫卡长久以来感到不安的神秘之事。"生命力"是当时的流行词,能精准地描述这个现象,在波拉克和布罗德的各种才能中,生命力能涵盖其他所有才能。但是,这项能力本身并不是最重要的,卡夫卡的父亲也充满生命力,就连那个因为害怕高中毕业考试而试图逃往美国的中学同学也精力旺盛,后来死了。问题的关键是,如何能让生命力和反思能力在同一个身体里共存而不相互扼杀。布罗德也无法解释,但是他以令人着魔的天真表明这是可能的。布罗德具有强大的吸引力,因为他能拉着自己一直向前走,越过所有反对的力量和摇摆不定。所以,他称当时最有影响的哲学家是骗子,唯一的原因是他以错误的方式选择了立场。于是,布罗德预告了他的下一个报告,不可思议的是,他要讲的偏偏是常见哲学批评中的立场和缺乏客观性的问题。

　　布罗德践行了他的承诺。1903 年 1 月 11 日,他再次站上讲台。他的报告题目过于草率——"关于批评的一些想法"——然而,到场的听众人数之多,是很久没有过的现象了。大家都在议论纷纷,说文学和艺术部吹进了一股新鲜空气。

注释

　　[1] 卡夫卡日记,1920 年 2 月 15 日。(《卡夫卡日记》,第 854-855 页)卡夫卡写作中很少见的方括号,是他自己后加上的。

　　[2] 餐馆"弗里西亚"的顾客留言簿上是这样写的,是西格弗里德・勒维的笔迹,这说明在这次旅行之前就已经做出了这个决定,而不是在与对自然科学感兴趣的舅舅交谈之后才有的想法。参见布丽吉特(Brigitte)和赫尔穆特・亨特尔(Helmut Heintel):《弗朗茨・卡夫卡:1901 年独自在诺德尼岛和赫尔戈兰岛?》(Franz Kafka:1901 allein auf Norderney und Helgoland?),载于《海盗》(Freibeuter),1983 年第 17 期,第 21 页。

　　[3]《卡夫卡遗作和未完成的残章》(二),第 195 页。

　　[4] 这个学分表参见瓦根巴赫:《弗朗茨・卡夫卡:青年时代传记》,第 253-254 页。

　　[5] 卡夫卡致奥斯卡・波拉克的信,1902 年 8 月 24 日前后。(《1900-1912 年书信集》,第 13-14 页)这封信的原件是卡夫卡从避暑地写的,后来马克斯・布罗德在波拉克的遗孀那里找到,但是之后丢失了。1937 年,布罗德第一次把这封信收入卡夫卡书信选集时,曾删除了一大段,根据他的回忆,那是一段与绍尔的"激烈论战"。(卡夫卡:《书信集,1902－1924》,第 496 页)显而易见,信件空白之前的最后几句话,是卡夫卡关于德语文学"需要处理的"风景的想象,也是针对奥古斯特・绍尔的,因为"风景"是绍尔的文学历史核心范畴之一。如果把被布罗德删除的名字填上,那么结合上下文,这几句话就是:"那么,我想给你

讲一个奇特的故事,讲维兰德[绍尔教授],上帝保佑了他,但他被弗朗茨·卡夫卡战胜了。[另起一段]不论我躺着还是站着,他一直跟着我。每当我躺在葡萄园的矮墙上,俯瞰原野,或许看到或者听到山后远方有些可爱的东西,那么,肯定会有人从墙后站起来,发出巨大声响,庄严地咩咩咩叫着,威风十足地说,这个美丽的风景是绝对'需要得到处理'的。他详细说明,他有一个专著或者一部优美田园诗的计划,并且让人觉得非常有必要。除了我自己,我没有什么可以用来反对他的,而这远远不够。"(《1900-1912 年书信集》,第 14 页)绍尔后来的另外一个学生约瑟夫·纳德勒,只比卡夫卡小一岁,写出了几卷本的《德意志民族文学史:德意志种族和风景的文学与书写》(Literaturgeschichte des deutschen Volkes. Dichtung und Schrifttum der deutschen Stämme und Landschaften;1912 年起),将绍尔的计划普及化(在 1938 年第四版中,添加了反犹的内容)。"苏台德德意志民族性"这一概念的发明者弗朗茨·耶瑟也是绍尔的学生,他从绍尔手中接过了《德意志创作:波希米亚德意志人的精神生活月刊》(Deutsche Arbeit. Monatszeitschrift für das geistige Leben der Deutschen in Böhmen)的出版工作。

[6] 卡夫卡致奥斯卡·波拉克的信,1902 年 8 月 24 日。(《1900-1912 年书信集》,第 14 页)

[7] 这也是出于政治考虑,因为,为了避免捷克人的要求,维也纳的声明中严格避免使用"分裂"一词。所以,1881 年 4 月 11 日皇帝的"最高决定"中的措辞非常委婉:"我同意,布拉格的查理-费迪南德-大学可以做如下调整:分别有一个用德语和波希米亚语上课的大学,这两个大学必须继续使用查理-费迪南德这个名字。"

[8] 这种倾向在德语语言文学教授阿诺伊特·维伦·克劳斯身上非常明显。他 1883 年在德语查理大学获得博士学位,1898 年在捷克查理大学获得教授席位,所以他实际上是奥古斯特·绍尔的捷克对手。他的发表物中,大多数都是研究德语文学中的波希米亚母题和波希米亚文学中的德语母题;他还研究那些在波希米亚生活过的德语作家,对此,绍尔表示过礼貌的兴趣。参见伦卡·波科尔诺(Lenka Pokorná):《捷克德语文学研究的开端》(Die Anfänge der

Tschechischen Germanistik），载于汉斯·伦贝格（Hans Lemberg）主编：《国家竞争中的大学——十九和二十世纪布拉格大学的历史》（*Universitäten in nationaler Konkurrenz. Zur Geschichte der Prager Universitäten im 19. und 20. Jahrhundert*），慕尼黑，2003 年，第 115-133 页。

[9] 根据捷克斯洛伐克临时国民议会 1920 年 2 月 19 日的决议，卡罗林楼和全部档案都归捷克大学所有。德语大学继续存在，其官方名称只能是"布拉格德意志大学"。

[10] 普察洛娃：《在卡夫卡家做家庭教师》，第 66 页。马克斯·布罗德也在回忆中提起，卡夫卡"自豪地"戴着那个绶带。（《好斗的一生》，第 123 页）

[11] 布鲁诺·卡夫卡（1881-1931）是萨穆埃尔·卡夫卡的一个孙子，而萨穆埃尔·卡夫卡又是弗朗茨·卡夫卡祖父雅克布的一个兄弟。卡夫卡的教父，那个有钱的利口酒工厂主安格鲁斯·卡夫卡，是布鲁诺的一个叔叔。布拉格最著名的律师之一莫里茨·卡夫卡——也曾短时间代理过赫尔曼·卡夫卡的业务——是布鲁诺的父亲，并且从上大学开始就是"大厅"的成员。据马克斯·布罗德观察，弗朗茨和布鲁诺在大学期间没有任何交往。（《好斗的一生》，第 157 页）后来在工作上倒是可能有联系，因为一战期间，布鲁诺·卡夫卡负责布拉格的战时供应委员会。另外，他做了法学教授，后来当上了系主任和德语布拉格大学的校长。1918 年之后，布鲁诺·卡夫卡在政治上是德语少数族裔的最重要代表之一。他因患肝癌而早逝。

[12] 胡戈·赫希特证明，卡夫卡"如饥似渴"地利用"大厅"的图书馆（《与弗朗茨·卡夫卡同学十二年》，第 43 页），但是马克斯·布罗德却在他的自传中令人惊讶地说，卡夫卡对这个图书馆毫无兴趣。（《好斗的一生》，第 159 页）哈尔穆特·宾德对卡夫卡加入"阅读和演讲大厅"的情况进行了迄今为止最详细的重构，他证明，布罗德对这几年的回忆非常不可信；参见宾德："在为德意志思想握手之后……"：卡夫卡在"阅读和演讲大厅"（»Nachdem der Handschlag auf deutsche Gesinnung geleistet worden. . . «. Kafka in der »Lese- und Redehalle«），载于《埃尔莎·拉斯克-许勒年鉴：经典现代派》（*Else-Lasker-Schüler-Jahrbuch zur*

Klassischen Moderne），2003 年第 2 期，第 160-207 页。在这篇文章的附录中，有一份卡夫卡大学期间"文学和艺术部"举办的四十七个会议和活动的列表。最重要的一条信息来源是"布拉格德裔大学生阅读和演讲大厅"的年度总结报告和文学部的记录簿，都保存在布拉格大学的档案馆。

　　[13] 1902 年 1 月 19 日，法学系学生格奥尔格·皮克在文学部做了关于"豪普特曼的童话剧"的报告，报告之后，显然有一场激烈的辩论。记录中写道："卡夫卡发表了人身攻击……"，这句话一开始被划掉，后来又恢复了。卡夫卡在加入大厅后几个月，就表现出如此的攻击性，实在是令人难以置信。实际上，有一些迹象能说明，这里有可能指的是布鲁诺·卡夫卡：一方面，有记载表明，格奥尔格·皮克做其他报告时，都有与之交好的大厅委员会成员在场；另一方面，卡夫卡自己承认过，他根本没看过豪普特曼的《沉钟》。（卡夫卡致马克斯·布罗德的信，1918 年 1 月 20 日）

　　[14] 卡夫卡写给保罗·基希的明信片，1903 年 3 月 11 日。（《1900-1912 年书信集》，第 24 页）

　　[15] 卡夫卡致菲莉丝·鲍尔的信，1913 年 2 月 11 / 12 日。（《1913-1914 年书信集》，第 87 页）卡夫卡可能是在大学毕业后才在一个现在已经无法确认的"很差的绘画教师"那里上课。古斯塔夫·雅诺施说，卡夫卡在去世前几年，曾多次表达过愿望，希望能画得更好。尽管雅诺施关于卡夫卡的回忆基本不可信，但这一点似乎是可信的。

　　[16] 1901 年 12 月底，埃米尔·奥尔力克在德意志之家里展品售卖一空的镜厅中做了两次关于日本的生活与艺术的报告，他曾经在日本生活过一年多，当时刚刚回来。1902 年 11 月，在鲁道夫画廊举办了一个奥尔力克水墨画和彩色木刻展。所有展品后来都被布拉格铜版画陈列室收购了。

　　[17] 埃米尔·奥尔力克：《摘自一封信［东京，1900 年 6 月］》（Aus einem Briefe［Tokio, Juni 1900］），载于《德意志创作》，第 2 年度，第 1 期（1902 年 10 月），第 62 页。

　　[18] 布罗德：《好斗的一生》，第 159 页。

第十五章　朋友马克斯

> 每个人对自己来说都是个秘密，我也不想
> 知道。

格尔哈特·波尔特[①]

关于卡夫卡的第一部传记于 1937 年在布拉格出版。它出自卡夫卡的朋友布罗德之手，副标题是"回忆与文献"。事实上，这不是一部以独立的历史、生活和文学史研究为基础的生平描述；布罗德主要是依靠自己的回忆、书信和日记，再辅以（显然不是非常有目的性的）与相关人员的交谈和卡夫卡未发表的笔记。这部传记的外观就已经给人以正统的感觉，因为它与卡夫卡的第一版作品集的装帧完全一样，这套六卷本的"作品选集"是布罗德在此前几年编辑出版的。布罗德是卡夫卡终生的朋友，卡夫卡作品出版人无可争议的评注者，他有权利以自己编写的第七卷书暂时给卡夫卡作品画上句号。[1]

这里透露出的垄断性要求，后来经由布罗德说教式的措辞风格，被更加突出了，就连那些愿意相信他的解释的读者，也觉得反感。所以，跟

---

① 格尔哈特·波尔特（Gerhard Polt, 1942- ），德国卡巴莱演员，作家，电影和电视演员。

卡夫卡很熟悉的朗诵家路德维希·哈尔特写道,布罗德在传记中表现得像是卡夫卡的监护人:他好像担心让卡夫卡独自面对读者。[2]当然,批评更加尖锐的是瓦尔特·本雅明,他认为,布罗德对卡夫卡作品的宗教解读是错误的,并且在格斯霍姆·肖勒姆①的启发下,为这本传记写了书评。本雅明毁灭式的批评主要针对布罗德毫无距离感的态度,针对布罗德对卡夫卡作品进行了和谐化修改、试图贬低其他所有可能的解读方式。这篇书评几十年后才得以发表,不过发表时布罗德还在世,书评的高潮令人深思:本雅明认为,卡夫卡与**这个**男人的友谊,是他生命中不小的一个谜团。[3]

这当然引起了反对的声音,布罗德对于卡夫卡作品的贡献肯定是不容置疑的,是他保护了卡夫卡的作品免于销毁,并带着它们踏上了流亡之路。面对这样的功绩——这当然更多是道义上而非客观理论方面的意义——本雅明的批评只能被理解成侮辱。卡夫卡当初在选择朋友时是否应该更挑剔些?对此,卡夫卡传记作者恩斯特·帕维尔愤怒地反驳说,只有"生活在理念王国中的"、对于人与人之间共同生活的规律毫不了解的知识分子,才会想出这种馊主意:"他这样对布罗德是不公平的,布罗德本质上是天然率真的:他热爱生活。他对生活的乐趣能够解释他永不气馁的乐观主义精神——而卡夫卡痛苦地认识到,自己身上恰恰缺乏这一特征。"[4]

帕维尔对本雅明智性的怨恨显得有些幼稚,同样幼稚的还有,他认为卡夫卡需要朋友的这种"永不气馁的乐观主义精神"。实际上,卡夫卡在二十多年的时间里,有足够的机会认识到,布罗德"积极的思想"并非无懈可击,而是建立在压抑和排斥许多东西的基础上的,并且多次把他引到错误的期待、错误的决定甚至是公开出丑的境地。实际情况是,

①　格斯霍姆·肖勒姆(Gershom Scholem, 1897-1982),犹太宗教历史学家。

卡夫卡没有能力并且也不愿意——这适用于他所有的社会关系——把某个人的实际能力和他的意图及性格区分开来。他认为，如果这些方面中有一项是好的，那么另一方面也不会不好——这无异于孩子的判断方式，特别是根据进步主义教育理论，可量化的结果不如良好的意愿、学习能力和热情重要。那句讽刺性的格言"善意就是善的反面"，卡夫卡是绝对不认可的；实际上，卡夫卡不仅原谅布罗德直率的热情，他还要求布罗德要承认别人的好意，即便对方表现得像敌人。

244

能激动起来，并且能把这种情绪强有力地投射到世界中去，这绝对是布罗德身上一个显著的特点。他倾注热情的对象，常常是其他人身上被低估的艺术成就，而这些人之后都肯定会获得他们这位布拉格**粉丝**的无私支持——在后来的几十年中，获得帮助的不仅仅是卡夫卡。弗朗茨·韦尔弗、雅罗斯拉夫·哈谢克、莱奥什·雅纳切克和卡尔·尼尔森都受到布罗德坚定、有时候是关键性的帮助，此外还有一些今天不太有名的作家和作曲家。布罗德一旦做出决定——也就是说，一旦他认定"发现"了某个人的作品——那他就不惜一切努力，一定要让这部作品"获得认可"，而且不求回报。不过，他也完全不考虑，第三方是否能理解他的推荐，或者他的极力推荐是否会让被推荐者陷入窘境。在这方面，卡夫卡有过难堪的经历：布罗德年轻的时候就这么做过，他把卡夫卡的画拿到一个布拉格画家圈子中去展示，证明自己的朋友是"非常伟大的艺术家"。[5]

布罗德用推荐信和急切的要求轰炸每个他能找到的艺术经纪人，其中也包括作家、戏剧评论家、出版人和记者，而他跟这些人之前从未通过信。这样做的结果是，逐渐形成了一个越来越交错、越来越庞大的通信网，使他的活动范围和影响力有时候会超出布拉格。早在 1910 年之前，他就跟维也纳和柏林文学圈有了密切联系，从这些文化中心的视角看，布罗德代表着外省的声音，他能告诉所有人，在那个死气沉沉又躁动不安的双民族的布拉格,究竟发生了什么。他不仅是卡夫卡遗稿的管理人,在第一次世界大战前,布罗德就以独特的双重身份被大家认识了:既是作家又是中间人,与维也纳的文艺副刊作者和写手赫尔曼·巴尔很像,当然,巴尔的影响要大得多,并且以文学产业为职业。

布罗德坚持不懈的积极推动并非到处都受到欢迎,对此,布罗德的 245 解释是客观障碍和人性弱点:出版商害怕风险,业已成名的作家面对竞争的嫉妒心理,批评家对所有新事物的冷漠,包括潜意识中的民族偏见等。对于这些困难,布罗德也能举出有力的例子和亲身经历;在他一生中,这样的困难似乎越来越多,到最后,困难多到他在回顾自己的一生时,发现那是"好斗的一生",并且在同名自传中,用了大部分篇幅来描写争斗,在争斗中,他如何用真诚的心面对强大的惰性,他不得不"违背自己的本意,充当辩论者"。[6]

卡尔·克劳斯有一次在谈到他特别痛恨的那类"无气节作家"喜欢大量使用战斗比喻时总结道:"无气节作家的意思就是……永远是战士:他折断长矛,甩出手套要求决斗,他高举旗帜,告诉对手自己的意图。"[7]这类人和他们的"精神战斗"比喻,在战前的奥地利和德国,是极其普遍的现象,是的,这正传递出那个时代的文化气息。与此相联系的首先是,布罗德几十年后写下的回忆录,不断重复一个过往时代的妥协姿态,并且以智性的样貌不断往回看。老年的马克斯·布罗德也许是对的,他在跟克劳斯算账,跟韦尔弗和所有在半个世纪前表现得忘恩负义或者心怀恶意的人算账,不管当时的情况是多么无足轻重。当然也有他的错,布罗德有时候也愿意承认这些错误。但是,这都是在通向真理的阶梯上踏错的脚步,在这之后都会取得认知的关键进步。"我的生活中经常有这样的情况,"布罗德以动人的坦诚写道,"我会固执地犯一些明显的错误,而只有突破了这些错误,我才能获得些许[!]正确的认识。"他实际上是为了说明,叔本华当然也曾走在一条"迷途"上,而尼采在去世之后很久,也应该受到"强烈的批判"。[8]

246 　　布罗德一直以来就偏好这种关于世界观的空话,就连他小说中——从他的长篇小说《大冒险》(1918)开始——也有非常大的篇幅混杂着这些内容。这种话从这个不满二十岁的年轻人嘴里说出来,听起来当然还有另外一种完全轻松愉快的语气。年轻的布罗德在论战中的肆无忌惮和即兴演说的能力,展现了他本人博览群书,不畏哲学权威,所以,即便有人不同意他的观点,也会因他而感到精神一振——尤其是在一种强调机械练习和顺从的教育体制中。这个年龄的布罗德认为,他所经历的毫无创造性的教条主义,都是既得利益者为了维护自己的地位而坚持的可憎恶习;他感觉到自己身上的多重天赋,也享受这些天赋带来的乐趣,并且想尽可能探索这些天赋的边界,甚至不惜表现得事后不一致,有时候言行过分。

　　但重要的是——这是一种青少年的错误,而他长期坚持这种错误——布罗德不愿意承认,在接受的天赋和创造的天赋之间有着重大的区别。比如说,作为钢琴师,他的弹奏绝对能让人听出来,他熟悉很多古典音乐总谱,**现场**听过无数演出——那么,是什么让他不能尝试自己谱曲呢?说到底,他的三十多部歌剧积累,也只限于从"歌德歌曲"到"以色列农民舞蹈"。在哲学上也一样:他读过柏拉图、康德、叔本华、尼采——难道这就足够让他以自己的名字提出哲学"观点"了吗?后来,跟韦尔奇一起,他甚至大胆到敢去写一部哲学基础著作,能预料到,这本书后来毫无影响,这让他非常吃惊并且受伤。最后,他把这套逻辑也带到了文学领域。他知道,他驾驭语言的能力很强。他感觉自己对文学作品有很好的领悟力,有些作品能够感动并改变他。他觉得,这就足够让他出版自己的第一部诗集,他就可以把自己的第一部剧作看作顺理成章的、必然的结果。所以,布罗德很早就**实现了**其他人梦想的事情。

247 　　他很确定,他凭借自己的任何一种天赋,将来都会成功的,只要他有这样的确信,那么他的战斗就会是游戏式的练习,卡夫卡也乐于旁观。但是,这种自恋式的充沛情绪,缺少能让他不出格的制衡力量。布罗德知道,他"差不多是个神童",很早的时候,他的父母就证实了这一点。[9]然而,神童也需要逐渐成熟的时间,也需要集中精力的时间,也需要完善自己技艺的时间,以便能将自己的潜力完全发挥出来;神童需要有敏锐的感觉,知道自己什么时候没有达到自己**能够**达到的高度。这种对自己的怀疑和与之密切相关的完美主义要求——这两者在卡夫卡身上太多了——布罗德从不认为是创作的动力,他认为这是弱点,甚至是怪癖。他初期取得的成功,似乎证明他是对的。在勤奋写作的同龄朋友圈中,布罗德是第一个被布拉格文学读者群所认识的,并且在波希米亚之外的地方也引起了关注。

然而,公众的反响对布罗德来说,来得太早了。它刺激着布罗德,让他陷入一种急功近利的忙碌,几年之后就证明,这种状态不幸地撕碎了他的精力和天赋。作为中间人和顾问,作为文学助产士,布罗德做出的成绩足以让他自豪,但是他对自己作为作家的职业生涯却不够深思熟虑。他觉得还不够快,他渴望的自由作家的生活还不能实现,在一战爆发前一年,他已经是十五本书的作者了,他认为自己"还在新手阶段"。[10]但是,他没有把自己的精力和工作集中起来去面对这些问题,而是用了自我推销的办法。他不断给编辑和出版商提出新的建议,利用一切机会,去跟著名作家拉关系,热情地向他们推荐自己新出版的作品。比如对来布拉格访问的阿图尔·施尼茨勒,但是施尼茨勒的反应非常冷淡,并且在给太太奥尔加的信中写道:"布罗德是个非常丑陋、虚伪、野心勃勃的人,偶然认识了他,他总是表现得非常热情的样了,然而无论从哪方面看,这都是个没什么希望的家伙。"[11]

在与卡夫卡相遇十年后的那个时候,布罗德的文学热情肯定还是真实的,尽管施尼茨勒不相信布罗德的作品中除了自私的算计还有别的什么。实际上,他所期望的通向真正声誉的突破越是没有到来,他就越是形成了一种矛盾的、非常难以看透的性格:一方面,他与所有取得巨大美学成就的人保持着热情的关系——这一直坚持到他生命的最后时光;另一方面,他越来越不能隐瞒他因为自己文学创作成就有限而产生的焦躁和痛苦。如果他把自己的成就与那些伟大的文学前辈相比,他肯定会诚实地说,卡夫卡或许有一天会进入这个显赫的经典作家之列,而他自己永远不可能。"是的,我谱曲,我勤奋工作,"《大冒险》中的第一人称叙述者说,"但是我运气不好,换言之,我不是天才。"[12]但是,如果布罗德把自己的创作放到当时的文学活动中比较,那么他会觉得自己被低估了,被误解了,受到了不公正的对待。二十年代中期,他就认为,他的作品没有达到应有的销售数量,也就是说没有达到像亨利希·曼或者斯蒂芬·茨威格这样成功作家的销量,是出版社的问题。

在社会范畴中思考,也不是布罗德的强项,最典型的是,面对那些不是因为个人性格或行为方式,而是由于大的群体意识形态和文化差异造成的矛盾他缺乏判断力。他认为,这种紧张对立都是由于误解,通过坚持不懈的解释就能解决——这个例子也能说明布罗德性格中的"乐观主义",这种乐观主义使布罗德在德意志人和捷克人之间频繁的民族主义骚动中能够同时被两方面接受。但这种与人友善的理论的弊端还是会显示出来,尽管布罗德把有充分事实依据的矛盾——比如说对他作品或者后来对他犹太复国主义信念的指责——仅仅归咎于误解,而他认为这些误解是可以通过"调整"轻易解决的,所以不能用闭口不谈的方式接受这些误解。因此,布罗德形成了一种特殊的偏好,在与别人的争论中,他不仅要最后一锤定音,而且还要——这一点与卡夫卡截然不同——评论自己的作品,甚至要给出唯一正确的解读方式。布罗德就自己的长篇小说《阿诺德·贝尔》(1912)的评论,就是一次令人震惊的、在当时文学领域独一无二的失败例子:他在小说第一版时就写了一篇后记,在后记中,他尝试反驳那些对他前一部长篇小说《犹太女人》的批评,因为这些批评可能会把对《阿诺德·贝尔》的接受引到错误的轨道上去。对于读者手上拿着的这本书,布罗德暗示性地、预先提供了一种阅读指导。他认为,他本人最清楚他想通过一部文学作品表达什么。[13]

这种建立和维护解读垄断的尝试,在布罗德早年间还算是一种令人耳目一新的做法,它颠覆了作家与批评家之间传统的讨论层级:作家不再扮演毫无理论经验的门外汉,他不再谦虚地承受书评人的判决,而是大张旗鼓地参与到评论工作中去。然而,他的这种挑衅性反抗行为,带着一股越来越强烈的自以为是和不宽容的气息,也是这个原因,作为卡夫卡代理人和自己历史管理人的布罗德最终失去了一部分声望。

眼看着一个朋友的作品比自己的好过千倍万倍,而且,是自己一辈子在鼓励这个朋友写作,这种悲喜交加的体验,对布罗德来说无疑是痛苦的。而他享受了几十年的那种二手荣誉,如果没有一种深深挫败感作为基础感受,是完全不可想象的。然而,即便是在这种奇特的模棱两可的情况下——这本身就可以是一部小说的素材——布罗德,这个好斗的乐观主义者,除了已经固化为习惯的防御性尖刻外,没有其他反应方式。他对那些"到处涌现出来的卡夫卡学家们"及其"东拼西凑出来的研究著作"的贬低,效果甚微;他试图用排挤和偶尔的操纵手段来捍卫自己的地位,这让他预感到某种不幸,但他从没有表达出来。他获得的声誉是:为了一项更伟大的事业而放弃了自己的利益。但是,他缺少一份坦然和平静,来承受这种声誉。[14]

马克斯·布罗德 1884 年 5 月 27 日出生于布拉格,比卡夫卡小一岁,不过,他的出身已经赋予了他在教育和社会灵活性方面的优势,这是那位比他年长一岁的朋友永远无法企及的。布罗德一家也是说德语的犹太人,他们是卡夫卡一家想要成为的人:他们是有保障的公民。银行

250

雇员阿道夫·布罗德,出身于一个在布拉格定居了几百年的家族,他的
社会阶梯起点,是赫尔曼·卡夫卡努力想要达到的位置,为了不掉下去,
他要拼尽全力。当然,一开始布罗德家也有经济上的困难,直到
阿道夫·布罗德升入波希米亚联合银行的管理层,他们家才在世纪转折
的时候达到了富裕市民的收入水平,实现了经济独立。而弗朗茨和他的
妹妹们几乎每天都要像仪式一样面对贫困的深渊和社会地位自由落体
的威胁,对于马克斯只是一种遥远的可能性,就像普遍意义上世界末日
一样的可能性。他父亲是一个强大机构的负责人,独立,但有固定的收
入和可预期的晋升机会,他在生活中确定地知道,自己属于一个拥有未
来的社会阶层;而弗朗茨的父亲却要在所谓**自由**竞争的冰冷风箱中努力
站稳脚跟,完全依靠自己的力量,肩负着沉重的责任,这种责任使他做梦
都不敢奢望真正的自由。可以确定的是,这两位朋友曾经交流过他们之
间这种根本不同的经历,以及由此而造成的所有心理与社会层面后果。
然而,布罗德很难理解,这种差异究竟有多深,为什么卡夫卡不仅是他父
亲明确的对头,而且还是父亲的继承人——这个继承人感受到的一切都
是不稳定的,他所拥有的一切都是转瞬即逝的,这对他的折磨不亚于他
那固执狭隘的商人父亲。布罗德曾试图**劝诫**卡夫卡,不要过高评价自己
的父亲,并因此而产生出自我毁灭的幻想。[15]其结果是我们都知道的。

251　　　至于卡夫卡是否更理解朋友情绪化的命运,我们不能确定,因为在
他的日记和书信中没有任何关于布罗德出身的反思。大学时代,他嫉妒
布罗德;当卡夫卡在沙伦巷 1 号的顶层,面对着随处摆放的总谱和家庭
图书馆——马克斯和他的弟弟奥托、妹妹苏菲从小就可以随便看这里的
书——他肯定感到无比震惊,同样让他震惊的是,他认识了一对夫妇,他
们理所当然地带着自己的孩子们去看无数的戏剧和歌剧演出,并且为自
己大儿子多种多样的、不断变化的兴趣爱好提出善意的建议。当然,儿
子必须要选一个能养活自己的职业,尽管身为银行副经理的阿道夫·

布罗德自豪地给初出茅庐的儿子早期发表的作品列了一个清单,但他当然反对过早地走到艺术专业上去。在神童获得声望和名誉之前,他还是要先学习法学;父母为此给了他一笔丰厚的零花钱,他可以随便使用。

几年之后,卡夫卡就经常出入布罗德家的住处了;他很快就明白,这里只是一个比自己家好一些的世界,但绝不是完美的世界。最让他惊讶的是布罗德父母之间的巨大矛盾,他们之间明显的紧张关系,即便是在访客面前也不可能长时间掩饰。阿道夫·布罗德性格内向,常常退让,甚至有些柔顺,总是非常注重面子,不喜欢过于直接的、特别是声音过大的表述,很少放纵自己的情绪。范妮·布罗德(娘家姓罗森菲尔德)是从波希米亚西北部的一个村子逃到布拉格的,为了躲避她好斗、爱争吵的母亲。她的性格与丈夫相反,她热情而强势,放任自己的各种情绪,对孩子也是时而温柔时而严厉。她喜欢唱歌——婴儿时的马克斯·布罗德就听过许多甜美的歌曲——她曾经尝试在一个业余剧团做女演员,也曾在布拉格一家时装店里做“女导购”养活自己。显然,她非常喜欢看到自己的表演效果,不管是婚姻还是对三个孩子的责任都不能阻止她,她这方面的兴趣越来越强烈,后来逐渐变得有点病态。最后,范妮·布罗德发展到歇斯底里的程度,首当其冲的受害者是市民家庭中最弱小的那位: 女仆。布罗德家更换女仆的间隔越来越短,新来的女仆都会受到由衷的欢迎,然后在大吵大闹中被赶走。这样尴尬的场面,很快就被传得尽人皆知,最后,那些可靠的劳务经纪人都把布罗德家列进了黑名单,对这家总是彬彬有礼的户主来说,这肯定是一种极大的折磨。孩子们不明就里地看着这一切,随着他们的年龄增长,令人惋惜的父亲就越来越被他妻子逼得走投无路,越来越没有威信。最后,范妮·布罗德最后一项能被其他人接受的特点,就只剩下她对音乐的热爱了,除了送她去接受心理治疗、不停变换膳食公寓让她去住之外,没有别的办法了——这是一个在道德方面非常矛盾的结果,因为,尽管她给家庭造成了各种不幸,马克斯还是认为自己对母亲有所亏欠。

布罗德是一个体弱多病的孩子,麻疹、猩红热和白喉都让他九死一生,一个受达尔文主义影响的医学教授曾经一口断定他活不长。这个毁灭性的判决似乎得到了验证,大概在四五岁时,布罗德出现了明显的脊椎后凸症的症状,这是一种脊柱弯曲,它会引起的并发症是,孩子的脖子和头会逐渐陷入两个肩膀之间。对整形外科毫不了解的家庭医生说,这没什么办法——突然之间,父母面临着一个绝望的情况:不是能不能培养出一个"神童",而是必须要让一个"残废"活下去。显然,实际上多亏了范妮·布罗德不懈地查找资料,才让儿子最终摆脱了这样的命运。她听说,在德国南部有一位长期受到学院派医学打压但是成就斐然的业余整形医生,于是,她把六岁的儿子从学校接走,赶往位于奥格斯堡-格金根的弗里德里希-赫兴诊疗所。

赫兴不是医生,而是一位"整形技工",作为工匠,他自己领会并掌握了整形器械技术的关键步骤。然而,他不满足于只给获准开业的医生提供最先进的技术设备,也独立负责诊断并治疗患者,他的诊疗所非常舒适,环境完全可以媲美任何一家著名疗养院。与之对应的是,赫兴的治疗费用也相当高昂,同样昂贵的是由他根据每个患者个性化制作的矫形器,其完美度在几十年之后都无人企及,并且——让保守的整形外科医生痛恨的是——让很多外科介入变得多余。

在格金根,小马克斯穿上一种当时已经很有名的"赫兴胸衣",这种胸衣由缠绕了皮革的钢制成,借助一个坚硬的环状领,把头部也固定住;另外,赫兴坚持要这孩子在他的医院至少住半年,接受运动治疗和饮食营养配餐,然后才能让他带着胸衣回到家乡。[16] 回家后,马克斯又可以跟同学们在一起,他获准升入二年级,但是从衬衫中露出来的头托吸引了所有同学的目光,他不得不一遍又一遍地解释。整个小学期间,甚至在那之后一两年,布罗德都是一个非常奇怪的现象——如果他不想因此

253

而绝望的话,那他别无选择,只能把残疾融入他的自我形象,并以此作为
"有趣"的特点让自己引人关注。他的整形最终很成功,脊柱残留的扭
曲并不明显,作为班级的优秀生,让布罗德与众不同的是其他特点。他
的父母却欠下了巨额债务,只能靠父亲晚间兼职慢慢偿还。

　　布罗德的获救,依靠的是他强大的母亲和面对巨大压力毫不抱怨的
父亲,这个故事对于卡夫卡来说,肯定在很多方面都值得思考。如果是
他遇到同样的事情,会怎样? 那他只能期待做乡村医生的舅舅帮忙,因
为父母的精力都放到了生意上,不可能抽出几个月的时间陪他们的儿子
去国外治疗,更不用提费用上的超负荷压力了。令人惊讶的是,这持续
多年的、对一个孩子来说肯定显得无比漫长的、充满痛苦的限制,不仅没
有对马克斯造成心理伤害,而且他还从这场近乎灾难的经历中得到了一
种高贵的收获,表现出强大的生命力和适应性,这是卡夫卡不可能达到
的。最令人惊愕的是:布罗德的身体曾让他备受折磨,而且其畸形不能
完全矫正,但即便如此,布罗德与自己身体的关系,似乎也不像卡夫卡与
自己身体的关系那样成问题。他经历的多次恋爱关系和性享受,是布罗
德生活和思想的重要组成部分,哪怕卡夫卡可能偶尔会有念头一闪而
过,觉得在深处有什么不对劲的地方,觉得这个"残疾人"可能是要不断
证明自己,但卡夫卡还是嫉妒布罗德在感官享乐方面简单而纯粹的积极
态度,嫉妒布罗德能毫无畏惧、无怨无悔地投入这种快乐。

　　卡夫卡与马克斯·布罗德的亲密关系——尽管其强度时有变
化——有些令人费解,他们俩的友谊中有非常多、甚至隐隐有点奇怪的
不对称性,所以,瓦尔特·本雅明当然会感到奇怪。当然,卡夫卡此时表
现出的生活模式之后还会有很多变化,并且还会使他——想想他为那位
柏林女职员菲莉丝·鲍尔进行的长年斗争——陷入更加费解、更加矛盾
的关系中。卡夫卡觉得,跟自己关系最近的人,是自己无法分享其生命
活力的人,但他并不因此感到压抑:他可以跟别人的生命能量流对接,

254

但并不会失去对这种能量**剂量**的控制。仅有生命力是不够的,他还要求这生命的代理人有高度的耐心,特别是要能忍受一定的疏离,马克斯·布罗德这一束能量**有**这种耐心,或者更准确地说,在与卡夫卡的交往中,他学会了这种耐心。(卡夫卡与恩斯特·魏斯的友谊,就是因为后者拒绝这样的要求,所以很快收到卡夫卡的告别信,这是后来的一个反例。[17])

255　　　我们可以把本雅明的观点反转过来,提出如下问题:马克斯·布罗德在人际交往方面比卡夫卡积极和独立得多,他出于什么原因会接受这种苛求呢? 他为什么需要卡夫卡? 这个问题很棘手,靠保留下来的现有资料不可能做出最终的答复。但是,布罗德晚年不断把他们俩的友谊理想化,并且试图抹去任何心理作用的痕迹,他在这方面表现出的激烈情绪本身,就足以引人注意。

　　布罗德在史蒂芬文理中学有一个相识多年的朋友,那个人非常崇拜他,把他说的每一句话都精确地记录下来,他就像一个活的笔记本,供布罗德使用。这个朋友叫马克斯·鲍宇默,一个矮小、粗壮但非常灵活的男孩,他虽然没有参加青春期孩子们矫揉造作的诗歌创作,但是他很早就成为一个专注且敏感的读者,布罗德跟他一起读书、看戏十多年。这种密切关系也没有因为布罗德从 1902 年秋天开始的法学学习而受到影响,当时,家境富裕的鲍宇默学的是哲学、德语语言文学和音乐理论(后来,他在一家银行谋得一个职位,就是布罗德的父亲供职的那家银行。)在大学那几年,布罗德和鲍宇默每天见面,经常一天好几次,鲍宇默自豪地陪伴着与自己同名的朋友[18],一同迎接其首批作品的出版。

　　这个好朋友在二十六岁那年去世了——估计是死于心力衰竭——这是布罗德一生中第一次经历给他造成心理创伤的损失;鲍宇默曾经是他的一面镜子,他最好的倾听者,此外,还是一个温和的修订者,没有丝毫自己独立创作的野心,所以永远不会成为竞争者。对于雄心勃勃的论战者布罗德来说,跟鲍宇默在一起,曾经意味着拥有一个保护区和缓冲区,他可以毫无恐惧和顾忌地说出一切,很像婚姻那层让人放松的保护茧。所以,布罗德在这次震惊还没有完全过去时,就立刻开始寻找替代者,于是就遇到了卡夫卡。

　　……关键的转折:——克里斯托弗最好的朋友,陪伴他度过八年文理中学时代朋友,死了。葬礼之后几天,极度悲伤的克里斯托弗跟理查德·加尔塔一起傍晚散步。布拉格小城区,沿着昏暗的城堡台阶向上。"你想在我生活中——替代他的位置吗?"他结结巴巴地问,他内心最深处极度窘迫,他知道,他在要求不可能实现的事情,他理解,加尔塔不回答,即便是一个不太温和的人,也不可能回答这个问题——不过,这个问题中还是包含着一些合理的、果敢的、善意的内容,加尔塔也完全承认。只不过,他只能通过长久的沉默来表现出他的承认。……关于这个问题,以及没有给出的回答,他们后来也从来没有谈起过。但是,从这天夜里开始,他们之间的握手更加有力,时间更长。

　　布罗德在 1928 年出版的长篇小说《爱的魔幻王国》中有这样的描写,第一批读者就通过书评家们知道了,书中那个作为"我们时代的圣人"出现的艺术形象理查德·加尔塔就是弗朗茨·卡夫卡,在这一段文字中,布罗德在描述他的**第二个**、同样也已经去世的生命中最重要的人(而有些读者认为这样是对死者不敬,按照布罗德的说法,又是误解,就像他的**一切**都被误解了……[19])。因为小说中克里斯多大／理查德——也就是马克斯／卡夫卡——的其他共同经历都非常忠于现实,所以,那个过分的、泄露了真实情况的问题,很可能布罗德在情急之中**真的**问过。卡夫卡与布罗德的友谊开始于 1902 年至 1903 年冬天,因为奥斯卡·波拉克——卡夫卡在所有艺术问题上的顾问——长时间不在布拉格,他们两人的友谊在 1904 年进一步加深;不过到 1908 年,卡夫卡才成为布罗德最重要的密友,那是在马克斯·鲍宇默去世之后,卡夫卡有意识地成了鲍宇默的替代者,但是,他还远远没有让布罗德完全满意。因为,鲍宇默猝死一年半之后,布罗德还写道:"如果鲍宇默还活着就好了,那我就不用自己记录这一切了。我可以把一切都跟他说!!!!!"五个感叹号。[20]

这段友谊很难从心理学角度解释明白;在《爱的魔幻王国》中,布罗德对它进行了媚俗的描写,但是布罗德一生都忠于这份友谊。他们的友谊肯定是逐步发展的,不是像布罗德后来说的那样,"从一开始就像火一样燃烧",在大学期间,他也肯定不是每天跟卡夫卡见面,去安抚和宽慰卡夫卡,尽管他可能从一开始就感觉到了卡夫卡与众不同的才华。[21]卡夫卡跟鲍宇默一样,也是一个不需要太多空间的人,是一个善于倾听的朋友,能够毫无保留地为布罗德感到高兴,而且根本没有出于虚荣的竞争之心。卡夫卡对任何人都不是威胁,所以也不会威胁到心怀远大文学抱负的布罗德。因为他自己不创作,有很长时间,卡夫卡只谈自己作为读者的经验,从来没有说过自己要尝试文学创作,布罗德根本不可能知道,卡夫卡写字台上那些笔记本里藏着什么秘密。他毫无理由怀疑卡夫卡。所以,那个后来改变了**两人**生活的惊喜,还要过一段时间才出现。

注释

[1] 年轻的语文学者海因茨·波利策为《卡夫卡作品选集》的前四卷做了许多工作,于 1935 年由柏林的邵肯出版社出版。纳粹的帝国文学工作室对这个版本迅速做出反应,于同年 10 月将卡夫卡所有作品列上"有害且不受欢迎的作品名单"。所以,其他两卷于 1937 年在布拉格的海因里希-梅尔西出版社正式出版(《布拉格日报》的出版社),几乎同时出版了马克斯·布罗德的《弗兰茨·卡夫卡——传记(回忆与文献)》(*Franz Kafka. Eine Biographie*)。

［2］路德维希·哈尔特:《枯萎和觉醒的犹太教——评马克斯·布罗德的卡夫卡传记》(Verkümmerndes und erwachendes Judentum. Zu Max Brods Kafka-Biographie),载于《犹太评论》(*Jüdische Rundschau*),1938 年 3 月 4 日,第 5 页。关于路德维希·哈尔特对于卡夫卡的意义,参见施塔赫:《卡夫卡传:领悟之年》,第 438-440 页。

［3］书评首发于《瓦尔特·本雅明书信集》(*Briefe*),格斯霍姆·肖勒姆和特奥多尔·W. 阿多尔诺编,第二卷,法兰克福,1966 年,第 756-760 页。肖勒姆对书评的评价是:本雅明的语言射中了"卑鄙的……靶心"。(肖勒姆致瓦尔特·本雅明的信,1938 年 11 月 6-8 日,载于《瓦尔特·本雅明／格斯霍姆·肖勒姆通信集,1933-1940》〔*Briefwechsel 1933-1940*〕,格斯霍姆·肖勒姆编,法兰克福,1980 年,第 286 页)

［4］帕维尔:《弗朗茨·卡夫卡的生活——传记》,第 132 页。

［5］这些画家是一个年轻的德语-捷克画家小组,名叫"注意"。(参见弗里德里希·菲格尔〔Friedrich Feigl〕:《卡夫卡与艺术》〔Kafka und die Kunst〕,载于科赫:《当卡夫卡朝我走来》,第 147 页)马克斯·霍尔博也是小组成员,1907 年 5 月 18 日柏林《当代》杂志上发表了布罗德题为《布拉格的春天》(Frühling in Prag)一文,布罗德在文中大力赞赏这个小组;布罗德在他的回忆录《布拉格圈子》(*Der Prager Kreis*,法兰克福,1979 年,第 60-65 页)中曾大段引用这篇文章。

［6］布罗德:《好斗的一生》,第 9 页。

［7］《火炬》,第 98 期,1902 年 3 月 27 日,第 13 页。

［8］布罗德:《好斗的一生》,第 160 页。

［9］同上,第 119 页。

［10］马克斯·布罗德致理查德·德默尔的信,1913 年 6 月 2 日。

［11］阿图尔·施尼茨勒致奥尔加·施尼茨勒的信,1911 年 11 月 1 日,载于《施尼茨勒书信集,1875-1912》(*Briefe 1875-1912*),特蕾莎·尼克尔(Therese Nickl)和海因里希·施尼茨勒(Heinrich Schnitzler)编,法兰克福,1981 年,第 682 页。之后不久,布罗德把自己一部还未上演的剧作寄到了维也纳给施尼茨勒,施

尼茨勒对此表达了相似的态度:"读了布罗德的《告别青年时代》(作者自己寄来的),并非没有天赋,主要是有些草率、空洞,过于自命不凡。"(阿图尔·施尼茨勒,1911 年 12 月 28 日日记,载于《施尼茨勒日记,1909-1912》〔*Tagebuch 1909-1912*〕,维尔纳·维尔茨希〔Werner Welzig〕编,维也纳,1981 年,第 292 页)

[12] 马克斯·布罗德:《大冒险》(*Das Grosse Wagnis*),维也纳／莱比锡,1918 年,第 30 页。

[13] 非常有代表性的还有布罗德与克劳斯的崇拜者利奥波德·利格勒之间的激烈争论。(参见施塔赫:《卡夫卡传:关键岁月》,第 400-402 页)

[14] 布罗德:《布拉格圈子》,第 109 页;参见同一出处第 85 页:"大家看到了,我并非那么谦逊,大家一直以来对我这方面的赞扬令我作呕。"布罗德自传中许多说法有明显事实上的不准确性和回忆中的空白点,其数量之多,最后造成的结果是,突出了布罗德的重要性,削弱了其他人的功劳;一个例子就是,他把自己描述成榜样和唯一发现了韦尔弗才华的人(这在文学史上是站不住脚的)。事实证明,他也会为了自己利益而进行有意识的操纵,包括对卡夫卡日记的改动。(参见施塔赫:《卡夫卡传:关键岁月》,第 612 页,注释 7)包括他与巴勒斯坦或者说以色列的关系——他最后三十年是在那里度过的——他也试图事后修改。所以,他在 1922 年的一篇戏剧评论中写道,他对"巴勒斯坦持内心保留态度,也就是说,他不赞成犹太人的巴勒斯坦拯救的排他性"。在 1923 年的《星空——音乐和戏剧经历》(*Sternenhimmel. Musik- und Theatererlebnisse*)中,这段话一字不差地保留了(第 218 页),而 1966 年再版时,布罗德却删除了这个注释。布罗德用了更粗暴的方法,试图掩盖自己想流亡美国的计划。他在《好斗的一生》中这样写道:"后来,希特勒主义的危险越来越大,留在布拉格就意味着折磨和死亡,这时,在我没有请求的情况下,托马斯·曼对我表示出关心。在曼的干预下,一切都进行得非常顺利,一所美国大学的教席在等着我。但是,我还是决定跟随我生命的守护神去往巴勒斯坦。"(第 254-255 页)事实上,布罗德在 1938 年 11 月 30 日迫切请求托马斯·曼,给他搞到一份美国大学的邀请,因为"我决定,只要时间还够,我就移民美国。"(完整信的复印件收录在展览手册《布拉格

德语文学——从表现主义到流亡与迫害》〔*Prager Deutsche Literatur vom Expressionismus bis zu Exil und Verfolgung*〕的附件目录中,恩内斯特·维希纳〔Ernest Wichner〕和赫尔伯特·维斯纳〔Herbert Wiesner〕,柏林,1995 年,第 187-189 页)实际上,托马斯·曼的干预是成功的,布罗德得到了辛辛那提希伯来大学的聘任,但是,聘书直到布罗德 1939 年 3 月 14 日离开布拉格时,也没有到达他手中。这个过程可以说明,布罗德的流亡美国计划(绝不仅是他自传中所写的各种官僚主义障碍),才是使他在布拉格坚持到最后一刻的重要原因。

[15] 参见布罗德:《关于弗朗茨·卡夫卡》,第 29 页。

[16] 长期住院治疗显然也是一种预防措施,目的是能够立刻处理胸衣可能造成的呼吸问题。赫兴发明的整形胸衣,最终获得了学院派医学界的承认;阿尔伯特·霍法斯在 1891 年,也就是布罗德接受第一次治疗后不久的《整形外科教材》中,对此做了明确推荐,这本教材后来被译成许多种语言。

[17] 参见施塔赫:《卡夫卡传:领悟之年》,第 101-103 页。

[18] 关于马克斯·鲍宇默的记录,参见布罗德:《布拉格圈子》,第 28 页,第 147-149 页。

[19] 布罗德:《关于弗朗茨·卡夫卡》,第 62 页。

[20] 马克斯·布罗德:《爱的魔幻王国》,柏林／维也纳／莱比锡,1928 年,第 75-76 页,第 68 页。马克斯·布罗德日记,1909 年 10 月 3 日。参见君特·毕尔肯菲尔德(Günther Birkenfeld):《马克斯·布罗德的新小说》(Max Brods neuer Roman),载于《犹太评论》,1928 年 12 月 18 日,第 705 页。在一段日记摘录中,马克斯·布罗德写道:"1908 年 4 月 3-4 日,鲍宇默去世。／然后与卡夫卡就友谊交谈。"奥斯卡·波拉克于 1903 年秋天得到了茨迪累茨镇(Ždírec nad Doubravou)奥伯斯图德内茨城堡的家庭教师职位,在布拉格东南约一百公里处;现存卡夫卡写给波拉克的最后一封信,估计是 1904 年春天,也是寄到那个地址的。至于波拉克什么时候返回布拉格的——他 1907 年在布拉格获得艺术史博士学位——他后来是否还与卡夫卡见过面,都不清楚。

[21] 在卡夫卡传记中,布罗德写道:"1908 年,我少年时的伙伴马克斯·鲍

宇默去世。从那时候开始,我与弗朗茨的关系就日益密切。"(第61页)后来,当克劳斯·瓦根巴赫在他自己的卡夫卡传记中写了大意相同的话时("大约从1908年开始,卡夫卡与他重视的朋友和顾问马克斯·布罗德的关系就越来越密切……",第63页),布罗德却表示抗议。(而且他还错误地引用了瓦根巴赫,参见《好斗的一生》,第162-163页)根据奥斯卡·鲍姆的回忆,卡夫卡并没有参与布罗德和鲍宇默的见面。(参见布罗德:《布拉格圈子》,第148-149页)而卡夫卡则说,他有很多空闲的日子是跟普西布拉姆一起度过的(参见卡夫卡致马克斯·布罗德的信,估计是1904年),1908年其他信件的内容,也与布罗德所宣称"他与卡夫卡当时每天都见面"的说法不相符。

老城广场，1800 年前后

瓦茨拉夫广场，1902 年

查理大桥，1890 年

老犹太区的改造，1900 年前后

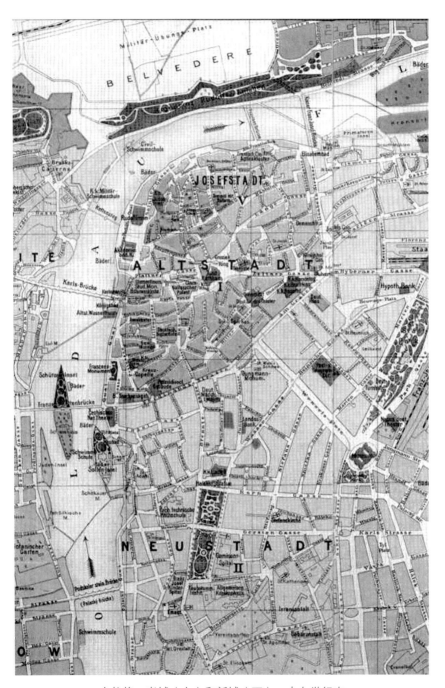

布拉格，老城（上）和新城（下），十九世纪末

护城河街，1890 年

护城河街，1905 年

卡夫卡出生地，尼克拉斯街 9 号

卡夫卡父亲赫尔曼·卡夫卡，
1890 年前后

卡夫卡母亲尤莉叶·卡夫卡
（娘家姓勒维），1890 年前后

雅克布·勒维，卡夫卡的外祖父

尤莉叶·勒维（娘家姓黑勒），
卡夫卡母亲的继母

雅克布·卡夫卡和弗朗齐什卡·卡夫卡（娘
家姓普拉托夫斯基），卡夫卡的祖父母

弗朗茨·卡夫卡，约五岁

弗朗茨·卡夫卡，约十岁，与妹妹瓦莉（左）和艾莉

卡夫卡的三个妹妹，从左至右：瓦莉，艾莉和奥特拉

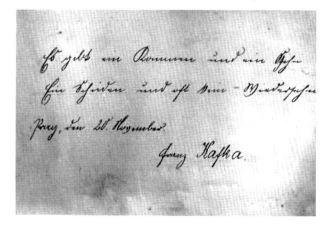

给胡戈·贝格曼的毕业纪念册题词，1897 年

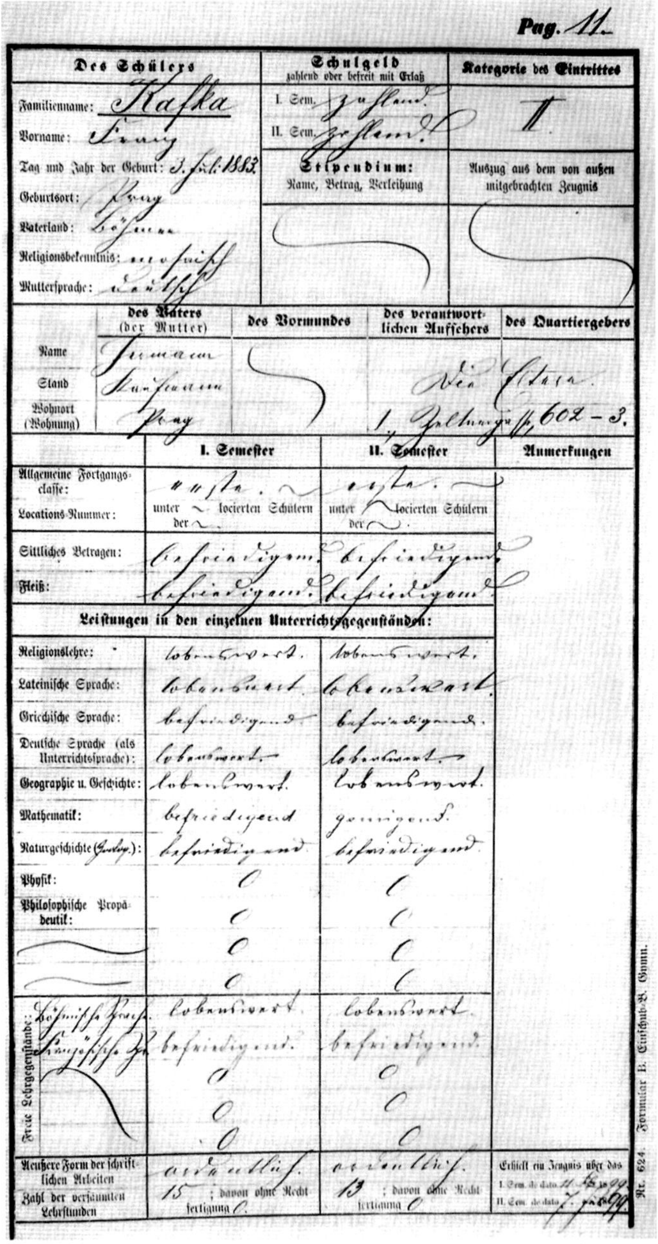

卡夫卡在"老城文理中学"的成绩单，1899 年

Pag. 11

Des Schülers		Schulgeld zahlend oder befreit mit Erlaß		Kategorie des Eintrittes
Familienname:	Kafka	I. Sem.	zahlend.	II
Vorname:	Franz	II. Sem.	zahlend.	
Tag und Jahr der Geburt:	3. Juli 1883	Stipendium: Name, Betrag, Verleihung		Auszug aus dem von außen mitgebrachten Zeugnis
Geburtsort:	Prag			
Vaterland:	Böhmen			
Religionsbekenntnis:	mosaisch			
Muttersprache:	deutsch			

	des Vaters (der Mutter)	des Vormundes	des verantwortlichen Aufsehers	des Quartiergebers
Name	Hermann		Der Obige	
Stand	Kaufmann			
Wohnort (Wohnung)	Prag		1, Zeltnergasse 602–3.	

	I. Semester	II. Semester	Anmerkungen
Allgemeine Fortgangsclasse:	erste.	erste.	Ostern
Locations-Nummer:	unter der locierten Schülern	unter der locierten Schülern	
Sittliches Betragen:	befriedigend.	befriedigend.	
Fleiß:	befriedigend.	befriedigend.	
Leistungen in den einzelnen Unterrichtsgegenständen:			
Religionslehre:	lobenswert.	lobenswert.	
Lateinische Sprache:	lobenswert.	lobenswert.	
Griechische Sprache:	befriedigend.	befriedigend.	
Deutsche Sprache (als Unterrichtssprache):	lobenswert.	lobenswert.	
Geographie u. Geschichte:	lobenswert.	lobenswert.	
Mathematik:	befriedigend	genügend.	
Naturgeschichte (Geolog.):	befriedigend.	befriedigend.	
Physik:	0	0	
Philosophische Propädeutik:	0	0	
	0	0	
	0	0	
Freie Lehrgegenstände: Böhmische Sprache	lobenswert.	lobenswert.	
Französische Sprache	befriedigend.	befriedigend.	
	0	0	
	0	0	
	0	0	
Äußere Form der schriftlichen Arbeiten	ordentlich.	ordentlich.	Erhielt ein Zeugnis über das I. Sem. de dato 11/2 1899
Zahl der versäumten Lehrstunden	15; davon ohne Rechtfertigung 0.	13; davon ohne Rechtfertigung 0.	II. Sem. de dato 7/7 1899

Formular B. Einschub-B. Gymn. Nr. 624.

卡夫卡在“老城文理中学”的成绩单，1899 年

班级照，1897 / 1898 年（弗朗茨·卡夫卡在后排左二）

弗朗茨·卡夫卡中学毕业照，1901 年

奥斯卡·波拉克

埃瓦尔德·普日布拉姆

胡戈·赫希特

保罗·基希

从左至右：马克斯·凡塔，奥托·凡塔，埃尔泽·贝格曼（娘家姓凡塔），
胡戈·贝格曼和贝尔塔·凡塔

马克斯·布罗德，约 1902 年

策尔特纳街，"三王楼"（图片中间），1907年前卡夫卡家住所

布拉格"市民游泳学校"

克里斯蒂安·冯·厄棱费尔

布鲁诺·卡夫卡

汉斯·格罗斯

胡戈·萨卢斯

保罗·莱平

古斯塔夫·梅林克在布拉格

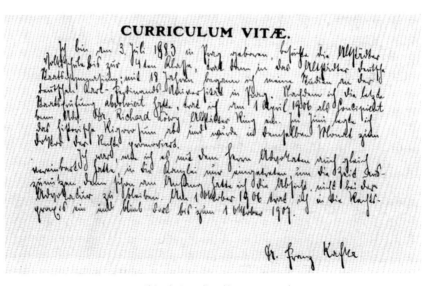

卡夫卡的博士考试记录

CURRICULUM VITÆ.

忠利保险公司求职简历，1907 年

《一场斗争的描述》第一稿片段

I

Schon sprang ich in Schwung, als sei es nicht das erste Mal, meinem Bekannten auf die Schultern und brachte ihn dadurch, daß ich meine Fäuste in seinen Rücken stieß, in einen leichten Trab. Als er aber noch ein wenig widerwillig stampfte und manchmal sogar stehen blieb, hackte ich mehrmals mit meinen Stiefeln in seinen Bauch um ihn munterer zu machen. Es gelang und wir kamen schnell genug in das Innere einer grossen aber noch unfertigen Gegend.

Die Landstrasse auf der ich ritt war steinig und stieg bedeutend, aber gerade das gefiel mir und ich liess sie noch steiniger und steiler werden. Sobald mein Bekannter stolperte, riss ich ihn an seinem Kragen in die Höhe und sobald er senkte, boxte ich ihn in den Kopf. Dabei fühlte ich wie gesund mir der Ausritt in dieser guten Luft war und um ihn noch wilder zu machen liess ich einen starken Gegenwind in langen Stössen in uns blasen.

Jetzt übertrieb ich auch noch auf den breiten Schultern meines Bekannten die springende Bewegung und während ich mich mit beiden Händen fest an

《一场斗争的描述》第二稿片段

卡夫卡的名片

卡夫卡的写字台

Aber jeden Tag soll mindest eine Zeile gegen mich gerichtet werden wie man die Fernrohre jetzt gegen den Kometen richtet. Und wenn ich dann einmal vor jenem Satze erscheinen würde herabgelockt von jenem Satze so wie ich z.B. letzte Weihnachten gewesen bin und wo ich so weit war, daß ich mich nur noch gerade fassen konnte und wo ich, wirklich auf der letzten Stufe meiner Leiter schien, die aber ruhig auf dem Boden stand und an der Wand. Aber was für ein Boden, was für eine Wand! Und doch fiel jene Leiter nicht, so drückten sie meine Füße an den Boden, so hoben sie meine Füße an die Wand.

日记片段（左下方画的杂技演员为卡夫卡 1909 年 11 月所见）

卡夫卡与酒馆女服务员尤莉安娜（"汉茜"）·索科尔，1907 年前后

卡夫卡的舅舅西格弗里德·勒维

卡夫卡和舅舅阿尔弗雷德·勒维

罗伯特·马施纳和他的女儿

奥托·普日布拉姆

海德薇·威勒

寄自"白鹿"疗养院的明信片，1903 年 8 月

寄自楚克曼特尔疗养院的明信片，1905 年 8 月

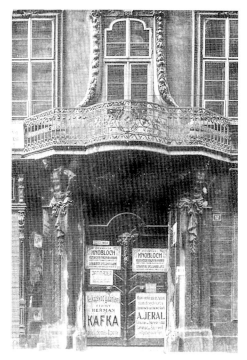

策尔特纳街 12 号，一层是卡夫卡家的妇女时尚用品商店（自 1906 年 5 月起）

1908 年布拉格周年展上的电影院入口

卢浮宫咖啡馆，1910 年

卡巴莱演出剧场"黑猫"，1913 年

阿尔科咖啡馆，1907 年

东方酒馆，1912 年

达弗勒附近的伏尔塔瓦河

贝龙河岸边的切尔诺希采

路易·布莱里奥

布莱里奥从卡夫卡上空飞过，布雷西亚的蒙蒂基亚里飞机场，1909 年 9 月 11 日
（卡夫卡站在一把椅子上，位于照片前景可见侧面的那位游客的上方）

加达湖畔的里瓦，照片后景左边是卡夫卡和布罗德去过的浴场

奥托·布罗德和卡夫卡在里瓦的
托布利诺城堡，1909 年

歌剧院广场前车水马龙，巴黎，1910 年前后

苏黎世湖畔的艾尔伦巴赫疗养院主楼

卡夫卡的铅笔画：母亲肖像和自画像，大约 1911 年

第十六章 引 诱

会游泳的人，只会受到深处的诱惑。

弗里德里希·黑贝尔，日记

一张床，一个床头柜，一个盥洗台。一个书架，上面有几本书。一个衣柜，旁边靠着一辆自行车。一张用旧了的小书桌，一把椅子。四壁光秃秃的，只挂着《艺术守护者》上的一幅画，画的是一个耕田的农夫，还有一个小小的古希腊浮雕，上面是一位身着长袍的酒神女祭司。通向餐厅的门大部分时候是开着的，窗户也是，即便是在清凉的秋夜。

在这间散发着小城市旅馆房间气息的简陋屋子里，住着法律系学生弗朗茨·卡夫卡。他穿着长裤和舒适的家居鞋，上身只穿着薄薄的白衬衫，扣子敞开着，能清楚地看见突出的肋骨。这个消瘦的年轻人似乎不知道冷，每次他的同学马克斯·布罗德来他这里，跟他一起读柏拉图的《普罗塔戈拉》——只是为了消遣，为了不忘记好不容易学会的希腊语——他都会取笑冻得发抖的朋友，布罗德必须等到关上窗户，才会脱掉外衣。

白天，这间屋子大部分时候是空的，尤其在夏天，卡夫卡每次下课回来，穿着深色西服，戴着帽子，都会立刻换衣服，然后急急忙忙去市民游泳学校,在那里度过一天中剩下的时间。所以,他的肤色很深,那是无数次在日光下游泳的结果。他说他二十年以来一直在布拉格休息,他在1903 年春天给一位在慕尼黑上大学的朋友的信中这样写道[1],这绝不仅是自嘲,因为他父亲就是这么认为的。不过,几个星期之后,这种情况就暂时过去了,因为第一次法律国考马上就要来了,《罗马法律史》两卷,一部根本搬不动的大部头著作,大概两千五百页,现在一直摊开在桌上。卡夫卡必须背下来,他在小房间里走来走去,几个小时,不断从头开始读某些章节,会有片刻时间,他看向窗外热闹的策尔特纳街,然后立刻继续他在牢房里的行军。

　　那是非常炎热的一天。正对面有一家时装店,大敞着的店门里站着一位年轻女士,一位"女店员"。卡夫卡经常见到她,她肯定也注意到了卡夫卡,因为她不断抬头往上看,不懂他为什么老走来走去。最后,他们的目光穿越了大约二十米的距离相遇了。她给了他一个信号:八点,那是店铺关门的时间;如果卡夫卡有兴趣,可以去接她,今天就行。

　　晚上,他准时——这不是他的习惯——下楼走到巷子里,带着既害怕又期待的心情。但是,他碰到了意想不到的困难:他不是唯一一个跟那个女孩约会的人,还有另外一位男子已经等在那里了。她从店里出来,大大方方挽住那个男人的胳膊,但同时给了卡夫卡一个信号,让他悄悄跟着。三人列队行走,逛到了"防卫岛"餐馆,那两个人在一张露天的桌子旁坐下,点了啤酒;卡夫卡,带着挑衅、好奇和恐惧的复杂心情,挑了紧挨着他们的桌子坐下,也点了啤酒,他观察着、等待着、偷听着。过了一会儿,他们同时结了账,然后,他们迈着悠闲的步子朝那年轻姑娘在肉市旁的住处走去。那个男人告别,姑娘迅速钻进住处,过了一会儿又回到街上,卡夫卡终于可以介绍自己了。他很快就明白了,她很清楚自己想要什么。不过不要在这里,不要在老城,这里很可能会碰到熟人。卡夫卡和姑娘走过河,来到小城区。那里有一家旅馆,那里的人不问那么多。

还没到旅馆，我就觉得一切都那么刺激，那么令人激动，同时又 260
恶心，进了旅馆也是一样。当我们第二天一早走过查理大桥回家
时，天还是那么热那么美，我当然感到很幸福，但是，这种幸福只是
因为，我终于获得了安静，离开了那个不断呻吟的身体，更重要的
是，整个事情并没有比我事先想象得更恶心，没有更肮脏。后来，我
还跟那个女孩在一起过一次，我记得，是两天之后，一切都像第一次
一样好，不过后来我很快就去避暑了，在避暑地我跟一个女孩子玩，
然后我回布拉格后就没法看那个女店员了，我再没有跟她说过一句
话，她是我（从我的角度看）恶毒的敌人，但仍然是个善良友好的女
孩，她经常瞪着她那什么都不懂的眼睛看着我。我不想说，我对她
产生敌意的唯一原因（其实并不肯定），是那个女孩在旅馆里完全
无意地做了一件非常小的令人讨厌的事（根本不值得一提），说了
一句小小的脏话（根本不值得一提），但是我记住了，我在那一刻就
知道，我永远不会忘掉，同时我也知道或者说我认为我知道，这令人
讨厌的事和脏话，从外表看当然没必要，但内在是必定与整个事情
联系在一起的，而正是这令人讨厌的事和脏话（其小小的表现就是
她的小举动，她的小话语），以疯狂的力量把我带到了那个旅馆里，
若是平常，我会以我最后的力量逃离那里。[2]

这就是卡夫卡的"初夜"，非常可能也是他的第一次性经验；因为他
从来没有参加过高中生们的情色勇气考验，虽然同学们曾经有一次成功
地把他骗到一家夜店，但是他整晚一直保持着讽刺的（实际上是畏惧
的）距离。[3]这年卡夫卡二十岁，他做梦都没有想到，有一天会把这次旅
馆经历和其他一些尴尬的事，告诉**一位女子**。

当然,十七年之后,他写给密伦娜·耶森斯卡的报告中,已经带有明显自我风格化的加工痕迹,而这又是一系列性爱方面的失败经历所致。卡夫卡回顾自己的经历,觉得他在欲望和失望之间的摇摆从没有中断过,仿佛没有过性爱幸福的时刻,仿佛只有"性"的肮脏色彩,在吸引他的同时也令他厌恶。这个后来在性方面成熟了的新手,当时肯定不会用尽"最后的力量"逃离那家小城区的旅馆,就算是他能控制性欲"疯狂的力量"也不会逃走——他后来的经历能证明这一点。不过,他不能把性融入他的自我形象,在生理和伦理上把性都看作不洁净的,因而不能与那些**主动**把他吸引到这种肮脏中的女性发展出人与人之间的亲密关系——这种仇视感官的症状必然导致厌女症,这是卡夫卡和千百万市民男子的心理命运,在他们接受的教育中,完全不包括情欲方面的幸福。

关于这种综合征的权威手册,在卡夫卡初夜后几个星期,就在书店出现了:六百页的宣传手册《性与性格》,作者是奥托·魏宁格,只比卡夫卡大三岁,是一位改信新教的犹太人,著作出版的同年秋天,他自杀了。魏宁格的著作,同时也是他的博士论文,是心理史研究方面独一无二革命性突破,他从形而上的层面,有力地论证了男性出于恐惧而贬低性欲的心理;同时该书认为,不容忽视的女性解放成果是微不足道的。魏宁格为了实现男性防御性打击所采用的方法论策略并不新鲜,但在他之前,从没有哪个批评时代的作者,如此精湛和坚定地运用过这种方法。这种策略的关键在于,不是把某一代的女人和男人作为性学研究对象,而是研究女性和男性本身,也就是说探讨他们各自的"理念"或者"理想类型"。为了避免任何误解,为了强调他研究的学术尊严,魏宁格采用了缩写字母 W(女性)和 M(男性),似乎这样就能让理念中的"特质"摆脱那些在活生生的个体身上观察到的特点。

这样一种对事物进行"类型化"或者说"特质化"的角度,其优势早已为大家所知:它使得偏见和怨恨无法被批评,所以也就省去了许多实证式的论证。而书中永远使用的单数人称，是修辞上的双保险：书中只说年轻人（而不是年轻人们）、捷克人、官员，以及犹太人，这样就意味着只是对所有想象出来的概念下断言，而不必承担举证的压力，因为这里只是进行类型化的描述，并不一定符合每个个例。这首先是指作为所谓**女人**的女子，弗洛伊德也是这么表述的。魏宁格非常严肃地宣称，女人不具备鲜明的自我，所以也根本没有正义感，不懂得真理、美、个性和道德，确实真的有一些女子在智性方面能做出成就，这个事实丝毫不令他惊讶。这类女子恰恰是"非女性的"，她们距离"纯粹的"女性类型非常远，或者用魏宁格的话说：她们身上存在非常高的 **M－特质**成分。从中可以得出结论，完全可以尊重某些女子，但不必减少对她们女性特质的鄙视。"我不反对女人们，"魏宁格的支持者完全可以满怀信念地说，"我最好的朋友中就有不少女人。"

这种思维模式让人精神上非常舒服，但是要求付出巨大的代价。因为它起作用的前提是，假设男性气质和女性气质是流动的物质，它们在每个人身上以非常个性化和可改变的方式混合在一起。所以，魏宁格必须追溯到一种非病理性而是**普遍性的**双性理念，类似的理论在精神分析中也很重要[4]，而当时的仇女者们当然不能毫无痛苦地接受这个理论。因为这将意味着，尽管男人有天生的优势，但他也面临着一项终生的任务，那就是抑制住不断起作用的 **W－影响**，而且，他的敌人就居住在他自己身体内。总之，魏宁格通过这种方式证明，男人们作为精神和道德的代表，为什么还会被诱惑，为什么还会不断卷入"肮脏的"和"低级的"事物，此外，对于认识批判的问题——男人既然从根本上和"特质上"与女人有着巨大的差异，为什么还能发表关于女性心理经验的见解——魏宁格也给出了答案。答案很简单：思考者只需要观察**自身**内部的女性因素，就可以对**女人**做出判断。由此，魏宁格进一步得出了令人震惊的认识："对于女性的憎恨"都只是"还无法克服的、对自己性欲的憎恨"。[5]

魏宁格的作品获得了巨大的、长期的成功——卡夫卡在世时就出了二十五版——它占据了咖啡馆里性学聊天的话题,影响力比弗洛伊德的理论长久得多,后者的理论是在被简单化了之后才逐渐渗入普及教育的。魏宁格著作一出便被视为天才,他对女性因素做出了无可比拟的细致现象学描述——而一个显而易见的事实却被视而不见:这个年轻人的研究素材,很可能只是在舞蹈课上,在妓女们身上搜集来的。[6]他大胆地说出了大多数男人只敢想一想的内容:本质上,女人是有缺陷的、被欲望控制的动物,她们顶多通过模仿和否认自己的女性气质超越自己的现状,前进一步。

对于这部具有哲学姿态的战斗檄文的接受而言,尴尬的是,魏宁格确实相当准确地描述了女性-市民教育中的某些后果,所以会让读者很容易接受作者荒诞的泛化观点和高度神经质的态度。难道不是这样吗?整个女性存在——她们对身体的打扮、习惯性的卖弄风情、相互之间的嫉妒、对于"谁跟谁怎么样了"这类问题按捺不住的兴趣——所有这些最终不都是集中在繁衍这个行为上吗?那些被高度赞扬的女性特质,比如忘我的母爱,不就是简单的本能吗?仅仅是这份勇气,不加修饰地对恭维女性的普遍规则表达出反对意见的勇气,就让魏宁格受到高度评价。人们不必不加限制地遵循他的所有美学和道德评判。"一位女性崇拜者激动地赞同您鄙视女性的论据",卡尔·克劳斯给魏宁格写信并由此表达出几代男性牢记在心的阅读指南。[7]女人作为生命的守护者,男人作为精神的代表,这是每个人都能赞同的,但是,他还远没有资格因此对那个美丽的、可惜有可能是幼稚的性别以如此挑衅的方式表示蔑视,像维也纳那位神经质天才大学生那样。

魏宁格对女性特质的解释,披着科学的外衣,实际上却是庸俗的神话故事,不过这部作品产生的影响,比它所反映的那个时代长远得多,甚至在其反对者、七十年代的女权主义运动那里还能发现其痕迹。当然，二战以后就没有人再引用魏宁格了（尽管戈特弗里德·贝恩在 1949 年还认为，魏宁格的才华比卡夫卡高一个等级[8]），不过，这绝不是因为性别讨论取得了什么进步，而是因为魏宁格的理论大厦中有一个非常黑暗的侧翼，有自杀式的极端反犹主义思想，对此，人们不能再简单地看作某种怪癖念头。在一篇题为"性与性格"的博士论文中，以种族主义理论为基础的犹太人批评居然占据了整整一章的篇幅，这已经非常令人惊讶了；然而，纳粹的本质口号——他们总是说要清除**犹太文化**，仿佛他们只是要杀死某种理念——却与魏宁格的论调，即"绝对的犹太性"有着致命的相似之处，这使他的世纪之书长期声名狼藉。

卡夫卡为数不多的藏书中没有《性与性格》；但是，无可争辩的是，他至少接受了这本书的基本观点，并且关注了魏宁格事件，克劳斯的杂志《火炬》也经常提到。他去世前几年还表示过对此感兴趣。[9] 至于卡夫卡是否或多或少受到魏宁格直接影响的问题，似乎是个多余的问题：倘若魏宁格和卡夫卡这两人不是从同一类充满恐惧的女性幻想中汲取灵感的，很难想象卡夫卡会对魏宁格产生情感乃至创作上的共鸣。卡夫卡作品和未完成作品中出现过许多干扰性的、充满威胁的、有时候是动物般的女性形象，好像直接来自魏宁格博士的女性集群，否则无法做其他解释：《失踪者》中肥胖的女歌手布鲁娜妲，《诉讼》中法庭仆役的妻子，莱尼和那个住在检察官哈斯特勒家的"不知羞耻"的女人，《城堡》中桥头客栈中的女仆……卡夫卡一次又一次走到他的现实主义叙事风格所能容纳的边界，他手稿中的修改过程证明，他脑海里闪现的女性画面在写作过程中压迫着他，常常原本更加极端，所以必须立刻柔化，以免打破整个叙事结构。在他那个时代所有的集体幻想中，表面上丰富多彩、实际上类型化分类的女性形象（母亲、妓女、**坏女人**、**举止轻浮的处女**、

265

甜妞儿、修女、才女、圣女……），显然对卡夫卡产生了最大的影响，不论是通过讽刺的距离，还是反思的努力，卡夫卡都从未能完全摆脱这种影响。他憎恨那个流行词"类型"[10]——但是他又不可避免地按照固定的类型特征，下意识地去分析他遇到的女人，他激动地或畏惧地，或者二者兼而有之，试图用这些条条框框去归类她们那令人不安的陌生性。

不过，卡夫卡还是成功地摆脱了魏宁格的厌女症疯狂体系的漩涡。女人们没有多层次的个性，她们不是"具有个性的人"——当然，有很多社会观察似乎能证明这种说法，她们的生物潜能就能说明，大自然（或者说某个造物主）创造她们是带着其他目的的。不可否认的是，她们代表着某种超出个人化的东西——生活、命运、自然，不管人们怎么称呼它。无论如何，这是受过平均教育的男人们的多数意见，卡夫卡与布罗德后来的通信也说明，即便各自有完全不同的生活实践，**人们在这个最小公分母的基础上，总是**可以就女性话题达成共识。然而，关键问题是，这是否要以及为什么要与对女性的伦理和本体贬低联系在一起。卡夫卡不想搞清楚这一点，他没有在自己周围见过一个女人像他自己这样陷入如此痛苦的内心冲突。他觉得自己处于生活之外，必须首先找到进入生活的通道，这种感觉，是他根本的、深刻的、建构自我的一种经验，是他自我阐释的核心。可能有些男人，他们有同样的感觉——比如格里尔帕策或者克尔凯郭尔，卡夫卡对他们总是表现出一种令人震惊的兴趣——但是肯定没有女人是这样的，她们代表着生活，所以生活自始至终是她们的家园，而那是卡夫卡和其他不幸的人想要去的地方。女性与生活的这种贴近，可能具有令人恐惧的魅力，但这是女性的基本潜能，所以不是被鄙视的理由。在卡夫卡看来，女人拥有更强生命力的优势，这种优势会让她们在极端困境中有能力解救甚至"拯救"男人——那些男人，常常陷入智性和情感的困境无法解脱，而女人既不知道这些东西，也不想知道。肯定是直到他生命的最后时刻，卡夫卡才开始思考，这种神秘的自然潜力是否需要某种代价,而某些女人也认为这样的代价过于高昂,会破坏生命。可以看出,他作品中的女性人物发生了明显的变化,她们逐渐成熟,变成了主体。在《诉讼》中,女人们还都屈从于她们的性别命运,没有任何反思性距离;所以,小说中没有女性被告,也不可能有。在《城堡》中,卡夫卡却塑造了鞋匠的女儿阿玛利亚,这是第一个拒绝整个游戏的女性形象,甚至还有几个村里的女人,尽管她们与城堡有各种关系,但她们希望直接从那个无权无势的外人 K 那里获得解脱。[11]

卡夫卡像几乎每个男人一样获得与异性接触的经验:幸福的和不幸的,有距离的和充满激情的。后来,他向菲莉丝·鲍尔承认,他有一段时间经常跟女孩子在一起:"我很容易就爱上她们,我跟她们在一起很快活,但我更容易离开她们,或者说,我离开她们时内心没有丝毫痛苦……可能我只有过一次真正动心地爱过一个女人,那已经是七八年前的事了。"[12]这段插曲,发生于1905年,地点是波希米亚-西里西亚楚克曼特尔(Zlaté Hory)的一家疗养院,这属于卡夫卡传记中最重要的空白点之一。没有通信、没有日记能给出更详细的情况,连那个女子的姓名和出身都没有流传下来。他当时"经常跟大家和女人们在一起,变得相当活泼",卡夫卡暑假中还很轻松地写道,很久以后,从他对布罗德说的话中才能猜测出,那不是一次轻率的体验,而是一种全新的经验:他承认,在楚克曼特尔是他第一次与一个女人产生了"亲密感",不过"她是个女人,而我是个男孩"。[13]卡夫卡没有用"女孩"这个词,说明那个女人比他年长;从疗养院的宾客登记簿推测,她不是患者,不过这也不确定。我们知道的是,三个半星期之后——这一对情侣没有更多的时间——这个故事对卡夫卡来说绝对没有结束。因为在第二年夏天,他又去了楚克曼特尔的疗养院,他在那里有个约定。他收到了一张明信片,装在封口的信封里:"这是一片森林,在这片森林里会很幸福。所以,您

267

来吧!"落款看不清楚,其他情况就不清楚了。[14]

　　关于这些与女性的调情和暧昧,我们还可以进行更细致的想象,卡夫卡也向菲莉丝·鲍尔承认过,不过同时他也说,这都是以前的事了。关于这些处于他情绪控制之下的"征服",他跟朋友们可以更坦诚地谈论,他可以稍微吹吹牛,让听众在感官上产生一种感同身受的发痒,而且,用讽刺的口吻谈论女孩子,也符合卡夫卡已经欣然接受的"性礼仪",很久以后,他才拒绝了这种所谓的礼仪。从一开始,他就发展出一种非常独特的、生理学上解剖式的、有意识的非色情的谈论方式,在无数日记中,这种方式把经历和观察调换了位置:仿佛不是与另一个人的相遇,而是那个人的观察才是真正的经历。他从摩拉维亚的特热什季避暑地写给马克斯·布罗德的信:

268　　　　大多数时间——我在这里待了六天——我跟两个小女孩在一起,非常聪明的女孩,女大学生,非常有社会民主思想,她们必须紧紧咬住牙,才能避免一有机会就说出一个信念或者原则。其中一个叫阿加特,另一个叫海德薇。阿加特非常丑,海德薇也是。海又矮又胖,她的脸颊总是红红的,而且大得没边儿,她的上门牙很大,大得嘴都闭不上,让下颌也没法小;她近视很严重,她把眼镜架在鼻子上,不仅是为了有扶眼镜的漂亮动作——她的鼻尖确实漂亮,是由很多块小小的表面组成的;昨天夜里,我梦到了她短粗的腿,我用这种迂回的方式认识到了一个女孩的美,并且爱上了她。[15]

　　对女性的身体进行嘲讽,是抵御恐惧非常有效的方法;也可以用这种语气在最有意思的话题中逗留,随便多长时间,不会让自己显得像个傻瓜。然而,一个自称刚刚坠入爱河的男人把目光集中在大板牙、下颌和粗腿上,这在喜欢情欲享受的布罗德身上还没有出现过,更让他惊讶的是,卡夫卡和那个十九岁的有社会民主倾向的女孩之间,真的发展出一小段有亲吻和通信的爱情关系。她叫海德薇·威勒,是维也纳犹太人,卡夫卡在不久前去西格弗里德舅舅——那个乡村医生——那里过暑假时见到了她,显然她也认识西格弗里德。特热什季能让人活跃起来,消夏敞开了海德薇平常也不能享受的自由,比如说跟男性一起在昏暗的公园里闲逛到半夜。

他们相互之间的爱恋是否超越了那个假期,是令人怀疑的。是的,甚至没有什么能证明他们两人后来还见过。虽然卡夫卡称她为"亲爱的"或者"我亲爱的女孩"——她的回信没有保留下来——他从布拉格写给她的信充满友情而不像是爱情,很快,他们之间兴趣和性格上的巨大差异就显现出来了。后来,卡夫卡以非同寻常的同情心支持年轻女性为争取教育和培训权利进行的斗争;但是,当时作为几乎与女孩同龄的人,作为三个接受了平均教育的女孩的哥哥,他还完全不了解这类忧虑的重要性。所以,对于海德薇·威勒对教育的渴望——她出身小市民家庭,她只能通过**学习**改变自己的地位——卡夫卡没有说过一句鼓励的话。而她也不能理解,这样一个受过良好教育的男人,怎么能整天毫无目的地生活,似乎对大局的命运无动于衷,丝毫没有社会责任感,而且这种不平衡比比皆是,如果她要求他——作为人类观察者——多表现出一些对人的兴趣。"我连工人报都不读,"他回答说,"我不是好人。"[16]

这是讽刺吗?还是自怜?海德薇·威勒不会知道,卡夫卡在这里已经在使用自我贬低的修辞了,后来在一些重要得多的通信中,他把这种修辞手法运用得炉火纯青。即便他偶尔会附上几行自己的文学创作——同时也是为了展示一种完全不一样但是肯定存在的对人的兴趣——那种疲惫的姿态肯定让她觉得颓废和冰冷:一个年轻女子,对她来说,教育和热情几乎是同义词,她认为自己的骄傲就在于,有一天能成为一个代表进步和人道主义的、有组织的左派精英。

269

海德薇·威勒已经上完了女子中学，通过了非在校生的高级中学毕业考试，学了两个学期的德语语言文学和罗曼语言文学，跟卡夫卡在一起，让她有了在布拉格继续完成教育的想法。西格弗里德·勒维需要帮她摆脱维也纳的家庭，卡夫卡本人在布拉格准备迎接她，同时在报纸上登求职广告，他在广告中略作夸张，说她可以承担训练有素的家庭教师和陪伴聊天消遣的工作。不过最后，她还是留在了维也纳。卡夫卡没有去维也纳看过她。在保留下来的给她最后一封亲密的信中，他写道：

> 我理解你的处境；你要学的东西太愚蠢了，你有理由感到生气，别人不能对你有一个字的指责。不过你看，你还是取得了明显的进步，你有一个目标，一个你不会失去的目标，就好像一个女孩，即使你抗拒，她也会让你快乐；而我会永远是一只嗡嗡作响的旋转陀螺，让几个可能会靠近我的人感到耳膜难受一会儿，仅此而已。[17]

这种摸索式的推动力，进入**她**的世界太晚了。他们之间的线不得不中断，而且很快，一年之后，她在布拉格逗留期间，以书面形式请求卡夫卡退回她的所有信件。他照办了，收件人写的是"尊敬的小姐"。我们不知道，她是否最后也属于那些他"丝毫没有痛苦地"看着她们从他生命中消失的人；可以肯定的是，特热什季的这个假期插曲，远远没有楚克曼特尔那位可爱女子的形象对他影响深刻。他再也没有提起过海德薇。所以，他肯定也不知道这个故事最后非常不可思议的高潮：他的社会民主女孩在 1914 年获得了博士学位——博士论文是关于**格里尔帕策**的。[18]

注释

[1] 卡夫卡致鲍尔·基希的信，1903 年 3 月 11 日。（《1900-1912 年书信

集》,第 23 页)

[2] 卡夫卡致密伦娜·耶森斯卡的信,1929 年 8 月 8 / 9 日。(《1918-1920年书信集》,第 294 页)卡夫卡在信中用了"女孩"这个词,按照当时的用语习惯,这并不一定说明那个女子比他年纪小。

[3] 参见埃米尔·乌提茨:《八年老城文理中学》。载于科赫:《当卡夫卡朝我走来》,第 50 页。

[4] 弗洛伊德从他多年的朋友威廉·弗里斯那里接受了普遍双性构建的设想。不过,他没能把这个想法——弗里斯的概念对他来说过于偏重生物学——令人信服地纳入精神分析理论中,他本人对此表示非常遗憾。(西格蒙德·弗洛伊德:《文化中的不适》〔Das Unbehagen in der Kultur〕,见《弗洛伊德文集》〔Studienausgabe〕,第九卷,法兰克福,1997 年,第 235 页,注释 2)魏宁格的著作出版后,曾经在弗里斯和弗洛伊德之间引发了一场争论。因为弗里斯得知了,魏宁格在自己的作品出版前,曾经去拜访过弗洛伊德,所以他怀疑,是弗洛伊德把普遍双性论的观点泄露给魏宁格,让后者在作品中使用。弗洛伊德徒劳地想让弗里斯息怒,他说,魏宁格"拙劣的作品"反正也不会有人重视。(西格蒙德·弗洛伊德:《致威廉·弗里斯的信,1887-1904》〔Briefe an Wilhelm Fliess. 1887-1904〕,杰弗里·穆赛耶夫·马森〔Jeffrey Moussaieff Masson〕编,法兰克福,1986 年,第 504-506,第 513 页)

[5] 奥托·魏宁格:《口袋本和给一位朋友的信》(Taschenbuch und Briefe an einen Freund),莱比锡 / 维也纳,1921 年,第 66 页。

[6] 奥托·魏宁格的父亲莱奥波德·魏宁格在一篇发表于《火炬》的文章中说,奥托曾经多次邀请母亲和妹妹去参加"小型舞会",后来时间长了,他觉得有些尴尬。(1904 年 11 月,H.169,第 12-13 页)《火炬》在 1923 年刊登了魏宁格十九岁时写的一首诗,诗中描写了他多次去找一位妓女,每次去都感到良心折磨。(H.613-621,第 158 页)

[7] 参见《火炬》,H.229(1907 年 7 月 2 日),第 14 页。

[8] "如果我来看犹太人问题,我会说,我一生中见过或者说读过三个犹太

作家,我认为他们是天才:魏宁格、埃尔莎·拉斯克-许勒、蒙贝特。才华一流的
作家有:施特恩海姆、利伯曼、柯尔、霍夫曼斯塔尔、卡夫卡、德布林、卡尔·爱因
斯坦,还有勋伯格……"(戈特弗里德·贝恩:《双重生活》〔Doppelleben〕,选自
《首版第一次印刷的散文和自传》〔Prosa und Autobiographie in der Fassung der
Erstdrucke〕,布鲁诺·席勒布兰特〔Bruno Hillebrand〕编,法兰克福,1984 年,第
397-398 页)——最被魏宁格作为**哲学家**认真对待的作家是海米托·冯·多德
勒,后者的《对奥托·魏宁格的讲话》(Rede auf Otto Weininger,1963 年)当然是他
去世后才发表的;参见雅克·勒·里德(Jacques Le Rider):《奥托·魏宁格案
件——反女权主义和反犹主义的根源》(Der Fall Otto Weininger. Wurzeln des
Antifeminismus und Antisemitismus),与海米托·冯·多德勒《对奥托·魏宁格的
讲话》首版同时发表,修订与扩展版,维也纳/慕尼黑,1985 年。

　　[9] 1921 年春天,卡夫卡给奥斯卡·鲍姆写信说:"我几乎没有听到过你的
消息,至少读了你关于魏宁格的报告(现在还没有免费的手稿,没有对这篇文章
的修改?)。"(《卡夫卡书信集,1902-1924》,第 320 页)这段话说明,卡夫卡在此
之前就询问过那份(没有保留下来的)报告。

　　[10] 卡夫卡旅行日记,1911 年 9 月。(《卡夫卡日记》,第 982 页)

　　[11] 莱纳·施塔赫的《卡夫卡的情欲神话——对女性的美学建构》(Kafkas
erotischer Mythos. Eine ästhetische Konstruktion des Weiblichen,法兰克福,1987 年)对
卡夫卡作品中的女性形象进行了详细的语文学分析,尤其是放在魏宁格的类型
理论背景下。

　　[12] 卡夫卡致菲莉丝·鲍尔的信,1913 年 5 月 18 日。(《1913-1914 年书
信集》,第 191 页)

　　[13] 卡夫卡写给马克斯·布罗德的明信片,1905 年 8 月 23 日;卡夫卡致
马克斯·布罗德的信,1916 年 7 月 12-14 日。参见 1915 年 1 月 24 日的日记:
"与所爱女人关系中的那种甜蜜,就像在楚克曼特尔和里瓦那样,我在面对 F 时
从来没有,除了在信里。"(《卡夫卡日记》,第 723 页)

　　[14] 参见《卡夫卡书信集,1902-1912》,第 47 页,第 415 页,以及宾德:

《卡夫卡的世界》,第 112-114 页。

[15] 卡夫卡致马克斯·布罗德的信,1907 年 8 月中旬。(《1900-1912 年书信集》,第 53 页)"性礼仪"这个概念被卡夫卡称为"魔鬼词汇",出现在他 1922 年 4 月 10 日的日记中。(《卡夫卡日记》,第 915 页)

[16] 卡夫卡致海德薇·威勒的信,1907 年 8 月 29 日。(《1900-1912 年书信集》,第 57 页)

[17] 卡夫卡致海德薇·威勒的信,1907 年 10 月底。(同上,第 78 页)

[18] 关于海德薇·威勒(1888-1953)的其他详细情况,参见汉娜罗勒·罗德劳尔(Hannelore Rodlauer):《海德薇·威勒——弗朗茨·卡夫卡的假期女友》(Hedwig Weiler. Franz Kafkas Ferienfreundin),载于《海盗》,H. 71(1997),第 3-11 页。海德薇·威勒上过的德语文学课程参见哈尔穆特·宾德:《卡夫卡的维也纳———一段艰难关系的肖像》(Kafkas Wien. Porträt einer Schwierigen Beziehung),富尔特,2013 年。1917 年 10 月,海德薇·威勒与工程师、左派犹太复国主义者利奥波德·赫茨卡结婚。"赫茨卡"这个名字,出现在卡夫卡的"八开本笔记本 C"的最后一页(《卡夫卡遗作和未完成的残章》〔一〕,附录卷第 82 页),他应该跟维也纳音乐出版人埃米尔·赫茨卡有关系,布罗德资助的莱奥什·雅纳切克就是在埃米尔·赫茨卡那里签订的出版合同。

第十七章　知情朋友圈：乌提茨，韦尔奇，凡塔，贝格曼

事实都只属于任务，不属于解答。

维特根斯坦，《逻辑哲学论》

　　对我而言，没有真正的职业选择自由，我知道：与那个主要的事情相比，其他一切都无所谓，就像在中学学习的所有内容一样，问题的关键是，找到一个职业，一个既不太伤害我的虚荣心，又能最大限度地允许我保留这种无所谓态度的职业。因此，法学就是不言而喻的了。我的虚荣心和无意义的奢望让我做过几次相反的小尝试，比如学了十四天的化学，半年的德语，这反而更加强了那个根本信念。于是，我学了法律。这意味着，在考试前那几个月，我要在神经高度紧张的情况下，精神上只能以被千万张嘴嚼过的木头渣子为食。不过，在某种意义上，我觉得这很好吃，就像以前的文理中学和后来的公务员职业，因为这一切都完全符合我的状况。总之，我在这方面表现出惊人的预见性，还是小孩子时，我就对大学学习和职业有了非常清楚的预感。从那时起，我就不期望救赎了，我早就放弃了。[1]

这份总结原本是写给赫尔曼·卡夫卡的，他肯定会摇着头说：不，事情的发展并不是这么顺利的，根本没有什么预见和放弃。比如说，弗朗茨不是反复威胁父母，说他要去慕尼黑吗？他想去慕尼黑，并不是要推动他的法律学习。事情从 1902 年秋天就开始了，弗朗茨甚至已经把他去德国的旅行护照揣在兜里了，直到最后一刻，他才想出更好的方案。第二年秋天，当所有人都认为他已经走上正轨了，他又重新开始讨论这个话题。他以这样一种不寻常的、因而很可疑的坚持，追寻着自己的计划，这种多变性背后的想法也不难猜到：只要能换到另外一所大学去，他就能在不伤害感情的前提下，有充足的理由离开父母家，开始独立生活。这需要特别说出来吗？

转到慕尼黑的主意，最开始是保罗·基希提出来的，他曾在慕尼黑大学听过一学期德语语言文学的课，在 1903 年夏天又回到了布拉格。埃米尔·乌提茨，当年班里最优秀的学生，当时也在慕尼黑上大学，他们两人讲述的在巴伐利亚都市的生活肯定对卡夫卡产生了巨大吸引力：一座艺术、戏剧和文学崛起之城；一座到处生活着放荡不羁艺术家的城市，那里不像柏林的艺术家们只能组成秘密团体，慕尼黑的艺术家占据了整个施瓦宾城区的公共空间。还有随处可见的无政府主义，这种生机勃勃的倾向，传达出一种全新开始的气氛，渗透到所有生活领域——慕尼黑是青春艺术风格运动最重要的中心，并非偶然，同名杂志《青春》（创立于 1896 年）也在这里出版。另外，慕尼黑还是漫画笑话和讽刺杂志——除了著名的周刊《痴儿》（*Simplicissimus*）之外，战前还有六十种类似的期刊——的据点，同时，这个城市还从巴黎引进了卡巴莱这种全新的、具有攻击性的艺术形式，并以《十一个刽子手》[①]把它提高到一个极高的水平。最早由托马斯·曼说出来的，后来沦为旅游招揽口号的"慕

272

———————

① 《十一个刽子手》（*Elf Scharfrichter*）是德国第一个卡巴莱作品，有很强的政治批评色彩。

尼黑熠熠生辉",在最初写出来的 1902 年,还真的是名副其实:它是德
语区唯一一个能让人感受到一些巴黎气息的城市,似乎即将把柏林和维
也纳的现代派都甩在身后。

　　这绝对不仅是因为,在慕尼黑生活着为数众多的画家、音乐家、作家
和剧作家,有众多的出版社、旧书店和艺术经销商。这里还有一种自由
的、闪耀的国际性,与此相比,充斥在布拉格的民族主义纷争不仅让每个
到那里的人立刻感觉厌烦,而且显得非常闭塞落后。生活在慕尼黑的将
近两千名艺术家中,有真正的移民(康定斯基和雅弗林斯基后来成为其
中最著名的)聚居区,在那些专门的文学咖啡馆里,不仅能遇到亨利
希·曼、魏德金德、里尔克或者格奥尔格(和他的"宇宙圈"),还经常能
看到外国作家,特别是法国作家。慕尼黑还在超出巴伐利亚的区域享有
盛誉,能为极端非常规的生活方式提供发展的城市空间,比如那位集画
家、作家和演员于一身的芬妮·祖·雷温特洛夫,那位尖酸刻薄、主张性
爱自由的"施瓦宾女伯爵",如果在布拉格,绝不可能成为无害的、热心
学识的"布拉格德裔女艺术家俱乐部"成员。

　　1903 年 11 月底,卡夫卡动身前往慕尼黑,要亲眼看一看这个广受
赞美的艺术城市。他在植物园附近的苏菲大街租了十一或者十二天的
公寓房,离火车总站不远——估计那位乡村医生舅舅资助了旅费。[2] 我
们不清楚,卡夫卡为什么在学期中间做这次旅行,完全不顾耽误的、事后
必须补回来的大约五十节课。他是想参观一下慕尼黑路德维希-马克西
米利安大学的教学活动吗?这个想法很靠谱,而且还有埃米尔·乌提茨
作为顾问,有他这个向导,卡夫卡很容易获得第一印象。但是,卡夫卡在
慕尼黑期间写的几十张明信片,只保留下来很少几张,其中没有一张提
到了慕尼黑大学。是的,卡夫卡为了能不受干扰地获得这座城市的印
象,甚至与无所不知的乌提茨保持着距离。"在这两天中,我对慕尼黑
有了浮光掠影的了解,对其肌理也有了一点认识,"他给保罗·基希写

道,"从一大早开始,我就钻入人群。我在慕尼黑会收益很多。"[3]

　　这听起来不可信:卡夫卡一年前还想来这座城市上大学,可是现在,好像只是作为单纯的游学者来参观。他去看了巨大的、以青铜和大理石装饰的卢伊特波尔德咖啡馆,咖啡馆彩绘的廊柱大厅很像教堂中殿;他跟着别人参观了"密度"(土耳其人大街 81 号),那是一个具有传奇色彩的、充斥着酒气和浓浓烟雾的施瓦宾文学酒馆;他去看了一场《十一个刽子手》的演出(土耳其人大街 28 号)——可惜没能亲眼看到"实用抒情诗"大师弗兰克·魏德金德,他此前就已经脱离了卡巴莱艺术团。[4]可以想象,卡夫卡也去了附近的第三个重要景点:那个经常是混乱拥挤的"痴儿——葡萄酒、咖啡和啤酒馆"(土耳其人大街 57 号),也简称"痴儿",号称是"艺术家酒馆",酒馆有个自己的"驻馆诗人"——约阿希姆·林格尔纳茨,他几乎每天晚上都登台朗诵。不过,卡夫卡在慕尼黑逗留的时间还是有些短,没能"溜进"顶尖文学社团"暗流"(土耳其人大街 34 号)。基本可以确定的是,卡夫卡相当多的时间都是在新绘画陈列馆度过的——因为除去他自己当时还有相当强烈的艺术兴趣不谈,倘若这位新当选的"艺术报告人"居然会错过这个景点,热爱艺术的乌提茨以及"阅读和演讲大厅"的同学们会觉得非常奇怪。而卡夫卡在很长时间之后(1916 年他去慕尼黑进行作品朗诵的时候),才把所有这些经验仅仅称为"无望的青春回忆",这很容易导致误解:毫无疑问,他很享受慕尼黑,但是他回去了,没有进一步的前景规划,而且他不得不承认,由于缺少外部和内部的联系,他在慕尼黑将永远无法超越一个游客的地位。[5]

　　对于卡夫卡在慕尼黑期间写来的报道,保罗·基希一个字也没有回复,愤怒的卡夫卡应该很快就发觉了这不仅是由于基希的懒散。对于基希来说,慕尼黑已经属于过去,这座城市惊人的自由对他的吸引力远远没有别人基于他的文学热情所推测的那么大。原因就是基希越来越严

274

重的德意志民族主义立场,这种立场当然让他觉得在布拉格的德意志俱乐部比在施瓦宾的土耳其人大街感觉好得多,而且因为这个立场,他立刻认定奥古斯特·绍尔是最合适的导师。所以顺理成章地要迅速疏远卡夫卡,再加上那个强大的学生团体"萨克索尼亚",基希觉得身在其中非常自在,与在"阅读和演讲大厅"培养出的思想没有什么共同点了。后来,卡夫卡只要看一眼基希就觉得不寒而栗,因为他已经被经常性的决斗毁容了,所以得了个绰号"刀疤"。[6]

那些从中小学时代就建立起来的友谊,逐渐松散了,取而代之的是新的关系,这些新的关系,最终把常年当场外看客的卡夫卡稍微拉进了布拉格的文化生活。最主要是马克斯·布罗德为他打开了各种重要的大门——不仅因为布罗德有各种各样的人脉关系,比卡夫卡早好几年进入各种文化领域,而且能介绍他的朋友们相互认识并由此建立关系网,这件事显然让他感到很快乐。布罗德的社交能量似乎无穷无尽,这使他甚至能挤入早已存在的团体,并在短时间内成为这个团体的核心。比如说,他早年的同学费利克斯·韦尔奇,后来在法学课上又遇到了,布罗德就是这样进入了韦尔奇的朋友圈子。

又瘦又高的韦尔奇是一个犹太布料商的儿子,家境优裕,与同龄的布罗德一样,他有幸受到热爱艺术和音乐的父母精心的关怀,他们非常愿意看到家里有人演奏音乐、朗读文学作品、争论问题。在葛木森街(卡姆齐科娃街)4 号,形成了一个周日固定聚会,费利克斯可以邀请他的朋友们参加,这个圈子一直到高中毕业后还非常活跃。布罗德当然也被吸引进去了,他又带去了自己的熟人,非常短的时间内就形成了一个充满活力的小组,布罗德在其中说话的分量最重,这个小组一度在韦尔奇家举行沙龙活动,后来就保持了下来。估计在 1903 年春天,卡夫卡就被带到了这里,结识了刚刚进入大学的费利克斯·韦尔奇及其家人。不过，他们之间当时没有发展出密切的关系，因为布罗德的追随者们混乱的活动，让卡夫卡很不喜欢，在为数不多的这个时期保留下来的一封信中，他用隐喻的方式向布罗德清楚地表达了这一点。[7] 卡夫卡喜欢少数知己之间的深入交谈，而他在整个过程中，喜欢面对着许多面孔和声音，或者陷入白日梦——这可能会让他显得心不在焉——或者扮演一个专心致志、一直微笑、但沉默不语的观察者。这两种姿态都被别人理解成保持距离；卡夫卡一贯整洁正式的穿着，更加强了这种印象，所以，需要有一些耐心和同理心，才能避免把这种习惯误解为傲慢的怪癖。另外，卡夫卡对音乐也没有非常深入的了解，这可能也是他暂时选择当观看者和倾听者的原因：布罗德和他弟弟奥托会四手联弹，妹妹苏菲·布罗德嗓音优美，韦尔奇拉得一手出色的小提琴，他还未成年的妹妹贝塔经常用钢琴给他伴奏……这些在朋友们家中非常看重的表演，卡夫卡却什么都不会。最后，连大家一起备考复习，他也不参加了，因为布罗德和韦尔奇伤脑筋的那些考试内容，他已经学过两个学期了。所以，他能做的就只是借给他们两人自己的听课笔记，那些本子的边缘被他画满了画，后来非常有名。

费利克斯·韦尔奇从来不是班里最优秀的学生（他的高中毕业考试成绩也显示，只在德语和宗教这两门中得到了最高分），但是，在他新结识的朋友圈中，他因在哲学方面博览群书而显得与众不同，而他本人肯定赞赏布罗德的多才多艺。他与卡夫卡同病相怜，因为他也被判决学习法律，但是他全部的热情都在哲学阅读上。他不像辩论家布罗德那样，从哲学中汲取一些世界观的口号和文学化的思想游戏，他是真心喜欢哲学研究，喜欢单纯的学术讨论，完全没有文学方面的抱负。他做事有条不紊，有时候有些书呆子气，性格内向，没有虚荣心，有些干巴巴的幽默感，让卡夫卡很喜欢。韦尔奇也跟卡夫卡一样，有三个弟弟妹妹，这可能也是他们之间对某些事情会有相同观察的原因。但是，他们之间的

276

277 关系逐渐变暖并发展成友谊,还需要很长时间,整整交往了九年之后,卡夫卡才在信中建议,不再以正式的"您"称呼对方。[8]

韦尔奇是卡夫卡重要的知心朋友,在后来的岁月中,两人之间发展出很深的互信关系,他们甚至可以坦率地讨论韦尔奇的婚姻问题和卡夫卡戏剧性的疾病历史。不过,他们的友谊没有发展到像卡夫卡与布罗德的关系那种程度——韦尔奇对卡夫卡的回忆也很苍白——估计主要是因为,通过写作来挣脱生活以及文学创作的痛苦,基本上没有影响到韦尔奇。两人关心的都是真理。但是,对卡夫卡来说,这是一个语言和比喻性表达的问题,充满了主观意见和一种世纪转折时期无处不在的深深语言怀疑;而韦尔奇的目的是解决哲学问题,按照他的观点,自己的思想越是训练有素、越是精确,就越能接近问题的答案。韦尔奇对语言有根本性的信任,就连尼采认识论批判的冲击也对他没有影响;而卡夫卡则相反,他从一认识布罗德,就跟后者讨论——后来当然也跟韦尔奇——胡戈·冯·霍夫曼斯塔尔的《钱多斯的信》,当时,这篇作品在四天前才在一家柏林报纸上发表,作品以极端的方式质疑了语言是否有能力超越可疑的概括性,进入世界中真实的事物。[9]

卡夫卡和韦尔奇选择的话语道路相去甚远——但他们追求的目标却不是这样的。卡夫卡依然对哲学反思感兴趣,就像当初他对"查拉图斯特拉"感兴趣一样,对哲学的兴趣吸引他去读那些处于文学和哲学交界处的作家们。"有些书,"他给奥斯卡·波拉克写道,"就像是能打开自己宫殿里陌生房间的钥匙。"[10]他不是通过一首诗或者一部小说获得这样的认识的,而是通过道明会修士埃克哈特·冯·霍赫海姆(埃克哈特大师)的著作,以及自然科学家和自然哲学家古斯塔夫·费希纳,费
278 希纳的主要作品《阿维斯陀经或者关于天堂和来世的事物》(1851)刚刚再版。不过,卡夫卡感兴趣的绝不是这些作家的"观点"——那些奠定这个世界总体看法之基石的"观点"——费希纳关于"宇宙中每个客体

都是被赋予了灵魂的"看法，卡夫卡不可能当真过，或者"相信"过。对于这种令人瞠目结舌的思想，卡夫卡只是用文学读者的眼光去看待，也就是说，他很专注地观察这些相互增强的思想在他自己心中所引起的浪潮。如果反响非常强烈，那他就得出结论，这里触动了一个内在的、主观的、他自己迄今为止没有意识到的真理——这个过程，他只能用比喻的形式把握。城堡作为迷宫般的灵魂生活的比喻，属于他最早的、伟大的、真正的文学发明。

　　这种在文学和哲学之间的跨界做法，在卡夫卡周围的知识分子圈中并非不寻常：他在与布罗德的交往中，在"阅读和演讲大厅"的讨论中经历过，甚至在一次全市著名的私人对谈中也经历过，那是在第三学期的时候，奥斯卡·波拉克带他去的。那是按照古典模式举办的"沙龙"，是由求知若渴的贝尔塔·凡塔和伊达·弗洛伊德两姐妹创立的，每十四天举办一次——一开始是在位于瓦茨拉夫广场的凡塔家里，后来搬过一次家，就在老城广场边上一栋名叫"独角兽"的房子里，那是贝尔塔的嫁妆，房子的底层是她们家自己开的药房。博学的贝尔塔当时三十八岁，大家在大学里就认识她了，她以旁听者的身份出现在哲学讲座和研讨课上，周围都是在年龄上可以当她儿子的大学生，但她丝毫没有被这群厌恶学习的年轻人的主导地位吓倒。当然，从她的发言中常常可以看出——她保留下来的日记残片也证明[11]——她更感兴趣的是意义问题和一般的把生活"精神化"的问题，而不是专业的哲学问题。她属于最后一代法律禁止接受完整的高中和大学教育的女性，所以，尽管她有强烈的学习愿望，但始终没能弥补这一缺陷，这个缺陷常常在她幼稚模糊、多愁善感的话语中表现出来，很容易让人看出她的业余者身份。所以，尤其是在头几年，凡塔沙龙缺乏精神上的世界格局，卡夫卡也曾嘲讽甚至几乎是挖苦过这个土里土气、毫不自然的圈子，在这里，除了劣质的利口酒和硬板凳，还必须礼貌地忍耐歌唱练习和适合家庭氛围的诗歌朗

279

诵[12]；更不要提心不在焉的男主人了，药剂师马克斯·凡塔对他太太策划的这些聚会完全不理解，常常一言不发。如果没有波拉克和很快加入的胡戈·贝格曼陪伴，卡夫卡不可能继续在这里出现。

不过，凡塔家里也有关于哲学的报告，而且是由水平非常高的来宾讲。在这里，对尼采的崇拜是不言而喻的，所以，听直接跟尼采打过交道的出版人恩斯特·霍内弗做报告——卡夫卡也参加了——是件大事，霍内弗曾仔细观察过生病且失语的尼采，最后还在其葬礼上致了悼词。[13]这里也讨论学术哲学问题，经常与弗朗茨·布伦塔诺的心理学现象学联系起来。布伦塔诺是那个时代影响最大的奥地利哲学家。他试图以一套全面的意识理论解释思维和感知的相互渗透，这被看作对哲学思想最激进的重塑，被他抛在身后的一切——对于布拉格尤为众多的"布伦塔诺主义者"来说，就是指从康德到黑格尔的整个德国唯心主义——都会被扔到精神的垃圾堆里。哲学系的两位教授克里斯蒂安·冯·厄棱费尔和安东·马尔蒂，都是布伦塔诺的学生，两人都对他们的老师表现得非常尊重，而外人很容易觉得这是宗派主义。他们定期组织前往佛罗伦萨的朝圣之旅，年过六十、渐已失明的布伦塔诺辞职后在那里隐居，在布拉格，大家就朗读并讨论热心人整理出来的谈话记录——当然只是在他忠实的追随者中间，胡戈·贝格曼和从慕尼黑回来的埃米尔·乌提茨很快成为他们中的一员。

这个布伦塔诺小组建立了自己的晚间讨论群，类似于固定的哲学聚会，可以（且必须）比在凡塔沙龙里讨论更多专业问题：这就是后来所谓的"卢浮宫圈子"，在学期中间也每十四天聚会一次，从1904年秋天起在费迪南德大街新开张的卢浮宫咖啡馆后屋开会。这个讨论圈一开始似乎是个非正式活动，新客人很容易就能参加进来：卡夫卡原来高中毕业班里就有五人参加，有人来得勤，有人来得少，这其中又有机敏的乌提茨，他在慕尼黑时还根本没听说过布伦塔诺，而且他在这个新的知识分子和小团体里当然不会到处吹嘘自己的成就：才十九岁就出版了两部诗集，并且戏仿了《生活最后的谜》。[14]因为这里不欢迎独立创新的哲学思考，而是需要沿着老师-学生-关系进行的思考。谁听过谁的课，谁在谁那里读的博士，谁引用过谁，谁给谁写过书评，谁提携过谁，谁贬低过谁：所有这些个人之间的关系，构成了哲学对话中固定的子文本，其结果自然就是，布伦塔诺的重要性不断被强调，成为别人的负担，客观上，对于与布伦塔诺同样重要的晚辈也是压力。所以可以发现，实证主义哲学家恩斯特·马赫——曾在布拉格大学任教多年，甚至在1879-1880年间担任校长一职——在卡夫卡周围人的回忆录中极少被提到。马赫在1895年获得维也纳哲学教授职位之前，一直是布拉格物理研究所所长；他在布拉格的学生中只有自然科学家，而没有哲学家，仅是这种"代理人"缺席的情况，就导致了这个城市的学术讨论存在巨大盲点，尽管还有很多事实上的联系点。[15]

这种由一个哲学流派一统天下的局面，在"卢浮宫"造成的结果是，这个讨论群只对那些有着专门兴趣的大学生们有吸引力，而对马克斯·布罗德这样的新人却越来越不欢迎。更加挑剔的是安东·马尔蒂的研讨课，虽然这是大学开设的课程，但马尔蒂经常在他位于城市公园旁的私人住宅中上课，这就已经彰显出排他性的要求。贝尔塔·凡塔和她妹妹伊达还在卢浮宫咖啡馆出现，这是不言而喻的；而在马尔蒂课上，课程参加者的专业学术工作是核心，所以她们是不能去的；在这里，马尔蒂最有天赋的学生们（后来成为他的博士生）——就是贝格曼和乌提茨——掌握着话语权。

卡夫卡在这些小组中的参与度究竟多深，是个有争议的问题；在凡塔那里，他参与了一年多，不过不常去，往往只是因为朋友们催促才去。在卢浮宫圈子——根据布罗德的回忆——情况也差不多：尽管卡夫卡在文理中学的哲学课上和马尔蒂以及厄棱费尔的讲座中，肯定学到了基本知识[16]，但他一直是一个喜欢观察的边缘人物，很少发言。他也不算有哲学天赋的学生，因为他在马尔蒂的一门选修课考试中不及格（虽然有贝格曼课下帮他补习），所以没有进入选课学生的核心。另外，他在后来的总结中写道，"哲学反思"属于那些他会为文学创作牺牲掉的生活"乐趣"[17]，事实上，卡夫卡青春期那些年——从充满激情地阅读尼采，到1904年至1905年冬季上了一门导论性质的"现代哲学历史"讲座课——他的哲学和美学兴趣还是有很多重合的，那时候，他距离晚年的文学纯粹主义还非常远。因此，卡夫卡唯一一篇保留下来的与布伦塔诺哲学概念有直接关系的文章，题目是关于审美经验的本质，这绝非偶然。这篇残缺不全的文章，是用铅笔写的五页稿纸，显然是试图对马克斯·布罗德的一篇文章《论审美》进行系统批判，虽然卡夫卡在明显陌生的领域论述，他的论证也根本没有说服力，但他的文章中包含着一段——与他后来的创作联系起来看——非常有针对性的段落：

282　　　　　所以，有必要对"审美感知"这个迄今为止可能还没有被引入
　　　　的概念进行更加详细的，其实是基本的解释。那种快感是如何产生
　　　　的？它的特点是什么？它与由一个新发现或者来自陌生国家或者
　　　　陌生知识领域的消息带来的快乐有何不同？[18]

假如卡夫卡真的决定在慕尼黑继续他的学业，那他会比在卢浮宫咖啡馆对这些问题了解更多。因为当时在审美快感经验方面的专家是慕尼黑的哲学家和心理学家特奥多尔·利普斯，在卡夫卡提出上述问题的同一年，利普斯完成了他的两卷本著作《美学》。利普斯不仅以"快感"作为这部经典著作的开卷第一章，在此之前很久，他就对卡夫卡建议的概念有过思考，他在1883年写道："审美感知是一种完全肯定的感知，如果我意识到，某个内容在一个位置上是审美上非常必要的……"这里说

的实际上就是内在感知的"证据"，而布伦塔诺主义者认为这是不可触碰的。[19]

布罗德曾多次表示怀疑，认为不可能在卡夫卡的文学作品中证明布伦塔诺意识理论影响的痕迹，他的怀疑肯定是对的："影响"通常不会在卡夫卡身上这么直接地起作用，所以那些在相关研究中堆积的证据，证明力也比较低。布罗德的观点走得更远，他认为，从卡夫卡的哲学断片中可以看出与布伦塔诺学派"截然相反的立场"。更别提他声称卡夫卡对系统性哲学的兴趣在 1903 年就已经冷却了，卡夫卡从没有跟他就布伦塔诺进行过专业性的交谈，不过，卡夫卡的批评性笔记的存在——卡夫卡当然没有默默交出笔记——恰好驳斥了这种看法。[20]

在布伦塔诺学派的代表人物中，最吸引卡夫卡的是那些他能在其身上感受到思想灵活性的人。马尔蒂本人当然不属于其中，因为他尽管研究语言哲学问题，但对文学丝毫不感兴趣；同样不在此列的是马尔蒂的助手们，编外讲师奥斯卡·克劳斯（著名的《梅里亚德》的作者）和阿尔弗雷德·卡斯蒂尔，他们两人虽然喜欢男人之间充满笑点的对话，但是，只要一开始谈论"描述心理学"的那些神圣著作，他们就一点幽默都没有了。

有一个完全不同的老师，他就是克里斯蒂安·冯·厄棱费尔，身材高大，戴夹鼻眼镜，长着络腮胡子，大衣邋里邋遢，人们经常看见他迈着有力的步子，背着双手穿过布拉格的街巷，有时候身后像彗星的尾巴一样跟着一群讨论问题的大学生，一直陪他们的导师回到住处。1896 年来到布拉格的厄棱费尔，也会怀着最深的敬意说起他以前的导师弗朗茨·布伦塔诺，他跟导师之间有友好的通信往来——不过，这丝毫不妨碍他把导师的学术作为出发点，进行完全独立的研究，尤其是作为格式塔理论的奠基人之一。他也没有参加卢浮宫圈子，而是试图——当然没有成功——在布拉格建立一个自己的哲学团体。然而，厄棱费尔的兴趣远远超出了学术讨论中可以讨论的内容：他是狂热的瓦格纳迷，他为了改善人的遗传而研究种族理论，他发表了一部充满了混乱的性伦理的书，其中除了宣告一夫一妻制的终结，什么也没有，他尝试创作悲剧和歌剧脚本，一战期间写了一部瓦格纳式的《宇宙的起源》，他涉猎数学（尽管有传闻说他以为毕达哥拉斯定理是二十世纪的成就[21]），后来，他还非常认真地考虑过创建一个新的、包含全世界的宗教，还建议捷克斯洛伐克总统马萨里克——也是布伦塔诺的学生——担任这个宗教的领袖。这一切，就如同布罗德所写，"具有一种非凡的、天才的、完全独特的魔性"[22]，但是，厄棱费尔的思想也有明显的退缩和逃避现实的特点。私下里，他坦率、善于倾听、具有自我反思能力，他代表着一种知识分子类型：想改善世界，但是又对道德或者政治机会不感兴趣，也不考虑"可行性"问题，一心只顾自己的想法，有时候会走到可笑的乌托邦境界。

284　　　厄棱费尔是卡夫卡非常喜欢的那一系列怪人中的第一个：他们怀着极大的天真和热情捍卫自己的事业，不顾权威的理论和社会游戏规则，这在他眼中创造出一个真实性的光环，打动了他——哪怕被崇拜的人有时候会像傻子一样，陷入毫无根据甚至是疯狂的假说。但是，卡夫卡却很欣赏这种古怪的固执坚持，认为这只是个人的性格特点，是不顺从，是通过艰苦斗争获得的独立性的表现；而同样的不妥协态度，一旦组织起来，变成派别行为，并且对意见不同者施加压力，就会让他反感。对于这类权力游戏，卡夫卡有非常敏锐的直觉，学术斗鸡每天都会提供新的观看材料，即使是在卢浮宫咖啡馆的后屋。

马克斯·布罗德第一次在这个讨论圈子出现时——可能是卡夫卡带他去的，因为卡夫卡已经在这个圈子里待过一段时间了——他还是一名毫不妥协的叔本华信徒，他虽然绝对不会放弃他所崇敬的大师的学说，但也愿意不带保留态度地认真研读布伦塔诺那些有意思的著作。这一宣言已经足够让他进入这个固定聚会了，尤其是在他选了马尔蒂教授的研讨课之后。布罗德被认为是没有危害的、具有可塑性的初学者，正在寻找且将会找到正确的道路，即便是他在一次报告中宣称，布伦塔诺假定的那种基于证据的伦理，根本不可能存在，因为根据叔本华的观点，所有伦理道德都建立在同情而不是思考之上——即便在如此强硬的表态之后，其他人的做法也只限于用一种倨傲又宽容的态度，抹去他这些前现代的——因为是非理性的——概念。

但是布罗德一直把卢浮宫圈子看作一个哲学练习场所，把在场的那些助手看成是拳击练习伙伴，所以，他**发表**了他的批评观点，这也就意味着踩了红线。1905 年，短短几个月之内，他在柏林《当代》周刊上发表了两篇文学作品，深深激怒了那些布伦塔诺主义者：第一篇是题为《鸟儿为何鸣唱？》的随笔，他（不点名地）描写了在马尔蒂私人住宅中那些索然无味的讨论，因为在这些讨论中，大家实际上根本不在意哲学真理，只关心如何在教授面前尽可能表现得出彩。第二篇文章是篇幅不长的中篇小说，题目是《灵魂的双胞胎》，小说的主人公之一是一个哲学方面的平庸之徒，他自我标榜的口头语是："你知道，我是个反精神主义者，此外，我还是布伦塔诺信徒……"这就够了。

当布罗德下一次在卡夫卡的陪伴下，再到卢浮宫咖啡馆经常坐的那张桌子边坐下时，桌上已经放着一份《当代》杂志，要对他进行审判。主要公诉人是乌提茨和贝格曼，他们指责布罗德在一份文学杂志上取笑布伦塔诺和他的学生们，布罗德反驳说，他们早就知道他的态度，但是他的反驳软弱无力，根本没用。他还没有明白——这个认识现在让他震惊——只是口头批判某个事物，与白纸黑字印出来，这是两件截然不同的事情。说出来的话，是可以改变的，人们可以随心所欲地夸大、曲解或者忘记。但是，印出来的就没有办法更改，只能在这个世界上，听凭别人恶意地理解或者误解，所以是不可原谅的。这是辩论者布罗德的原始场景，是这个一直被眷顾的人第一次面对来自世界的持续反对；因为谴责

285

者是彼此非常熟悉和了解的人，这就像队友突然换到了对立面一样，所以，他们的进攻给了布罗德猛力一击。"……他们深深地动摇了我的自信，"他在七年之后仍然如此写道，"让我觉得自己是个罪犯。"[23]

关于如何处理罪犯的激烈争论，持续了好几个小时，期间没有一个声音为他辩护——尤其是大家可能知道了，布罗德对马尔蒂研讨课的描写，是为他第一本书的出版而写的，已经撤不回来了。最后，卡夫卡弯腰对布罗德小声说，最好还是从这里消失，而且是永远消失。于是他们就这么做了；后来韦尔奇也步他们后尘，远离了这个固定聚会。布罗德收到布伦塔诺主义者们的一封信，信中正式通知他被开除出"卢浮宫咖啡馆的学术圈子"；不过，他们同时向他保证，他可以继续参加凡塔家的沙龙，因为大家绝对不想切断跟他的"私人交往"。布罗德在毁灭的感觉和自尊心受伤害的感觉之间挣扎了很久，最后当然不能接受；就连卡夫卡与他的团结一致也有了一种苦涩的味道，因为卡夫卡坚持认为，作为谴责者的贝格曼本质上是个正派人。[24]所以，好几年之后，他们之间才和解——跟贝格曼是真的和解，跟乌提茨只是表面上的和解。贝尔塔·凡塔也重新开始给布罗德写友好的邀请函了。

卢浮宫圈子没几年就解散了，这对布罗德来说当然算是一种补偿，同时，凡塔家的晚间聚会越来越像哲学研讨课了。一开始的罚物游戏早就不再玩儿了，同样消失的还有服装节，曾经有一次，卡夫卡和布罗德还穿着外交官的燕尾服出场。现在，大家相约一起阅读，从这些共同的阅读中，后来发展出定期的课程：大家一页一页研读和讨论康德的《任何一种能够作为科学出现的未来形而上学导论》和《纯粹理性批判》，然后还有费希特的《知识学》和黑格尔的《精神现象学》——布伦塔诺教派中没有人会认为这些文本有讨论的价值。像乌提茨这类人，绝不会在这里继续出现了，相反，胡戈·贝格曼确定了自己的规划：他从一个正统的转变成为一个宽容的布伦塔诺崇拜者，跟费利克斯·韦尔奇一样，他对德国唯心主义经典著作最为了解，他甚至能对这些作品做出非常清晰的解释，就连凡塔家的儿子、有些愚钝的大学生奥托，都差不多能听懂。但是，卡夫卡觉得这种系统的学习有点过于像中学模式了，所以只是偶尔出现，虽然布罗德经常请求他参加。

贝格曼能如此迅速并且毫无争议地成为沙龙领导者，还有另外一个原因：他现在成了这家的一员，因为 1904 年 5 月，他就不声不响地与凡塔的女儿、当时才十七岁的埃尔泽订了婚。他们的关系，很长时间都处于非常紧张的状态，因为，对于埃尔泽理想的丈夫应该是什么样的，她的父母有完全不同的想法。贝尔塔·凡塔认为，家里有这样如此认真和受过全面教育的年轻人，非常好；而药剂师先生则反对这个几乎一贫如洗的追求者，贝格曼的父母连他的学费都交不起，而他在所有学科中选了唯一一个出了大学赚不到一分钱的专业。

凡塔家一直以来（与卡夫卡家相反）的想法是，要"供养"他们的女儿，他们早就商量好了，埃尔泽在婚后将会保持一定的独立性。尽管埃尔泽成绩中等，家里还是送她上了布拉格女子中学（1898 年才成立的）"高中部"，课程中有拉丁语和希腊语，这使她能够在订婚前几个月参加了一场"为进入制药实践目的的特殊考试"，并且勉强及格。1903 年底，她作为应聘者进入父亲的药房，后来真的获得了药剂师的头衔。这是她在紧急情况下维持生活，且能接手药房、保证自己生活富足的前提条件，不管她丈夫的职业前景如何。但是，贝尔塔当然也不太愿意看到自己的女儿将来养活一个学者，而马克斯·凡塔（他不愿意想，自己当年就是借助妻子的陪嫁才有了自己的药房）带着极度的怀疑态度看待未来女婿的前途。

他是有理由的。在化学系浪费了一年时间之后，贝格曼转到了哲学专业，也就是说准备彻底走上学术研究的道路，他的两个副专业，物理和数学，更多也只是出于哲学的认识兴趣去学，而不是为了学科专门研究的目的。他的成绩高出平均水平很多,他学习勤奋,学得快而且自律,就像孩童时代一样,在 1905 年 12 月——他甚至比卡夫卡快了半年——他就已经在马尔蒂教授指导下完成了博士论文《十九世纪的原子理论——对哲学问题史的研究》,获得哲学博士学位。到那时候为止,一切都很好,他同时在**两个家庭**获得了拥抱和亲吻。但是,在迈出下一个不可避免的步子,也就是获得教师资格之前,出现了任何人都不觉得意外的障碍。因为胡戈·贝格曼过着双重生活。

他有一个犹太复国主义的执念,这是他的同学们早就知道的,他因此遭受过一些嘲讽,其中就有卡夫卡,也有无数人试图让他转换宗教信仰。后来,大家也就放弃了,高中毕业之后,每个人都在寻找自己的道路,也都知道贝格曼的宗派狂热,只能摇头叹息。尽管贝格曼不在老朋友和新同学中间宣告他的信仰,但是,恰恰是这个极具天赋的人,拒绝加入德裔大学生最重要的文化平台"阅读和演讲大厅",这当然会引起大家的注意。

他跟哥哥阿图尔同属于另一个对立的组织,"犹太大学生协会",这个组织规模相对比较小,从 1899 年起以犹太民族主义和犹太复国主义为导向,并以犹太反叛者巴尔·科赫巴作为他们的标志。在大学的第一个学期,十八岁的贝格曼就已经接任了"巴尔·科赫巴"协会主席的职位,在他的倡议下,他们与奥地利其他城市中观点相同的协会联合。这个早期犹太复国主义总会的领导工作,由布拉格大学生掌握,也就是说,还是贝格曼。[25]

这些活动,在他交往的专业圈子里是隐藏不住的,尤其是当贝格曼以他的犹太复国主义文章和报告广为人知后,就从单纯的世界观领域进入了政治领域。在凡塔家的沙龙,在布伦塔诺圈子,在贝格曼的老师们中间,很快就每个人都知道了。但是,犹太复国主义是不被允许谈论的话题,只要贝格曼自己不粗鲁地混淆话语,那么大家还是继续低调对待他的热情,假装这一切都是他个人的事情,就像厄棱费尔教授在世界观方面的冒险思想一样。不过,在1904年,发生了一个让所有参与者都很不舒服的情况,当时,"阅读和演讲大厅"领导委员会提出申请,要求把"巴尔·科赫巴"协会从布拉格德语大学清除出去,因为它有损大学的德意志精神。这使卡夫卡、韦尔奇、布罗德和其他人瞬间陷非常尴尬的境地,因为他们所属的协会试图禁止他们的朋友胡戈·贝格曼领导的协会。这次行动没有成功(三年后再次尝试还是没有成功),于是,他们就再也不用为贝格曼的犹太复国主义爱好担心了。十年之后,卡夫卡对贝格曼的演讲能力感到惊讶,因为他此前从来没有注意到这一点[26]——这是一个确定的证据,一方面说明这位朋友的兴趣对卡夫卡和其他人真的隐藏得很好,但同时也说明卡夫卡和其他人对这位朋友的兴趣毫不在意。这种情况,当然也有贝格曼自己的原因,他当然想离那些讽刺的评论远一些。所以,只要是在他的犹太复国主义小圈子之外,他就严格避免提到某些话题和概念,没有人会对他的这种沉默生气,也没有人认真询问过他,犹太复国主义者们到底要干什么,人们连他们中间最重要的人物都不知道。有一天,马克斯·布罗德满脸惊诧地看着贝格曼房间里挂的一幅画像,画像上的人穿着现代服装,却蓄着亚述人的络腮胡子,布罗德问,画像上的人是谁。"特奥多尔·赫茨尔①。""谁是特奥多尔·赫茨尔?"[27]

贝格曼的老师们为他未来的道路担忧,当然无法长期对他的双重身份视而不见。他们知道,他作为犹太人,不可能有机会在布拉格大学获得教授资格,而他进行的犹太民族主义宣传会破坏任何可能给他的特殊待遇。尤其是安东·马尔蒂给贝格曼施加了巨大压力,要求他在获得博

---

① 特奥多尔·赫茨尔(Theodor Herzl, 1860-1904)是一名奥匈帝国的犹太裔作家、记者,现代政治犹太复国主义的奠基人,现代以色列国父。

士学位后,辞掉所有"巴尔·科赫巴"协会的职务,也不许再作任何公开的报告——以此作为继续帮助他的前提条件。但是,这还根本不够。难道贝格曼不清楚,他不可能鱼和熊掌兼得? 他难道不知道,如果不改信基督教,就意味着他的学术生涯还没开始就到头了? 就连他的哲学偶像弗朗茨·布伦塔诺也没有别的办法,贝格曼在读博期间第一次亲眼见到他,按照贝格曼信里的说法,他像崇拜精神领袖一样崇拜布伦塔诺。布伦塔诺曾经是天主教神父,他本人就是宗教和教育政策之间短路的受害者,他的学术生涯——大家在布拉格都知道——就是由于宗教狭隘的原因而被提前终结了。[28] 所以,他就更不能理解,这个极有天赋的年轻人,作为一门建立在理性和精确内省基础上的哲学流派的信徒,为什么放着最简单的方法不用,为什么不能通过简单的"换衣服"①走上通向教授职位之路。乌提茨就是这么做的。有什么阻碍他了? 布伦塔诺劝说了固执沉默的贝格曼好几个小时,还在信中给他分析了旧约道德上的野蛮,并且说,没有一个真正的科学家会同意旧约的观点。但是都没有用。[29]

这就是贝尔塔·凡塔想要把女儿托付终身的男人,凡塔家的争论不难想象,面临着一个通向完全未知未来的家庭计划。埃尔泽本人爱上了胡戈,他的举止给她留下了深刻印象,虽然他在婚前亲密行为方面有着非常严格的观念,而所有人,包括她的父母,都像听老师讲话一样听这个大学生的,这让她心里很受用。沙龙还有其他来客,她也喜欢,卡夫卡也是其中之一,然而,尽管后来在她的草稿纸中发现有写给"F. K."的情诗,胡戈·贝格曼在最初那些年完全没有嫉妒的理由。年轻的埃尔泽肯定觉得,与她未婚夫的严肃和说服力相比,他的朋友们都分量太轻了。她在多大程度上是按照自己的判断接受了贝格曼的犹太复国主义基本原则,而不是表面上的或者是按照贝格曼的指挥,这一点难以确定。由

---

① 指改换宗教。

于她本人接受的是自由-同化教育，所以，这样的跨界对她来说，不可能很容易，为了她那"亲爱的塔木德主义者"（她曾几次这么称呼他），她甚至在自己的家里必须忍受讽刺挖苦。[30]

为了能结婚，贝格曼需要**随便一份**工作，所以，他在 1906 年 3 月成了布拉格大学图书馆的实习生：这个职位只有几个克朗的收入，不过能给他足够的精力，为他新的哲学著作做出版工作。1908 年，在他跟埃尔泽·凡塔结婚的那年，他的《对于内心感受证据问题的研究》就已经出版了，这部作品的题目就已经说明，它是出身于布伦塔诺作坊的，贝格曼把它看作在其他大学继续求职的名片：尤其是在德意志帝国，因为在那里，犹太人没有完全被排斥。他带着推荐信去哈勒、马尔堡、法兰克福、埃尔朗根、图宾根；在哥廷根，他拜访了布伦塔诺最著名的学生、现象学者埃德蒙德·胡塞尔。他到处都受到友好的接待，但没有一个地方为他打开通向他渴望的教授资格的大门，哪怕一条门缝。胡戈·贝格曼就这么荒诞地大材小用当了几乎七年的实习生。

291

1913 年初，他才升为图书馆助手，收入远远低于卡夫卡。当然，这个时候，他早已经不再指望升职了，因为结婚以后，他有权动用一笔财产，这笔财产的收益恐怕不低于一个教授的薪水。勤奋、教育、科研成就——这一切都不能让他这个犹太复国主义者免于在市民阶层的底层艰难度日的命运。但是，这场幸运的婚姻拯救了他，而他没能给妻子带来她所希望的社会地位。[31]对于认识贝格曼几十年的卡夫卡的父母来说，这是一个具有警示性的例子，能够有力地证明他们的实用主义：弗朗茨也完全可能像胡戈一样——假如他们当初没有及时劝阻他，打消他学哲学和德语语言文学的荒唐念头，假如他们当初没有引导他走上一条能为他这样信仰"摩西教"的人提供职业发展保障的正道。卡夫卡常常抱怨没有过真正的选择职业的自由。当然没有，没有哪个犹太人有这种自由。

注释

[1] 卡夫卡:《致父亲》。(《卡夫卡遗作和未完成的残章》〔二〕,第 197-198 页)

[2] 古斯塔夫·雅诺施没有任何证明地说,卡夫卡的慕尼黑计划只跟他母亲商量过。然后母亲就给兄弟西格弗里德写了信,就是在特热什季的那位乡村医生。卡夫卡和这位舅舅交流之后,舅舅最后表示愿意资助这次的慕尼黑考察之行。(《弗朗茨·卡夫卡和他的世界》〔*Franz Kafka und seine Welt*〕,维也纳,1965 年,第 64 页)

[3] 给保罗·基希的明信片,1903 年 11 月 26 日。(《1900-1912 年书信集》,第 31 页)四天之后,他又写道:"我现在有五十张明信片要写"。(《1900-1912 年书信集》,第 32 页)显然,给奥斯卡·波拉克他也只寄了一张明信片,而不是信,尽管他们事先相互承诺要写信。(参见卡夫卡致奥斯卡·波拉克的信,1903 年 12 月 20 日,《1900-1912 年书信集》,第 33 页)

[4] 卡夫卡给基希寄了"密度"和"十一个刽子手"的明信片。(摹本见《1900-1912 年书信集》,第 403-404 页)

[5] 卡夫卡致戈特弗里德·科威尔的信,1917 年 1 月 3 日。(《1914-1917 年书信集》,第 283 页)1919 年底,卡夫卡甚至计划,与尤莉叶·沃里泽克一起在慕尼黑生活三个月——这也是一个可靠的证据,说明他所谓的"无望的",并不是说这座城市,而是指他第一次到访时的环境。(卡夫卡致凯特·奈特尔〔Käthe Nettel〕的信,1919 年 11 月 24 日,《1918-1920 年书信集》,第 93 页)

[6] "他可怕的外貌",卡夫卡在日记中写道。(1912 年 6 月 2 日,《卡夫卡日记》,第 424 页)保罗·基希后来成了记者,跟他兄弟埃贡·基希一样,主要为布拉格的日报《波希米亚》工作。1912 年,他在绍尔的指导下获得博士学位,论文题目是"黑贝尔与捷克人——诗歌'给普鲁士威廉一世国王陛下'的起源和历史"(*Hebbel und die Tschechen. Das Gedicht »An Seine Majestät, König Wilhelm I. von Preussen«: seine Entstehung und Geschichte*),布拉格,1913 年,1973 年,希尔德斯海姆再版。这首诗声名狼藉,因为黑贝尔在诗中把捷克人和波兰人称为"仆役民

族"。基希在他的博士论文中，当然是赞成黑贝尔的污蔑，并且详细记录了捷克公众的反应。——保罗·基希于 1944 年在奥斯维辛被杀害。

［7］卡夫卡致布罗德的信，1904 年 8 月 28 日之前。（《1900-1912 年书信集》，第 37 页起若干页）

［8］那封信没有保存下来，但是卡夫卡在 1912 年 5 月 23 日的日记中提到了。（《卡夫卡日记》，第 422 页）

［9］胡戈·冯·霍夫曼斯塔尔：《一封信》（Ein Brief），载于《日子》（Der Tag），柏林，1902 年 10 月 18 和 19 日。

［10］卡夫卡致奥斯卡·波拉克的信，1903 年 11 月 8 日。（《1900-1912 年书信集》，第 29 页）

［11］贝尔塔·凡塔的日记被她丈夫做了大量删减后，跟她女儿埃尔泽同样具有重要资料价值的《家庭历史》（Familiengeschichte）一起出版；参见格奥尔格·金佩尔（Georg Gimpl）编：《因为大地自己燃烧了……记布拉格的贝尔塔·凡塔沙龙（1865-1918）》（Weil der Boden selbst hier brennt... Aus dem Prager Salon der Berta Fanta〔1865-1918〕），福尔特，2001 年，第 45-175 页，第 199-266 页。

［12］参见卡夫卡致保罗·基希的信，1903 年 2 月 4 日和 7 日。（《1900-1912 年书信集》，第 21-22 页）

［13］恩斯特·霍内弗（1871-1954），一度曾是尼采档案馆的工作人员；他建议，在尼采去世后，首先整理出一份包括所有遗作在内的详细清单，但是由于尼采的妹妹伊丽莎白·福尔斯特-尼采的反对而失败，因为后者想不惜一切代价立刻出版，引起公众关注。霍内弗至少有一次参加贝尔塔·凡塔的聚会，在贝尔塔 1903 年 1 月 26 日的日记中有记载。参见金佩尔：《因为大地自己燃烧了……》，第 155-156 页。

［14］埃米尔·乌提茨化名恩斯特·里眉（Ernst Limé）出版了诗集《我的据点》（Meine Hochburg），诗集《关于生活最后的谜——三句话的诗歌交响乐》（Von des Lebens letzten Rätseln. Eine lyrische Symphonie in drei Sätzen）是用真名出版的，两部诗集都是 1902 年出版。

[15] 在精神分析方面,还可以得出同样的结论,布拉格没有精神分析的代表人物。布伦塔诺心理学中一个重要的观点是,不可能有无意识的心理活动:这与弗洛伊德的无意识元心理学的看法截然相反。但是,无论是布拉格的布伦塔诺主义者还是凡塔沙龙的成员,似乎都没有认真研究过精神分析理论。这肯定对卡夫卡的知识构成产生了影响。

[16] 在文理中学的最后两年,开设了"哲学入门"课;埃米尔·格施温德是这门课的老师,在高中毕业考试中,卡夫卡这门课的分数是"优秀"。大学第一学期,卡夫卡听了厄棱费尔的"实用哲学",第二学期上了马尔蒂的"描述心理学基本问题"。

[17] 卡夫卡日记,1912 年 1 月 3 日。(《卡夫卡日记》,第 341 页)

[18] 《卡夫卡遗作和未完成的残章》(一),第 9-11 页。卡夫卡是针对布罗德的文章《论审美》的第一部分,发表于《当代》,柏林,1906 年 2 月 17 日(文章的第二部分在一个星期之后的下一期上发表)。参见曼弗雷德·恩格尔(Manfred Engel)和贝恩德·奥尔罗赫斯(Bernd Auerochs):《卡夫卡手册——生平、作品、影响》(*Kafka-Handbuch. Leben - Werk - Wirkung*),斯图加特,2010 年,第 137 - 138 页。

[19] 特奥多尔·利普斯:《灵魂生活的基本事实》(*Grundtatsachen des Seelenlebens*),波恩,1883 年,第 409 页。埃米尔·乌提茨后来凭借一篇主题密切相关的论文《审美行为中的功能乐趣》(*Die Funktionsfreuden im Ästhetischen Verhalten*)而获博士学位(哈勒,1911 年)。

[20] 马克斯·布罗德:《卡夫卡未付印的作品》(*Ungedrucktes von Franz Kafka*,包括卡夫卡哲学断片的首印),载于《时代》,1965 年 10 月 22 日。参见马克斯·布罗德:《好斗的一生》,第 168-169 页。关于布伦塔诺对卡夫卡的所谓影响,参见阿诺德·海德西克(Arnold Heidsieck):《卡夫卡小说的思想背景:哲学,法律,宗教》(*The Intellectual Contexts of Kafka's Fiction: Philosophy, Law, Religion*),哥伦比亚,1994 年,主要是第 32-64 页;彼得·内森(Peter Neesen):《从卢浮宫圈子到诉讼——弗朗茨·卡夫卡与弗朗茨·布伦塔诺的心理学》

(*Vom Louvrezirkel zum Prozess. Franz Kafka und die Psychologie Franz Brentanos*)，格平根，1972 年，主要是第 157-194 页。

[21] 格尔哈特·科瓦列夫斯基(Gerhard Kowalewski)：《持久与变化——我的生活回忆，同时也是对现代数学历史的回忆》(*Bestand und Wandel. Meine Lebenserinnerungen*，*zugleich ein Beitrag zur neueren Geschichte der Mathematik*)，慕尼黑，1950 年，第 243-244 页。关于厄棱费尔广泛的兴趣，参见莱恩哈特·法比安 (Reinhard Fabian)编：《克里斯蒂安·冯·厄棱费尔——生平和作品》(*Christian von Ehrenfels. Leben und Werk*)，阿姆斯特丹，1986 年。

[22] 布罗德：《好斗的一生》，第 209 页。

[23] 马克斯·布罗德日记，1911 年 1 月 30 日。值得注意的是，布罗德在他的卡夫卡传记中，对卢浮宫圈子只字未提，但是，在自传《好斗的一生》中，却极为详细地描写了与布伦塔诺主义者的冲突。(第 167-177 页)当然，他没有提自己的朋友贝格曼在其中扮演的角色，而是强调了乌提茨的机会主义。很显然，卢浮宫咖啡馆的"法庭"，是布罗德内心传记中的一个节点。

[24] "就连卡夫卡都认为这个贝格曼是个有道德、考虑周到、思想深刻的人——现在他们都亲眼看到了，他们这么无礼地对待我！"(布罗德日记，1911 年 1 月 30 日)卡夫卡从童年时代就认识贝格曼了，布罗德才认识他三年；只因为贝格曼攻击了布罗德，就跟他断绝所有个人关系，这对卡夫卡来说是绝对不可能的。所以，那次卢浮宫咖啡馆争吵后不久，卡夫卡就在几个布伦塔诺分子给贝格曼攻读博士的集体献词上签了字，这与布罗德的说法不矛盾。(献词写在路德维希·布瑟的书《精神与身体，灵魂与躯体》〔*Geist und Körper，Seele und Leib*〕上，于 1905 年 12 月 18 日送给贝格曼；参见贝格曼：《中学与大学》，第 28 页，贝格曼虽然提到了卡夫卡的签名在"边缘，单独的地方"，但是没有说到这种保持距离姿态的原因)

[25] 关于这个协会的其他细节参见汉内罗勒·罗德劳尔：《另一个"布拉格之春"——布拉格的"巴尔·科赫巴"协会》(*Ein anderer »Prager Frühling«. Der Verein »Bar Kochba« in Prag*)，载于《犹太回声》(*Das jüdische Echo*)，2000 年第 49

期,第 181-188 页。

[26] 卡夫卡日记,1911 年 12 月 31 日。(《卡夫卡日记》,第 333 页)

[27] 布罗德:《好斗的一生》,第 49 页。

[28] 弗朗茨·布伦塔诺(1838-1917)在维尔茨堡和慕尼黑学习哲学和神学,1864 年接受神职,两年后在维尔茨堡大学哲学系获得教授资格。1874 年,他在维也纳获得哲学教授席位,1879 年退出天主教会。当布伦塔诺第二年想结婚时,遭到拒绝,理由是,按照奥地利法律,他的牧师誓言对他有终身的约束力。所以,为了结婚,布伦塔诺不得不放弃奥地利国籍,那么他的教授席位也被解除。这个丑闻在布拉格之所以尽人皆知,是因为撰写了决定性法律意见并剥夺了布伦塔诺教席的律师霍拉斯·克拉斯诺波尔斯基恰好在布拉格教书,在布伦塔诺主义者们的据点。卡夫卡在他那里上了两个学期的"奥地利私法"。

[29] 参见贝格曼和布伦塔诺的信件,收录于米里亚姆·桑布尔斯基(Miriam Sambursky)的文章《犹太复国主义者和哲学家——年轻的胡戈·贝格曼的教授资格问题》(Zionist und Philosoph. Das Habilitierungsproblem des jungen Hugo Bergmann)附录,载于《利奥贝克学院学报》(Bulletin des Leo-Baeck-Instituts),1958 年第 58 期,第 17-40 页。改信了新教的埃米尔·乌提茨,于 1910 年在罗斯托克大学获得教授资格,但不得不以私人讲师身份坚持了十一年才获得了一个教授席位。但是,他改换宗教,也没能让他免于 1942 年被押送到特莱西恩施塔集中营。他于 1956 年死于耶拿。

[30] 贝格曼大约 1905 年写道:婚前的贞洁对男人也是一项道德要求;参见胡戈·贝格曼:《日记和书信》(Tagebücher und Briefe),米里亚姆·桑布尔斯基编,第一卷:1901-1948,柯尼施泰因,1985 年,第 15-16 页。埃尔泽·贝格曼写给卡夫卡的诗没有日期,题目是"回忆 F. K."(Erinnerung für F. K.),诗文如下:"我可能享受过男人 / 身体的好奇和热切的冲动 / 但是有一次只遇到了上天的原因 / 在生命中追逐的时间里 / 这只是一丝声息,连一个亲吻都不是 / 一道轻盈的金色的光照进了我心里 / 那唯一的短暂瞬间, / 给我真个生命带来了光亮, / 你的话语:带着友谊和善意 / 可能——不朽"。(引自金佩尔:《因为大地

自己燃烧了……》，第309页）这首诗可能是二十年代才写的，当时贝格曼夫妇的婚姻已经处在解体的状态（他们1933年才离婚）。埃尔泽·贝格曼的遗作保存在纽约利奥贝克学院。胡戈·贝格曼的遗作，包括很多被他夫人发现的信件，保存在耶路撒冷的犹太国家档案馆。

[31] 从埃尔泽1909年6月30日写给胡戈·贝格曼的一封信中可以看出，她有社会虚荣心，非常愿意扮演教授夫人的角色："我急死了，你现在不在这里，没法跟马尔蒂谈谈，现在你有获得讲师职位的机会……现在就看你的了，你站出来反对那个讨厌的家伙（明白说，就是乌提茨）。"（参见金佩尔：《因为大地自己燃烧了……》，第332页）对贝格曼收入的猜测出自乌提茨的一段话（需要谨慎对待），是马尔蒂在1911年9月25日写给布伦塔诺的信中转述的。（同上，第364页，注释74）

第十八章　自主与治愈

你们称我为贫瘠的人；

给我可以挥霍的东西。

歌德,《西东合集》

　临时性避暑的时期逐渐过去了；很快,卡夫卡一家就要开始疗养院时期了。当然,暂时还是在一切基本不变的情况下。因为,卡夫卡夫妇虽然在 1906 年 5 月就放弃了他们的"店面生意"和几处房子,只在策尔特纳街 12 号底层做**大宗**商品批发,但是,还是很难想象,把时尚用品生意交给外人照看几个星期甚至几个月。他们的开门营业时间变得灵活了,生意量却变大了,更加依赖贷款。责任给他们带来巨大的压力。

他们负担得起的为数不多的休闲之旅,总是以分开为代价,这也意味着,或多或少自愿地从家庭中解脱出来一阵子。比如 1902 年夏天,尤莉叶·卡夫卡带着十二岁的艾莉去玛丽亚温泉市(讲德语的布拉格人说这个名字时都把重音放在第一个字上)享受那里——很可能是第一次——各种奢华的疗养设施。或者 1905 年,赫尔曼·卡夫卡没有带家人,独自前往诺德奈,去跟亲戚们一起放松一下,让他紧张的心平静下来。很可能,这种分开度假在其他一些年中也有,因为卡夫卡在《致父

亲》中写道："我从未去弗朗齐歇克温泉镇看过您"——这句话让人能推
测出，父亲经常单独去疗养院。

人们不必生病才去著名的西波希米亚"温泉三角地"——卡尔斯巴
德-玛丽亚温泉市-弗朗齐歇克温泉镇，正好相反：谁能在这里保证，他
身体基本健康，但是因为紧张的职业责任而筋疲力尽，才会赢得声誉，尤
其是那些单纯的"神经紧张"——**世纪末**的时髦病——而且又负担得起
在各个疗养酒店之间换着住的人。疗养地同时也是发展暧昧关系的地
方和婚姻市场，在这里，那些出身受人尊敬的家庭且病情不重的有钱人
最有机会。这里的交往模式很轻松，来自奥斯滕德、巴黎和伊斯坦布尔
的豪华列车，造成了一种非同寻常的国际化气氛，并通过各种温泉报和
疗养单得以恰当的突出，产生了令人振奋的效果。无数的音乐会、舞会
和戏剧演出，以及网球和高尔夫球场，提供了各种交往的可能性，在为数
不多但很热闹的散步道上，人们有意在同一时间出现。人们谈论大家都
有的足痛风，这种病似乎并无大碍，但其治疗却能给大家提供很多无害
的话题，或者大家取笑少数几个不参加集体活动、自己悄悄溜进橡胶轮
胎马车的客人。医生建议的疗养方案主要是不同负重的散步（"玛丽亚
温泉市疗养"）、运动、泥浴和饮用当地矿泉水的饮水疗法——各种治疗
达到的效果，往往会被成堆的奶油蛋糕毁掉。随身携带的水杯能证明，
大家来这里不是寻欢作乐的，而且，利用率很高的公用体重秤也能造成
大家在治疗的良好印象。然而，真正的体验都集中在完全城市化的奢侈
享乐中，只不过大家目前身处一个人为营造的自然环境中。"……非常
好的咖啡馆，可以读到所有报纸；有几家餐馆，吃得非常好；剧院很不错
……能遇到各种人，那么，一点点新鲜空气也就必须忍受了。"[1]

在这些波希米亚疗养地，犹太人的比例明显很高——据一位长年在
卡尔斯巴德温泉疗养院的医生[2]估计，大约占百分之五十——原因显而
易见。一方面，对于市民阶层的犹太人来说，将散居于各地的大家族通

过定期拜访或者聚会的方式聚集起来,是很常见的,那么,选择共同的度假地就是一种非常适合的方式,尤其是,如果度假地从四面八方都很容易抵达,比如波希米亚疗养地。另一方面,在这种大型的、像城市一样的度假地,遭遇反犹主义骚扰的危险比村庄式的度假民居要小得多。当然,在奢华的卡尔斯巴德温泉市,也有一些尽人皆知的犹太人笑话,被一代一代的游客口口相传(比如,"这里有一座给天主教徒的教堂,一座给俄国人的俄罗斯教堂,还有一座给疗养院客人的犹太教堂")。不过,逐渐完善的基础设施,包括为数众多的犹太医生[3]、犹太人经营的酒店、符合犹太教规的餐馆和——为紧急情况而设的——"以色列"医院,这些都提供了一种保护空间,就连那些在很大程度上被同化了的犹太人都很赞赏。

疗养地医生收入非常高,但他们要完成的任务却可能让人相当有挫败感。一方面,他们要面对确实有严重疾病的患者——比如最令人担心的、有能引起生命危险的**糖尿病**——但是,这些患者中的很多人之所以到疗养地来,是因为他们的病已经很严重了,他们的家庭医生已经束手无策了。另一方面,疗养地医生却不得不眼睁睁地看着,那些没什么病的患者在疗养期间把医生的所有警告都当作耳旁风,继续过着他们原来的城市生活,包括抽烟、喝酒、吃煎猪排,疗养完全名不符实。

不过疗养院的医生们能够行使更加有效的监控,因为他们面对的都是**住院**患者,患者的日常生活都是被监督的,包括他们的饮食。这里没有咖啡馆、没有餐馆,有的只是长长的餐桌,端到每个人面前的食物都一样。没有赛马道,没有赌博游戏,只有日复一日的"各种治疗",他们很快就能背下来时间顺序。但是,自十九世纪最后三十年一批普及医学文章帮助患者摆脱没有话语权的状态以来,这种医学管理模式越来越多地遭到了抵制。越来越多的患者希望,既然事关他们自己的身体,那么他们也想参与意见,他们要求明确**说明**治疗措施,越来越难接受大疗养院

的标准化治疗流程。后来，卡夫卡写道，那里发生的一切，"几乎是为身 295
体服务的一个新办公室"，也就是说，这是第二个工作世界，在这里，人
们像在第一个工作世界里一样，不动脑子。所以，病人应该"最好避免
去疗养院"。这是那个时代非常典型的批评。不过，值得注意的是，卡
夫卡在那个时候，对传统的、按照学院派医疗设想经营的疗养院，还根本
没有体验过。[4]

　　作为一个年轻人，他愿意接受疗养中必然会有的医生对身体的干预
和人际交往的压力。一个重要的原因是，他在自己的身体里感觉到说不
清楚的不舒服：个子太高、太瘦、紧张、受胃疼和消化不良的折磨……他
的身体这架机器里肯定有什么问题。一个刚刚二十岁的年轻人，看起来
很健康，而且还是个游泳好手，却不断倾听自己的身体，并且认为这里或
者那里要出问题，难道这仅仅是疑心病吗？这种怀疑很有道理，事实上，
卡夫卡后来也在他那精确记录且内容丰富的罪责单子上，写上了疑心
病。[5]然而，他悲观的自我认识不可能错到如此地步，因为，后来官方机
构还确认了他的身体不行：当他第一次去兵役体检委员会时——估计
是1905年——他收到了一个令他丢脸的结论，说他不适合服兵役，"因
为体弱"。

　　很有可能，西格弗里德舅舅，那个乡村医生，是第一个向卡夫卡指
出，身体的羸弱不是天生的，所以，让自己的身体保持**健康状态**是每个人
自己的责任。一般的医生告诫，做这个或者不要做那个，是不够的：它
们通常总是针对那些已经明显患病或者曾经生病的身体，那些身体已经
明显发出过警告信号。而真正的预防还有待提高预警水平，它也要关注
健康的身体，让健康的身休为应对将来由文明的发展和年龄增长所带来
的所有压力做好准备。

　　"符合自然的生活方式"是当时的万能口号，那么"符合自然的疗
法"就是一种全新观念的必然结果，这里关注的不是患者，而是人。谁 296

若放弃受学院派医学影响的身体观,转而接受一种(后来所谓的)"整体"观念,那他就进入了一种意识形态的宇宙,在这里,那些看似最理所当然的生命表达也被认为是可优化的:如何睡觉、呼吸、发声、咀嚼、消化,如何坐、立或者行——所有这些都能够且必须改善,也就是说,与自然的要求和谐一致。因为现代文明以各种强制和有害的习惯阻碍了自我优化的过程,所以社会生活当然也成为关注的焦点:不只是个人的生活,而是总体而言,必须要对生活进行彻底的批评和更新。**生活改革**,一个无尽的任务。

卡夫卡很晚才意识到,这场运动也会有非常狭隘的特征。一开始,这场游戏带来了全新的、让人惊异的选择和生活方案,对他来说恰逢其时:为他打开了无数可能性,让他可以脱离家庭的日常,显示自己的与众不同,并且能为他吸引文学创作迄今为止没有为他带来的关注。自然疗法带给卡夫卡的第一件喜事是,由于治疗需要,或者更准确地说,假托治疗的必要性,他必须离开家庭视线几天或者几个星期。

卡夫卡还从来没独自去度假过,1903 年夏天那次——就是他跟一个布拉格女孩有了他第一次"经历"的同一个夏天——度假,他也几乎一直处在别人的观察中。那是位于萨雷瑟尔(Dolní Zálezly)的小小的埃尔伯温泉,距乌斯季南部几公里,卡夫卡家把这里选做他们最后几次长时间避暑地点之一:从布拉格出发,三个半小时就能到达,所以还适合父亲周末过来探望。卡夫卡在这里,肯定深刻体验到了身体感觉和身体**形象**之间的分裂:一方面,他感到自己通过户外生活变得强壮了,通过长途散步、骑自行车、在河里游泳以及经常与一位名叫施泰拉的美女打网球——所有这些,在他为法学史考试宅在房间紧张复习了几个星期之后,就像是一次重生。另一方面,他在这里见识到了相当开放的海滩生活,甚至允许女性不穿长裤,他自己也不得不几乎赤裸地面对施泰拉和她的女友们,更不用提他的家庭女教师安娜,她只比他大两岁,平常他看见她总是穿着家常服或者深色制服。这肯定唤起了他对很久以前的回忆,那时候,那个瘦弱的男孩,从远处畏惧、羞愧地偷偷窥视河畔浴场——是同一个浴场吗?——看其他人是否已经消失,给他留出一点空间。他现在甚至能跟女性**交谈**了,卡夫卡认为这非常了不起,所以他在给波拉克的一封信里特别提了这一点。[6]

不过,在这种喧闹中,他还是感到不舒服和紧张,他暗暗希望,考试后的放松能帮助他恢复写作的乐趣和能力,不过这个愿望同样落空了。也许,让自己跟其他人分开些会有好处。但是,如何能离开这里,又不用在监狱般的布拉格度过阴冷潮湿的剩下的夏天呢?那只能让父母明白,作为筋疲力尽的大学生,他需要一些医疗护理。

那就应该是疗养院,最后选定了1888年建立的著名的德累斯顿"白鹿"疗养院,负责人是海因里希·拉曼,自然疗法方面的权威。贝尔塔·凡塔已经去过那里了,也许卡夫卡是从她那里得到了建议,也可能是从特热什季的乡村医生那里。可以肯定的是,对于这次出行的理由非常有说服力,因为在拉曼那里做一期疗养的费用是非常昂贵的:住宿、伙食、治疗和咨询,统统加在一起,每天的费用在二十至二十五马克之间,德国一个专业工人或者中层公务员一个月的全部工资也不够在这里支撑一个星期。

由于数量巨大的来客——每年三千多名患者来"白鹿"朝圣,而且会越来越多——疗养院早就不可能让所有客人都在院内住宿。附近的别墅都被租下来了,旺季的时候,许多客人不得不另外选择膳食公寓——卡夫卡就是这样,他没有长期预订,于是就找了距离疗养院走路大约二十分钟的艾伯特膳食公寓(俾斯麦大街4号的一栋别墅,今天的沃尔夫斯辉格大街4号)。他住了多长时间,不得而知,不过从他的信件推测,可能不超过两星期。

不过,卡夫卡还是给人留下了印象。因为他是外国人,所以他有可能是由拉曼亲自治疗的（疗养院还聘用了两位男医生和一位——让许多客人惊讶的——女医生），这里患者和医生之间自然的交往肯定让卡夫卡感到不太习惯，这正是这家疗养院着力培养的特色：如果某位医生在专门的"医生门廊"中放松休息，那么人们可以不必预约，直接坐过去，向他提些问题。当然，人们也得听一些远远超出医疗之外的教训。因为，与传统的波希米亚疗养院医生不同，拉曼和他手下的医生们认为自己是改革者，即要完成某个使命的人，所以他们绝对不会满足于一个周日医学布道者的角色。他们想治疗的不是病症，而是文明造成的人的身体与自然环境之间的疏离，这才是造成那些病症和所有"大众病"的原因，是的，甚至是"请"来了那些病。"只有一种病，没有别的，"卡夫卡很久以后会说，"这唯一的一种病，像动物一样，被医学盲目地驱赶着，穿过无尽的森林。"[7] 这种观念，他不仅在德累斯顿第一次了解到，还看到已经转化到广泛的生活实践中。而且是通过训练有素的医学专业人员——与卡夫卡后来认识的那些可疑的"自然治疗师"不同——这些人非常了解人体解剖学和生理学。

这里，人与自然之间**所有**的接触面都很重要，这其中包括光和更重要的空气，人们可以在空气中"沐浴"，甚至像卡夫卡用嘲讽的口吻说的那样，空气可以取代啤酒。[8] 拉曼的疗养院里有几面敞开的"日光空气小屋"，即便天气不好，人们也可以待在里面。这种小屋建在环境像公园的地方，患者们可以——按性别分开——尽可能让身体大面积裸露在空气中，他们可以做体操，一起做游戏，甚至在气温接近冰点的时候。夏天，他们这样做也同时相当大程度地暴露在阳光下——这种经验在1900年前后绝对不是理所当然的，因为晒太阳是否有益于健康，还非常有争议，在几年前，拉曼还因此被人向警察举报过：有人把普通的晒伤当成了猩红热，认为必须要报告当局。

这不会发生在卡夫卡身上，他是从避暑地来的，所以已经事先晒黑了,露天运动的好处,也不需要别人告诉他。但是,自然疗法改革作为一种全面的**系统**,对他而言还是新的,尽管他在这个夏天只是对此有个初步了解,他还是立刻把在德累斯顿学到的一些东西带回了卡夫卡家的住处:窗户永远敞开,在硬板床上睡觉(有时候女仆在早晨看见卡夫卡的床垫放在床边,完全不明白是怎么回事),尤其是他的饮食怪癖,后来给家人和仆人们造成了很多麻烦。

在自然疗法运动的两个领域,海因里希·拉曼是领先的:在服装改革问题上,他在九十年代引发了激烈的争论,另外就是在节制的、无肉的饮食方面。至于卡夫卡在购买新服装方面是否受到改革思想的影响,并没有记载:改革者推荐的柔软、松散的衣领,据说有利于呼吸,这对他来说,出于职业的原因,根本不可能考虑,所有会让他在社交中引人注目的服饰也是如此。不过,非常有可能的是,卡夫卡穿了拉曼大力宣传(很快也自己销售)的纯棉内衣,因为它既有利于热辐射,也会促进"自身毒气"的消散。在贝尔塔·凡塔的沙龙上,她当然穿改革服装,棉布也是一个严肃的话题。

有详细记载的是卡夫卡转为素食主义者。拉曼不仅认为素食主义是一个好的决定,而且,他还通过一个造价昂贵的疗养院厨房,甚至借助自己种植的农产品,来实施素食主义,并且使之具有吸引力。患者不仅应该暂时中止他们习惯的油腻烧烤酱,而且应该彻底、永久改变他们的饮食。在详细的指导下,拉曼让人编写了一本《供前疗养院客人使用的卫生保健食谱》,在前言中,他明确表示,研究相关的饮食疗法理论是必要的前提条件。他的理论最重视的是摄取矿物质(当时还不知道维生素),所以需要一种温和的烹饪方式,这种烹饪方式本身就适合让身体抵御疾病。虽然没有明确要求放弃肉食,但是拉曼为一整年制定的每日菜单中,一道肉菜也没有。那些客人们在离开疗养院时带着这本菜谱,回家后深信不疑地交给厨娘,之后就整日面对菠菜布丁、青麦粒切片、酸扁豆、纯素的烩菜丁和米粥,最后以许多新鲜水果、浆果和煮水果作为饭后甜食收尾。

在卡夫卡家,一开始并不麻烦:早餐时专门为弗朗茨烤制一个拉曼式的奶油圆蛋糕。但是在此后的很多年,厨房要不断满足他越来越多的特殊要求,这也说明,尤莉叶·卡夫卡对儿子的新爱好表现出相当大的理解——人们要相信,他的"胃很弱",体检通知也证实了,必须有效增强他的体质。但是,只靠生菜叶、花生、杏仁、煮水果和酸牛奶来达到增强体质的目的,这当然让一家之主无法理解:对于赫尔曼·卡夫卡来说,肉是一顿饭的实质,是最有价值的,在他出生的那个地方,一年中有多少日子吃上肉,是衡量富裕程度的标尺。一份只有配菜的菜单,肯定让他觉得是疯了,同样,那些自愿让这种念头破坏了吃饭乐趣的人也疯了。当然了,肯定是有充分的理由要求人节制,所有医生都不断要求节制,但是放弃是完全另外一回事,赫尔曼·卡夫卡非常明白,固执地拒绝一种他自己曾经通过艰苦拼搏获得的享受,其实就是质疑他曾经的拼搏和他的社会哲学基础。

301　　卡夫卡的素食主义是一种侮辱,而且非常荒唐,因为这是一种故意的限制,这样做并不能省一分钱,相反,还要额外花费时间和工作。难怪赫尔曼用了好几年的时间才算是适应了餐桌上的新习惯。卡夫卡坚决拒绝药物和疫苗接种——这是被自然疗法唾弃的,卡夫卡坚持了一生——肯定也让父亲和家里的其他人觉得傲慢自大:弗朗茨是觉得自己比他们的家庭医生懂得多,比所有药剂师懂得多,就连西格弗里德舅舅偶尔为他辩护几句,也不能平息其他人长期的不满。

这种固执从何而来?卡夫卡早年间是否真的认真读过他那个时候的医学常识手册——这显示出"克服"病症的意愿——这很令人怀疑。自然疗法改革既不是作为一种世界观,也不是作为另一种医学理论吸引他,而是作为一种新的生活形式本身,作为生活的变革,而这种变革令人惊讶地与他的需求不谋而合,所以他立刻产生了一种归属感。光和空气,而不是复杂、昂贵和无用的药物:这也可以看作比喻。把生活看作简单的事,或者更准确地说:生活中被文明加上了负担的地方,有意把它简单化;把注意力放到日常的、身边的事务上,只有在这里才能找到最高的精致:这不就是卡夫卡所赞赏的日本艺术遵从的律令吗?欧洲小说艺术的顶峰之作,也正是遵循这样的准则。人们可以把这称作禁欲主义,当然,这完全是一种内心世界的禁欲,与道德和自我苦修毫无关系,更多是一种习惯性的集中注意力的练习:把注意力集中到少但是重要的事物上。[9]

卡夫卡从自然疗法改革中获得的另外一个心理收获,是基于它的社会悖论观念。一方面,这是一场(尤其是在德意志帝国)已经发展得非常多样化、组织上成熟、实践上取得了成功的运动,也就是说,这是可以在心理上和公开都与之认同的一场运动,不必绞尽脑汁地去怀疑自己是否被某个教派分支所骗。另一方面,这场运动的主导思想并不是社会的,而是极端个人主义的:它要求长久关注自己,反对任何把这种关注委托给他者的要求——不论是"专家"还是机构。每个将自然疗法原则内化了的人,都因而享有一种自主性,这种自主性比任何一种基于政治或者哲学的自由形式,都更深地扎根于纯粹的个人体验。用自己的力量并且在自己的蜗牛壳**内部**重新获得控制力,这种承诺,对于人际交往笨拙且备受各种障碍折磨的卡夫卡来说,肯定具有极大的诱惑力。当然,这种思想带着幼稚的逃避主义倾向,卡夫卡后来肯定也注意到了这一点——最晚,当那些德国改革者们跟其他人一样,带着同样的热情投入世界大战,投入一场不卫生的、健康根本无法承受的事件。卡夫卡也越来越质疑这场运动内在的自恋性,后来,他越是认为自己孤僻和"孩子气"的气质有问题,就越是清楚地认识到这场运动的非社会性和狭隘性特征,持续性关注自我,必然会导致这个结果——尤其是那些越来越广

302

为流传的指南,不愿意让人的任何一个动作是出于偶然,从咀嚼的次数(卡夫卡实践了很多年的"弗莱彻咀嚼"),到大便时正确的姿势。自然疗法和"与之相关的一切",创造出一种新类型的人,卡夫卡在1911年写道,并且在对这种类型的人进行了外貌的描绘之后,补充道:"治疗他们的健康,就好像健康是一种疾病或者至少是一种成就。"[10]

他看透了这个疑心病的把戏,但还是参与其中。自然疗法的第一原则是,战胜疾病首先必须是**预防性的**,对此能进行有效的反驳吗?卡夫卡从小就把防御性的预防措施当作自己生存策略的核心,对他来说,不可能还有比这更有说服力的原则了。增强体质同样是一个极具诱惑力的收获,他太想在市民游泳学校里秀几块肌肉了,好让别人不要注意他小男孩般的瘦弱身体。卡夫卡甚至买了著名肌肉男欧根·桑多的练习书,不过,他很快就认识到,书里提出的要求更像是出自马戏团,而不是疗养院。[11] 更清晰、更适合日常使用的,是丹麦运动员和体操教练约翰·佩德·穆勒(1866-1938)的广为流传的《我的体系》,他的室内练习同时注重力量和灵活性,在短短几年内就在全世界取得了成功。穆勒宣称,每天五十分钟的练习,就可以获得健康、有力量、抵抗力强的身体,为了充分证明这个令人惊讶的观点,他不仅在无数活动上表演他的体操,而且还展示其成果:他自己的身体,就像是经过精心加工同时又极其灵活的雕塑作品。比如1906年11月,在布拉格,在德意志之家拥挤的镜厅,当着教授们和其他达官贵人的面,还有"妇女世界"的许多代表。卡夫卡不太可能错过这个轰动事件:报告人穿着泳裤,大厅的窗户都大敞着,这在十年前还是不可思议的,这能生动地证明,身体自主的理念已经渗入日常文化中了。

没有人会真的相信,穆勒那运动员般的身体是靠每天那几分钟的体操练成的(实际上他每天要进行各种高强度的运动),但是,把自己的身体变成广告本身,吸引潜在的追随者去追求一个他们永远无法达到的理想形象,这个想法很新奇,并且非常有说服力,所以,"穆勒"这个名字很快就成了"体操"的同义词。穆勒比像马一样的健身狂人桑多更可信,主要是因为他懂得如何跟生活改革的话语联系起来,并把它当作自己理念的共振板加以利用:他用呼吸练习和温度适宜的洗浴来补充自己的计划,他出版了《卫生提示》(1907),并大谈特谈建立在符合自然生活方式之上的普遍生活幸福。

　　这种体操教练的思想对卡夫卡当然没什么帮助;不过,他认为穆勒的身体练习很有好处,所以他很快就把这变成了自己的一个长久习惯,坚持做了十多年。1910 年,他在给布罗德的信中嘲讽地写道,他的胃疼之所以这么厉害,是因为它要"与一个通过穆勒体系变得强大的人"相匹配——这证明,他已经加入穆勒健身社团很长时间了。不过,"厉害"或者变得强壮的身体,也要从广义上去理解。卡夫卡希望有灵活、敏捷和**有攻击力**的体格,就像受过训练的运动员那样,他比身边的大多数人都离这个目标更近。他是一位坚持不懈的游泳者和划船手,有一辆自行车,会跟朋友们漫步几个小时而不会明显感觉累。有一段时间,他在布拉格的球场上打"草地网球"——跟其他朋友一起,其中包括布罗德。1910 年,他甚至去上了骑马课,估计是去看了赛马后产生了兴趣。在特热什季,他用一次勇气考验超越了自己,当时他的朋友们中没有人相信他能做到:他骑上舅舅的摩托车,在亲爱的海德薇·威勒的注视下,玩了几个星期这种新潮器械,农村人不无道理地唾弃它为"臭魔鬼"。[12]

　　对卡夫卡来说,比**灵活性**更重要的是**强健**的身体:这也是自然疗法改革中非常重要的一个概念,几十年来都是专业学科讨论的话题,它主要是针对市民居住环境中致病的生活,在城市,一年中四分之三的时间都采暖,孩子们呼吸不到新鲜空气。早期的改革者们要求通过定期强刺激增强体质,其中就包括"水疗专家"塞巴斯蒂安·克耐普,他推荐冷水冲澡,或者还有更疯狂的,传奇的西里西亚"水医生"文森茨·普利斯尼茨在大冬天用冰冷的水沐浴,吓跑了他的病人们。海因里希·拉曼拒绝这些方法,因为他认为这些都不符合生理学;他认为,长期增强体质,只能通过持续改变生活方式实现,特别是通过大量接触空气和光。这让卡夫卡很受启发,就连拉曼声称,通过这种方式,能够完全对各种感冒有免疫力,他也丝毫不觉得夸张,尽管拉曼根本没有科学论证。[13] 在他去德累斯顿疗养院一两年之后,卡夫卡去看了一场足球比赛——跟平常一样穿着西装领带——他惊讶地发现,尽管天气寒冷,运动员们却只穿着单薄的运动衫。这就有榜样性:这样生活,就不再需要疗养院。卡夫卡真的做到了——估计在度过了无数个开窗睡觉的冬夜之后——离这个人类的理想目标又近了一步。在 1907 / 1908 年冬天,他就曾扬扬得意地自夸"指尖冻僵了"也不戴手套。后来,即便在严寒天气,他也只穿一件薄大衣,外裤下面除了裸露的皮肤什么也没有,这是他有一次自豪地当着不少人的面宣称的。他还跟菲莉丝·鲍尔半开玩笑地说自己是"强壮的、不可冷却的铁傻瓜"。[14]

　　真的是**半开玩笑**?对此,没有一个观察过卡夫卡的人能完全肯定。因为在后来的年月中,他仍然听取业余治疗师的健康建议,而他的朋友们是绝对不会把那这些人的话当真的,朋友们认为,卡夫卡坚持的医学理论是威胁生命安全的。他身体里有某一根重要的弦——所有人都能感觉到——被自然疗法改革计划拨动了,不过,这不能仅仅解释为,这种医学平行世界在疑心病患者中非常受欢迎。当然,疑心病患者有权随便对待自己的身体,把它看作一个值得注意的主要事情。他也同样有权——这可能是理解卡夫卡那些奇怪的甚至是怪癖的偏好的关键之一——他有权去观察**别人的**身体,不仅观察它们的表象,而且观察隐秘的身体细节,并且做出评价,以完全无性的、因而也是无威胁的方式。可以想象,卡夫卡是在疗养院里才学会了这种观察的目光吗?抑或更有可能的是,卡夫卡只是把这种目光在疗养院里**合法化**了?

非常明显的是,卡夫卡在他的文学作品中插入了无数自传性的碎 306
片,却偏偏没有提过早就进入并且很多年都是他自我形象中重要组成部
分的自然疗法情结。他小说的主人公中,没有一个在疗养院中治疗,没
有一个是素食主义者,没有一个(像他们的作者那样)诅咒医生的无知。
刚刚被捕的约瑟夫·K也只是抱怨没有早餐,并没有抱怨人家妨碍了他
做体操;更不用提城堡脚下的村庄里似乎连个医生也没有。卡夫卡作品
的读者中,没有一个会在不知道作者生平的情况下想到这个作者梦想着
建立一个自然疗法协会。[15]这一内容在卡夫卡所有作品中都是缺席的,
同样缺席的还有犹太人,以及很多事物,因为离他太近,所以不能提。
(小说《诉讼》中**没有**父亲。)

可以在作品中认出来的,是那种疏离的同时精确而破碎的目光,那
是卡夫卡投向其他人身体的目光,生活和作品中都是这样。把身体各部
分孤立起来,情感中立,卡夫卡也用这种风格在日记中记录了他的观察,
这常常让人联想到医生的目光,医生用这种目光扫视患者的表面,不把
他看作**身体**。那里有"一个下垂很厉害的鼻子,它的方向与下垂的胸部
和僵硬的肚子之间存在着某种几何关系",他描写"瘦得没有了血色的
脸上,肿胀、发红、气吹起来的面颊","宽大的上门牙,把原本宽大扁平
的脸顶起一个尖",他甚至写"大腿和小腿之间软弱的连接骨骼";他在
上司身上观察到"从光头紧绷的皮肤……到额头细微皱纹之间毫无艺
术性的过渡",在自己的头上,长着一个耳朵,它摸起来"新鲜、粗糙、凉
爽、多汁","像一片叶子"。[16]对这种包括了表情和肢体游戏的身体研
究,他有着很深的、可能是无意识的亲和力,并且这种身体研究,
让卡夫卡的作品人物常常看起来像演员。许多自然疗法专家,其中包括
拉曼,都坚信,只要非常仔细并且客观地观察患者,就能从大量的病例中 307
得出可靠的诊断,完全不需要进行传统的医疗检查。如果他们的看法是
对的,那么卡夫卡就能成为一个优秀、成功的疗养院医生。

他应该回到拉曼的疗养院吗？第二年，他父母就没那么慷慨了——也没有什么通过的考试值得奖励了——唯一一封保留下来的信显示，卡夫卡又去一个避暑地住了几个星期。[17]如果他继续去拉曼疗养院，那么1905 年应该会在德累斯顿遇到里尔克，在 1906 年遇到托马斯·曼：与这位文学上的老师一起，穿着泳裤打露天保龄球，卡夫卡肯定会把这看作自己迄今为止的生命中的最高峰。但是，"白鹿"太贵了，卡夫卡希望的是一份包括放松、疗养和不受监视的社交生活在内的套餐，他不在乎是否多一天。所以，当时那种很流行的"卫生监狱"绝对不予考虑，在那里，那些原教旨主义的自然疗法专家——比如苏黎世的马克西米利安·比尔谢-贝内——给他们的患者制定了严格的时间表和饮食计划，每天晚上九点熄灯。[18]

没有记载显示卡夫卡仔细研读过哪些小册子，不过最后，1905 年夏天，他说服了家人，去体验楚克曼特尔森林疗养院的"水疗设施"，但他事先没有预料到，他在这里意外地获得了放松。楚克曼特尔——这也可能是他舅舅的建议——似乎是个很好的折中方案。因为一方面，这里的治疗方式显然是符合自然疗法的：疗养院院长路德维希·施魏因伯格博士刚刚出版了《一般和特殊水浴疗法手册》，他被看作水疗专家，不过也提供一系列其他的物理疗法和各种饮食疗法。另一方面，楚克曼特尔是传统疗养地中管理比较宽松的，仅规定了散步和每天两次、最多三次的治疗，给社交生活留出了足够自由空间。那里有一间巨大的公共餐厅，有一个拱廊步道，天气不好的时候可以用来散步，晚上有沙龙，还有一间阅读室，谁愿意的话，也可以去体操室试试器械练习：这一切像是为卡夫卡量身定制的。

他认识了许多人，在社交场合跟人交往，时间都安排满了，甚至好几个星期都没有给布罗德写信。在接下来的一年，他重复了这次旅行，这次住了一个多月，重新开始了沉默游戏。他接到了一个电话，一个女子打来的。他体验到了一些肯定能被称为爱情的东西，之前，他只是读到过——这是所有自然治疗力量中最强大的力量，但奇怪的是，那么多指南中，没有一本提到过它。

注释

［1］托尔贝格：《尤勒诗姨妈或西方的没落轶事》，第 97 页。

［2］阿诺德·波拉切克（Arnold Pollatschek）：《糖尿病病因学》（Zur Aetiologie des Diabetes mellitus），载于《临床医学杂志》（*Zeitschrift für klinische Medizin*），1901 年第 42 期，第 478-482 页。

［3］波希米亚疗养院和温泉医生中，超过一半是犹太裔。这主要是因为，大学中的医学专业犹太讲师——也是"买来的"——通往教授的道路往往非常艰难，所以他们要寻找别的收入来源，只能从事一些声望不高的研究领域，比如物理医学，尤其是浴疗。相应地，媒体当然就会警告犹太疗养院医生的"商业利益"。参见特里恩德尔-扎多夫：《下一年在玛丽亚温泉市》，第 41-48 页。

［4］卡夫卡致菲莉丝·鲍尔的信，1916 年 5 月 31 日。（《1914-1917 年书信集》，第 165-166 页）卡夫卡在去世前两个月，才体验到了一个学院派医学管理的大型疗养院：维也纳南边的维也纳森林肺病疗养院，这个疗养院证实了他所担心的病。参见施塔赫：《卡夫卡传：领悟之年》，第 595-597 页。

［5］"我去疗养院，只是因为胃疼和一般的体弱，另外，不能忘记的是自己爱上自己的疑心病。"（卡夫卡致菲莉丝鲍尔的信，1912 年 11 月 5 日，《1900-1912 年书信集》，第 212 页）参见《致父亲》，《卡夫卡遗作和未完成的残章》（二），第 194-195 页。

［6］那个"小男孩"羞怯的记忆，卡夫卡二十九岁时还历历在目。参见卡夫卡致菲莉丝·鲍尔的信，1913 年 1 月 10 / 11 日。（《1913-1914 年书信集》，第 34-35 页）由于所描述的地理环境跟萨雷瑟尔相符，所以卡夫卡家很可能以前就来这里度假过。参见卡夫卡致奥斯卡·波拉克的信，1903 年 9 月 6 日（《1900-1912 年书信集》，第 25 页），以及安娜·普察洛娃《在卡夫卡家做家庭教师》，第 66-67 页。

[7] 卡夫卡致马克斯·布罗德的信,1921 年 4 月底,载于布罗德／卡夫卡《通信集》(*Briefwechsel*),第 341 页。

[8] 卡夫卡写给保罗·基希的明信片,1903 年 8 月 23 日。(《1900-1912 年书信集》,第 24 页)这张写自拉曼疗养院的明信片的照片上,是几个穿着游泳裤的男人,正在露天保龄球道边玩乐。(参见《1900-1912 年书信集》,第 399 页)

[9] 重要的是,卡夫卡只在他认为远离生活的时候,才明确使用禁欲主义这个概念,也就是说,在涉及感官、性和婚姻生活的时候。关于禁欲主义作为一种自主的自我塑造策略,参见"婚姻问题和禁欲主义"一章,见施塔赫:《卡夫卡传:关键岁月》,第 470-472 页。

[10] 卡夫卡旅行日记,1911 年 9 月。(《卡夫卡日记》,第 982-983 页)霍勒斯·弗莱彻(1849-1919)提出的咀嚼方式:小口咬,长时间咀嚼,以便更好地利用食物各部分的价值,避免肥胖,这种方法直到三十年代在西方世界都广为人知并且很流行。1920 年,卡夫卡在梅拉诺膳食公寓时,"弗莱彻咀嚼"仍然是他更愿意独自用餐的原因。(参见《1918-1920 年书信集》,第 117 页)

[11] 欧根·桑多:《力量及如何获得力量》(*Kraft und wie man sie erlangt*)。有图解练习和很多原版照片,柏林,1904 年(第一个德语版)。这本书名也出现在海伦·齐尔贝贝格于三十年代整理的卡夫卡藏书书单上。(海伦·齐尔贝贝格收藏,德语文学档案馆,马尔巴赫)

[12] 参见卡夫卡致马克斯·布罗德的信,1907 年 8 月中旬:"我经常骑摩托车。"(《1900-1912 年书信集》,第 53 页)那个时候,奥地利也只有大约五千四百辆摩托车和两千三百辆汽车。根据口头相传,就是卡夫卡本人劝动了西格弗里德·勒维把马车换成摩托车。参见宾德:《卡夫卡的世界》,第 123 页。

[13] 参见海因里希·拉曼:《空气浴作为治理和增强体质的方式》(*Das Luftbad als Heil- und Abhärtungsmittel*),斯图加特,1898 年:"皮肤本来是习惯于空气接触的,要增强它的能力,使之免受天气变化的影响,要让皮肤的主人不再患上感冒,我们的面部皮肤可以让我们理解这一点。面部皮肤是我们身体上最柔软的部分,但它却能忍受炎热和寒冷、风霜和各种天气,自己不会有任何损伤。

为什么会这样？因为它习惯了接触空气。"(第18页)

[14] 卡夫卡致海德薇·威勒的信,1907年11月22日。(《1900-1912年书信集》,第80页)卡夫卡致菲莉丝·鲍尔的信,1913年2月2日。(《1913-1914年书信集》,第73页)关于卡夫卡光着腿的事,参见鲁道夫·福克斯:《卡夫卡和布拉格文学圈》(Kafka und die Prager literarischen Kreise),载于科赫:《当卡夫卡朝我走来》,第108页。跟卡夫卡一起去看足球比赛的(1904 / 1905)是威利·韦尔奇,费利克斯的兄弟;参见宾德:《卡夫卡的世界》,第114页。关于卡夫卡钦佩"身体健壮"的人,参见他1914年1月23日的日记,他在日记中写道,他跟办公室同事们也讨论过这个问题:"主任检查师巴尔特讲过他的一位退休的上校朋友,就开着窗户睡觉:'夜里非常舒服;但讨厌的是,第二天一早我不得不先铲掉窗前长凳上的积雪,然后才能开始刮胡子。'"(《卡夫卡日记》,第625页)

[15] "这些让人生气的医生！他们做生意很果断,但是在治疗方面极其无知,如果没有了商业果断,那他们站在病床前,就会像学校里的学生一样。假如我有能力,能建立一个自然疗法协会就好了。"(卡夫卡日记,1912年3月5日,《卡夫卡日记》,第625页)

[16] 卡夫卡日记,1911年3月28日,1911年10月1日,1911年10月20和13日,1913年10月15日,以及(推测)1909年。(同上,第583、30、89、75、12页)

[17] 卡夫卡致马克斯·布罗德的信,1904年8月28日。(《1900-1912年书信集》,第39页起若干页)

[18] "卫生监狱"这个概念是托马斯·曼提出来的,用来形容比尔谢-贝内苏黎世疗养院的"活力"。因为神经衰弱和胃病(跟卡夫卡一样),托马斯·曼于1909年在那里住了四个星期,严格遵守素食生食,取得了很好的疗效,而他三年前在"白鹿"的短暂疗养却没有任何效果。参见托马斯·曼致萨穆埃尔·费舍尔(1906年7月15日),亨利希·曼(1909年5月10日),瓦尔特·欧匹茨(Walter Opitz,1909年6月11日),载于《托马斯·曼书信集》,第一卷,托马斯·施普雷歇(Thomas Sprecher)编,法兰克福,2002年,第368、417、420页。

第十九章 内心世界:《一场斗争的描述》

我们只看到零散的他

尾巴的闪光,他跳动的心

他是零散的,碎片的

劳丽·安德森,《零散与碎片》

这是德语文学现在所达到的高水平文化的象征,说明我们有一些作家,他们[……]用他们的艺术和冷酷,装点着存在的最殊异的各个方面。亨利希·曼、魏德金德、梅林克、弗朗茨·卡夫卡,还有几个也属于这个神圣的小组,其中就包括本剧的作者[弗朗茨·布莱]……我为他们感到高兴,我感恩,能与他们那些可爱的、震撼人心的作品同时代。[1]

显而易见,这是布罗德的手笔。卡夫卡早就熟悉了,他1907年初在柏林周刊《当代》上读到了上面那些话,从此他也经常关注这份杂志,因为二十二岁的布罗德给那里定期撰稿。不过这一次,这位朋友的话说得有些过了,让他的读者们感到很吃惊,并且还得困惑一段时间。亨利希·曼、魏德金德、梅林克……这些都是能制造丑闻的人,是每个读报纸文艺副刊的读者都知道的人。但是弗朗茨·卡夫卡……老天爷,谁是卡夫卡?

　　首先,对于这个受到高度赞扬的人本人来说,说他有种"冷酷",能够用来"装点"存在,他的作品既"可爱"又"震撼人心",这是一种全新的想法。这种相当混乱的特征,或许符合某些法国**颓废派**作家——杜哈丁、休斯曼斯、拉福格——但是跟**他**有什么关系?同样让他目瞪口呆的是,他刚知道自己一个字都没发表过,居然能属于某个文学小组——与那些每年写出一部长篇小说、一部戏剧或者好几篇短篇小说的作家并肩而立。你可以因为这种胡说八道生气,或者把这一切当作一个稍微有些出格的挑衅性玩笑。卡夫卡放松地选择了后一种态度。"好吧,现在是狂欢节,"他看着日历给布罗德写道,"绝对是狂欢节,不过是最可爱的狂欢节。"他推测了一下,在这次大张旗鼓的喧嚣之后,他的文学名声,最有可能在什么地方传播开来。肯定不会在德国,在那里谁会把一篇文学批评读完呢?"这不是出名,"卡夫卡严苛地断定,"不过国外的德意志人不一样[,]比如波罗的海沿岸各省,美洲或者德国殖民地会更好些,因为,被抛弃的德意志人会认真读德语杂志。所以,我出名的中心地会是达累斯萨拉姆,乌奇奇[,]温得霍尔[!]"他在地理课上没好好听讲。"德属西南非"的首都是**温得和克**。[2]

　　也许,向布罗德承认他自己也想尝试当作家是个错误。卡夫卡之前犹豫了很久。在韦尔奇家和凡塔家的沙龙,他一直都是很受欢迎的、有魅力的、专注的倾听者,但是,他既没有想过在那里展示自己的文学习作,也没有谁认为他会是个**诗人**。他没有把他的　摞手稿交给布罗德,而是给了朋友奥斯卡·波拉克,开诚布公地期待后者给出尖锐的文学评判。布罗德对此一无所知,他既不知道卡夫卡那些笔记本,也不知道波拉克房间里偶尔举行的朗读,更不知道波拉克的批评。卡夫卡虽然与布

310

罗德**谈论**文学——他见到布罗德的次数远远超过见波拉克,另外,布罗德已经发表过作品了——但是,就像他们之间的哲学争论一样,他们的文学交流也经常有分歧。因为,对于布罗德古怪的偏好该如何评价呢?——他喜好审美装饰、异国情趣、低俗效果,以及与经典标准相悖的一切。那个"神圣的小组"全部由那些被卡夫卡奉为引领者的作家组成,那是一个他肯定不会自愿加入的团体,而布罗德深知这一点。

311　　　　比如这个梅林克,在布罗德的赞扬中,这个名字就在卡夫卡前面。布罗德是梅林克最早的支持者,还在高中的时候,他就在《痴儿》杂志上被梅林克的怪诞作品所吸引,他在早期跟卡夫卡的谈话中就经常引用梅林克的作品来阐明他所理解的文学之美:"手掌大小、闪闪发光的蝴蝶,神奇的图案,张开翅膀停在宁静的花朵上,就像一本打开的魔法书。"这句出自《紫罗兰色的死亡》,这是一篇惊悚的散文体作品,讲述一个能带来死亡的词汇,从西藏山谷传遍了整个地球,最后,只有耳聋的人能活下来。卡夫卡皱了皱眉鼻子。"走廊里是潮湿石头的气味",他念道,然后沉默了很长时间,为的是让他从霍夫曼斯塔尔的《关于诗歌的谈话》中读到的这几个字产生效力。**这**才是文学。这是文学,因为它朴素、精确,就像日本毛笔的笔触,也因为它最集中地表现了现实:现实的本质。[3]

卡夫卡说服了布罗德,跟自己一起读福楼拜《情感教育》的法语原版。显然,卡夫卡相信,一个人若能完全沉浸在福楼拜散文作品中,将来肯定会对古斯塔夫·梅林克的五彩蝴蝶有免疫力。最后,他们原则上取得了一致:没有理由对叙事文学作品降低要求,因为小说创作中付出的创造性努力,与写诗歌和戏剧是一样的,对于语言完美的可能性和要求也是一样,而《包法利夫人》的作者已经给出了有力的证明:本书被誉为现代长篇小说的鼻祖。所以,阿尔弗雷德·柯尔为《情感教育》做广告保证说,福楼拜"不是写小说的,而是莎士比亚的一部分",这完全没有必要。只有德语课老师才会这么说——或者模仿者们,比如布拉格本地诗人胡戈·萨卢斯,他曾告诫多产的布罗德,诗歌中的每个字都"站在一块基石上"。那么哪种语言艺术**不是**这样呢?[4]

　　但是显然,也有一些文学家,他们与语言保持着一种虽紧密但同时非常随意的关系,卡夫卡不得不认识到,他的朋友就属于这类人:布罗德很勤勉地阅读福楼拜的经典作品,然后去大陆咖啡馆,梅林克占据着那里,被一群忠实的信徒簇拥。当布罗德得知,他的文学偶像恰好住在布拉格,真是喜出望外;更令人振奋的是,"古斯塔夫·梅林克"不是别人,就是那个私人银行家古斯塔夫·迈尔,几年前卷入了一场讳莫如深的欺诈案件,甚至因此还被调查、关押了几个月。当然最后是无罪——总之布罗德的父亲是这个看法,他作为会计专家和银行副行长,受法庭委托审查了迈尔的业务,把详情都告诉了他那激动的儿子。迈尔确实被无罪释放了,但他的职业生涯毁于一旦,不可能继续在布拉格做生意了,于是幼虫迈尔摇身一变,成了蝴蝶梅林克、作家和百无禁忌的反叛者。

　　年轻的卡夫卡对梅林克不感兴趣,因为他觉得梅林克只是个三流作家,一个哗众取宠的人;如果是成熟的卡夫卡,肯定会以最大的兴趣观察他。因为"梅林克"是个虚构人物,是个**拼凑出来**的人物,他与市民阶层完美之人的理想没有任何共同之处,他这个类型,仿佛是来自未来的某个时代:一个由金钱、文学、神秘主义和运动塑造而成的人,而且所有这些因素同时出现在他身上。没有人真的知道,这个昔日的银行家以什么为生,梅林克的住宅位于布拉格最便宜的街区,里面塞满了稀有书籍和富有异国情调的物品,比如铜制佛像、魔镜,还有一个真正的忏悔室。[5]他蔑视国家权威,也同样看不起那些回避决斗和穿改革服装的人。梅林克做炼金术实验,他相信重生和神鬼现象,是神智学秘密礼团成员,是这座城市最好的象棋手之一、整个国家最优秀的赛艇手之一,他创作、发表故事,但并不了解文学经典。他把自己弄得像个军官,但显然是徒劳的,他还羞于公开朗读自己的作品:当布罗德邀请他去大学生"阅读和演讲大厅"朗诵作品时,梅林克回答说,他很愿意去,但是,最好由接受过演说训练的布罗德来朗诵。所以,1904 年 1 月 24 日就果然是布罗德朗诵梅林克的作品:这可能是卡夫卡唯一一次和梅林克握手并交谈。不久后,梅林克就离开了布拉格的"监狱围墙",他在这"仇恨的氛围"中度过了二十年。[6]

布罗德自传《好斗的一生》第一版(1960)中,有整整一章是写梅林克的,它让我们可以在一定程度上理解布罗德对梅林克长期的忠诚:布罗德还是高中生的时候就开始投稿,在他早期文学作品无数次被编辑部拒绝之后,在他从影响力不小的胡戈·萨卢斯那里只得到训诫而没有提携之后,梅林克把他介绍给雅克布·黑格纳的**文学杂志**。[7]奇怪的是,布罗德却在去世前不久完全删除了这一章,之后的所有版本也没有了对梅林克的尊敬:即便是按照布罗德的情况,这种做法也是对自己过去相当大的篡改,这肯定只能理解成坚决疏远的姿态。或许,后来的布罗德是想避免被怀疑,那个仅仅凭借畅销小说《魔像》(1905)①留在文化记忆中的神秘讽刺作家,对他来说仍然是一位文学巨人——这会在他想要充当卡夫卡作品管理者和阐释者的要求上,投下一道可疑之光。

布罗德是多年后才偶然得知,卡夫卡也进行文学写作。直到 1906 年——就是布罗德的第一部散文集《死者之死!》成书出版的同一年——朋友才向他承认参加了维也纳《时代》日报组织的一项有奖征文比赛。不过,他投稿的短篇小说(题目《狭窄巷子里的天空》可能过于布拉格风格了)没有得到认可,后来就不知踪影;布罗德也从来没有见过这篇小说的副本。但是,他的好奇心自然被唤醒了:卡夫卡,这个礼貌而又毫不妥协的唯美主义者,这个追求完满的人,居然真的大胆做出

---

① 《魔像》(*Der Golem*),也译作《泥人哥连》。

尝试……这是一场终生游戏的开始,并且后来让文学研究界为之绞尽脑　314
汁一个多世纪:布罗德从那时候起就想看到文本,但是卡夫卡要么不交
出来,要么就犹犹豫豫,一页一页给他。[8]

　　而对卡夫卡来说,旧日的文学援助离他越远,他想表达自我的诱惑
就越强烈。"上帝不希望我写作,"他在 1903 年底还对奥斯卡·波拉克
抱怨,"可是我,我必须写。这是一场永恒的拉锯战,最后,还是上帝更
强大,这其中的不幸,比你能想象的多。"[9]当然,卡夫卡现在已经摆脱
了这种小男孩般的语气,不过仍然没有摆脱隐藏其下的对心灵和思想亲
密性的需求。然而,他与波拉克的关系未能经受住空间的分离,他的朋
友中没有人能填补这一空缺,他们中间没有人觉得,语言表达问题获得
了能让人做出上述告白的生存紧迫感。卡夫卡明白,他必须寻找一条通
往**其他人**的新途径,他必须**证明**些什么,才能让别人理解他,可能由此才
萌发了在《时代》上发表一篇作品、让大家都震惊的想法。这个计划他
没有跟任何人商量过——布罗德后来抱怨朋友"偷偷摸摸"——但是后
来失败了,于是,卡夫卡不得不接受一个事实:跟布罗德一样,他想走出
发表作品的第一步,就需要一个中间人。

　　卡夫卡从心底里拒绝交出未完成的作品,甚至不愿意谈论未成形或
者根本没有诞生的文学计划——那么,他向布罗德透露了什么,让他被
归入到一个"神圣的"文学小组中? 保留下来的信息非常少——其中有
明信片和写了字的名片——没有提供丝毫线索,那几年,卡夫卡和布罗
德都没有日记保留下来。另一方面,没有信息显示,卡夫卡在 1906 年之
后的几年曾经大量销毁手稿,所以说,布罗德的回忆可能是对的:他在
1936 年卡夫卡作品首次出版时的后记中写道,卡夫卡给他念的第一篇
自己创作的文学文本是《一场斗争的描述》,那篇作品在他死后也没有　315
引起什么反响,今天,在卡夫卡那三部著名的未完成长篇小说的阴影下,
这篇小说只具有文学史的意义。

更令人惊讶的是,这篇《一场斗争的描述》——我们所拥有的他最早的作品,同时是最后一篇完整发表的作品——卡夫卡在这篇作品上花费的精力,却比在其他任何一个文学计划上都多:至少七年,甚至可能八年或者九年。他用德语手写体完成了一个一百多页、只有很少改动的洁净版本(今天称之为版本 A),到 1909 年,他还认为可以用一个改动很大的新构思(版本 B)来拯救这个项目。他两年后才彻底放弃这个尝试。[10]回想起来,卡夫卡肯定觉得,从大学早期到 1912 年的创作"突破",这整整十年,他都是在一个单一的文学幻境的魔咒中度过的,尽管有许多小篇幅的副产品,但他在这个计划上拖得太久了。在后来的回忆中,主要是那篇广为引用的 1920 年的回忆中,那个幻境与自己过去的生活融合在一起:年轻的他,坐在劳伦兹山上,对自己的人生愿望进行反思,"最重要或者说最有吸引力的愿望是,获得一种人生观[并且——这当然是必须联系在一起的——能用书面的形式说服别人接受它],在这种人生观中,尽管生活保留着它自然的沉重下降和上升,但同时可以相当清楚地看出,生活是个虚空,是个梦,是漂浮不定的"。[11]毫无疑问,他**有**这样的愿望。但是,在 1902 年,他还不能这样肯定地表述出来。是《一场斗争的描述》——确切地说,是与**描述**的纠缠不清以及为之进行的多年**斗争**——才为卡夫卡提供了后续的关键词,既能准确描述他当时的生活设想,同时又是他应该处理的文学主题:下降的,上升的,漂浮的、梦中的,空虚的同时又沉重的生活。假如卡夫卡 1920 年宣称,当年,差不多二十年前,他坐在劳伦兹山的山坡上,打算写《一场斗争的描述》,这同样可能是真的。

316　　　一个第一人称叙述者,我们对他几乎一无所知——除了知道他二十三岁,"还没有名字"——领着一个熟人从一个比较大的社交场合出来,要跟他一起在冬夜的布拉格散步(街道、广场和桥梁的名字都非常准确,这在卡夫卡的作品中是唯一一次)。四个赤裸的男人试图把一个肥胖不堪的人抬过河，结果他们都淹死了。一个男人每天晚上都去教堂，在那里用最不显眼的方式做几个小时祈祷。这几乎就是小说的全部内容了。谁在斗争，斗争的对象或者目的是什么，都没有透露。同样没有说明的是，那两个人物散步，为什么偏偏要上**劳伦兹山**——这是卡夫卡在几乎所有作品中都会设计的典型的私人笑话之一。

　　卡夫卡自己把这篇散文作品称为"中篇小说"，他肯定知道，这实际上远远超越了这个体裁概念的可理解界线。[12]像这样一部中篇小说，在文学史上还没有过，因为按照歌德的定义，中篇小说应该讲述"一个闻所未闻的事件"。而卡夫卡的这篇小说中，根本没有值得一提的情节，更不用说闻所未闻了，除非我们把闻所未闻理解成叙述者突然且没有什么大惊小怪就离开了现实，在一个平行世界里游荡了一会儿，后来又以同样方式直接回来了。这个平行世界就是一个**想象**，是那种内心的想象，大多被不严实的门挡着，却是一个无边无际的画面、形象和话语的存储库，《描述》的主人公显然可以随意进入，在这里，他神性的能力增长，能够按照自己的喜好改变他所遇到的一切：星星、风景、道路的特征，甚至自己的身体。进入这个内心彼岸的过渡非常不明显，第一次读的时候很容易被忽略或者误解。"你为什么跟这个人一起走"，第一人称叙述者在跟他的熟人穿过布拉格的夜幕散步时问自己；"你不爱他，你也不恨他，因为他的幸福只在于一个姑娘［……］，让他说吧，你用你的方式享乐，这样——小声点儿——你也能最好地保护自己。"这里，卡夫卡结束了三段中的第一段，给下一段起了标题"取乐或者证明不可能生活"，甚至又开始了一个小章节，标题是"骑"，然后继续写道：

　　　　我已经异常敏捷地跳到我的熟人肩膀上，用我的拳头捅他的后背，让他小步跑起来。但是，当他稍有不情愿地踏着步子，有时候甚至停下来，我就用靴子多次踹他的肚子，让他更加精神起来。这样做很有效果,我们用很快的速度继续前进,进入一个巨大的但是还未完工的地带内部,那里是晚上。[13]

叙述语调在这个交接点上并没有发生变化,暂时看只是两个简单的形容词,却传达出关键的信息:这里讲的是只发生在第一人称叙述者意识中的"取乐"。他突然的敏捷是"异常"的,因为这种敏捷只是想象出来的,"未完工的地带"这个表达,只有从做梦者或者一个全能上帝的视角看才有意义。

这一内心世界变得相当混乱,因为它被话语分层和分支了:叙述者遇到了那个"胖子",胖子和抬他的人出现在河岸灌木丛边,当这个人被河水卷走的时候,他还在极其详细地讲述他跟"祈祷者"的谈话,而祈祷者回忆起他与一个醉汉的相遇——一个阶梯式的结构,卡夫卡用三级标题(II.3.a)来支撑这个结构,但并没有让读者更容易读懂。因为这个构造的人为性与整个第二段无拘无束的想象形成了非常明显的矛盾,就好像一座童话城堡上搭了一个脚手架:它分散人的注意力,并使人保持冷静。因此,卡夫卡在第二次尝试中,极度简化了他的"中篇小说"骨架:未完成的版本 B——很可能是他从 1909 年开始用拉丁手写体写的——只有主要段落,而胖子及其灭亡的故事被整个删除了。

318　　《一场斗争的描述》一直是德语文学研究者的事;主要讨论两个版本之间的不同,以及卡夫卡的第二个版本——包含了很多长对话和"观察性"段落——是否已经明显向他后来的主要作品中体现的诗学过渡。确实,这里已经出现了他的叙事中几个典型的母题,当然还只是孤立的,只是暗示了潜在的文学意义。比如说斗争的比喻,将在后来卡夫卡的私人神话中扮演核心角色,而在《描述》中还非常模糊:一个没有兑现的承诺。然而,明显的是,在有些地方,自我的不断碎片化却被夸大了:"我们刚到外面,我就显然变得非常兴奋。"叙述者"显然"变成了他自己的客体;这是一个分裂的过程,卡夫卡在这里——以后还会更经常——就把它变成了身体性的,因而也是滑稽的趋势:"我刚好在他后背上打了一拳,这时,我突然感到羞耻,所以我笨拙地把手收了回来。因为手对我没用了,我把它揣进大衣兜里。"[14]

最后,很明显,卡夫卡避免让人与人之间的情感关系变得可信,哪怕只是粗略的。有亲吻,有突然的哭泣,有无人能理解的恐惧或者无聊袭来。卡夫卡在进行一种反心理叙事,只记录波动,但既不为其做准备,也不对其进行讨论。所以,尤其是在版本 B 中,叙述者对他(同样没有名字)同伴的感觉变化如此之快且完全没有原因,这让读者不得不产生这样的念头:这两个肯定是双影人(Doppelgänger),或者是自己心理矛盾的投影。卡夫卡在后来的作品中,通过额外的冷静,彻底抑制了《一场斗争的描述》过程中存在的这种肤浅性——为了适应完全不同的叙事意图的美学要求。《描述》中的人物所在的世界在摇晃,就像人站在不稳定的地面上一样摇晃,所以,"陆地上的晕船病"是这里最突出的感觉,也是文学上重要的比喻。[15]然而,小说《诉讼》和《城堡》中人物所站立的地面却不摇晃,而是震动,就像是靠近一场灾难或者在一个可怕的又看不见的力量中心附近。

对《描述》的第二个版本,卡夫卡也不满意,估计他最晚在拆解版本A 的时候就感觉到了,这些文章缺乏整体性:只是一系列不同深度的想法,松散地连接在一起,所以也可以随意移动、交换或者删除,并不会在整体上对叙事产生根本改变。人们只能猜测,是哪些榜样在影响着卡夫卡,因为,即便是在当时文学实验的背景下,《描述》的马赛克式结构也非常独特。只有霍夫曼斯塔尔的影响是显而易见的,因为有一段直接涉及表达了语言怀疑的《钱多斯的信》;那个"以东方姿势"让人抬过河的胖子的形象,可能是受到了日本版画的启发。但是,卡夫卡与福楼拜和托马斯·曼的叙事技巧迥然不同,与他们作品中心理学的细致入微描写和丰富的现实主义细节相比,《一场斗争的描述》就像一场怪诞的木偶戏。显然,卡夫卡认为,作为标志着发展终点的完美并不一定是榜样。所以就像布罗德所说,卡夫卡多次带着深厚的钦佩之情引用托马斯·曼中篇小说《幸运》的第一句话:"安静!我们想看进一个灵魂深处。"他1904 年 1 月在《新评论》上读到这句话,那个时候他可能已经在写《描述》了。在卡夫卡那里,我们也看进一个灵魂深处——不过,我们所看见的,不是"研究"(曼给自己小说《幸运》的副标题),而更像是一个万花筒,是一部电影,是关于一个有着异国风情的地区未加评论的文献,或者是一个吸毒者脑子里的幻象,让我们感到困惑无助。卡夫卡没有先尝试踏着伟人的脚印前进,而是从一开始就实验一种完全个人的风格,这种风格的文学能力还根本没有被试验过,由于缺少合适的样板,他必须慢慢揣摩它的美学可能性。然而,很快就有一个名字与卡夫卡联系起来了,文学先锋派的一个秘密建议,这位年轻布拉格男子羞涩的出版首秀就是一个契机。

布拉格是奥地利的行政中心和捷克的工业大都市——但是,从德语文学活动的角度看,它是穷乡僻壤。既没有重要的杂志也没有高水平的出版社在这个波希米亚首府落户,就连文学名人们,比如胡戈·萨卢斯,比他年长几岁的终生对手弗里德里希·阿德勒,还有剧作家和《布拉格日报》的总编海因里希·特韦尔斯,他们都生活在一个治外法权的特殊区域:他们是当地著名的批评家、副刊作家、演讲人、各种文化协会的理事,但是,他们的作品都在德意志帝国出版,同他们固定聚会的人不是文学产业网络的代表,而是布拉格的律师、记者、商人和戏剧业人士。他们与捷克文学家也有友好关系,间或甚至会有友谊——比如德意志民族主义者弗里德里希·阿德勒和同样爱国的捷克作家雅罗斯拉夫·弗里克里基——但是,即便是这种联系,也是半私人性质的,没有媒体报道。

布拉格的德语作家们若想跟德语文学界建立联系,而又不想长期离开这座城市,只能借助通信和定期旅行的方式:去拜访出版人以及维也纳、慕尼黑、莱比锡和柏林的同行们。

那些属于中产阶层的富裕作家和艺术家协会"协和"的绅士们,与当时微不足道的文学波希米亚是同样的命运,文学波希米亚今天已经被遗忘了,他们当时自称"青年布拉格",在1900年之前,是与"德意志造型艺术家协会"联合在一起的。梅林克很快就对这些新浪漫主义者产生了好感,对他们来说,一个不争的事实是:妇科医生萨卢斯和律师阿德勒基本上是沙龙诗人,他们在美学上不做任何冒险,也正因此,大家不讨厌他们。最让这些"青年布拉格作家们"不悦的是人的经验中最黑暗的区域——疯癫、滥交、迷狂和犯罪——被那些掌握话语权却只会模仿的作家们彻底排斥在外,尽管像波德莱尔和坡这些作家早已证明,这些"素材"也可以用最不同的语言方式进行塑造。

这种共同的**反对**,几乎是唯一能让这个小组团结在一起的因素了,而他们个人寻找激进新开端的尝试结果差异很大,以至谈不上什么具有辨识度的样貌——类似于同时代影响力很大的"青年维也纳"的审美。比如,维克多·哈德维格——从外表上看,他就是最引人注意的布拉格波希米亚作家之一——创造了一种文学风格,可以看作后来文学表现主义的先锋;而信仰天主教的邮局职员保罗·莱平对讽刺文学情有独钟,并把自己包装成街头说唱艺人博取关注。莱平阴暗的那一面——对世界的厌恶、忧郁、神秘主义和高度神经质的性欲——读者们会在他的长篇小说中了解到:《丹尼尔·耶稣》(1905)中充满了令人震惊的虐待和宗教仪式,尤其是《塞维林走进黑暗》(1914),莱平在小说中非常不合时宜地让已经被用烂了的"魔幻布拉格"的幻象最后一次复活。对这个小组来说,与志同道合的捷克作家建立友谊也是不言而喻的事情。所以,莱平甚至还扮演了一个出版中间人的角色,他给捷克杂志社写信,翻译

321

捷克语作品,发表介绍捷克文学和艺术的文章——对布罗德来说也无疑是个榜样。

　　在"协和"与"青年布拉格"之间,存在着一个美学和社会落差,但是,在文学上,两个团体都比较边缘化。那些青年作家们也没能让自己的影响超出布拉格:他们创立的那些先锋文学杂志,只能出版几期(尽管还刊登过里尔克的诗歌),德国大都市的吸引力像是一股不可抗拒的离心力。就连当时还独自秘密写作的卡夫卡,也感觉到了这一点,虽然——或许正因为如此——他身边文化环境的侵蚀,对他完全没有作用:他对莱平的性媚俗和萨卢斯的春天诗歌同样不感兴趣,他非常抵触为了填满自己的通讯录而去结交某些作家。他和马克斯·布罗德完全不同,布罗德到处寻找能提携自己的关系,对布罗德来说,"青年布拉格"这个生物群落的没落可惜早了几年。当他还在借助同学和大学朋友们建立最初的关系网时,哈德维格——自从他的《诗集》(1900)出版后,就成了文学反对派的领袖——已经去柏林了,从来没跟布罗德这个十九岁的正在冉冉升起的天才说过一句话;在布罗德有机会建立一个更持久的,也就是说合作的关系之前,梅林克也离开了这座城市。

　　布罗德显然很早就明白了,小小布拉格文学界的混乱状况与他所希望的影响半径完全不符。他也没有卡夫卡那种逃避的想法,他觉得很自由,受到了很好的照顾,能在很多圈子发挥作用,这更加强了他的自信心——他不愿意拿这些去交换柏林咖啡馆里的波希米亚人,他在那里谁都不认识,可能会一直是别人眼里的乡下人。为了打开通向外界的大门,布罗德必须保持通信的古老策略,事实上,他确实在短时间内白手起家,也就是说,在没有可靠的推荐的情况下,把邮政联系的艺术至少在数量上,提高到一个前所未有的水平。他二十五岁的时候,"通讯录"上的联系人就已经数不过来了,他的写字台里保存着理查德·德默尔、胡戈·冯·霍夫曼斯塔尔、赫尔曼·黑塞、丽卡达·胡赫、德特勒夫·冯·利利恩克龙、托马斯和亨利希·曼、赖内·马利亚·里尔克和弗兰克·魏德金德的回信以及编辑、批评家和出版人的回复,还有无数音乐界和戏剧界的联系人。布罗德的遗物中,仅仅他文学创作前十年中收到的信件就几乎有上千封,有时候,他显得如此"忙碌"——这个形容词最经常和布罗德联系在一起使用——他甚至完全可以聘任一个私人秘书。布罗德当然还利用了他在德语学生会"阅读和演讲大厅"中担任的职务,因为他可以以这个身份发出正式的问询而不会暴露自己的文学野心。当然,布拉格举办朗诵会的最重要地点一直都是德意志之家,有钱的市民都聚集在那里,想把重要的作家请到大学来举办朗诵会几乎是不可能的。做这么奢侈的活动,演讲大厅肯定没有预算,即便是要求不高的利利恩克龙1904 年 4 月的出场,也是靠着呼吁大家捐款才得以实现(布罗德捐了二十克朗,卡夫卡十克朗)。

令人注意的是,在这些庞大的通信联系中,布罗德几乎没能把它们变成友谊或者至少是合作关系。恰恰是那些最著名的作家们,那些他大力赞扬的、邀请过或者给对方寄过自己作品的作家们,似乎不太相信这位布拉格新人会是个有意思的对话伙伴,所以这些通信被很快寄出,直到多年后,因为某个外部契机才再次被触发。唯一一个例外是比布罗德年长十三岁的慕尼黑评论家弗朗茨·布莱,所以他对布罗德也具有非常大的意义,布莱是屈指可数的、不用报销旅费也会偶尔出现在布拉格的德国作家之一。他们之间能建立这种关系,是依靠相互捧场的书评,后来很快发现他们的文学兴趣也大致相同:法国象征主义、颓废派、青春风格,还有色情文学。布罗德和布莱都很赞赏患肺结核早逝的印象派作家朱尔·拉福格,认为他很重要,所以他们共同翻译了一本薄薄的作品选集(《小丑皮埃罗》,1909),而布罗德在他的许多早期作品中模仿拉福格的那种矫揉造作的随意风格,让亲法的布莱很喜欢。

布罗德也积极参与了布莱的各种优秀杂志项目——没有哪个德国

评论家比布莱创立和埋葬过更多的杂志——既当读者也当撰稿人。他还跟卡夫卡一起主办过装帧精美的《紫水晶》（1905-1906）和《蛋白石》（1907）两份杂志，但由于他们偶尔的越界涉及色情和一些"露骨"的内容——虽然只是漫画式的青春风格插图——这些杂志只能通过订阅获得，在卡夫卡家是保存在加锁的书柜里的。显然，布莱有复兴色情文化的想法，就像他看到文艺复兴中实现的模范——但是，在一个只用理论（更多还是伪科学）谈论性的时代，这个计划显得有些过时。色情诗就能证明这一点，马克斯·布罗德尝试过在这些杂志上发表色情诗，1907年被他收录在诗集《情人的道路》中（诗集本来叫《情欲》，封面应该是卡夫卡从日本艺术获得灵感设计的图案[16]）。事实上，在薄伽丘或者弗兰索瓦·维庸的天真娇嫩的色情，与拉福格、布莱和布罗德半严肃半讽刺的"女性鉴赏"及其心理学上澄明的类型之间，有着不可逾越的鸿沟。

　　布莱受过全面的教育，有着超常的文学鉴赏力，他肯定也立刻注意到了这种矛盾。有两份高级色情杂志就够了，所以，在《蛋白石》可预见的衰落过程中，他就开始设计一份新杂志了。这份杂志应该主要关注最新的文学，这就是印刷和艺术上都有很高要求的双月刊《许佩里翁》。这次的起始条件比以前好，因为一方面，《许佩里翁》没有挑战道德警察的干预，另一方面，有钱的作家兼银行家卡尔·施特恩海姆提供了一万马克作为启动资金，仅这笔钱就够保证好几年的杂志出版了。另外，他们还希望继承两本同样奢侈的、在世纪之交非常有影响力的杂志，它们就是书友们非常怀念的《潘》和《岛》。

　　这个计划很令人信服，布拉格的朋友们也很喜欢，1907年夏天，布莱到布拉格时，不仅商定了与布罗德继续合作，而且卡夫卡也被能言善辩、会激奋人心的布莱[17]说动了，答应拿出几篇草稿：《一场斗争的描述》的节选和其他小短文，后来都发表在1908年3月《许佩里翁》第一期上，放在四页上，总标题是"观察"。在布罗德公开宣布一个不为人知的天才整整一年后，人们终于可以检验一下——在里尔克、霍夫曼斯塔尔、海因里希·曼、施特恩海姆和维尔哈伦的作品之间——这个"弗朗茨·卡夫卡"到底怎么样：

如果在夜里散步穿过一条巷子，一个男人从远处就明显地——因为我们前面的巷子是上坡，而且是满月——朝我们跑来，那我们不会抓住他，哪怕他身体虚弱、衣衫褴褛，哪怕他身后有人大喊着追赶他，我们会让他继续跑。

因为这是夜里，我们没办法，满月下我们前面的巷子是上坡的，另外，可能这两个人追跑是闹着玩，可能他们两个在追第三个人，可能第一个人无辜被追踪，可能第二个人想杀人，那我们就成了帮凶，可能这两个人彼此不认识，只是各跑各的，可能他们是梦游者，可能第一个人有武器。

说到底，难道我们就不许疲倦吗，我们不是喝了很多酒吗？我们很高兴，第二个人也不见踪影了。[18]

这是卡夫卡第一次发表作品，当时他二十四岁，毫无疑问，卡夫卡感到很振奋：把《一场斗争的描述》这块文学拼毯织完，是不是还有可能？他当时想，下一年把《与祷告者的谈话》和《与醉汉的谈话》交给布莱（这后来让他很后悔）。[19]但是，除了这几篇样品，他再也没有在《许佩里翁》上发表作品，他的长篇小说计划长期瞒着读者，所以，有几个注意到他的批评家，一开始把卡夫卡当成了短篇作家。

这就要求有比较了：当时，这种文学体裁的大师是彼得·阿尔滕贝格和罗伯特·瓦尔泽，一个是奥地利人，另一个是瑞士人，两个都是有名的怪人，在文学交流和个人交往方面都很困难。最早的评论者都注意到了，卡夫卡与阿尔滕贝格没有什么共同之处，后者有明显的印象派色彩，情感充沛,常常既滑稽又充满痛苦,而且会用许多破折号和感叹号来强调。[20]但是,大家强烈感觉到卡夫卡与瓦尔泽的相似性,甚至有人问,"弗朗茨·卡夫卡"是不是罗伯特·瓦尔泽的一个化名——这绝对不是一个不着边际的想法,因为瓦尔泽还完全名不见经传时,第一个资助人就是弗朗茨·布莱。"卡夫卡不是瓦尔泽,"所以,布莱不得不让一位细心的读者放心,"他真的是一位布拉格年轻人,他叫这个名字。"就连罗伯特·穆齐尔也在卡夫卡第一本书《观察》出版时,表达了他的"不舒服",因为这"好像瓦尔泽那个类型的一个特例,"他觉得,"若必须一直让瓦尔泽的特别性作为特别性,那并不适合引领一种文学体裁。"[21]

326

瓦尔泽对卡夫卡的影响到底有多大,对这个问题无法做出令人信服的回答,尤其是因为《一场斗争的描述》创作期非常长,在这期间,卡夫卡有无数新的阅读印象交织在一起。瓦尔泽出版的第一本书《弗里茨·科赫的文章》(1904)是模仿中学男生风格的短文集,这肯定不会是样板,因为卡夫卡在构思《描述》的那段时间可能还没有读过这部作品。瓦尔泽的短作品从1907年开始在《新评论》上发表,那时候,卡夫卡已经能从他的《观察》中朗读有关联的段落了,而且,根据布罗德的回忆,这也是卡夫卡发现了瓦尔泽并且经常兴奋地不断引用他的时候。[22]所以,这有可能对那几篇没有注明时间的发表在《许佩里翁》上的短文产生了影响,那几篇都**不是**出自《一场斗争的描述》;可以想象,卡夫卡这是第一次认识到极短篇形式的美学特点和变化的可能性,并对此非常欣赏。他后来的写作——从长篇小说《失踪者》开始——就已远离瓦尔泽了,用"印象"和瞬间感受进行的短暂游戏,被他完全抛弃了,他在1917年写道,他很反感瓦尔泽长篇小说中"含混不清地使用抽象的比喻"。[23]

卡夫卡——他最早的读者不可能知道——在创作《一场斗争的描述》时,已经开始追求一种需要反思性努力的写作了,这是瓦尔泽从来没想过的：直接进入虚构。作者也要面对"未完成的区域"，那是他的原材料，是在他自己内心出现的，等待被构型、被照亮、被着色，而且是在紧张的手工控制下进行，这把作家与做白日梦的人严格区分开。弗里德里希·黑贝尔让他明白了这一点，卡夫卡二十岁时就已经看过黑贝尔的全部四卷本日记了。此后不久，在一封被经常引用的写给波拉克的信中，他说，文学的根本任务在于也为读者打开这个特权通道：

> 如果我们读的书，不能在我们头上猛击一拳唤醒我们，那我们为什么要读它？还是像你信中所写，为了让我们快乐？我的上帝，如果没有书，我们也会快乐的，那种让我们快乐的书，如果必要的话，我们自己也能写出来。我们需要的书，是那些能像不幸一样影响我们的书，这种不幸会让我们非常痛苦，就像一个我们爱他胜过爱我们自己的人的死亡一样，就像我们被驱赶到森林里一样，远离了所有人，就像自杀一样，一本书必须是一把能劈开我们心中冰封大海的斧头。我这么认为。[24]

这就是他的计划。现在，因为他开始认真地为实现这个计划而工作，他明白了，这把斧头必须首先劈开**作者**心中冰封的大海。劈开硬壳，潜入黑暗，挖出宝藏，然后把它完好地带到阳光下。这就是卡夫卡逐渐掌握的比喻，目的是用思想来表达唯一能孕育出文学的关键事情。他也很快就着手做那件事情了：**我的写作**。

注释

[1] 马克斯·布罗德：关于弗朗茨·布莱《黑暗的道路——三幕悲剧闹剧》(Der dunkle Weg. Eine tragische Farce in drei Acten) 的书评，载于《当代》，第 71 辑，第 6 期 (1907 年 2 月 9 日)，第 93 页。三个星期之前，布罗德刚在这份杂志上

发表了关于亨利希·曼的中篇小说《奈斯和吉涅夫拉》(*Mnais und Ginevra*)的评论文章。(第 3 期,1907 年 1 月 19 日,第 46 页)

[2] 卡夫卡致马克斯·布罗德的信,1907 年 2 月 12 日。(《1900-1912 年书信集》,第 50 页)"温得和克"是德语地图集中通行的写法,原文是"温得霍克"。乌吉吉在"德属东非"(今天的坦桑尼亚)的写法也是像卡夫卡那样写"乌奇奇"。

[3] 布罗德:《关于弗朗茨·卡夫卡》,第 46 页。梅林克的短篇小说《紫罗兰色的死亡》(Der violette Tod)于 1903 年在小说集《炽热的士兵》(*Der heisse Soldat*)中出版,霍夫曼斯塔尔的《关于诗歌的谈话》(Gespräch über Gedichte)于 1904 年 2 月刊登在《新评论》上。据此推断,卡夫卡与布罗德之间的谈话发生在 1904 年。

[4] 布罗德:《好斗的一生》,第 139-140 页。参见阿尔弗雷德·柯尔:《弗兰克·魏德金德》(Frank Wedekind),载于阿尔弗雷德·柯尔《作品集》(*Werke in Einzelbänden*),第二卷:散文、戏剧、电影,赫尔曼·哈尔曼(Hermann Haarmann)和克劳斯·西本哈尔(Klaus Siebenhaar)编,法兰克福,1998 年,第 87-98 页,此处为第 97 页。柯尔关于魏德金德的那篇文章加了一篇详细的"后记",于 1904 年出版,在《情感教育》第一个德译本出版前几个月。对长篇小说的贬低(在文理中学教学计划中也根深蒂固),依然对市民阶层的教育理念有着很大影响,这在托马斯·曼那场重要的论战中可以看得很清楚,他在《论戏剧》(Versuch über das Theater,1908 年)中用了整整一段来为长篇小说辩护。曼写道:戏剧的优先是无理的。"在面部描写的精确度、强烈的在场感和真实感方面,哪个戏剧场面能胜过现代长篇小说的场景? 我认为,长篇小说中的现实性,比戏剧中更深刻。"(《散文》〔Essays〕,第一卷,1893－1914,海因里希·德特林〔Heinrich Detering〕编,法兰克福,2002 年,第 123-168 页,此处第 127-129 页)因为卡夫卡非常关注托马斯·曼的作品出版,所以,他很可能知道这几句说出了他内心想法的话。

[5] 梅林克位于布拉格西兹科夫的住宅,在保罗·莱平的"鬼怪小说"《赛文林走入黑暗》(*Severins Gang in die Finsternis*)里出现过(1914 年;新版,1998 年,

布拉格,此处第 43-44 页),布罗德也知道这个住处。

[6] 参见梅林克发表在 1922 年 1 月 2 日在《布拉格日报》第 6 页上的讲话（《布拉格作为文学城市》）。对于梅林克众多神秘化和自我神秘化的有事实依据的批评,直到哈尔穆特·宾德的大部头资料性著作《古斯塔夫·梅林克——魔咒下的生活》(*Gustav Meyrink. Ein Leben im Bann der Magie*,布拉格,2009 年)出版之后才陆续出现。

[7] 见马克斯·布罗德：《我的开始》(Meine Anfänge),载于《波希米亚德语报》(*Deutsche Zeitung Bohemia*),布拉格,1913 年 3 月 23 日,复活节增刊。布罗德发表的第一篇作品,是一篇仿梅林克风格的讽刺随笔,题目是"芦笋"(Spargel),发表于 1903 年 10 月。

[8] 布罗德的第一本书《死者之死！》主要包括一些讨论性的对话,由斯图加特的阿克塞尔·容克出版社出版,是"献给诗人胡戈·萨卢斯"的。关于《时代》组织的有奖征文,见布罗德：《关于弗朗茨·卡夫卡》,第 59 页。他写于 1904 年的短篇小说《嘉里纳岛》(Die Insel Carina),收录在 1907 年出版的集子《试验》(*Experimente*)中,小说中,布罗德把他的朋友描绘成"唯美主义者"；参见布罗德：《好斗的一生》,第 184 页。

[9] 卡夫卡致奥斯卡·波拉克的信,1903 年 11 月 8 日。(《1900-1912 年书信集》,第 30 页)

[10] 在他负责的《卡夫卡作品集》中,布罗德用把《一场斗争的描述》的两个版本随意组合成一个的方式,解决了版本问题。两个版本的原始行文,在 1969 年路德维希·蒂茨拟定的"手稿中的平行版本"中才得以面世。鉴于两份草稿相差很大,而且事实上第二份草稿没有标题,所以,人们一直争论,是否真的能称之为两个"版本",不过这个问题既没有实际意义,也没有理论价值。因为这很明显是同一个文学项目,这在第一段中就能看出来：版本 B 的前 7 页,与版本 A 的相应段落完全相同。

[11] 卡夫卡日记,1920 年 2 月 15 日。(《卡夫卡日记》,第 854-855 页)

[12] 卡夫卡写给马克斯·布罗德的明信片,1910 年 3 月 18 日："亲爱的马

克斯,那个中篇小说最让我高兴的是,我把它从家里拿出来了。"(《1900-1912年书信集》,第120页)卡夫卡把两个版本之一的手稿给了布罗德。

[13]《卡夫卡遗作和未完成的残章》(一),第72页。此处,德文内容遵循手稿,但书写上用了新正字法。

[14] 同上,第57-58页。版本A中是"非常"兴奋,版本B中改成了"极度"兴奋。

[15] 卡夫卡在两个版本中都用了这个比喻。(同上,第89、157页)

[16] 关于卡夫卡这唯一一次尝试发表绘画的记录,参见尼尔斯·伯克霍夫(Niels Bokhove)和马丽克·范·多斯特(Marijke van Dorst)编:《曾经是伟大的画家——造型艺术家弗朗茨·卡夫卡》(*"Einmal ein grosser Zeichner". Franz Kafka als bildender Künstler*),布拉格,2006年,第93页。卡夫卡设计的封面没有被采用,因为布罗德的出版人阿克塞尔·容克认为它不能复制。这张草图后来丢失了。

[17] 卡夫卡对布莱有好感,只在雅诺施的《卡夫卡谈话录》中有记载,至少下面这段话还是可信的:"'这是马克斯·布罗德一个多年好友',他微笑着说,'布莱非常聪明并且诙谐。我们跟他在一起的时候,他总是很开心。世界文学穿着内裤从我们桌旁排队经过。弗朗茨·布莱比他写的东西聪明和伟大得多……他是一个迷失在德国的东方轶事讲述者。'"(第109页)布莱讲述他在美国两年的经历(1898-1900),肯定也让卡夫卡非常感兴趣。

[18] 卡夫卡这八篇短文,刊登在《许佩里翁》第一期上(汉斯·冯·韦博出版社),用罗马数字编号,但没有题目。(第91-94页)在《观察》单行本中(1912),这几篇短文的题目分别是:《商人》《凭窗闲眺》《回家的路》《擦肩而过的人》(这是完整的一篇)、《衣服》《男乘客》《拒绝》《树》。

[19]《许佩里翁》,2. Jg,第8期(最早出版于1909年5月),第126-133页。这一次是布罗德把这几篇文章寄去的。布莱在1909年1月10日的回信中建议起一个总标题(《朦胧中的谈话》〔Gespräche im Zwielicht〕),不过显然被卡夫卡拒绝了。(翁泽尔德:《弗朗茨·卡夫卡——作家的一生》〔*Franz Kafka. Ein*

Schriftstellerleben〕,第 254 页,注释 30)三年后,卡夫卡给布罗德写信说,他已经没有兴趣,"在明知道那些东西不好的情况下还去印出来,一些令我作呕的东西,就像许佩里翁上那两篇谈话"。(1912 年 8 月 7 日,《1900-1912 年书信集》,第 165 页)

[20]　参见 1913 年出版的关于《观察》的讨论,作者是阿尔伯特·埃伦斯坦(他认为卡夫卡"毫不风趣")和保罗·弗里德里希,他详细分析了卡夫卡与阿尔滕贝格的区别。(载于博恩:《弗朗茨·卡夫卡:生前的评论与接受》,第 28-29 页,第 32-33 页)马克斯·布罗德认为,卡夫卡的短篇作品也受到了由他翻译的拉福格作品选的影响。他的这种看法不具有说服力,且根本没有证据。(布罗德:《关于弗朗茨·卡夫卡》,第 206 页)

[21]　罗伯特·穆齐尔:《文学纪事》(Literarische Chronik),载于《新评论》,柏林,1914 年 8 月,第 1169 页(穆齐尔指的是瓦尔泽的集子《故事集》〔*Geschichten*〕,也是库尔特·沃尔夫出版的,当然,他也指出,卡夫卡的《观察》出版时间更早)。参见库尔特·图霍尔斯基:《三本新书》(Drei neue Bücher),载于《布拉格日报》,1913 年 1 月 27 日:"写出这篇歌唱着的短文的,只可能是一个人:罗伯特·瓦尔泽。"1912 年 11 月 18 日刊登在《德国图书交易信息报》(*Börsenblatt des Deutschen Buchhandels*)上的第一个出版社广告,就已经说出了关键:"这本集子中收录的作品,是形式上精雕细琢、内容上感受深刻且深思熟虑的观察,它可能让卡夫卡与罗伯特·瓦尔泽相提并论……"尤其值得注意的是,诗人和资助者阿尔弗雷德·瓦尔特·海梅尔(瓦尔泽徒劳地试图在他那里获得一个仆人的职位),很早之前就表达过他的怀疑,从所引用的布莱 1908 年春天的回信中可以看出来(原件保存在德语文学档案馆,马尔巴赫)。卡夫卡与瓦尔泽明显的区别首先表现在叙述者的态度和角度上;参见伯恩哈特·博申斯坦(Bernhard Böschenstein):《既近又远:弗朗茨·卡夫卡的"观察"和罗伯特·瓦尔泽的柏林随笔》(Nah und fern zugleich: Franz Kafkas Betrachtung und Robert Walsers Berliner Skizzen),载于格尔哈特·库尔茨(Gerhard Kurz):《青年卡夫卡》(*Der junge Kafka*),法兰克福,1984 年,第 200-212 页。关于瓦尔泽如何被

"发现",参见布莱的自传《生命的叙述》(*Erzählung eines Lebens*),维也纳,2004年,第 249-251 页。

[22] 布罗德:《好斗的一生》,第 252-253 页。

[23] 卡夫卡日记,1917 年 10 月 8 日。(《卡夫卡日记》,第 841 页)布罗德研究罗伯特·瓦尔泽比卡夫卡时间更长且更深入。1911 年,他发表了关乎瓦尔泽散文作品特点的文章(《评罗伯特·瓦尔泽》〔Kommentar zu Robert Walser〕,载于《潘》,1911-1912,第 2 期,第 53-58 页),他在二十年代还与瓦尔泽通信,但他们没有见过面。

[24] 卡夫卡致奥斯卡·波拉克的信,1904 年 1 月 27 日。(《1900-1912 年书信集》,第 35 页)卡夫卡的遗物中有黑贝尔日记的历史校勘版(理查德·玛利亚·维尔纳〔Richard Maria Werner〕编,1903 年),前三卷中有铅笔勾画的痕迹。

第二十章　法学博士找工作

发生了的一切，都会带在身上。

萨福

三票赞成卡夫卡，一票反对。他生命中第一次——但他从小就等着这一刻——有个权威表示，他不相信卡夫卡具有进一步深造所需的必要条件，至少现在没有。因为他在"奥地利民法、商法和汇票法、民事诉讼法和刑法"方面的知识漏洞百出，所以，不让他通过或者给他个"及格"放他过，只是个是否发善心的问题。

是哪个法学家在 1905 年 11 月 7 日试图——尽管是徒劳的——阻挡考生卡夫卡的道路？他第一次博士学位答辩时，对面坐着四位教授，有两位是可以信赖的：一位是当时还不到三十岁、雄心勃勃的破产法专家安东·林特伦（那时还看不出来他后来能成为发动政变的纳粹分子并且几乎成为奥地利总理），还有一位是声音洪亮、学生们非常害怕在考试中遇到的霍拉斯·克拉斯诺波尔斯基，他是一位积极的、彻底捍卫自由法治国家的民法专家，所以，在布拉格布伦塔诺的支持者眼中，他就是恶的捍卫者。[1] 卡夫卡对于最后勉强通过的结果没什么可抱怨的。因为在第四学期结束时，他以"良好"通过了法学史中期考试，之后他很快就明白了，第二阶段的"私法"部分要求明显提高了，的确把他逼到了极限：他的理论理解能力以及自律的极限。

329　　　　一方面原因在于，有大量学习材料，而且几乎都是照本宣科式讲授的。世纪转折时期，还没有区分法学、政治学和政治经济学，所以，卡夫卡每周不仅要忍受九小时的奥地利私法和克拉斯诺波尔斯基逐字逐句的法律释义，而且还要上国民经济理论和国民政治、金融学、甚至还有"统计概论和奥地利统计"等讲座大课。另一方面，这些讲座基本上枯燥无味，都是围绕着概念的定义和系统化，几乎没有哪个讲课人会提出与社会和社会政治相关重要问题的想法。有些教授常年拿着一成不变的讲义照本宣科，还有些教授在讲台上打哈欠，避免与听课学生的目光交流，或者因为有更重要的活动而干脆取消课程，也不事先通知。但是，学生们的考试费必须按时交纳，这是教授们从每个学生那里直接收取的。就连在意自己个人名誉的法学史专家圭多·基希——他比卡夫卡晚几年在布拉格上大学，也经历了同样的情形——都在自己的回忆录里认为这是"有失体面"和"令人气愤的"事情。[2]

　　　　由于不鼓励任何形式的独立阅读——获得法学博士学位不需要博士论文——肯定会在学生那里强化了一个印象，即认为讲座根本不重要，重要的只有考试，特别是最后三个博士毕业口试。这是一个相当冒险的结论，因为这导致了在大约七百名注册的德裔法学大学生中，教授们只能见到一部分，开学几周之后，教授就要面对着稀稀拉拉的几行学生讲课了。所谓"活页纸"在学生们之间流传，那是由某个同学用速记记录并整理出来（往往是要付费的）的讲座笔记，在学术讲座厅里拿着这个最好别被抓住，不过要推迟到考试之前那段时间才会仔细阅读。显然，卡夫卡也是这种方法的支持者，因为他有"克拉斯诺波尔斯基活页330　纸"，或许还有其他的。与之相应，引人注意的是，他在书信日记中会提到他迟到的努力学习：比如，在差点失败的第一次博士生毕业口试之前六个星期,卡夫卡晚上不敢再去咖啡馆了,因为担心会影响第二天的"学习";或者一本遗失了的笔记本中的引文,卡夫卡在其中坚称,他从早上六点就开始"学习"了。[3]

在这个乏味的领域中,亮点非常少,很少有来自其他专业或者对文化感兴趣的市民阶层的听众会误入法学大教室。只有前预审法官汉斯·格罗斯出场,才会同时在"社会上"也引起话题,因为格罗斯作为系统犯罪侦查学的创立者、犯罪心理学家和《预审法官、警官和宪兵手册》(1893)一书的作者,既有名又充满争议,他的《手册》被翻译成几十种语言,不断改善,充斥着各种具体案例。卡夫卡选了格罗斯的"实体刑法""奥地利刑事诉讼""法哲学史"讲座和一门刑法研讨课,每周一共十六节课。但是,早在1905年,格罗斯就已经接受了他的故乡格拉茨的聘任。这对卡夫卡是个坏消息,因为这个考官是非常能理解学生的,他更关心事物的逻辑性,而不是死记硬背。

卡夫卡自己的回忆和马克斯·布罗德的回忆中都没有提到格罗斯教授。这令人很遗憾,主要是因为,十年之后,在公众中以及在卡夫卡的意识中,格罗斯的形象都被这位知名学者和自己儿子奥托之间的冲突掩盖了。奥托是医生,无政府主义者和西格蒙德·弗洛伊德(被逐出师门的)学生。1913年,在父亲的要求下,奥托·格罗斯在柏林住所被警察暴力逮捕,并被送到奥地利一所精神病院,但没有被指控犯有任何罪行,这对卡夫卡《诉讼》的构思肯定产生了影响;更有意思的问题是,汉斯·格罗斯的犯罪侦查学思想是否也渗入卡夫卡的小说,对此,只能进行猜测了。

格罗斯的要求是,法官和检察官不仅应该负责犯罪行为的法律分类和归类,而且同样应该研究某个罪犯——以及普遍罪犯的——性格。这让人想起都灵法医切萨雷·龙勃罗梭富有争议的罪犯类型学,他试图用测量头骨的方法来证明他"天生罪犯"的论点。[4]这种人类学视角,在世纪之交还很新颖,它质疑了惩罚的意义,但也引起了自由派刑法专家们极大的不适。他们不无道理地担心自己的专业会受到限制,法律规则会被那些科学性很可疑的思想稀释。格罗斯比龙勃罗梭走得更远,他迈出了重要的一步,在讲座中宣称,讲课的内容不应该只是法律,而是还有生活,他的做法更加剧了别人的担心。事实上,令人惊讶的是,格罗斯出版的《犯罪-人类学和犯罪侦查学档案》,一贯坚持对社会世界进行法律描述:那些论文关注头发颜色、打牌、涂改存折、习惯性撒谎、文身、歇斯底里、记忆空白、人体尺寸、邮票、玻璃杯、警犬和伦琴射线,研究孩子、醉汉和"退化者"的行动自由空间。对于格罗斯的现代"犯罪侦查学"来说——与犯罪学没有清晰的界线——**任何**自然和人文科学成果都可以使用,它绝对不满足于重建被破坏的社会秩序,而是要了解罪犯的意识,采取预防手段。卡夫卡在《诉讼》中描写的法庭机构,就像是这种设计的形象化乌托邦:它们最主要的兴趣显然不在于具体的,也就是说"从法律上看"错误的行为,它们以最大的理所当然侵入被告的生活和心理,为的是对他的"罪"和"改悔能力"做出判断。开明的犯罪学使这样的侵入可能化、合法化:一方面,通过其迅速进步的科学化,可以利用最新的社会学、心理学、甚至还有精神分析知识——老格罗斯也是弗洛伊德的读者——另一方面,通过用良好的,也就是社会卫生的目的来解释这种侵入。对于这种启蒙的阴影区域,卡夫卡有非常细腻的感知能力,至于他后来的岁月中被奥托·格罗斯的思想所鼓舞,与《战胜权力意志杂志》一起站出来,绝不仅是因为与父辈冲突的平庸理由。[5]

　　"必须学习,"卡夫卡几年之后写道,"这太可怕了,让人不寒而栗,这我知道。人们不断地冒出自杀的念头,又不去实施,每一刻都是崩溃的,然后又必须重新开始,在这种学习的核心就是悲伤的世界。"[6]这次,他没有太夸张。但是,如果是这样——为什么卡夫卡在考试前总是独自用功学习？他在大教室、阅读室和布伦塔诺圈子里不也认识很多同龄的大学生吗？他们是可以缓解他的压力的。马克斯·布罗德比他晚一年以最优秀的分数获得博士学位，他解决这个问题的方法完全不同，他跟费利克斯·韦尔奇一起准备考试，后者的形式逻辑缜密，让布罗德受益匪浅。卡夫卡是羞于让别人知道他无知、毫无兴趣和智力上的局限吗？

如果人们听说，一些奇怪的阻力使他连像国民经济学家阿尔弗雷德·韦伯这样的必修课都不去上，那这种怀疑就八九不离十了。三十六岁的阿尔弗雷德·韦伯1904年从柏林来到布拉格，那个时候，卡夫卡还完全没有博士考试的压力。但是，身边人对韦伯充满活力、完全即兴发挥的、打破所有专业界线的报告表现出来的狂热，卡夫卡视若无睹。狂热的布罗德为了能靠近自己的新偶像，甚至被说服为韦伯做统计研究，而卡夫卡既不会出现在拥挤的大教室——查理大学能提供的最大的教室——也不去上韦伯的社会学研讨课，那门课在克拉姆-加拉斯宫上。卡夫卡有可能觉得自己无法应对这些课上的理论烟花，因为，那里不仅讨论社会学基础文本，例如斐迪南·滕尼斯的《共同体与社会》（1887），而且还有进化论生物学的著作，讨论后天特征是否可遗传的问题，以及达尔文所揭示的选择机制能够在多大程度上适用于经济和社会等一般性问题。此外，韦伯还研究工业选址的普遍理论，卡夫卡无论如何也想不到，这个题目有一天会对他有职业方面的意义。阿尔弗雷德·韦伯——至少在他职业生涯的这个阶段，而且跟他更著名的哥哥马克斯完全相反——还非常相信自然科学包罗万象的意义，所以他根本没有意识到，自由的科学和自由社会之间可能产生冲突。回顾韦伯的研讨课，布罗德写道："无论是老师还是学生，都没完全看清我们所讨论的问题的现实性。我们在抚摸那些已经拉扯它们链条的地狱之犬。"[7]同样的话，他也可以用来说汉斯·格罗斯。

333

卡夫卡不去上课，不是特别明智，因为韦伯的课程当然不只是用作以智力娱乐的，而且还传授国民经济的基本知识，这些内容不可避免地会在博士毕业考试中出现。在卡夫卡选择了 1906 年 3 月这个相当早的时间参加第二次博士毕业考试之后，他别无选择，只能匆忙阅读布罗德在韦伯讲座课上整理的资料卡片。"是那些小纸条救了我，"他在考完试第二天轻松地给布罗德写道，"因为它们让我能面带微笑地看着韦［伯］，就像他自己的镜子一样，甚至还带着有趣的奥地利色彩，尽管他深陷于他这半年所说的一切，而我只记得你那些小纸条，我们还是达成了最好的共识。其他人也都很有趣，尽管没有太多知识性的内容。"[8]

334　他这欢快的语气具有欺骗性，因为在这场尤其严格的"一般法和奥地利宪法、国际法和政治经济学"考试中，卡夫卡也是勉强及格：五位考官中，有两位认为卡夫卡一点也不有趣，相反，他们想让他补考，那么最早要在三个月之后；另外三个人都给了他"及格"的分数。这样，他们就帮助卡夫卡跨过了最大的障碍，因为第三次也就是在六月进行的最后一次考试，是比较好预计的：考试内容是"罗马法、教会法和德意志法"，这就意味着，他无非是要把前四个学期的所有"木头渣子"再嚼一遍。这是残酷的，但只是个量的问题，所以说——尽管他的胃已经造反好几天了——没有别人的帮助，他也能应付。事实上，卡夫卡顺利通过了：四个考官都给了"及格"。1906 年 6 月 18 日，在查理大学大礼堂一个隆重的典礼上，卡夫卡被授予博士学位，而且或多或少随机选择的给他授学位的教授——按照古老的仪式，教授要向大学校长介绍他——是阿尔弗雷德·韦伯。

在奥地利，荣誉头衔和学术头衔作为区分社会等级的标志，一直都具有极其重要的意义，哪怕它们除了良好的关系之外没有其他基础，依然会受到尊重。在日常生活中，头衔就好像名字的一部分一样被使用

(结果就导致了那个固执的传奇,说它真的是名字的一部分),就连多年的朋友都会以"亲爱的枢密官"相称,这绝对是非常普遍的。卡夫卡一生中当了十八年的"博士先生":他在街上会被这样问候,在办公室里被这样称呼,信件抬头也是这么写,他并不觉得厌烦或者刺眼。放弃这个称呼是不可想象的,它会像在交往中过早使用"你"称呼对方一样引起尴尬,而且绝对不会让人觉得他谦逊,相反,会让他显得矫情甚至傲慢。毕竟,这个头衔是被授予的,是后天获得的,它意味着等级的提高,是社会等级的重新定义,所以,这绝对不是个人的事情。另外,地位提高的不仅是卡夫卡自己,也包括他的家庭,以及未来的妻子:现在家里有个博士了,他的朋友圈也都是博士,这意味着,之前投入的高昂教育费,现在终于得到回报了——前提条件是,要让尽可能多的人知道。

335

> 弗朗茨·卡夫卡荣幸地告知:
> 他于今年 6 月 18 日,星期一,
> 在布拉格皇家德意志查理-费迪南德-大学
> 获得法学博士学位。
>
> 布拉格,1906 年 7 月

　　一张印刷的卡片寄给了包括远亲在内的家族成员,寄给朋友、熟人和客户。这是游戏规则。

　　毫无疑问,卡夫卡把这些卡片投入邮筒时,不仅感觉轻松,而且自豪。妹妹们、母亲甚至父亲投来的善意目光,让他感觉非常好,高昂的情绪使得家里出现了难得的短暂停火状态。另一方面,卡夫卡肯定完全明白,这只是一个象征性行为,没有什么生活实际结果。博士头衔丝毫没有改变他物质上的依赖性——就连他第二次去楚克曼特尔疗养院(前一年的情人在那里等着他去)的费用,当然也要靠家里——也没有给他

不确定的职业前景带来什么光明。表面上,最后一次考试之前,他就在老城广场附近的刑事辩护律师理查德·勒维那里报名做"律师助手"——这或许能挣点零花钱——另外,每个想进入国家机构工作的法律专业学生,都要在法院实习一年。不过,这些都是暂时的拖延,仅此而已,这也是给他最后的恩赐了。他必须做出一个决定,尽快。

这个概念当时还没有诞生,不过世纪转折时期的奥地利也已经是一个"效益社会"了,在这个社会中,学术头衔虽然属于社会**着装规范**,有时候也能带来一些好处,但是几乎没有可量化的价值。"即使是保守的大学圈子,"卡夫卡在《布拉格日报》上读到,"今天也不能隐瞒一个事实,那就是,在奥地利对于获得法学博士学位根本没有任何特别要求,或者说,要求也主要是一些空洞的形式。"[9]这很令人警醒,但不可否认,在招聘面试中,可以很清楚地感觉到这一点。在私人企业中,拥有博士学位的新手,不会比店铺售货员挣得多;国家机构中最好的位置,也不会接受卡夫卡这种毕业成绩只是"及格"的人;更不用说那些真正重要的职位,比如说法官,是犹太人根本不可能获得的。那个棘手的问题——关于是否能够通过改信宗教让自己的生活容易一些的问题——在卡夫卡的朋友圈中也没有讨论出结果来,而韦尔奇、布罗德和卡夫卡是否出于自己的信仰没有这样做,我们从稀少的信息中无法推断出结论。

所有人都陷于同样的困境,不过卡夫卡显然是最不愿意妥协的。他对布罗德说,如果你对文学是严肃认真的,那么,市民生活与作家写作是彼此**不相容**的;至于有人反驳说,可以靠光荣的写作任务谋生,比如当记者或者批评家,卡夫卡只是回答说,**他**反正没有这个本事。后来,布罗德感到很遗憾,因为他"多年"受到朋友这种固执态度的影响,他的确有足够的理由这么说。[10]因为,凭借在大学期间的大量发表,他应该比文学上还寂寂无名的卡夫卡有着更多的职业选择可能性。他应该可以大胆

尝试一下,可能主要是他不想离开布拉格,所以他好多年都不敢尝试以
文学谋生的职业。

那么,如果找的是一个"无所谓的"职业,那就找一个消耗精力最少
的,在这一点上,他们两人意见一致。也就是说,一个有着固定的且可忍
受的工作时间的职位。卡夫卡肯定费了不少口舌,才让他那没受过什么
教育的家庭理解了,出于这个原因,律师这个职业——对于一个犹太
"法学博士"来说,这为数不多的能够实现名望和富裕的机会——他也
绝对不予考虑。无论如何,犹太律师是一个非常引人注意的类型,这类
人作为聪明但是无所顾忌的、能言善辩的人,早就被那些反犹主义者列
入黑名单。卡夫卡对这类人也持保留态度,后来,他有一次把自己的一
封信称为"律师的信",这绝对不是褒义。不过很有可能的是,对这个二
十三岁的年轻人来说,他所担心的职业压力,尤其是社会责任、不规律的
工作时间和公开露面的必要,这些是让他远离律师这个行业的原因,尽
管他自己家族中就有不止一个成功的榜样。

由于还看不到令人满意的解决办法,1906 年 10 月 1 日,卡夫卡接
受了没有报酬的法律实习生的工作:首先是在区民事和刑事法庭,然后
(从 3 月中开始)在布拉格地方法院。这个工作没有太高的要求,下午
经常不用上班,他这一年没有留下什么痕迹,这说明,法庭实习没有给他
带来任何值得一提的刺激:他早就了解这个二元帝国的官僚语言,以及
警察调查行动和法庭判决理由的行文**风格**。卡夫卡开始无所事事地晃
荡,他享受自由的时间,享受严格课表结束之后的闲散,现在,他去咖
啡馆和酒馆也比以前多了。但是,他很快就感觉到,这种没有前景的自
由   与他希望的完全不同——对已经中断很久的"写作"没有任何益
处。他暂时放下了《一场斗争的描述》,准备用正在写的《乡村婚礼筹
备》开始一个全新的长篇小说计划,但没有取得进展。他认为,如果是
马克斯·布罗德,一定会精力充沛地前进,他一定会利用这轻松的一年,

337

为成为一名自由作家铺平道路。而他本人,连通向这个目标的第一步都迈不出来,法庭实习一年结束时,他不得不承认,在这赐予他的最后期限内,他"什么都没有完成"。[11]

也许有一条出路,迄今为止,卡夫卡周围没有一个人想到这条路。如果把选择职业与选择一个新的生活地点联系起来,或者更准确地说,让职业选择取决于生活地点的选择,会怎么样? 一位从巴拉圭来的堂兄的来访,突然让卡夫卡看到,生活有如此童话般的可能性,只要人有力量去抓住它们。这位堂兄——奥托·卡夫卡出生在科林,是赫尔曼的兄弟菲利普的长子——十七或者十八岁时不仅仓皇离开了父母亲和童年生活的地方,而且离开了这个国家,甚至这个大洲;他经法国去了南美洲,为了生活,他做过各种工作,最后成为商人(1911 年,他在纽约创立了一家出口公司)。所以,这样是有可能不受惩罚的,卡夫卡深受震撼,他最终说服堂兄同意在布拉格多住一晚上,只为了把他介绍给布罗德认识。[12]

从青少年时代起,这位堂兄就完全独立,而卡夫卡自己已经二十四岁了,对于自己的未来还没有任何规划,除了那张把他变成"博士"的盖了章的纸,他什么也拿不出来。命运的对比不可能比这更强烈了,这让卡夫卡后来思考了很久。到现在为止,他从没有自己挣过钱。他掌握得最好的那些外语都是最没有实际用处的语言。如果家里有人生病——最近一段时间经常发生——他就会乖乖地被派到父母的时尚用品店柜台后面,扮演几个小时少东家的角色。

特别在 1907 年 6 月那次搬新房子时,尽管这是一次令人激动的变化,卡夫卡仍然痛苦地感受到他对这种生活方式的不满。他们家第一次离开了老城的中心,从策尔特纳街搬进了尼克拉斯街(Mikulášská třída,今 Pařížská)尽头一幢房子的顶层,这是整修犹太区时新建的一条连接老城广场和伏尔塔瓦河的大街。一套四居室的住房,有浴室、女仆房间和餐厅,两个小阳台,有凸窗和电梯。这代表住房条件改善了,卡夫卡也这么认为,因为从住处看出去不再是一条狭窄、喧闹的店铺街,而是远处的河,以及对面贝尔维德宫公园,那是布拉格他最喜欢的地方,来年,经过新建好的捷克人桥,几分钟就能到达。卡夫卡是否有可能**不**一起搬过来,而是在城里找个地方住……非常值得怀疑的是,家里有谁会想到这种可能性,恐怕连他自己都不会这么想。即使作为小公务员,卡夫卡也很难为这种浪费找到理由,如果自己没有钱,就更不可能了。这次搬家对他不是好事吗? 他的三个妹妹——最大的已经十七岁了——仍然挤在一个房间里,而他这个大哥有了自己独立的房间。这个房间后来在文学史上还有一定的地位。因为它有三个门,透过这些门,厨房的乒乒乓乓声和走廊的喧闹声会涌进来,把这个房间变成"整个住宅的噪声总部"。但更主要的是,这间房是位于客厅和父母卧室之间的通道,这种布局使已经成年的儿子以一种非常尴尬的方式面对父母的亲密隐私。种种迹象表明,他们从来没有想到过这一点。否则,他们可以绕道厨房和浴室进自己的卧室。但他们没有这样做。[13]

　　巴拉圭的堂兄,住房里的噪声,法庭无聊的抄写。1907 年,卡夫卡有足够的理由对未来的职业问题进行彻底思考,这首先意味着,最终对这个问题给出建设性答案。家族内部只有一个人,卡夫卡可以跟他坦率地讨论自己的愿望和怀疑,这就是特热什季那位乡村医生,所以,毫不奇怪,卡夫卡正是在那里过暑假的时候——在摩托车和新女友海德薇·威勒的振奋影响下——意外地提出了新想法。布罗德曾试图安慰他说:人只要长大了,就不必继续回避市民职业。卡夫卡反驳说:

　　……我在上班那几个小时期间——只有六个小时——会不停地出丑,我发现,你现在觉得一切都有可能,就像你写的,你认为我有能力做类似的事。

339

340

相反，晚上的事情是安慰。是的，如果人们通过安慰就可以感到幸福，而不需要一些幸运才能获得幸福感就好了。

不，如果到十月份我的前程还没有任何改观，那我就去商学院上高中职业课程，在法语和英语之外，我还要学西班牙语。你如果能跟我一起上课，那就太好了；你想学的东西，我可能会不耐烦；我叔叔肯定会给我们在西班牙找个职位，或者我们去南美洲，或者去亚速尔群岛，去马德拉。[14]

又要学习？一个勇敢的计划。因为布拉格商学院开设的为期一年的课程，不是给毕业了的博士准备的，而是给那些不上大学、想直接进入"自由"商界的高中毕业生们的——如果这两位法学博士出现在那里，会很有意思。而且布罗德知道卡夫卡脑子里是如何出现那个去南美洲的想法的，所以他根本不同意，而是很不情愿地接受了科莫托（霍穆托夫）的一个区金融局的职位，因为没有别的可能性。科莫托是一个距布拉格三小时火车的小型工业城市，位于厄尔士山脉脚下。他也没有理由继续让父亲养着了；所以相比较而言，把少得可怜的收入都花在每周"回家"的火车上，在道德上更能承受些。但是，布罗德觉得自己像是一条被拽出水的鱼：他也许能容忍科莫托是马德拉的相反面，但他不能忍受与最亲密朋友们的分离——尤其是与马克斯·鲍宇默——和远离所有讨论圈的乡村式孤独，他原本在这些圈子里都受到大家的尊重和喜爱。几个星期之后，布罗德肯定就不再声称一份要求不高的职业基本上不会影响文学创作了，年底之前，他就不得不承认，这种撕裂式的生活超出了他的能力。布罗德辞职，回到布拉格，专心修改他第一部长篇小说的手稿，小说必须要在第二年出版。[15]

在此期间，卡夫卡也已经遇到了新的机会。值得怀疑的是，仅仅上过一个布拉格会计速成班和几节西班牙语课的人是否能在经济界取得成功。不过在维也纳有一个水平更高的学院，已建成将近十年：一个商务部领导下的"出口学院"，其目的明确，就是为了推动尚未开展的奥地利国际贸易，并把毕业生派到世界各地。这里也主要录取高中毕业生，学制六个学期。但是除此之外——这大概就是卡夫卡所了解的——出口学院为专业律师开设为期一年的课程，内容包括会计和商品学理论与实践，还有汇票法和支票法以及国际商务往来惯例；另外还有外语会话练习课。这正是卡夫卡需要的，他可以借机离开布拉格并越过厄尔士山脉。1907 年 9 月初——他刚从特热什季回来没几天——他给海德薇·威勒写信说，他"可能"会去维也纳，并且在 9 月 11 日就已经提到要进入出口学院，好像这已经是板上钉钉的事了："我会在一项非常艰难的工作中拼尽全力，但我非常满意。"[16]

在社会学范畴内说：卡夫卡选择了最好的路，准备做非常时髦、非常具有时代性的事情，那就是从教育市民转向经济市民，或者更准确地说，从教育市民的**等待队伍**中，换到经济市民的**等待队伍**中。如果是这样，那他在中学甚至大学所付出的辛苦，绝大部分就会是无用的负担，这意味着，他将不得不朝着他所受教育相反的方向走一段，然后在某个特定的点更改人生路线。这是一个影响重大的存在性决定，但卡夫卡似乎没有痛苦、没有太多犹豫就决定了。父辈的经商基因是否在冥冥中起了什么作用？毫无疑问，父母是这么认为的；如果弗朗茨身上显露出什么经商才能，那他们没有理由非要让他挤进公务员队伍。当然，根据经验判断，让他独自在各种决定之间摇摆是不明智的，所以，尤莉叶早就请求她兄弟阿尔弗雷德帮忙，就是那个"马德里舅舅"，卡夫卡曾很长时间期待从他那里得到什么童话般的东西。这促成了决定。

1907 年 9 月——一个不太好的时间点，因为卡夫卡刚刚决定去维也纳——阿尔弗雷德·勒维真的提出一个的确不好拒绝的建议。让弗朗茨进入保险行业怎么样？这是一个新兴的、正在上升的，而且犹太人可以进入的领域,其组织早已经国际化了,所以,完全有可能像弗朗茨希望的那样在国外发展,前提是要找到一家公司,培训他,并且能让他通过工作实践获得必要的基本知识。勒维认识人,能提供进一步的帮助:约瑟夫·维斯贝格,国际忠利保险公司(Assicurazioni Generali)驻马德里代表,这家保险公司在布拉格瓦茨拉夫广场也有一个很大的分公司。而这位维斯贝格的父亲阿诺德就生活在布拉格,他在那里担任受人尊敬的美国副领事职务,所以,这个人的推荐是很有分量的——没有强有力的个人推荐(这其实是一种保证),是不可能在忠利保险公司获得热门职位的。事实上,这些职位会为每一个事业上有野心的人打开其职业发展通道,这对那些坐在奥地利办公室里的人来说是梦寐以求的。可以肯定的是,副领事仔细观察了卡夫卡一家,在面试中,卡夫卡似乎已经非常清楚地表述了他的喜好。因为在不久之后,布拉格保险公司在给位于的里雅斯特的总公司的报告中写道:"我们打算专门在人寿保险行业对弗朗茨·卡夫卡先生进行指导,这样以后可以让他去外派岗位。"**外派岗位**是令人艳羡的关键词,卡夫卡热烈地感谢了维斯贝格。第一次与未来上司的面谈——那次卡夫卡也跟着副领事去了——也打开了广阔的视野,因为可以看出来,公司对长期工作关系感兴趣:这是理所当然的,卡夫卡保证说,**如果**他被录用,他会一辈子在忠利保险公司工作。[17]

343　　　　对于这种形式的招聘,就剩下最后一道坎了:一次正式的体检和非常详细的问询,卡夫卡在此之前和之后都没有被这样检查过。这次六页的体检报告留存下来了——日期是 1907 年 10 月 1 日,卡夫卡入职的日子——包括了定量和定性的身体检测结果,就好像犯人入狱体检。身高181 厘米。体重 61 千克。脉搏 78,上下走动几次后 84。呼吸频率 16。颈围 37 厘米。肚脐处腰围 72 厘米。脊椎无异常。总体营养状态"一般偏弱"。声音清晰洪亮。面色苍白,但健康。头发颜色深棕(旅行护照上写的是黑色)。皮肤光滑,没有疤痕,牙齿健康。卡夫卡博士在过去十年中没有患过病或者受过损伤(真实),也没有在气候疗养地或者治疗机构住过(不真实)。胃口和消化据称正常,排尿正常——卡夫卡不得不当着医生的面排尿("均匀","黄油般的黄色")。总体印象:"看起来像未成年人。"

当然,体检的发现和从中得出的结论都是保密的,不会让当事人看到。所以,卡夫卡可能忽略了,他未来的雇主不仅对他生物学上的遥远历史感兴趣(比如说是否有早夭的兄弟姐妹? 如果是,那么死因是什么?),而且还对他的预期寿命感兴趣。比如会问:"就算是目前健康的人,以后最有可能得什么病?"卡夫卡博士肯定也想立刻投一份人寿保险,忠利保险知道自己的雇员会这么做。但是,对这样推测性的问题,很难给出有意义的回答,所以,体检医生用一句空话回避了这个问题:卡夫卡是一个"柔弱但是健康的男子"——卡夫卡的母亲在她的回忆中也用了同样的形容词。

在这一点上,医生本来可以做出更加严格的诊断,因为胸腔的轻微变形说明卡夫卡在童年时患过佝偻病。在听诊时,两侧肺部都有明显的浊音,另外,深吸气时,胸腔只增加了四厘米——这个数值对于即使是他这么瘦的人,也不在正常范围。未来患肺病的可能性无疑比一般人大——但是,可能性高到了应该剥夺一个年轻的健康男子获得工作的机会吗?[18]

卡夫卡精神状态好了一段时间。他不是在梦想未来的事业,而是更多的梦想自由,梦想世界其他地方的空气,而且只要能与办公室的世俗现实保持某种一致,他就遵守这个诺言。他"一直希望有一天自己能坐在非常遥远国度的椅子上",他略微有些自大地给海德薇·威勒写道,"从办公室窗户看出去,是甘蔗地或者穆斯林的墓地,保险事业本身让我很感兴趣,但我目前的工作却令人沮丧。"短短几天之后,他的期待就降低了:他写道,他可能会先去的里雅斯特,所以必须学习意大利语。

344

他的目光从保险宫殿的最高层走到了后院。卡夫卡醒了,感到自己突然"被打败了"。[19]

在填写申请文件时,他就应该有预感,等待他的将会是什么。因为他不仅要填写一般的受教育信息,而且还要签名强调,他愿意在严苛的、不能商谈的条件下工作:加班不付报酬,每两年有两周休假,解约期限短,调动工作时没有发言权,不许有副业。另外,只有一份少得可怜的"临时工"薪水,每月八十克朗,正常工作时间是八至十二点,十四至十八点,每星期工作六天。甚至连在工作场所存放私人物品也不被允许:这是一个标志,标志着家长式的侮辱,也是习俗的一部分。[20]另外,卡夫卡得知,他还必须尽快改掉德语手写体的书写习惯。这一点他倒是很乐意,所以从1908年开始,他的信件、日记和文学作品都是采用国际通行的好辨认的拉丁字体。

卡夫卡对保险行业表现出一定的兴趣,这是绝对可信的。他当然知道,保险业不是社会慈善事业,而是关乎收益:成立于1831年的忠利保险公司是一个有许多分公司,在整个欧洲都有业务的企业集团;另外,它是一家已经上市二十年的股份公司。公司最重要的"产品"是人寿保险和火灾及入户盗窃险,不过忠利还在开拓新的获益领域,比如旅游保险。卡夫卡很快就明白了,这些业务之所以成功,主要是因为它们承诺会减轻人们生活中的恐惧;在与布罗德的谈话中,他甚至把保险业比作"原始民族的宗教,他们相信通过操纵能避免不幸"[21]一句非常准确的评语,想一想那些相关的广告口号,以及它们既神奇又具欺骗性地保证一种"无忧无虑的生活"。毕竟,保险的目的是,把个人不幸的后果分担到许多人的肩上,它们在一定程度上把个人的不幸社会化了,保险恰好在这一点上区别于刑法,刑法完全基于个人的责任,最多只承认结构性风险是"缓解性情况"。这种团结的核心是每个公平的保险公司的特点,并且普遍存在于世纪之交的公众意识之中;所以,保险公司有现代和进

步机构的声誉(尽管人寿保险还属于市民阶层的奢侈品)。当然,非常
有争议的是,对于社会政治如此重要的任务,是否真的应该交给私人公
司?因为私人公司无限度的资本积累逐渐变得非常可疑,在出现索赔情
况时,他们显而易见的小家子气行为,甚至导致被保险人要建立自己的
利益代表。关于保险合同和上门推销保险的"移动代理"许下的不可信
的承诺的争议案例,越来越多被闹上法庭,就连保守的法官也严厉地指
出,保险公司应该给出更优惠的条件。1907 年 5 月,维也纳议会第一次
"普选"之后,公众批评更加尖锐(卡夫卡不被允许参加选举,因为他差
几周才到法定选举年龄)。明显获胜的一方是社会民主党,他们坚定地
支持保险业国有化,并且反复将这一话题提上议程。

346

　　所以说,卡夫卡踏入的是一个社会政治热点区域。尽管他可能还在
为开始了一种新的生活方式而感到高兴,或许没有立刻意识到这一点,
但是,这个行业的现代性和它的权威性、反社会性以及很多时候蔑视人
的姿态之间的矛盾太显而易见了。卡夫卡惊恐地发现,这家公司办公室
里交流的语气一点也不比他父亲的商号里更好:犯了错误的人会受到
大声训斥甚至辱骂——这是一种难以忍受的、潜在的侮辱气氛,尽管卡
夫卡很幸运,他的师父恩斯特·艾斯纳也是个年轻人,学文学出身,心地
善良,甚至成了卡夫卡的朋友。艾斯纳也绝对不相信,这个恶劣的环境
是敏感、内向的卡夫卡应该待的地方——后来,他甚至把卡夫卡比作瓦
尔泽小说《坦纳兄弟姐妹》中从一个职位向下一个职位游荡的西蒙——
但是,即便是艾斯纳,当然也会要求纪律和工作投入。在很短的时间之
后,仅仅是漫长的办公时间似乎就已经让卡夫卡无法忍受,觉得那是对
他自由的限制,这让艾斯纳几乎无法理解,所以,卡夫卡就小心翼翼,不
敢多抱怨了。但是,当他多年后再次回忆起那种气氛时,就把它文学加
工成一个幽灵般的场景——一家保险公司的经理毫不留情地嘲讽一个
求职者:"坦率地说,我可以立刻告诉您,我一点都不喜欢您。我们需要

的是完全不同的仆人。不过您还是去检查身体吧。您走吧，走吧。请求没有用。我没有权力发慈悲。您愿意做任何工作。当然了。每个人都愿意。这不是什么特殊的优点。这只能说明，您对自己的评价有多低。"这家公司的名字叫**进步**……[22]

还没到一个月，卡夫卡就开始寻找一个可以忍受的职位了。他为此做过好几次尝试，不过只能从他的各种暗示中进行推测——他太害怕会有什么消息流露出去让他的上司，或者更尴尬的是，让副领事维斯贝格知道了，毕竟卡夫卡刚刚对他表示过最衷心的感谢。卡夫卡显然对邮局寄予最大的希望，可以想象，这也是一个无聊的机构，肯定不会派他去马德拉，但是每天十四点就下班了。这清楚地表明，卡夫卡的幻想迅速破灭了。他交了再次体检的申请，但是被拒绝了，于是他暂时保持现状。冬天来了，尽管卡夫卡尝试在很少的空闲时间里通过各种城市休闲活动分散自己的注意力，但他还是经常感到绝望，他只能通过几天不见人来努力控制自己的心态。他应该效仿无所畏惧的马克斯·布罗德吗？布罗德也曾面临同样的问题，但他在没有看到任何新的可能性之前（事实上，布罗德直到 1909 年春天才进入邮政总局的人事部）就摆脱了难以忍受的工作，解决了问题。这么冒险的行为会让他重新陷入家庭的道德拷问，他不敢做。但是，没有新的外部帮助，没有某个幸运的机缘巧合，他被死死地困住了。

外部帮助和机会都在 1908 年出现了，这次，伸出援手的是他的中学同学埃瓦尔特·普日布拉姆。上大学以后，他就跟普日布拉姆谈论过他的职业前景，这位为他担心的朋友甚至还就这个问题跟布罗德交换过意见——他们的前提都是，卡夫卡不会自甘堕落的，如果有必要，他会改换宗教信仰。但是，这个前提被证明是错的，所以普日布拉姆考虑，是否可能让自己的父亲作为拯救者介入。

六十四岁的奥托·普日布拉姆是法学专业毕业，但在当了很短时间的律师之后就决定进入工业界,并且一直升职,最后进入了著名的布拉格机器制造有限公司董事会,这家公司就是斯柯达的竞争对手。另外,普日布拉姆还积极投身于政治上有争议的社会保险领域,作为一个温和、有家长思想的人,他与德国人和捷克人、企业家和工人代表都能交谈。1893 年,他被有影响力的企业家们作为他们的利益代表之一,选进了布拉格劳工事故保险局的董事会,四年之后,他就被任命为负责人,也就是主席——保险局的员工们都这么称呼他们的"董事长"。

这个董事会实际上是个监督机构,企业家、工人和国家方面的代表各占三分之一;它对劳工事故保险局的日常运行和人事政策没有直接影响,人们也只在有非常特殊事由的时候,才能在办公楼的走廊里见到董事长。即便如此,董事长的一句话当然还是有分量的,如果普日布拉姆强烈推荐某位求职者,那么人事部负责人必须有非常充分的理由才敢拒绝。如果没有这种"上面"的眼色,卡夫卡是不会有机会挤进这里的。因为劳工事故保险局里的员工待遇跟正常的公务员一样——仅这一项特权,就能把犹太人排除在外了。估计是 6 月初,卡夫卡在奥托·普日布拉姆那里进行了一次类似面试的谈话[23],普日布拉姆作为信仰天主教的企业家,他自己犹太人出身早已经没有意义了,最晚在这次交谈中,他知道了,儿子的这位朋友坚定地信仰"摩西教",尽管如此,他还是决定录用卡夫卡。

非常有帮助的是,卡夫卡能说流利的捷克语,因为劳工事故保险局在语言上必须保持中立:通信和档案都按照不同需求使用德语或者捷克语(这项能力在多年后还会拯救他的工作岗位和退休金)。更重要的是,卡夫卡在此期间显著提高了他作为保险专业人员的素质。因为社会保险业是一个相当新的现象,正在迅速发展成一门全面、复杂的"科学",布拉格劳工事故保险局开设了专门的课程,让自己的员工能迅速胜任给别人讲解的角色,课上不仅讲授会计的基础知识(卡夫卡已经学

348

过了），而且还有欧洲工人保险概况。报名上这个课，他肯定是经过了一番思想斗争。因为这个非常受欢迎的夜校课程，地点在布拉格商学院，前后一共三个半月，这意味着他从 2 月到 5 月要承受双重压力，没有休息，而且还要检查他的学习进度，打分数，就像以前一样。但是，卡夫卡显然明白，这也许是他最后一个在兼顾文学创作的条件下谋生的机会。所以他不仅坚持下来了，而且他参加的四门课最后都获得了最好的成绩"优秀"——肯定也受到了授课老师的激励，他完全可以想象，这些人是他未来的上司和同事。这些都是关心社会政治的公务员，知道自己所做的事情具有社会责任，他们不以收益率来衡量成功，所以也认为没有必要总是挥舞着鞭子督促学员。其中一个授课老师叫西格蒙德·弗莱施曼，他是劳工事故保险局大约两百六十名职员中唯一一个犹太人。[24]

　　我们不知道，卡夫卡是如何说服忠利保险公司同意他去参加这么紧张的课程。但是，当他 1908 年 7 月中旬突然提出辞职并且迅速消失时——理由是一张非常可笑的诊断书，证明他"神经衰弱""心脏过于兴奋"——所有人就明白了，卡夫卡是在有计划地行动，几个月前就开始准备这次跳槽了。他参加的课程和普日布拉姆的推荐给他打开了新的大门，他 6 月 30 日写的双语求职信和几天后的面试都非常成功：布拉格劳工事故保险局希望录用二十五岁的卡夫卡博士做"助理公务员"，试用期每天三克朗。[25]

　　远观卡夫卡通向市民阶层职业生活的道路，似乎异常踯躅和不明确，很难看出决策的时刻。至于他为什么长期偏爱某些生活方案，而其他生活设想只唤起他短暂的兴奋，原因也模糊不清。看起来，他与大多数同龄人一样，被裹挟着进入他的社会角色，好像偶然性比有意识的决定作用更大。卡夫卡既缺少生活实践的思想，也缺少榜样，所以他想自己走出一条路来的意愿，常常只能在反抗、厌恶和一种他特有的"固执"

中表现出来。卡夫卡非常清楚他**不**想要什么：他从来没有考虑过当律师，也没有想过用他的语言天赋去赚钱。对他来说，不用上班的下午比市民的富裕生活更重要，甚至比"遥远国度的椅子"更重要，他一辈子没有感受过做生意的快乐。他常常显得被动、过于依赖，但是，在逃避方面，卡夫卡非常坚定，哪怕这会使他——他后来的岁月中经常这样——心理撕裂。就好像他带着一个指南针，而这个指南针非常精确地只给他指示**错误**的方向。

1905 年 6 月——当时卡夫卡还没有进行博士毕业考试——《新评论》上刊登了改革教育家爱伦·凯的一篇长文："通过生活艺术发展心灵"。卡夫卡如饥似渴地读了杂志，他也考虑过这个问题，因为，如何按照生活改革的设想做出长期的实际决定，是一个困扰他的问题，尼采和安逸的《艺术守护者》都无法给他做出结论性的回答。凯的建议乍一看并不乐观：她说，不尽义务，"人就不会成为生活艺术家，就像没有形式感就不会成为造型艺术家一样"。其实，所有人都在谈义务，父母、老师、教授、上司，可是那个大大的"但是"在哪里？"但是，另一方面，"凯继续说，"［……］谁若是把在其被安置的位置上履行义务，以及服从于上天给他的命运，当作是道德的最高目标，那他就永远不会成为生活艺术家。［……］在人被安置的位置上尽义务，这个无益的观念，使人们忽视了更有益的观念，那就是，选择你的位置。"这是一个相当笨拙的句子，但是非常值得把它摘出来和框起来（这就是为什么同样在自己的计划中不断摇摆的穆齐尔把这段话写进自己日记里）。[26] 因为，这里提倡的不仅是选择的自由——**原则上**，每个小市民都赞同这一点——但是，凯在这里要求的是在自己面前和对自己的责任，相较于这种责任，所有外界对个人提出的要求首先都要退后。这里没有空洞的自由，而是实质性的、有目标的自由，卡夫卡——在这个意义上，他直到生命最后一刻都是个生活改革者——把这种自由当作他内心的基本原则。**选择其位置**

351

的义务：这也将是他未来几年大量阅读传记的主导动机。

1908 年 7 月 4 日早晨——他刚刚收到一直渴望的劳工事故保险局的录取信——卡夫卡又遇到了一个例子，说明这世界为那些有决心和内心自由去抓住机会的人，提供了怎样令人惊讶的升迁机会。"一位成为印第安人的赖因贝格人"，这是《布拉格日报》上的一个标题。据报道，一个名叫赫尔曼·雷曼的德意志波希米亚人，成功地让俄克拉荷马州承认他是一位著名的科曼奇酋长的前养子，因而承认了他的印第安人身份。他十一岁时曾被阿帕契人掠走过，一度忘记了德语，成年后，他决定带着妻子和孩子们跨越貌似不可逾越的文化障碍，与科曼奇人一起生活。对于喜欢冒险故事的卡夫卡来说，这是一个令人振奋的消息。能成为印第安人，这与成为保险局职员没什么不同：通过决断、申请和法规。这里，有人选择了他的位置。这引人思考和梦想。[27]

一段时间以后——具体日期不详——卡夫卡拿起笔，写下一篇小短文，全篇由一个有节奏的句子组成。这篇发表在他的第一本集子《观察》中，题目是《盼望成为印第安人》：

> 如果是印第安人，那么马上做好准备，然后骑上飞奔的马，斜着身子，在颤抖的大地上不断发出短暂的战栗，直到放开马刺，因为没有马刺，直到扔掉缰绳，因为没有缰绳，刚看到眼前是一片收割得平整的原野，就已经没有马脖子和马头了。

注释

[1] 基督教社会党人安东·林特伦(1876-1946)在二十年代担任施蒂利亚州州长和奥地利联邦教育部部长。1934 年 7 月 25 日，在希特勒发动的政变中，林特伦被匆忙任命为被谋杀的总理恩格尔伯特·陶尔斐斯的继任。政变失败后，林特伦被判终身监禁，但他只坐了不到三年牢。关于克拉斯诺波尔斯基对布

伦塔诺进行法律攻击的内容,参见"知情朋友圈"一章,注释28。克拉斯诺波尔斯基1908年就去世了,他的学术遗作由弗朗茨·卡夫卡的堂兄布鲁诺·卡夫卡整理出版。

［2］基希:《一位法学史家的生命之路》,第39-41页。

［3］卡夫卡致马克斯·布罗德的信,1906年10月17日(《1900-1912年书信集》,第48页),1905年9月21日(《1900-1912年书信集》,第43-44页)。卡夫卡日记,1911年11月16日。(《卡夫卡日记》,第252页)

［4］龙勃罗梭最重要的著作于1887年用德语出版(《人类学、医学和法学关系中的罪犯》〔*Der Verbrecher in anthropologischer, ärztlicher und juristischer Beziehung*〕)只比格罗斯的《手册》早六年。

［5］关于卡夫卡和奥托·格罗斯在1917年的相遇,参见施塔赫:《卡夫卡传:领悟之年》,第193-195页。人们绝对有理由指责,汉斯·格罗斯赞成流放,就是他的科学化刑法最明显转向野蛮的转折点。格罗斯本人则非常典型地用了人道的理由:一方面,社会必须长期保护自己,免受极恶罪犯的伤害,因为这些罪犯已经无法靠合理的投入改邪归正了;另一方面,终身监禁比死刑更残忍。作为解决方案,格罗斯建议,德意志德国应该把他的部分殖民地提供给奥地利流放犯人用——当然,他是按照澳大利亚的样子想象流放地的,而不是死亡集中营。参见汉斯·格罗斯:《关于流放问题》(Zur Deportationsfrage),载于《犯罪学论文集》(*Gesammelte Kriminalistische Aufsätze*),莱比锡,1902年,第64-70页。

［6］卡夫卡致海德薇·威勒的信,1909年4月10日。(《1900-1912年书信集》,第99页)

［7］关于阿尔弗雷德·韦伯在布拉格的情况,参见布罗德:《好斗的一生》,第203-204页,此处第208页。

［8］卡大卡致马克斯·布罗德的信,1906年3月17日。(《1900-1912年书信集》,第44-45页)

［9］匿名作者:《法学博士学位改革》(Die Reform des juridischen Doktorats),载于《布拉格日报》,1907年3月12日,第3页。

［10］ 布罗德：《关于弗朗茨·卡夫卡》，第 73 页。

［11］ 卡夫卡致马克斯·布罗德的信，1907 年 8 月中旬。（《1900-1912 年书信集》，第 52 页）

［12］ 关于奥托·卡夫卡（1887-1938），参见诺西：《卡夫卡一家子》，第 48-50 页。

［13］ 哈尔穆特·宾德的《卡夫卡的〈变形记〉——创作、阐释、影响》（*Kafkas »Verwandlung«. Entstehung, Deutung, Wirkung*，法兰克福，2004 年，第 118 页）中附上了位于尼克拉斯街 36 号的这处住宅的平面图。关于这所住房中的声音，参见卡夫卡的短文《巨大的噪声》（1912），他在这篇文章中甚至公开了自己的痛苦。（《卡夫卡生前问世之作》，第 441-442 页）

［14］ 卡夫卡致马克斯·布罗德的信，1907 年 8 月中旬。（《1900-1912 年书信集》，第 52-53 页）

［15］ 布罗德的首次职业经历很难按照时间顺序整理。他是 1907 年 8 月的后半个月开始在科莫托任职的（他自传中没有提到）。从 10 月中旬起，卡夫卡给布罗德的好几封信中，就已经提到了他们在工作日的约会。所以，布罗德很可能工作两个月后就回到布拉格了。因为他的下一份工作是从 1909 年初开始的，所以，他可能跟卡夫卡一样，先做了法庭实习。布罗德早期日记中未发表的片段中有个证据能说明这一点："1907 年 11 月 7 日——（法庭年）——'然后跟卡夫卡在卢浮宫咖啡馆，我们读拉福格。美好而温柔的时刻，我真的能感到非常踏实。'"当然，这里不能确定的是，布罗德是说他自己的还是卡夫卡的法庭年。

［16］ 卡夫卡致海德薇·威勒的信，1907 年 9 月初和 9 月 11 日。（《1900-1912 年书信集》，第 59、60 页）9 月 1 日，《布拉格日报》上刊登了一则出口学院的广告，其中特别提到"给律师开设的专门课程"。——关于出口学院的成立任务和课程设置（1919 年更名为"国际贸易大学"，今天是"维也纳经济大学"），参见尤尔根·布施（Jürgen Busch）：《汉斯·科尔森在维也纳出口大学》（Hans Kelsen an der Exportakademie in Wien〔1908-1918〕），载于托马斯·欧勒乔夫奇（Thomas Olechowsi）编：《奥地利法律文化基础》（*Grundlagen der österreichischen*

Rechtskultur),纪念维尔纳·欧格李斯七十五岁诞辰,维也纳,2010 年,第 69-108 页,此处主要引用第 84-86 页。

[17] 参见卡夫卡致马克斯·布罗德的信,1907 年 10 月底／11 月初。(《1900-1912 年书信集》,第 79 页)

[18] 体检记录的详情引自宾德:《卡夫卡的世界》,第 156-157 页。体检记录保存的里雅斯特的忠利保险公司档案馆,所引用的布拉格分公司 1907 年 10 月 2 日的报告,也同样保存在那里。

[19] 卡夫卡致海德薇·威勒的信,1907 年 10 月初和 10 月 9 日之后。(《1900-1912 年书信集》,第 72-73 页)

[20] 卡夫卡 1907 年 10 月 2 日先写的完整版忠利保险公司表格,以及他附上的"履历",参见《1900-1912 年书信集》,第 66-70 页。

[21] 布罗德:《关于弗朗茨·卡夫卡》,第 70 页。

[22] 卡夫卡日记,1914 年 7 月 30 日。(《卡夫卡日记》,第 669-671 页)恩斯特·艾斯纳也出身犹太家庭,后来升任经理,卡夫卡与他的友谊一直保持到一战期间,这只在少数几本传记中有所记载。1913 年,卡夫卡送给他一本《司炉》,赠言是"送给我亲爱的恩斯特·艾斯纳"。现在知道的卡夫卡写给艾斯纳的唯一一封信大概是在 1909 年,只保留下来片段。(《1900-1912 年书信集》,第 115-116 页)在这封信中,卡夫卡显然是在回应艾斯纳的一个玩笑:艾斯纳认为,罗伯特·瓦尔泽肯定认识卡夫卡,因为他在小说《坦纳兄弟姐妹》中,把卡夫卡转化成了主人公西蒙。艾斯纳的弟弟是既用德语也用意大利语写作的时事评论员保罗(帕维尔)·艾斯纳(1887-1958),他关于布拉格是"三重犹太区"的观点,在卡夫卡研究界引起了持久的讨论。保罗·艾斯纳也是卡夫卡作品的捷克语译者。

[23] 1908 年 6 月 6 日,卡夫卡告诉布罗德,"星期日上午和下午,我完全无用,毫无用处,当然是由于我身体的姿态,为了获得一个职位"。(《1900-1912 年书信集》,第 84 页)这样的求职方式肯定只可能在普日布拉姆家,因为这种影响力的人物,而且是在周日去私人拜访,他不认识第二个。另外,可以想象的是——如同卡夫卡信中暗示的——并没有完全说明有没有可能聘用他,奥托·

普日布拉姆只是按照儿子的请求，了解一下这位求职者。

[24] 参见卡夫卡致奥斯卡·鲍姆的信，1918 年 3 月底／4 月初："……秘书 S. 弗莱施曼博士（这个公司里，他是第一个，我是第二个同时也是最后一个、摇摇晃晃的犹太人）是一个非常优秀的人，做事的时候充满了爱，会回应每个能满足的要求。"（《1918-1920 年书信集》，第 36 页）参见卡夫卡致马克斯·布罗德的信，1917 年 11 月 13 日："这家保险局是不招收犹太人的……不知道这两个犹太人（或许借助第三个犹太人的帮助）是如何进入单位的。"（《1914-1917 年书信集》，第 362 页）

[25] 卡夫卡的求职信和劳工事故保险局 1908 年 7 月 10 肯定性的回复，都收录在 B1 第 85-86 页，第 608 页；商学院结业证书的复印件在 B1 第 438 页。卡夫卡那张医生诊断书是由一位哈恩博士出具的，具体内容参见忠利保险公司布拉格分公司写给的里雅斯特的公司总部的信（1908 年 7 月 14 日）。

[26] 爱伦·凯（Ellen Key）：《通过生活艺术发展心灵》（Die Entfaltung der Seele durch Lebenskunst），载于《新评论》，1905 年第 16 期，H. 6，第 641-686 页，此处第 675 页。参见罗伯特·穆齐尔《日记》，出版人：阿道夫·弗里塞，莱因贝克，1976 年，第 165 页。穆齐尔在长篇小说《没有个性的人》（Der Mann ohne Eigenschaften）中，也逐字引用了凯的这几句关键句子（在狄奥提玛的一段内心独白中）；同上，1994 年，第 426 页。

[27] 估计卡夫卡后来也知道了，这篇报道的真相并不那么浪漫。赫尔曼·雷曼（1859-1932）虽然是德意志人，但是出生在德克萨斯。阿帕契人绑架了他，并且同化了他，他青少年时代是一名四处征战的印第安人。那位科曼奇酋长夸纳·帕克的母亲是白人，也已经不再打仗了，因为当他收养雷曼的时候，他是替补酋长、农民和牧场主。那份要求承认已经快五十岁的雷曼是印第安人的申请，是当地的一位政客提交的，目的是给雷曼分配可经营的土地。雷曼的自传《与印第安人在一起的九年》（Nine Years Among the Indians）于 1927 年出版。关于赫尔曼·雷曼的资料和他在《布拉格日报》上的消息，我要感谢尼尔斯·伯克霍夫，乌特里希。

第二十一章　与风尘女子们

没有精神的爱，什么都不是。这里，困难开始了。

保罗·瓦莱里，《笔记本》，1927-1928

……因为我有很多事情要做，而这里阳光灿烂，所以我在空荡荡的办公室里想到一个非常好的主意，执行起来极为方便。我们可以把我们原计划的周一到周二的夜生活改成一个美好的早晨生活，我们五点或者五点半在玛利亚雕像处会合——跟女人们在一起我们肯定会舒服的——然后去特罗卡德罗，或者去库切尔巴德，或者去埃尔多拉多。然后，我们可以看我们的方便，在伏尔塔瓦河边的花园里喝咖啡，或者靠在约希的肩膀上。两个选择都不错。因为在特罗卡德罗，我们不会厌烦；那里有百万富翁以及比百万富翁还富有的人，而他们在早上六点都没钱了，然后我们就来了，已经洗劫了所有其他酒馆，现在到了最后一家，只为喝一小杯咖啡，因为我们需要，就因为我们曾经是百万富翁——或者我们现在还是百万富翁，大清早起，谁知道这个——我们付得起第二杯咖啡。

你看，做这件事只需要一个空钱包，我可以借给你，如果你愿意。假如你对做这件事缺少勇气、不够吝啬、缺乏激情,那你就不必给我写信,星期一九点跟我见面;但若是相反,那你立刻给我写一张明信片,写上你的条件。

我在去埃尔多拉多的路上发现了黑山王子,所以我想——一切都是为了进入这个港口——我们可以点两位女孩当早餐,这是你喜欢的。[1]

卡夫卡在明显心情好时写的信很少,而这一封是在那些少见的信中最令人惊讶的,因为这封信不是在假期或者下班后写的,而是在忠利保险公司的办公室,卡夫卡被判决在每周唯一的休息日无偿加班。作为内部寄件人,他在保险公司信纸抬头下面标注的是"忧伤的星期日-上午工作-部"。

关于卡夫卡的夜生活,其他地方也有提到,但非常少,充其量能让人推测出他对遍布布拉格的咖啡馆、酒馆、酒吧和歌舞厅的了解,比对剧院、音乐厅和报告厅的了解更多。有一次他很不确定地在给海德薇·威勒的信中写道,他"像一头野兽"一样吞食着自己不多的闲暇时间,后来,在回忆时,他同样含混不清地提到"那段早已过去的、所谓无所事事的闲逛时间",他说,"那段时间,我很多个夜晚闲坐在酒馆里,什么也不喝。从名字上看,那都是些美妙的地方:特罗卡德罗、埃尔多拉多之类的。"是的,他向菲莉丝·鲍尔承认,他曾经是个"游手好闲"的人,"尤其是我在一家死人保险公司工作的那一年",但"肯定不是喜欢游手好闲,而是忧伤的游手好闲者,想通过困倦和明显的悔恨来减少第二天确定无疑的不幸的强度"。[2]可是,在上面那个给布罗德的幽默邀请中,听起来却有些不同。

酒馆是娱乐场所,经营到第二天早晨,供应冷餐,烧酒和香槟是这里最受欢迎的饮料——这是女服务员和"陪酒女"的功劳,她们坐到几乎全是男性客人的桌子旁,负责让客人消费酒水。据广告说"布拉格最大、最高级的酒馆"是水果市场旁的特罗卡德罗,那里有交替演出的"艺术家乐队",而位于水果巷一座大厦地下室的埃尔多拉多酒馆里,客人们甚至用法语和英语交谈,还有一个固定的钢琴师演奏助兴。酒馆里与陪酒女的交往形式非常轻松,对于像卡夫卡这样的常客甚至过分亲昵,动手动脚是允许的,她们与妓女之间的界线很模糊。也有屏风隔间和**单间**,但大多数客人来这里都不是为了花钱买性的——别的地方更便宜——而是为了享受一种被色情、酒精、烟草和音乐所刺激的兴奋状态,源源不断来自不同环境的新客人们,让这种状态一直保持高昂。所以,卡夫卡有一次很无辜地写道,他"突然进入到一群人当中。军官、柏林人、法国人、画家、讽刺幽默歌手,他们非常风趣地拿走了我晚间那几个小时,当然不止晚间时光"。——这就是酒馆典型的社交氛围,不过他忘记提女人了。[3]

那封写给布罗德的令人瞠目的信证明,卡夫卡确实有过内容丰富的夜间活动,从一家酒馆到另一家,一直到第二天早上,丝毫不考虑马上就要开始同样劳累的上班时间。与他迄今为止循规蹈矩的生活相比,这些都是多余的社交,但他很快也独自去这些场所了。至于他声称自己只是看客,这当然是在编故事了,因为在这种地方,没有人会干坐着,一般的香槟狂饮他也不可能完全逃避。在这个夜间的平行世界里,香槟就相当于货币,有一次,卡夫卡已经喝得有点多了,跟别人签了一份书面赌约,赌他十年后还是单身,双方约定的赌资——还能是什么呢——就是好几瓶最贵的香槟酒(他本来可以要求对方践约的)。[4]母亲对于这些胡闹的反应是可以想象的,还有早上回家匆忙换衣服,因为,穿着充斥着烟草和酒精味的衣服,在忠利保险公司无聊的办公室里会遭到训斥。

在这些疲惫的夜晚,他当然不会感到高兴,因为这让他离阅读、写作和朗读带来的长久愉悦太远了,这些夜晚夺走了他作为一个下等职员在

354

自己的良心面前接受讨厌的工作的唯一理由。但是,卡夫卡也并非像自己后来总结的那样,只是个忧伤地跟着一起去并且毫无兴趣地跟着喝酒的人。一些相反的证据说明,这些布拉格酒馆,有两年或者三年时间,对卡夫卡有着振奋和放松的作用,因为它们让他可以用一种以前完全不熟悉的、自由的方式与女性打交道。他对这种方式的依赖性比布罗德大得多,因为布罗德似乎毫不害怕性方面的尴尬甚至拒绝。两性之间的社交缓冲区——所有那些调情、挑逗的**闲谈**,卖弄风情和求欢的规则——对于毫无经验和防备型的卡夫卡来说,都是无法克服的一团乱麻,好多年之后,一个女仆还把他看成了男孩子,绝不只是因为他的外表,更多是因为他明显的"不够男人气"的举止。[5]酒馆则完全没有这些令人不舒服的礼仪,这里可以无拘无束,既可以尖刻也可以轻松地与女人们打交道,而她们也丝毫不矫揉造作地赠送或者出卖自己,根据她们的心情和喜好而定。如果有个友善的保险公司职员来这里,只想在她们的肩膀上靠一靠,那她们也不反对。

这滋养了一种幻象,觉得可以从这种两性关系中发展出更多,也就是在这一点上,卡夫卡开始觉得夜店变得危险和忧伤。"我记得,他曾热烈地爱上了一个名叫汉茜的酒馆女服务员,"布罗德写道,"他有一次说,整个骑兵团从她身体上骑过。弗朗茨在这段关系中非常不愉快。"这听起来比较可信,因为四年之后,卡夫卡仍然记得汉茜的笑声。这种对一个女孩的执着,布罗德从来没有过,他最大的乐趣,或者说一段时期生活的内容是,爱上"可敬的"女孩,把她们引诱到一个专为约会而租的房子里(代价是他对于意外怀孕的持续不断的恐惧),但是,他未出版的早期日记证明,他跟"轻浮的"女孩子们从来没有生意之外的事情发生,而且还常常性无能。但卡夫卡却没有能力按照常规将社交、色情和性需求区分开,所以,如果他被那些脚踩两只船的女子吸引,那他对她们的态度与对规规矩矩市民恋人的态度没什么不同。至于跟这种女人在一起是否会被人看见，他完全无所谓。所以，他跟二十一岁的酒馆女服务员尤莉安娜（"汉茜"）·索科尔一起照相（她昵称他"弗朗奇"），他去她住的小屋看她，她在屋里整天待在床上（他后来在长篇小说《诉讼》中写到这个情景），另一个出自同样环境的女人，被他在1908年圣灵降临节星期日晚上带到禁猎区公园参加一个盛大的"周年展"，那里有音乐会、电影放映和节日灯光照明。类似这种毫无进展的密切关系，他在前一年就开始了，那时候，他还在跟他的维也纳女友海德薇·威勒通信。当时，卡夫卡爱上了特罗卡德罗的一位女服务员，按照布罗德的说法，那个女孩长得像"德意志帝国邮票上的日耳曼妮娅"，卡夫卡跟她消失在单间里，他还当着所有人的面答应她——虽然关系还远没有近到以"你"相称——给她出房租。他说这话的时候笑了，"好像是讽刺一样"：一种"少见的退缩"行为，布罗德批评道，"不够严肃，虽然他很爱她"。[6]

356

　　卡夫卡在面对社会等级更低的女人时仍然保持这种态度，肯定让他的朋友们感到很诧异，因为他这样做，染上某种性病的风险更高，但更是因为在不大的布拉格老城会不断遇到熟人和同事，所以会很容易弄得名誉扫地。当时还没有类似今天的"红灯区"这样的功能上单独分开的区域。相反，卖淫是一个无处不在的、渗入市民居住街道的行当，尤其是在约瑟夫城整修期间，与色情业相关的六十家左右沙龙中，有一半被迫关门或者搬到临近的街区去，无数"小姐"真的就站到了街上，居民们的抱怨增加了很多。警察"容忍"的店家越来越少，新世纪头几年也根本不再颁发新的性服务许可证。这样做的结果就是，未登记的（也就是说没有卫生监控的）和公开进行的卖淫活动大大增加；卡夫卡记得小时候，大人就非要给他解释，为什么那些穿得最漂亮的女人都是"最坏的"女人，半代人之后的今天，有更多理由来思考这个问题了。因为现在白天越来越多地见到这种女人，在费迪南德大街的长廊，甚至在离父母住处不远的小巷子里。卡夫卡现在知道答案了；作为成年人，他故意绕道穿过这些小巷,观察这些女人,像许多男人一样,享受那种随时可以拥有她们其中某一个的感觉。[7]

357　　但是,还有一些传奇场所,已经与它们的市民邻居们相邻相伴几十年了:比如金匠沙龙,俗称"戈戈"(Gogo),就在狭窄的葛木森街(Kamzíková ulička),紧挨着韦尔奇家的住宅和商铺。"戈戈"是个高级妓院,在世纪转折时期成为波希米亚文学圈的聚会场所——也是给那些能毫不费力就能为端上桌的强制性套饮支付四克朗的人(这些钱在别的地方能吃得非常饱了)。这里也有一位优秀的钢琴师,有女孩子们跳舞,在用厚窗帘遮盖得严严实实的后面房间里,可以进行非法的赌博或者接待更高等级的尊贵先生们(其中包括查理大公,也就是后来的皇帝查理一世)。固定的客人包括保罗·莱平、马克斯·布罗德、埃贡·埃尔温·基希和恩斯特·波拉克,还有非常年轻的弗朗茨·韦尔弗,为了让女人们高兴,扮作卡鲁索出现。[8]

　　卡夫卡很有可能至少把"戈戈"当作著名的城市景点去参观过,尽管没有相关的证据。而可以肯定的是,他去过苏哈妓院好几次,那是一个与"戈戈"相比不那么昂贵,当然也就不那么有魅力的地方,他在日记中记录了那里的气氛:

　　　　大前天在苏哈妓院。有个犹太女人,窄脸,尖下巴,浓密的大波浪发型。三扇门从建筑物的内部通向沙龙。客人们就像坐在舞台上的岗亭里,一动不动,饮料在桌子上。一个扁平脸的女人,穿着粗糙的长裙,只是在裙子最下沿地方才有些摆动。这里有些人以前穿得像是演儿童剧的木偶,就像圣诞市场上卖的那种,就是说,身上贴满了金箔片和松松垮垮缝上的镶边,一把就能拽下来,在指间捏碎。老板娘长着一头黯无光泽的金发,肯定用很恶心的垫子垫得紧绷绷的,鼻子下垂得很厉害,它的方向与下垂的胸部和僵硬的肚子之间存在着某种几何关系,她抱怨头疼,因为今天星期六,事情非常多,都是些鸡毛蒜皮的事儿。

这段观察的日期是 1911 年,但是卡夫卡在其中回忆起"以前",这说明他对这里很熟悉;同样,他在同一时期的一段笔记中提到"妓院的亚马孙①特点"。[9]至少有好几年,卡夫卡是遵从后来被他鄙视的"性礼仪"的,按照这种礼仪,对于妓女的服务,要理所当然地命令和消费,就像对女服务员和保姆一样。当然,他的观察总是让人产生幻灭感,布罗德甚至在日记中陶醉于年轻妓女挺立的乳房,但是在卡夫卡的目光下,买来的色情都破碎成廉价的饰物,而且呈现出一种令人作呕的商业气息。即便是在性兴奋的状态下,卡夫卡也无法感受到比光天化日之下能看到的真切存在更多的东西,他连片刻都没有过被人触摸的幻觉。

这样,他就远远超越了当时流行的,就像布罗德日记中那种对女性世界纠缠不休的、"鉴赏性的"观察、讨论和典型化。这些空话绝对不是基于有优势的距离感的成功,它更多是为了——尤其明显的是在魏宁格理论包装下——赢得距离感和控制力,从而抚慰对性感到的隐隐恐惧。一个人的性越是没有被纳入自我体验,这种恐惧就越强烈,换句话说,这个自我在面对无法预料的、能冲破所有市民安全保障的情感时,越是感到陌生,那么这种恐惧就越强烈。生活改革指责这种自我异化,因为它会对道德和卫生产生毁灭性影响,精神分析更加深挖了一层,在其中发现了理解心理疾病的关键。

卡夫卡也了解那种恐惧,他的日记证明,在他那里,他的**意识**参与度非常高。他感觉到,他的自我是摇摆的,自我边界对外和对内都是可穿透的、危险的。看起来,他似乎具有成年人性观念中反常的或者被社会

358

---

① 亚马孙是古希腊传说中的女性部落,那里的女子都骁勇善战。

排斥的部分——所有那些欲望，要么被融化得已经无法辨认，要么被严
格压制在意识之下——仿佛他以分析师特有的理解力清晰地看见了弗
359 洛伊德意义上本我的蜿蜒穹顶。所以，他必须要体验别人只能梦想的内
容：同性恋场景、偷窥狂、暴露癖、恋物癖、对性"肮脏"的享受、痛苦、恶
心和快感的混合。卡夫卡把这些内心体验诉诸笔端，这是卡夫卡重新获
得控制的方法，因为压抑和升华都不成功——所以，卡夫卡又会在他决
定出版的作品中，删除和弱化许多尴尬的段落，但无法完全去掉变态的
冷漠。相反，他作品中从来没有色情引诱的"地方"，他特有的孤立性身
体细节，看起来像是曝光过度，性母题引起的更多是同情和生理不适：
那些他感觉在布拉格相关角落里吸引他的"肥胖老"妓女，《失踪者》中
的长着"小胖手"的迪瓦·布鲁娜姐，或者《城堡》中那一对在满地啤酒
污渍中翻滚的无助男女。[10]

　　出现这些尴尬的描写，不是因为卡夫卡没有感受色情的能力，而是
因为对他来说，在写作中（不仅是指严格的文学写作）通向自己地下世
界的门敞开得非常大。这对于只认识作家面具的读者来说，造成了一种
视觉错觉——这就是不断有人坚持猜测卡夫卡性异常的原因之一，卡夫
卡不仅让这种性异常出现在作品中，而且据说还记在了他男女关系的债
务账户上。这类论断本身就是错误的，因为它们没有分析来源，它们根
本没有考虑卡夫卡写作的节奏和功能：如果卡夫卡真的做到了，几天或
者几个星期放任自己顺从体验的流动，那他就会停止讲述，会写得很短，
或者什么都不写，所以，那些与女子在一起的幸福时光——比如在楚克
曼特尔，后来在里瓦——甚至他与尤莉叶·沃里泽克的关系，在给他的
记录中只留下了非常少的痕迹和明显的空白。是的，我们甚至不清楚，
在卡夫卡迷信的阴影下——人们不能通过太大声的誓言对自己的幸福
360 进行不必要的挑战——这种相比较而言宁静但是沉默的时期是否还有
更多。但是，把焦点转移到观察和自我观察上——卡夫卡的**自然**模

式——那么就不可避免地会开始变态的干扰之火,而对这种变态,只能进行审美的而不是社会的解释。这个最私密的内容,只能通过夜晚的写作加以束缚。

卡夫卡知道,有人通过完全不同的、进攻型的方式摆脱这种紧张感,但是,对他来说毫无实用性,他甚至没有对好友马克斯·布罗德明显的享受能力表示过嫉妒:他注意到其中的上瘾和某种盲目性。1911年,他们两人见识了一幅甚至远远超越了布罗德期待的色情狂漫画,卡夫卡却能既惊讶又开心地观看它:林茨的安东·帕钦格是一位私人学者、民俗学家和痴迷地收藏一切的收藏家,一个躁狂的、以自我为中心的夸夸其谈者,他不仅给他们两人讲了大量邮票、藏书票、护身符、花瓶和贞操带的故事,而且还给他们看了他无数"情人"的裸照,尤其是"鲁本斯女人",他觉得自己是她们的恩人。"他的生活内容就是收藏和交媾。"卡夫卡清醒地总结道。但是他笔记的规模和详细程度就能证明,这个人盲目的活力给他留下了深刻印象,尽管帕钦格身上有许多要么"肮脏"要么可笑的特点。就连帕钦格那些粗俗的词汇,卡夫卡都学来了,就好像他要体验一次(仅此一次)那种把这些东西放进嘴里的感觉:"他认为怀孕的身体是最美的,跟这种身体媾和,他觉得最舒服。"卡夫卡也经受住了帕钦格对其性能力的吹嘘:"他讲述他的男性本领,会让人想象,他如何把他巨大的阳具慢慢塞入女性身体。他早年的壮举就是,让女人累到再也不行了。然后她们就没有了灵魂,成了动物。我可以想象这种顺从。"后来,当布罗德抄录卡夫卡日记时,看到这段文字,他显然被吓到了:不能发表,他决定。[11]

卡夫卡在收藏家帕钦格身上看到的,是一种"未过滤"的恣意性试验,既不回避变态,也不顾虑市民话语习惯——更不用说卡夫卡无法理解的、用**这种**故事来款待几乎陌生的人。更加荒唐和不可理解的是,帕钦格在版画家和作家阿尔弗雷德·库宾的介绍下,有了新的计划,库宾

361

是个非常敏感的人,他跟卡夫卡一样,很容易体验到梦幻内容和无意识的冲动,所以,他能把自己的性恐惧驱逐到朴素但同样冷漠的**地狱场景**中去(这是他一部早期作品的题目)。于是,帕钦格开始跟知识分子交往——他跟弗朗茨·布莱也很熟——但他根本不理解这些人的创作紧张感和障碍,对于他们来说,性是人生活中最大的问题。而毫无顾忌的帕钦格则表现出一个杂项收藏家的躁动不安和贪婪,他认为自己确切地知道他追逐的是什么,所以一生都在这个错误当中。因此,帕钦格与库宾或者卡夫卡一样不幸福,幸福不是这样的,尽管他似乎丝毫没有意识到自己所做事情的单调性和强迫性。

卡夫卡感到惊讶,然后避开了。他理解帕钦格,因为他很久之后承认,有一段时间,"每两个女孩中就有一个身体"会吸引他。[12]不过,他永远不会忘记,这种吸引会带他经过一个深渊,在深渊的另一侧,既没有"温顺的动物",也没有"充满性欲的客体"等着他,而是一个温暖的,有感觉的,会说话、会思考的人,有着自己的故事,可能也有自己的强迫症。单靠性不能越过深渊,因为欲望——这是他内心体验中一个不可放弃的原则——是不能分享的,一旦欲望进入意识层面,它就会使人孤独。所以,青年时的卡夫卡就已经知道,是孤独迫使他去找妓女,去找汉茜,去靠在约希的肩膀上,也是孤独会将他从那里赶走——即便他能接受,短期内把身体与身体之间交流和人与人之间的交流分离开。1908 年夏天,在波希米亚森林旅行几天之后,在他入职劳工事故保险局之前,他在街上与一位妓女搭讪,然后给布罗德写信:

> 没有人受得了我,我也受不了任何人,不过第二点是结果,只有你的书,我现在终于正在读的你的书,让我感觉舒服。我已经很长时间没有如此深地陷入毫无缘由的不幸中了。只要我读它,我就会坚持,哪怕它根本不想帮助不幸的人,否则我就必须赶紧找到一个

能亲切地触摸我的人,所以我昨天带着一个妓女去酒店了。她太老了,已经不会多愁善感了,只是对她不太公平,因为人们对妓女不会像对一段爱情那样好。我没有安慰她,因为她也没有安慰我。[13]

注释

[1] 卡夫卡致马克斯·布罗德的信,1908 年 3 月 29 日。(《1900-1912 年书信集》,第 82-83 页)

[2] 卡夫卡致海德薇·威勒的信,1907 年 10 月初(《1900-1912 年书信集》,第 72 页);卡夫卡致菲莉丝·鲍尔的信,1913 年 1 月 3 / 4 日(《1913-1914 年书信集》,第 17 页)和 1912 年 12 月 12 / 13 日(《1900-1912 年书信集》,第 329 页)。

[3] 卡夫卡致海德薇·威勒的信,1907 年 11 月。

[4] 参见卡夫卡致菲莉丝鲍尔的信,1913 年 1 月 3 / 4 日(《1913-1914 年书信集》,第 16-17 页),以及卡夫卡致海德薇·威勒的信,1907 年 9 月 24 日:"……香槟,我昨天夜里为你的健康喝了……"(《1900-1912 年书信集》,第 65 页)酒馆通常没有供应啤酒的经营许可证。

[5] 卡夫卡日记,1911 年 10 月 16-20 日。(《卡夫卡日记》,第 85-92 页)

[6] 布罗德:《关于弗朗茨·卡夫卡》,第 104 页。参见卡夫卡致马克斯·布罗德的信,1908 年 6 月 9 日,信中,卡夫卡提到了"亲爱的 H."小姐以及她"小男孩一样的身体",目的是为了继续说"晚上跟另一个女子去展览会,夜里去酒馆,早上五点半回家"。(《1900-1912 年书信集》,第 84 页)1912 年 3 月 16 日,卡夫卡借看演出之机写道:"法蒂尼扎。维也纳女歌手。甜美的、含义丰富的笑容。想起了汉茜。"(《卡夫卡日记》,第 408 页)——对比《诉讼》中的段落:"另外,K 每星期去一次一个叫埃尔莎的女孩那里,她夜里在一家酒馆当女服务员,直到第二天上午,白天只在床上接待来客。"(《诉讼》,第 30 页)这里,在他决定明确提到"床"之前,卡夫卡先是选择了隐含着各种关系的名字"贝塔"[贝塔与床在德语中发音很相近](伊丽莎白的简称)。

[7]　参见卡夫卡日记,1913 年 11 月 19 日:"我特意穿过妓女们所在的那些巷子……"(《卡夫卡日记》,第 594 页)《布拉格日报》1908 年 11 月 18 日刊登的一篇匿名文章称,还有三十五所"被容忍的店",这与 1899 年相比减少了一半。文章说,只有大约两百名妓女登记了,暗娼的数字估计会是这个的四倍多。《布拉格日报》1917 年 1 月 6 日的"道德统计"称,真实的数字是六千名。

[8]　参见哈尔穆特·宾德:《卡夫卡和他的朋友们常去的场所——历史图片中的布拉格咖啡馆和娱乐场所》(*Wo Kafka und seine Freunde zu Gast waren. Prager Kaffeehäuser und Vergnügungsstätten in historischen Bilddokumenten*),福尔特,2000 年,第 88-90 页。

[9]　卡夫卡日记,1911 年 10 月 1 日(《卡夫卡日记》,第 48 页);旅行日记,1911 年 9 月(《卡夫卡日记》,第 1006 页)。

[10]《卡夫卡日记》,第 594 页。《失踪者》,第 325 页,约斯特·席勒迈特编,法兰克福,1983 年。

[11]　卡夫卡日记,1911 年 11 月 26-29 日和 1914 年 6 月 12 日。(《卡夫卡日记》,第 271-276、535-536 页)这段记录直到 1990 年才在卡夫卡日记校勘本中无删节发表。卡夫卡看到的照片中,有些至今保存在林茨城市博物馆中。在帕钦格的色情收藏遗物中,也有摄影棚中拍摄的鸡奸图片。参见沃尔夫冈·提尔(Wolfgang Till):《维也纳的两位风流收藏家:安东·帕钦格与彼得·阿尔滕贝格》(Zwei galante Sammler aus Wien: Anton Pachinger und Peter Altenberg),载于米歇尔·克勒(Michael Köhler)和吉瑟拉·巴尔赫(Gisela Barche):《裸体照片——照相时代的身体》(*Das Aktfoto. Ansichten vom Körper im fotografischen Zeitalter*),慕尼黑,1986 年,第 285-287 页。安东·马克西米利安·帕钦格(1864-1938),与弗里茨·冯·赫兹马诺夫斯基-奥兰多是朋友,在他的多部小说中,后者以滑稽可笑的形象出现。

[12]　卡夫卡致马克斯·布罗德的信,1921 年 4 月 13 / 14 日,载于布罗德 / 卡夫卡:《通信集》,第 336 页。

[13]　卡夫卡致马克斯·布罗德的信,1908 年 7 月 29 / 30 日。(《1900-1912 年书信集》,第 86-87 页)卡夫卡读的书是布罗德刚刚出版的长篇小说《诺内皮

格城堡》。卡夫卡突然从忠利保险公司辞职后,独自去波希米亚森林的施皮茨贝格待了一个星期,住在普罗科普酒店。参见卡夫卡日记:"我从妓院前走过,就像从情人的门前走过。"(最早的记录见 1909 年夏天的日记,《卡夫卡日记》,第 13 页)

第二十二章　咖啡馆，艺伎，艺术与影院

> 您知道什么欢快的音乐吗？我不知道。

> 弗朗茨·舒伯特对约瑟夫·德邵尔说

有个人想创造一种社会的可能性，在这种社会中，不需要被邀请，人们就能聚集在一起。人们彼此不认识，但是相互看见、说话和观察。这是一场宴会，每个人都可以按自己的口味决定吃什么，不会给任何人造成困难。人们可以按自己的喜好出现，然后又消失，永远受欢迎，不必跟管家汇报。如果最后真的能把这个荒诞的想法变成现实，读者就会发现，这种拯救孤独者的尝试只是造就了第一家咖啡馆的发明者。

这是一篇小说的骨架。卡夫卡想到了这个主意，还没有进一步扩充**情节**，但是这个想法对他来说足够独特，至少可以口头讲给别人听。这是奥斯卡·鲍姆流传下来的，卡夫卡给他透露过——这几乎从没有发生过——一些文学计划，但这些连只言片语的书面证据都没有。[1]

他非常清楚，这种思想游戏过于明显、过于清楚地围绕着唯一一个噱头的顶点了，所以不能真的成为文学作品。每个稍微有些素养的读

者,都会立刻想到叔本华那个关于豪猪的朴素比喻:豪猪们如果独处,就会觉得太冷,但是如果过于靠近、挤在一起,就会相互刺痛。咖啡馆——尤其是奥地利式的奢华版——对于最理想的社交距离这个问题而言,的确是市民文化想出来的最巧妙的解决方案之一:一个机构,可以在那里进行可靠的但没有任何义务性的社交活动。每个常客都或多或少意识到这一点,尽管大多数人都是为了满足社交需求而在讽刺意义上容忍"拯救"这个伟大的词语。人们很难承认,自己坐在咖啡馆里是因为无法忍受独处。而尼采断言:我们常常让自己进入社交活动,只是为了不必醒来,可能也只有很少的人能毫不抗拒地用这句话来形容自己。[2]

　　咖啡馆之所以异常受欢迎,主要是因为它提供了很多可能性,让人们可以根据需要测量自己所想要的社交距离,并可以根据心情不断重新调整。有些客人整晚上安静地坐在角落里,跟谁都不说话,只是作为持久的观察者参与社交生活,他们并不显得奇怪。另外一种类型,主要是鳏夫和年纪比较大的单身汉,他们把自己私人生活的一部分搬到咖啡馆,每天在同样的时间坐到同一个座位上,点同样的菜肴和饮料,消费同样的报纸和雪茄,这些都由一位多年来已经熟知客人特殊要求的服务员给送来,另外服务员还负责告诉客人发生的新闻。咖啡馆也容忍甚至鼓励从事精神工作:著名的咖啡馆都会给客人们提供上百种日报和其他期刊——其中也有水平最高的文学杂志——此外,客人也经常会让服务员拿一本奥匈国家铁路公司的教程或者某交际百科全书的某几卷来,那些故意显得很忙碌的人在杯子早就空了以后仍待着不走。

　　狭义上的社交是可能的,但不是必须的:你可以待在自己的团体中,或者参与到某个半开放的小团体里,商人、公务员、记者或者作家凑在一起,你可以在桌子之间走来走去,或者换到某个为台球、象棋和纸牌预定的房间里一起玩,或者在一旁看几个小时,完全随意。在这种半开

364

365　放的保护空间里，不必担心出现社会摩擦。因为，有可能股票经纪人和先锋派作家把同一家咖啡馆作为自己的据点，但市民和工人不会（他们会聚在啤酒馆里）。在布拉格咖啡馆里，甚至可能隐藏民族矛盾；你只需要找出特定的，只有德意志人或者只有捷克人经常去的咖啡馆，就可以在里面暖和好几个小时，只听自己的母语。开这种类似于民族岛屿的咖啡馆，当然不是咖啡馆老板的本意，因为这会将一些潜在的客人拒之门外，但是，在政治纷争严重的地区，这是很难避免的，虽然很多布拉格咖啡馆——阿尔科、大陆、科尔索、艾迪森、萨伏依、维多利亚——尽量有意选择无害的名字。那些自认为属于文学现代派的人，当然会忽略这看不见的分界线，那些热情的文化中间人也是如此，比如马克斯·布罗德或者那个跟他交好的银行职员兼翻译奥托·皮克。

　　至于说到雪茄的烟雾和热闹的喧嚣，卡夫卡在夜间酒馆已经经历过完全不同的忍耐了——这对他来说，不是不去咖啡馆的理由，尽管我们不知道他在那里到底消费什么（肯定不是咖啡）。这种组织良好的社交游戏场地，无疑与他对观察位置和近距离的偏好相吻合，另外，吸引他的还有那里提供的各种杂志，他可以看上好几个小时。根据他与布罗德碰面的记载，他肯定没绝对固定的咖啡馆，他喜欢在晚上或者夜里去咖啡馆，因为他更喜欢在露天度过他所能支配的白天时光，只要天气允许。跟同事、关系比较远的熟人和外来的访客，他通常喜欢约在咖啡馆（另外，除了奥斯卡·鲍姆，他的亲近朋友中没有人有自己的住处），咖啡馆也不断给布罗德提供机会，把卡夫卡与艺术家、记者或者像奥托·皮克这样忙碌的时事评论员聚到一起。

366　　　跨越代际的联络，也首选在咖啡馆。比如从 1908 / 1909 年开始，与文学上很有前途的文理中学学生威利·哈斯、保罗·科恩菲尔德和弗朗茨·韦尔弗的约会，他们很快就已经成了阿尔科咖啡馆，尤其是那里"阅读室"的固定客人（普夫拉斯特巷 6 号，国家火车站旁），布罗德自告

奋勇给他们做导师。布罗德是在布拉格首先认识到韦尔弗诗歌天赋的
人之一,并且把后者完全真诚的激情当作天真无邪的、新鲜的审美之风
来享受。另外,他还喜欢这些年轻人的放肆和无拘无束,他甚至原谅了
不成熟的韦尔弗对卡夫卡散文作品贬低的言论("这永远也超不出博登
巴赫!"[3])。卡夫卡至少有一段时间与这个小组保持着独立关系,有时
候他独自来阿尔科咖啡馆,后来战争期间也是如此。显然,他不仅赞赏
作为自然抒情诗人的韦尔弗,而且对哈斯也有一定的信心,还不到二十
岁的哈斯就借助犹太人组织"圣约之子"的资助,建立了"赫尔德协会"。
这个组织中主要是大学生,他们同样想克服民族文化障碍,因此与严格
的德意志"阅读和演讲大厅"陷入了无望的竞争。他们的宣传招牌就是
《赫尔德》杂志,但是无论是杂志还是协会,人员和资金方面都非常薄
弱,因此只出版了四期。不过,卡夫卡很同情他们的行为,否则他不会把
自己的两篇文章交给哈斯刊登,虽然那只是他的副产品。卡夫卡表示同
意的唯一一次(半)公开的作品朗读,也是在赫尔德协会的倡议下于
1912 年底举行的。[4]

如果把**弗朗茨·卡夫卡**当作一个千禧作家的名字或者一个全球性
现代经典作家的名字,那么他对那个时代的文化成就和供给却根本不挑
剔,这显得很奇怪。当然,他研读福楼拜和托马斯·曼的作品,因为他认
为它们是文学的楷模,想把它们当作衡量标准。不过,他也阅读平常的
传记——如果传记的主人公引起了他的某种个人兴趣;他成年后还喜欢
印第安人的故事。卡夫卡不太经常去博物馆——尽管他对艺术史有所
了解——歌剧院或者交响音乐会他根本不去。就连看戏——我们知道
他看戏——也显得很随意,对戏剧谈不上热情,更不用说对戏剧形式的
嗜好了,尽管布拉格的两个大剧场——捷克国家剧院(从 1883 年起)和
新德意志剧院(从 1888 年起)——经常会有最著名剧团的客座演出。

卡夫卡对于演员、舞者和歌手的感官表现是非常敏感的,不管演出的内容是什么,如果有这样的印象(就像后来在萨伏依咖啡馆观看犹太剧团演出),他就常常会在日记里写好几页。但是,他却没有对那个时代的顶级文化成就表现出系统的兴趣,他不太关心有什么"必须看、必须听或者必须读的"。他常常以外行的身份甚至用孩子的目光追踪事情的发展,除了小说文学之外,没有一个领域是他可以作为行家真正参与讨论的。这是一个令人惊讶的发现,尤其考虑到他全球性的影响以及产生的多重反响,最终波及了二十世纪的戏剧和造型艺术。

如果从卡夫卡同时代人当时还毫无预感的角度看弗朗茨·卡夫卡,那么就会得出完全不一样的印象。卡夫卡所代表的社会身份,是一个经过学术培训的、对文学有兴趣、出身于小市民阶层的保险专业人士,按照这一事实来看,他的文化消费是完全正常的。当然,他很清楚,区分"真正"文学和"通俗"文学的能力,是使自己与众不同的市民特征中最重要的标志之一:在这个意义上,文理中学对他产生了影响,就像后来的《艺术守护者》一样。但是,卡夫卡从未将对流行文化的鄙视内化为自己的态度——整个家族也不是这个态度——所以,他在热爱真、善、美之余,还喜欢令人兴奋的、异域风情的、搞笑的、充满活力的、色情的和感动人的作品。但他有标准,这是他与父母的不同之处。把艺术体验与感官印象、瞬间刺激和个人感动区分开,这是一项抽象工作,他觉得自己既没有天赋也没有能力去做。"马克斯,"关于自己第一次去柏林,卡夫卡这样写道,"我看了一场哈姆雷特演出,或者更准确地说,听了一场巴瑟曼。整整一刻钟,我看着上帝长着另一个人的脸,我必须不断把目光从舞台上转移到某个空包厢里,才能让自己恢复正常。"如果布罗德问他,除了戏剧明星阿尔伯特·巴瑟曼的肢体和声音表演过于夸张外,整个演出好不好,那卡夫卡肯定会感到尴尬。[5]

市民阶层艺术接受的价值列表的最底端是庸俗小说,也就是通常说的垃圾小说,还有所有那些或多或少明显要制造轰动效应的作品。比如说,一个"滑稽射手"不会带来严肃的艺术,同样,"空中飞人"也不会,卡夫卡后来还为其纯粹追求完美的努力写了一个小短篇(《第一场痛苦》),《饥饿艺术家》尤其不会,饥饿艺术家(绝食艺人)这个职业称呼永远包含着一丝市民阶层的讽刺。恰恰在这些——常常是很可疑的——艺术和作秀的边界区域,卡夫卡似乎感觉非常舒适。如果给他提供了这样的娱乐大杂烩,那他就伸手享用了——比如1908年那个周年展,他跟一个女友还有跟布罗德都去过,而且显然去了好几次。在这里,他享受了工具箱里最早的有声电影:在一所电影院里,在投影屏幕后面手工制造出各种与画面相匹配的声音。但是,他还去过一个专门建造的阿比西尼亚村,那里有几十个"展览黑人"表演他们的家乡歌舞,还有引进的日本艺伎的茶道表演。因为当时只有很少人能够亲眼看到这地球上遥远的地方,所以早期娱乐工业中一个重要的部分就是异域风情;然而,除了惊讶和陌生带来的刺激,卡夫卡尤其能接受这种形式。他沉浸在对其他肤色的人和陌生文化的注视中,如果有人讲巴勒斯坦、日本或者美洲,他能专注地听几个小时:仿佛这就意味着,在这个星球上,确实有一种完全不同的生活,不仅可以梦想,而是真的有人这样生活着,这是一种安慰的源泉。卡夫卡后来给菲莉丝·鲍尔写道,对他来说,那些"黑人舞者"比什么无精打采的唱歌和拍手更容易理解,他父亲就是这样拍手逗一个孙子的。[6]他真的是这么想的。异域风情打开了美好的乌托邦景象,而且还有娱乐性。

"法国女人会干什么。我也会。没那么多。肯定的。只不过因为是法国人而已。更多是幸运。不过维也纳女人也同样时髦。"街头小调比香颂多,一边哼唱着小曲,一边向上踢着大腿,裙子左右摇摆。"歌唱的智慧",布罗德总结艺术表演道,这种表演是对青少年开放的,所以允许有女伴。[7]

歌舞厅、杂耍场、卡巴莱——那些提供这些东西的娱乐场所,主要是一些法语名称,仅每天在布拉格各种报纸上的广告,就展现了一个娱乐项目的万花筒。有训练有素的香颂歌手,还有滑稽表演、讲笑话和喋喋不休的主持人,有讽刺"挖苦"场景,"印度"舞娘和黑人女歌手,被预告成"面纱舞"的脱衣舞,独幕杂耍歌剧和日本艺人,偶尔还能欣赏到维也纳著名演员的表演,比如香颂歌手梅拉·马尔斯(青春风格卡巴莱剧团"地狱"的演员),或者演员和风格独特的卡巴莱表演者埃贡·弗里德尔,他在海报上出现时,一定会带着他的博士头衔。"一般来说,我对这些东西非常喜欢,"卡夫卡给菲莉丝·鲍尔写道,"我相信自己从根本上、从不可见的根本上理解它们,并带着心跳欣赏它们。"当然,他也承认他曾去过一个歌舞厅,"我未来的妻子一定不许进去"——这是暗示布罗德的妻子埃尔莎·陶西格经常参加聚会,后来她曾给卡夫卡寄过一份非常详细的杂耍晚会描写,为的是逗弄卡夫卡错过了许多令人激动的内容:侏儒费尔迪,一出"几乎不淫秽"的独幕剧,一个装扮成弗朗茨·约瑟夫皇帝的演员,一个讲双关语的"幽默演员",一个裸体女舞者,还有维也纳施拉墨尔音乐家①,他们在观众席中表演,等着观众给小费。[8]

这里的观众席不是剧院那样的座位,而是像在餐馆里一样围桌而坐,如果表演者没有明确要求安静——这种情况只是例外——那么表演期间,观众可以自由地吃喝聊天,服务员在大厅里穿梭,给顾客点餐,乒乒乓乓地收走用过的餐具。坐得离舞台越远,各种噪音就越大,必须得从中过滤出演出节目的声音,而且烟雾也越浓,只能偶尔透过烟雾看到几条裸露的大腿。总之,这样的座位安排使客人们也可以互相观察,如

370

---

① 维也纳施拉墨尔音乐(Wiener Schrammelmusik),十九世纪维也纳比较典型的大众轻音乐。

果有人因为无聊从椅子上摔下来,那么有可能邻桌的某个男人会把这个意外写到日记里。[9]

有过作曲训练并且能听得出音乐优劣的布罗德,肯定在布拉格的杂耍剧场里听过这些声音——我们可以这么认为。他当时嘲讽的表述和后来的回忆都说明,他在严肃的剧院和音乐厅之外,会摆脱评论家的角色,转换成另外一种感知模式:就好像儿童演出中的一个成年人,他更多的是沉浸于那种气氛中,而不在意那些在他看来根本不值得评论的戏剧和音乐表演。在这一点上,他与卡夫卡也非常不同,卡夫卡对自己看到的一切都专注并且严肃地观看,并且因此能被平庸的演员和很简单的歌曲"吸引",只要他能产生认同感:这种态度肯定会经常让布罗德感到惊讶。然而,卡夫卡非常知道如何区分业余和艺术。1909 年 5 月,他观看了圣彼得堡俄罗斯皇家芭蕾舞团的客座演出,之后几个月,他都一直在梦想"狂野的女演员"叶夫根尼娅·爱德华多娃,她跟她的恰尔达什舞曲在西欧所有都市都受到欢迎。四年之后,关于同一个芭蕾舞团,他写道:"尼金斯基和卡雅斯特是两位完美无瑕的人,从他们身体里散发出一股控制力,就像所有这样的人一样。"[10]歌舞厅和杂耍剧场在当时的公共话语中是市民娱乐的特殊区域,因为它们的性底色,就不可能获得任何文化认可,尽管其主人公们常常把"艺术"一词挂在嘴边。但是,现在出现了一种新的、完全不同的吸引力,对文化界形成了巨大的挑战和震动:电影摄影放映机(或者像人们很快习惯的叫法"电影")。一开始是几分钟的影片,在年集或者移动影院播放,主要是作为技术新发明,只有很少的和短暂的娱乐价值,不过这种新媒体在儿童和青少年中间非常受欢迎,这就理所当然地把它归于表演类。但是,后来情况发生了变化,从 1905 年起,所有大都市都建造了固定的放映地点,与当地已有的娱乐场所,以及这些放映场所彼此之间发生了激烈竞争。一年之后,电影院就获得了最早的文化政策承认:国家对电影进行**戏剧**审查。

371

如同在剧场一样,电影院观众也坐在一个黑暗的空间里,一排排固定的座椅,没有服务(只有在廉价影院才会在电影放映过程中卖啤酒),观众只能集中注意力看演出,而对这个演出,他既不能通过鼓掌也不能用愤怒的喊叫施加影响。如同在剧场一样,观众也是自己一个人——电影越长,叙事性越强,越吸引人沉浸在技术创造的幻觉中,这一点就越是重要。尤其是工人,他们对这种文化享受的形式大多感到很陌生,他们需要快速变化的轰动事件,所以他们一开始抵制长电影,而不合情理的是,电影的艺术性越强、情节越具反思性和多层次性,保守的市民评论也越激烈。关于"电影艺术"概念的讨论,在 1913 年达到一个高潮,当时出现了第一批文学作品改编的电影。那个时候,电影院早就跟剧院针锋相对地竞争了。1909 年,马克斯·布罗德就已经在一篇讽刺短评中打趣说,电影"刻板"地遵守戏剧的各种规矩,比如售票亭、衣帽间、印刷的节目单和大厅服务生。[11] 但是之后不久,柏林和巴黎最豪华的电影院就邀请参加首映式,营销人员打造了第一批影星,使"名望"这个词具有了一个新的维度:与那些著名的戏剧演员们相比,这些影星们数量多百倍、价格便宜十倍,可以靠得更近观看,而在这种激动人心的感官在场情况下,听不到他们的声音,这并不是缺陷,相反,这制造出一种光环。短短几个月之内,每个小学生就都知道阿斯塔·尼尔森了,虽然她在电影《深渊》(*Afgrunden*,1910)中那段至今还非常著名的"阿帕契舞"肯定不是给孩子们的眼睛准备的。(所以,布拉格"戈戈"的舞女们热衷于模仿这个舞蹈。)

关于这个新媒体的文化政策争论,卡夫卡肯定没有避开,每天的报纸不断提起这个话题,他经常看的柏林《舞台》杂志也刊登了一系列批评文章。但是,最根本的那个问题:这种令眼睛疲惫的、由钢琴甚至乐队伴奏的闪烁,是否真的能发展成一种新的艺术,这个问题根本不能触动他,就像在杂耍剧场和后来的犹太剧院中一样,他在电影院里也没有摆任何教养市民的保留态度, 而是以直接的、几乎是身体的方式, 让所有呈现在他面前的东西进入自己。他带着反思的精确性观察, **同时**也让自己被带入情节, 有时甚至感动到流泪, 尽管与文学的语义丰富性相比, 即使是最先锋的电影剧本, 因其庸俗的人物和情节变化, 也让人感觉很简陋。更令人惊奇的是: 在故事片还没有出现的那个时候, 卡夫卡非常喜欢看电影, 他经常十分仔细地端详电影海报, 去度暑假的时候还会想念, 面对电影海报, 就会陷入白日梦。[12]

不过, 这个还不成熟的新媒体的感知技术弱点并没有瞒过他的眼睛: 不同时间、不同地点之间的匆忙跳跃, 所有过程的不自然加速, 频繁的剪接和视角变化会使人注意力分散、迟钝——所有这些, 卡夫卡并没有简单地作为进步的代价接受, 更不会作为一种现代的、加速的、机械化的, 用一个词来说, "神经质的"生活风格的相应表现。相反, 他冷静地把电影的感知潜能与早前的幻觉机器相比较。所以, 他1911年初去弗里德兰看了一个技术上已经过时的"皇帝全景图"(Kaiserpanorama)①, 一种商业幻灯片表演, 展示来自世界各地的立体彩色照片, 有时候还有背景音乐, 也是来自自动播放机。在这种全景图表演中, 最多可以有二十五名观众围成一圈坐在椅子上, 通过窥视盒观看照片, 照片以一种预定的、但是平稳的节奏交替播放(大约每张照片四十五秒钟)。

卡夫卡有好几年没有去看过这样的图片剧了, 所以他这次的印象很新而且觉得很吃惊。"图片比电影生动," 他总结说, "因为图片让视线面对现实的平静。电影让看到的东西都处在一种运动的不安中, 视线的平静更重要。" 他还确定, 观看立体幻灯片, 远比听同一内容的报告能让他更加接近所经历的现实, 这是对图像力量的显著让步以及对语言"图像"的降级。马克斯·布罗德在第二年发表了一篇短文, 在文中把"皇

---

①　即西洋镜。

帝全景图"描写成是可爱的、与童年回忆联系在一起的一项活动,但是在电影的竞争排挤下,注定走向没落:"我们祖父母一辈的享受。"这件事估计不是偶然,启发肯定来源于与朋友卡夫卡的交谈。但是,卡夫卡却颠倒了这种怀旧的视角:他自问,为什么不能至少把这种空间印象作为"皇帝全景图"的重要优势,以"电影和立体幻灯片结合"的方式,带入电影,从而拯救全景图。这完全就是 3D 电影的梦想。他根本不知道,电影工业的奠基人托马斯·爱迪生在二十年前有同样的技术设想。[13]

在布拉格,新的时代开始于 1907 年 9 月,卡尔巷的"蓝色狗鱼"里开办了第一家固定的电影院,广告宣传是"活动照片剧院"。最开始,这里也像原来的巡回电影一样,有个解说员,念字幕的同时用指示棒指向正在活动的人物。在紧接着的冬天,希伯纳巷的东方咖啡馆那座房子里,开设了"欧瑟电动剧院"——就是后来的"大东方电影院",每天也有好几场演出,每场大约一个小时。放映的是纪录片和场景素材的随意混合:《非洲的维多利亚瀑布》《利物浦的跑步比赛》《被一名贝都因人绑架》《作为小偷的狗》《摔跤手佩茨大师》《脱缰的马》,以及好多幽默短片。卡夫卡知道这些节目,总是去看最新的影片,然后用哑剧的形式在家表演他看到的电影,还鼓动妹妹们(很可能还有父母)去看。1908 年底——那个时候,布拉格的电影还相当少——他给埃尔莎·陶西格写信,提醒她不要忘记他们约定了某天晚上一起去看电影,从中可以清楚地得知,他已经看过他们预定的电影了:主要是《口渴的宪兵》,电影中的宪兵应该把罪犯带到哨所去,但是他却喝醉了;还有《勇敢的卫兵》,主人公被不公正地判处了死刑,最后一刻被一位年轻的吉卜赛女子所救。[14]

卡夫卡喜欢这种简单的享受,但不会因此而变得愚蠢,在这一点上,他与他的朋友们完全一致,他们对新兴的电影全都抱有一种嘲讽但密切的关系。马克斯·布罗德、奥托·皮克和弗朗茨·布莱甚至参与编写了一本由库尔特·平图斯主编的《电影手册》,这是第一部"电影作品"集,作者们在尝试一个对他们来说全新的艺术类型。1913 年底,这个集子在库尔特·沃尔夫出版社出版时,还是一个非常艰难的决定,它对文学的声誉不一定有益处。因为正好在那个时候,关于电影的艺术性公开争论比以前更加激烈了:起因首先是几位有名望的作家的"背叛",他们——主要是因为被高额的报酬所诱惑——同意自己的文学作品被拍成电影,而他们不能对改编施加影响:格尔哈特·豪普特曼的《亚特兰蒂斯》(这是到那时候为止投资最大的电影,时长将近两小时,也是当时最长的电影之一)和阿图尔·施尼茨勒的《儿戏恋爱》都在 1913 年进入了电影院。这年夏天,布拉格的文学家们甚至还会最近距离地看到一部电影的诞生,因为艺术电影《布拉格的大学生》(保罗·魏格纳担任主演)的外景主要是在布拉格拍摄,其中就包括城堡区。

375

　　教育精英对电影的鄙视,不仅作家们感觉到了,戏剧演员们感受得更多,他们也投身到为这项新技术的服务中。甚至四十六岁的阿尔伯特·巴瑟曼——一个非常著名的演员,以至于有了模仿者——也在一部电影中担任主演,这个消息令人无比震惊:《另一个人》,原本是一出以"杰基尔和海德(Jekyll-Hyde)"①为主题的舞台剧,作者保罗·林道甚至自己写了电影剧本。巴瑟曼在媒体上为自己的决定辩护,当然,他避免了跌进美学质量讨论的陷阱。他只是说明,电影对演员的要求变化不大——这当然没有说服力,因为即使是外行也能看出来,那些在摄影机前学习表演的演员们,跟从舞台上来的演员们完全不一样。卡夫卡也读了这篇于 1913 年 1 月在《波希米亚》上重印的短文,伟大的巴瑟曼马上

---

　　①　《杰基尔和海德》是英国作家罗伯特·史蒂文森的小说,也译为《化身博士》,被改编成过电影、音乐,影响广泛。作品主人公是善良的医生杰基尔,他将自己当作实验对象,结果却导致人格分裂,会在夜晚会变成邪恶海德。最后杰基尔自尽,停止了海德的作恶。"杰基尔和海德"就成为善恶双重人格的代名词。

将在银幕上出现的消息让他很兴奋。3 月初电影就上映了；他给菲莉丝·鲍尔写道：

我今天晚上跟马克斯·布罗德和他太太，还有韦尔奇一起去电影院了，在前厅挂着电影《另一个人》的很多剧照。你肯定知道这部电影的内容了，巴瑟曼在里面扮演角色，下星期这里就能看到了。在一张海报上，巴瑟曼独自坐在椅子上，他再次震撼到了我，就像上次在柏林，我把我能抓住的人——马克斯或者他太太或者韦尔奇——不断拉到那张海报前，把他们都弄烦了。在图像面前，我的喜悦已经减弱了，可以看出，他所出演的是一个悲惨的故事，拍摄的情景都是老的电影发明，其实，一匹跳跃的马的瞬间图像几乎总是美的，而一个犯罪者的狰狞面孔，即便这张狰狞的面孔是巴瑟曼的，很容易就会空洞无物。我自认为，巴瑟曼至少在这部电影中为之付出的，是不值得他去做的事。但他还是经历了这部戏，情节从头到尾的起伏在他心里，而这样一个人所经历的，是无条件可爱的。所以，虽然这部戏已经超出了我的经验，但我在这一点的判断还是正确的。前一段时间，当我在夜里等着开房门的时候，环顾四周，想起那些照片，对巴瑟曼产生了同情，仿佛他是最不幸的人。我想象，表演中的自我享受已经过去了，<u>那部电影已经结束，巴瑟曼本人已经摆脱了对他的所有影响</u>，他甚至不必承认，他让别人滥用了自己，但是，他在观看电影时会强烈意识到，他所有伟大力量的付出，都是毫无用处的，而且——我没有夸大我的同情——他会变老、变弱，在椅子上会被推到一边，会沉没在这个灰暗时代的某个地方。大错特错了！这就是我判断的错误之处。即使是在电影拍摄完成后，巴瑟曼也是作为巴瑟曼回家，而不是作为其他什么人。如果他有一天想站起来，那他就会完全站起来，不会再在椅子上，但不会像我，想讲给

376

每个人听,像一只被某种诅咒赶出自己鸟巢的鸟,一直绕着圈子飞,
一直围着完全空了的鸟巢飞,一直看着鸟巢。[15]

　　这是卡夫卡关于电影最长的有关联性的表述——不是由一部电影
引起的,而是电影**图像**。卡夫卡表现得像个专家:他知道一种出现还不
到一代人的媒介的"老"发明,他知道大家指责巴瑟曼"付出"的不值得,
是的,甚至是让人滥用了——这个判断,在他几天后看了电影后,肯定会
同意的。[16]不过,跟在柏林看哈姆雷特演出一样,他对作品和电影只是
顺便提到。不断抓住他并且让他以认同的方式与自己的经历联系起来
的,是演员。对于卡夫卡来说,电影是一种具有强大感官性的媒介,它能
把陌生的生活和陌生的事物,推到完全没有体验过的近旁,这是戏剧做
不到的——从观看精美的海报,到复述和想象你所看到一切。

　　卡夫卡曾被一部电影激发出联想,这部虚构故事的片断恰巧保留了
下来(演员和电影制片人汉斯·齐施勒的发现)。从 1911 年 2 月 17 日
起,在布拉格的许多家电影院开始上映著名的"庸俗电影"《白人女奴》,
电影描写一位年轻女子,轻信虚假的诺言,被卖到妓院,但是在被迫卖淫
前及时获救了。几天之后,卡夫卡就看了这部电影,后来一位同车厢的
旅行女伴让他想起了恶毒的"买卖奴隶的女贩子"。半年之后,卡夫卡
和马克斯·布罗德一起去度假。在慕尼黑短暂停留时,布罗德说服在火
车上认识的一位年轻女子跟他们一起乘出租车游览慕尼黑,三人一起。
"我们上了车,"卡夫卡记录道,"整个事情让我觉得很尴尬,让我想起那
部电影《白人女奴》,电影中,无辜的女主人公一出火车站,就在黑暗中
被几个陌生男人推到一辆汽车里带走了。"这是一段令人惊讶的回忆,
因为在电影中,这个场景只持续了三秒钟。实际上它表现了一些完全不
同且不显眼的东西:即狡猾的女皮条客和受害者,她们从火车站台阶到
出租车的路,**偶然**与两名男性路人交错,然后两人一起(当时还)融洽地

377

上了车。这里,卡夫卡对**图像**(两个女人和两个男人)的回忆也比对其内容的回忆更精确,他按照当前的联想随意改变了意义。显然,他是一个**屏幕截图**收集者,这种喜好首先把电影海报、静态图像和电影本身在他眼中紧紧联系在一起,如此之近,以至于他把流动的电影分解成图像,又能重新体验图像。"车轮在潮湿的沥青路面上沙沙作响,"他继续写道,"就像电影院里放映机的声音。又是这个《白人女奴》。"[17]

第一次世界大战期间的黑暗年代中,卡夫卡疏远了歌舞厅、杂耍剧院和酒馆的乐趣,咖啡馆也去得少了,在疗养地的几个月,远离了城市夜生活,他似乎并不留恋小市民的懒散和布拉格的大舞台。但他对电影的兴趣一直保持着。根据布罗德的回忆,玛丽·璧克馥1919年的电影《长腿爸爸》卡夫卡肯定去看了好几次:这是关于一个女孩解放的故事,他不仅强烈建议朋友们去看,而且也敦促已经结婚的妹妹们去看。[18]

但是,他的最后一部电影只能是梦想了。布拉格的捷克人都已经在为票房纪录兴奋不已时,期待已久的德国首映式1923年11月才开始:在柏林,卡夫卡乘坐有轨电车就能到达。然而,他不敢进入观众人群,发烧和咳嗽太危险了。"……我是一头彻头彻尾的家养动物,"他给家里的信中写道,"我连电影都不知道了。"这有些夸张了,他密切关注着报纸上的电影信息,到1月中旬还表示惊讶,都几个月了,有一部好莱坞音乐电影还在演。[19]如果能去享受一下电影,他会很高兴的,他最后的情人朵拉·迪亚曼特也会,那是一部让人笑让人哭的电影。但是,直到他们最后离开柏林,也没有看上这部电影:查理·卓别林的《寻子遇仙记》。

注释

[1] 奥斯卡·鲍姆:《回顾一段友谊》(Rückblick auf eine Freundschaft),载于科赫:《当卡夫卡朝我走来》,第75页。鲍姆在这里提到,卡夫卡跟他在曲劳

夜谈时,说出了"许多设想和计划"。

[2]"当我们孤独和安静的时候,我们担心,我们耳朵里有窃窃私语的声音,所以我们痛恨安静,并用社交来麻痹我们自己。我说过,总有一天,我们会明白这一切,会对所有眩晕的恐惧和匆忙、对我们生活像梦一般的状态感到惊讶,我们的生活似乎害怕醒来,所以,它离醒来越近,就越会激烈地、不安地做梦。"(弗里德里希·尼采:《作为教育家的叔本华》[Schopenhauer als Erzieher],载于《尼采作品集》[Werke],卡尔·施莱希塔[Karl Schlechta]编,慕尼黑,1969 年,第一卷,第 324 页)叔本华的喻言见《附录与补遗》(Parerga und Paralipomena),第 96 页。

[3] 威利·哈斯:《文学世界——回忆录》(Die literarische Welt. Erinnerungen),慕尼黑,1957 年,第 30 页。

[4]参见施塔赫:《卡夫卡传:关键岁月》,第 241-242 页。在《赫尔德》上,卡夫卡发表了与布罗德一起创作的他所计划的书《理查德和萨穆埃尔》(Richard und Samuel)的第一章(1912 年 5 月,第三期,第 15-25 页),以及一篇散文《巨大的噪声》(1912 年 10 月,第四、五期,第 44 页)。

[5]卡夫卡写给马克斯·布罗德的明信片,1910 年 12 月 9 日。(《1900-1912 年书信集》,第 129 页)他写的是三天前在德意志剧院的一场演出,导演是马克斯·莱茵哈德。此前几天,哈里·卡恩在《舞台》杂志上发文评价巴瑟曼扮演的哈姆雷特说:"巴瑟曼在台上疯跑、翻滚、大喊大叫;当他第一次看透整个谎言,认识到命运对他做了什么时,他的脚不再听他指挥,他的声带撕裂,他的嘴、他的眼睛都像面具一样僵硬。[……]巴瑟曼的整个表演:台词和动作走形、没有控制,就像火山口的岩浆一样滚烫、粗糙,喷涌着、让人窒息,这种自然主义不是感情的自然主义,而是智性的自然主义——这里,它有了最内在的理由和意义。"(1910 年 12 月 1 日,第 6 年度,第 48 期,第 1235 页)

[6]卡夫卡写给马克斯·布罗德的明信片,1908 年 8 月 22 日。(《1900-1912 年书信集》,第 87 页)卡夫卡日记,1910 年 12 月 15 日。(《卡夫卡日记》,第 130 页)卡夫卡致菲莉丝·鲍尔的信,1913 年 2 月 23 日。(《1913-1914 年书信

集》,第 105 页)

[7] 马克斯·布罗德:《歌舞表演》(Im Chantant),载于《关于丑陋画作的美——给我们时代浪漫者的指南》,莱比锡,1913 年,第 135-138 页,此处第 137-138 页。

[8] 卡夫卡致菲莉丝·鲍尔的信,1913 年 7 月 6 日。(《1913-1914 年书信集》,第 231 页)埃尔莎·陶西格致卡夫卡的信,1917 年 9 月 29 日。(《1914-1917 年书信集》,第 751-752 页)

[9] 卡夫卡日记,1912 年 5 月 23 日。(《卡夫卡日记》,第 422 页)

[10] 卡夫卡致菲莉丝·鲍尔的信,1913 年 1 月 17 / 18、19 日。(《1913-1914 年书信集》,第 45、48 页)参见 1909 年的日记,卡夫卡在其中两次把女舞蹈演员叶夫根尼娅·爱德华多娃当作他叙事作品开头的对象。(《卡夫卡日记》,第 10-11 页)卡夫卡在新德意志剧院看了瓦斯拉夫·尼金斯基和莉迪亚·卡雅斯特的演出。一段当时保留下来的几秒钟的电影资料,也能让人对宁斯基的完美舞技有所了解。

[11] 马克斯·布罗德:《电影戏剧》(Kinematographentheater),载于《新评论》,1909 年第 20 期,H. 2,第 319-320 页。重印收录在布罗德:《关于丑陋画作的美》,第 68-71 页。

[12] 卡夫卡致菲莉丝·鲍尔的信,1913 年 3 月 13 / 14 日。(《1913-1914 年书信集》,第 132-133 页)"电影艺术"支持者和批评者之间的阵线并不是笔直的,比如库尔特·图霍尔斯基——他肯定没有文化保守主义的名声——早期的讽刺评论全部都是批评电影的。阿尔弗雷德·德布林与和平主义者弗朗茨·菲弗特(表现主义杂志《行动》的出版人)也指责,电影通过大量的图像冲击,使人的感觉迟钝,很有影响力的莫里茨·海曼(费舍尔出版社经理),甚至把电影称为"鼠疫";而一些保守的教育家指出了电影还没有被使用的教育潜能。参见安东·凯斯(Anton Kaes):《电影之争——文学与电影关系论文集,1909 - 1929》(Kino-Debatte. Texte zum Verhältnis von Literatur und Film 1909-1929),慕尼黑,1978 年,特别是第 37-29 页(德布林),第 59-61 页(普菲穆菲特)和第 77 页(海曼)。

[13] 卡夫卡旅行日记,1911 年 2 月。(《卡夫卡日记》,第 937 页;去弗里德兰的公差是从 1 月 30 日大约到 2 月 6 日)马克斯·布罗德:《全景图》(Panorama),载于《新评论》,1912 年第 23 期,第 1342-1344 页。重印收录于布罗德:《关于丑陋画作的美》,第 59-67 页。布罗德说的"我们祖父母一辈的享受"有些夸张,因为大多数皇帝是世纪转折之后才开设的,当时还有几千张立体幻灯片在各个城市之间往返。——关于 3D 电影最早的考虑和实验参见雷·丛纳(Ray Zone):《立体电影和 3D 电影的起源,1838-1952》(Stereoscopic Cinema & the Origins of 3-D Film. 1838-1952),雷克辛顿,2007 年。卡夫卡的想法不能实现,主要是它必须让观众再回到窥视盒前,而且因为每场演出最多可以有二十五名观众,所以不得不收取昂贵的门票,才能支付每场两个电影拷贝的租借费。能大规模制作的 3D 电影的历史,是成功地在同一条胶片上防止"左"图像和"右"图像之后,才开始的。

[14] 卡夫卡致埃尔莎·陶西格的信,1908 年 12 月 28 日。(《1900-1912 年书信集》,第 29 页起若干页)参见卡夫卡日记,1913 年 7 月 2 日(《卡夫卡日记》,第 564 页):"我用火,在我妹妹们的浴室表演了一个可笑的电影场景。"《口渴的宪兵》(Der durstige Gendarm)和《勇敢的卫兵》(Der galante Gendarm)营销广告及内容简介,摘自汉斯·齐施勒(Hanns Zischler):《卡夫卡去电影院》(Kafka geht ins Kino),莱贝克,1996 年,第 18-19 页。

[15] 卡夫卡致菲莉丝·鲍尔的信,1913 年 3 月 4 / 5 日。(《1900-1912 年书信集》,第 121-122 页)参见阿尔伯特·巴瑟曼:《电影演员与舞台艺术家》(Kinodarsteller und Bühnenkünstler),载于《波希米亚》,1913 年 1 月 30 日,第 12 页。卡夫卡肯定注意到了这篇文章,因为刊登在这篇文章旁边的就是奥托·皮克给卡夫卡第一本书《观察》写的书评。

[16] 卡夫卡致菲莉丝·鲍尔的信,1913 年 3 月 14 / 15 日。(《1900-1912 年书信集》,第 135 页)

[17] 卡夫卡写给马克斯·布罗德的明信片,1911 年 2 月 25 日。(《1913-1914 年书信集》,第 134 页)《理查德和萨穆埃尔》的第一章,作者是马克斯·布

罗德和弗朗茨·卡夫卡。(《卡夫卡遗作和未完成的残章》〔一〕,第 428-429 页)
见齐施勒:《卡夫卡去电影院》,第 47-49 页。

[18] 参见布罗德:《好斗的一生》,第 185 页;这里提到了捷克语发行片名:
《爸爸德鲁汉》(*Táta Dlouhán*)。在《长腿爸爸》(根据简·韦伯斯特的同名小说
改编)中,玛丽·璧克馥不仅扮演女主角,而且这也是她作为制片人的第一部
电影。

[19] 卡夫卡致艾莉·赫尔曼的信,1924 年 1 月中旬(未发表)。这封信的
背面有捷克语的电影信息,是给长年在卡夫卡家做管家的玛丽·维尔内罗娃的。

第二十三章　非凡的助手

工业是上帝最严酷的惩罚。

约瑟夫·罗特,《萨伏依饭店》

　　奥托·普日布拉姆,六十五岁的布拉格劳工事故保险局主席,在他的职业生涯中还没有遇到过这种事。保险局的三名职员来到他的办公室,按照惯例表达感谢,感谢他们被任命为"法务专员"(Concipist)。这个地位使他们未来有权独自起草商业信函和其他书面文件,供进一步使用和提供给经理及董事会签字,独立撰写那些通常不再需要逐字逐句检验但是保险局必须承认其经济和法律后果的正式文件。这类晋升,不仅意味着薪金等级方面的提升和开始有了养老金的权利——这在奥地利的公务员体系中,通常是要通过多年的工作服务才能获得的福利——而且,这首先是一种信任的表示。所以,合适的做法是,得到晋升的人组成一个小型代表团,礼节性地到主席办公桌前,说一段仪式性的感谢词,主席会说几句鼓励的套话,并亲切点头作答——以众所周知的觐见皇帝时的对答做模板。结果,那成了一个几乎**不可思议**的过程,因为三个人中的一个,就是最年轻的那个,用不间断的、幼稚的、毫无缘由的笑干扰了整个仪式。

380　　在紧张情况下错误地发出笑声,不是什么不寻常的事情:人通常努力尽量不引起注意,通过某种方式转移注意力,以便可以重新控制自己。不幸的卡夫卡博士痛苦地尝试了好几分钟,却怎么都没有成功,尽管他感到越来越尴尬。看着主席轻微晃动的肚子,就足够触动卡夫卡的笑神经了,而主席多年来养成的完全无个性的平庸风格更是给了卡夫卡充足的笑料:他当着顶头上司的面笑。而且,他试着把注意力集中在自己同事的面部表情上——他绝望地试图控制住自己的笑——但根本没有用,因为他在他们的脸上只看到自己的折射。

　　现在,当他挥着手说一些(本来就挺可笑而现在尤其)可笑的话时,我实在忍不住了,一直以来我所看到的表象的世界,现在完全消失了,我发出了毫无顾忌的大笑,这么由衷的笑声,也许只有坐在书桌前的小学生可以发出。一切变得沉默,而我因为我的笑,成为无可辩驳的中心。当时,我的膝当然因为害怕而颤抖,但我在笑,我的同事们可以随意跟着我一起笑,但是,我准备和练习了很久的可怕的笑,没有影响到他们,所以他们相对不引人注意。我用右手拍打着我的胸口,部分是因为意识到我的罪孽(想起了赎罪日),部分是想把憋住的笑从胸膛里赶出去,我说了很多理由,请求他们原谅我的笑,可能都很有说服力,但是由于期间不断爆发出新的笑,所以别人完全听不清我说了什么。后来,就连主席当然也不知所措了,他只是凭借他这种人与生俱来的、尽量让一切事情圆满解决的感觉,找到了一句什么俗话,给我歇斯底里的笑一种人性化的解释,我记得是跟他很久之前开过的一个玩笑有关。然后他就赶紧让我们走了。没有被打败,大笑着,但是极度悲伤,我第一个跌跌撞撞地跑了出来。

他跑去找马克斯·布罗德，想摆脱发生在他身上的一切。他跑去找埃瓦尔德·普日布拉姆，求他在他父亲面前替自己说几句好话。他自己也给恼怒的主席写信。主席肯定不会忘掉这件无法原谅的事情，所以他在后来的一封信里，把这件事描写成一出喜剧性的、几乎是闹剧性的独幕剧。[1]

这件轶事发生在 1910 年 4 月 28 日，同事们为这事调侃了很多年，但是，对于惧怕、逃避与权威直接对抗的卡夫卡来说，这几乎是一场精神创伤。偏偏是这家保险局中仅有的两名犹太人之一要这样做。偏偏是那个不顾他的缺陷把他招收进来的人，成为他的受害者。尽管如此，卡夫卡平安无事——他既没有收到书面训斥，他的人事档案也没有受到任何官方刁难。这完全是因为他的工作成绩，他知道这一点。

1889 年开始实施的法定工人工伤保险和医疗保险（主要是弥补收入损失），是这个多瑙河君主国最迫切的现代化措施之一，这是国家对加速的工业化和由此引发的紧张社会关系做出的反应。之前，企业家可以自愿给企业上事故保险，但是国家拒绝在这方面做广告：私人保险业看上去过于追逐利润、过于喜欢打官司了，而对那些最危险的工作岗位，要求非常高的保金，或者干脆拒绝提供保险。总之，无数保守派和社会主义者在这一点上观点一致，那就是，用灾难赚钱的名声不好，他们还拿一位重量级的外国权威做例子：德国首相。在德意志帝国，新的社会法已经在六年前就实施了，在一场关于社会法的辩论中，俾斯麦宣布："我想在这里说明原则，我们绝不认为，事故和不幸事件是获得高额利息和红利的运作基础，我们想给工人提供尽可能便宜的保险，去应对这些和那些不幸事件……"他还继续提出了令人惊讶的论点：一个不承认这一点的国家，同样可以把赡养老人和义务教育的事情交给股份公司来监管。[2]

381

一般来说,奥地利政界不喜欢最高层这么明确的表态,但是,这里也有一个绝对强大的基督教社会改革派,他们宣扬一种父权制关怀的等级

382 社会模式,因此认为大的资本公司是毒瘤。但是,在明确最后的官僚责任、正式开始不可避免的改革之前,维也纳的商议过程要拖很长时间。成立了七个区域性保险公司——最重要的在布拉格——它们被赋予了与行政机关一样的权力,但它们自己管理自己,所以经常被称为"半官方":这些保险公司的董事会由工人、企业家和国家的代表组成。所以,卡夫卡警告他后来的未婚妻,说自己"连一个完整的公务员都不是"[3],从形式上看,他是有道理的,因为事实上,他是按照公务员法获取报酬和保障,但他不是法律意义上的"国家公仆"。然而**实际上**他是。不了解情况的旁观者——他父母肯定就是——会认为,卡夫卡从忠利保险公司换到劳工事故保险局,只是换了个老板,但还是在这个行业。但事实上,从社会政治的角度看,卡夫卡改换了立场,因为从那以后,他就不再为抽象的利润率而是为被保险人的利益工作,这将对他的职业日常产生重大影响。

卡夫卡非常清楚,按照他之前老板的标准,他现在是一家慢性破产公司的雇员,如果没有纳税人资金的不断注入,这个公司连一个季度都支撑不下去。国家劳工事故保险局在亏损运营,卡夫卡入职第一年,局里负债三百五十万克朗,而且还仅仅是在布拉格,所以不仅是工业界,就连自由派政治家也已经在说改革失败。但是失败在哪里?企业主们当然觉得不公平,因为工人只交保险金的十分之一,剩下的都是他们交。如果更仔细地计算一下负担,那么就会发现,新保险仅仅相当于工资平均增长了百分之一点五。这些支付义务的确不算多,但企业主们却试图通过各种方法、包括政治手段去减少或者避免缴费,而且,每个行业都坚称,他们的事故风险被恶意高估了(而实际上往往是正好相反)。准确

383 的事故统计数据应该是对付这种障碍最有力的论据,但是当时还没有这

种统计。所以,保险局需要的员工,不仅要懂技术、有热情,而且还要有能力跟非常不配合的当事人达成可接受的一致意见。这需要有想法的员工。

害怕责任、压力和加班,这对于进入社会保险业来说,不是好的条件,那种安静的、墨守成规的、避免独立行动的国家公仆类型,那种至今仍有许多"公务员笑话"讽刺的类型,不适合这个位置。对于波希米亚的机构尤其如此。因为这个"王冠国家"(Kronland)几十年来不仅经历了飞速的工业化,早已经波及农村地区;而且,两个民族之间的竞争在这里造成了一系列额外的管理混乱,没有细腻的感觉和谈话的耐心,是不可能解决这些问题的。这里有德意志企业主协会和捷克企业主协会,有一个德意志行政长官,有捷克人主导的商会,即便是在有组织的工人们当中,也往往不是很明确,如果他们发生冲突,那他们是支持自己的政党(主要是社会民主党),还是自己的阶级,或者自己的民族。

这种对立阵线进入布拉格保险局内部多么深,不太确定。根据章程,保险局是超越民族的,所以有义务保持严格中立。但是,行政机关不是意识形态真空区域,虽说极端民族主义者肯定不会在这里被聘用,但还是要遵守某些特定游戏规则,这与布拉格其他办公室里的规则没有什么不同:德意志人和捷克人并肩工作,但他们互相观察,在触及他们爱国主义的某些特定问题上,他们更愿意跟自己人交流。"政治化"通常是不受欢迎的,尤其是当诱惑最大时,也就是说,当"外面"德意志人和捷克人再次暴力相向的时候。卡夫卡已经历过很多次这种情况,但是,像1897年的极端情况,这座城市里已经整整十年没有出现了,当时,家家户户都不得不设置障碍以自卫。直到1908年12月初,这种模式才重演,就好像历史上已经排演过了:穿戴着德意志颜色的德裔大学生不断"挑衅",一群扔石头的捷克人,德裔开的店铺的招牌被毁坏,在掩体和瓦茨拉夫广场上数日骚乱,然后刺刀上膛,骑兵进行干预,最后皇帝宣布

384

实施紧急状态法———一切突然归于平静。

保险局大楼没有直接受到影响,所有窗户玻璃都完好无损。但是,貌似理所当然照常运行的办公室日常、德意志人和捷克人之间平静的商谈,却显得有些不真实:如果人们想象一下,几百米之外的地方就流过血,生活在布拉格的四十一万五千名捷克人,是能够把留在这里的三万五千名德意志人轻而易举赶出这座城市的———如果他们真的像德语媒体栽赃的那样,是有组织的行动。卡夫卡从报纸上得知,他那位极端亲德意志的堂兄布鲁诺·卡夫卡———那时已经是大学讲师了———在大街上遭到严重殴打。再一次开始针对犹太人。这一切都不是办公室的话题,但是,这里当然也有**私下里**绝对不中立的公务员,从他们忧心忡忡的摇头中就能看出来。在这个以及布拉格每个行政机构中,民族思想只是被压抑了,但绝没有被克服,这一事实将在一战之后赤裸裸地显现出来,当说德语的负责人突然被宣布是骗子,因为他们原则上会照顾德意志人的企业。[4]

这在政治上是说得通的,但具体到事情上却是幼稚的。因为企业中德意志-捷克人的分类———双方的民族主义者都喜欢拿这一点来证明自己的成绩———常常是想象出来的。在有些行业中,某一方会掌握统治权:比如在机械制造业和食品加工业,捷克人占据优势;而德意志人在纺织业和玻璃、陶瓷器皿制造行业占据主导。在地域上也有各自的重点:在波希米亚北部的边缘地区,德意志人明显占优势;捷克人的工业主要集中在波希米亚中部,包括布拉格。但是,到底什么是**捷克企业**？如果是一家重要企业,那么它通常是靠匿名股票资本运营,而资本绝对不在波希米亚,而是集中在帝国首都维也纳———即便企业的所有员工都说捷克语。相反,一位来自赖兴贝格地区———一个由小城市组成但高度工业化的地区,卡夫卡后来对它非常了解———的德意志企业主,不一定优先雇用德裔工人,而是会聘用新移入的捷克人,因为他们满足于较低的工资,而德意志"民族同胞"或多或少自愿在边境另一边的萨克森工作。

波希米亚经济是一片雷区,在这里,不仅有德意志人和捷克人之间的冲突,而且还有企业主和工人之间、大企业和中等手工业之间、地区之间、行业之间以及现在甚至出现了宗教之间的冲突,各种冲突交织混杂在一起,所以需要有强大的神经,才能冷静稳妥地把像工伤和医疗保险这样顾及各方面的国家措施推行下去。卡夫卡当然很清楚等待他的是什么,因为这种状态早就是公开的。没有哪个报纸读者会再相信自由派的无稽之谈,说什么普遍的"竞争"会促进波希米亚在物质和社会方面的繁荣。就连新的《奥地利国家词典》都知道这一点:

> 这是一个值得注意的现象,《工伤事故保险法》在生效的十五年时间里,没有能够适应这样的状态,而且,它也没有让相关群体中的任何一方感到满意。因《工伤事故保险法》而感到相当大负担的企业主,法律规定缴费最少的企业——实际上在很多企业中他们是根本不缴纳保险费的——被保险人,劳工事故保险局,以及那些受委托执行法律的当局——所有相关各方异口同声地大声抱怨。《工伤事故保险法》不仅没有减少社会对立,反而在所有相关群体中发动了一场所有人反对所有人的战争。[……]保险局无辜地成为攻击的中心,被公认为是"招人恨"的机构。[5]

1908 年 7 月 30 日早晨,大约七点四十五分,卡夫卡第一次上路,前往他的新工作岗位。天气温暖,但是阴沉潮湿,有薄雾。他沿着尼克拉斯街走,穿过老城广场,然后走过整条策尔特纳街,路过几幢他曾经住过的房子,路过了军械堡。他穿过约瑟夫广场,继续走进波日奇路(Na Poříčí),走进一座五层楼的建筑,这座楼有两个大门,顶上是一个巨大的穹顶,正面是古典主义风格的豪华外立面。那是**布拉格波希米亚王国劳工事故保险局**总部,横贯公司大楼正面的,是以双语巨大字母写的单位名称,非常醒目。大楼里面有一个宽敞但缓慢的电梯和一位电梯工。后来,经常会迟到几分钟的卡夫卡更喜欢从楼梯冲到办公室,虽然他的办公室在顶层。

他已经有好几天情绪忧郁了,很难让家里人和朋友们理解他。他最迫切的愿望不是刚刚实现吗?作为犹太人,他"轻而易举"地得到了梦寐以求的工作,每天只需要出现一次,六个小时之后就可以离开。而且,这个工作不是仅仅消化那些文件就行了——就像马克斯·布罗德在布拉格邮政局忍受了许多年的工作——而是给他提供了很大的空间,可以做一些事情,有社会意义的行动,同时能够满足个人的成就感和身份认同。在关于保险技术的夜校课程上,他结识了自己后来的上司,同时也对自己新岗位的工作内容有了相当多的了解:这是一个处在社会热点区域的机构,这里的待遇很好。

但他并没有感觉到幸福。在波希米亚森林中的几天度假休闲再次让他感官痛苦地想到,什么是真正的自由:"那里的蝴蝶跟我们这里的燕子飞得一样高。"他曾梦想的异国,消失在地平线后面,暂时看是永远消失了。在另外一座城市里生活?不可能长期,接下来几年也不可能。他牢牢地坐在布拉格,那座他曾想烧毁的城市。就连他自己能负担得起的旅行,在未来几十年,也会受到时间的限制。同样,他的文学创作尝试,在单调的日常条件下和塞满了办公室繁杂事物的脑袋里,肯定会逐渐停滞。所有的道路都已经确定了,没有什么可以决定的了。那个充满想象力的空间,那个设计、梦想和逃避的游戏场,逐渐暗淡。1908 年 7月 30 日,是卡夫卡进入市民存在的日子,将来,只有强力才可能把他从中解放出来。**波日奇路大街** 8 号是他的囚禁之地。很快,他就将属于他所恐惧的一类人:"上班时间的最后一分钟,是他们的快乐跳板。"[6]

卡夫卡在劳工事故保险局也有一个试用期,试用期内,他作为"助手",每月薪水只有一百二十克朗——这已经是一个工人的月收入了——他要在很多个部门实习,并且接受内部评审。在他的人事档案里,首先是"保险技术部"的评语,这个部门负责计算保费,卡夫卡前十个月在这个部门上班。评语说,卡夫卡一开始负责统计工作——这是对他工作纪律的特别测试,他在忠利保险公司时就了解了——然后负责处理从无数企业主投诉信件中挑选出来的信件。甚至在这最早的一段实习期里,卡夫卡似乎就已经起草过写给维也纳内政部的信件,因为企业主们向作为上级主管的内政部投诉,说他们要交的保费太高了。他可以用德语写,因为在奥地利,从 1899 年起——就是巴德尼的语言规定被取消的那一年——行政当局内部的书信往来又恢复为德语了。不过,卡夫卡至少能看懂捷克工厂主、律师和监督员的信件,后来甚至能用捷克语写信,这当然是非常重要的一项能力。[7]

他的直接上司,四十一岁的部门主管欧根·普弗尔,显然很快就认识到,这个新来的年轻人不仅有语言天赋,表达非常清晰,而且还能从法律上进行非常精准的论证,也就是说,他所拥有的这些能力组合,只可能在最优秀的律师身上找到。所以,可以尽快让卡夫卡博士撰写那些给公众和政治决策者的文件,这些文件既要清晰易懂,内容上也必须无懈可击。

所以,作为公文写作者,卡夫卡在入职短短几个月后就通过了考验。契机是总结报告,保险局每年一次,必须以两种语言提交。多数情况下,这个报告就是一个带有简单评价的收支结算,但是这一次,它应该是一个平台,用以在一个非常有争议的问题上清楚地概括表述本机构的立场。要讨论的问题是建筑业的强制保险,企业主的律师们对其进行了最狭隘的阐释:按照他们的观点,立法者只想给在建筑工地上干活的工人们保险。但是那上万名供货的工人呢?比如说,跟许多助手在小作坊里

388

劳动的石匠;那些制作脚手架、金属零部件和木板的手工业者;还有那些把这些材料运到建筑工地的人呢? 这些都是建筑业的附属行业,发生事故的可能性不比建筑工地本身小,所以保险局必须要跟企业主的反对意见抗争,才能为工人们争取到强制保险:根据 1906 年行政法院的一项决定(按照奥地利的习惯说法:"一项判决")。可是突然,1908 年春天,同一个法院做出相反的判决,把附属行业排除出强制保险,并强迫劳工事故保险局都取消保险。所以,卡夫卡的专业文章《建筑业和建筑附属行业强制保险的范围》是一篇非常及时和必要的理性呼吁,不仅冷静分析了行政法院最后那个错误的决定,而且让所有有关方面都清楚地看到,在这样摇摆不定的法律环境下,保险局根本无法运作,更不用说失去工人们的信任了,他们都搞不明白,他们是否能获取保险赔偿的问题为什么要取决于事故发生的时间。[8]

　　卡夫卡是 1908 年底,也就是说在他入职后不到半年写的这篇文章。
389 欧根·普弗尔做了修改,保险局内部的一位翻译译成了捷克语。这篇文章的发表之所以非常重要,主要是因为它符合保险局的新战略,比如像建立**公共关系**,大力扭转他们自身经营不善的形象等等。行政机构其实是不需要这么做的,他们通过颁布和公告法规与外界沟通,这些事情在新闻报道中很容易被忽略。但劳工事故保险局依赖于社会群体和协会的参与,而这些势力——如果他们愿意——是有可能把事情搞得一团糟的。所以对建筑业毁灭性的判决之后,保险局立刻决定,直接与相关企业主接触:他们要求这些企业主,其实是**请求**这些企业主,自愿让以前的保险继续进行:一方面是为了避免不公正和官僚混乱,另一方面,是因为保险也为他们自己提供了保护。因为最终,如果那些没有任何保险也没有过错的工人遭遇到事故,他们会向法庭起诉索要赔偿金和养老金,就像以前一样。实际上,在保险局发出的四千多份"通告"中,只有大约四分之一的企业主表示拒绝——新外交的成就。

卡夫卡发表的第二份公文也是为了抗议，遥远的维也纳当局没有征求任何意见，就做出了一个不符合实际的决定。事关一个非常急迫的技术问题，以前一直是由私营企业自己解决的，即汽车保险，包括司机的保险，因为大部分司机都是聘用的专职司机或者机械师。尽管汽车还是奢侈品——一辆普通的跑车价格相当于卡夫卡公司经理好几年的薪水——但是在奥地利已经有上千辆了。而且，它们似乎像生物一样不断繁衍，越来越强大。因此，发生事故的频率也提高了，而且绝不仅是在路上，甚至还在车库里，在精心保养的情况下。一直以来，车主是可以私人投保的，或者他们在事故现场直接掏出钱包解决问题，这是非常常见的。这种新的、很难预测的，有时候甚至会涉及巨额赔偿的风险，应该置于国家控制之下。

但是，可以把这个业务委托给哪个机构呢？尽管早就有了一个国家劳工事故保险局，但不幸的是，按照规定，它只能从事企业保险。这给行政法学专家们出了一道难题，但是他们中间有某位匿名人士想出了一个绝妙的主意：把所有汽车看成是一人企业，车主就是企业主。问题于是迎刃而解。在布拉格保险局，从 1908 年 8 月 9 日起——这个疯狂的管理措施公布的那天——大家急得抓耳挠腮。波希米亚到底一共有多少汽车，它们都属于什么人？这些车都有保险吗，旧的合同能不能取消或者接手？这一切，都需要通过大量通信才能搞清楚。唯一的安慰是，不需要再派保险局员工们去关注赛车了，因为那些车都已经投了私人保险。

详细描述保险局在这项工作中遇到了多少麻烦，这又成了聪明的卡夫卡博士的任务；他的立场发表在 1908 年的总结报告中。如同他的第一份报告一样，这次也没有任何尖锐的措辞，但是卡夫卡用目标明确的论据证明，部里的负责人们对于捷克事务和法律问题一无所知，所以，布拉格保险机构面对突然出现的八百个在车轮上滚动的企业感到孤立无

390

援。这还没有考虑到区分大功率和小功率的汽车。所以,对于来自维也纳的更具体的规定,布拉格方面只能在确定其"具有可实施性和保险局可接受"并且"经过多次修改"后,才能接受——卡夫卡这已经是在这种官方出版物中,在可能范围内把政治批评做到了极致。[9]（如果他某一天跟几个酒后兴奋的同伴乘坐出租车穿过布拉格城——从 1907 年起,布拉格就有出租汽车了——那他就能讲一些好笑的故事了。）

391　　　正面应对这样的问题、直接与有关方协商解决,这个主意主要是法学博士罗伯特·马施纳提出来的,他是律师,是保险局的秘书长,同时也是德语技术大学的私人讲师和商学院的任课老师。非常有可能的是,四十三岁的马施纳——他还将对卡夫卡具有决定命运的意义——在聘用的事情上也支持了卡夫卡,因为应聘者那么多,夜校课上留下的直接印象对于做选择会有帮助。双方肯定是互相有好感的;尤其卡夫卡对这位有事业心的专家印象深刻,马施纳会全身心地投入工作,他既有细节知识,也有组织才能,而且关注自己工作的社会政治氛围。马施纳是少有的集技术专家、官僚人士和雄心勃勃的社会改革者于一身的人,他在政治上绝对不是"左派"——否则他就不可能代表这个机构——但他坚信,仅靠行政手段就能大大改善工人的命运,社会保障应该掌握在国家而不是私营企业手中。[10]马施纳出版的一系列著作也能说明他的态度,后来在一战期间,马施纳自愿承担了几乎压垮卡夫卡的工作。此外,马施纳还对文学感兴趣,这是额外的幸运,就像在忠利保险公司一样,这会使卡夫卡与上司的交往变得轻松一些。但这不是最重要的。卡夫卡的特点是——这可以从他对同事的评价中看出来——他的即兴好感既与共同的兴趣无关,也不取决于某人是否有同样的审美经验。所以,他不带任何讽刺或者居高临下意味地赞扬西格蒙德·弗莱施曼,公司除他之外唯一的犹太人,说他"做事情非常投入",只是顺便提到弗莱施曼对文学"原发性地无兴趣"。[11]

　　卡夫卡肯定很早就已经与马施纳建立起特别的关系。否则无法解释,1909 年 3 月,马施纳被任命为公司执行经理时,代表全体员工撰写祝贺讲稿的偏偏是卡夫卡,一个还没有通过试用期的新人。但这不妨碍他大声赞扬同事:"这个选择大受欢迎。这使一个人真的踏上了他最合适的位置,而这个位置也得到了它必须要的那个人。"很难想象,卡夫卡亲自朗读了这篇讲话(即便同事们还不知道他有笑场的习惯)。很明显,讲话中除了一些用最美好的词汇赞美马施纳专业能力的套话,还强调了他的社会态度,而且从语言表述中明显看出讲话者内心的钦佩:"了解他的文章、他的职业工作和人品的人,都会被他对工人处境的强烈情感所打动,他是工人热情的朋友"……这里,卡夫卡显然注意到,这是危险的……"他要始终注意界线,这个界限是法律和当前的经济状况给他的努力方向设置的边界……所以,除了学术领域之外,他可能没有对手;假如他有对手,那将是悲伤的敌对关系。"[12]

392

　　卡夫卡后来反复抱怨说,他的办公室工作单就抽象程度而言就具有幽灵特点。处理危险等级和风险百分比,确定保费金额,用法律和修辞手段与不愿意缴费的企业家谈判——这些直到他职业生涯的最后都一直是他工作中最主要的内容。大多是枯燥的例行公事,不过这种统计性的、借助数据表格与现实进行的交流,也会有可笑的另一面,卡夫卡没有忽略这一点,并且后来从中获得了文学启示。所以,小说《城堡》中荒诞的分发文件场景就来源于机构中机械的日常的经验,**每天要处理上千份**文件。卡夫卡肯定这样想象,就连古代的神祇也可能被他国家的档案管理工作耗尽精力,让他无暇去看看自己的王国:"波塞冬坐在他的办公桌前计算着……"[13]

　　在这里,或许卡夫卡耳边响起了他经理的一声叹息,经理曾经有一段时间要完成超人的工作量,所以,虽然他负责波希米亚工业区的人性

393

化改革,但实际上,他看到过的波希米亚工业区比工作需要他看的要少。但是,公司内部培训的内容当然包括,官员对所有情况要有一个总体了解,也就是说,要去现场了解技术革新和保护措施。1908 年,卡夫卡就出了两次差,一次是去波希米亚北部好几天,另一次时间短,是去布拉格南边的切尔诺希采,在后来的岁月中,卡夫卡还完成了许多责任重大的参观和商谈。这些会晤总是很尴尬,因为企业负责人和工人师傅总是把来自布拉格的保险局律师看成脱离现实的官僚,既不懂技术流程,更不懂他们讨论的危险,并且总是会夸大危险。当然,有些非常专业的行业检查员,他们有**权**查看,然后会把他们的看法汇报给布拉格的机构。但是很明显,许多检查员跟企业主的关系太好了,不是很乐意为保险局干活。对付这种顽固态度,最好的方法就是用自己的专业知识和精确的准备工作赢得对方的尊重。

　　工伤事故当然不只是作为统计数字或者可能性在保险局的办公室里出现的。如果有人员受伤甚至死亡,那么受害者或者受害者家属就会亲自坐在负责官员面前的访客椅上,要确定医疗措施、赔偿和养老金,甚至保险局内部的医生也要参与。卡夫卡当然也应该了解办公室日常工作的这些非常具体的方面,所以,1909 年 4 月他被调到工伤事故部实习几个月。这里负责把他上一个实习部门收上来的钱给出去,能更形象地说明,巨大的亏损是从哪里产生的:平均**每天**有六十起事故的报告,是一个不间断的节奏,每起事故都急迫,所以经常不能指望按时下班,卡夫卡——估计跟他的大多数同事一样——也只能苦中作乐。有一天下午四点半,他在办公室写道:

394　　　　那我该做什么!在我负责的四个区——我其他的工人们先不说——人们像喝醉了酒一样从脚手架上掉了下来,掉进机器里,所有大梁都倒了,所有支撑面都松动了,所有梯子都打滑,所有拿上去的东西都掉了下来,所有拿下来的东西,会把人绊倒。瓷器工厂的那些年轻姑娘让人头痛,她们会抱着一摞一摞的瓷器餐具,在台阶上摔倒。[14]

这听上去有些轻浮,但是卡夫卡当然知道,之所以产生了闹剧的效果,是因为自己与事故保持着一个安全的距离。从近处看,一个卷宗接一个卷宗,仅仅是重伤的概率就已经让人非常沮丧了,而且重伤后还会产生终生影响,即便是最严重的情况——也就是说,如果受害者需要生活护理——最高只能获得最后收入的百分之六十作为赔偿。更不用说每年仅在波希米亚就有二百五十到三百起工伤死亡事故。根据人事档案记载,卡夫卡曾经负责过"养老金部门"的工作,所以他在纸面上关注过这种痛苦。他不得不无数次与伤残工人谈话,或者安慰幸存者,他有多大自由空间、如何利用这个空间,以"非官僚的"方式帮助这些人——这些我们一无所知。可以肯定的是,从长远看,卡夫卡绝对无法摆脱他在这个部门的经历。所以,他在第一部长篇小说《失踪者》中加入了关于一场工伤死亡事故的感人故事——一个女帮工从一个没有加固的脚手架上摔下来,被一块沉重的木板砸死——其中那些真实的细节显然来自那些给他留下深刻印象的申诉材料。[15]

对于"工人的朋友"马施纳经理来说,总是只能处理这些工伤事故,而不能做些事情预防事故发生,肯定是非常难受的。早在十年之前,他就跟他的前任经理在德国进行了一次长时间的差旅,搜集预防工伤事故的材料。但是,由于这不是保险局的核心任务,所以也没有预算能够聘用这方面的专业人士。就连威胁那些不采取足够保险措施的工厂主们,让他们交更高保费的想法,也基本上是无效的。所以,主要是靠公司领导们想办法,用现有的力量,至少通过宣传保险的意义来起到一些作用——维也纳的说法是,如果这样做有效果,那么保险局的支出就会减少。

　　保险局再次用到了久经考验的文书写手卡夫卡博士。他虽然绝对不是工伤事故保护方面的权威人士，但是公司相信他一定能把相关的安全手册知识浓缩成一篇令人信服的、即便是最懒得阅读的工厂主也会觉得有意思的文章。于是，就诞生了好几篇关于预防工伤事故措施的文章，还是发表在公司年度报告中，有些甚至——这个创新估计也是卡夫卡的建议——配了很有启发性的插图：比如几张素描，有些画的是木工的手掉进"方轴"刀后变得残缺不全，另外几张画上是添加了"安全轴"后，刀被盖住，手上就只有一些很小的伤口。卡夫卡后来还有一篇文章《采矿业的工伤事故预防》，甚至配了十五张带评注的照片插图，照片上虽然看不到人，但效果足够吓人：这是教学上非常有益的措施，因为根据统计，开采页岩的工作比制造炸药更危险。另外，他在这里提出要求（肯定是跟马施纳商量过），普遍采用照片来记录采矿业的重大事故，也就是说，靠自己完成保留证据的工作。[16]（当然，这对卡夫卡几个月后将在他的小说《诉讼》最后一页上描写的那场采矿事故没什么帮助。）

　　卡夫卡继续负责"工伤事故保护和紧急救助"，他甚至以这个身份参加了1913年在维也纳召开的一个大会。[17]但是，这个领域的这些工作都不是他日常事务的全部。更加急迫的，也就是每天都要做的事情，需要他法律和语言能力的出色结合，在保险技术部，在"案例分类记录"上，把企业按照危险程度分成不同的等级，并为让企业主缴纳保费而斗争。当卡夫卡1909年9月回到这个部门时，他发现情况发生了很大变化。半年以来，法律规定企业主必须公开他们的员工名单和工资单，这样，企业主最容易逃避缴纳保费的可能性被彻底根除了。这个措施起到了立竿见影的效果，布拉格保险局甚至在下一年有史以来第一次有了财务盈余。于是，工厂主们就越来越多地通过法律途径反对给他们的风险评级，所以，相关的抗议书信往来（上诉）急剧增加。

仅靠法律专业知识来应付这个局面是不够的，就连法律部也觉得应接不暇，现在比以前更需要法律以及技术方面最新专业知识的智性组合。于是，根据马施纳的推荐，卡夫卡提出正式申请，要求从 10 月开始在上班时间去听机械技术讲座课程，主要是去听纤维加工方面的，申请正好在学期开始时被批准了。[18]这对他来说意味着巨大的压力减轻了。因为，在接下来他面临的许多差旅中，他不仅要准备好自己的工作，而且还要跟企业家们接触，这些企业家正因为更严格的控制而心情不好，对工伤事故保险绝对没有好话。如果卡夫卡要求查看工资单、提醒保护措施，并且检查工人们是否真的使用这些保护措施，那么，即便他做出职业性的微笑也无济于事，无法缓和谈话的气氛。"……又过了几天！"他在秋天写道。"今天早上六点半我就去了亚布洛内茨，从那里又去了约翰内斯贝格，然后再去格伦岑多夫，现在我在去马菲尔斯多夫的路上，然后去赖兴贝格，然后去罗希里茨，晚上去鲁佩斯多夫，再回家。"圣诞节前不久，他在波希米亚西部的工业城市皮尔森写道："我想的跟这不一样。我一直不舒服，从早上喝牛奶，到晚上刷牙，所有的安排都不是疗养。"[19]

"卡夫卡在抱怨。"马克斯·布罗德 1909 年 10 月 18 日简短记录道。可能是抱怨办公室，抱怨出差和撰写"公文"的任务，使他没法创作文学。他真的过得这么差吗？如果追问他，他肯定不能否认，从这个大单位对他的反馈中，他的自信心得到了增强。每天早上八点，当他穿过保险局的大门，回应门卫的问候，他就进入了一个世界，在这个世界中，他被尊重、被需要，大家对他现在和将来的状况，都有一个相当确定和完全正面的评价——这与他获得博士学位后那种飘忽不定的奇特状态完全相反，当时，他所有的计划和梦想都落空了。他的新职位和更加具体的前景肯定也让他的父母很满意，所以，在**这**方面他获得了些许宁静，这也是这份工作带给他最大的好处之一。只需要再走一小步,他就能在经济上不依赖他们了。

卡夫卡不仅准时,而且还积极地迈入了这下一个阶段。1909 年 8 月 17 日,他以"最谦恭"的态度向董事会申请,给予他一个固定职位,因为他已经完成了整整一年的"助手"实习期。还没等到他盼望的晋升——这意味着他的收入将翻倍——他就几乎同时申请休假八天,因为,如同他的家庭医生证明,他"由于将近两年时间没有休息、没有休假地工作,所以最近一段时间感到紧张烦躁,经常头疼"。这里好像完全不提 1908 年 7 月那两个星期的休息,但是不管怎么说,卡夫卡知道,他还没有权利申请休息(实际上这次让他休假是"破例"),他也听说了,部门负责人普弗尔在劳工事故保险局工作的前**八年**,没有休过一天假。不过卡夫卡现在有兴趣出去走走,他早就跟布罗德说好了一起去加尔达湖旅行,现在,因为他确定自己会晋升(估计是马施纳口头告诉他了),他觉得,既可以撒个"紧张"的小谎,也可以承担一次奢侈的出国旅行。[20]

所有事情都非常顺利。当卡夫卡 9 月 16 日回到办公室时,就接到了通知,说他的试用期结束,现在晋升到"保险局实习生"的级别。第二天,他清理了工伤事故部的办公桌,回到原来的部门,在欧根·普弗尔麾下,第二个星期就又开始出差,去北波希米亚的边境城市杰钦-博登巴赫。他让他的经理很容易就表示支持。因为,尽管马施纳很快看出这个新人既不适合做热情洋溢的社会政治家,也不适合当管理者,但是他非常看重卡夫卡的可靠,看重他的语言水平和他用外交方式以及有时候用非常规方式处理业务冲突的能力。在一个必须不断为自己的工作意义和目的辩护,并且还远远没有摆脱其社会防御地位的机构里,这个能力关乎自己是否能继续生存。马施纳当时还不可能知道这一点,但他可能感觉到了:他给自己部门招来了一个**防御**和**辩护**大师。

晋升的正式依据是上级的评价。在卡夫卡的生命中,这是第一份他

不必害怕的鉴定,虽然他从来没有看到过。"**勤奋和抱负**：与他极大的勤奋联系在一起的,是对所有项目的持续兴趣。经常在工作时间之外,为了公司的利益加班。**可用性**：杰出。**概括评价**：考核对象在保险技术部工作时,我认为他表现出杰出的规划能力。"这是普弗尔真实的意见。工伤事故部也同意这样的表扬："**勤奋和抱负**：不知疲倦、勤奋、有抱负。**可用性**：优秀。**概括评价**：卡夫卡博士是一位极其勤奋的员工,具有杰出的天赋和突出的敬业精神。"[21] 遗憾的是,卡夫卡没法让他的父母看这些评语,他父母根本没有体验过他作为不知疲倦的勤奋的化身。"杰出的规划能力"这已经是明显地推荐晋升更高一级了,即被任命为法务专员。七个月之后,他就做到了。这让他很高兴,虽然他更愿意"规划"完全不同的事物。但是,他现在可以——如果他认识了一位女子,遇到了以前的老师或者中学同学,或者被亲戚们纠缠追问——非常诚实并且几乎是真实地回答关于他身份的问题了。而他的父母也可以非常轻松地对别人说："我们的弗朗茨现在是公务员。"

　　他需要去主席办公室正式表示感谢了,穿着黑色西服,跟两位估计同样激动的同事一起。这种仪式从来都会让他感到非常不舒服,从成人礼和舞蹈课那时候就开始了,他总觉得自己像个处在可笑边缘的演员。现在,他其实不需要害怕这位大家长,因为那是奥托·普日布拉姆本人,是推荐了他的人,这与在忠利保险公司完全不同。这一次,他没有给他的导师一丝一毫的理由,让后者后悔自己的善行。就剩几分钟,然后就过去了。还能发生什么呢?

注释

　　[1] 卡夫卡致菲莉丝·鲍尔的信,1913 年 1 月 8 / 9 日。(《1913-1914 年书信集》,第 26-29 页)在布罗德未发表的日记中,1910 年 4 月 28 日关于这件事："卡夫卡来找我,绝望,他在应该为提升表示感谢的时候,当着主席的面大

399

笑——我们互相安慰。"（布罗德刚给一个情人写了一封愤怒的分手信）关于"法务专员"或者说"法务公务员"的任务，及其在保险局内部的签字权，参见《卡夫卡公文集》（*Amtlichen Schriften*）考订本"引言"（《卡夫卡公文集》，克劳斯・赫尔姆斯多夫〔Klaus Hermsdorf〕和本诺・瓦格纳〔Benno Wagner〕编，法兰克福，2004年，第16页起若干页，第22页）以后，卡夫卡自己也给既不是他起草、他也没有读过的文件签过字；参见卡夫卡致菲莉丝・鲍尔的信，1912年12月20-21日。（《1900-1912年书信集》，第348-349页）卡夫卡写给奥托・普日布拉姆的道歉信没有保存下来。

［2］1884年3月15日，德意志帝国议会第六次会议记录，第74页。

［3］卡夫卡致菲莉丝・鲍尔的信，1914年1月1-2日。（《1913-1914年书信集》，第313页）

［4］参见施塔赫：《卡夫卡传：领悟之年》，第292-293页，以及相应的注释，第655页。"袭击卡夫卡博士讲师"的描写载于《布拉格日报》，1908年12月2日，第7-8页。在这一天，颁布了布拉格紧急状态法，这在政治上非常尴尬，因为当天是皇帝统治六十周年纪念日。

［5］《奥地利国家词典》（*Österreichisches Staatswörterbuch*），第一卷：A-G，维也纳，1905年，词条："工人工伤事故保险"；转引自：《卡夫卡公文集》考订本附带CD光盘中的《材料》（*Materialien*），第138页。捷克自由派一方也有幼稚的安抚；一个非常有启发性的例子是鲁道尔夫・霍托维茨（Rudolf Hotowetz）的文章《布拉格1908年举办的布拉格贸易和工商会年展》（Die Jubiläumsausstellung des Prager Handels- und Gewerbekammerbezirkes in Prag 1908），载于《捷克观察》（*Čechische Revue*），布拉格，1905年第1期，第885-899页。

［6］卡夫卡致马克斯・布罗德的信，1908年7月29/30日。（《1900-1912年书信集》，第86页）卡夫卡致海德薇・威勒的信，1907年10月9日之后。（《1900-1912年书信集》，第73页）

［7］卡夫卡肯定是在捷克斯洛伐克共和国建立以后，才必须经常用捷克语口授信件的。但是，他的捷克语口语一直非常好，他的上司们甚至想派他以公司

发言人和代表的身份去参加捷克语会议;参见卡夫卡致菲莉丝·鲍尔的信,1913年3月20日。(《1913-1914年书信集》,第141页)卡夫卡的人事档案至今仍保存在布拉格斯特拉霍夫修道院的捷克文学档案馆里。能保存下来,纯粹是个偶然,因为布拉格劳工事故保险局的档案材料在二十世纪六十年代几乎全部销毁。

[8]《建筑业和建筑附属行业强制保险的范围》(Umfang der Versicherungspflicht der Baugewerbe und der baulichen Nebengewerbe,德语版),载于《布拉格波希米亚王国劳工事故保险局关于1907年1月1日至12月31日期间的工作报告》(Bericht der Arbeiter-Unfall-Versicherungs-Anstalt für das Königreich Böhmen in Prag über ihre Tätigkeit während der Zeit vom 1. Jänner bis 31. Dezember 1907),布拉格,1908年,第4-21页。(《卡夫卡公文集》,第107-138页)年度报告中的文章都没有署名。至于哪些是卡夫卡写的,部分可以从他的个人档案中得知,部分从他自己的谈话中确定。

[9]《把私家汽车纳入强制保险》(Einbeziehung der privaten Automobilbetriebe in die Versicherungspflicht,德语版),载于《布拉格波希米亚王国劳工事故保险局关于1908年1月1日至12月31日期间的工作报告》(Bericht der Arbeiter-Unfall-Versicherungs-Anstalt für das Königreich Böhmen in Prag über ihre Tätigkeit während der Zeit vom 1. Jänner bis 31. Dezember 1908),布拉格,1909年,第10-14页。(《卡夫卡公文集》,第177-184页,特别参阅第181页)在同一年的报告中,还有一篇关于《小型农业机械企业固定保险费》(Die Pauschalierung der Versicherungsbeiträge bei den kleinen landwirtschaftlichen Maschinenbetrieben)的文章,其中一部分也是卡夫卡写的(《卡夫卡公文集》,第169-176页),同样也涉及一个社会政治激烈争论的领域。(参见《卡夫卡公文集》,第824页起数页中的评论)

[10]卡夫卡曾批评这种态度太不实际,这也证明,他与马施纳的关系肯定从一开始就非常相互信任。在《德意志创作——波希米亚德意志人的精神生活月刊》(1910年6月)杂志上,他曾评论马施纳的文章《从保险学的角度看生育保险》(Die Mutterschaftsversicherung vom Standpunkte der Versicherungswissenschaft)。

卡夫卡写道:"只是,似乎出于真诚的社会情感,私人保险被过于匆忙地驱逐出了生育保险这个领域。"(《卡夫卡公文集》,第207页)

[11] 卡夫卡致奥斯卡·鲍姆的信,1918年3月底/4月初。(《1918-1920年书信集》,第37页)弗莱施曼经常要求卡夫卡,发表专业学术文章。(参见《卡夫卡书信集,1902-1924》,第500页)

[12] 《卡夫卡公文集》,第167-168页。

[13] 《卡夫卡遗作和未完成的残章》(二),第300-302页。创作于1920年。这篇作品显然已经完成,但没有标题,卡夫卡自己也没有发表,作品最后几句话是:"所以,他几乎就没有看过大海,只是在匆匆登上奥林匹斯山时瞭了一眼,他也从没有真正去海上航行过。他经常说,他就这样等着世界末日来临,到那时候,他检查完最后一项计算,会有片刻安静的时光,还能来得及快速去海上转一小圈。"《城堡》相应的场景参见第430-432页,引文处在第433页。关于每天包围着卡夫卡的纸张战争的数量,保险局的总结报告中给出了结果。比如,1912年大约有四十万份收入的文件。(参看《卡夫卡公文集》考订本附带CD光盘中的《材料》,第474页)

[14] 卡夫卡致马克斯·布罗德的信,1909年夏天。(《1900-1912年书信集》,第108页)卡夫卡负责的四个区是:弗里德兰、赖兴贝格、伦布尔克和亚布洛内茨。

[15] 《失踪者》,第201-202页。参见《1910年奥地利事故统计》(Österreichische Unfallstatistik 1910),其中列举了自1890年以来的比较数据。(《卡夫卡公文集》考订本附带CD光盘中的《材料》,第662页起若干页)1910-1913年间奥地利工伤死亡事故统计。(同上,第294页)

[16] 《木工刨床事故预防措施》(Unfallverhütungsmaßregel bei Holzhobelmaschinen),载于《劳工事故保险局1909年度报告》(Bericht der Arbeiter-Unfall-Versicherungs-Anstalt 1909),布拉格,1910年,第7-12页。(《卡夫卡公文集》,第194-201页)《采矿业的工伤事故预防》(Die Unfallverhütung in den Steinbruchbetrieben),载于《劳工事故保险局1914年度报告》(Bericht der Arbeiter-

Unfall-Versicherungs-Anstalt 1914），布拉格，1915 年，第 59-78 页。（同上，第 378-414 页）这篇文章也与《中国长城建造时》有横向联系。——卡夫卡为保险局的总结报告写了一系列关于预防工伤事故的文章。（同上，第 212-229 页，第 242 页，第 269-271 页，第 272-274 页，第 457-470 页，第 479-493 页）

[17] 参见施塔赫：《卡夫卡传：关键岁月》，"维也纳的三场会议"一章，第 395-397 页。1915 年 6 月 23 日，公司提交了免除卡夫卡兵役的申请，理由是"他负责案例分类记录、工伤事故预防和紧急救援"。（《卡夫卡公文集》考订本附带 CD 光盘中的《材料》，第 863 页）

[18] 卡夫卡 1909 年 10 月 7 日的申请和经理的回复，参见《1900-1912 年书信集》，第 111-112 页，第 611 页。德语技术大学的讲座课的老师是卡尔·米科拉谢克教授（1850-1920），每星期四次，早上八点开始。讲座名称是"纤维原料的加工。植物纤维和动物纤维。纺纱、织造、上浆、造纸"。关于"法律办公室"压力过大引起的内部冲突，参见弗莱施曼写给马施纳的诉苦信，信中请求解除他部门负责人的职务。（《卡夫卡公文集》考订本附带 CD 光盘中的《材料》，第 361 页起若干页）

[19] 卡夫卡写给马克斯·布罗德的明信片，1909 年秋（邮局印章看不清楚）和 1909 年 12 月 22 日。（《1900-1912 年书信集》，第 114-115 页）卡夫卡提到的这些地点都在北波希米亚的工业区（其中一个地名格伦岑多夫拼写错了，应为 Gränzendorf，卡夫卡写成了 Grenzendorf，现名为 Hraničná），这些地方位于方圆十公里范围内，之间有轻轨相连。他在皮尔森至少待了四天，而且显然是跟同事一起，因为他给布罗德写道："太好了，马上要结束了，我们明天晚上回布拉格。"两天之前，他就从皮尔森给奥特拉和艾莉也寄过明信片。（《1900-1912 年书信集》，第 114-115 页）因为 1910 年初，又到了五年一度的波希米亚所有企业危险度重新评级的时候了（"重新分级"），卡夫卡 1909 年底的出差，很可能就是去监察那些还有问题的企业，或者是那些有投诉的企业。具体细节参见哈尔穆特·宾德：《羊毛纺织和棉纺织——保险局职员弗朗茨·卡夫卡的新消息》（Wollweberei oder Baumwollweberei. Neues vom Büroalltag des Versicherungsangestellten Franz Kafka），

载于《苏台德区》,1997 年第 39 期,H.2,第 106-160 页,此处第 118-120 页。

[20] 参见卡夫卡 1909 年 8 月 17 日写给"劳工事故保险局""值得赞美的董事会"的信,以及他的休假申请和西格蒙德·科恩博士 1909 年 8 月 19 日的"医生证明"。(《1900-1912 年书信集》,第 108-109、454-455 页)保险局 1909 年 8 月 20 日和 9 月 11 日的回信参见《1900-1912 年书信集》,第 609-610 页。

[21] 参见卡夫卡"鉴定表"影印件。(《卡夫卡公文集》考订本附带 CD 光盘中的《材料》,第 856-857 页)关于卡夫卡晋升和收入状况的总体情况,见两份保留下来的"工作表格"。(同上,第 866 页起若干页)

第二十四章　秘密作家流派

口才和真理是邻居，但不是朋友。

让·保罗

卡夫卡几乎是唯一拥有一个闻名世界的标识的作家。他很早就发明了这个标识，估计是在 1907 年前几个月，当他——写《一场斗争的描述》写累了——开始尝试一个全新的不同的计划时：《乡村婚礼筹备》，这部作品的标题就已经传达出一种对他来说不太典型的怪异和不严肃。已经有无数长篇小说中出现过乡村婚礼了；但是，一部将婚礼的**筹备**作为自己题目的小说，可以想象只能是描写一场被取消的婚礼，一场非婚礼，也就是一次失败。读过几段之后，读者就明白这一点了。因为主人公，三十岁的城里人爱德华·拉班，正准备动身去做一次短途旅行，即将去找他"乡下的"未婚妻，其实只是因为他承诺要出现，而他却自愿向每一个微不足道的障碍屈服，想能够稍微推迟行程。跟他一起去火车站的熟人也感觉到了这一点，一路上，拉班跟他有一搭没一搭地聊着天。让他感到安慰的是，他想起来，他将与贝蒂（"一位年纪比较大的漂亮姑娘"）及其亲戚们度过的十四天也总会过去的——没有人能阻止，她那些会在那里"折磨"他的亲戚们也不可能阻止。他脑海里浮现出一种想

象的技巧,小时候,每当他被叫去做什么"危险的事情"时,他就会逃避
到这种技巧中去:

401　　　　我根本用不着亲自去乡下,没有必要。我只需要把我穿了衣服
　　　的躯体打发去就行了。我派这穿了衣服的躯体去。如果它摇摇晃
　　　晃地走出我的房门,那么这摇晃并非表示胆怯,而是表示这躯体的
　　　虚空。如果它跌跌绊绊地走下楼梯,或者抽泣着去往乡下,并且哭
　　　着在那里吃晚饭,那也并不是因为激动不安。因为我,我此刻正躺
　　　在自己的床上,平平地盖着一床棕黄色被子,任凭从微微开启的窗
　　　户里透进的风吹拂着。

　　　　当我躺在床上时,我相信自己具有大甲虫,鹿角虫或者金龟子
　　　的形态。[……]

　　　　一只硕大的甲虫,不错。于是,我装出正在冬眠的样子,把细腿
　　　贴在我鼓起的肚子上。接着,我吱吱地吐了几个字,这是对我那可
　　　悲躯体发出的命令,它紧靠我站着,弯着腰。我很快就吩咐完
　　　毕——它鞠了一躬,然后匆匆离去,它会妥善处理一切,而我继续卧
　　　床休息。[1]

这就是那个著名标识,那个真人大小的甲虫的诞生。但是卡夫卡很
快就发现,他在《乡村婚礼筹备》中没有用上这一甲虫:它只是一个思想
的游戏,给了作者和主人公瞬间娱乐的游戏,除此之外没有别的用处。
因为到最后,拉班还是得动身,所以卡夫卡让他提着箱子,在阴雨天气中
登上火车,又在没完没了的雨中在一个乡下小镇下车,作者还要让他去
哪里,我们不知道,因为保留下来的草稿在拉班到达后没有人接他,他乘
马车去往客栈时就结束了。后面的几页丢失了,所以也不清楚卡夫卡是
否至少写到了预计出现未婚妻。另外两个开头(版本 B 和 C)篇幅短很

多,但是这两个版本都显示出,卡夫卡已经放弃了甲虫的想法。他将在多年后重新拾起这个主意,并且会想起名字**拉班**(Raban)中那两个元音。到那时,格里高尔·**萨姆沙**(Samsa)才会以他令人目瞪口呆的"变形"收获那个软弱的拉班绝对不可能得到的荣誉。

甲虫的故事不仅仅是对轶事的兴趣,因为它典型地体现了卡夫卡叙事技巧的发展。借助从《一场斗争的描述》到《乡村婚礼筹备》的第一步,卡夫卡首先摆脱了想象的随意性:心理的内部世界,不再是无限自由的空间,而是相反,作为外部刺激的投影面。相应地,我们所知道的拉班的感觉和动机是模糊不清的。在卡夫卡驱除了想象的甲虫之后,《乡村婚礼筹备》中叙述者所享有的创作全能就荡然无存了。对现实的心理包装和"灵魂化"也被卡夫卡从《乡村婚礼筹备》中彻底清除了。于是,第一个版本的某个地方写道:"就好像他犹豫不决似的,火车缓慢地开动了。"卡夫卡对此不满意,他先是用"疲惫"换掉了"犹豫不决",但最后决定选用一个完全不同的方案,把视线完全扭转,把心理表达变成了一种**印象**:"火车开动得那么慢,人们甚至可以想象车轮的转动……"[2]这种感官的精确描述再现了无数涌入拉班视野的瞬间印象:人的手势,面孔,服装,雨伞,灯,流淌的水……这里没有想象狂欢的空间。直到1912年卡夫卡实现了文学创作的"突破"后,他才借助《变形记》迈出了第二步,卡夫卡成功地将幻想重新纳入努力贴近现实的叙述中:一方面通过严格控制奇迹,使奇迹因此而变得更重要——《变形记》从第二页开始就**不再有任何**奇妙的事情发生——另一方面用了当时令人惊奇但今天已经成为经典的一个技巧:用一般描写普通的室内装饰那样的平静和生动,去描写那个能想象出的最惊骇的巨大甲虫。这样,他就开辟了一个全新的方向,不同于阿尔弗雷德·库宾字面意义上的"表现主义"梦幻小说《另一面》(1909),这本书中曾说,艺术只是为想象提供一个安全阀,这对卡夫卡是绝对不够的。即使作为做梦者,他也有不同的

402

指路星。

　　卡夫卡偏爱散文体作品，因为散文像一只超个体的眼睛，准确地再现不同的感官印象，除此之外什么都不"想要"，卡夫卡早就用他的散文作品在朋友们中引起过惊讶了。而他现在真的开始创作，肯定是大量阅读福楼拜的结果，卡夫卡在《乡村婚礼筹备》中尝试模仿福楼拜的精确描写——甚至包括万花筒般的城市交通，在《情感教育》中也有这样的描写。[3]卡夫卡后来承认，这本书"很多年跟我非常亲近，没有两三个人能跟我如此之近；不论何时何地，只要我打开它，它总会让我大吃一惊，并完全吸引我，而我总会觉得自己是那位作家的精神之子，即便是一个贫穷、愚笨的孩子"。[4]卡夫卡自己有好几本关于福楼拜的书，有些读完后送给了马克斯·布罗德——布罗德也被卡夫卡对福楼拜的推崇所感染，甚至把福楼拜的画像挂在写字台上方，并且从1908年初起，就公开宣称《情感教育》是他"最喜爱的书"——这说明，卡夫卡也想知道，他的这位精神养父在真实生活中是个什么样的人。一年之后，布罗德与福楼拜的外甥女卡洛琳·富兰克林-格鲁特之间进行了一场没什么意义的交谈，他在布拉格的《波希米亚》杂志上发文说，他觉得自己面对的是一个来自更高世界的人。但是卡夫卡觉得这么吹捧"有点过了"。[5]

　　卡夫卡一生都与这种崇拜保持着嘲讽的距离。他想学习，他想弄明白，最高等级的艺术作品是以何种方式从表面上不显眼的生活环境中脱颖而出的，这也是他很早就开始并且保持一生的对传记的热爱的原因之一。另外，他也想知道，自己在这条路上能走多远。但是，卡夫卡暂时还无法企及福楼拜小说结构上的严谨：卡夫卡早期作品中，叙述者的目光不受控制地投向外部世界，他一会儿聚焦于这个细节，一会儿关注那个细节，总是很强烈且感性，但什么也抓不住。《乡村婚礼筹备》中有些段落就像是罗列一些有趣的马赛克石头和运动片段，但拼不成一个图像或者一个场景，读者往往不得不问——这在福楼拜那里绝不会出现——这个路人的手势或者那位女士帽子的颜色到底想传达什么信息，跟**故事**有什么关系。物和手势完全为自身而存在；卡夫卡后来的艺术做到了，把这些内容编织成一张难以理解的、包含了许多相互指涉的密织地毯，但当时他还显然没有掌握这种技巧。

404

这也在他贴近电影叙事的风格中表现出来，他在早期创作中显然是有意识这么做的。电影美学也面临同样的问题：尽管它拥有新的吸引人的可能性，能够表现动态过程，但如果没有一种令人信服的方式把这些东西联系起来，并且在感官技术方面进行协调，那么这一系列的场景只能在观众那里留下一个翻看相册似的印象。当时还没有找到好的解决办法，早期默片的剪辑——以今天的眼光看——经常是粗糙、跳跃、笨拙甚至产生可笑的效果。因为卡夫卡尝试将电影特有的和必需的分割叙事方式运用到语言媒介中来，所以，他不可避免地也会把电影的技术问题带过来：一个运用"镜头"技术创作的文学家，也需要一些专门的技巧，才能避免他的文章在手下散开或者变成一个拼贴画。这个问题与在电影中一样，是可以通过手工技艺解决的，不过卡夫卡在后期作品中才证明这一点。比如，《失踪者》中，卡尔·罗斯曼在大都市的一条街上试图逃脱警察的追捕，整个追踪场景就明显是电影叙事方式，但"剪辑"的痕迹几乎看不到。[6]

卡夫卡在黑贝尔的日记中读到："艺术是能让世界、生活和自然进入我的唯一媒介；我在这个最严肃的时刻，唯一的请求和祈祷是，过于艰难的命运不要让我失去我胸中追求艺术的力量！"[7]卡夫卡完全同意这段话，每个字都同意，他心中也生发出"最严肃时刻"的感觉：如果他不能现在或者很快在他所能获得的最好外部条件之下，达到更高一层的文学创造水平——那还能是什么时候呢？当然，恰好在写作《乡村婚礼筹备》时，他的作品在弗朗茨·布莱那里第一次被印成铅字发表了，这

405　对他是一个鼓励。但是,这个小小的成功不会让他看不清自己文学实验
的弱点。虽然他在 1909 年就决定写第三个版本,但温和的评判似乎还
是不适合他——这与布罗德完全不同,布罗德有一次感到非常兴奋,因
为他从卡夫卡那里求到了手稿,并且给同样兴奋的情人朗读,可能就是
他后来的妻子埃尔莎·陶西格。卡夫卡却完全不为所动:"请保持理
智。这位小姐不说明问题。只要你的手放在她的腰上、背上或者脖颈
上,那么她浑身燥热,就会要么全都喜欢,要么根本不喜欢。"这些话,尽
管有男性奉承的成分,但已经可以说是不友好了。但是,卡夫卡也承认,
那篇作品有一些私密的自传来源,一种根本没有解决的痛苦,他也公开
说过:"我非常熟悉的长篇小说的中心,我在非常不幸的时刻,能在我身
上感觉到这一点。"[8] 这个中心,不用怀疑,就是在卡夫卡的生活视野中
越来越清晰显现的"单身"问题,仅仅几个月前,在楚克曼特尔的情色幸
福中,这个问题获得了痛苦的存在感。"在乡下",这是楚克曼特尔疗养
地。一段过往,没有未来,现在已经开始沉入回忆中。那个自画像式的
拉班也无能为力。

　　马克斯·布罗德对于从卡夫卡手中拿到手稿非常满意,他后来经常
这样做:他不明白,他的朋友为什么不能用**这样的**天赋进行更多、更严
肃的写作。听说过有哪位作家如此看重写作行为本身,而如此不在意唾
手可得的结果吗? 布罗德不敢肯定(他一直如此),这么严格的自我批
评是天才的标志,还是非艺术的、破坏性的、本质上神经官能症的表现。
但是他很清楚,自己在这方面的表现比卡夫卡还要矛盾。因为,**抽象地
说**,他想要真理,而**事实上**,作为作家,他放任自己做的,已经超过了能帮
助实现自己的需求和达到所期待的声望的限度。他一直喜欢不掺有批
评的尊敬,就像他常年的知己马克斯·鲍宇默那样。但是卡夫卡在谈话
中的表现完全不同,他在表扬和鼓励方面非常大度,但是在细节方面却
406　非常坚持己见:这是理想的编辑,他的文学伦理可能既烦人,又有益。

布罗德的回忆录和私人笔记显示，尽管他逐渐接受了卡夫卡作为文学良心的功能，但是，他同时不得不认识到，这对他自己的形象意味着什么后果，而且，他懂得用巨大的压制手段保护自己免受负面后果的影响。比如，1910 夏天，他送给卡夫卡一本自己的诗集，并想在同一年以《韵文体日记》为题再版。他完全知道，卡夫卡在诗歌方面没有特长，**实际上**早已经放弃了诗歌创作方面的一点点尝试，只在散文体作家中寻找自己的榜样。但是，根据卡夫卡明显的批评意见，布罗德决定把他的《韵文体日记》缩短一多半。同一天，他还在日记中写道："卡夫卡，好朋友，拯救了我的诗集，他帮我剔除了大约六十首比较差的诗。"对有些作家来说，这已经是足够让他们陷入抑郁的理由了：知道了自己不仅创作了这么多"比较差"的诗，而且还在一种迷迷糊糊的状态下把它们打出来，**直到昨天**还认为它们可以发表——这需要对自己进行一场全面的盘点，对未来的文学创作不可能没有影响。但在布罗德身上却看不到任何痕迹。自我批评，当然有，但是是从最高角度出发的："我认为，我以前比现在更天才。"[9]

当然，必须向布罗德承认，卡夫卡对布罗德给他看的诗歌的态度，是不容易看透的。他们之间还没有发展成后来的那种亲密关系，卡夫卡的表态常常像是外交辞令——他肯定知道，像广义上的文学批评那样，详细说明自己的总体印象，不是他的强项。经常是布罗德朗读作品，他的情绪被带入其中，但是，如果他单独面对这些作品，那他的评价会有更大的距离感。所以，他对布罗德长篇小说《诺内皮格城堡》(1908)的评价方式，让人可以进行各种解读："这么大的噪音；一种好像能自我控制的噪音。"[10]

《诺内皮格城堡》，副标题为"一个冷漠主义者的小说"，是布罗德的第一部主要作品：一部将近五百页的观点小说①，小说中体验并忍受了

---

①　"观点小说"源自法语 roman à thèse，是一种长篇小说类型，小说内容主要围绕着一个意识形态、科学或者宗教论点，至于人物、情节是否真是可信，则不重要。

一种"世界观",而且还花了很多篇幅去讨论它——这个过程在他早期小说中就非常典型,而且他会不断回归这个特点。所以,小说主人公,也就是城堡的主人诺内皮格的独白,实际上是关于叔本华哲学及其生活实践结果的思考,而碎片式突兀且拼贴起来的情节只不过是实验规定,目的是用实验的方式证明一种伦理上"冷漠的"生活哲学的可预见后果。诺内皮格没有中心,他想要自由,但不知道为什么要自由。在一个他看来已经被确定了的世界里,他找不到足够的理由,按照自己**内心的愿望**去选择某些兴趣、任务和人。所以,他先后是知足的丈夫、无情的花花公子、禁欲主义者和革命的政治家,而他决定在这些生活方式之间的转换,在他看来只不过是换一种新的**风格**——他也完全可以交给偶然去确定。他唯一一个带来客观后果的自由决定,就是自杀。

还没完成草稿,布罗德就已经坚信,这部小说"将是一部超越所有时代"[11]的作品。确实,《诺内皮格城堡》是他第一部在布拉格之外也引起了反响的作品,最主要是在柏林的先锋派文学圈里。尤其是库尔特·希勒,他是布罗德热情的支持者,他认为布罗德的《诺内皮格城堡》已经包含了表现主义文学的重要母题:存在的无根基,对市民的生活方式和艺术形式的痛恨,自己的智慧带来的苦恼,渴望即时性,而所有这一切都放置在场景中去"表现",在浮雕雕刻出的人物表演的舞蹈中,所有人物的线都被命运的力量牵引着。1909 年 3 月,希勒创建了"新俱乐部",柏林的早期表现主义者第一次在这里聚在一起,他当时肯定想到了布罗德小说中的《异者俱乐部》,那是一群在道德上没有任何约束的人组成的小组;又过了一年,他组织了一个"马克斯·布罗德之夜",自己做了一场大力赞颂《诺内皮格城堡》的报告。

408　　这个时候,他可能已经能够认识到,布罗德不适合担任一场革命性文学运动的领军人物。因为那时,布罗德的一部"短一点的长篇小说"《一个捷克女佣》出版了,在这部小说中,布罗德不仅采用了相当传统的叙事方式,而且陷入了一个在很多具体层面上跨界的简单爱情故事:男女之间,大学生和女佣之间,德意志男人和捷克女人之间。柏林的**粉丝**们如果知道《诺内皮格城堡》和《一个捷克女佣》几乎是同时诞生的,他们一定会感到震惊,因为在那部长篇巨著中,作者在形而上学层面描写了无法解决的两难困境,却在这部短一些的作品中,又降低到人与人之间的对立、矛盾和误解的层面,而这些问题是完全有可能解决的。小说中,性爱似乎是打开通向生活之路的媒介——不过,具有讽刺意味的是,完全沉浸在自己世界里的年轻男主人公,被父亲打发到布拉格,希望他能在这座城市残酷的社会环境中找到现实感,但是最后他却在一位美丽但没有受过教育的捷克女子的怀抱里得到教训。

布罗德写成这个故事的时候才二十三岁,但他一定知道,这部小说意味着他第一次在公共民族主义问题上表明立场。小说题目就已经会引起某些敏感的德意志人的注意了,因为,按照正确的说法,他应该写"波希米亚"女佣。但布罗德坚定地使用"捷克"这个词,赞美这个民族的才能和他们优美的语言,甚至还给出了社会心理学和经济方面的解释,说明为什么捷克人在他们自己的国家需要更多的空间和权利。于是,他赢得了大多数捷克的批评家的支持,他们满意地发现,这里有德意志民族放下身段的痕迹,然而德语书评的反应则非常冷漠,甚至是抗拒。布罗德在《布拉格日报》上发表声明,说他绝对没有想写一部政治小说,但这并没有什么用处:在布拉格,只要公开说出"德意志""波希米亚"或者"捷克"这些词——色情小说的作者也一样——就必然会立刻面对民族身份的根本问题,同时在意识形态上被归类。更倒霉的是,1909 年初,就在布罗德的《一个捷克女佣》出版前不久,布拉格的民族主义气氛再次升温,德意志之家不得不再次依靠刺刀的保护。最让布罗德痛苦的是,他受到了讽刺,并被别人认为政治上幼稚。"那位年轻的作者似乎相信,民族问题可以在床上解决。"莱奥·赫尔曼在犹太人杂志《自卫》

上写道。[12]

　　布罗德知道,在犹太复国主义者很小的圈子之外,这份杂志根本没人看,但他绝不能一声不吭地接受这样的侮辱。他要求与赫尔曼进行辩论,结果却出人意料。因为一方面,布罗德发现自己面对的这位批评家居然比自己还小两岁;另一方面,赫尔曼跟他说,《一个捷克女佣》的男主角从根本上说不是德意志人,而是典型的无根"西欧犹太人",所以在犹太读者眼中,是一个令人非常不舒服的镜像。这是一个非常大胆的论点,同样也适用于瓦尔特·诺内皮格。但根据布罗德回忆录中的美化描写,他是在那次对谈中才第一次意识到,他在布拉格不得不面对**三个民族**之间的矛盾问题——这个难题,他在写那部小说的时候没有想过——而且,即便作者对此一无所知,这个问题也已经渗入了文学作品。在这种情况下,还如何满足福楼拜的要求呢? 福楼拜认为,文学作品只需要服从审美标准就可以了。布罗德急切地向犹太复国主义者莱奥·赫尔曼解释文学在社会和政治方面的"无倾向性"原则。但他说服不了赫尔曼,自己却**被**说服了。于是,布罗德曾用以解决所有生活问题的"冷漠主义"短暂时期也随之结束了。《诺内皮格城堡》出版两年之后,他只能模模糊糊并且不情愿地回忆起当时创作这部小说时的精神状态,他从未给布拉格的读者们朗读过这部小说的章节。后来,他很坚决地与这本书保持距离,主要因为那部小说给人的印象是表现主义语言姿态,而布罗德根本不想与之有任何关系。"越没有才华,越表现主义。"[13]

　　卡夫卡密切关注着他朋友的快速变化,自从他们共同阅读榜样们的作品以及互相朗读自己的文稿并将文稿借给对方看的行为成为习惯之后,卡夫卡至少对布罗德的文学发展是很了解的。在成为职业作家的道路上,布罗德的领先优势越来越大:他不仅拥有数量众多的发表物——《一个捷克女佣》已经是他的第四本书了,半年之后,短篇小说集《培养情妇》也问世了——他还擅长维持一个密集的媒体关系网,在这方面,身边没有人能与他媲美,不管是业已成名的作家,还是"年轻一代布拉格"作家。仅仅1909年一年,布罗德就发表了二十四篇杂文、讽刺短评和书评,所有重要的文化杂志都向他敞开大门:《当代》《三月》《发现者》《新周刊》《新评论》《舞台》,此外还有弗朗茨·布莱的豪华杂志和其他一些刊物。另外,柏林的阿克塞尔·容克也是他可靠的支持者,作为出版人和书商,容克欢迎现代派文学,并且已经跟里尔克有过合作。当然,布罗德经常发表一些短小的作品,而这些作品很快会在文学的日常事务中消失,会让人们觉得其作者是个忙碌的新闻工作者,是个没有鲜明特点的万金油。而他作为散文体作家的跳跃性发展也坐实了这个**形象**。

　　布罗德一直雄心勃勃地想进入一流德语作家的行列,却一直没有成功。卡夫卡丝毫没有这种念头,但他钦佩朋友的精力,并且完全理解布罗德的目标:摆脱单调枯燥的办公室工作——卡夫卡在工作方面毫无进取心——有一天能以写作为生。在这方面,布罗德的行动更加独立、目标更加明确。所以,他也毫无顾忌地利用上班时间来处理个人信件,甚至进行文学创作,因此他受到了邮政局领导层的警告,这让他非常气愤:"这点事情他们也想剥夺!"[14]如果是卡夫卡在对员工要求更高的位置上遇到类似的事情,他肯定会认为他的上司是对的。但是,只要是事关文学计划或者根本性的美学问题,他既不会受布罗德的**多面手型**创作影响,也不会被布罗德对某种文学形式偏好所影响。他走自己的道路,一直保持着这种隐秘的、低调的自主性——即使他的第一批读者和听众圈子逐渐扩大。

　　卡夫卡在大学期间就认识了只比自己大几个月的作家奥斯卡·鲍姆。鲍姆是马克斯·鲍宇默的表弟和朋友,鲍宇默又介绍他跟布罗德认识,估计一开始主要是因为共同的音乐爱好。很快,布罗德就非常欣赏身材魁梧,肩膀宽厚,虽然年轻但蓄着大胡子的鲍姆,也是因为他几近清心寡欲的忍耐力,鲍姆凭借这种忍耐力承受了非同寻常的命运。奥斯卡·鲍姆来自皮尔森,父亲是一位犹太商人,他从一出生就只有一只眼睛功能正常,十一岁时在德意志学生和捷克学生的斗殴中失去了另一只眼睛。这个完全失明的男孩,不得不离开家庭、学校和这座城市,去维也纳的"高台"(Hohe Warte)犹太盲人学校继续接受教育。在这里,鲍姆上了大量音乐课——其中包括同样是盲人的作曲家约瑟夫·拉伯尔的课,拉伯尔是勋伯格的一位老师——成长为一名在作曲方面也非常有才华的钢琴师,并在十九岁时通过了钢琴和管风琴教师的国家考试。然后,鲍姆回到父母身边,这时他父母已经搬到了布拉格,鲍姆也能够自食其力了:他一开始在一家犹太教堂当管风琴师,后来做钢琴家教。

这份工作的收入并不多,因为竞争很激烈,每节钢琴课收费不能高于两克朗。但是鲍姆有足够的学生,而且他能把学生教得非常好——这一点很快就传开了。所以,1907年底,鲍姆就能离开家庭,与比他大九岁的玛格丽特(格雷特)·施纳伯尔搬进位于海因里希巷(Jindřišská)中自己的住宅。这个时候,他也开始写作,尽管布罗德对鲍姆早期的诗歌写作尝试并不看好,但他还是鼓励鲍姆,把看不见光的生活经验作为文学创作的对象——这种体验很难传达给拥有所有感官的读者,而且以前的文学中也没有从内视角进行过描写。鲍姆写出三个短篇小说,结集出版,集子名为《此岸:来自今天盲人生活的冒险与故事》(1908),布罗德写了前言;然后,他又写了自传体长篇小说《黑暗中的生活》(1911),两本书都是柏林的阿克塞尔·容克出版的。作为回报,鲍姆给布罗德的作品写书评,并且在"阅读和演讲大厅"做了一次关于朋友作品的报告。距离实现作家梦,鲍姆比布罗德甚至卡夫卡都差得太远了。直到1923年,在为走马灯似的学生们服务了二十年之后,他才找到一份与他的**听**

和写才华相匹配的工作：《布拉格新闻报》的音乐评论人。[15]

在朋友圈中，鲍姆对待自己失明的态度很乐观，他谈论起失明时丝毫没有自怨自怜，甚至别人不自然的关心，他都觉得可憎。日常生活中，他依靠妻子的帮助，妻子给他朗读，也可以为他的口述记录；写草稿时他用厚纸和盲文打字机，给别人写信函，他有时候会使用字母模具。但是，如果他的残疾发挥了作用，他还是会敏感，这主要因为他的作家野心：他有童年时代强烈的视觉回忆，但他不确定读者是否仍然会感觉到缺乏新鲜的感官印象。所以，布罗德在评论中经常夸赞他是"盲诗人"，也让他感到不太舒服，二十年代，有个文学奖的评委在不知道作者是谁的情况下看了他的书稿，没有觉得有什么与众不同，这让他感到很高兴。[16]他最愿意——虽然这实际上不可能——别人把他的失明当作一件私事对待。毕竟，也有些听力受损的作曲家，大家会礼貌地回避谈论他们的残疾……

413

鲍姆的这种态度，在他回忆与卡夫卡第一次见面时尤为清楚，他们当然是布罗德介绍认识的。卡夫卡长得什么样，鲍姆从来都不知道（他当然让卡夫卡详细描述了自己的样子）；但他靠声音和一种卡夫卡特有的姿势来辨认卡夫卡，他感受到这些，恰恰说明鲍姆的脆弱：

> 给我留下最深刻印象的，是我跟卡夫卡的第一次见面，他进入我的房间，在布罗德简单介绍的时候，卡夫卡**默默**地向我鞠了一个躬。应该说，这对我来说是毫无意义的客套形式，因为我看不到。因为我也同时猛烈鞠了一躬，他光滑的头发很快划过我的额头。我感到一种强烈的情感，那一瞬间，我不太知道是为什么。这是我遇到的第一个把我的缺陷只当作我个人事情的人，没有为了将就我或者是照顾我而改变他的行为。他就是这样。[17]

根据奥斯卡·鲍姆的回忆，这次见面已经是1904年秋季。不过，又过了好几年——期间经过的几个阶段，现在已经无法一一考据——布罗德、鲍姆、卡夫卡和后来的费利克斯·韦尔奇才形成了一个固定的朋友圈，他们定期聚会，交流各自读的书和正在进行的文学创作，朗读并评价一些初稿，有时候还演奏音乐。他们的聚会，至少从1908年起，就在奥斯卡·鲍姆家举行，他是唯一一个可以在自己的房间接待大家的，他们在**固定日期**聚会也是因为鲍姆，因为必须考虑到他安排得满满的钢琴课。这个圈子不排外，女朋友和其他客人都欢迎。所以布罗德有时候会带他的情人埃尔莎·陶西格来（陶西格也替鲍姆朗诵），保罗·莱平和后来受到卡夫卡赞叹以及布罗德赞助的弗朗茨·韦尔弗都出现在这里。[18] 这个存在于咖啡馆之外的私人圈子，很早就使布罗德成为一种充满矛盾的神秘性核心，这种神秘性，对布拉格德语文学形象产生了深远影响。**布拉格圈子**（Prager Kreis）是最简单的关键词，布罗德去世前两年出版的回忆录使这个词流行起来。

在"布拉格圈子"里，布罗德画了一张文学地形图，是同心圆的形式。最里面是"内圈"（布罗德回忆录中有一章的标题就是这个），布罗德、卡夫卡、鲍姆和韦尔奇会品着茶点聚会，卡夫卡去世后，作家路德维希·文德尔代替了他；"外圈"是那些在不同咖啡馆里、主要是在阿尔科咖啡馆出现的作家和文学家如弗朗茨·韦尔弗、威利·哈斯、保罗·科恩菲尔德、弗朗茨和汉斯·雅诺维茨兄弟、奥托·皮克、鲁道夫·福克斯和其他人，这外圈的"光芒"基本上涵盖了整个布拉格文化圈。这个结构的中心当然是马克斯·布罗德本人，他也确实能让许多人彼此建立起联系，所以——据他自己所说——他曾一度保证了充满活力的凝聚力。

这就不可避免地引发了一个问题：那些圈子，尤其是内圈，在个人之间熟悉之外，是否有一定的代表性：某种地域性的新纲领，或者哪怕仅仅是共同的什么兴趣，比如在青年布拉格艺术家身上体现得就比较清

楚。关于这个问题,布罗德的表述非常矛盾,他的立场根据与现实之间
的距离经常变化。比如,他在 1910 年 1 月 28 日——那时候,"布拉格内
圈"应该是最鼎盛时期——做了一个报告,题目是"艺术中有没有可表
现的界线?",他在报告中首先宣称,没有任何事物能够在文学中得到恰
当的表达,因为语言必然滞后于"无限细微变化的现实"——这是一个
非常具有时代特点的想法,霍夫曼斯塔尔在他的《钱多斯的信》中已经
进行了非常极端的表达,近几年来也有以此为题的学术专著出版,比如
弗里茨·毛特纳的三卷本《语言批判论稿》。但是紧接着,布罗德又提
出了惊人的观点,称这种美学悲观主义在布拉格已经被克服了:

> 我可以向各位透露。在布拉格,真的存在着秘密的作家流派,
> 我也是其中一员。关注每一个词、每一个音节,关心一切,以福楼拜
> 大师为榜样。但不是学习他阴郁的世界观,而是他描写的细致、对
> 每个细节的重视,这才是我们的榜样。没有形式和内容的区别。[19]

415

布罗德很明智地没有一一说出这个可疑作家流派的成员,否则,他
将不得不承认,他们当时都在报告厅现场,而且他们(从后面激烈的讨
论中可以看出)绝对**不同意**①他的论点。就连卡夫卡也发言了,这很不
寻常,他在发言中展现了他讽刺的火花:"观众更关心什么?"他问道,
"是文学还是他的安宁?"八年之后,当布罗德亲口告诉大家,从来就没
有过一个布拉格作家流派,那天晚上"妇女进步"协会的见证人(其中可
能就有贝尔塔·凡塔,她在这方面很积极)肯定会目瞪口呆。布罗德在
维也纳的《和平周刊》上写道:

---

① 原文用了法语 d'accord。

　　这几个星期,在许多报纸上先后迅速出现了几篇文章,谈论布拉格作家的一个团体或者小组,仿佛这不是仅仅闲聊出来的现象,而是真实的、三维的旅行指南中的事实。如果我不是被这些开玩笑的人当作这个所谓"流派"的某种头头或者组织者,[……]那我是不会反对这样编传奇故事的。因为这个传言很顽强地蔓延,所以我在此宣布:我对领导和组织这一团体的事毫不知情。[……]我坚决拒绝为布拉格出版的作品负责。[20]

　　这不是布罗德唯一一次啰里啰唆地否认自己制造出来的谣言。不过这当然也没有妨碍他在半个世纪之后重新把**那个**布拉格圈子说成是文学力量的中心,把自己标榜成圈子的核心,甚至还虚构地扩大了同心圆。这个神话不仅存在于报纸副刊中,而且在文学史研究中也存在了好几十年,尽管期间有人提出过质疑,这事很令人惊讶——只要想想,卡夫卡和布罗

416 德的文学创作在审美、语言和主题上相差多么远,更不用说其"内圈"的一位成员,费利克斯·韦尔奇根本不是"作家",而是只写过学术文章。

　　至于布罗德一度不想听到他是布拉格德语文学的管理者这个说法,他的同时代观察者们也很容易猜出原因。布罗德很快就成为全市闻名的文人,此前不久,他还在寻找资助者,但是从1908 / 1909年开始,他的推介就能为更年轻的作者们提供帮助了。但是,布罗德很快就发现,即便是他忘我的投入和真诚的热情,也不足以长期把这些有才能的人留在身边。他们会羽翼丰满,寻找其他关系,形成自己的圈子。所以,弗朗茨·韦尔弗和威利·哈斯的年轻朋友们在传奇的阿尔科咖啡馆聚会,而且绝对不是作为在奥斯卡·鲍姆家的固定聚会的分支或者外围,而是作为一个小组,有自己的兴趣、自己的榜样和远远超出布拉格的梦想。尽管布罗德与后青春期的阿尔科小组长期保持友好的个人关系,但是,布罗德在这里——作为二十五岁的博士跟一群高中生在一起——还是觉得自己是客

人。有时候会突然出现一些事情，让他明显感觉到跟他们之间的距离。

让人心跳加速到最快的诱因，是一次关于卡尔·克劳斯的争论，克劳斯是维也纳杂志《火炬》的创建人和出版人。《火炬》第一期在1899年4月出版，引起了巨大反响，布罗德和卡夫卡很可能一开始都没有意识到，这份杂志是一个全新的现象，是对新闻业、司法和公共双重道德标准的语言批判性正面进攻，他们仅仅把它看作一份高水平的讽刺杂志。在他们之间的早期通信中，没有提到过《火炬》，卡夫卡的遗物中也没有这份杂志，而且他们两人更关注的是柏林文学界，并不期待维也纳能有什么激动人心的东西，所以只是顺带关注一下那里的文学动态。但是，布罗德还是用跟其他刊物联系的惯常套路尝试与《火炬》建立个人关系：他给出版人写了（至少三封）友好的信，并附上自己的作品作为见面礼。但卡尔·克劳斯却不搭理这套**关系网**的礼仪，他保持着拒绝的姿态，既不接受布罗德的作品，也不会印上布罗德的名字。说克劳斯仍然对布罗德是"正面"评价，这全都是布罗德的杜撰；相反，克劳斯的妙语说布罗德只是弗朗茨·布莱的"色情蠕虫"，在阿尔科咖啡馆当然是听得到的。这至少可以解释，为什么布罗德在1911年突然辱骂卡尔·克劳斯是个"平庸的脑袋"——出于一个非常奇怪的由头。可以想象，这在几天之后就导致了维也纳万箭齐发式的回击："把精神涂在布罗德这块面包①上就成了猪油。"韦尔弗、哈斯和阿尔科圈子的其他人毫不关心这些敌对行动，而是在布拉格膜拜克劳斯——就连卡夫卡也至少去过一次克劳斯的朗读会——这让布罗德清楚地看到，他已经失去了对年轻人的影响。他只是**一个**布拉格圈子的核心：这是一个充分的理由，让他从现在开始拒绝担负所有"责任"。但是，对卡尔·克劳斯的仇恨却一直

417

---

① 布罗德的名字Brod与德语词面包Brot发音一样，写法也很像。参阅《卡夫卡传：关键岁月》第二章。

存在;卡夫卡后来成为《火炬》杂志如饥似渴的、尽管是持批评态度的读者,但是布罗德直到晚年还在指责这份杂志,说它是无根的、愤世嫉俗的西欧犹太人的典型代表。[21]

不太容易把卡夫卡拉到某一个小组中去——贝尔塔·凡塔有过这种经验,卡夫卡已经几乎不去她的沙龙了。在奥斯卡·鲍姆家的定期聚会,卡夫卡一开始似乎也没什么热情;在他早期给布罗德的通知中保留下来一些推辞信,如果大家约好了演奏音乐,那么卡夫卡总归是旁观者。他们之间是逐渐变得熟悉起来的,很多年之后,他们才彼此以"你"相称。不过,过了一段时间之后,卡夫卡就觉得在这个私人圈子中比在凡塔家那个小社会舞台上更有安全感,最后他甚至被说服朗诵自己的文学作品。费利克斯·韦尔奇记得,卡夫卡不像其他人那样愿意朗读,但是,依靠听觉的奥斯卡·鲍姆却在很多年之后还能回忆起卡夫卡充满激情的朗诵:"有时候,他舌头的速度令人头晕目眩,就像一个冗长的乐句,一口气,音阶不断上升渐强。"[22] 这与卡夫卡的低调似乎有矛盾,因为他当然愿意朗诵别人的作品,包括经典作家的作品,就像他小时候在妹妹们的房间里练习那样。布罗德也多次证实过,卡夫卡**阅读**和**朗读**时经常一口气读很长一句:

> 他充满激情地朗诵汉姆生、黑塞、福楼拜、卡斯纳;他后期最喜欢的作家有:埃米尔·施特劳斯、威廉·舍费尔、卡洛撒,另外还有黑贝尔的《小宝盒》,冯塔纳、施蒂夫特、威廉·施派尔的《季节的忧伤》、果戈理、陀思妥耶夫斯基(在陀思妥耶夫斯基作品中,他尤其喜欢《半大小子》[《少年》],当时,朗根出版社正推出德语译本,卡夫卡有一次充满热情地给我朗读了关于乞讨和变得富有的一段)、托尔斯泰、斯特林堡的小说——而他最喜爱的是:克莱斯特(非常

了不起的是,他曾又哭又笑地朗读了《最后一次普鲁士战争中的轶事》),当然还有歌德和圣经。[23]

这些作家,当然也是在鲍姆家中长谈的内容;他们其中有些名字,比如说汉姆生,还在卡夫卡早期的信中出现过,他不多的藏书中也有他们的作品。相反,没有法国颓废派文学,没有维也纳**世纪末**文学,没有抒情诗,也没有柏林的最新文学——那个小圈子很快就会明白,卡夫卡有着非常独特的文学兴趣,他几乎只对经典的纯散文体文学感兴趣。如果不是他仍然不想放弃《一场斗争的描述》的奇特试验,人们完全可以把他看成一个绝对保守的纯粹派作家,他在寻找榜样时,只关注过去的伟大作家,或者最多关注一下像托马斯·曼这样自诩为经典的作家。

如果卡夫卡允许他的朋友看他早年的日记,那他们会对他有完全不同的印象,卡夫卡保存下来的日记是从 1909 年开始的。那还不是严格意义上的日记——从 1910 年底开始,才给每次记录写日期——卡夫卡实际上更多是从那个时候开始,利用笔记本记录并塑造他所关注的**一切**,并带有不同程度的虚构性:感官的细微印象,家里、街头、杂耍剧场和电影院里的观察,即兴的、通常是形象的想法,回忆,梦和白日梦,对自己身体和陌生身体的感知,引人注意的表情和姿势;此外,还有自言自语、信件草稿、阅读印象和摘录,开始进行的广泛反思,也有叙事的文章。卡夫卡都是用羽毛笔写,就像**一般**的文学创作草稿一样:他修改、补充、删除,有时候甚至改标点符号,或者用阴影把整个句子涂掉,他做这一切的时候都非常谨慎认真,哪怕这些可能都是非常不起眼的小地方,它们当时的形式与可出版的文学还根本没有关系。这绝不仅是放松练习——尽管卡夫卡有时候利用写日记让自己进入写作状态——更确切地说,这是卡夫卡第一次实践,把写作作为存在的表达方式,这对他来说,就像口头语言对其他人一样。他一拿起笔,立刻就产生了意愿,要有

419

差异地、精确地、形象地、**真实地**书写,他肯定不止一次意识到这种冲动,因为他已经将它完全内化,以至于他不再能区分最开始的想法和最终的文学形式。在这个过程中,不是从丰富的内心和外在经历中选择可能对某个事先想好的文学计划有用的,也不是选择"客观上"意义最大的——所以,卡夫卡的笔记本中对社会灾难基本忽略不提。他选择的是一个瞬间,给人触动、让人思考或者引起矛盾感觉的瞬间:就像摄影师的工作,他在晚上审阅白天的光学成果。

"我的灵感的特殊之处是,"卡夫卡说,"我可以做所有事,只是并非朝着某篇特定的作品去。如果我不加选择地写下一句话,比如'他向窗外看去',那这个句子就已经完美了。"这就是说,每个这样产生的句子就是文学。因为就算他在技巧上还不完美,但他无法写出文学之外的东西,就像人无法说出语言之外的话一样。这是一种全新的经验,正如卡夫卡明确表达的那样,这是一种灵感,是他将近三十岁时才会充分绽放的程度,而且"比之前所有的灵感都更高"。只需一小步,卡夫卡就将把这种能力变成他自己身份的核心。卡夫卡有一句著名的、似乎狂妄的名言是,他是由文学所构成,不可能是其他的什么。只有在这个发展过程的背景下才能理解这句话,人们可以从他"文学作坊"式的笔记本上追踪并赞叹他的发展过程。[24]

卡夫卡是否在此之前就有了这样的笔记本,我们不得而知;在受雇于忠利保险公司严格监管、夜以继日紧张工作的那段时间,这很难想象,而且,保留下来的《乡村婚礼筹备》手稿是写在一张张不同的纸上,这个事实说明,更早的时候应该没有这样的笔记本。相反,值得注意的是,马克斯·布罗德的日记也是从1909年开始的——当然,第一篇日记之前至少有比较长的等待期——也就是说,**现存的**卡夫卡和布罗德日记本大约是在同一时间开始的。在这类事情上从来不藏着掖着的布罗德,肯定告诉了朋友们他开始写日记的事情,而卡夫卡受到了启发——或者反过来,发起人是卡夫卡本人。但是，双方的日记肯定都不适合朗读，如果他们当时尝试朗读了，肯定会非常惊讶。因为，两人的修辞风格差距不可能更大了。

布罗德在日记中写的只不过是一系列回忆的缩略语，既不讲究形式，也让人看不出写作者是谁。"跟卡夫卡去里瓦，奥托也来了。"是这样开始的。"美好的假期！浴场！！／不过 A. 不写，也不去最后一天的约会。／托布里诺城堡 - S. 奇亚科莫，瓦罗内，阿尔科／两天布雷西亚飞行展，代森扎诺。经历了很多、很多。我不会忘记！"根据我们看到的情况，这种语气在他日记中持续了很多年。他恰恰在最私人的事情上表现得非常不私人，没有来自他作品的实验室之光能照亮这片荒野。

相反，卡夫卡从第一句话开始就非常有独创性，名副其实的独创性。看不出来，他的笔记在模仿什么"经典"榜样（最多有些司汤达《日记》的影子，卡夫卡在两年前读过法语版）；私人日记和文学之间的界线模糊不清；最令人感到奇怪的是有感官细节和因此而产生的情感组成的结构。看起来，卡夫卡似乎发明了一种新的日记游戏方式，能让他在文学创作之外或者之后继续写作，继续保持文学性，但没有了工作，没有某个叙事目标。如果从中诞生了某篇小说，那更好——这种情况也会出现的。如果没有，那他至少"写作"了。卡夫卡的日记——是他自己把这称作日记的——是文学的一个前院，院门敞开着：既包括通向经验现实的门——姓名和日期证明是现实的——也包括通向艺术控制的虚构之门——作品中的虚构越来越多。卡夫卡生命中无数的时光将在这个前院度过，他的无数信件也都是在**那里**诞生的，在那个区域，他个人的经历转化为文学，所以在这个区域，无论是心理学还是美学，都没有唯一的解释权。第　次证明了卡夫卡域外地位并且让他一劳永逸地逐字逐行摆脱所有"布拉格圈子"的，不是他的早期作品，而是那些年的日记。当然，暂时还是保密的，那是一个来历完全不同的秘密作家流派，只有一个学生的学校，这个学生的进步是不可限量的。他该如何向朋友们解释他

421

笔记本里的那些内容？

火车开过时，观众们目瞪口呆。

——

"如果他总是问我"，"日"①从句子中脱离出来，飞出去，像一个球在草地上滚动

——

他的严肃杀死了我。头在衣领中，头发固定在头骨周围，肌肉在脸颊下面紧绷着

——

树林还在那里吗？树林曾经还相当在那里。我的目光刚看出十步远，我就放弃，再次陷入无聊的谈话。

——

422　在昏暗的树林里，在湿透了的地上，我只能通过他白色的衣领找到方向。

——

我在梦中请求舞者爱德华多娃，请她再跳一遍查尔达斯。她脸上有一条很宽的阴影或者是一条光，在额头下沿和下巴中部之间……[25]

注释

[1]《卡夫卡遗作和未完成的残章》（一），第 17-18、40 页。虽然卡夫卡在任何地方都没有写过《乡村婚礼筹备》这个标题，但是马克斯·布罗德非常确

———

① 原文中"问"（fragt）这个字，卡夫卡故意错写成 frägt，然后说 ä 这个字母像球一样在草地上滚动。

定,卡夫卡曾经口头跟他说过。(《卡夫卡遗作和未完成的残章》,附录卷第37页)

[2]《卡夫卡遗作和未完成的残章》(一),附录卷第142页。

[3] 根据马克斯·布罗德的回忆,卡夫卡尤其喜欢《情感教育》中下面这一段:"女人们倚在马车里,面纱随风飞舞,随着马匹有力的步伐轻轻晃动着,使得闪亮的皮带啪啪作响,紧贴着他身边走过。马车越来越多,到转弯处都慢了下来,堵住了整条路。马鬃贴着马鬃,灯挨着灯,钢马镫,银马嚼子,黄铜扣在马裤、白手套和皮草之间闪烁,把光投在车门的徽章上。[……]马车夫把下巴缩进围巾里,车轮转得快了一些,石子路发出吱吱格格的声音;有的疾驰、有的超车、有的避让,所有马车都沿着长长的林荫大道飞奔而去,到了协和广场,就四散而去。"(参见哈尔穆特·宾德:《卡夫卡短篇小说注释》〔*Kafka-Kommentar zu sämtlichen Erzählungen*〕,慕尼黑,1975年,第65-66页。福楼拜的《情感教育》引自高内莉亚·哈斯廷〔Cornelia Hasting〕的德译本,法兰克福,2010年,第34-35页。)参见《乡村婚礼筹备》中如下句子:"这时,一辆敞篷马车缓缓驶过,两盏点燃的车灯后面,两位女士坐在深色皮面的长凳上。其中一个往后靠着,脸被面纱和帽子的阴影遮住了。而另一位女士则挺直上身;她的帽子不大,边上嵌着细细的羽毛。每个人都能看见她。[……]马车从一条巷子到另一条巷子,穿过广场,马的身体像被甩出去一样,沿水平方向奔驰,但是头颈的上下起伏说明动作的幅度和力度。"(《卡夫卡遗作和未完成的残章》〔一〕,第19-20页)

[4] 卡夫卡致菲莉丝·鲍尔的信,1912年11月15日。(《1900-1912年书信集》,第237页)

[5] 卡夫卡的遗物中有一本(显然没有读过的)恩斯特·威廉·费舍尔(Ernst Wilhelm Fischer)的《福楼拜未发表作品研究——致古斯塔夫·福楼拜的外甥女卡洛琳·富兰克林-格鲁特》(*Etudes sur Flaubert inédit. A la Nièce de Gustave Flaubert, Madame Caroline Franklin-Grout*),莱比锡,1908年;还有古斯塔夫·福楼拜《关于自己作品的书信》(*Briefe über seine Werke*),F. P. 格雷夫(F. P. Greve)编,明登／威斯特法伦,1909年,他1915年还在读这本书。(《1914-1917

年书信集》，第 123 页）卡夫卡送给布罗德的书有勒内·杜梅尼尔（René Dumesnil）：《福楼拜——遗传、环境和方法》（*Flaubert. Son hérédité, son milieu, sa methode*，巴黎，1905 年）和弗朗索瓦·戈贝（François Coppée）：《巴黎人的回忆》（*Souvenirs d'un Parisien*，巴黎，1910 年），其中有两章关于福楼拜。（参见布罗德：《关于卡夫卡》，第 232 页）参见马克斯·布罗德：《古斯塔夫·福楼拜："狂人回忆"》（Gustave Flaubert，»Erinnerungen eines Narren)，载于《新自由报》，维也纳，1908 年 2 月 16 日，第 36 页；布罗德：《访问布拉格》（Ein Besuch in Prag），载于《波希米亚》，1909 年 10 月 8 日。卡夫卡对此的评论参见卡夫卡致马克斯·布罗德的信，1909 年 10 月 11 日。（《1900-1912 年书信集》，第 112 页）根据布罗德的日记记载，他与卡洛琳·富兰克林-格鲁特（娘家姓克曼维尔）及其丈夫在布拉格"蓝星"酒店会面，时间是 1909 年 10 月 6 日上午十一点左右。卡夫卡没有在场。

[6]《失踪者》，第 283 页起若干页。这个场景的分析见彼得-安德列·阿尔特（Peter-André Alt）：《卡夫卡和电影——关于电影叙事》（*Kafka und der Film. Über kinematographisches Erzählen*），慕尼黑，2009 年，第 80 页。其中也研究了《观察》中散文作品的电影美学内涵。

[7] 弗里德里希·黑贝尔：《日记，1835-1848》（*Tagebücher 1835-1848*），慕尼黑，1984 年，第 98-99 页，1836 年 12 月 31 日日记。

[8] 卡夫卡致马克斯·布罗德的信，1909 年 7 月初。（《1900-1912 年书信集》，第 104 页）从这封信中可以知道，1909 年，《乡村婚礼筹备》就已经丢失了几页。

[9] 马克斯·布罗德日记，1910 年 7 月 6 日和 12 月 30 日。布罗德的《韵文体日记》出版时收录了五十一首诗；于 1910 年 10 月初在柏林-夏洛特宫区的阿克塞尔·容克出版社出版。

[10] 卡夫卡致马克斯·布罗德的信，1908 年 6 月 9 日。（《1900-1912 年书信集》，第 84 页）

[11] 马克斯·布罗德致奥尔加·萨卢斯的信，1907 年 1 月 19 日，载于《马

克斯·布罗德[书目]》(*Max Brod [-Bibliographie]*)，维尔纳·凯瑟(Werner Kayser)和霍尔斯特·格罗纳麦尔(Horst Gronemeyer)编，汉堡，1972年，第24页。

[12] 莱奥·赫尔曼：《犹太人的声音》(*Jüdische Volksstimme*)，载于《自卫》，1909年4月20日。参见马克斯·布罗德的读者来信，载于《布拉格日报》，1909年4月1日，第7页："我想展示的不是政治观点，而是跟我完全不同的我的主人公的观点。[……]他很年轻(我觉得不超过二十岁)，很容易激动，绝对不像我这么理智。"盖勒·瓦索涅(Gaëlle Vassogne)的《马克斯·布罗德在布拉格：身份与调解》(Max Brod in Prag: Identität und Vermittlung，图宾根，2009年，第42-44页)，对关于《一个捷克女佣》的德语和捷克语书评，进行了概括介绍。1909年1月至3月间，曾经不断爆发民族主义骚乱，最后只能靠投入大量警察才控制住，现在德意志制服学生会的周日散步，再次点燃了民族冲突的导火索。《一个捷克女佣》的捷克语版，肯定是几乎与《诺内皮格城堡》同时出版，佐证是(布拉格的民族主义者们显然没有注意到)小说在布莱的杂志《蛋白石》1909年下半年卷第39-82页上预印，标题是"一个捷克女佣——马克斯·布罗德的一个故事。写给弗朗茨·布莱，因为他太喜欢布拉格了"。

[13] 布罗德：《布拉格圈子》，第207页。参见布罗德致其出版人阿克塞尔·容克的信，他在信中吹捧了自己的第一本书《死者之死!》："我从日常生活中微不足道的事情，转换到最大的问题上，我认为我通过一种新的冷漠主义哲学，已经永久性解决了这些问题!"(1905年6月21日；转引自哈尔穆特·宾德：《发现法国——卡夫卡和布罗德巴黎之行前情》[Die Entdeckung Frankreichs. Zur Vorgeschichte von Kafkas und Brods Paris-Reisen]，载于《欧福里翁》，2001年第95期，第441-482页，此处为第460页)

[14] 布罗德日记，1910年12月21日。参见卡夫卡致布罗德的信，1909年3月13日："没有进取心的邮局，是唯　适合你的。"(《1900-1912年书信集》，第98页)

[15] 鲍姆在这个职位上一直干到1938年。然后《布拉格新闻报》结束了与他的合作，主要是迫于苏台德区德意志纳粹的压力。由于官方阻挠，他没能流

亡巴勒斯坦。1941 年 3 月 1 日，五十八岁的奥斯卡·鲍姆在布拉格犹太医院死于一场手术。由于三十年代他在政治上非常积极——他参加了 1935 年的"反对德国毁灭文化和人权"大会——所以如果他活着，也必然成为反犹主义灭绝浪潮的牺牲品。他的妻子玛格丽特于 1942 年 9 月 9 日被驱逐，后来在一所集中营被杀害。他们唯一的儿子莱奥（出生于 1910 年 12 月 17 日）幸运地逃到了巴勒斯坦，却在 1946 年耶路撒冷的一次犹太人炸弹袭击中丧生。鲍姆于 1908 年 12 月 20 日在"阅读和演讲大厅"做报告，这是他的小说集《此岸》出版后几个星期。

[16] 参见鲍姆 1916 年写给马克斯·布罗德的信，鲍姆在信中抱怨，"**失明**这个词出现得太频繁了"（显然是在一次他的作品朗诵会上）。信收录于萨宾娜·多米尼克：《奥斯卡·鲍姆（1883－1941）——"布拉格圈子"中的一位作家》，维尔茨堡（博士论文），1988 年，第 283 页。关于鲍姆因自己的小说"未引起（评委）注意"而高兴，参见鲍姆：《遇见自己》（Selbstbegegnung），载于《老布拉格年鉴，1927》（Alt-Prager Almanach 1927），保罗·耐特尔（Paul Nettl）编，布拉格，1927 年，第 98-103 页，此处第 103 页。

[17] 奥斯卡·鲍姆：《回顾一段友谊》（1929），载于科赫：《当卡夫卡朝我走来》，第 72 页。

[18] 关于卡夫卡早期对韦尔弗充满嫉妒的钦佩，以及布罗德和韦尔弗之间充满冲突的关系，参见施塔赫：《卡夫卡传：关键岁月》，第 41-43 页。

[19] 布罗德：《布拉格圈子》，第 106-107 页。布罗德在这里引用了他报告的提纲和之后卡夫卡的话。奥斯卡·鲍姆也发言了。

[20] 马克斯·布罗德：《布拉格作家流派？》（Prager Dichterschule?），载于《和平周刊》，1918 年 9 月 6 日，第 168 页。关于这场主要针对文学研究者和批评家约瑟夫·克尔纳（Josef Körner）的论战的其他细节，参见克尔纳：《文章与信件》（Philologische Schriften und Briefe），拉尔夫·克劳斯尼策（Ralf Klausnitzer）编，哥廷根，2001 年，第 401-402 页。

[21] 马克斯·布罗德：《平庸的脑袋——研究。对杂文主义的观察和与卡尔·克劳斯的论战》（Ein mittelmäßiger Kopf. Studie. Betrachtungen über

Essayismus und Polemik gegen Karl Kraus），载于《行动》，1911 年 7 月 3 日，栏目：622-624。卡尔·克劳斯：《自首》（Selbstanzeige），载于《火炬》，H. 326-328，1911 年 7 月 8 日，第 34-36 页。卡夫卡至少在 1911 年 3 月 15 日参加了卡尔·克劳斯在布拉格的第二场朗诵会，这在布罗德给哈斯的一封未公开发表的信中提到过。（参见宾德：《卡夫卡的世界》，第 292 页）布罗德在信中说，卡夫卡提前离开了活动现场，因为卡夫卡觉得克劳斯的报告令人无法忍受——这个信息，由于布罗德与克劳斯之间激烈论战的背景，所以要谨慎对待。——这场论战的后续发展，参见施塔赫：《卡夫卡传：关键岁月》，第 398-400 页。

［22］鲍姆：《回顾一段友谊》，第 73 页；韦尔奇：《作为朋友的卡夫卡》（*Kafka als Freund*），第 76 页。

［23］布罗德：《关于弗朗茨·卡夫卡》，第 46 页。

［24］卡夫卡日记，1911 年 2 月 19 日。参见卡夫卡致菲莉丝·鲍尔的信，1913 年 8 月 14 日："我没有文学的兴趣，我是由文学所构成，我不是其他的什么。也不可能是其他的什么。"（《1913-1914 年书信集》，第 261 页）一个例子能说明，卡夫卡不仅是划掉一些看似无辜的句子，而是让它们"消失"，可以在他描写他对一位咖啡馆邻桌女子的观察中看出来："有一瞬间，她丰满的身体让她恢复了意识，她从桌子挪开了点身子。然后她又忘记了，开始喝啤酒。"卡夫卡用很粗的阴影笔把第二句话遮盖得看不出来。（卡夫卡日记，1911 年 8 月 24 日，《卡夫卡日记》第 39 页，附录卷第 172 页）

［25］这是在一个四开本上保留下了的最早的记录，肯定是 1909 年的，推测是夏季或者秋季（《卡夫卡日记》，第 9 页；关于日期的疑问参看《卡夫卡日记》附录卷第 85 页起若干页），而布罗德目前未发表的日记是从 1909 年 9 月 4 日开始的。卡夫卡的第一句话显然是在说一次观影感受，因为迎面而来的火车或者紧贴着面前开过去的火车让观众"目瞪口呆"，这是早期默片很喜欢用的一个惊悚母题。参见阿尔特：《卡夫卡和电影》，第 13-15 页。

第二十五章　降落布雷西亚

> 许多山会看起来更好，如果它们的山峰被取
> 下来。
>
> A. E. 豪斯曼,《给母亲的信》,1900

里瓦位于日内瓦湖边,面朝博罗梅安群岛。总之,只要相信卡夫卡博士"一般来说优秀的"地理知识就行,他能把三个湖和三个国家混合在一句话里。

1908 年夏末发出的这份通知,在其收信人那里引起的快乐,肯定是长久的。因为马克斯·布罗德和弟弟奥托打开卡夫卡的信时,正坐在加尔达湖北岸奥地利一侧,从他们的度假地里瓦放眼望去,在位于陡峭山坡之间延展的两公里宽的水域中,看不到岛屿。留在布拉格的好友只能靠开玩笑度日。也许明年应该带他一起来,让他对广阔世界的想象能稍微具体化一些。[1]

跟卡夫卡一起去南方旅行的想法已经讨论了好几个月了。仅仅是因为普遍性限制休假规定,就需要对此进行详细计划。另外,即便是对卡夫卡这样节俭的人来说,一次出国旅行的费用也是很难承受的,所以又是不得不要求家里资助(详细情况我们不知道)。而且,他的朋友们

早就知道,他不是一个能做出即兴决断的人。就连出发日期——最终定在 1909 年 9 月 4 日——他几乎在最后一刻还在犹疑。不过选定这一天出发显然是最合适的,能让他们共同的假期延长到最大限度。因为那天是星期六,卡夫卡十二点就可以离开办公室,一小时后,他就跟布罗德坐在开往慕尼黑的一节三等车厢里了,他们从慕尼黑乘坐夜车经过布伦纳山口,继续前行。一共二十一小时的火车旅程。但是,他们所获不多的自由,一丁点都不能失去。[2]

橙子树、柠檬树、无花果树、橄榄树、柏树、棕榈树、月桂树、桃金娘和芦荟,这些卡夫卡之前从没有在大自然中见过。就在两年前,他还曾希望很快能从他办公室的窗户中看到这些异国景象,但是,对的里雅斯特,甚至对南美洲的梦想,都被保险局堆积如山的文件埋葬了。现在,他跟同时代的大多数欧洲人一样,作为游客朝着太阳奔去。

卡夫卡既不喜欢也不了解植物界,但对他来说,一种能让人一年到头在户外待着的气候,毫无疑问是任何一种生活乌托邦想象的成分:多年来,每年漫长的避暑假期曾经提供了这样一种模式——身体的自由,让身体舒适地疲劳,消除一切紧张——但是现在,只有三个妹妹能享受这样无忧无虑的幸福了,而他自己却要**以小时**计算分配给他的假期。

所以,卡夫卡在夏天越来越经常去城市边缘或者周围短途出游,当布罗德把他引入夜间娱乐的平行世界里时,卡夫卡又教会了布罗德空气浴、水浴、住宿捷克乡间客栈和徒步八小时的乐趣。有时候,时间只够在禁猎区公园散步,或者乘坐小汽艇沿河而上到库切尔巴德(Chuchle)赛马场,然后继续前往柯尼希萨尔(Zbraslav),不过,通过巧妙的安排,卡夫卡有时候可以用一天时间完成一个**微型**度假:

我亲爱的马克斯,不要买张明信片给我写你六点零五分到不

425　　　了 F.约瑟夫车站，因为你必须赶到，因为我们前往弗兰的火车六点零五分开车。七点十五分，我们到达达弗勒，十点我们在那里的雷德乐餐馆吃个青椒沙拉，十二点在斯泰克维茨吃午饭，两点到三点半我们穿过森林到河道湍急处去划水。七点，我们乘汽艇回布拉格。你别想了，五点四十五到火车站。[3]

　　如果布罗德听从了这些指示，那他会体验到一段令人兴奋的旅程，穿过圣约翰急流（因为建了一座大坝，今天已经没有急流了），还有一段徒步，至少二十公里，这是卡夫卡一如既往精心安排的。主要是从1909年开始，这种活动越来越多，大多数时候，费利克斯·韦尔奇也参加，夏天有时候朋友们会整个周末都在路上。其中最美的地方都在布拉格以南，在伏尔塔瓦河沿岸，或者在某个支流的山谷中，有许多浴场。比如在贝龙卡（Berounka）河谷里，有切尔诺希采、维谢诺和多布日霍维采等避暑地，坐火车一个小时之内就能到，卡夫卡有很多年定期去那里。1909年圣灵降临节，他跟布罗德、韦尔奇在多布日霍维采泡温泉，去看了乡村马戏表演，然后徒步十公里穿过森林到穆尼谢克，大家都露天打了个盹：这次出游，甚至被兴奋的布罗德记录并发表在柏林的《舞台》杂志上，被永远记录下来。这年夏天，还有一次去贝龙小城的星期天一日游，也被记录下来。[4]

　　萨扫（Sázava）河谷也有类似的田园景色，这是一条蜿蜒曲折、平坦但水流很大的小河，在达弗勒对面，从东面注入伏尔塔瓦河。人们可以周日早上乘火车前往赛诺赫拉比，"上午加餐"的时候就能到达了，如果运气好，就可以享受十小时阳光，星期一就可以像皮肤晒成棕色的农夫一样回到办公室。当然，这不是每个人都能忍受的。尤其是，布罗德建议带着十八岁的金发白皮肤的弗朗茨·韦尔弗一起去体验大自然，并且借韦尔弗的诗歌创作让这种体验更加美好，但是结果却很不幸。

夏季一个美好的周日,我们沿着萨泽瓦河纯净的银色水流,在森林里脱掉衣服,在一个"野浴场"——我们每次都选择这样的地方游泳,而不愿意去营业浴场——我们像赤裸的河神和树神,倾听着这位"世界之友"的悦耳新诗句,在河水中畅游几个小时。在我的记忆中,这个崇高的希腊夏日永远没有尽头。——第二天一早,韦尔弗的妈妈闯进我家。她是一位优雅、高挑、美丽的黑发女士,总是非常高傲,非常体面;只有这一次,我见到她情绪激动。她大声质问我,脑子里想什么。她说我比弗朗茨·韦尔弗年长,理应更有理智!她儿子晒得通红回到家里,现在发高烧躺在床上!他没法参加高中毕业考试了……[5]

布罗德本来可以回答说:"对于您宝贝儿子的毕业考试来说,他在'戈戈'度过的那些夜晚,远比一次无关紧要的晒伤更危险。"不过他忍住了。喜欢泡咖啡馆的韦尔弗无论如何不会成为一个伟大的游泳者和自然爱好者,"布拉格圈子"里没人会想到带他去度假。

"卡夫卡和我,"布罗德继续回忆道,"我们当时有一种奇怪的信念,我们觉得,只要没有通过在奔流的水中游泳建立起与自然景色的身体联系,那就不能占有它。"在里瓦也是如此,弗朗茨、布罗德和晚几天到的奥托每五天就会在加尔达湖里尽情游一次泳。早餐后,他们就穿过贝纳西斯广场,经过码头(几年之后,神秘的《猎人格拉胡斯》将在这里停泊),然后继续走过尘土飞扬的泊纳勒大街(现为加尔加诺大街),一直走上一条树荫蔽日的小路,小路直接下到岸边,通向简陋的玛多尼纳浴场。后来,布罗德在一篇哀悼这个浴场消失的"悼词"中写道:他在浴场长满苔藓的木板上度过的时间是他生命中最宁静的时光;卡夫卡作为三个游泳者中耐力最好的,显然在这里焕发出生命力,他在给妹妹艾莉的

426

信中以罕见的自信写道："如果你真的关心我的幸福,那你可以放心了。"[6]

下午,如果强劲的阵风**奥拉**破坏了游泳的享受——任何一本旅游指南中,都不会缺少对这种热风的警告——朋友们就在附近短途出游:去图尔博勒渔村,那里也驻扎着守卫附近边境的捷克士兵;去附近的阿尔科疗养地,当地气候非常温和、少风;最后,还可以去湖边城堡托布里诺,在那里,卡夫卡跟正严肃地望向里面的奥托·布罗德有张合影,穿着粗呢外套,戴着高高的窄沿毡帽,穿着相当大的鞋。奥托其实是发现这个天堂般地方的人,奇怪的是,这个地方在奥地利游客中不像在普鲁士人、法国人甚至俄罗斯人中间那么有名。

早在两年之前,奥托·布罗德就自己来过这里,所以他可以目标明确地先带他哥哥,然后也把卡夫卡带到这些美丽的地方来。他第一次来的时候很可能就是因为文学兴趣,众所周知,布罗德兄弟俩都很尊敬的亨利希·曼经常来里瓦,入住冯·哈尔通根疗养院。事实上,当时十九岁的奥托·布罗德真的结识了亨利希·曼,他以当时已经比较有名的哥哥的名义,成功地邀请亨利希·曼去布拉格,在"阅读和演讲大厅"做报告,他跟这位著名的作家在一条帆船上合影——这张照片后来被他自豪地当作明信片寄出,上面甚至还有他偶像的亲笔题字。[7]

即使马克斯·布罗德长期崇拜亨利希·曼的长篇小说三部曲《女神们》,并且在自己的小说《诺内皮格城堡》中模仿其浓墨重彩的效果,卡夫卡却无法对亨利希·曼的散文作品和过度的唯美特点产生兴趣。但卡夫卡对疗养院感兴趣,所以这三个布拉格游客肯定会去尽情参观位于开阔湖边的这座著名"神经疾病患者和糖尿病患者的休养之家"。《女神们》的大部分是在这里写成的,在冯·哈尔通根医生一家人的专业咨询照顾下,亨利希·曼的弟弟托马斯·曼也在这里工作过,并且在他的短篇小说《特里斯坦》前几页中就让这里的环境成为不朽。这一切

427

卡夫卡都知道,他也喜欢这里。他非常喜欢这里,所以,几年之后,他第一次独自度假旅行就来了这里,他在哈尔通根这里不仅希望获得休息,而且寻求一种拯救。[8]

1909 年夏天,发生了一件令人难以置信的事,这一事件甚至短时间取代了欧洲报纸头版的政治热点位置。法国工程师、飞行家路易·布莱里奥——第一个敢于在海上飞行的人,飞越了英吉利海峡,从加来海岸到多佛大概半小时的飞行立刻被当作文明的盛举。其实在此之前,就有一个飞行员飞行过两个多小时,布莱里奥本人也飞过更长的距离——但这一切都因一个象征性的举动而黯然失色,人们立刻明白了,这个举动会改变政治和军事地理。还要载满武器的舰队干什么呢?还要加固边防干什么——如果边界可以,被那些在机库组装起来的小飞行器轻易突破的话?英格兰还是一个岛屿吗?已经分割完的欧洲生活空间,以及关于其安全性的问题,突然获得了第三个维度?所有这些问题,都是由一个人的举动提出来的,他是二十世纪第一个英雄,他的名字在短短几天内就被全世界知道了。

卡夫卡和他的密友们绝对不是技术崇拜者。他们在杂志上看到大量最新航空成果的图片,但是,他们对于这些东西如何以及为什么能飞起来,只有非常含糊的理解。或许,卡夫卡作为工伤事故专家,还是他们中间最有能力向其他人解释**马力**这个概念是什么意思以及好的发动机油的重要性的人。但他们真正感兴趣的是,这种现代化技术带来的全新体验空间。有些人以超越自然法则为职业,并且愿意冒着生命危险。这些人是如何活动的?他们想什么?如何说话?有一次——估计是许多次夏日出游中的某一次——卡夫卡他们讨论的问题是,路易·布莱里奥冒险生涯中最幸福的时刻是什么。是背对着冉冉升起的血红朝阳的孤独起飞?是在几个天真地挥手的英国人面前艰难着陆?或者是那无法

428

429

预料的十分钟,在大海上空八十米,完全没有方向地飘荡,除了雾气和海水,什么也看不到?

布罗德放不下这件事:他还没亲眼见过一次飞行器——连天空中一个小点都没见过,就按捺不住地把自己的想象写下来,以讽刺杂文的形式发表了。[9]还没过几天,他就在加尔达湖边看到意大利报纸《布雷西亚岗哨》的头条消息,说"高贵的"布莱里奥就在附近,在布雷西亚,他将在那里的一次大型飞行集会上展示他的技能。这可能吗?不是说布莱里奥受伤了吗?八月底,在兰斯的飞行日,布莱里奥在他的单翼飞行器油管着火后,艰难地降落,但手部受伤,身上也有擦伤。仅仅两个星期之后,他就要在意大利继续飞行,好像什么事都没有发生过。这个人的神经太强大了,显然值得去一趟,近距离见见他。

但是,时间紧迫。如果想去看看,那么就必须**立刻**退掉酒店房间,告别游泳的享受,启程。显然是卡夫卡和奥托·布罗德要求这么做,而马克斯希望能再继续享受里瓦的宁静。[10]显然,这次出游将会比较艰苦;他们很多时候必须随机决定,钱包里没有钱,没有出国经验,只有忘了一半的一点点意大利语知识——而这一切,只是为了挤在满身大汗的人群中和隆隆作响的马达声中度过短短几个小时。而卡夫卡对此没有丝毫畏惧,这肯定让布罗德兄弟感到很惊讶:他们认识的卡夫卡不是这样的,实际上,没有人认为卡夫卡会是这样的。

9月10日,早上七点四十五分,朋友们登上一艘汽艇,先把他们送到湖的意大利一侧。在卡夫卡的生活记录中,找不到这次旅行的任何痕迹——尽管如此,在加尔达湖上将近四个半小时的旅行,肯定是他印象最深刻的旅行经历之一。因为从湖的最北端到最南端的航行,让他能从不同角度观看周围的阿尔卑斯山风景;左右两岸的十多个停靠点,也呈现出不同的田园景象。卡夫卡看到了渔村和湖岸步道,看到了悬崖和岩壁,看到了柠檬树和橄榄树,看到了建在陡峭山坡上的房子,另外还有加尔达岛上的城堡、豪华别墅和童话般的博尔盖塞别墅。[11]代森扎诺是终点站,再坐一小段火车就到布雷西亚了。下午,意大利人的午休时间,他们三个就已经到了组委会办公室,买了飞行表演门票,订好了酒店。

这次旅行当中,马克斯·布罗德有了一个独特的想法。他肯定会为即将到来的事件写点什么,这是不言而喻的。如果是他们**两个人**呢,卡夫卡和他,他们来一场竞争最佳旅行报告的比赛?他跟报纸杂志有足够的人脉关系,不会让他们的文章发不出去,而且,为了到这里来而产生的这笔计划之外的支出,也肯定会让卡夫卡乐意获得一小笔额外的收入。确实,卡夫卡同意了这个竞赛。两人开始勤奋地记笔记,而且都躲着对方,带着玩笑式的防备。

> 我们被带到了旅店,一眼看上去,这似乎是我们迄今为止见过的最肮脏的旅店,但是很快,它就不那么夸张地让人恶心了。一种肮脏,它已经存在了,就不去提它了,一种肮脏,它不会改变,已经成为这里的特点,它让人的生活在某种程度上变得更真实、更世俗气,一种肮脏,我们的店主三步并作两步从这种肮脏中走出来,他很骄傲,我们很沮丧[……];所以,谁还能在意这种肮脏呢。

用这一段描写,卡夫卡漂亮地赢得了领先,因为他自己想出了这个主意:描写飞行大会先从旅店房间开始。从卡夫卡那里,我们才了解到,在肮脏的尘土包围下,朋友们第二天穿过一片非常平坦的荒野,到达蒙蒂基亚里飞行场,乘上一辆极其拥挤的、(按照今天的标准)以步行速度爬行的小火车,"沐浴在煤灰和烟尘中",旁边就是一条没有铺沥青的狭窄的乡村公路,无数自行车、摩托车和汽车也在朝着同一个方向移动:这是卡夫卡第一次见到机动车造成的交通拥堵。(翻译家和副刊编辑保罗·韦格勒不久之后采用了卡夫卡这篇文章,刊登在布拉格《波希米

431

亚》日报上，但他觉得对肮脏的描写太多了；所以，他成了唯一一个卡夫卡授权**删减**文本的人。[12]）

布雷西亚-蒙蒂基亚里的飞行展从年初就开始计划了——可以看作每年一度在这里举办的举世闻名的汽车赛的升级——不过，兰斯飞行员大会的媒体报道的成功，刺激了意大利主办者的野心。他们想超越兰斯，把一个普通的大众娱乐变成一个全国的重大事件。当然要在布雷西亚举办有高额奖金的比赛：最高速度奖、最大飞行高度奖、载客最快飞行或者超过五十公里的环线飞行。为此，他们签约了全世界最著名的飞行员，除了会做生意的怀特兄弟，他们更愿意在柏林展示他们的双翼飞机（他们得知了布莱里奥飞越英吉利海峡的消息，非常生气）。同时，主办方想给新闻界提供一次欧洲大陆史无前例的政治界、贵族、文化和技术精英的聚会。这个计划成功了。来自世界各国的记者到达这里（奇怪的是，只有奥地利没有人来，除了卡夫卡和布罗德），不仅为了一睹世界上最好的飞行员和机械师的风采，而且也要见识重要的企业家、金融家，像加布里埃尔·邓南遮这样的作家，意大利君主维托里奥·伊曼纽尔三世，当然还有那些身着华丽长袍的**伯爵夫人**和**公主们**。当贾科莫·普契尼——意大利歌剧大师和快速汽车爱好者——出其不意地出现在修建于飞行场旁边的餐馆院子里时，主办者们的幸福感达到顶点。反正不断有值得看的事物，付了钱的观众们举着望远镜，在飞行器和遮阳伞下的主观礼台之间来回看。马克斯·布罗德的感觉没错，他觉得这场面让他想起高端赛马会的喧嚣。

由于计划写报道，所以必须从近处观看比赛，那么，对于布拉格的两位客人来说，飞行场边缘的便宜站票位置肯定不能考虑，因为那里每天有上千人挤在一起——更不用说旁边大型停车场的尘土了，那里来来往往的车比整个波希米亚的都多。另外一种选择是，每天花费十里拉——大约是卡夫卡月薪的十分之一——就允许待在看台前，紧靠着飞机库：

这是一项昂贵的享乐,而且还必须有耐心,一直等到下午才终于等到第一架飞行器升空。为了消磨时间,卡夫卡和布罗德就研究高贵的女客们,当然也研究飞行员和他们的助手,看他们如何跟脆弱的木质结构和不可测的发动机做斗争。从新闻报道中他们得知自己晚来了几天,但什么都没错过:恶劣的天气条件,不断重新调整的线材覆盖物,运行热了的发动机和破碎的螺旋桨已经被飞行场外激动的人群吹着口哨捡走了(《米兰体育报》尖刻地评论说,其实还根本没有值得严肃对待的飞行运动)。就连布莱里奥也已经不幸地掉到一条小水沟里了。现在,大家想看到一些不枉这次艰苦旅行的东西。大家的目光不停地朝一根桅杆看,上面挂着各种颜色的信号旗,传达着组织者的通知。红色表示"马上起飞",而白色旗帜的意思是,可能会很快看到红色旗子……

这些细节情况,以及关于将要开始的比赛、飞行员和飞行器的信息,都可以通过一个官方手册获得,卡夫卡和布罗德把这些材料都巧妙地加入各自的报道中。尤其是卡夫卡,对于聚集在这里的飞行员宣称已经取得的非人成绩和他们很平常的身体条件之间的反差,让他很是惊讶,并拿来取乐。所以,他把美国飞行员格伦·柯蒂斯描写成一个瘦高个,一个人平静地坐在他的飞机库前,用整整一个小时的时间读一页报纸。那些观众中的名人们也没有逃过卡夫卡的透视眼。于是,音乐明星普契尼长着一张"坚毅的脸"和"一个酒糟鼻子","加布里埃尔·邓南遮身材矮小瘦弱,似乎胆怯地在组委会重要委员孔特·奥尔多弗雷迪面前跳舞"——这是非常准确的观察,因为事实上,这位自负又对技术痴迷的作家,是在祈求允许他跟某个飞行员一起飞行。看上去不苟言笑的柯蒂斯最终跟愿望迫切的邓南遮开了个小小的玩笑——他不可能完全拒绝这个著名作家——让他上飞机飞了几米高,完成了生命中第一次飞行,不过可惜的是,卡夫卡错过了,否则他一定会很开心的。但是,卡夫卡的报道却没有让邓南遮感到高兴:"他来意大利,"邓南遮后来跟库尔奇

433

奥·马拉帕尔泰①说，"除了骂我，就没有更好的事情做了。"[13]

目前保存的关于布雷西亚飞行日的电影，通常只能显示飞行场巨大的荒芜和相比较而言极其微小的、根本辨认不出来的人和物体，但是，卡夫卡和布罗德的描写传达了对当时气氛更加生动的印象。他们也常常描写观众的表现：期待、沮丧以及爱国情感，尤其是对那些特别倒霉的飞行员们，比如意大利的马里奥·卡尔德拉拉少尉，他用在修补破损设备上的时间远远多于试飞的时间（尽管他最后带着固执的邓南遮飞到了十米高，甚至还赢得了两个奖项）。

当然，布拉格的两位报道者尤其生动、详细地报道了主要事件，这么多人就是为此而来的：英吉利海峡飞跃者的登场。"布莱里奥呢？我们问。"，卡夫卡写道。"布莱里奥，我们这段时间一直想着的布莱里奥，他在哪里？"从很远就能认出他来，他的鹰钩鼻子和垂下来的大胡子非常显眼；小市民的、不太优雅的身材，穿着蓝色机械师裤子，如果是在大街上，绝对不会引人注意，他的光环全部来自报纸的报道：这**就是**飞越了大海的人；并因此赢得了一千英镑的巨额奖金；短短几个星期之内，他的飞机制造厂就接到了一百多个订单。现在，在几千双眼睛的注视下，他从飞机库里拉出他著名的飞机，业界都称之为"布莱里奥 XI"，这是飞行场上最不起眼的飞机，跟旁边也来参加比赛的瓦赞双翼飞机相比，甚至显得有些纤细。所有在看台上没有位置的人——包括卡夫卡和他的同伴——此时都涌到前面的隔离栅栏处，爬到栅栏旁的稻草椅子上，为了抢到一个好的位置观看起飞。布罗德写道：当工作人员清扫飞机轮子前面的石子时，他感到自己双腿颤抖，不过后来，他跟所有人一样兴奋。而卡夫卡的声音则完全不同，几近敬畏：

---

① 库尔奇奥·马拉帕尔泰（Curzio Malaparte，1898-1957），意大利政治记者、小说家和剧作家。

现在,布莱里奥飞越海峡的那架飞机出来了;没人说,但所有人都知道。停了很长时间后,布莱里奥飞上了天空,人们能看到机翼上方他挺直的上身,他的双腿伸在下面,成为飞机的一部分。太阳已经西斜,从看台顶棚下面穿过,照耀在摇晃的机翼上。然而,所有人都抬头看着他,所有人的心都被他占满了。他飞了一小圈,然后在我们上方几乎垂直飞行。所有人都伸长了脖子,看着那架单翼飞机如何摇摆着,被布莱里奥操作着往上升。发生什么了? 在地面上方二十米高的地方,一个人被困在一个木制框架里,在与自愿接受的、看不见的危险斗争。而我们站在下面,完全被排斥在外,空洞地看着他。

布罗德觉得,飞行员仿佛是被"上千人发出的越来越大的嘈杂声,被我们中间突然爆发的欢呼声抬到天空的",而卡夫卡在最后一句话中调转了视角,用布莱里奥的眼睛往下看向被动的人群,他们对事件的发展没有丝毫影响,所以只能"空洞"地站在那里。卡夫卡更加现实主义,他以电影的风格报道,好像在用移动摄像机,这里第一次显示出——当然他不是有意识的或者说他没有想到伟大的文学——他正在通向一种新的叙事方式的路上。在生命即将结束的时候,他会说到一种"更高形式的观察",他将其定义为自己写作的理想。不是在《一场斗争的描述》中,而是在布雷西亚,他迈出了第一步。[14]

恰好在布莱里奥近距离飞过卡夫卡上方的那一瞬间,有人拍了一张照片,这可以算得上是历史文献学的小奇迹了。照片上,可以通过飞机确认飞行员,而卡夫卡跟他周围的其他人一样,正站在一把椅子上,照片是从侧后方拍的,但可以清楚地认出他。这张照片在一位意大利飞行发烧友的收藏品中沉睡了几十年。卡夫卡和布罗德都从不知道这张照片的存在。[15]

剩下的时间,还够他们在里瓦再待一天,最后去湖里游一次泳。然后就要赶时间了;凌晨出发,在火车上和火车站度过一天一夜。9 月 15日早晨七点左右,他们三人从慕尼黑到达布拉格的夜车上下来。卡夫卡还有一个小时时间,可以洗浴、换上西服。然后赶到办公室——像以往一样,明显晒黑了——想第一个获悉他被任命为"公司实习生"的消息。估计大家也追问他一些旅游见闻。不过,关于他去了哪里、见到了什么惊人的事情,不久之后,他的同事和上司们反正会知道的:在报纸上。

文学研究者彼得・德密茨在他对布雷西亚飞行展的研究中总结说,这次活动在人类飞行艺术方面是"某种奇特的纯真的最后闪光时刻"。[16]他说得太对了,而且绝不只是因为空域的迅速军事化。布雷西亚是最后的机会,让人能从最近的距离,把飞行当作一种"完整的"体验进行观察:观众可以看到,飞机是如何被拆卸、组装和保养。人们能看到为飞机服务和操纵飞机的人——三个或者四个人就可以在飞机启动时把它拽住——当时还没有"地勤人员"和飞行员的区分:每个人都做并且能做的所有事情,发动机设计师能飞行,飞行员能修理发动机。全家人都在这里跑来跑去,好像这里是流动马戏团,就连束手无策的瞬间,观众们也能看得到。同时,飞行还跟技术日常经验非常近,观众们确实还能看明白。飞机的声音跟汽车一样,它们用自行车轮胎降落。当时也没有特殊的飞行服,谁被允许跟着飞,就穿着西服打着领带飞了,如果他运气不好,可能还会有几滴热机油溅到绑腿上。

最重要的是,成效是可控的:飞机的速度还比较慢,让人们能专注地看清飞行员,它们也飞不了太高、太远或太久,不会完全脱离人们的视线。包括那次(一开始不成功的)飞行高度纪录挑战——卡夫卡挤在人群中抬头看到了,晚上得知了消息——一百一十六米的垂直高度,还没有切断人的感官接触,甚至人们还能够从下面朝飞行员招手欢呼——而第二年,飞行器就能飞到一千多米高,时速也远远超过一百公里,彻底摆脱了所有人的视线。这种快速发展,也是为什么像兰斯和布雷西亚的飞行展只能以两年或者三年的间隔举办才有意义的原因。很快,就只能让观众看长途飞行后到达目的地的表演了——假设是遭遇到了**袭击**——或者是某些飞行员喜欢刺激,他们表演翻跟头和头朝下飞行,也就是说,这都是些马戏团的戏码,跟飞行最开始的梦想已经没有多少关系了。也正是由于这种升级,飞行也真的变危险了。布莱里奥和其他飞行员们都经历过几十次紧急迫降,却毫发无损,因为他们在技术意义上始终是在地面上的;1910 年之后完全摆脱了束缚的飞行,造成了无数的死亡。

马克斯·布罗德在布雷西亚时肯定做梦都没有想到,他在半个世纪后会自己飞越大海,坐在一个宽敞、有暖气的机舱里,昂贵但很舒适,有穿着制服的女士提供服务。这种想象,在 1909 年肯定最多出现在一部乌托邦式小说里。目前,还有几个月的时间,人们可以享受这种无害的先锋行动。一家维也纳财团买了一架与布莱里奥成功飞越海峡同一型号的飞机,把这个大玩具从一个城市运到另一个城市。11 月也来到了布拉格,在老城广场附近的皇宫饭店展出一个星期,并向前来参观的无数好奇观众(包括学生)进行讲解。几个星期之后,1910 年 1 月 2 日,在泥泞的库切尔巴德赛马场,人们就见识到了一架飞起来的飞机,那是一架双翼飞机,从弹射器起飞后不到一分钟就坠毁了。大约有五万人兴致勃勃地专程赶来观看这次飞行,大部分是坐专列来的。《布拉格日报》的报道保持了客观:"这次事故破坏了飞机在飞行时给人们留下的好印象。"

历史的车轮滚滚向前。对于文学来说,人类的飞行以及与此相关的一切,只在几年时间里是现代化的象征性**热点**:邓南遮在他的长篇小说

437

《也许是，也许不是》（1910）中，把飞行员称为冒险家和超人，并将刚刚开始的二十世纪与伊卡路斯神话联系起来——这导致了他对那些在布雷西亚遇到的新型飞行工程师们产生了相当愚蠢的误解。马克斯·布罗德作为尼采怀疑主义者，讨厌这种英雄化叙事，他在长篇小说《阿诺德·贝尔》（也出版于 1910 年）中，让主人公在组织一场飞行表演时经历了惨败。然而，真正的飞行员们却在完全不同的维度上起飞，他们将飞行民主化和军事化，他们替人携带照相机、邮包甚至武器。布莱里奥成了企业家，买下一家飞机制造厂，在第一次世界大战期间制造战斗机和轰炸机。卡尔德拉拉领导着一所飞行员学校，柯蒂斯大规模制造飞机发动机。这个美国人要是听说了自己以前"乘客"的"壮举"，必定惊讶不已。因为邓南遮虽然没有获得他渴望的飞行员执照，但他亲手在奥地利阵地上投下了几颗小炸弹，并且在 1918 年 8 月以一次非常危险的、将近八小时的飞行，让自己的副驾驶生涯登上了顶峰，那次，他飞到敌方中心、维也纳内城上方，从三千米高空抛撒自己撰写的传单。

438　　这类表演和各种无限提高的、最后只能用秒表来捕捉的纪录，对于卡夫卡毫无用处。同样，对技术成果和与所有感官经验失去联系的想象，他也不感兴趣。他能想象南极探险的孤独，但对于所到达的纬度却毫不理解。他喜欢赛马，但是不喜欢赛车。所以，也没有记录表明他后来是否还观察过某位飞行员的工作。他有足够的机会，但他显然让机会都溜走了。他去世那年，出现了速度超过一百米每秒的飞机。那就没多少可观看了。

对于卡夫卡来说，人类的飞行代表着一种朝向户外的运动，很像游泳。这样的运动必须用身体去体验，才能让它起到精神作用。但技术装置与此相反，技术设备将人的身体与元素、自然分开，从而也与人对自己的体验分开。如果机器足够原始，能够让人与之融为一体——卡夫卡就是这么描写布莱里奥的——那它可能为人打开全新的体验。而在他看来乘坐客机旅行与飞行的理念相差太远,就像潜水艇与游泳的差别一样大。

　　布雷西亚飞行展八年之后,1917 年 3 月,卡夫卡写下了一个短篇小说的开头,小说讲的是一次飞机旅行。说要进行系统的飞行练习,必须重复很多遍,为长途旅行做准备。最后要去"南方的国度",可能是意大利,也可能更远。但是,主人公既不梦想双翼飞机,也不梦想飞行员考试。他想的是完全不同的事情。他训练了一只大鸟,等春天来了,他就到鸟背上,摇动翅膀飞走,"在清新的空气中朝着光明的南方飞翔",没有螺旋桨,没有噪音,没有观众,永不再见。[17]

注释

　　[1] 参见卡夫卡致布罗德的信,1908 年 9 月初。(《1900–1912 年书信集》,第 88 页)这封信和 9 月 9 日寄往里瓦的一张明信片证明,布罗德说他是跟卡夫卡一起认识里瓦的,这个说法是不对的。(参见布罗德:《关于弗朗茨·卡夫卡》,第 92 页,以及布罗德:《好斗的一生》,第 243 页)博罗梅安群岛(当时也是)位于马焦雷湖的意大利部分。

　　[2] 哈尔穆特·宾德在《与卡夫卡去南方——瑞士和上意大利湖区的历史图画旅行》(*Mit Kafka in den Süden. Eine historische Bilderreise in die Schweiz und zu den oberitalienischen Seen*,布拉格,2007 年,第 14 页)一书中,基于证据对旅行日期进行了令人信服的重构。本章在很多处以宾德的细致研究成果为依据。

　　[3] 卡夫卡致马克斯·布罗德的信,估计是 1909 年夏天。(《1900–1912 年书信集》,第 102–103 页)卡夫卡建议的这个出游路线有描述,并且有当时的照片做插图,参见宾德:《卡夫卡的世界》,第 205–207 页。

　　[4] 参见马克斯·布罗德:《乡村马戏》(*Zirkus auf dem Lande*),载于《舞台》,1909 年 12 月 16 日,第 33 页。布罗德 1909 年 5 月 20 / 31 日的日记中可以看出,韦尔奇和卡夫卡也参加了多布日霍维采那次出游。关于贝龙之游,在马克

斯·布罗德给费利克斯·韦尔奇的一张未发表的明信片中提到过,日期是 1909 年 8 月 13 日。明信片的行文表明,完全可以带新朋友参加这种出游活动,这次被带去的是柏林的汉学家弗朗茨·许伯特。(柏林的罗兰特·坦普林〔Roland Templin〕收藏,他热情地提供了这张明信片的扫描件和相关信息)

[5] 布罗德:《好斗的一生》,第 23 页。韦尔弗的高中毕业考试是在 1909 年。

[6] 马克斯·布罗德:《给一个浴场的"悼词"》(Nachruf auf eine Badeanstalt),载于《布拉格日报》,1926 年 8 月 1 日,第 3 页。(玛多尼纳)浴场被拆除,在原地修建了更加现代化的"精品浴场"。卡夫卡写给艾莉·卡夫卡的明信片,1909 年 9 月 7 日。(《1900-1912 年书信集》,第 110 页)卡夫卡和布罗德兄弟俩住在哪个酒店,已经不可考。肯定不是预定的酒店。

[7] 亨利希·曼的题字是:"对一个作家来说,没有什么能像单纯的年轻人的爱那么重要。"当时,曼三十六岁,马克斯·布罗德二十三岁。参见布罗德:《好斗的一生》,第 242-243 页。亨利希·曼于 1907 年 12 月 4 日在布拉格"阅读和演讲大厅"朗读了他的长篇小说《爱的追逐》(Die Jagd nach Liebe)中片段。

[8] 关于哈尔通根疗养院和卡夫卡 1913 年那里的情况,参见施塔赫:《卡夫卡传:关键岁月》,第 420-422 页。

[9] 马克斯·布罗德:《布莱里奥》(Blériot),载于《当代》,38(1909),H. 37,第 676 页。——对于布莱里奥飞行的详细描述和照片,见《汽车报》(Allgemeine Automobil-Zeitung),维也纳,1909 年 8 月 1 日。费利克斯·菲利普·尹戈尔德(Felix Philipp Ingold)是当时对布莱里奥英雄化倾向的一个典型例子,参见《文学与航空——欧洲飞行文学 1909-1927》(Literatur und Aviatik. Europäische Flugdichtung 1909-1927),法兰克福,1908 年,第 86-88 页。

[10] 布罗德在他的卡夫卡传记中写道:"主要是卡夫卡敦促这次出游"(《关于弗朗茨·卡夫卡》,第 92 页);但是,根据他后来在《布拉格圈子》里的描述,他弟弟奥托是"这次出游真正的推动者"(第 192 页)。

[11] 宾德在《与卡夫卡去南方》第 42-44 页对这次汽艇旅行做了详尽的描

述,并配有历史图片。

[12] 引文出自《卡夫卡生前问世之作》"附录"第 516-517 页,卡夫卡的报道《布雷西亚的飞机》删减版刊登在 1909 年 9 月 29 日的《波希米亚》报早间版,第 1-3 页。布罗德的文章《布雷西亚飞行周》(Flugwoche in Brescia)被《新评论》编辑部拒绝,后来于 10 月末发表在慕尼黑杂志《三月》(第 219-226 页)上。后来,布罗德曾想把这两篇文章收入他的散文集《关于丑陋画作的美》(莱比锡,1913 年),(卡夫卡对此表示很不情愿的同意,)尽管两篇文章已经安排进去了,但是为了避免集子的篇幅过大,最后还是撤掉了这两篇。卡夫卡文章的完整版,最后作为遗作发表,附在布罗德的卡夫卡传记后面。马克斯·布罗德/弗朗茨·卡夫卡:《一段友谊——旅游日记》(Eine Freundschaft. Reiseaufzeichnungen,法兰克福,1987)中,两篇文章紧挨在一起。(第 9-26 页)今天的布雷西亚-蒙蒂基亚里小机场(是以加布里埃尔·邓南遮命名的),就在当时的蒙蒂基亚里飞行场旁边。

[13] 库尔奇奥·马拉帕尔泰(Curzio Malaparte):《两年的争吵,1953-1955》(Due Anni di Battibecco 1953-1955),佛罗伦萨,1967 年,第 101-102 页,转引自宾德:《卡夫卡手册》,第二卷,第 724 页。完整的引文是:"'看,'他跟我说,'他也是这样! 你能想象这种事吗? 他来意大利,除了骂我,就没有更好的事情做了。他是一家布拉格保险机构的小职员:但他是个大艺术家,高贵的头脑。你看,谁的话语中说到我:那个小职员。'"

[14] 卡夫卡日记,1922 年 1 月 27 日。(《卡夫卡日记》,第 892 页)

[15] 这张照片的翻拍现存于罗兰特·坦普林收藏,他友好地提供给费舍尔出版社印刷用。参见图片部分。

[16] 彼得·德密茨:《布雷西亚飞行展——卡夫卡,邓南遮和那些从天而降的人》(Die Flugschau von Brescia. Kafka, D'Annunzio und die Männer, die vom Himmel fielen),维也纳,2002 年,第 235 页。这部作品还介绍了参加布雷西亚飞行展的飞行员们的来历和后来的命运。

[17] 一篇没有标题的片断。《卡夫卡遗作和未完成的残章》(一),第 365-367 页。

第二十六章　在西方的中心

城中闲逛

无须骄傲

把你的声音加入到人群的声音中

人类联盟①,《人群的声音》

439　　　这一次,轮到马克斯·布罗德焦虑了。作为邮政总局的公务员,他已经用完了假期,在里瓦和布雷西亚那几天,就是他1909年的全部假期。现在他得到通知,将被调到一个普通的分局,将来必须每天下午也在办公室上班。但是,忍受力和最自信的乐观精神都是有限度的,毕竟他早就在遵循完全不同的计划了,为此,他需要行动自由。现在难道不是去一趟巴黎的时候了吗?他仍然在大量阅读福楼拜的作品和关于福楼拜的资料,但是他不久前还不得不向福楼拜的外甥女承认,还没有亲眼见过福楼拜生活过的地方。什么时候能有机会呢?11月初,布罗德决定,干脆遵从自己内心的要求,不去管什么调令。他没去办公室,而是登上一趟长途列车,跟一位布拉格的熟人格奥尔格·卡尔斯一起,后者

━━━━━━━━

① 人类联盟(The Human League),1977年成立的英国流行乐队。

是生活在蒙马特的画家和石版画师。布罗德在巴黎待了几天，卡尔斯带着他参观艺术馆，去咖啡馆和夜总会。然后他父亲的消息来了，一切都暴露了。布罗德返回布拉格，不得不接受官方的调查讯问，他想到了自杀。有一段时间，布罗德在等一个决定：单位是否要他为这趟绝望而冲动的旅行付出被解雇的代价。最后，他只受到了书面训诫。估计是一位对文学感兴趣的邮政董事会董事阻止了最坏结果的发生。[1]

肯定也是因为他艰难的处境，他绝不是以艺术和文学游客的天真热情去参观巴黎的，而是非常专注地记录了日常习惯、举止、气味、声音和说话习惯——就好像一个想要移民的人。除了感知的强烈程度，他同样注意到，在陌生环境下，对于舒适和刺激的感知，其强度和范围都会扩大。比如，相较于布拉格"蓝星"饭店中豪华的咖啡馆，巴黎的小酒馆简陋、嘈杂、没有暖气，但他在里面仍然觉得很舒服，这让他对自己也很惊讶："观念能产生这么大的变化。"他在旅行快结束时总结道："这里见不到新房屋，没有富丽堂皇。[……]为什么偏偏这里是世界的中心？——是因为人[……]。感觉：'这里有真实的东西'——我很高兴，能亲自证实对巴黎的普遍判断。"[2]

是因为人：最近有多少人为了他们的自由而涌进巴黎，对此，布罗德和卡夫卡可能只有一个模糊的概念（仅来自俄罗斯的就有两万五千人）。那个"普遍判断"当然也是一种政治判断，所以在布拉格主要是从那些有文化意识的捷克人嘴里听到，他们在德意志的权力范围之外寻找方向。社会和经济方面，他们与奥地利首都的联系仍然是最密切的：世纪转折时，在维也纳生活着二十五万在家里说捷克语的人。但是，想得到在这个哈布斯堡皇朝都城过上好日子的机会，常常要承受羞辱。谁想留在维也纳并且享受那里的居住权，就必须宣誓，保证"为这座城市的德意志特点做出贡献"（带着捷克语口音说出来非常奇怪）。所以，对于

440

布拉格进步的捷克市民来说,看全世界的"西方心脏"——也就是巴黎——更有吸引力,劳伦兹山上那个微缩版的埃菲尔铁塔使这种榜样具有了一种可见的物质形式。世界城市巴黎一开始是座文化避难所,后来在一战期间也成为民族和政治庇护所,向捷克流亡者敞开大门。

441　　　　这样,他们参与到一种欧洲的领先文化中,很显然,这种文化不仅有过去,而且也有未来:瓦尔特·本雅明断言说,巴黎曾是十九世纪的首都,这对大多数知识分子来说,即便不是完全荒谬,也是过于草率了。巴黎的时装杂志成摞成摞地堆在奥地利的咖啡馆里,热衷技术的男人们在谈论飞行技术的未来时,会把目光投向巴黎。就连欧洲电影——这是即将到来的大众文化媒介——也是被巴黎的公司主导,尤其是百代集团,它在维也纳有家子公司,即便是强大的美国制片厂,也多年无法与之抗衡。如同每个广告读者都知道的,还有许多全球性公司把总部设在巴黎:香避格蕾香水(Roger & Gallet),米其林轮胎,克莱门特-贝亚德汽车(Clement-Bayard)……

　　另一方面,法国的综艺文化——布拉格如果有类似的演出,门票常常被抢购一空——又滋养了巴黎作为爱情之都和唯一一个产生了大众色情文化的大都市的传奇,几乎没有一个去巴黎的旅游者不被相应的期待蒙蔽了目光。马克斯·布罗德写道,直到见了"放得开的"巴黎女人,他才真正理解了**放荡**(libertinage)这个词(当然,他是指红磨坊舞厅的妓女们)。这种效应又被以下事实加强:在巴黎的有些角落里——世界上没有哪个地方是这样的——色情和创造力似乎是互为条件、相互渗透的。比如,蒙帕纳斯区享有现代绘画灵感来源的美誉,在每家咖啡馆,不管白天黑夜,总能遇到一些正在画画的天才,可以肯定的是,布罗德在被介绍认识的艺术商人那里,也看到过毕加索、布拉克、莱热、马蒂斯和波纳德的作品,这些人已经把印象主义远远甩在了后面。[3]**立体主义**这个概念刚刚流行了几个月,布罗德见到了这种革命性形式语言的最早试验品原件(这种艺术形式在第二年,就被**特夫多西纳艺术家**小组引入布拉格)。

当然,布罗德去巴黎前几乎毫无准备,时间也太短,无法整理成有意义的第一印象,更不用说去满足音乐和文学兴趣了,但他肯定是有这方面打算的。所以,对于布罗德来说,说服他弟弟和卡夫卡一起重新去巴黎进行修养考察旅行,并不是一件困难的事,不过这一次要自己确定路线,进行周密的计划。卡夫卡没有说过吗,要去巴黎一年? 那是在他找工作的时候,酒馆里遇到的几个法国人让他有了这样的想法,而这个想法现在依然存在。1910 年 1 月,布罗德回去两个月后,朋友们听了一个用法语做的关于巴黎的图片报告。报告中,除了政治和文化,对无法回避的"巴黎女人"也做了客观、彬彬有礼的介绍。[4]

最主要的障碍是语言知识不够,因为他们在布雷西亚时遇到紧急情况勉强能解决问题的半吊子拉丁语,在巴黎完全没有用。尽管布罗德和卡夫卡在此期间又用法语读了福楼拜的长篇小说《圣安东尼的诱惑》,是的,布罗德甚至还从法语**翻译**成德语,但是他们对话和交流的能力还不够,会出现尴尬情况。至少从 7 月初开始(在他们确定具体旅行日期前很长时间),他们为此与画家威利·诺瓦克见面,练习法语,从 8 月中到 10 月初,他们在一位女教师那里上法语课。

卡夫卡对他们共同的计划如此认真,这肯定让布罗德松了一口气,因为他觉得,这位朋友现在非常难相处,是的,甚至让人无法忍受。卡夫卡不断抱怨身体不适和同样不明缘由的心理痛苦,他不是去尝试说清楚,而是用充满矛盾的比喻围着这些痛苦绕圈子。他给布罗德写道:

> 我所拥有的一切都反对我,反对我的一切,都不再是我所拥有的。比如说——这只是一个纯粹的例子——如果我的胃疼,那它实际上就不再是我的胃了,而是成了某种东西,它与一个想殴打我的

442

443　　　陌生人没有本质的区别。所有一切都是如此,我只是由扎入我身体的尖头组成的,一旦我想反抗并且用力,那只意味着把尖头更好地按进我的身体。有时候我想说,上帝知道,我是如何仍然感觉到疼痛的,因为我急切地想在身体里造成疼痛,已经根本顾不上感觉疼痛了。我常常不得不说,我知道,我真的感觉不到疼痛了,我是人们所能想象的最没有痛感的人。[……]但是,亲爱的马克斯,即使你不愿意,你也必须相信我,今天下午,一切就是这么安排的,让我——如果我是我——按照精确的顺序逐一体验所有的疼痛。从今天开始,我要不停地劝说自己:最好是开一枪。我干脆一枪把自己从我不在的位置上射走。好吧,这样做很胆小;胆小当然是胆小,即便在这种情况下只有胆小。这个情况在这里,这里有个状况,必须不惜一切代价消除,但是除了胆小,没人能消除它,勇气只会让它变成痉挛,别为我担心。[5]

　　没人会因此变得聪明,卡夫卡暴力解决方案的游戏——这不会是最后一次——肯定让布罗德觉得很轻率。这像是一出内心戏,卡夫卡固执地坚持这迷宫般的联想和观点,但是,这出戏的名字是什么呢？这不是矫揉造作,卡夫卡从来不矫揉造作,他是真的、毫无疑问地经历了这些痛苦。但是,他的理智从中得出的不幸结果是布罗德无法理解的,所以他在日记中多次记录了卡夫卡的"不幸",但他无法具体描述。布罗德自己也曾经有一瞬间想过提前结束自己的生命。但是,那个原因是一个非常明确的事件,而他对这个事件做出了积极的反应,并且通过**另一扇**后门,摆脱了那个看似没有出路的境况。他收拾一切重头再来,那个绝望的瞬间很快就在一系列新的体验中逐渐淡去了。但是卡夫卡拒绝考虑这种强有力的措施,这让别人跟他的谈话非常艰难。他到底对什么还感兴趣？布罗德就连夏季在河里游泳或者在伏尔塔瓦河上划船时,也找不

出答案。《一场斗争的描述》花费了他多年精力，将是他第一个比较长 444
的出版物，他已经完稿，并把手稿交给了朋友布罗德，并且确定地说，这
些手稿让他最高兴的是，它们终于离开了他的家。布罗德看到了一种毁
灭性的姿势，他一直担心被卡夫卡传染上这种情绪。跟费利克斯·韦尔
奇的谈话是多么不同啊，多么令人耳目一新，让他常常想起中学时代纯
洁的热情和求知的渴望，最终，他们计划合作完成一部哲学作品。布罗
德非常享受他们在一起工作的状态："摆脱卡夫卡的绝望。"他写道。

　　零星保留下来的证明显示，卡夫卡在那几个月确实经历了一场心理
变化，可以被理解成危机，或者说是成熟。他自己也说不清，但他遭受的
痛苦是，失去了内心的连贯性，思想碎片化，感觉自己的身体像是一个
"陌生人"。这种状态对他来说并不新鲜——从他最早的文章中已经能
清楚地看到——但是，"如果我是我"这种令人警觉的表述迄今为止还
没有出现过，这是熟悉的比喻游戏的闪光，现在却以极度认真的口吻说
出来。卡夫卡以**写信**的方式把这些告诉几百米之外的布罗德，仅这个事
实，就让布罗德不寒而栗——更不用说最后提到的"开枪"。这个通知
是针对他的吗？这些事情难道不是卡夫卡首先要向自己解释清楚的吗？

　　　　终于，我度过了生命中无法写出任何令我满意的作品的五个
月，没有任何力量能取代这五个月，尽管所有力量都对此有义务。
现在，我终于再次想到要跟自己对话。如果我真的向自己提问，那
我还是会一如既往地给出回答，从我这个稻草堆身上还是能拍打出
一些东西的，五个月来，我就是一个稻草堆，它的命运就是，在夏季
被点燃，旁观者还没来得及眨一下眼，它就已经烧成灰烬了。这种
命运只发生在我身上！它应该十倍地发生在我身上，因为我对那不
幸的时光毫不后悔。我的状况不是不幸，但也不是幸福，不是冷漠，
不是软弱，不是疲惫，不是有其他兴趣，那么究竟是什么？我自己也 445

不知道,这可能跟我没有写作能力有关。[……]这当然不是全部,这样的询问还不能让我开始说话。但是,至少每天应该有一行字是针对我的,就像人们现在用望远镜对着彗星一样。

[……]如果你离开你自己,那你将一事无成,但是你在你的圈子里会错过什么吗?对这个提问,我的回答是:我也更愿意在圈子里被殴打,而不是在圈子外自己殴打自己,但是,这个圈子到底在哪里?有一段时间,我看到它在地上,像是用石灰画出来的,可是现在,它只是漂浮在我周围,甚至都不漂浮。[6]

语言的图像性(Sprachbild)跃然纸上:卡夫卡**精神涣散**,他生活在自己"圈子"之外很远的地方,以至于快要看不到它了。但他已经开始在制订拯救的策略了,而且,事实会证明这是正确的做法:跟自己说话,向自己提问,把碎片连接起来,**重组碎片**。他会把这当作他的日记以及一些奇妙信件的重要功能,即便他无法每天给自己或者"针对"自己写一行字——这也是一个比喻的种子,以后将长成参天大树——但他现在第一次有了对某项任务的清晰设想。他也将继续遵循图像的逻辑,他喜欢这个游戏,但不再为游戏而游戏:他的图像和比喻具有严谨性、一致性和分析的力量。他到达了他发展道路的岔路口,尽管他在 1910 年春天还不可能预感到——也不会认为这是可能的——他距离关键的突破只有两年时间了。

这就是他将要去巴黎的氛围。他有足够的旅行兴趣,距离布雷西亚之行已经过去一年了,另外在这一年中,劳工事故保险局对他也提出了一些要求。当时正是各方都害怕的"重新分类"时期,是对波希米亚所有企业重新进行风险评估的时间,跟以前一样,必须面对无尽的抱怨来为新确定的"危险等级"辩护。这是卡夫卡第一次参与这个行动,一直持续到 9 月份。作为新任命的"法务专员",他不得不直接面对愤怒的企业家们。这更加滋长了他逃跑的想法,于是,10 月 8 日星期六,尽管身体又出现了新的问题,他还是踏上了旅程。当时卡夫卡脚趾扭伤,整个脚都肿了,另外,他后背长了疖子,很疼。在他们的第一个中途停留地纽伦堡,他买了新的膏药。星期日继续乘火车旅行,在斯特拉斯堡越过边界,晚上二十二点左右,卡夫卡、马克斯和奥托·布罗德到达巴黎东站,他们乘车去了蒙马特附近的一家便宜小旅馆,布罗德前一年就住在这里。[7]

卡夫卡随身带着日记本,但几乎没有用,不过布罗德在巴黎期间常用关键词,至少能提供关于地点、路线和时间的信息。因为他们想在巴黎逗留接近三个星期,所以完全没有必要所有事情都一起做;因此,卡夫卡也会单独闲逛几个小时,去蒙马特区,逛林荫大道,去凯旋门,很可能还去了荣军院,从一个地下室的开口往下看,可以看到拿破仑一世的石棺。在紧邻的历史博物馆里,还能见到这位独裁者的文件和纪念物。所以,不断激起卡夫卡对拿破仑这个人物兴趣的,肯定是对原始场地的感性印象,而不只是学校课上讲的历史材料。后来,他研读了拿破仑名言录,甚至将拿破仑想象成与自己相反的样子:一个仅仅通过毫无顾忌地追随他个人的"魔鬼"就彻底颠覆了世界的人。[8]

第一次乘坐地铁的震撼,卡夫卡也是独自体验的;他对车厢中的噪音感到震惊,列车轰隆隆地在黑暗的地下管道中穿行,车厢里挤满了漠然的城市居民,几十年来他们对这种新技术已经习以为常了。朋友们一起参观了杜伊勒里宫、卢森堡公园、卢浮宫绘画收藏和卡纳瓦雷博物馆,在那里,卡夫卡对一张伏尔泰的肖像画感到很兴奋:这幅画展示了处在创作力旺盛时期的哲学家——也就是清晨口授的时候,戴着睡帽,裤子提上一半——布罗德回忆说,卡夫卡在这幅画前根本挪不动脚。[9]最后,不可避免地必须去——哪怕是为了家里人期待的游记也得去——参观全世界最吸引人的旅游景点之一:二十年前刚建好的埃菲尔铁塔。他们徒步上到将近六十米高的第一层(这正好是布拉格"埃菲尔铁塔"的高度），在世界各国语言的嘈杂声中，在游客通道绕塔一周。卡夫卡似乎对特罗卡德罗宫的景色印象深刻，那里最初是展厅，现在里面有几个博物馆，还有一个巨大的宴会厅和一个天文台。那个布拉格酒馆——他幸福和不幸的经历都跟那个酒馆相关——的名字就是来自这里的，六年多之后，当卡夫卡动笔写下布塞法鲁斯博士的故事时，他将会再次回忆起这片巨大的建筑群：一个律师必须在一个巨大的建筑中进行一场"巨大的诉讼"，那个建筑就是"特罗卡德罗宫"。[10]

　　他们经常在一家杜瓦尔连锁餐厅吃饭，在那里，他们惊讶地看着统一穿着白围裙、戴着小帽的乖巧女服务员们——这个现象在布拉格是不可想象的，在那里，高级餐馆的服务生都是男子。杜瓦尔餐厅也有清淡的小份菜肴，很快就能上桌，吃完后在收银台结账——乍一看，这是一种非个人化的气氛，但拿不定主意的游客们喜欢，因为所有这类餐馆的程序都一样。卡夫卡也参加了不可避免的**购物活动**，并且不断遇到传奇企业的名字，这些名字就像来自远方的诱惑之声，甚至有时候在布拉格报纸的广告栏中出现。在欧洲，到处都能买到"卢浮宫百货公司"的商品，他们号称是世界上最大、最漂亮的百货商店。进入位于皇宫广场的巨大的、光线充足的购物大厅，对于从未见过类似景象的卡夫卡来说，肯定是个激动人心的时刻。很可能他就是在这里买到了那条优雅的领带，后来，他带着这条领带在布拉格拍了照片，也或者，他在游客们喜欢散步的歌剧院大街上众多店铺中的一家购买了它。

　　与每一个受过教育的外国人一样，对于卡夫卡来说，大都市巴黎是一个被赋予了多重意义的经验空间，历史的、文化的和生活的坐标系在这里相互交织渗透。人们可以在地图上标记出《贝德克尔旅游指南》中推荐的星标经典，然后按照精心安排的、尽量舒服的线路一个接一个地走过——这是旅游参观的方式，来自布拉格的几位游客也不拒绝。在这条线路上，他们经常遇到一些街道、广场和建筑，他们早已经从法语文学作品中熟悉了它们的名字,或者说,他们有意识地走到这些地方,为的是体验他们经历过的文学虚构赋予真实世界的光晕,包括那些确实**没有任何东西**可看的地方。这主要是指福楼拜地理,即跟他个人生活和作品相关的地方。一回到布拉格,布罗德就说,在巴黎有些日子了,他除了看一些能让他想起福楼拜的地方,什么都没看[11]——这种夸张是这类膜拜光晕经历中非常典型的,可以原谅。他们会忘记,什么时候看到了巴黎圣母院,看了几次,但是,他们会**激动**地记得某些街角勾起的回忆。蒙马特大道——那里不是阿尔努先生的艺术品商店吗?弗雷德里克曾在那里徒劳地希望能接近阿尔努太太。还有离那里几分钟路程的优雅宽敞的英国咖啡馆——弗雷德里克不是在那里的一个隔间里把妓女罗莎纳特拉到自己怀里吗?当然,这一切都是虚构,是文学,但是,想象一下,《情感教育》中这些场景的创作者,真的经常出入那个咖啡馆……(三年之后,那栋房子被拆除了)。

　　由突出**地点**构成的这第二张网,在任何一本旅游指南上都没有提到,纯粹是通过教育和阅读经验生成的。这些都是想象,可以回溯到十九世纪,而且非常脆弱。因为它们不断被当今强大的城市风格喧闹地覆盖掉:交通的密集和噪音,卡夫卡在布拉格的梦中就曾备受折磨(与波希米亚不同的是,这里是右行);看不到尽头的宽阔林荫大道,邀请人们进行一种新的、无目的的游荡和观察,这在布拉格是不可能的;现代化的娱乐机器,比如百代公司的留声机沙龙,卡夫卡去参观过;最后,还有那个城市的人们,他们陌生的手势、习惯和设施。[12]这是所有网格中最细密的坐标网,按照这张网,巴黎的每一平方米都可能"值得一看",而且,人们不是根据旅行推荐或者线路,而是只凭借高度的和思考性的专注来决定自己的参观。

　　接下来还有夜巴黎,充满了享乐和诱惑。在这个被广告照明和煤气灯注入活力的平行世界里,这座城市的居民按照各自的社会地位和物质条件进行活动;而毫不知情的游客却常常去寻找真实的,也就是说那些最"巴黎的",最不是为他这种游客专门设计的东西。相应的警告并不少,早在七年之前,《布拉格日报》上就有消息说,每个巴黎导游手册上都大力介绍的传奇红磨坊根本不再有丝毫巴黎的特点,那里表演的舞蹈艺术正在衰落。[13]事实上,卡夫卡和布罗德也没有去这座全世界趋之若鹜的猎奇观赏圣殿,他们也更想看看,"巴黎人"去哪里娱乐。

　　这可能很贵。比如,他们第一天晚上就被女神游乐厅的价格吓到了,一张小桌子旁的位子就要支付至少六法郎,这还不算必点的饮料。所以,他们例外地买了站票,看了一场管弦乐队伴奏的丰富多彩的演出,演出——与《贝德克尔旅游指南》说的不一样——绝对不是只给男人的眼睛看的:有运动员、花样自行车手、两位著名的女舞蹈演员、四幕仙女芭蕾舞剧、二十多个"空中飞人女孩"、一个来自英国的演员惟妙惟肖地扮演一条狗,还有小丑杂技演员"汉斯蒂·邦斯蒂",据介绍是"世界上最可笑的男人"。这种综艺节目,卡夫卡多年来早已熟悉,当然,这里的演出比布拉格的模仿复制更奢华丰富,甚至有滑稽歌剧中的艺术家参与,这就打破了高雅文化和通俗文化之间的界线,产生了一种迄今为止在奥地利仍然陌生的类型。这种以市民艺术标准为导向的原则才是巴黎娱乐业的特点,而不是某些被误导的游客所期待的某种形式的"大尺度"。色情与性之间的分界线非常清楚而且有约束力,裸露只在严格控制的限度内,"涉及性的情节"则是禁忌。所以,三年前,哑剧《埃及之梦》被从节目单上删除了,原因就是传奇的柯莱特①和她的同事兼情人德·莫尼(Missy)在舞台上接吻,这不仅使警察恼怒,而且引起了观众的不满。

___

　　① 茜多尼-加布里埃尔·柯莱特(Sidonie-Gabrielle Colette, 1873–1954),法国女作家,哑剧演员。

优雅的法语在这里几乎没有必要,布罗德和卡夫卡错过了很多有意思的内容,这可能让他们痛苦。尤其是分节歌曲和喜剧小品,他们是在蒙马特区大众化但是有些低俗的蝉鸣酒馆里观看的:一群人在埃菲尔铁塔上开宴会,等着哈雷彗星预示的世界末日,还有一群被蒙骗的英国女游客,另外就是讽刺社会、影射时事政治,这些在布拉格都不可能通过审查。他们在沃德威尔剧院看了另一场歌舞演出,主要是冲着享誉国际的女舞者和女演员波莱尔去的。最后,他们在奥德翁剧院待了一晚上,看了《玛奈特·萨洛蒙》,这是根据龚古尔兄弟的同名长篇小说改编的。布罗德和卡夫卡不敢相信他们的眼睛,因为他们看到一大群雇来捧场的人在一个领掌人的大声指挥下有组织地鼓掌——这是一场荒诞剧,两人都在日记中有记载。

他们的行程非常辛苦,卡夫卡坚持下来了,包括一次共同体验各种不同的夜间咖啡馆的活动,一直持续到第二天凌晨。但是,他的皮肤病让他的情绪越来越不好。有一两次,他在一家诊所接受了紧急处理,但他的疖子越来越严重了,如果膏药脱落,他就必须回到酒店。所以他们没法走出去太远。10 月 16 日——来巴黎的第七天——他们计划参观柏辽兹墓,然后下午去看柏辽兹《浮士德的天谴》演出,但是,在一场根本无法集中注意力观看的演出中一动不动地坐很长时间,对卡夫卡来说毫无吸引力。所以,他决定独自度过这一天,走过香榭丽舍大街,参观著名的木偶剧院,这个剧院建在大街旁的一小块空地上,从这里,他继续乘地铁前往布洛涅森林。

位于塞纳河附近公园西侧的朗尚跑马场的赛马吸引了他,所以他在这里度过了几个小时兴奋的时光,看了这项高贵的运动,并且对人进行了观察。卡夫卡在布拉格和库切尔巴德就了解了赛马场,就在那年春天——除了他自己的骑马课——他经常去马场,甚至被激发出兴趣,写了一篇讽刺散文:"想想看,没有什么能吸引人在一场赛跑中想得第

451

—……"但是朗尚是一种全新的体验。这里有十万多个观众席位,有无数排投注台(卡夫卡远离它们),有自动显示屏,有围栏和顶棚的巨大看台,甚至在一个单独的多层馆里还有一个总统包厢。所有这些只有国际级大都市才有的奢侈,卡夫卡都记在脑子里,在他生动的记忆中保存了许多年,当他尝试写第一部长篇小说时,他使用了这些图像。"俄克拉荷马剧院"[!]"世界上最大的剧院",《失踪者》的主人公将在那里经历他命运的拯救式转折,剧院在一个"跑马场"上招募员工,而且奇怪的是,那个地方可以坐地铁到达。[14]

　　体验了这些之后,卡夫卡与朋友们商量后决定自己第二天启程离开。疼痛和瘙痒加剧,继续旅行已经没有意义了。他们还计划游览鲁昂,那是福楼拜的出生地,然后前往福楼拜在克鲁瓦塞的故居,甚至继续去勒阿弗尔,卡夫卡不想成为任何人的负担。布罗德送他到火车站。这是一个让人不快的结果,但不是什么灾难,因为这肯定不是他最后一次来**这座**城市。[15]

　　卡夫卡提前回到布拉格,引起了众人的惊讶,不过事实说明他这个决定是对的。因为家庭医生看了一眼卡夫卡的后背就连连摇头,他认为,鉴于大量溃疡和大面积的皮疹,用膏药已经不够了。他没有找到原因去治本,只能承诺减轻症状——当时还没有抗生素——所以,他开了用于紧缚上半身的膏药敷料。尽管这样一来几乎不可能走动了,坐着也是一种折磨,卡夫卡还是觉得回到办公室至少可以节省几天宝贵的休假。几个星期之后,他利用节省下来的假日,第一次去了柏林。

　　马克斯和奥托·布罗德在他们节俭的朋友离开后,搬到了"拉布吕耶尔大饭店"。卡夫卡跟他们开了个特别的玩笑,他给他们寄了三张明信片,从布拉格到巴黎,同一天寄出,并标了序号。[16]一张捷克艺术明信片,一张穿着传统服装的日本女子,还有一张是劳工事故保险局大楼。布罗德上班的邮政分局的明信片正好卖完了。

注释

[1] 布罗德的职业问题,以及他去巴黎旅行实际上就是逃跑这一事实,只在他未发表的日记中简单提到过几次。格奥尔格·卡尔斯 1882 年出生在布拉格附近的克拉鲁皮,出生时的名字是卡尔佩勒斯,从 1908 年起定居巴黎。1909 年,他多次回布拉格。

[2] 布罗德第一次巴黎之行期间的笔记发表在布罗德／卡夫卡:《一段友谊:旅行日记》,第 27-29 页;此处引文出自第 29、34 页。

[3] 同上,第 28 页,以及第 269-270 页注释。

[4] 卡夫卡致海德薇·威勒的信,1907 年 9 月 15 日。(《1900-1912 年书信集》,第 61 页)《布拉格日报》,1910 年 1 月 18 日,早间版,第 5 页。布罗德在日记里记录了他跟卡夫卡去听了那场报告。

[5] 卡夫卡致马克斯·布罗德的信,1910 年 3 月 12 日。(《1900-1912 年书信集》,第 118-119 页)

[6] 卡夫卡日记,1910 年春。(《卡夫卡日记》,第 13-16 页)不能更准确地确定日期,用斜线隔开的下一篇日记是 5 月 17 ／ 18 日的,"彗星之夜"。

[7] 对卡夫卡在巴黎期间非常详细和图解式重构,参见哈尔穆特·宾德《卡夫卡在巴黎》(*Kafka in Paris*),慕尼黑,1999 年;也见于宾德:《发现法国》(*Die Entdeckung Frankreichs*),第 441-482 页。马克斯·布罗德关于 1910 年和 1911 的旅行记录,发表在布罗德／卡夫卡:《一段友谊:旅行日记》。卡夫卡在旅行开始时就病了,这从他 1910 年 10 月 20 日写给马克斯和奥托·布罗德的明信片中可以看出来,他在其中抱怨"全世界都一样的布拉格的、纽伦堡的和尤其是巴黎的石子路"。(《1900-1912 年书信集》,第 127 页)

[8] "她[密伦娜·耶森斯卡]是我无法企及的,我必须接受这一点,我的力量甚至为此而欢呼。所以,除了痛苦,还有耻辱,就像是拿破仑对召唤他去俄罗斯的魔鬼说:'我现在不行,我还得把晚上的牛奶喝了',然后,当魔鬼问他:'会很长时间吗?',他回答:'是的,我得仔细品味。'"(卡夫卡致马克斯·布罗德的信,大约 1921 年 4 月 13 ／ 14 日,载于布罗德／卡夫卡:《一段友谊:通信》[*Eine*

Freundschaft. *Briefwechsel*〕,第 337 页)关于卡夫卡欣赏的拿破仑名言,参见卡夫卡致菲莉丝·鲍尔的信,1912 年 12 月 30 / 31 日。(《1900-1912 年书信集》,第 375 页)

[9] 布罗德:《关于弗朗茨·卡夫卡》,第 231 页。布罗德:《好斗的一生》,第 188 页。那幅画有很多版本,是让·胡贝尔(1721-1786)创作的,他属于伏尔泰的日内瓦朋友圈。

[10]《卡夫卡遗作和未完成的残章》(一),第 324 页起若干页;《卡夫卡遗作和未完成的残章》(一),附录卷第 281-282 页。这是卡夫卡的短文《新来的律师》的前身(《卡夫卡遗作和未完成的残章》〔一〕,第 326-327 页),创作于 1917 年 2 月 10 日前后,发表在集子《乡村医生——短篇小说集》(*Ein Landarzt. Kleine Erzählungen*,1920 年)第一篇。

[11] 马克斯·布罗德:《福楼拜》(Bei Flaubert),载于布罗德 / 卡夫卡:《一段友谊:旅行日记》,第 56-66 页,此处第 59 页。首次发表于杂志《潘》,1910 年 12 月 1 日。卡夫卡在巴黎买到了一本康纳德出版社的新版《情感教育》。

[12] "我觉得,回到布拉格的第一夜,我做了一整夜的梦〔……〕我梦见,我被安排到一个大房子里睡觉,房子里除了巴黎的出租车、汽车和有轨电车等等,什么都没有,这些车辆,只是在彼此剐蹭、冲撞、倾轧,除了税、通信、联系、小费、佩雷勒方向、假币,什么都不说什么都不想。"(卡夫卡致马克斯和奥托·布罗德的明信片,1910 年 10 月 20 日,《1900-1912 年书信集》,第 127 页)卡夫卡参观一个硬币-留声机沙龙的事情,在他给菲莉丝·鲍尔的一封信(1912 年 11 月 27)中有记载:"我,我根本不必听留声机,世界上有这种东西,就已经让我感到威胁。只有在巴黎时,我喜欢留声机,百代公司在某个大街上有一家沙龙,可以花一个硬币无数次播放某个节目。你们在柏林也应该这样做,如果现在还没有的话。"(《1900-1912 年书信集》,第 275 页)

[13]《"红磨坊"的终结》(Das Ende des »Moulin Rouge«),载于《布拉格日报》,1903 年 1 月 3 日,第 7 页。

[14]《失踪者》,第 387、389、394 页。对"克莱顿跑马场"和朗尚赛马场的

详细比较,参见宾德:《卡夫卡在巴黎》,第 108-110 页。总统包厢在小说中一张照片上出现,那是卡尔·罗斯曼在跑马场上看到照片。(《失踪者》,第 412-413 页)散文《为骑手先生所想》(《卡夫卡生前问世之作》,第 30-31 页)发表在 1910 年 3 月 27 日《波希米亚》复活节增刊上(与另外四篇一起)。后来,卡夫卡把这篇收入他第一本作品集《观察》中。

[15] 马克斯和奥托·布罗德还在巴黎逗留了十二天,他们又去参观了好几次卢浮宫。马克斯拜访了福楼拜的外甥女,他之前在布拉格见过她,然后,他显然是一个人去了鲁昂、克鲁瓦塞和勒阿弗尔。在巴黎,他还尝试与里尔克取得联系,但没有在里尔克的住处见到他。参见布罗德／卡夫卡:《一段友谊:旅行日记》,第 38-49 页。与卡夫卡不同,布罗德充分利用了这次巴黎之行的发表价值,他发表了文章《胡思乱想》(Verworrene Nebengedanken)、《福楼拜》和《伟大的演出》(Die Große Revue)。

[16]《1900-1912 年书信集》,第 127-128页,第 791-792 页。明信片的内容中有关于卡夫卡皮肤病的信息。

第二十七章　理念与幽灵：布伯，施泰纳，爱因斯坦

好的判断来自经验。

经验来自错误的判断。

道尔·布朗森

453　　"亲爱的博士先生！为了不让招魂术完全陷入沉睡，我们预定了今天晚上阿尔科咖啡馆的地下室，如果您能光临，并且通知其他先生们，我们将非常感谢。但愿有可能……您的弗朗茨·韦尔弗。"不，布罗德博士是不可能在这么短时间里约会的，因为这个星期——当时是1910年春天——他正好有两段爱情关系需要平衡，所以没有那么多空闲时间，另外，他怎么能在这么短时间内动员所有"其他先生们"呢？于是，他请求韦尔弗把聚会推迟四天。他利用这段时间继续做广告。星期六晚上，非常多的人聚集到阿尔科咖啡馆。大家都下到地下室，围在一个圆桌周围，把手放到盘子上，手指相连，围成一个闭合的圆圈。有个人承担了"灵媒"的任务，召唤神灵，建立联系，然后等待。"地下室愚蠢的招魂术"，布罗德在当天晚上的日记中写道。[1]

　　他有类似聚会的经验，几年前，韦尔弗及其朋友们还是中学生的时候，布罗德就参加过古斯塔夫·梅林克长期的魔幻实验，凡塔家有时候

也有灵异之夜,朗读相关文学作品。这些事情不必保密,因为桌子的移动、透视眼、与"敲门的幽灵"对话,以及幽灵借助"有通灵能力"的人传达信息,曾经有一段时间在布拉格**非常流行**,就连这个城市最权威的一些圈子都参与其中。至于人们是否对这些仪式当真,这并不重要:反正很有趣,大家能感觉到一丝不安,因为每时每刻都可能发生意想不到的事情,除此之外,大家也因为心里确定有什么事情发生而感到满意。这导致了令人震惊的心理暗示,包括受过良好教育的人在内。比如说,埃尔泽·贝格曼宣称——她毕竟完成了药剂学专业——她见到过一张很沉重的桌子飞行穿过房间,"然后神奇地无声无息地落到地上";有一次,她母亲贝尔塔·凡塔跟梅林克见面时,"一个衣架从一个窗户飞出去,又从另一个窗户飞进来"。马克斯·布罗德每次说起这些事,都喜欢采用讽刺的态度,比如说,在一篇关于"更高世界"的文章中,他描述了富裕市民家庭韦尔弗家的一次招魂聚会。那是一个非常戏剧性的漫长夜晚,借助敲打和移动桌子,一位陌生的塞尔维亚女子出现了,为她垂死的孩子祈求帮助。尽管布罗德承认,这是一场自我暗示性的集体游戏,但他必须向他的报纸读者们说明,处于兴奋中的他,已经第一时间电报通知贝尔格莱德的警察了,就在凌晨三点的时候。[2]

神秘主义(Okkultismus)风潮在十九世纪末波及整个西半球,这无疑是一种补偿现象:是对世界越来越混乱,社会关系疏远和商业化,高度专业化且完全独立的自然科学和工程科学主宰一切,社会价值和宗教价值解体等现象的回应。尽管大多数人的外部经验空间逐渐扩展——通过教育、旅行和最主要的大众娱乐——但是这种不断增加的**输入**,往往伴随着缺乏生命体验的感觉,一种生活普遍"扁平化"的感觉。神秘主义和生活改革一样,对这种真空状态做出了反应,而且这两种运动大约同时被社会接受,并且有许多重叠,在其极端表现方面也发展出相似的宗教特征,这绝对不是偶然。

神秘主义宣称,可以超越所有空间和时间维度,甚至超越死亡的阻隔,让人与人直接交流,这是上述那种趋势中尤其奇怪的产物,阿多尔诺也曾取笑过那些"愚蠢的家伙"居然被这种把戏蒙骗了:"神秘主义从一开始,彼岸的意义就仅限于已故祖母的问候,以及关于一段旅行将要开始的预言。"[3] 然而,与炼金术等(梅林克也尝试过炼金术)不同的是,1900 年前后的神秘主义不是一种忽略一切科学进步的倒退运动。相反,它再次焕发出来的说服力恰恰在于,它在一个西方世界的居民们早已经习惯了"不可能的"事件的时代里,将不可能的解释成可能。两代人之前,还完全不可想象,借助技术手段让某个死者的声音再现——现在,留声机已经让这个奇迹成为日常。与一个在地球另一端的人进行口头交流,对于祖父母那一代人,也是想象之外的事情——直到第一条跨大西洋海底电缆铺设成功。最后,电影似乎展示了活生生的身体,但是除了光,其实什么也没有——就只是鬼魂。

因为这些反自然的跨界现象早已有了,所以不太容易向对自然科学似懂非懂的观众解释清楚,为什么自发飞行的物品、心灵感应、透视眼和来自彼岸世界的声音,从原则上讲是不可能的。另外,像野火一样蔓延的消息说,根据最新的物理发现,"一切都是相对的",而且还存在一个第四维度,这些都可能被魔术实践及"超自然"现象的拥护者,用来证明自己的正确性(由于相对论不是直观形象的,所以,直到几十年之后,还有人这样做)。就连对凡塔家的神秘爱好一贯持高度怀疑态度的胡戈·贝格曼也对这类现象非常认真,他认为,这些现象原则上都可以进行实验研究。[4] 没有人希望被看成狭隘的、不懂科学的,甚至是迷信的,但是,指出自然科学家们的狭隘是一种时髦。

但是,至于人们是否应该把神秘主义经历看作完全真实的,这个问题对于其表演和传播都没有决定性作用,所以,公开"揭露"魔术骗术和人为的灵异事件,都没有任何作用。[5] 参与新的文化热潮,至少尝试着参与进来,这个诱惑要大得多。在布拉格也是这样的,比如,常常会有信徒和好奇的怀疑者围坐在同一张桌子周围,手拉着手,融洽地等待奇迹的出现。例如,韦尔弗、威利·哈斯以及最主要的,经常充当灵媒的保罗·科恩菲尔德,坚信这些都是真实的经历,而布罗德始终留着一条后路,他总是一边使着眼色一边承认,即便是过去杰出的鬼魂,原则上也是不会在专业问题上给出答案的(那些能借助百科全书验证的答案)。持更怀疑态度的是卡夫卡。他属于那些韦尔弗非常期待其参与的"先生们",他已经参加过很多次招魂聚会,很可能也听到了来自贝尔格莱德的鬼魂的呼救。但是,这些活动不会给他带来超出聚会游戏之外的乐趣。"早晨太阳升起,是一个奇迹,"他有一次对哈斯说,"但是如果您持续不断地虐待桌子,它移动,那就不是奇迹。"[6]

1910 年前后,卡夫卡及其朋友们活动的智性知识环境中,具有代表性的不仅是一度对神秘游戏的偏爱——这种狂热在慕尼黑的艺术和文学圈中更加明显,就连在国际化的巴黎都有十多本招魂术杂志。然而,在布拉格,罕见和典型的是一种精神上的拼贴,看上去不相容的事物和平共处,并且经常是由同一个人代表的。贝尔塔·凡塔专注于弗朗兹·布伦塔诺概念严格的意识理论,**同时**深入研究海伦娜·布拉瓦茨基半是融合半是妄想的"智慧理论",后者是首个神智学协会的创始人之一,1891 年去世。马克斯·布罗德和费利克斯·韦尔奇共同撰写一篇关于《观念与概念》的认识理论研究论文,但他们绝对不认为这与跟彼岸对话有什么矛盾——他们只是因为觉得这种对话太无聊才终止了。而胡戈·贝格曼同时是犹太复国主义者、布伦塔诺的追随者和——一开始有些抵触——鲁道夫·施泰纳派的神智论捍卫者。

457

这种极度矛盾的意识形态鸡尾酒,更多是受个人与**大师**之间的关系决定,而不是各种观念之间小心翼翼的平衡。比如,布罗德转向犹太复国主义,不是因为他读了相关的书籍,而是因为作为文化犹太复国主义最具影响的代表人物马丁·布伯亲自出现在布拉格。在1909年和1910年,布伯受巴尔·科赫巴大学生协会邀请,在布拉格做了三场重要的报告,其影响力已经远远超出了人数非常有限的巴尔·科赫巴大学生协会,并且多次被刊印:"犹太教的意义""犹太人和他的作品"和"犹太教革新"。在这里,布伯成功地发动了一场意识形态突袭,他用青年运动和生活改革吸引听众,让这一代年轻听众们再次对于犹太人身份认同问题产生兴趣,他解释说:最重要的,不是学习犹太教,而是体验犹太教。体验可以是直接的,因为全体犹太人整整两千年的苦难和斗争不仅是历史,而是今天每个犹太人内心前史:这是他**血液**里的东西。

问题的关键不是声明自己属于某个理念或者某场运动,而是接受了这一理想的人,从此之后,不仅想法不同,而且生活也确实不同[……],他将在他的生活中成为一个完全的人和一个完全的犹太人,这对于感受到这些事的人来说,意味着同一件事情。通过这种净化,通过这种陌生力量下的解放,通过这种自我震撼和自我定位到犹太灵魂自己的土地上,这是[……]一种自我救赎,这意味着,我们每一个人要解放自己、解救自己。[7]

458

这其中的传道语气和自我救赎的赋权,很明显来自尼采的《查拉图斯特拉如是说》,这种麻醉剂仍然有效——主要是因为,它的的确确**不需要任何**先决条件,既不需要宗教或者政治信仰,更不需要对传统的了解,更不需要努力学习犹太教的某种"理论"。它只需要内心生活或者更简单:**生活**。

卡夫卡很可能是后来通过书面形式了解到这些报告内容的,与布罗德不同,他没有受到什么影响。他的思想,包括他的自我意识,不会受到那些没有任何直观内容的概念影响。"犹太灵魂""犹太血液",这些概

念说出来铿锵有力,但实际上是空洞的。直到他遇到了文化上不妥协的
"东欧犹太人",见到了犹太文学传统的具体例子,他才有所触动,才带
着一些兴趣去了解这些文化犹太复国主义的概念和思想。他其实离布
伯的存在主义激情并不远。卡夫卡也认为,最重要的是个人如何体验自
己和外部世界,所有不是植根于这些体验的信念,在他看来都是虚假的,
没有任何内涵,是可以替换的。**只有能体验到的,才是真实的,我所体验
的一切,仅因此就是真实的**:这是他作为年轻人接触到的所有有影响力
的意识形态的共同核心,从神秘主义到生活改革再到布伯的"犹太教革
新",这一基本的共同点最终使人可以理解,为什么那些看上去完全不
同的话语和理念,在卡夫卡的思想中,以及在布拉格的知识界,能够如此
长时间共存。这同样适用于通灵术和神智学。而卡夫卡有一天去找鲁
道夫·施泰纳咨询,这件事,如果没有对于体验的强烈信条,是不可想
象的。

　　　布拉格神智学协会将在下个月举办一系列公开报告,报告人是　⁴⁵⁹
杰出哲学家[!]和神秘学学者鲁道夫·施泰纳博士,报告内容是关
于"神秘生理学",具体时间是[1911 年]3 月 19-28 日(晚上八点),
地点是尼克拉斯街的商业协会"墨丘利"的报告大厅。报名地点:
波赛尔巷 2 号,神智学协会布拉格分会秘书处,温贝格。[8]

　　《布拉格日报》上的预告——奇怪的是,就在卡尔·克劳斯朗读会
广告的旁边——并不完全准确。因为施泰纳实际上只做了两场"公开"
性质的导论性报告,而如果要参加他关于人体生理学神秘理论的系列报
告,则必须有神智学圈内的个人推荐。对于卡夫卡及其朋友们来说,进
入到这些报告会并不难。他们虽然不是"神智学协会布拉格波希米亚
分会(Adyar)"——就是他们组织了施泰纳在布拉格的报告——的会

员,但是他们可以求助于贝尔塔·凡塔,她早就跟施泰纳有联系(她在第二年成立了一个神智学工作坊)。他们还从她那里得知,这位不断从一个城市到另一个城市的神智学明星,在巡回报告和当地团体中度过的时间比在柏林家中还多,他其实非常不愿意集中做主题单一的报告,但是,追随者愿意有这样的体验,所以他走到哪儿就跟到哪儿。因此,能让这样一个人在布拉格住上将近两个星期,真的是一件非常了不起、非常荣耀的事件,事实上,很多听众确实来自维也纳、德意志帝国,甚至来自英国、波兰和斯堪的纳维亚国家。多达五百人聚集在布拉格最大的报告厅之一,其中不少人的母语是捷克语。

五十岁的施泰纳成为神智学运动积极分子才不到十年,就已经表现出精神导师的所有特征:穿着黑色衣服的消瘦身体,明显蓬松的领带,脸上满是皱纹,目光具有穿透力,黑色的长发被他以一种非常有特点的动作不断甩到后面。传教的手势和对洪亮声音的控制,让人感觉是经过排练的,还有一系列支配性的手势也是;比如,有时候施泰纳会准时出现在舞台后部,时间上精确到分钟,但是一动不动地站在那里,而观众席一旦完全安静下来,他就立刻走到讲台前。他的报告——几乎都是以速记记录稿的形式保留下来的——都没有稿子,没有可查证的引用,常常甚至没有备忘,这就加强了他所强调的非学术特征,给人留下即兴"灵感"的印象。施泰纳对于他出场时的伪神圣装饰也不反对,所以,大厅里有时候会挂着具有深奥意义的象征符号,观众们坐在昏暗的灯光甚至是烛光中。施泰纳当然非常清楚,这种过度装饰的**表演**肯定会让局外人感到迷惑、恼怒,尤其是记者们,经常会发表嘲讽的描写。"人们被引诱着喊出:谢谢——我什么都不买。"图霍尔斯基在《世界舞台》杂志上总结道,就连布伯也认为气氛难以忍受。[9]但是,误入报告厅的真正反对者数量很少,施泰纳的追随者——其中有非常多年龄较大、社会地位良好、身着改良服装的女性——都认同他无与伦比的魅力。

这位先知对个人崇拜不以为然，他在私人交往中非常自然、谦逊、文质彬彬、有时候甚至有些自嘲——这些典型的精神导师轶事，在施泰纳的周围也不缺少，甚至提升了大家对他的尊敬。神智学的社会实践，却表现出它作为一个宗教教派，其由业内成员构成一个毫无幽默可言的等级制度，内部相互嫉妒的争吵（谁能跟大师坐同一节车厢？），对外显示出高贵知识的傲慢姿态。施泰纳本人利用每一个机会，强调他所从事研究的科学性，但他同时声称他有权威，可以给陌生人提供个人问题的咨询和引导。在公开的科学讨论中，没有人能把施泰纳想象成一个平等的参与者；如果在他的报告后有人要向他提问，那么必须把问题写在纸条上，传到讲台上，然后施泰纳独立决定，哪些问题值得回答，哪些不值得。如果大师给了这个游戏环节很多时间，那么追随者就感到受宠若惊，而施泰纳本人也避免了可能令他不快的驳斥。 461

神智学想成为一种世界观，引导人进入精神世界，它想给那种世界观提供一个科学基础，可以宣称：在我们的感官告诉我们的外部世界，和我们大脑中的理智所认识的外部世界后面，在这一切后面，有一个更高的精神世界。在这个精神世界中，才能找到感官世界和理智世界中所发生的一切的原因。

但是，在这一点上，我们作为神智学者，不会与当代这种或者那种世界观的专家们有很大分歧。[……]对于神智学或者说精神科学重要的，不仅是承认在感官性背后存在着超感官性，在所有物质性后面有着精神性，最关键的是，要让人在一定程度上认识到，并且在越来越高的程度上能够认识到——如果他调整自己的灵魂去适合这种认识——在物质世界后面是什么。神智学或者人文科学不可能赞同那些人所说的：人类的认识是有界限的。[10]

这种论调对于布拉格受众来说,简直是太无耻了,尤其是在那些笃信宗教的人耳朵里,这完全就是渎神:这里说的是人要赋予自己的意识无限权力,而基督教和犹太教最多只在各自神秘的边缘处知道有权力。而且,施泰纳在布拉格公开报告的题目就已经非常令人震惊,肯定能让**粉丝们**心跳加速:《如何反驳神智学?》《如何捍卫神智学?》。这是非常大胆的修辞技巧,显示了强大的自我意识,并且也适合吸引一些持怀疑态度的人,他们或许想看看报告人是如何摆脱这个循环的。实际上,施泰纳的报告一开始就告诫,人文科学(他一直认为自己的科学是关于精神的)绝不能表现得不宽容甚至狂热。相反,它更应该严肃对待对手的指责,并冷静思考,特别是有些指责是针对神智学知识的可验证性,是完全有理由的。这甚至给卡夫卡留下了深刻印象,所以,他在日记中记录了自己的情感反应:

462

> 柏林的鲁道夫·施泰纳博士的神智学报告。修辞效果:舒服地讨论对手的指责,听众对这种强烈的敌对感到惊讶,进一步解释和表扬这些指责,听众陷入担忧,完全沉浸在这些指责中,仿佛除此之外什么都没有,听众现在认为反驳是完全不可能的,并且对辩护可能性的短暂描述非常满意。另外,这种修辞效果符合虔诚氛围的规定——持续不断地盯着面前举起的手掌。[11]

施泰纳当然满足于所选择的例子,并且也优雅地绕过了自然科学最危险的论据攻击,但是,他至少在一个受伤点——根据记录证明——真的坚持了很长时间,并且是以卡夫卡描述的方式,以至于没有专心听的听众怀疑自己是否走错了地方。那是关于印度教中因果报应和轮回的观点,这对于神智学和施泰纳本人来说,都是无可置疑的事实,其真实性尽管无法借助五官来认识,但可以通过训练有素的慧眼(他将慧眼区别于招魂术的透视），以一种更高的精神性观照来说明。他极其详细地分析可能出现的指责，并且推迟了整整一周时间才论证自己的观点——也就是说,他给对手的论据足够的时间发挥作用——这些都传达出一种从容的强大,这种强大不再依赖于一个精神领域的不断防卫,这种强大在讲台上的学者身上几乎从来没有见到过。第二个肯定性的报告应该让兴奋的听众们平静下来了：关于更高的永恒生命,有一些显而易见的内在证据,就像那些数学公理一样,是不证自明的。灵魂只需要通过冥想练习,就能为获得这样的认识做好准备,这就是已有的科学无法进入更高世界的根本原因。施泰纳的最大优势不是逻辑——这方面,他承认他的对手占优势——而是心理-技术方面的知识,这将把整个人类的存在——不止是理智——引领到伟大的宇宙游戏这个更高的**层面**上。

463

　　卡夫卡关于施泰纳的笔记,完全集中在他本人及其追随者身上,而对他传达的信息仅仅是顺带一提,并且严格避免任何价值判断。假如我们除了卡夫卡的观察之外没有别的信息,那我们甚至都搞不清楚,作者是在描写一个情绪饱满的演讲者还是一个大骗子。"我也对'更高世界'感兴趣,只不过是更高的文学世界",马克斯·布罗德在他的副刊文章《更高世界》中写道,这篇文章是三个月之后刊登的。[12]这正是卡夫卡的观点,当然也跟他讨论过很多次,最后,卡夫卡比布罗德更严格地遵守它。

　　这中间肯定有一些连接点,卡夫卡肯定早在施泰纳出现之前就关注过一段时间了。因为,他的遗物中有好几本施泰纳早期的出版物：《从人文科学的角度看儿童教育问题》(1907)、《黑克尔——世界之谜和神智学》(1909 年,第二版)和《我们的亚特兰蒂斯祖先》(1909),另外还有爱德华·赫尔曼简单的导论《通俗神智学》(1897)。这肯定是受到了凡塔圈子的影响,但是,是什么让卡夫卡感兴趣了呢？是关于那片已经沉没的陆地亚特兰蒂斯居民的童话般的报道吗？施泰纳对他们的灵魂生活有惊人的了解。从卡夫卡的日记和信件中看不出来,他曾经关注过这种已经失控的神话传说。同样也不可能是"太空""星空"和"自我身体"——这些现象都是神智学的基本概念,施泰纳在关于教育的文章中也把它们作为基础。不过,他由此得出的实用结论,同样也能——尽管他明确否认这一点——从改革教育学原理中获得:比如说父母亲个人榜样的意义,他们的真诚和他们自然而然的权威的重要性。还有,人的身体不是单独存在的,所以不能被孤立地"对待",身体所表达的,更多是具有精神特性的东西——所有这些想法,卡夫卡早就通过自然疗法理论了解了。现在,施泰纳承诺,用他的"神秘生理学"为这种观念提供一个理论基础,同时在极大程度上细化区分它们,直到一个个器官的程度。所以,卡夫卡不仅想听施泰纳的两个公开报告,而且还报名亲自参加生理学系列报告,这就毫不奇怪了。当然,这八场报告在他的日记中只有模糊的痕迹,所以不清楚他是否一直坚持到了最后。不过,说卡夫卡认同施泰纳不加限制的魔幻行为,这是非常值得怀疑的:"血液是人之自我的一个工具","在死亡和下一次出生之间的这段时间里,决定颅骨形状的力量","内部世界体系的成员,就是那七个感官,在一定程度上将外部行星系统在我们身体内部折射出来"……这些肯定不是他所希望听到的。[13]

　　作为这一系列的报告会营造的神智学轻松社交圈的客人,卡夫卡再次扮演了一个参与的观察者角色。在这里,他获得了一手信息,大师每天喝两升杏仁奶,通过心灵感应对他的学生们施加影响,自己把自己的作品翻译成法语;大师会作诗、作曲和治病,也知道其他所有事情。所以,甚至连死者的灵魂也会出现在他的讲座中,为的是再学习一点新东西。卡夫卡忠实地记录下这一切,没有任何评论——每当他遇到无法用真实性来考察的人,就会一直保持这种态度——但是他仍然还没有感

觉,跟施泰纳不会再有任何关系了。因为,神智学反复强调的"更高的
认识"确实存在,对此他毫不怀疑,它不应该被贬低为单纯的直觉,而更
应该是某种状态,在这种状态里,人可以看到事物表面之下,图像和比喻
可以准确地表达核心。施泰纳一直强调,每个人身体里都隐藏着力量,
在日常生活中用不到,但在冥想中会被释放出来。这与卡夫卡的经验也
相符。这就是能产生出文学的那种力量和状态,没有这些力量和状态的
参与,也许根本无法想象对世界进行审美把握。但是,神智学真的为通
往那些源头铺平了一条可靠的道路吗?施泰纳将在他的布拉格酒店里
接待两天咨询者,这也许是个澄清一些问题的机会。布罗德已经报名申
请见面,卡夫卡也报了名。在场的一个神智学者赞扬了他的做法。她
说,从这里可以看出,他在开始回忆自己以前的存在了。[14]

465

　　我感觉到,我的很大一部分在奔向神智学,但同时,我对它又非
常害怕。我害怕它带给我新的困惑,这对我将是非常糟糕的,因为
我现在的不幸就都是由困惑造成的。这种困惑在于:能让我有点
用处的幸运、能力和每一个可能性,一直以来都在文学上。我在文
学上肯定经历过一些(不是很多)状态,我认为跟先生您所描述的
透视状态非常接近,在那种状态下,我活在每一个想法中,也实现了
每一个想法,我不仅感觉到我自己的边界,而且感觉到人的边界。
只是,那种状态缺少了透视者可能特有的兴奋的平静,尽管不是完
全没有。我得出的结论是,我最好的作品不是在那种状态下写出来
的。——我不能像应然的那样,完全投入文学,而且是出于各种原
因。除了我的家庭关系的原因,我写作非常慢,而且我作品的特殊
特点也决定了我无法以文学为生;另外,我的健康状况和我的性格
也阻止我投身于一种充其量是不确定的生活。所以,我成了一家社
会保险局的公务员。而这两种职业是永远不会相容的,不可能有两

者兼顾的幸福。某一方面最小的幸运,对另一方就意味着巨大的不
幸。如果我某天晚上写作顺利,那我第二天在办公室就会焦躁不
安,什么都做不成。这种拉锯状态越来越糟糕。在办公室,我完成
我的外部职责,但无法完成内心的义务,而每一个未满足的内心义
务又将成为一个牢牢驻扎在我内心的不幸。在这两个永远无法平
衡的追求之外,我现在应该把神智学当作第三个追求吗?它会不会
对原来的两方面都产生负面影响,同时也被那两方面影响?我作为
一个已经很不幸的人,能把这三者带到最后吗?博士先生,我来问
您这个,因为我感觉到,如果您认为我有这个能力,我真的会承担这
一切。[15]

466　　　这样一份系统性的表白,估计那位神智学秘书长从任何一位客户那
里都没有听到过,也没有任何人从卡夫卡那里听到过或者读到过。施泰
纳在这次谈话中一直非常专注,他一直盯着对方的脸,间或点点头。当
然,他没有发现,他也受到了对方密切的观察。因为,尽管卡夫卡试图把
注意力集中在讲话上,讲话内容的每个细节他之前都想好了,但是,他无
法不注意到施泰纳深黑色"小礼服"上的污渍和"轻轻吸鼻子"的声音,
施泰纳一直在用手绢跟鼻涕做斗争。卡夫卡知道,施泰纳在这里听他说
话,就是一种特别的优待,他愿意在语言和行动上表现出恭顺。但是,他
无法感觉到这种谦卑,他把这一点也记录下来了。

　　显然,卡夫卡打算在日记中详细记录这次碰面,因为他写的标题是
"拜访施泰纳博士"。但是,他只对自己说的话进行了总结,就没有兴趣
再写后面的情况了。当然,马克斯·布罗德非常渴望知道这场对话后续
的情况怎样,卡夫卡用"他特有的痛苦加紧张的笑声"回答他说,施泰纳
显然根本没听懂他的话。因为他后来尝试让卡夫卡平静下来,他跟卡夫
卡解释说,在灵性智慧和审美之间,绝对没必要有对立,即便是在神智学

者的聚会和仪式中，"也很好地保持了对美的关注"。一个曾经在文学圈里待过的"有慧眼的人"给出这样的答复，真的是太丢人了。卡夫卡礼貌地向施泰纳承诺，一定给他寄一篇自己的文学习作，然后就告辞了。

　　根据布罗德的回忆，在这次不成功的咨询谈话之后，卡夫卡就再也没有关注过神智学，后来，施泰纳仍然不断接到来布拉格做报告的邀请，但是卡夫卡一次也没有去过。施泰纳宣称："这种内在的有意识的生活是灵魂的方向，是从灵魂深处汲取能力和力量，而正常的意识是不知道的。"这听起来有些含混不清，但是不可否认有一个真实的内核。仅仅两年之后，卡夫卡写道："我唯一拥有的，是某种为文学而聚集的力量，这种力量蕴藏在正常状态下无法识别的深处。"**这**是施泰纳所说的那些力量中特别的一种吗？这是相似的体验吗？卡夫卡决定调整等级关系："神智学只是文学的替代品。"他最后写道。[16]

　　这是一个神奇的重合，几乎就在鲁道夫·施泰纳与这座"魔幻之城"中众多追随者告别的同一时刻，一个同样著名但与他完全相反的知识分子登上了舞台——而且也作了好几次报告。阿尔伯特·爱因斯坦，苏黎世的大学教师，1911 年 4 月 1 日获得了基础物理学的正式教职，这是他学术生涯中第一个教职。薪水翻倍是一个重要的诱惑，让他愿意来到布拉格德语大学，但是他不了解这座城市，而且没有料到他在这里将会面临学术孤立的状态。同样，他对这里被民族主义争端污染的社会气氛也没有思想准备。"这里的职位和研究所让我非常高兴，"他到达布拉格六个星期后，在给一位朋友的信中写道，"只是这里的人让我感到很陌生。他们根本不是拥有自然感觉的人；他们很冷漠，是社会阶层傲慢和奴颜屈膝的奇特混杂，对其他人没有丝毫善意。大街上能看到炫耀的奢华和逐渐滋长的贫困共存。"这个印象，在第二年也没有明显减弱："像个性这种东西，在这里不常见。"另外，传说中二元帝国的官僚制度

467

让他备受折磨,他惊讶地得知,他必须向最高政治权力机构——波希米亚总督——申请他所在研究所的清洁费用。反正他认为,布拉格在很多事情上比苏黎世更肮脏……[17]

三十二岁的爱因斯坦名声在外,他获得博士学位前取得的学术成果足以跟哥白尼式的转折相媲美。但是,即便是在自然科学家中,也只有很少人确切明白爱因斯坦成就的意义到底在哪里,布拉格的同事们也不例外。所以,他关于相对论(那个时候还没有"固定名称")的继续研究工作主要在家中写字台上进行,而在大学里,他上一些涵盖其他领域和更广泛理论物理学领域的基础讲座课。但是,大家对这位天才的好奇心很重,所以,他的讲座——非常生动,不过很难记下来——有时候会有非本专业的人来听。

卡夫卡周围的人,可能胡戈·贝格曼是第一个见过爱因斯坦并且与之进行过专业交谈的人。其他那些不那么精通数学的人都等着爱因斯坦通过一个科普性质的报告给他们讲解他的理论——5月24日,物理学院的报告厅有这么一个机会,卡夫卡、布罗德和韦尔奇都去了。报告结束后,这几个人跟路德维希·霍普夫坐了一会儿,霍普夫是爱因斯坦的"私人助手",为人随和,爱因斯坦把他从苏黎世带来一个学期,他想在布拉格文学圈中建立一些联系。这天晚上,霍普夫不仅回答了惊讶的观众们提出的关于相对论的一些悬而未决的问题(肯定非常多),而且还一口气解释了镭、光量子、微分方程的构造、蛋白质和合成,以及弗洛伊德的精神分析与C. G.荣格的精神分析之间的差别,这是他从与荣格的谈话中了解到的,所以是一手资料。布罗德听得头昏脑涨,一晚上都平静不下来。霍普夫当然也会说一些爱因斯坦私人的特点,爱因斯坦整日沉浸在他的方程里,不让任何事情干扰他,他对于"教授尊严"的要求完全无所谓。他会穿着毛衣去上课。在布拉格的一家酒店里为他举办的隆重招待会上,他穿着一件蓝衬衫出现,门卫误以为他是酒店正在等着的电工。[18]

　　这么一个非常规的人，凡塔沙龙的人们当然也想见一见。贝格曼从中联系，爱因斯坦真的在"独角兽"出现了几次，带着他的小提琴，跟布罗德或者一位专业女钢琴家合奏，并且表示愿意在大约二十位听众面前再讲解一次自己的理论——如果不讲数学也能让人明白的话。卡夫卡是否参加以及是否经常参加这样的晚间活动，没有记载，不过，至少非常有可能的是，他被介绍给了爱因斯坦认识。[19]但是，物理学家对于他所进入的这个团体不可能毫无保留地喜欢，因为对于这个团体研读的那些哲学和神智学作品，他完全不以为然，他同样不认同犹太复国主义——自从布伯做了几次报告后，犹太复国主义一直是讨论的话题。几年之后，他还回忆起一个"被哲学和犹太复国主义感染了的小圈子"和"有一群远离世界的人组成的中世纪小团体"。后来，布罗德在他的长篇小说《第谷·布拉赫走向上帝的路》中，把爱因斯坦的一些特点放到了极为分裂的人物开普勒身上，而且据说爱因斯坦还"怀着极大的兴趣"读了这本小说[20]，即便如此，物理学家也反应冷淡。

　　但是，爱因斯坦的怀疑并没有让贝格曼沮丧，他甚至还跟爱因斯坦一起去了一场鲁道夫·施泰纳的报告：估计是"灵魂生活的隐秘深处"——1912年4月28日的一场报告，没有任何记录保留下来。友善但不懂社交的爱因斯坦拒绝被介绍给施泰纳，对此，贝格曼毫不惊讶。"您说说看，那个人又胡说八道了些什么，"爱因斯坦几天后跟一个熟人说，"您想想这是什么胡言乱语：超感官经验。如果不是眼睛和耳朵，那我至少也需要一个别的器官，来获得一些体验。"[21]

　　后来，卡夫卡有时候还回忆起大战前那些超感官的冒险。1916年夏天，他片段式地记录了一场招魂术会议，会议开头并不乐观：[22]

469

470   鬼魂：请原谅。

说话人：你是谁？

鬼魂：请原谅。

说话人：你想干什么？

鬼魂：离开。

说话人：可是你刚来。

鬼魂：搞错了。

说话人：没搞错。你来了，留下。

鬼魂：我刚刚觉得不舒服。

爱因斯坦会喜欢这个。

注释

[1] 1910 年 5 月 11 日，弗朗茨·韦尔弗写给马克斯·布罗德的明信片，收藏在马尔巴赫的德语文学档案馆。5 月 15 日的"大规模"聚会，奥托·布罗德和马克斯·布罗德后来的妻子埃尔莎·陶西格也参加了，布罗德未发表的日记中有记载。

[2] 埃尔泽·贝格曼：《家庭历史》，载于金佩尔：《因为大地自己燃烧了……》，福尔特，2001 年，第 199-266 页，此处第 257 页；马克斯·布罗德：《更高世界》(Höhere Welten)，载于《关于丑陋画作的美》，第 144-157 页。(首发于《潘》，1911 年 6 月 16 日，第 538-545 页)1928 年，韦尔弗还在描写他父母住宅中的招魂聚会，根据布罗德日记，是在 1910 年 4 月 7 日，详细描写在他的长篇小说《高中毕业日》(Der Abituriententag，法兰克福，1999 年，第 88-90 页)中。桌子移动的事件作为风潮流传很广，最早是出现在美国，1850 年代初，一开始的目的是展示内心潜意识的能量，并不是与神灵交流。

[3] 特奥多尔·W. 阿多尔诺：《最低限度的道德——来自已损生活的反思》(Minima Moralia. Reflexionen aus dem beschädigten Leben)，载于《阿多尔诺作

品选集》(*Gesammelte Schriften*)，罗尔夫·提德曼(Rolf Tiedemann)编，第四卷，法兰克福，第 276 页。

[4] 参见胡戈·贝格曼：《心灵感应实验》(Experimente über Telepathie)，载于《三月》，1909 年第 3 期，第 118-124 页。

[5] 早在 1899 年，布拉格就有了很受欢迎的"反鬼怪展览"，展览中展示并解释了心灵感应和记忆术技巧。(《布拉格日报》，1899 年 4 月 23 日，第 5 页)三年之后，在《布拉格日报》上刊登了一个匿名的整版通告，为招魂术辩护，说它是"实验科学"；鉴于证据充足，所以，作者认为，招魂术的反对者要么是不了解情况，要么是恶意的。(1902 年 4 月 27 日，第 29 页)

[6] 布罗德：《更高世界》，第 151 页；威利·哈斯：《1900 年前后的布拉格——与韦尔弗、卡夫卡、布罗德和霍夫曼斯塔尔的青春岁月》(Um 1900 in Prag. Aus Jugendtagen mit Werfel, Kafka, Brod und Hofmannsthal)，载于《论坛》(*Forum*)，1957 年第 4 期，第 223-226 页，此处 225 页。参见布罗德：《好斗的一生》，第 18 页："卡夫卡和韦尔奇都参加过降神会。我们中间，科恩菲尔德是最容易被神灵用作媒介的人。"

[7] 布伯这三场报告分别是在 1909 年 1 月 16 日，1910 年 4 月 2 日和 1910 年 12 月 18 日。报告刊印在马丁·布伯《作品集》(*Werkausgabe*)第三卷，《早期犹太教文章，1900-1922》(*Frühe jüdische Schriften 1900-1922*)，芭芭拉·舍弗尔(Barbara Schäfer)编，居特斯洛，2007 年，第 219-256 页；布拉格第一个报告的最初版本见此处第 416-434 页，此处引文出自第 423 页。当时很典型的比喻"血液"，布伯在那次报告中在重要的论证处使用了，见第 419 页。——关于布伯的"犹太教革新"的话题以及他在布拉格的影响，参见施塔赫：《卡夫卡传：关键岁月》，第 53-55 页。

[8] 《布拉格日报》，1911 年 3 月 15 日，第 5 页。

[9] 伊格纳兹·乌鲁伯尔[也就是库尔特·图霍尔斯基]：《鲁道夫·施泰纳在巴黎》(Rudolf Steiner in Paris)，载于《世界舞台》，1914 年 7 月 3 日，第 26-28 页。图霍尔斯基在 1924 年 5 月 26 日听了施泰纳的报告《如何获得对超感官世

界的认识?》(Wie erlangt man Erkenntnis der übersinnlichen Welt?)。关于布伯的信息,见于卡夫卡与胡戈·贝格曼的谈话,载于贝格曼:《日记和书信》(*Tagebücher und Briefe*),第二卷,第263页。参见第622页:"没法跟施泰纳进行讨论。"

[10] 鲁道夫·施泰纳:《如何反驳神智学?》(Wie widerlegt man Theosophie?),载于《施泰纳作品全集》(*Gesamtausgabe*),第六十九a卷,多尔纳赫,2007年,第36-71页,此处第38页。施泰纳在布拉格所做的两个报告的刊印版,也是由多个记录相互补充生成的。(参见同上,第314页)

[11] 卡夫卡日记,1911年3月26日。(《卡夫卡日记》,第159页)

[12] 布罗德:《更高世界》,第144页。

[13] 施泰纳:《作品全集》第128卷,第126,129-130页。卡夫卡报名参加施泰纳关于"神秘生理学"报告一事,从一个警察密探的记录中可以得到验证。(参见宾德:《卡夫卡的世界》,第201页复印件)另外一个(博士毕业的)特工不得不自己提交报告的简短记录,因为神智学作为"自由思考"的学说,有潜在的危害国家的可能性。在这些交给市长办公厅的报告中,还有关于来访者人数和身份的细节;参见哈尔穆特·宾德:《鲁道夫·施泰纳1911年布拉格系列报告——对卡夫卡日记校勘版的报告和补充》(Rudolf Steiners Prager Vortragsreise im Jahr 1911. Berichtigungen und Ergänzungen zu der Kritischen Ausgabe der Tagebücher Kafkas),载于《版本——版本学国际年鉴》(*editio. Internationales Jahrbuch für Editionswissenschaf*),1995年第9期,第214-233页,此处第228-230页。卡夫卡说,施泰纳写字台上的画,让他想起了"那些关于神秘生理学的报告",这说明卡夫卡听过很多场这种报告。根据马克斯·布罗德日记,布罗德至少去听过一场生理学报告。另外,布罗德还对神智学晚间活动有单独的记录,但是没有保存下来。——施泰纳还临时决定在3月28日再做一场报告,也就是第十一场:"关于神智学和哲学关系的格言"。

[14] 卡夫卡关于布拉格施泰纳团体的言行记录,参见《卡夫卡日记》,第30-32页。施泰纳住在容曼街的维多利亚酒店。

[15] 卡夫卡日记，估计是 1911 年 3 月 29 或者 30 日。(《卡夫卡日记》，第 33-35 页)——卡夫卡在施泰纳那里的谈话时间是 3 月 29 日十五点左右。第二天布罗德与施泰纳的谈话内容不得而知。

[16] 布罗德：《关于弗朗茨·卡夫卡》，第 70 页；布罗德：《好斗的一生》，第 183-184 页(布罗德在这里错误地提到了"人智学"，但是这个概念是施泰纳 1912 年才提出来的)；施泰纳：《作品全集》，第六十九 a 卷，第 41 页。卡夫卡致菲莉丝·鲍尔的信，1913 年 6 月 8 / 16 日。(《1913-1914 年书信集》，第 209 页) 1911 年 3 月 31 日，卡夫卡写给施泰纳的一封短信(《1900-1912 年书信集》，第 137 页)显示，他真的给施泰纳寄了"一篇短作品"，有可能是短文《不幸》，讲的是"房间里的一个鬼魂"："这些鬼魂似乎比我们还怀疑他们的存在……"(《卡夫卡生前问世之作》，第 39 页；参见哈尔穆特·宾德：《布拉格的凡塔圈子——卡夫卡对鲁道夫·施泰纳的兴趣》(Der Prager Fanta-Kreis. Kafkas Interesse an Rudolf Steiner)，载于《苏台德区》，1996 年第 38 期，第 106-140 页，此处第 110-111 页)施泰纳的回答没有记录下来。据说，卡夫卡后来对古斯塔夫·雅诺施说："我不太清楚他。他是一个非常能言善辩的人。不过，这个特点也可能是骗子的武器。我不是想说，施泰纳是骗子。不过也可能是。骗子总是想用便宜的方式解决重大问题。"(雅诺施：《卡夫卡谈话录》，第 159 页)

[17] 阿尔伯特·爱因斯坦致米歇尔·贝索的信，1911 年 5 月 13 日，致阿尔弗雷德和克拉拉·施特恩的信，1912 年 3 月 17 日，载于《阿尔伯特·爱因斯坦文集》(The Collected Papers of Albert Einstein)，第五卷："瑞士岁月：1902-1924 通信集"(The Swiss Years：Correspondence 1902-1914)，马丁·J. 克莱因(Martin J. Klein)等编，普林斯顿，1993 年，第 295 页和 432 页。参见爱因斯坦致马赛尔·格鲁斯曼的信，1911 年 4 月 27 日，同上，第 294 页。

[18] 与路德维希·霍普夫(1884-1939)会面以及卡夫卡去听爱因斯坦报告和随后去了餐馆的细节，在布罗德未发表的 1911 年日记中。从日记中可以看出，霍普夫参见集体游玩。此处和后面关于胡戈·贝格曼的内容，参见贝格曼的《对阿尔伯特·爱因斯坦的私人回忆》(Persönliche Erinnerungen an Albert

Einstein），载于《伊尔贡·奥莱伊·梅尔卡斯欧洲通讯》（*Mitteilungsblatt des Irgun Olej Merkas Europa*），特拉维夫，1975 年 5 月 11 日，第 4-5 页（有一些日期不准确）。关于爱因斯坦被当成电工的轶事，是费利克斯·韦尔奇记下来的，参见卡尔·泽李希（Carl Seelig）：《阿尔伯特·爱因斯坦——我们时代一位天才的生活与作品》（*Albert Einstein. Leben und Werk eines Genies unserer Zeit*），增补版，苏黎世，1960 年，第 144 页。

［19］后来，爱因斯坦还能想起布罗德，但显然想不起卡夫卡。否则，他一定会把这个名字告诉他的传记作者菲利普·弗兰克，爱因斯坦曾把弗兰克作为自己的继任成功推荐给布拉格，并在 1940 年与后者谈起了自己 1911-1912 年在布拉格的经历（弗兰克的爱因斯坦传记德语首版于 1949 年出版）。

［20］阿尔伯特·爱因斯坦致赫德维希·伯恩的信，1916 年 9 月 8 日，载于《阿尔伯特·爱因斯坦文集》，第八卷："柏林岁月：1914-1918 通信集"（The Berlin Years: Correspondence 1914-1918），罗伯特·舒尔曼（Robert Schulmann）等编，普林斯顿，1998 年，第 336 页。爱因斯坦的藏书中，有一本这部长篇小说，被编了号，不过是 1931 年的版本。后来，布罗德否认自己是借小说人物描写爱因斯坦，参见《好斗的一生》，第 202 页："事实上，……在开普勒这个人物身上，更多是我朋友韦尔弗的特点和痛苦，而不是爱因斯坦。"从 1920 年代起，爱因斯坦与犹太复国主义的关系有了很大好转，但是，他一直坚定反对任何民族主义，包括犹太人的民族主义。

［21］沃尔夫冈·G. 福格尔（Wolfgang G. Vögle）编：《另一个鲁道夫·施泰纳——目击者描述，访谈，漫画》（*Der andere Rudolf Steiner. Augenzeugenberichte, Interviews, Karikaturen*），多尔纳赫，2005 年，第 200 页。爱因斯坦肯定不知道，施泰纳两年后发表了关于相对论的荒谬言论，证明他根本不懂相对论：参见鲁道夫·施泰纳：《现代人和他的世界观》（*Der moderne Mensch und seine Weltanschauung*, 1914 年），载于《施泰纳作品集》，第十八卷，多尔纳赫，1985 年，第 445-492 页，此处第 490-492 页。

［22］《卡夫卡遗作和未完成的残章》（二），第 19-20 页。

第二十八章　文学与旅行

> 达到生命的高度,不是为了向上攀登,而是
> 为了在更好的空气中继续前行。
>
> 海米托·冯·多德勒,《目录》

伯恩哈德·凯勒曼朗读了:这是我一些还未付印的作品,他这样开头。这人看上去招人喜欢,几乎白色的头发直挺挺地立着,精心刮过胡子,尖鼻子,脸颊上的肌肉有时会像波浪一样起伏。他是个平庸的作家,比较有地位(有个人走到外面走廊上,咳嗽着并四下张望,看有没有人)而且为人诚实,他愿意朗读他所答应的作品,但是听众们不读他的作品,大家都被第一个精神病院的故事吓到了,而且,尽管故事情节设计有蹩脚的紧张感,但他朗读的方式太无聊了,所以不断有人出去,而且都是急匆匆的,似乎要赶去隔壁听另一个人朗读。当凯勒曼念完故事的三分之一停下来喝水的时候,已经走了一大批听众。他吃了一惊。于是他扯谎说,很快就结束了。当他结束时,所有人都站起来,有零星掌声,听起来就像某个人坐在一群站起来的人当中自顾自地鼓掌。这时,凯勒曼还想再朗读一个故事,也许不止一个。尽管人们都起身离去,他还是张开了嘴。最

后在商量之后他说：我想再朗读一个很短的童话，只要十五分钟。
我先休息五分钟。有一些人留了下来，然后他朗读了一个童话，有
些地方让每个人都觉得，应该从大厅的最外侧穿过所有听众飞奔到
外面去。[1]

这是体现卡夫卡全新描写模式的一个最早也是最明显的例子：不
再有浮于事情表面的游戏式漂移，也没有自然主义的各种细节堆砌拼
贴。用笔给某个人画像，这是卡夫卡在日记中有意识进行的写作练习。

472 重要的前提则是对人的热切兴趣，这一兴趣绝不意味着赞同，这一兴趣
先于文学，即使没有文学，也仍然有价值；而文学，如果没有这样的关切，
则只能是自我炫耀，被卡夫卡视为"不自然的""虚构的"而放弃了。对
他而言，这也是他没有把日记写成日常记录或者流水账的重要原因。卡
夫卡开始意识到，那些日记本绝不仅仅是提供一个自我投射或者自我确
认的舞台，而是还能带给他一些直通文学的启示：一个眼神，一个姿势，
一种语言上和叙述上的状态。在凯勒曼朗读会大约两周之后——在
1910 年他最后一次休假期间的某一天，他徒劳地把那一天完全预留给
了文学——卡夫卡对自己承诺，他将"再也不会离开日记"。[2]

而这也很必要，因为尽管出现在他那些未来杰作中的核心隐喻已经
越来越多地汇聚在他身边，但此刻，他暂时还不能从中点燃文学的火花。
"一个呼唤在我耳畔不断回响，"他写道，"来吧，你这看不见的法庭！"这
一句会让每个读过长篇小说《诉讼》的读者呼吸一紧。可是卡夫卡却浑
然不知地从这个意象前飘过，那个看起来近在咫尺的想法，把隐喻写成
文字，并由此打开一片广阔的文学联想天地，当时还在他的能力之外。
于是，这个隐喻暂时沉入了半明半暗的状态，一隐就是将近四年。卡夫
卡对父子关系的关注也是如此。他曾想象一个生活无所依靠的渺小形
象，在健壮强大的父亲面前彻底失败，这个非常有创作空间的想法已经

在他面前活灵活现。但是,由于思想先于图像,所以,在第一次文学创作的尝试中,人物都很苍白,情节的编织也不够巧妙,最后都消失在暗示中了:这篇文学片断的题目是《城市世界》,属于卡夫卡少数不算成功的作品。[3]

　　这种奇特的漂浮状态,到1911年的上半年和夏天都没什么改变,在向施泰纳失败的咨询之后,卡夫卡先是尝试严格要求自己,规划好每一天的时间;他减少晚上的消遣娱乐,把晚间时光全都留给家里的写字台,但还是几乎写不出来。而且他现在又开始了对办公室工作的抱怨,特别是抱怨被偷走的时间,他作为个体所能创造的成绩,连短暂展示的可能都没有。与此同时,文学的义务感或者责任感在卡夫卡心中不断滋生,它远远超越对自己语言能力的兴趣,并将很快使他的生活从此不再平静。他现在年近三十,开始意识到自己有可能只是生活的旁观者,他的朋友们开始谈婚论嫁;他一向不以为意的两个妹妹也已经结婚,而且出其不意地以准妈妈的身份出现在他面前。所以,卡夫卡从别人的命运中明白了,选择正在消失,正在被事实和决定所取代,他也知道了,现在他已是成年人,不可能指望继续延期偿还"人生的债务"。他很清楚,他必须而且即将尝试将文学作为他生活的核心,虽然文学在他眼中是离生活最远的东西。他所缺少的,只是这个荒诞决定的合法性,也就是明显的证据,能说明他所追求的不是妄想。

　　到了夏天,忙乱的状态开始缓和,气氛也轻松了。卡夫卡享受着阳光、空气、温暖和流水,游泳和划船等运动放松使他轻松愉快,以至于他能够说这是"一小部分的快活时光"。身体的体验此时挤进意识的前区,也在短时间内减弱了生活中非此即彼的冲突。8月中旬他记录道"这段时光过去了,我只字未写,但它之所以对我很重要,是因为我在布拉格、柯尼希萨尔和切尔诺希采的游泳课上不再为我的身体而感到羞耻。我都二十八岁了,现在补这些教育太迟了,如果这是一场赛跑,人们会说起跑晚了"。他与布罗德多次说起,要去南方做一次丰富多彩的休假旅游,到时候有可能再收获游泳的快乐,就像他们在里瓦所体验到的那样。下次他们俩就结伴而行,要把所有的年假都用上,所以他们的计划也相应地非常庞大。瑞士、意大利北方的城市和湖泊……还有亚得里亚海,意大利的里维耶拉海滨……这些,他们都想去看,但是要在三周之内走遍太难了,所以他们必须有所取舍,随机应变。[4]

474

他们打定主意,要把这次旅行中的所见所闻全部详细记录下来,没错,卡夫卡甚至建议,俩人写真正的平行日记,这样保证记录的见闻能得到相互检验和补充。当时他还没想到文学,他想的只是写作有助于他的旅行,他相信"如果我能通过写点儿什么放松一下,我的旅行将会更好,我对旅行的理解也会更好"。在路上,当大量新奇的感观印象蜂拥而至时,卡夫卡不仅更加确信写作练习的好处,而且还认为这是预防观光旅行丧失意义的唯一可能性。"不做记录的旅行是不负责任的,如同不做记录的人生。我不能容忍每天都千篇一律得要死[!]的感觉"。[5]而对于几乎其他所有休假旅行者都热衷的各种留念拍照,卡夫卡不断用新的理由向他的朋友说明,那是永远无法与写作效果比拟的。他甚至还取笑那些不断按快门的游客。但是布罗德对此颇有质疑,并马上看到了问题所在,他的疑问是:是否会因为只顾没完没了地做笔记,而错过了很多印象,因而也就失去了写出更加引人入胜笔记的契机? 在旅途上的写作,难道不该像闭眼睛吗,在不断专注地调整自己的目光观看之后,闭一会儿眼睛? 对此,卡夫卡也不能完全否认。他回答说,正因为这样,所以必须要始终对此有所意识,从而控制写作造成的副作用。[6]他果真这样想吗? 他说的是一路**伴随着**笔记的反思性旅行,但是他已经在思考,为何在生活中的其他时候不是这样呢? 如果说,不做记录的**人生**是"不负责任的",那么布罗德的质疑就是一个存在性的问题:在我写作的瞬间,我对外界涌来的一切毫无感知;在那时我的生命相当于是停顿的,由此而在我的文章中造成的空白，别人都能看得出来，而我却永远看不到。对于旅行者，这是一个烦人的感知技术难题，而对于作家则是一个悖论，对他行为的意义提出怀疑。卡夫卡很快将把这个关于文学与生活体验如何相协调的问题变成一个伦理问题，并且为之困扰终生。但是，在他1911 年 8 月 26 日开始一生中路程最远的旅行时，他还不可能预知这些。

安吉拉·蕾贝格小姐在她的包厢里看着外面的站台。这是皮尔森火车总站，她刚登上这列开往慕尼黑的火车，不过列车在此还要停留一段时间，以便让乘客有机会下车喝杯咖啡或者伸展腿脚。同包厢的两位先生看来也是如此，蕾贝格看见了他们留在包厢里的大衣和箱子。

果然，这是两位衣着讲究、关系友好的年轻男士，只是他们两个在一起看着有些奇特：其中一个非常矮小，很活跃，鼻子上架着圆眼镜；另一个则又高又瘦，有些招风耳，带着腼腆的微笑，看上去简直像个小男孩。火车启动时，因为车窗还敞开着，迎面风起，把蕾贝格小姐包在纸里的轻便帽子卷起来，落到了那位小个子先生的头上，小个子马上借机搭上了话。他们是两位来自布拉格的公务员，还是博士呢，一起去意大利休假旅行，他们为能够暂时逃离办公室而感到高兴。于是，她也应该说说自己。她说自己在皮尔森一家"无可挑剔"的技术公司工作，是那里唯一的女性，而且还是最年轻的，比其他人年轻很多，所以在办公室里大家总叫她"老幺"或者"小燕子"。办公室很有趣，所有人都喜欢恶作剧：比如帽子被调换了，蘸水笔被粘住了，牛角面包被钉在桌子上了，总之，无可挑剔。如果旅行中认识的朋友能帮她一个忙，那么她马上就能和公司同事再开个玩笑。其实她是要去特里安，因为她父亲是军官，被调到了那里，她是去和好久不见的父母与姐妹团聚的。如果她给她的同事们写张明信片，就说自己在慕尼黑坐错了火车，所以跑到了瑞士，如果两位先

476 生能帮忙,在苏黎世把这明信片扔进邮筒……当然,这个可以安排。还有其他有趣的话题可以聊。小个子先生看起来精通音乐,因为无论她讲起瓦格纳的哪个演出——她还小声唱了一段旋律——小个子先生都知道。瘦高的先生看着则更像医药专家,因为他说,她最好把她手提包里那个装补铁剂的小瓶子扔掉,用符合自然的方法对待人体这个有机体,要求很多……蕾贝格小姐笑了。然后三个人一起去了餐车。

列车准时抵达慕尼黑,晚上九点四十五分,在继续开往瑞士之前,列车要在这里停留三刻钟。蕾贝格小姐搭乘的去往特里安的火车则要大约一小时后才发车。殷勤有礼的小个子先生提出了一个疯狂的想法:应该利用这段时间,在慕尼黑城里来个快速的环城游览。那行李呢? 可以先放在包厢里。那下雨呢? 天黑了行吗? 小个子不容分说,拉起其他两人走出去,来到火车站拱廊下,急急忙忙叫出租车。蕾贝格小姐有些不情愿,高个子觉得这样有些尴尬。然后就开车了,轮胎在湿漉漉的柏油路上行驶,发出很大的声响。司机逐个喊出所经过的名胜,如果是白天,肯定应该赞叹:四季酒店,带喷泉的和平纪念碑,然后是大学、铁阿提纳教堂、元帅堂、新市政厅、普绍尔啤酒大厅、森德林门。这趟快捷的游览只用了二十分钟,甚至还有足够的时间可以去简单盥洗一下,然后把小姐和她的行李送到她的火车上,她将与一位上了年纪的女士同车厢。

六个星期之后,这两位年轻男士很惊讶地在故乡布拉格的大街上看见了蕾贝格小姐。他们不可能知道,所谓无可挑剔的皮尔森公司纯属杜撰,蕾贝格小姐实际上在布拉格工作生活。她去皮尔森是看望她的母亲、兄弟和刚出生的小侄女。那她去**特里安**看谁? 肯定不是她宣称的军官父亲,那只是幻想出的人物,因为蕾贝格小姐是个私生女。她更不是什么老幺,因为她已经二十四岁了。只不过这一切,差不多过了一个世纪才真相大白。[7]

与以往的所有旅行不同,卡夫卡对 1911 年夏季的长途旅行进行了 477
相当细致的记载,包括一些轶事,有时候甚至出现——自从布罗德的日记也发表了之后——内视角和外视角的切换。经常还会产生一些可笑的效果,主要是因为这两位旅行者不能时刻意识到自己的双重角色:一方面,他们是彬彬有礼、有教养并且善于表达的作家,但另一方面,他们也是游客,对异域文化一知半解又缺乏旅行经验,对许多细节只知道一鳞半爪,这就必然导致误会和惊奇。他们的确知道很多,但是知道的经常用不上。比如,卡夫卡清楚地知道,在他们瑞士的第一站苏黎世,有一家禁酒的典范改良型餐厅"查理大帝",但是为了找到这家餐厅,他们需要一位警察帮忙(最后他们很喜欢这家餐厅,短短几小时之内居然又去了一次)。苏黎世大教堂是他们都知道的著名古迹,是卡夫卡当时踏足过的最雄伟的罗马式建筑——但是卡夫卡还是怀疑,这个大教堂会不会是近代的仿建,他也完全没想到,他们在星期日上午去参观大教堂,会被别人当作是去参加周日弥撒的信徒(所以当大教堂的司事要给他们安排座位时,他们赶紧逃之夭夭)。当他们不得不面对周日闭馆的市立图书馆以及在其中的戈特弗里德·凯勒①故居时,他们居然真的以为,去找苏黎世市交通旅游局商量就能有机会钻进去看看。在去苏黎世湖畔的一个游泳场时——必须要去,因为他们经过日夜兼程的旅行,已经感觉自己很脏了——情况也很尴尬。那里的男更衣室非常拥挤,主要是有很多青少年,卡夫卡诙谐地说,换衣服需要用"共和方式",因为单独的更衣室都已经被占满了,所以大家只能在一间很大的公用更衣间里宽衣解带。然后卡夫卡就一直向湖心游过去,而布罗德则沮丧地留在岸边,结果旁边几个半大孩子打架,泳场管理员拿起水龙头喷水制止时,把

---

① 戈特弗里德·凯勒(Gottfried Keller, 1819-1890),瑞士著名作家。

478　布罗德也一起喷到了。"我不需要这座城市。"布罗德总结道。当天下午,两位朋友继续出发,前往四森林州湖,去卢塞恩,那里是他们旅行的高潮时刻。[8]

对于金钱,卡夫卡终生与之保持着一种分裂的关系,从中可以看出商人家庭的教育痕迹,以及对自己的社会阶层所保持的距离。他不会因为单纯地占有金钱感到快乐,所以也不会花心思多挣钱以及为节省而节省。但另一方面,无谓的或者迫不得已的花费——哪怕数目很小——有时候会给他造成持续很久的烦恼,经常导致自责:卡夫卡认为自己小气。不过这种小市民式的、反对任何铺张浪费,哪怕是花钱买舒适也不行的观念,倒能让卡夫卡在经济上不会依赖自己家庭不必要的接济。像奥托·格罗斯那样的行为——在豪华酒店过夜,然后把账单寄到他所憎恨的父亲那里——在卡夫卡看来,不仅道德上有问题,而且言行极为不一致。对现状不满意时,卡夫卡也会提出加薪的要求,但是对于抽象的、以数字形式体现出交换价值的金钱,他完全没兴趣。

所以,当卡夫卡和布罗德傍晚一起沿着卢塞恩湖滨栈道散步时,突然听到筹码哗哗作响,他更多是出于对一种社交表演的好奇,才驻足倾听。声音是从巨大的疗养院大厅(今天的"卢塞恩大赌场")的窗户里传出来的,里面——他们两人现在才想起来——真的有人在赌钱。对于卢塞恩的夜生活,他们本来就没有什么期待,而且门票才一法郎,没什么理由不去近距离看看这种似乎无害的享乐。卡夫卡和布罗德两人之前谁都没去过赌场,在他们从父辈所接受的认知世界中,赌场比声名狼藉的酒馆都不如。所以这次只能算旅行体验,回到家里最好不提,特别是不要在卡夫卡的父亲面前提起,父亲几天前刚刚因为担心金钱而引发了心绞痛,卧床不起。要是让他想到弗朗茨坐在赌桌前的情景,很可能会让他立刻心梗。

卢塞恩赌场的玩法称作"球"（Boule），是轮盘赌的一种极简易玩法，人们只需要押注从一到九这几个数字。轮盘的里面是固定的，硬橡胶制成的小球被抛进去，但人们听到的是从正宗轮盘赌那里学来的吆喝声在不停回响，布罗德和卡夫卡都认真地记录下来："先生们，开始游戏啦，看清数字，游戏开始，数字出来了，再来一次吧。"[1]他们俩都被荷官摆弄手里唯一的工具——金属小耙子时所展现的灵巧和速度迷住了，那个小耙子似乎无所不能："他们能用耙子把钱搂在一起，"布罗德写道，"或者把钱推到赢家面前，用耙子分钱，或者指指点点。"卡夫卡写得几乎一字不差，他们俩甚至还根据记忆，简单画出了赌桌的草图。当然，他们也很快感觉到了游戏的单调无聊，这种游戏，只有参与其中才能体会到其中的紧张和意外。但是真的应该下场参与吗？大厅很宽敞，有两张赌桌，每张周围都簇拥着一堆人；其他人坐在沙发上等着，或者四处走来走去；没人在乎纯粹看热闹的人。他们走到一扇敞开的窗户前，那里有凉爽的风吹进来，他们商量现在该怎么办。布罗德认为，我们可以不冒任何风险地玩一下，一个人永远赌偶数，另一个赌奇数，钱一进一出，咱们总数上不会吃亏。一个绝妙的主意，卡夫卡立刻就明白了。俩人立刻去柜台各自换了价值五法郎的筹码，大约相当于他们一天在酒店和餐厅的花费。

这一"计谋"的孩子般的幼稚简直令人错愕，卡夫卡后来觉得非常尴尬，所以对整个过程干脆只字不提。他们确实参与了一局——不管怎么下注——他们的钱输得都比轮盘赌还快。数字5是庄家赢钱的数字，而他们只顾着观赏荷官优雅的动作，完全没注意到此事；而一旦出现数字5，那么所有参与者的筹码都要输给庄家，这就意味着，长期来看，所

———————

① 原文为法语：Messieurs, faites votre jeu — marquez le jeu — les jeux sont faites — sont marqués — rien ne va plus.

480　有来宾摆在赌桌上的钱,有百分之十以上终归要流入庄家手中。面对事先可预料的惨败,两位旅行者除了逃回作家身份,别无选择。布罗德记录道:"那些钱就像从一个缓缓的斜坡上流下去消失了,或者像放浴缸里的水,水慢慢流走,看起来似乎还有,下水塞子似乎也能阻挡一会儿。但最终还是都流走了。"他们气愤地离开了赌场,主要是生自己的气。假如他俩用自杀去威胁赌场老板,他会不会把那十法郎吐出来? 不会的,苦中作乐也不会真的缓解痛苦。现在赶紧去酒店吧,在四十八小时之后第一次躺到床上,然后忘掉一切。[9]

　　和他们一路遇到的大多数旅游者不同,卡夫卡和布罗德所走的旅行线路,没有沿着阿尔卑斯山的各个峰峦,而是一路逐水行进:苏黎世湖、四森林州湖、卢加诺湖、科莫湖、马焦雷湖。总是乘船出游,欣赏岸边风景,还有机会下湖里游泳,对此,两个人在笔记中都记录了发自内心的强烈欢喜,但他们丝毫没有去远足徒步的想法,更别提那种需要持续数日且劳累不堪的登山游了。卡夫卡对山的世界多少有些嘲讽,他在入境瑞士时就冒出个想法:每个爱国的瑞士人一定都愿意想象,把他们国家许许多多的高山变成平铺的土地,那样的话瑞士的面积就会比德意志帝国的还大。[10]

　　唯一一次是在离开卢塞恩之后,他们爬上了一个高山上的观景台,不过是乘坐缆车很舒服地上去的,那是海拔一千八百米的瑞吉山,有纪念品商店、各国游客,靠近山顶处有一座雄伟的酒店,那个四面远眺阿尔卑斯山和若干湖泊的瞬间,肯定给这两位布拉格人留下了深刻印象,但是,他们的笔记却出奇的平淡,甚至都没有提一下歌德和福楼拜也来过这里。也许他们感觉游客太多了很扫兴——其中有很多英国人,说话完全听不懂——布罗德他们当时疲惫不堪且非常恼火,因为酒店餐厅里的一顿很难吃的套餐又让他们损失了八法郎,与其说是餐费,不如说是观

景费。在乘缆车从山上下到湖边的一个多小时途中,布罗德睡着了。他 481
的帽子从头上掉了下来,引起英国女人们的窃笑。直到他们乘船抵达了
下一站弗吕伦时,气氛才好了一些。在弗吕伦,他们的酒店房间整洁安
静,还有阳台,睡够了之后,可以在装饰华丽有顶棚的湖边露台上吃早
餐。尽管如此,周围环绕的高耸陡峭的山峰,还是让卡夫卡不舒服,他觉
得那些大山让整个环境都变暗了,又唤起了他对马上就要前去的意大利
的向往。"被弗吕伦的山脉禁锢,"他给奥特拉写道,"人们都弯腰俯身
坐着,鼻子快扎到蜂蜜里去了。"[11]

　　马克斯·布罗德在回顾这次旅行时说:"我一生中,再也没有像和
与卡夫卡一起旅行的那几周那么平和快乐。所有烦恼、所有不快都留在
了布拉格。我们成了快乐的孩子,我们讲最奇特、最好玩的笑话——生
活在卡夫卡身边、直接享受他思若涌泉的活跃想法(就连他的疑心病都
灵感不断、令人愉悦),是一种极大的幸运"。[12]实际上,这曲田园牧歌当
然不是完美无瑕,但是很明显,在南方旅行的这几周,卡夫卡一直很放
松,可以充分放飞他说笑话寻开心的天赋,而在家里,他这份才能充其量
只敢在妹妹们面前表现。他兴致勃勃地讲一些看似有逻辑的想象和荒
诞的想法,让布罗德几乎跟不上他的节奏,常常搞不明白朋友说的话有
几分是当真的。
　　在弗吕伦,一次散步时——可能他们简要回顾了这次旅行最初几天
的经历——他们说到,肯定也有其他游客是仅仅因为不了解情况而不得
不多花钱。传统的旅行手册则对此束手无策,因为它既不考虑游客实际
的困难,也不考虑当地特色和早前游客的经验。所以,使用《贝德克尔
旅游指南》的游客,除了一张写着价格和地址的酒店与餐馆的名单之
外,得不到任何信息,只能或多或少地盲目选择,所以游客在很多事情上
感到失望或吃亏上当,也是意料中的事。那些住得起最豪华酒店的人当 482

然不需要这些提示：这种人只去"当地最好的那个"。而旅行的中产阶层则没有也不想有选择的自由，他们需要的是一个能保证满意的实用的指南，包括每一步的各个细节：他们要的是一条安排妥当的**线路**，就像跟着旅行团一样。有没有哪天博物馆门票优惠？那里的哪些名画**必须**要看？音乐会有没有免费票？开通有轨电车的地方，我是否还需要叫出租车？在意大利乘坐三等车厢旅行是否有风险？下雨天我可以做什么？在赌场大厅我该有怎样的举止？如何识别拉皮条者和骗子？小费该给多少？给谁？（布罗德记录道，最好也给游泳场管理员。）不能忘记的是：哪里有价格公道的情色和性消遣？要是有一本能坦诚回答所有类似问题的旅行指南，其中的推荐数量很少，但都要有充分理由并且可靠。这样一本指南会立刻挤掉《贝德克尔旅游指南》，对此，卡夫卡和布罗德看法一致。如果这套系列旅游指南能用多种语言出版，一定能赚几百万。

两人越聊越激动。虽然他们缺乏对出版流程的了解，更不懂已在市场上站住脚的旅游指南的经营之道，但是卡夫卡仍然提出了一大把关于实际操作的想法，从编辑部的组织到市场推广（在巴黎的地铁站贴广告！）再到定期的必要更新，更新版可以打折出版。而且他马上就为这个系列想出了一个容易记住的名称"便宜"，《便宜游意大利》《便宜游巴黎》……在1900年前后，便宜这个概念尚未像今天这样含有明确的贬义，当时它更多被联想为令人愉快的"物美价廉"，相当于"良好的性价比"的道德表达方式。这个项目让这一对朋友花了不少时间，包括在下一段旅程，在风景和技术上都令人惊叹的瑞士圣哥达铁路途中。第二天，布罗德就把所有想法整理在了卢加诺湖滨美景饭店的信纸上，一份五页纸的"百万元企业方案"，上面还有卡夫卡手写的补充内容，当然，这个方案已经进了一步，而且在考虑附加语言指南的全新设想。卡夫卡解释说，反正人们不可能为了旅游去完全学会一门外语，就算学得很好，但是说不出来，在旅途中也是无济于事。所以方案是：把动词不定式列在一起。两百个单词。一种形式的世界语。意大利式的手语。发音仔细标注。不妨碍继续深入学习。在这么一番富有创意的来回讨论之后，居然真的产生了一份严肃认真的计划，可以凭借这一次商务行动——连他们的父母都不可能反对——从办公室的劳役中解放出来，并且获得财务自由。布罗德必须答应卡夫卡，利用自己在出版界的关系，至少要努力尝试把这个想法变成现实。事实上，布罗德真的在第二年把他们俩的这个项目介绍给了年轻的出版人恩斯特·罗沃尔特。可是因为两位多疑的发明人担心别人盗窃自己的想法，所以坚持要拿到一笔费用后才肯交出关键细节，导致这个雄心勃勃的计划胎死腹中，百万元收益又重新回到了空想世界。[13]

　　在卢加诺，布罗德和卡夫卡坐在同一张桌子旁度过了很多时间——不仅是商量他们的旅游指南大项目，也有很多时候是在完善和加工他们的旅行笔记。他们决定，这次要打开行李箱住下来，好好在卢加诺放松几天。

　　每到一处新的地方，他们总是拿对风景如画的里瓦的共同记忆来做比较。"这里很美，但是和里瓦不能比。"布罗德在第一天就这样写给他弟弟。"里瓦是浪漫的，而这里只有各种酒店。"[14]卡夫卡也在这张明信片上签了名。但是，在湖中游泳，老城中意大利风情的街道和店铺，还有他们所在饭店直接搭在湖上的平台，使他们很快与这里和解了。而且从卢加诺出发，两个半小时就能抵达科莫湖，然后乘船或火车穿过边境，可以按照《贝德克尔旅游指南》的强烈推荐，参观位于特雷梅佐附近的夏洛特别墅，并欣赏那里的艺术收藏和漂亮花园。他们两人还多次在将近三十摄氏度的气温中，步行离开卢加诺城区，他们沿着湖北岸穿过两侧遍植月桂树和橄榄树的小路，一直走到曲折幽静、矗立在一片陡峭斜坡上的甘德里亚村,从那里长久凝望湖对岸的卢加诺。这时,他们终于把眼前的这片景色,收藏进了他们关于南方的梦幻美景万花筒里。他们在一片僻静的湖岸边,把石头搭成凳子,在万里无云的天空下把腿伸进湖水中,一坐几个小时。这一刻,后来被布罗德写成一首献给卡夫卡的十四行诗(其中没有提及他自己明显被晒伤了)。而卡夫卡则在去世前的几个月还说,希望他们能"再次沐浴卢加诺的阳光"。[15]

"在其领土上发现第一例确诊的瘟疫或者霍乱病患时,每个政府都有义务立刻通知其他政府。这一通知应附带或迅速补充关于病患发现地点、时间、病患来历和状态、确诊的病患数量和死亡数量……"德国和奥地利报纸此时开始大幅转载 1903 年签署的国际卫生公约,是有充分理由的,因为**亚洲霍乱**已经袭来,而并非所有签约国家都愿意遵守该条约。特别引起公愤的是意大利:尽管那不勒斯每天都有人死于霍乱,但意大利仍然通过统计上做手脚进行欺瞒,对于瘟疫蔓延到北方、蔓延到威尼托大区和伦巴第地区,人们得不到任何确切的消息。特别是在意大利的外国人。当托马斯·曼 1911 年 5 月底到威尼斯丽都逗留几天时,虽然他注意到了在威尼斯到处流传的谣言和当局故意封锁消息的策略——后来他通过小说《死于威尼斯》铭记了此事——但是他还是不知道,在他这次短暂停留期间,已经有六人死于霍乱:就在他视线可及的、进行隔离的萨卡赛索拉岛上。[16]

关于霍乱的讨论席卷全欧洲,也大大影响了卡夫卡和布罗德的旅行路线。他们把的里雅斯特、威尼斯、热那亚等意大利北部的港口城市全都从他们的**观光行程**单中划掉了,太危险了。在火车上,卡夫卡惊奇地发现,有个老太太完全不顾阻拦,执意要去热那亚。他们是不是过于担心了?也有些旅游者,出于安全考虑,让家里寄送有关最新疫情的剪报过来。但是如果当局为了旅游业不受影响而隐瞒消息,甚至说谎,就很难全面了解真实情况。

9月4日早晨,当布罗德和卡夫卡准备前往米兰继续旅行时,一个女服务员告诉他们,米兰那里现在也出现了霍乱,是一位从柏林来的医生透露给她的。他们俩马上去了旅游局——那里的人还什么都不知道——在那里找到了《柏林日报》,消息属实:米兰上个月报告了十六个病例。布罗德马上陷入了慌乱,想要把所有计划推翻:能不能现在干脆放弃去意大利,剩下所有的假期都到更安全的巴黎度过? 卡夫卡一开始也心跳加快,但是过了一会儿,理智和固执又占了上风,他回答说:"不能这样仓促决定旅行路线。"[17]

这个决定后来被证明是错误的,不过卡夫卡可能没有意识到,借此他会发现他好友新的脆弱的一面。布罗德得了感染恐惧症,这不仅影响了他的判断能力,也让他们之间的话题不再有那么多空间。刚一到达米兰,布罗德就从书报亭买了一本用刺眼的颜色来描述霍乱有多么可怕的小册子,然后在步行去往市中心的路上,卡夫卡不得不向他解释,那些没人住的别墅和路上稀少的交通,是因为天气炎热,而并非因为居民们都去躲瘟疫了。在看到当地的水果和冰柠檬水就在落满灰尘的人行道上直接售卖时,布罗德被吓坏了,而当他们经过一家医院时,布罗德居然产生自己是病人的幻觉。最后,他们终于能坐在大教堂广场旁边那世界闻名的长廊下的咖啡馆里——被巨大的玻璃穹顶所覆盖的购物长廊,它令卡夫卡印象至深——还没等缓过一点劲头来,布罗德又开始悲叹了,因为他在那本小册子上读到了恐怖的事情,就是霍乱患者可能有"假死"现象,一想到有可能被拉到什么地方活埋,他又开始坐立不安。他要求卡夫卡必须阻止这种事发生在他布罗德身上——最好像不久前去世的古斯塔大·马勒那样,通过死后针刺心脏确认死亡。布罗德后来回忆时宣称,他说这些话时,卡夫卡的"眼泪都快掉出来了"。但卡夫卡自己则对已经计划好的米兰之行被这种胡扯不断压缩而颇为不满,"尽管我表

486

达了轻微的反对"。只是布罗德此时完全注意不到这些细微之处,他没有发现自己基本上无视了卡夫卡的愿望。[18]

气氛如此尴尬,以至于接下来的所有活动都索然无味,即使他们入住了紧邻米兰大教堂的"大都市大饭店"——卡夫卡至今住过的最贵酒店——也不能带来多少宽慰。晚上他们去福萨蒂剧院看演出,但是他们选择的是三部民间喜剧,当地口语的喜剧效果他们根本就听不懂,所以节目演到一半时就跑了出来。原本他们希望,在经过了瑞士的那些规规矩矩的市民夜晚活动之后,能找一些性爱来调剂和放松自己,结果也不如意。他们去的那家妓院——"真正的伊甸园",虽然名声都传到了布拉格,但是设施却相当简陋,既没有音乐也没有舞蹈,连杯饮料都不提供,主厅里毫无装饰,其实就是一个展示空间,人们来来去去,更像个等待大厅。卡夫卡的笔记透露,他仔细观察了在场的众多妓女,没有一个能对他有哪怕是一点儿的吸引力。布罗德也是,尽管他喜欢搭讪,对情人的渴望也时常折磨他,但那天他完全没有和姑娘谈判的兴趣,"连一个能将就接受的都没有",于是,午夜之后,他们再次晃荡在依旧炎热而热闹的城市街道上。[19]

487   第二天一大早,布罗德故伎重演:说自己被蚊子叮了,很可能染上了霍乱,好像也有典型的腹痛症状,他要离开米兰,最好马上走。卡夫卡还是很耐心地帮布罗德涂抹凡士林油,防止继续被叮咬,还借给他消毒杀菌的奥多尔(Odol)牌药膏,最后劝说他,至少在城里待到下午再离开。因为卡夫卡主要一直想去参观壮观宏伟、精雕细刻的米兰大教堂,即使从远方看一眼大教堂,都让他感到很震撼,而且显然卡夫卡对大教堂事先也做了功课,可是这时布罗德又把注意力转到官僚体制给换汇制造的各种障碍上,最终,他很不情愿地被说动了,在三十五摄氏度的气温下,和卡夫卡爬到了大教堂顶端。他闷闷不乐地环顾四周,提醒卡夫卡说,至少可以不用再去斯福尔扎城堡了——那也是《贝德克尔旅游指南》推荐的名胜——因为从高处已经看到了。后来，两位朋友讨论在米兰不到二十四小时的时间里对什么印象最深时，布罗德刻薄地说，对他来说是一家玩具店橱窗里的带轨道的玩具火车模型，因为火车只沿着轨道绕圈儿，所以哪儿也去不了。[20]

和卡夫卡旅行不仅有趣，而且在见识上总能获得巨大的启发。卡夫卡总会看到不起眼的事物，常常能用意想不到的眼光去看待大家共同的观察和体验，或者说他总能即兴找到最难忘的图景，不需要再另外安排点睛之笔："在清晨最初的时光，把瑞士留给它自己。"这是他在火车上注目窗外时记下的，或者"人的两条腿在巴黎宽阔的街道上分开行走"。另外，卡夫卡完全没有社会和民族偏见——这在他的同时代人当中属于极少数——而且他还能够把观察者的主观性与他所观察到的东西放在一起思考。当然，他也有一些特点，需要别人忍耐，连布罗德也不是总有耐心忍受这些，所以他有时候会感觉卡夫卡搞坏了度假的气氛。比如在卡夫卡抱怨身体不适时，如果有人参与到他的话题中，一起谈论采取什么措施，那么很快就会发现自己陷入了一场关于医学基本原则的讨论，而解决眼前实际问题的事则被扔到了一边。很难理解的是，卡夫卡为什么不服用泻药来治自己的慢性便秘，而且还不断抱怨。他坚决否认这与他极度缺乏纤维的素食主义习惯有关。他订阅的那些自然疗法的小册子证实他说得对。所幸，这次旅行回去之后，他很快找到了另一个对便秘问题感兴趣的谈话伙伴，那就是插画师阿尔弗雷德·库宾。[21]

与这种在生活改革方面的固执形成奇特对比的，是卡夫卡面对**真正**危险时的无所谓。细菌带来的威胁对他来说似乎太抽象了，无法对他的生活造成真正的影响，所以他不仅努力劝说布罗德留在据说正流行霍乱的米兰，而且在布罗德眼前挑衅似地喝橙汁、冰冻果汁、吃苹果馅饼。其实卡夫卡对各种形式的肮脏都非常抗拒——所以他绝对不触碰没有清

488

洗过的水果,哪怕他再想吃——但是,那种只是被科学证实而在现实中却根本看不见的危险顶多刺激一下他的认知而已。卡夫卡需要的是习惯和熟悉的套路,他的反应都是不由自主,但不会像布罗德那样惊恐:这种对比,在六年后卡夫卡患上结核病之后,又有了一次冗长的表现。

其他的误会则是由卡夫卡出了名的不守时造成的,这在旅行中会尤其烦人。以卡夫卡对社交的热情,他这个毛病确实令人费解。让别人等待自己,他也很难为情,但是下次依然如此——倒不是出于缺乏时间观念或者纯粹的心不在焉,而是因为他没能力通过简化来加快日常行为,或者提前中断某个行为。哪怕早已有迹象显示他不能按时"完成",他也不可能放弃一些次要的事务或者主动延期;没有"办完"的事,他会继续做下去。这使得早年间出现过几次布罗德在数小时的等待后,怒不可遏、大声谴责卡夫卡的情况。这样的场景后来没有再发生,布罗德妥协了,但他也并不能完全掩饰自己的不快。

"动作快点儿,"卡夫卡一进酒店就说,"我们在巴黎只有五天,洗把脸就走吧。"布罗德赶紧进了自己房间,放下行李,做了最必要的事,几分钟后就回来了。但他的朋友却"把所有奢侈品都从箱子里拿出来,非要把所有东西都重新放置妥当才出发"。这有什么好指责的吗?卡夫卡问道;他觉得自己这次没有过错,作为法学专业人士的他,和同样是法学专业人士的布罗德进行了辩论:"因为我所说的简单洗洗,只是排除了洗全身而已,所以我只说了洗脸,而且我当时没有洗完,我不理解他的指责,继续洗脸,尽管已经没法像以前那样认真洗了。马克斯则穿着坐了一夜火车的脏衣服,坐在我的床上等我。"不过至少他没有当着布罗德的面,把**肯定**已弄脏了的床单拿到阳台上,朝着下面的行人抖落。这事可以等天黑了再办。[22]

事实上,可用的假日确实不多了,以至于卡夫卡已经无法指望这次来巴黎可以不像去年那样"游客式"地走马观花。这也要归咎于他们自己的随性，本来他们乘坐的辛普伦隧道快车能把他们直接带到远离瘟疫的法国，不必中途下车，但是当列车沿着马焦雷湖行驶了一小段，眼前清新的田园美景让刚刚在热烘烘的米兰经历了不愉快时光的他们无法抵挡：他们在斯特雷萨下车，找了家酒店，享受了两天在湖里游泳的时光，确实让他们回忆起了里瓦。他们玩得如此轻松惬意，居然站在水里拥抱在了一起——仅想象一下他俩的身高差，那样子看上去就很奇怪。

　　在斯特雷萨，他们终于又想起了一起写旅行日记这回事，从苏黎世开始，他们就没能像之前说好的那样认真记录，因为缺少一个目标、一个具体的共同的任务。这样如何——没有记载，是谁先想到了这个主意——把这些笔记转化为文学，就是说，对它们进行详细加工，精心编织在一起，作为一篇虚构旅行小说的素材，一部有双主角的篇幅不太长的长篇小说如何？卡夫卡的写作兴趣在此环境下又回来了。他同意这么办：从现在开始，他们要做详细的记录，回到布拉格以后定期见面，一起把整部作品写出来。当然，双作者是新的实验，因为这等于打破了文学创作中的私密空间，在那种"透视状态"中会创作出什么——反正不可能在固定时间招之即来——他无法想象。不过布罗德和费利克斯·韦尔奇合作得很好，布罗德对愉快合作的描述，可能对卡夫卡下决心尝试一下起了决定作用。不过，现在要紧的是，至少先把在米兰的重要观察补记下来，然后面对巴黎即将到来的各种冲击，不要丢掉头脑中的新想法。[23]

　　于是，他们的记录又开始详细起来，它证明了卡夫卡和布罗德一起在巴黎度过了最后几天的假期。在此期间，因为更加适应了彼此的好恶，所以妥协起来相对容易。因此，布罗德这次没有去大肆购物，在选择晚上的音乐会节目时，考虑到让不特别善于听觉享受的卡夫卡也能在视觉上有所收获，最终选择了在巴黎喜歌剧院上演的比才的歌剧《卡门》：

490

卡夫卡之前不知道这部作品,给他留下深刻印象的主要是女主角的姿态和舞蹈,而布罗德对这部作品从总谱到所有的细节都熟悉,故而他能够以专业音乐评论家的架势对演出品头论足。在计划其他的消遣和享受时,两位朋友显然是遵循着尽可能多样化的标准:他们去久负盛名的法兰西喜剧院,观看了拉辛的《费德尔》演出,他们对"大使"杂耍演出咖啡馆乏味的综艺节目很生气——幸亏买的是最便宜的座位,他们在一家写着花体字"百代电影"的小电影院里很开心,那里放映的电影中有一部关于偷窃《蒙娜丽莎》(法国称之为《乔康达夫人》〔*La Joconde*〕)的怪诞电影。可以说,电影公司几乎就是在实时反映最新的新闻事件,因为那幅著名的画作(已经很著名,但还没有被神化)刚刚在三周前不翼而飞,就在一天前,巴勃罗·毕加索作为嫌疑人,刚去警察局做了笔录。卡夫卡和布罗德这次在巴黎,有两个上午去卢浮宫参观,他们亲眼看到并确信,那面墙上确实**空**了一处,所有旅游者都目不转睛地盯着空白处看,胜过关注其他艺术品。

在这个令人眩目的大都市里,他们这次到访,已经比上次更了解情况了,而且他们也知道,如何更准确地去分辨作为生活舞台的城市和文学的城市。但是巴黎-神话仍然存在于他们心中,他们仍然需要不断思考:他们直接获得的印象,是否不可避免地被先前的阅读和期望所扭曲,变得不可信了,无论好的还是坏的。"大使"咖啡馆的演员,真的技艺平庸?还是说,他们失望,只是因为演出没有**特别**之处,没有超过布拉格那些娱乐节目的平均水平?他们对装饰风格统一的连锁简餐店的喜爱,在大城市居民的眼里,是否有些幼稚?这样的问题随时随地出现:在塞纳河的河滨浴场,在百货商店,在汉诺威大街上的一家妓院,在双层有轨电车上,甚至在电影院里,就像布罗德后来与巴黎拉开一定时空距离后,在一篇旅游随笔中写的那样:

　　一间黑暗的大厅很难与其他黑暗的大厅区分。但是我们始终坚信,在巴黎,不管什么地方,总有一些比其他地方更特别、更好的东西,我们很快发现了放映厅空间非常大——不,这还不算什么——之后,人们穿过一扇黑暗的门,消失在背景中,一股凉爽的气流看起来是在调整观众不停的进进出出——不,在我们布拉格也是这样的,不中断的放映,一个进口,一个出口——但是现在我们看得更清楚了:人们可以随便站在什么地方,只要那里有空,即使在两排座椅之间的走道上,即使在通往后台放映机的楼梯上,甚至站在放映机旁边,这种自由,绝对是共和风格,除了巴黎的警察,别的地方的警察绝对不会允许。同样属于共和风格的,当然还有大厅中为数众多的柱子,随意挡住观众的视线。[24]

492

　　应该说,这一段准确勾勒出了布罗德和卡夫卡对巴黎感知模式的特点,这一模式也体现在他们的笔记中:他们窥视着,几乎是全盘吸收着那些**不一样的**东西——包括日常生活中最庸俗的表达——他们感到自己不断受到诱惑,想去做出判断,到底是否比他们在布拉格日常熟悉的要**好**。他们思考过几次之后就发现,这种视角过于狭隘了。回到家几周后——显然是在和布罗德一起进行了总结性交谈之后——卡夫卡试图有所纠正:"人们把陌生的城市作为事实来接受,"他在日记中写道,"那里生活的居民没有侵入我们的生活方式,正如我们也没办法侵入他们的生活方式,比较是必然的,这个没法避免,但是必须清楚,这种比较,没有道德上的价值,甚至连心理学上的价值也没有……"[25]

　　当然,他们这次在巴黎也感受到了潜在的排斥,导致他们不能无忧无虑地四处游荡和纯粹地观看。夏天以来,法国和德意志帝国之间,由于相互殖民地界定导致的摩擦日益升温——此事后来被称作"第二次摩洛哥危机"——在此期间,紧张的争夺使战争风险一触即发(一家通讯社甚至因为疏忽而报道战争已开始）。所以，布罗德和卡夫卡在巴黎总能看到富有战争气息的报纸标题扑面而来，尽管他们感觉巴黎报纸的读者并没有相应的战争情绪——最多是对所有与德国有关的事物抱有一定的鄙视——但是最好不要被当作德意志帝国的人。谁能向一个愤怒的法国爱国者解释清楚，讲德语的波希米亚人绝对不是德国人？所以他们决定，在公共场合尽量说捷克语。但事实证明，他们在这种语言的伪装下，反而更容易引起别人注意，差不多是他们在布洛涅森林内湖乘坐环湖游船时，布罗德记录道："我们说的捷克语，其他人都听不懂。"他的朋友补充的更夸张一点："听到我们说捷克语时，其他乘客被惊呆了，居然和这样的异族同乘一条船。"[26]

493

作为小心谨慎、非常了解法德之间民族冲突进展的旅游者，布罗德和卡夫卡还是继续保留着这些掩护措施，这是不言而喻的——特别是他们在巴黎最后一次出行时，乘坐蒸汽有轨电车去凡尔赛宫。即便没有导游解释，他们肯定也清楚，对于法国人来说，那是一个前所未有的历史性屈辱之地，因为在 1870 / 1871 年的战争中，敌方在获胜后，就是在这里——而不是在他们自己的领土上——实现了德意志**帝国**的统一，并由此成为一个能与法国竞争的欧洲强国。普鲁士的威廉一世加冕成为德国皇帝，等于是在"西方文明的心脏"上打下了一个烙印，这伤口在四十年后仍然疼痛。从那之后，全欧洲再也没有哪间大厅像凡尔赛宫的镜厅那样，意味深长而且时常出现在学生课本里，所以 1911 年 9 月，处于新的战争阴影下，在凡尔赛镜厅自称是德意志人，那可需要强大的神经和相当强烈的民族自豪感。这两样恰恰都是卡夫卡和布罗德缺乏的。他们当时经历了什么，我们不得而知。但是之后，卡夫卡马上去买了一本亲历者讲述这段历史的书，是从**法国**人的角度记录巴黎被包围时的经历。关于此书，卡夫卡在之后的几天里做了详细笔记，至少到那时，他终于完全明白，他去的那个地方，有一笔集体旧账还没结算，那是一笔包罗万象而且永不过期的账。后来发生的事情，一定给了他足够的理由，让他又想起这笔旧账。因为，由此而产生的政治和军事灾难，对他的生活产生了深度破坏，超出了他和其他任何一个人的想象。这些灾难导致他再也没来过巴黎。[27]

　　巴黎的哪些印象最刺激也最深刻？是地铁里永远不能习惯的轰鸣声？是载歌载舞的卡门？还是卢浮宫里似乎无边无际的大画廊？或者是经常在城市上空升起的飞机和热气球？以及夜晚在大街上令人惊异的众多孩子？还有妓院里那二十个向他们摆出挑衅姿势的裸体女人？

494

　　如果以详细程度和艺术加工为标准来看，那么，发生在德克斯-埃库斯广场和卢浮宫大街交叉路口的一次极其无聊的事故，倒是卡夫卡旅行日记里写得最投入的片段。一辆汽车和一辆面包房的三轮送货车相撞，三轮车的前轮被撞弯，无法继续行驶。在警察被叫来之前——警察难以理解地姗姗来迟——路边上演了一场多层面的社会舞台剧，包括两个主角和众多合唱。司机和面包房伙计最初为了是谁的责任争论不休，后来逐渐平静下来，最后拍着肩膀相互谅解，在这个过程中，旁边看热闹的路人们已经分成了不同的派别，在两辆车旁边不停地给别人详细演示事情经过，特别是向那些来晚了的看热闹的人。本来毫无意义的一件小事，却上演了如此复杂的大戏，两者之间的差距令卡夫卡和布罗德备感惊奇，以至于他们居然也站在那里看了半个小时，甚至还看到了警察非常烦琐地完成了处理记录。之后人们终于散去了。如果谁还有闲心和时间，几步之外已经又有可讨论的事件了：一辆大公共汽车在广场中间已经停了几分钟，车身有些倾斜，明显是车轮坏了。乘客们都下了车，聚在坏车的周围，"真的让人感觉他们之间关系非常亲近"。不过卡夫卡和布罗德已经看够了，他们还要赶着去理发店和旅行社。[28]

1911 年 9 月中旬，卡夫卡独自一人坐在苏黎世湖畔艾尔伦巴赫疗养院的阅览室里。在三周丰富多彩的假期之后，他和朋友马克斯·布罗德在巴黎东站站台上告别。布罗德别无选择，只能返回布拉格，因为他的公务员休假时间已经用完。而卡夫卡则及时搞了一个证明，证明他的健康受到职业生涯的严重损耗，因此得以追加一周假期。早在数月前，他就通过一份带图片的宣传册研究过这家疗养院，并且认定该院能够严格贯彻自然疗法原则。他认为，自然疗法是唯一能帮助他解决紧张和慢性便秘的有效方法。这家疗养院按照来自德累斯顿的拉曼博士的著名配方提供素食，治疗手段包括日光浴、空气浴、水疗、按摩、体操和静养，每天从早晨七点开始，排满日程。[29]

卡夫卡对这些都很熟悉，因为他已经对这类疗养院有经验了。所以他对这里独特的团队气氛也不感到惊奇，不仅患者之间，就连医生对待他们也像对待知己一样。在这种庇护所里，当然也有很多古怪的人，包括疗养院的员工。但是只顾专注于自我的人则是违背生活改革原则的。在这个时节到艾尔伦巴赫的病友数量不多，卡夫卡并不排斥跟他们一起共度几个小时的晚间时光。有个来自柏林的年轻音乐教师带着他的小号，会吹奏一会儿；另一个是业余作家，会念一段他自己写的幽默小说；然后大家聚到疗养院的留声机周围。用餐当然也是集体进行，届时大家会聊起成千上万的话题，都与身体疾病和治疗相关，完全不会出现社交尴尬。虽然听瑞士德语有些吃力，但卡夫卡通常还是参加关于营养科学的专业座谈，并记下那些素食菜谱书籍的名字。只是他不参加集体游戏，所以稍微有些歉疚。

他知道，马克斯·布罗德看待这些事情态度是不理解加嘲讽。不过他们一起撰写旅行小说的约定还有效，而且他们一致认为，描述一场小型汽车交通事故的所有可笑细节可以扩展成一个非常好的小说，拿到《布拉格日报》或者《波希米亚》上去发表。布罗德当然期望卡夫卡能利用这一个星期在这些事上有所进展。不过,作家的创作意味着与社交的隔离,因此在艾尔伦巴赫并不提倡。在卡夫卡房间的天花板上,悬挂着一盏很暗的灯泡,如果想要更多的光线,则需要再另付费用。而疗养院的阅览室有很好的灯光,卡夫卡就在这里,打算把关于巴黎的一些回忆和印象写下来,也许对以后的文学写作有用。尽管外面下雨且天气闷热,但阅览室内的人仍然不多,有一次卡夫卡看见了一个男人在读报纸的背影,还有几次在这里看见一个老太太,手里拿着很厚的笔记本和一大摞单人纸牌,能在这里消磨好几个小时。他观察过这位老太太,某个时候还把自己的名字告诉过她,聊过几句天气,不过老太太耳背,所以谈话很难持续。然后阅览室又安静下来,只有他和那个埋头玩纸牌的老太太,以及滴答作响的挂钟。他想起了巴黎,想起了他从巴黎到苏黎世的夜间火车,那趟行程令人难忘,因为他在车上不得不为两个女人劝架,还遇到了一个从美国回来的犹太淘金者,给卡夫卡讲了自己的生活。"重要的是,"那个年轻人说,"一起床就要走进流动的水里。"卡夫卡喜欢这句话。

那个耳背的老太太放下她的纸牌,慢慢走出去,回来的时候拿着一个装满牛奶的锡杯。她坐下后,突然问卡夫卡:"您到底在写什么?"

注释

[1] 卡夫卡日记,1910 年 11 月 27 日。(《卡夫卡日记》,第 127 页)伯恩哈德·凯勒曼(1879-1951)的朗读会于当天下午五点在德意志俱乐部镜厅举办,卡夫卡很可能单独前往参加。朗读的"散文作品"是 1911 年 6 月发表于《新评论》杂志上的短篇小说《圣人们》(Die Heiligen)。凯勒曼增加朗诵的童话《公主丢失的眼睫毛》(Die Geschichte von der verlorenen Wimper der Prinzessin)直到 1979 年才作为他的遗作发表。第二天发表在《布拉格日报》上的路德维希·施泰纳评论,很大程度上证实了卡夫卡的描述,"遗憾的是,作家雄心勃勃,用一种

496

相当严酷的方式考验他们［听众］的耐心"。至于卡夫卡在此之后是否,以及如何了解凯勒曼很成功的科幻小说《隧道》(1913),并没有记载。

[2] 卡夫卡日记,1910 年 12 月 16 日。(《卡夫卡日记》,第 131 页)

[3] 卡夫卡日记,1910 年 12 月 20 日。(同上,第 135 页)这个片断《城市世界》没有标明日期,大概写作于 1911 年 2 月或者 3 月,而且很不寻常地写了题目。(同上,第 151-158 页)一个明显的叙述技巧上的失误在于,父亲的"爆发"不像《判决》中那样,是故事中令人震惊的转折点,而是在开始几句之后就出现了,那个时候,读者对人物连大致的了解都没有。

[4] 卡夫卡日记,1911 年 8 月 15 日。(同上,第 37 页)卡夫卡后来在旅行日记中,记录了一份有些神秘的、在路上不断改动的旅行计划。(同上,第 967 页)从中可以看出,意大利的"最东边",也就是奥地利的的里雅斯特附近的海岸,另外里米尼和热那亚也是最初设想的具体目的地。

[5] 卡夫卡日记,1911 年 8 月 20 日。(同上,第 37 页)卡夫卡旅行日记,1912 年 9 月 5 日。(同上,第 970 页)

[6] 参见布罗德的相关日记:布罗德／卡夫卡:《一段友谊:旅行日记》,第 87 页;马克斯·布罗德:《外国》(Ausland),载于《布拉格日报》,1929 年 8 月 18 日,第 3 页。

[7] 参见布罗德和卡夫卡的旅行日记,载于布罗德／卡夫卡:《一段友谊:旅行日记》,第 73-74 页,第 143-144 页(即《卡夫卡日记》,第 943-944 页),以及卡夫卡日记,1911 年 10 月 12 / 13 日(同上,第 74-76 页)。哈尔穆特·宾德对安吉拉·蕾贝格生活情况的调查,参见《与卡夫卡去南方》,第 119-120 页。人名和地名改动后,这一插曲被详细描述在他们共同的旅游小说的第一章,也是唯一一章中,参见《第一次长途火车旅行(布拉格—苏黎世)》(Die erste lange Eisenbahnfahrt〔Prag-Zürich〕,见《卡夫卡生前问世之作》,第 422-431 页),其中很多细节已经超出了旅行记录,可能有虚构成分。卡夫卡在 1915 年 5 月 5 日的记录表明,他在布拉格还见到过蕾贝格一次。(《卡夫卡日记》,第 744 页)

[8] 布罗德／卡夫卡:《一段友谊:旅行日记》,第 79、147 页。(即《卡夫卡

日记》，第 950 页）

[9] 引语和叙述参见布罗德／卡夫卡：《一段友谊：旅行日记》，第 81-82 页，第 149 页。（即《卡夫卡日记》，第 952-953 页）关于球戏（区别于同名的地滚球游戏）的描述，参见宾德：《与卡夫卡去南方》，第 202 页。一年半之后，布罗德携妻子去了蒙特卡罗赌场，在一篇随笔中又提到了赌博的单调，甚至让他想起了工厂里的工作；参见《蒙特卡罗的道德》（Die Moral von Monte Carlo），载于《柏林日报》，1913 年 3 月 13 日第 2 页。

[10] 布罗德／卡夫卡：《一段友谊：旅行日记》，第 76、145 页。（即《卡夫卡日记》，第 947 页）

[11] 卡夫卡给奥特拉·卡夫卡的明信片，1911 年 8 月 29 日。（《1900-1912 年书信集》，第 139 页）

[12] 布罗德，《关于卡夫卡》，第 90 页。

[13] 这个方案以"百万元计划'便宜'"为题，收录在布罗德／卡夫卡：《一段友谊：旅行日记》，第 189-191 页；语言导游参见同上，第 191-192 页。参见布罗德：《关于卡夫卡》，第 107 页。布罗德向恩斯特·罗沃尔特介绍了这个想法，这件事能从卡夫卡 1912 年 7 月 10 日写给布罗德的一封信中看出来，卡夫卡在信中打听他们共同设想的命运如何。

[14] 布罗德写给奥托·布罗德的明信片，1911 年 8 月 30 日。（《1900-1912 年书信集》，第 140 页）

[15] 布罗德：《卢加诺湖》（Lugano-See），载于布罗德／卡夫卡：《一段友谊：旅行日记》，第 219 页。卡夫卡致马克斯·布罗德的信，1923 年 11 月 2 日，收录于布罗德／卡夫卡：《一段友谊：通信》，第 442 页。两人关于科莫湖一日游的记录未加整理，目的和兴趣都不明确。布罗德和卡夫卡都罗列了他们在夏洛特别墅花园看到的亚热带植物，但只是顺带提及了当天参观的雕塑展，其中有安托尼奥·卡诺瓦（Antonio Canova）的《爱神与普绪克》。对这一天的情景再现，参见宾德：《与卡夫卡去南方》，第 283-285 页。

[16] 托马斯·曼和夫人卡蒂娅从 1911 年 5 月 26 日到 6 月 2 日，下榻丽都

岛的贝恩斯(Bains)饭店,在此期间,他只是从德语报刊上看到,一名来自奥地利格拉茨的游客被传染。这个消息,卡夫卡和布罗德通过布拉格的报纸应该也能看到。为了给小说《死于威尼斯》做准备,托马斯·曼收集了很多关于**亚洲霍乱**的信息(这些工作笔记都刊载于《托马斯·曼早期小说,1893-1912》〔*Frühe Erzählungen. 1893-1912*〕,特伦斯·J. 里德〔Terence J. Reed〕编,评注卷,法兰克福,2004年,第486-488页)德国和奥地利的日报当时保持沉默,所以德奥两国对于意大利的灾难发展也不是完全没有责任。因为这两个国家虽然签署了1903的巴黎卫生公约,但是他们拒绝参与在巴黎决定建立的国际卫生机构的工作,这个组织在搜集和评估流行病数据方面是非常必要的。1911年的霍乱导致威尼托地区一百三十六人死亡,伦巴第二十二人死亡,那不勒斯及周边以及西西里岛超过四千人死亡(根据意大利农业、工业和商业部统计总局:《1908-1911死亡统计数据》〔*Statistica delle cause di morte. Anni 1908-1911*〕,罗马),但是其中只有经过细菌化验确认的死亡数据。关于威尼斯霍乱和政府的卫生措施与宣传政策,参见托马斯·吕藤(Thomas Rütten):《托马斯·曼小说〈死于威尼斯〉中的霍乱》(Cholera in Thomas Mann's *Death in Venice*),载于《盖斯纳——瑞士医学与科学历史杂志》(*Gesnerus. Swiss Journal of the History of Medicine and Sciences*),66 / 2(2009),第256-287页。

[17] 布罗德／卡夫卡:《一段友谊:旅行日记》,第93页,参见第156页(即《卡夫卡日记》,第963页)。至于"仓促决定某事"是否是卡夫卡的原话,存疑。

[18] 布罗德／卡夫卡:《一段友谊:旅行日记》,第97页,157-158页。马克斯·布罗德:《患病的意大利》(Das kranke Italien),载于《马格德堡报》(*Magdeburgische Zeitung*),1911年10月7日,第9页。布罗德:《关于弗朗茨·卡夫卡》,第111页。在米兰的不同体会,很清楚地表现在布罗德日后构思自传体旅行小说时的注解当中,只不过情绪曲线是完全颠倒的:"两个朋友应该在旅行中发生激烈争吵,他们的对立应该突出,只有在蒸锅一样炎热的米兰遇到霍乱时,他们的友谊之光才再度闪耀。"(同上)

[19] 参见布罗德／卡夫卡:《一段友谊:旅行日记》,第94-96页,第160

页。(即《卡夫卡日记》,第968-969页)

[20] 布罗德／卡夫卡:《一段友谊:旅行日记》,同上,第100页,第161页。(即《卡夫卡日记》,第970-971页)卡夫卡里携带了奥多尔药膏,布罗德则没有。参见第130页。

[21] 布罗德／卡夫卡:《一段友谊:旅行日记》,第144、162页(即《卡夫卡日记》,第945、972页)。卡夫卡日记,1911年9月26日。(《卡夫卡日记》,第40页)参见布罗德:《关于弗朗茨·卡夫卡》,第108页。

[22] 布罗德／卡夫卡:《一段友谊:旅行日记》,第107、173页。(即《卡夫卡日记》,第991页)参见布罗德:《好斗的一生》,第185页。

[23] 在斯特雷萨约定的长篇小说计划《理查德和萨穆埃尔》,后来只写了一章(《卡夫卡生前问世之作》,第419-440页),参见施塔赫:《卡夫卡传:关键岁月》,第74页。

[24] 布罗德:《巴黎的电影放映》(Kinematograph in Paris),载于布罗德／卡夫卡:《一段友谊:旅行日记》,第204-214页,此处第209-210页。

[25] 卡夫卡日记,1911年11月18日。(《卡夫卡日记》,第253页)

[26] 布罗德／卡夫卡:《一段友谊:旅行日记》,第135、184页。(即《卡夫卡日记》,第1011页)参见第119页:"对德国人的仇恨与蔑视。我们作为捷克人或波兰人去旅行。"参见布罗德的副刊随笔《战争气氛中的巴黎》(Das kriegerische Paris),在此文中他对当时的情况做了讽刺性的轻描淡写。(同上,第215-217页)

[27] 卡夫卡和布罗德于1911年9月12日参观了凡尔赛宫。在同一天,法国政府答应了德国人提出的要求,将法属赤道非洲的部分地区作为德国不干涉摩洛哥的"补偿"转让给德国。第二天,卡夫卡在一家旧书店购买了弗兰西斯科·萨尔西(Francisque Sarcey)的《围攻巴黎:印象与纪念》(*Le Siège de Paris. Impressions et Souvenirs*,1871年);他的摘录见日记第986-988页。根据日记记载,卡夫卡在回到家之后的两周还在读这本书。(1911年10月2日,《卡夫卡日记》,第51-52页)一战结束后,1919年6月28日,德国政府代表不得不同样在

凡尔赛宫镜厅签署了《凡尔赛和约》。德国政府直到最后一刻,都在尝试逃避这样的复仇。

[28] 关于巴黎的交通事故,布罗德的记录和卡夫卡的富于叙述性的片段,参见布罗德／卡夫卡:《一段友谊:旅行日记》,第 136-137 页,第 185 页起若干页(即《卡夫卡日记》,第 1012 页起若干页),此处引文在第 187 页(即《卡夫卡日记》,第 1015 页)。后来卡夫卡对这段文字非常不满意,所以他不愿意在奥斯卡·鲍姆那里朗读这段,布罗德替他念了。参见日记中的自我批评,1911 年 11 月 5 日。(《卡夫卡日记》,第 226-227 页)

[29] 关于弗里德里希·费伦伯格(1867-1952)所管理的艾尔伦巴赫疗养院的其他细节,参见宾德:《卡夫卡的世界》,第 242-246 页。费伦伯格此前曾经在德累斯顿拉曼博士手下工作过。他曾发表过很多关于生活改革的文章,并曾经担任"苏黎世素食协会"主席。以下参见卡夫卡在艾尔伦巴赫的笔记(《卡夫卡日记》,第 978-985 页),以及 1911 年 9 月 17 日在艾尔伦巴赫写给布罗德的信(《1900-1912 年书信集》,第 142 页起若干页),以及《卡夫卡日记》附录卷第 60-61 页。

致　谢

乌尔苏拉·科勒(Ursula Köhler)一直陪伴着这个三卷本卡夫卡传
记项目,从初稿到完结。在将近二十年的时间里,从每卷的构思到文本
的事实核对及语言检查,她不仅是可靠的编辑,也是我耐心宽容、善解人
意、不可缺少的交谈伙伴。我衷心感谢她,并把这最后一卷①献给她。

感谢约亨·科勒(Jochen Köhler)多年来忠实检查我作品的行文。
他的细致缜密和无数提示建议,不仅使文本有了极大的改善,而且让我
有安全感,明显减轻了我的压力。

我要感谢哈尔穆特·宾德、尼尔斯·伯克霍夫、克拉斯·道布勒斯
基(Klas Daublebsky)、阿图尔·费舍尔(Arthur Fischer)、雪丽·弗里施
(Shelley Frisch)、乌尔丽克·格雷布(Ulrike Greb)、迪特·豪克(Dieter
Hauck)、汉斯-格尔德·科赫、莱奥·A.伦辛(Leo A. Lensing)、施台凡·
利特(Stefan Litt)、西格利特·吕弗勒(Sigrid Löffler)、马雷克·内库拉、
伊塔·谢德勒茨基(Itta Shedletzky)和罗兰特·坦普林,感谢他们与我交

---

① 按原书写作及出版顺序,《早年》是最后一卷。

谈,给我专业的建议和帮助。

卡夫卡传记中这最后一卷,再次获得了 S. 费舍尔基金会的资助,另外,汉堡科学和文化促进基金会也给予了资助。我还要特别感谢扬·菲利普·雷姆茨玛(Jan Philipp Reemtsma),在关键时期,他不墨守成规,给了我及时的帮助。

参考文献

A. 关于卡夫卡

Alt, Peter-André: *Franz Kafka. Der ewige Sohn.* München 2005.

Alt, Peter-André: *Kafka und der Film. Über kinematographisches Erzählen.* München 2009.

Anderson, Mark M.: *Kafka's Clothes. Ornament and Aestheticism in the Habsburg Fin de Siècle.* Oxford 1992.

Baioni, Giuliano: *Kafka. Literatur und Judentum.* Stuttgart / Weimar 1994.

Bašik, František X.: › Als Lehrjunge in der Galanteriewarenhandlung Hermann Kafka‹, in: Franz Kafka, *Brief an den Vater.* Hrsg. von Hans-Gerd Koch. Berlin 2004. S. 69-130.

Bergman [!], Hugo: › Erinnerungen an Franz Kafka‹. In: *Universitas* 21 (1972), S. 739-750.

Bernheimer, Charles: Psychopoetik. Flaubert und Kafkas *Hochzeitsvorbereitungen auf dem Lande*, in: Gerhard Kurz (Hrsg.): *Der junge Kafka.* Frankfurt am Main 1984. S. 154-183.

Binder, Hartmut: › Die Entdeckung Frankreichs. Zur Vorgeschichte von Kafkas und Brods Paris-Reisen‹, in: *Euphorion* 95 (2001), S. 441-482.

Binder, Hartmut: › Franz Kafka und die Wochenschrift » Selbstwehr «‹, in: *Deutsche Vierteljahrsschrift für Literaturwissenschaft und Geistesgeschichte* 41

(1967), S. 283-304.

Binder, Hartmut: › Frauen in Kafkas Lebenskreis‹ , 2. Teil, in: *Sudetenland* 40 (1998), H. 1, S. 14-58.

Binder, Hartmut: *Kafka. Der Schaffensprozeß.* Frankfurt am Main 1983.

Binder, Hartmut (Hrsg.): *Kafka-Handbuch.* Bd. 1: *Der Mensch und seine Zeit.* Bd. 2: *Das Werk und seine Wirkung.* Stuttgart 1979.

Binder, Hartmut: *Kafka-Kommentar zu sämtlichen Erzählungen.* München 1975.

Binder, Hartmut: *Kafka in Paris.* München 1999.

Binder, Hartmut: › Kafka und seine Schwester Ottla‹ , in: *Jahrbuch der deutschen Schillergesellschaft* 12 (1968), S. 403-456.

Binder, Hartmut: *Kafkas » Verwandlung «. Entstehung, Deutung, Wirkung.* Frankfurt am Main 2004.

Binder, Hartmut: *Kafkas Welt. Eine Lebenschronik in Bildern.* Reinbek 2008.

Binder, Hartmut: *Kafkas Wien. Porträt einer schwierigen Beziehung.* Furth im Wald 2013.

Binder, Hartmut: › Kindheit in Prag. Kafkas Volksschuljahre‹ , in: *Humanismen som salt & styrka. Bilder & betraktelser, tillägnade Harry Järv* (= Acta Bibliothecae Regiae Stockholmiensis, Bd. 45). Stockholm 1987. S. 63-115.

Binder, Hartmut: *Mit Kafka in den Süden. Eine historische Bilderreise in die Schweiz und zu den oberitalienischen Seen.* Prag 2007.

Binder, Hartmut: › Der Prager Fanta-Kreis. Kafkas Interesse an Rudolf Steiner‹ , in: *Sudetenland* 38 (1996), S. 106-140.

Binder, Hartmut: › Rudolf Steiners Prager Vortragsreise im Jahr1911. Berichtigungen und Ergänzungen zu der Kritischen Ausgabe der Tagebücher Kafkas‹ , in: *editio. Internationales Jahrbuch für Editionswissenschaft* 9 (1995), S. 214-233.

Binder, Hartmut: › » Nachdem der Handschlag auf deutsche Gesinnung geleistet worden ... « Kafka in der » Lese- und Redehalle «‹ , in: *Else-Lasker-Schüler-Jahrbuch zur Klassischen Moderne*, 2 (2003), S. 160-207.

Binder, Hartmut: *Wo Kafka und seine Freunde zu Gast waren. Prager Kaffeehäuser und Vergnügungsstätten in historischen Bilddokumenten.* Furth im Wald 2000.

Binder, Hartmut: *Gestern Abend im Café. Kafkas versunkene Welt der Prager Kaffeehäuser und Nachtlokale*, Prag 2021. .

Binder, Hartmut: › Wollweberei oder Baumwollweberei. Neues vom Büroalltag des

Versicherungsangestellten Franz Kafka ‹ , in: *Sudetenland* 39 (1997) , H. 2 , S. 106-160.

Böschenstein, Bernhard: › Nah und fern zugleich: Franz Kafkas »Betrachtung« und Robert Walsers Berliner Skizzen‹ , in: Gerhard Kurz (Hrsg.) , *Der junge Kafka*. Frankfurt am Main 1984. S. 200-212.

Bokhove, Niels / van Dorst, Marijke (Hrsg.): › *Einmal ein grosser Zeichner*‹. *Franz Kafka als bildender Künstler*. Prag 2006.

Born, Jürgen (Hrsg.): *Franz Kafka. Kritik und Rezeption zu seinen Lebzeiten 1912-1924*. Frankfurt am Main 1979.

Born, Jürgen (Hrsg.): *Franz Kafka. Kritik und Rezeption 1924-1938*. Frankfurt am Main 1983.

Born, Jürgen: *Kafkas Bibliothek. Ein beschreibendes Verzeichnis*. Frankfurt am Main 1990.

Bridgewater, Patrick: *Kafka and Nietzsche*, Bonn 1974.

Brod, Max: *Über Franz Kafka*. Frankfurt am Main 1974. Darin: *Franz Kafka. Eine Biographie / Franz Kafkas Glauben und Lehre / Verzweiflung und Erlösung im Werk Franz Kafkas*.
Max Brod. Franz Kafka. Eine Freundschaft. Hrsg. von Malcolm Pasley. Bd. I: *Reiseaufzeichnungen*. Bd. II: *Briefwechsel*. Frankfurt am Main 1987 , 1989.

Čermák, Josef: *Franz Kafka-Výmysly a mystifikace*. Prag 2005.

Čermák, Josef: › Pobyt Franze Kafky v Plané nad Lužnicí (Léto1922) ‹ , in: *světová literatura* 34 (1989) , H. 1 , S. 219-237.

Caputo-Mayr, Maria Luise / Herz, Julius Michael (Hrsg.): *Franz Kafka: Internationale Bibliographie der Primär- und Sekundärliteratur. Eine Einführung*. 2 Bde. 2. , erweiterte und überarbeitete Aufl. München 2000.

Demetz, Peter: *Die Flugschau von Brescia. Kafka, D'Annunzio und die Männer, die vom Himmel fielen*. Wien 2002.

Demetz, Peter: › Diese Frauen wollen tiefer umarmt sein. Franz Kafkas und Max Brods »Reiseaufzeichnungen«‹ , in: *Frankfurter Allgemeine Zeitung*, 25. Juni 1988.

Dietz, Ludwig: *Franz Kafka. Die Veröffentlichungen zu seinen Lebzeiten (1908-1924). Eine textkritische und kommentierte Bibliographie*. Heidelberg 1982.

Engel, Manfred / Auerochs, Bernd (Hrsg.): *Kafka-Handbuch. Leben-Werk-Wirkung*. Stuttgart 2010.

Friedländer, Saul: *Franz Kafka*. München 2012.

Gelber, Mark H. (Hrsg.): *Kafka, Zionism, and Beyond*. Tübingen 2004.

Hardt, Ludwig: › Verkümmerndes und erwachendes Judentum. Zu Max Brods Kafka-Biographie‹, in: *Jüdische Rundschau*, 4. März 1938, S. 5.

Heidsieck, Arnold: *The Intellectual Contexts of Kafka's Fiction: Philosophy, Law, Religion*. Columbia, SC (Camden House) 1994.

Heintel, Brigitte / Heintel, Helmut: › Franz Kafka: 1901 allein auf Norderney und Helgoland? ‹, in: *Freibeuter* 17, Berlin 1983, S. 20-25.

Holzkamp, Hans: › Brod und Kafka in Paris ‹, in: Gerhard R. Kaiser / Erika Tunner (Hrsg.): *Paris? Paris! Bilder der französischen Metropole*. Heidelberg 2002. S. 171-197.

Jagow, Bettina von / Jahraus, Oliver (Hrsg.): *Kafka-Handbuch. Leben-Werk-Wirkung*. Göttingen 2008.

Janouch, Gustav: *Franz Kafka und seine Welt*. Wien 1965.

Janouch, Gustav: *Gespräche mit Kafka. Aufzeichnungen und Erinnerungen*. Erweiterte Neuausgabe. Frankfurt am Main 1968.

Franz Kafka. Eine Chronik. Zusammengestellt von Roger Hermes, Waltraud John, Hans-Gerd Koch und Anita Widera. Berlin 1999.

Kafka, Franz: *Amtliche Schriften*. Hrsg. von Klaus Hermsdorf. Berlin 1984. [Zur Kritischen Ausgabe der *Amtlichen Schriften* siehe Verzeichnis der Siglen.]

Kafka, Franz: *Beschreibung eines Kampfes. Novellen, Skizzen, Aphorismen aus dem Nachlaß*. Prag 1936.

Kafka, Franz: *Beschreibung eines Kampfes. Die zwei Fassungen. Parallelausgabe nach den Handschriften*. Hrsg. und mit einem Nachwort ver-sehen von Max Brod, Textedition von Ludwig Dietz. Frankfurt am Main 1969.

Kafka, Franz: *Beschreibung eines Kampfes. Gegen zwölf Uhr* [...]. Hrsg. von Roland Reuß in Zusammenarbeit mit Peter Staengle und Joachim Unseld. Frankfurt am Main 1999.

Kafka, Franz: *Brief an den Vater. Mit einem unbekannten Bericht über Kafkas Vater als Lehrherr und anderen Materialien*. Hrsg. von Hans-Gerd Koch. Berlin 2004.

Kafka, Franz: *Briefe 1902-1924*. Frankfurt am Main 1958.

Kafka, Franz: *Briefe an die Eltern aus den Jahren 1922-1924*. Hrsg. von Josef Čermak und Martin Svatoš. Frankfurt am Main 1990.

Kafka, Franz: *Briefe an Felice und andere Korrespondenz aus der Verlobungszeit.* Hrsg. von Erich Heller und Jürgen Born. Frankfurt am Main 1967.

Kafka, Franz: *Briefe an Ottla und die Familie.* Hrsg. von Hartmut Binder und Klaus Wagenbach. Frankfurt am Main 1974.

Kafka, Franz: *Träume.* »*Ringkämpfe jede Nacht*«. Hrsg. von Gaspare Giudice und Michael Müller. Frankfurt am Main 1993.

Kilcher, Andreas B.: › Geisterschrift. Kafkas Spiritismus‹, in: Caspar Battegay u. a. (Hrsg.): *Schrift und Zeit in Franz Kafkas Oktavheften,* Göttingen 2010. S. 223-244.

Kisch, Guido: › Kafka-Forschung auf Irrwegen‹, in: *Zeitschrift für Religions-und Geistesgeschichte* 23 (1971), S. 339-350.

Krolop, Kurt: › Zu den Erinnerungen Anna Lichtensterns an Franz Kafka‹, in: *Acta Universitatis Carolinae-Philologica. Germanistica Pragensia,* V (1968), S. 21-60.

Koch, Hans-Gerd (Hrsg.): »*Als Kafka mir entgegenkam . . .* « *Erinnerungen an Franz Kafka.* Erweiterte Neuausgabe. Berlin 2005.

Koch, Hans-Gerd: › Kafkas Max und Brods Franz: Vexierbild einer Freundschaft‹, in: Bodo Plachta (Hrsg.): *Literarische Zusammenarbeit.* Tübingen 2001. S. 245-256.

Koch, Hans-Gerd / Wagenbach, Klaus (Hrsg.): *Kafkas Fabriken.* Marbach am Neckar 2002.

Kurz, Gerhard: › Schnörkel und Schleier und Warzen. Die Briefe Kafkas an Oskar Pollak und seine literarischen Anfänge‹, in: ders. (Hrsg.): *Der junge Kafka.* Frankfurt am Main 1984. S. 68-101.

Leavitt, June O.: *The Mystical Life of Franz Kafka. Theosophy, Cabala, and the Modern Spiritual Revival.* New York 2012.

Mitscherlich-Nielsen, Margarete: › Psychoanalytische Bemerkungen zu Franz Kafka‹, in: *Psyche* 31 (1977), H. 1., S. 60-83.

Murray, Nicholas: *Kafka.* London 2004.

Neesen, Peter: *Vom Louvrezirkel zum Prozess. Franz Kafka und die Psychologie Franz Brentanos.* Göppingen 1972.

Nekula, Marek: *Franz Kafkas Sprachen.* Tübingen 2003.

Northey, Anthony: › Franz Kafkas Selbstmörder‹, in: *Sudetenland* 49 (2007),

H. 3 , S. 267-294.

Northey, Anthony: ›Die Kafkas: Juden? Christen? Tschechen? Deutsche? ‹, in: Kurt Krolop / Hans Dieter Zimmermann (Hrsg.): *Kafka und Prag*. Colloquium im Goethe-Institut Prag, 24. -27. November 1992. Berlin / New York 1994. S. 11-32.

Northey, Anthony: *Kafkas Mischpoche*. Berlin 1988.

Pawel, Ernst: *Das Leben Franz Kafkas. Eine Biographie*. Reinbek 1990.

Rodlauer, Hannelore: › Die Paralleltagebücher Kafka-Brod und das Modell Flaubert ‹, in: *Arcadia. Zeitschrift für allgemeine und vergleichende Literaturwissenschaft* 20 (1985), S. 47-60.

Robert, Marthe: *Einsam wie Franz Kafka*. Frankfurt am Main 1985.

Ries, Wiebrecht: *Nietzsche / Kafka. Zur ästhetischen Wahrnehmung der Moderne*. München 2007.

Rost, Nico: › Persoonlijke ontmoetingen met Franz Kafka en mijn Tsjechische vrienden‹, in: *De Vlaamse Gids* 48 (1964), Feb. , S. 75-97.

Schillemeit, Jost: › Kafkas *Beschreibung eines Kampfes*. Ein Beitrag zum Textverständnis und zur Geschichte von Kafkas Schreiben ‹, in: Gerhard Kurz (Hrsg.): *Der junge Kafka*. Frankfurt am Main 1984. S. 102-132.

Siebenschein, Hugo u. a.: *Franz Kafka a Praha. Vzpomínky / Úvahy / Dokumenty*. Prag 1947.

Stach, Reiner: *Kafka. Die Jahre der Entscheidungen*. Frankfurt am Main 2002.

Stach, Reiner: *Kafka. Die Jahre der Erkenntnis*. Frankfurt am Main 2008.

Stach, Reiner: *Kafkas erotischer Mythos. Eine ästhetische Konstruktion des Weiblichen*. Frankfurt am Main 1987.

Stoelzl, Christoph: *Kafkas böses Böhmen. Zur Sozialgeschichte eines Prager Juden*. Frankfurt am Main 1989.

Trost, Pavel: › Der Name Kafka‹, in: *Beiträge zur Namenforschung*, 18 (1983), H. 1, S. 52 f.

Unseld, Joachim: *Franz Kafka. Ein Schriftstellerleben. Die Geschichte seiner Veröffentlichungen*. München / Wien 1982.

Urzidil, Johannes: *Da geht Kafka*. München 1966.

Wagenbach, Klaus: *Franz Kafka. Bilder aus seinem Leben*. 3. , überarb. und erw. Aufl. Berlin 2008.

Wagenbach, Klaus: *Franz Kafka. Eine Biographie seiner Jugend 1883-1912*.

Bern1958. Neuausgabe Berlin 2006.

Wagenbach, Klaus: *Kafkas Prag. Ein Reiselesebuch.* Berlin 1993.

Wagnerová, Alena: ›»Franz gibt es uns «. Eine Begegnung in Prag mit Věra Saudková, der letzten lebenden Nichte Kafkas‹, in: *Neue Zürcher Zeitung*, 30. Januar 2012.

Wagnerová, Alena: *»Im Hauptquartier des Lärms«. Die Familie Kafka aus Prag.* Köln 1997.

Zischler, Hanns: *Kafka geht ins Kino.* Reinbek 1996.

B. 文学作品与文学理论

Amann, Klaus / Wallas, Armin A. (Hrsg.): *Expressionismus in Österreich.* Wien / Köln / Weimar 1994.

Baum, Oskar: *Das Leben im Dunkeln.* Berlin / Stuttgart / Leipzig 1909.

Baum, Oskar: *Uferdasein.* Berlin 1908.

Benn, Gottfried: *Doppelleben*, in: *Prosa und Autobiographie in der Fassung der Erstdrucke.* Hrsg. von Bruno Hillebrand. Frankfurt am Main 1984.

Binder, Hartmut (Hrsg.): *Brennpunkt Berlin. Prager Schriftsteller in der deutschen Metropole.* Bonn 1995.

Binder, Hartmut: *Gustav Meyrink. Ein Leben im Bann der Magie.* Prag 2009.

Binder, Hartmut (Hrsg.): *Prager Profile. Vergessene Autoren im Schatten Kafkas.* Berlin 1991.

Blei, Franz: *Erzählung eines Lebens.* Wien 2004.

Brod, Max: *Abschied von der Jugend. Ein romantisches Lustspiel in drei Akten.* Berlin o. J. [1912].

Brod, Max: *Adolf Schreiber. Ein Musikerschicksal.* Berlin 1921.

Brod, Max: *Arnold Beer. Das Schicksal eines Juden.* Berlin 1912.

Brod, Max: *Experimente. Vier Geschichten.* Berlin / Stuttgart / Leipzig o. J. [1907].

Brod, Max: *Das große Wagnis.* Wien / Leipzig 1918.

Brod, Max: ›Kommentar zu Robert Walser‹, in: *Pan*, 2 (1911-12), S. 53-58.

Brod, Max: *Jüdinnen.* Berlin 1911.

Brod, Max: *Jugend im Nebel*. Berlin 1959.

Brod, Max: › Meine Anfänge ‹ , in: *Deutsche Zeitung Bohemia*, Prag, 23. März 1913, Osterbeilage.

Brod, Max: *Mira. Ein Roman um Hofmannsthal*. München 1958.

Brod, Max: › Die neue Zeitschrift ‹ , in: *Die weißen Blätter* 1 (1913/14), S. 1227-1230.

Brod, Max: *Der Prager Kreis*. Frankfurt am Main 1979.

Brod, Max: Rezension zu Franz Blei, *Der dunkle Weg. Eine tragische Farce in drei Acten*, in: *Die Gegenwart*, Bd. 71, H. 6 (9. Februar 1907), S. 93.

Brod, Max: *Schloß Nornepygge. Der Roman des Indifferenten*. Berlin / Stuttgart / Leipzig 1908.

Brod, Max: *Ein Sommer, den man sich zurückwünscht / Beinahe ein Vorzugsschüler*. München / Berlin 1973.

Brod, Max: *Sternenhimmel. Musik- und Theatererlebnisse*. Prag 1923.

Brod, Max: *Streitbares Leben. Autobiographie 1884-1968*. Frankfurt am Main 1979.

Brod, Max: *Tagebuch in Versen*. Berlin o. J. [1910].

Brod, Max: *Tod den Toten!* Stuttgart o. J. [1906].

Brod, Max: *Über die Schönheit häßlicher Bilder. Ein Vademecum für Romantiker unserer Zeit*. Leipzig 1913.

Brod, Max: › Ungedrucktes von Franz Kafka ‹ , in: *Die Zeit*, 22. Oktober 1965.

Brod, Max: *Der Weg des Verliebten. Gedichte*. Leipzig 1907.

Brod, Max: *Weiberwirtschaft. Drei Erzählungen*. Berlin 1913.

Brod, Max: *Zauberreich der Liebe*. Berlin / Wien / Leipzig 1928.

Daviau, Donald G.: › Max Brod and Karl Kraus ‹ , in: *Max Brod 1884-1984*, hrsg. von Margarete Pazi, New York etc. 1987, S. 207-231.

Demetz, Peter: *René Rilkes Prager Jahre*. Düsseldorf 1953.

Dominik, Sabine: *Oskar Baum (1883-1941), ein Schriftsteller des »Prager Kreises«*. Würzburg (Diss.) 1988.

Donath, Oskar: › Siegfried Kapper ‹ , in: *Jahrbuch der Gesellschaft für Geschichte der Juden in der Čechoslovakischen Republik*, 6 (1934), S. 323-442.

Fiala-Fürst, Ingeborg: *Der Beitrag der Prager deutschen Literatur zum deutschen Expressionismus. Relevante Topoi ausgewählter Werke*. St. Ingbert 1996.

Fiedler, Leonhard M.: » Um Hofmannsthal «. Max Brod und Hugo von Hofmannsthal. Briefe, Notizen‹ , in: *Hofmannsthal-Blätter*, H. 30 (August 1985), S. 23-45.

Flaubert, Gustave: *Die Erziehung der Gefühle*. Frankfurt am Main 2010.

Fritz, Susanne: *Die Entstehung des » Prager Textes «. Prager deutschsprachige Literatur von1895 bis 1934*. Dresden 2005.

Goethe, Johann Wolfgang: *Italienische Reise*, in: *Sämtliche Werke*, Bd. 11, München 1977.

Gold, Hugo (Hrsg.): *Max Brod. Ein Gedenkbuch. 1884-1969*. Tel Aviv 1969.

Gustafsson, Lars: *Palast der Erinnerung*. München 1996.

Haas, Willy: *Die literarische Welt. Erinnerungen*. München 1957.

Haas, Willy: › Um1900 in Prag. Aus Jugendtagen mit Werfel, Kafka, Brod und Hofmannsthal‹ , in: *Forum* 4 (1957), S. 23-226.

Hebbel, Friedrich: *Tagebücher 1835-1848*. München 1984.

Höhne, Steffen (Hrsg.): *August Sauer (1855-1926). Ein Intellektueller in Prag zwischen Kultur-und Wissenschaftspolitik*. Wien / Köln 2011.

Ingold, Felix Philipp: *Literatur und Aviatik. Europäische Flugdichtung 1909-1927*. Frankfurt am Main 1980.

Jahnn, Hans Henny: *Frühe Schriften*. Hrsg. von Ulrich Bitz. Hamburg 1993.

Kayser, Werner / Gronemeyer, Horst: *Max Brod*. Hamburger Bibliographien Band12. Hamburg 1972.

Kerr, Alfred: › Frank Wedekind‹ , in: *Werke in Einzelbänden*, Bd. III: *Essays. Theater, Film*. Hrsg. von Hermann Haarmann und Klaus Siebenhaar. Frankfurt am Main 1998, S. 87-98.

Kisch, Paul: *Hebbel und die Tschechen. Das Gedicht »An Seine Majestät, König Wilhelm I. von Preussen «: seine Entstehung und Geschichte*. Prag 1913. Reprint: Hildesheim 1973.

Körner, Josef: *Philologische Schriften und Briefe*. Hrsg. von Ralf Klausnitzer. Göttingen 2001.

Kraus, Oskar: *Die Meyeriade*. Leipzig 1891.

Krolop, Kurt: *Reflexionen der Fackel. Neue Studien über Karl Kraus*. Wien 1994.

Kulhoff, Birgit: *Bürgerliche Selbstbehauptung im Spiegel der Kunst. Untersuchungen zur Kulturpublizistik der Rundschauzeitschriften im Kaiserreich (1871-*

1914). Bochum 1990.

Laforgue, Jules: *Pierrot, der Spaßvogel. Eine Auswahl von Franz Blei und Max Brod.* Berlin / Stuttgart / Leipzig 1909.

Leppin, Paul: *Severins Gang in die Finsternis. Ein Prager Gespensterroman.* München1914. Neuausgabe: Prag 1998.

Mann, Thomas: *Briefe I. 1889-1913.* Hrsg. von Thomas Sprecher u. a. Frankfurt am Main 2002.

Mann, Thomas: *Frühe Erzählungen. 1893-1912.* Hrsg. von Terence J. Reed. Frankfurt am Main 2004.

Mann, Thomas: › Versuch über das Theater ‹ , in: *Essays I. 1893-1914.* Hrsg. von Heinrich Detering. Frankfurt am Main 2002. S. 123-168.

Merlio, Gilbert / Pelletier, Nicole (Hrsg.): *Munich 1900 site de la modernité / München 1900 als Ort der Moderne.* Jahrbuch für Internationale Germanistik, Reihe A, Bd. 47. Bern etc. 1998.

Müller, Lothar: *Die zweite Stimme. Vortragskunst von Goethe bis Kafka.* Berlin 2007.

Musil, Robert: › Literarische Chronik ‹ , in: *Die Neue Rundschau*, August 1914, S. 1169.

Musil, Robert: *Der Mann ohne Eigenschaften.* Hrsg. von Adolf Frisé. Reinbek 1994.

Musil, Robert: *Tagebücher.* Hrsg. von Adolf Frisé. Reinbek 1976.

Němcová, Božena: *Großmutter. Bilder aus dem ländlichen Leben.* München 1995.

Pazi, Margarita: *Fünf Autoren des Prager Kreises.* Frankfurt am Main etc. 1978.

Pazi, Margarita (Hrsg.): *Max Brod 1884-1984. Untersuchungen zu Max Brods literarischen und philosophischen Schriften.* New York etc. 1987.

Pazi, Margarita: *Staub und Sterne. Aufsätze zur deutsch-jüdischen Literatur.* Göttingen 2001.

Pazi, Margarita / Zimmermann, Hans Dieter (Hrsg.): *Berlin und der Prager Kreis.* Würzburg 1991.

Prager Deutsche Literatur vom Expressionismus bis zu Exil und Verfolgung [Ausstellungskatalog]. Hrsg. von Ernest Wichner und Herbert Wiesner. Berlin 1995.

Raabe, Paul (Hrsg.): *Expressionismus. Aufzeichnungen und Erinnerungen.* Olten / Freiburg 1965.

Rütten, Thomas: › Cholera in Thomas Mann's *Death in Venice* ‹ , in: *Gesnerus. Swiss Journal of the History of Medicine and Sciences*, 66/2 (2009), S. 256-287.

Šrámková, Barbora: *Max Brod und die tschechische Kultur*. Diss. Berlin 2007.

Schamschula, Walter: › Max Brod und die tschechische Literatur ‹ , in: Pazi, Margarita (Hrsg.): *Max Brod 1884-1984. Untersuchungen zu Max Brods literarischen und philosophischen Schriften*. New York etc. 1987. S. 233-249.

Schmitz, Walter (Hrsg.): *Die Münchner Moderne. Die literarische Szene in der › Kunststadt‹ um die Jahrhundertwende*. Stuttgart 1990.

Schneider, Vera: *Wachposten und Grenzgänger. Deutschsprachige Autoren in Prag und die öffentliche Herstellung nationaler Identität*. Würzburg 2009.

Schnitzler, Arthur: *Briefe 1875-1912*. Hrsg. von Therese Nickl und Heinrich Schnitzler. Frankfurt am Main 1981.

Schnitzler, Arthur: *Tagebuch 1909-1912*. Hrsg. von Werner Welzig. Wien 1981.

Torberg, Friedrich: *Die Erben der Tante Jolesch*. München 1981.

Torberg, Friedrich: *Die Tante Jolesch oder Der Untergang des Abendlandes in Anekdoten*. München 2004.

Truhlář, Antonín: *Výbor z literatury české. Doba nová* [Auswahl aus der tschechischen Literatur. Neuzeit]. 3 Bde. Prag 1886.

Ungern-Sternberg, Christoph von: *Willy Haas 1891-1973. » Ein großer Regisseur der Literatur«*. München 2007.

Urzidil, Johannes: *Prager Triptichon. Erzählungen*. München 1960.

Vassogne, Gaëlle: *Max Brod in Prag: Identität und Vermittlung*. Tübingen 2009.

Wagenknecht, Christian: › Die Vorlesungen von Karl Kraus. Ein chronologisches Verzeichnis‹ , in: *Kraus-Hefte*, H. 35/36 (1985), S. 1-30.

Werfel, Franz: *Der Abituriententag*. Frankfurt am Main 1991.

Werfel, Franz: *Zwischen Oben und Unten. Prosa, Tagebücher, Aphorismen, Literarische Nachträge*. München / Wien 1975.

C. 哲学、心理学、教育学、自然科学

Adorno, Theodor W. : *Minima Moralia. Reflexionen aus dem beschädigten Leben*, *in: Gesammelte Schriften*, hrsg. von Rolf Tiedemann. Bd. 4, Frankfurt am Main 1980.

Benjamin, Walter: *Briefe.* Hrsg. von Gershom Scholem und Theodor W. Adorno. Bd. 2. Frankfurt am Main 1966.

Benjamin, Walter / Scholem, Gershom: *Briefwechsel 1933-1940.* Hrsg. von Gershom Scholem. Frankfurt am Main 1980.

Bergmann, Hugo: › Persönliche Erinnerungen an Albert Einstein ‹ , in: *Mitteilungsblatt des Irgun Olej Merkas Europa*, Tel Aviv, 11. Mai 1975, S. 4 f.

Bokhove, Niels: › Christian von Ehrenfels, Kafkas Professor. Ihre Beziehungen in sieben Stationen‹ , in: *Kafka a Čechy. Kafka und Böhmen.* Sammelband der Vorträge der internationalen literaturwissenschaftlichen Konferenz der Franz-Kafka-Gesellschaft, 2. Oktober 2006 in Prag, Prag 2007, S. 121-153.

Burger, Hannelore: *Sprachenrecht und Sprachgerechtigkeit im österreichischen Unterrichtswesen 1867-1918.* Wien 1995.

[Einstein, Albert]: *The Collected Papers of Albert Einstein.* Vol. 5: *The Swiss Years: Correspondence 1902-1914.* Hrsg. von Martin J. Klein u. a. Princeton, NJ 1993. Vol. 8: *The Berlin Years. Correspondence 1914-1918.* Hrsg. von Robert Schulmann u. a. , Princeton, NJ 1998.

Fabian, Reinhard (Hrsg.): *Christian von Ehrenfels. Leben und Werk.* Amsterdam 1986.

Freud, Sigmund: *Briefe an Wilhelm Fließ.* 1887-1904. Hrsg. von Jeffrey Moussaieff Masson. Frankfurt am Main 1986.

Freud, Sigmund: *Das Unbehagen in der Kultur*, in: *Studienausgabe*, Bd. IX. Frankfurt am Main 1997.

Gross, Hans: *Handbuch für Untersuchungsrichter, Polizeibeamte, Gendarmen.* Graz 1893.

Gross, Hans: › Zur Deportationsfrage‹ , in: *Gesammelte Kriminalistische Aufsätze*, Leipzig 1902, S. 64-70.

Guex, Germaine: *Das Verlassenheitssyndrom.* Bern etc. 1982.

Key, Ellen: › Die Entfaltung der Seele durch Lebenskunst‹ , in: *Die neue Rundschau*, 16 (1905), H. 6, S. 641-686.

Laplanche, J. / Pontalis, J. B.: *Das Vokabular der Psychoanalyse.* Frankfurt am Main 1972.

Le Rider, Jacques: *Der Fall Otto Weininger. Wurzeln des Antifeminismus und Antisemitismus. Mit der Erstveröffentlichung der Rede auf Otto Weininger* von Heimito von Doderer. Überarb. u. erw. dt. Ausgabe. Wien / München 1985.

Lipps, Theodor: *Grundtatsachen des Seelenlebens.* Bonn 1883.

Luft, Robert: › Sprache und Nationalität an Prager Gymnasien um 1900 ‹, in: Klaas-Hinrich Ehlers u. a. (Hrsg.): *Brücken nach Prag. Deutschsprachige Literatur im kulturellen Kontext der Donaumonarchie und der Tschechoslowakei.* Festschrift für Kurt Krolop zum 70. Geburtstag. Frankfurt am Main 2000.

Mentzos, Stavros: *Angstneurose. Psychodynamische und psychotherapeutische Aspekte.* Frankfurt am Main 1984.

Mentzos, Stavros: *Neurotische Konfliktverarbeitung. Einführung in die psychoanalytische Neurosenlehre unter Berücksichtigung neuer Perspektiven.* Frankfurt am Main 1984.

Neesen, Peter: *Vom Louvrezirkel zum Prozeß. Franz Kafka und die Psychologie Franz Brentanos.* Göppingen 1972.

Nietzsche, Friedrich: *Schopenhauer als Erzieher.* In: *Werke*, hrsg. von Karl Schlechta, München 1969, Bd. 1, S. 287-265.

Pleticha, Heinrich (Hrsg.): *Piaristen und Gymnasiasten. Schülerleben im alten Prag.* Prag 2001.

Quinodoz, Jean-Michel: *Die gezähmte Einsamkeit. Trennungsangst in der Psychoanalyse.* Tübingen 2004.

Seelig, Carl: *Albert Einstein. Leben und Werk eines Genies unserer Zeit.* Erweiterte Neuauflage, Zürich 1960.

Steiner, Rudolf: *Eine okkulte Physiologie.* Ein Zyklus von acht Vorträgen, gehalten in Prag vom 20. bis 28. März 1911, und ein Sondervortrag vom 28. März 1911. In: *Gesamtausgabe*, Bd. 128, Dornach 1991.

Steiner, Rudolf: › Wie widerlegt man Theosophie? ‹, › Wie verteidigt man Philosophie? ‹ (1911). In: *Gesamtausgabe*, Bd. 69a, Dornach 2007, S. 36-71, 72-99.

Steiner, Rudolf: › Der moderne Mensch und seine Weltanschauung‹ (1914), in: *Gesamtausgabe*, Bd. 18, Dornach 1985, S. 445-492.

Stöhr, Ingrid: *Zweisprachigkeit in Böhmen. Deutsche Volksschulen und Gymnasien im Prag der Kafka-Zeit.* Köln usw. 2010.

Strakosch-Graßmann, Gustav: *Geschichte des österreichischen Unterrichtswesens.* Wien 1905.

Tucholsky, Kurt: › Rudolf Steiner in Paris ‹, in: *Die Weltbühne*, 3. Juli 1924, S. 26-28.

Vögele, Wolfgang G.: *Der andere Rudolf Steiner. Augenzeugenberichte, Interviews, Karikaturen.* Dornach 2005.

Weber, Alfred: › Der Beamte‹, in: *Die neue Rundschau*, 21 (1910), S. 1321-1339.

Weininger, Otto: *Geschlecht und Charakter.* Wien / Leipzig 1903.

Weininger, Otto: *Taschenbuch und Briefe an einen Freund.* Leipzig / Wien 1921.

Weltsch, Felix / Brod, Max: *Anschauung und Begriff. Grundzüge eines Systems der Begriffsbildung.* Leipzig 1913.

Zander, Helmut: *Rudolf Steiner. Die Biografie.* München 2011.

D. 关于犹太人

Adler, Simon: › Das Judenpatent von 1797 ‹, in: *Jahrbuch der Gesellschaft für Geschichte der Juden in der Čechoslovakischen Republik*, 5 (1933), S. 199-230.

Bajohr, Frank: *»Unser Hotel ist judenfrei«. Bäder-Antisemitismus im 19. und 20. Jahrhundert.* Frankfurt am Main 2003.

Beider, Alexander: *Jewish Surnames in Prag (15th-18th Centuries).* Teaneck, NJ 1995.

Bergman [!], Hugo Schmuel: *Tagebücher und Briefe.* Hrsg. von Miriam Sambursky. Band 1: 1901-1948. Königstein 1985.

Bergmann, Hugo: *Jawne und Jerusalem. Gesammelte Aufsätze.* Berlin 1919. Reprint: Königstein / Taunus 1981.

Birnbaum, Nathan: *Die jüdische Moderne. Frühe zionistische Schriften.* Augsburg 1989.

Buber, Martin: *Briefwechsel aus sieben Jahrzehnten.* Hrsg. von Grete Schaeder. Band 1: 1897-1918. Heidelberg 1972.

Buber, Martin: › Drei Reden über das Judentum ‹, in: *Werkausgabe*, Bd. 3: *Frühe jüdische Schriften 1900-1922.* Gütersloh 2007. S. 219-256.

Cohen, Gary B.: › Jews in German Society: Prague, 1860-1914 ‹, in: David

Bronsen (Hrsg.): *Jews and Germans from 1860 to 1933: The Problematic Symbiosis.* Heidelberg 1979.

Eliav, Mordechai: *Jüdische Erziehung in Deutschland im Zeitalter der Aufklärung und der Emanzipation.* Münster etc. 2001.

Ferrari Zumbini, Massimo: *Die Wurzeln des Bösen. Gründerjahre des Antisemitismus: Von der Bismarckzeit zu Hitler.* Frankfurt am Main 2003.

Frankl, Michal: *»Prag ist nunmehr antisemitisch«. Tschechischer Antisemitismus am Ende des 19. Jahrhunderts.* Berlin 2011.

Gaisbauer, Adolf: *Davidstern und Doppeladler. Zionismus und Nationalismus in Österreich 1882-1918.* Wien etc. 1988.

Gimpl, Georg (Hrsg.): *Weil der Boden selbst hier brennt ... Aus dem Prager Salon der Berta Fanta (1865-1918).* Furth im Wald 2001.

Grünberg, Abraham: *Ein jüdisch-polnisch-russisches Jubiläum. (Der große Pogrom von Sedlice im Jahre 1906).* Prag 1916.

Guggenheimer, Eva H. / Guggenheimer, Heinrich W.: *Etymologisches Lexikon der jüdischen Familiennamen.* München etc. 1996.

Hackeschmidt, Jörg: › Jüdische Orthodoxie und zionistische Jugendkultur im frühen 20. Jahrhundert‹, in: Andrea Schatz / Christian Wies (Hrsg.): *Janusfiguren. »Jüdische Heimstätte«, Exil und Nation im deutschen Zionismus.* Berlin 2006. S. 81-101.

Haring, EkkehardW.: › Zwischen den Nationen. Anmerkungen zum » Jüdischen Prag« Franz Kafkas‹, in: *Das Jüdische Echo.* Bd. 49. Wien, Oktober 2000. S. 271-280.

Hecht, Alexander: *Der Bund B'nai B'rith und seine Bedeutung für das österreichische Judentum.* Wien 1914.

Hellwing, Isak A.: *Der konfessionelle Antisemitismus im 19. Jahrhundert in Österreich.* Wien 1972.

Herzl, Theodor: *Zionistische Schriften.* Berlin 1920.

Herzog, Andreas (Hrsg.): *Ost und West. Jüdische Publizistik 1901-1928.* Leipzig 1996.

Jakobovits, Tobias: › Die Judenabzeichen in Böhmen ‹, in: *Jahrbuch der Gesellschaft für Geschichte der Juden in der Čechoslovakischen Republik*, 3 (1931), S. 145-181.

Kaplan, Marion A.: *Jüdisches Bürgertum. Frau, Familie und Identität im Kaiserreich. Hamburg* 1997.

Kieval, Hillel J.: *The Making of the Czech Jewry. National Conflict and Jewish Society in Bohemia, 1870-1918*. Oxford University Press 1988.

Kohn, Albert (Hrsg.): *Die Notablenversammlung der Israeliten Böhmens in Prag, ihre Berathungen und Beschlüsse*. Mit statistischen Tabellen über die israelitischen Gemeinden, Synagogen, Schulen und Rabbinate in Böhmen. Wien 1852.

Kohn, Hans: › Rückblick auf eine gemeinsame Jugend ‹, in: *Festgabe Robert Weltsch zum 70. Geburtstag*. Tel Aviv 1961.

Lipscher, Vladimir: › Jüdische Gemeinden in Böhmen und Mähren im 17. und 18. Jahrhundert ‹, in: Ferdinand Seibt (Hrsg.): *Die Juden in den böhmischen Ländern*. Vorträge der Tagung des Collegium Carolinum in Bad Wiessee vom 27. -29. November 1981. München / Wien 1983. S. 73-86.

Meyer, Michael A. (Hrsg.): *Deutsch-jüdische Geschichte in der Neuzeit*, Bd. III: *Umstrittene Integration 1871-1918*. München 1997.

Míšková, Alena: › Die Lage der Juden an der Prager Deutschen Universität ‹, in: Jörg K. Hoensch u. a. (Hrsg.): *Judenemanzipation-Antisemitismus-Verfolgung in Deutschland, Österreich-Ungarn, den Böhmischen Ländern und in der Slowakei*. Essen 1999. S. 117-129.

Naor, Mordecai: *Eretz Israel. Das 20. Jahrhundert*. Köln 1998.

Nekula, Marek / Koschmal, Walter: *Juden zwischen Deutschen und Tschechen. Sprachliche und kulturelle Identitäten in Böhmen 1800-1945*. München 2006.

Nussbaum, Arthur: *Der Polnaer Ritualmordprozess. Eine kriminalpsychologische Untersuchung auf aktenmäßiger Grundlage*. Berlin 1906.

Prokeš, Jaroslav: › Der Antisemitismus der Behörden und das Prager Ghetto in nachweißenbergischer Zeit ‹, in: *Jahrbuch der Gesellschaft für Geschichte der Juden in der Čechoslovakischen Republik*, 1 (1929), S. 41-262.

Rachmuth, Michael: › Zur Wirtschaftsgeschichte der Prager Juden ‹, in: *Jahrbuch der Gesellschaft für Geschichte der Juden in der Čechoslovakischen Republik*, 5 (1933), S. 9-78.

Rodlauer, Hannelore: › Ein anderer »Prager Frühling«. DerVerein »Bar Kochba« in Prag ‹, in: *Das Jüdische Echo*. Bd. 49. Wien, Oktober 2000. S. 181-188.

Roubík, František: › Zur Geschichte der Juden in Böhmen im neunzehnten

Jahrhundert‹ , in: *Jahrbuch der Gesellschaft für Geschichte der Juden in der Čechoslovakischen Republik*, 7 (1935), S. 305-386.

Rychnovsky, Ernst (Hrsg.): *Masaryk und das Judentum*. Prag 1930.

Sambursky, Miriam: ›Zionist und Philosoph. Das Habilitierungsproblem des jungen Hugo Bergmann‹ , in: *Bulletin des Leo-Baeck-Instituts* 58 (1981), S. 17-40.

Schmidt, Carsten: *Kafkas fast unbekannter Freund. Das Leben und Werk von Felix Weltsch (1884-1964)*. Würzburg 2010.

Schoeps, Julius H. / Schlör, Joachim (Hrsg.): *Antisemitismus. Vorurteile und Mythen*. München / Zürich 1995.

Scholem, Gershom: *Von Berlin nach Jerusalem*. Frankfurt am Main 1997.

Schroubek, Georg R.: ›Der »Ritualmord« von Polná. Traditioneller und moderner Wahnglaube‹ , in: Rainer Erb / Michael Schmidt (Hrsg.): *Antisemitismus und jüdische Geschichte. Studien zu Ehren von Herbert A. Strauss*, Berlin 1987, S. 149-171.

Teufel, Helmut: ›Händler, Hoffaktoren, Pinkeljuden. 1000 Jahre jüdisches Leben im Grenzraum‹ , in: Andrea Komlosky / Václav Bůžek / František Svátek (Hrsg.): *Kulturen an der Grenze. Waldviertel-Weinviertel-Südböhmen-Südmähren*, Wien 1995, S. 121-126.

Triendl-Zadoff, Mirjam: *Nächstes Jahr in Marienbad. Gegenwelten jüdischer Kulturen der Moderne*. Göttingen 2007.

Vom Judentum. Ein Sammelbuch. Hrsg. vom Verein jüdischer Hochschüler Bar-Kochba in Prag. Leipzig 1913.

Wagner, Benno: ›Kafkas Polná. Schreiben jenseits der Nation‹ , in: Marek Nekula / Walter Koschmal (Hrsg.): *Juden zwischen Deutschen und Tschechen. Sprachliche und kulturelle Identitäten in Böhmen 1800-1945*, München 2006, S. 151-172.

Wagner-Kern, Michael: *Staat und Namensänderung. Die öffentlich-rechtliche Namensänderung in Deutschland im 19. und 20. Jahrhundert*. Tübingen 2002.

Weltsch, Felix (Hrsg.): *Dichter, Denker, Helfer: Max Brod zum fünfzigsten Geburtstag*. Mährisch-Ostrau 1934.

Žaček, Wenzel: ›Eine Studie zur Entwicklung der jüdischen Personennamen in neuerer Zeit‹ , in: *Jahrbuch der Gesellschaft für Geschichte der Juden in der Čechoslovakischen Republik*, 8 (1936), S. 309-398.

E. 政治史、社会史、文化史

Bachmann, Adolf: *Die Einführung und Geltung der innern deutschen Amtssprache in Böhmen* [Vortrag]. Prag 1908.

Bergmann, Hugo: ›Experimente über Telepathie‹, in: *März* 3 (1909), S. 118-124.

Binder, Hartmut: ›Entlarvung einer Chimäre: Die deutsche Sprachinsel Prag‹, in: Maurice Godé / Jacques Le Rider / Françoise Mayer (Hrsg.): *Allemands, Juifs et Tchèques á Prague de 1890 à 1924*, Montpellier 1994, S. 183-209.

Binder, Hartmut: ›Paul Eisners dreifaches Ghetto. Deutsche, Juden und Tschechen in Prag‹, in: Michel Reffet (Hrsg.): *Le monde de Franz Werfel et la morale des nations. Actes du Colloque Franz Werfel à l'Université de Dijon. 18-20 mai 1995*, Bern 2000, S. 17-137.

Binder, Hartmut: *Wo Kafka und seine Freunde zu Gast waren. Prager Kaffeehäuser und Vergnügungsstätten in historischen Bilddokumenten*. Prag / Furth im Wald 2000.

Birke, Ernst: ›Frankreich und Böhmen von 1848-1938‹, in: *Probleme der böhmischen Geschichte*. Vorträge der wissenschaftlichen Tagung des Collegium Carolinum in Stuttgart vom 29. bis 31. Mai 1963. S. 110-127.

Blom, Philipp: *Der taumelnde Kontinent. Europa 1900-1914*. München 2009.

Blüher, Hans: *Die Rolle der Erotik in der männlichen Gesellschaft*. Jena 1917.

Bosl, Karl (Hg.): *Handbuch der Geschichte der böhmischen Länder*. Band II: *Die böhmischen Länder von der Hochblüte der Ständeherrschaft bis zum Erwachen eines modernen Nationalbewußtseins*. Stuttgart 1974. Band III: *Die böhmischen Länder im Habsburgerreich 1848-1919. Bürgerlicher Nationalismus und Ausbildung einer Industriegesellschaft*. Stuttgart 1968.

Bráf, Albin (Hrsg.): *Hundert Jahre Arbeit. Bericht über die Allgemeine Landesausstellung in Prag 1891, zur Jubiläumsfeier der ersten Gewerbeausstellung des Jahres 1791 in Prag*. Prag 1892.

Buchholz, Kai u. a. (Hrsg.): *Die Lebensreform. Entwürfe zur Neugestaltung von Leben und Kunst um 1900*. 2 Bde. Darmstadt 2001.

Butschek, Felix: *Statistische Reihen zur österreichischen Wirtschaftsgeschichte. Die österreichische Wirtschaft seit der industriellen Revolution.* Wien 1993.

Čapek, Karel: *Gespräche mit Masaryk.* Stuttgart / München 2001.

Cohen, Gary B.: *The Politics of Ethnic Survival: Germans in Prague, 1861-1914.* Princeton, N. J. 1981.

Dahlke, Günther / Karl, Günther (Hrsg.): *Deutsche Spielfilme von den Anfängen bis 1933. Ein Filmführer.* 2. Aufl., Berlin 1993.

Der Weiße Hirsch. Ein Lesebuch. Hrsg. vom Verschönerungsverein Weißer Hirsch / Oberloschwitz e. V. Dresden 2001.

Die k. k. Deutsche Technische Hochschule in Prag 1806-1906. Festschrift zur Hundertjahrfeier. Prag 1906.

Falke, Jacob von: *Geschichte des fürstlichen Hauses Liechtenstein.* Band 2. Wien 1877.

Fickert, Auguste: › Der Stand der Frauenbildung in Österreich ‹, in: Lange, Helene / Bäumer, Gertrud (Hrsg.): *Handbuch der Frauenbewegung*, III. Teil, Berlin 1902, S. 161-190.

François, Etienne / Schulze, Hagen: › Das emotionale Fundament der Nationen ‹, in: Flacke, Monika (Hrsg.): *Mythen der Nationen. Ein europäisches Panorama*, Berlin 1998, S. 17-32.

Friedlaender, Hugo: *Interessante Kriminal-Prozesse von kulturhistorischer Bedeutung. Darstellung merkwürdiger Strafrechtsfälle aus Gegenwart und jüngster Vergangenheit.* Band 1. Berlin 1910.

Gay, Peter: *Kult der Gewalt. Aggression im bürgerlichen Zeitalter.* München 1996.

Gindely, Anton: *Geschichte des dreißigjährigen Krieges.* Bd. 4: *Die Strafdekrete Ferdinands II. und der pfälzische Krieg.* Prag 1880.

Gloc, Ingrid: *Architektur der Jahrhundertwende in Prag. Zur Geschichte der Architektur zwischen Eklektizismus und Moderne im Spiegel der Sanierung der Prager Altstadt.* Weimar 1994.

Hamann, Brigitte: *Die Habsburger. Ein biographisches Lexikon.* 4. Aufl. München 1990.

Hanisch, Ernst: *Der lange Schatten des Staates. Österreichische Gesellschafts geschichte im 20. Jahrhundert.* Wien 1994.

Heißerer, Dirk: *Wo die Geister wandern. Eine Topographie der Schwabinger Bohème um 1900.* München 1993.

Heyll, Uwe: *Wasser, Fasten, Luft und Licht. Die Geschichte der Naturheilkunde in Deutschland.* Frankfurt am Main 2006.

Hlavačka, Milan / Kolář, František: › Tschechen, Deutsche und die Jubiläums-ausstellung 1891 ‹ , in: *Bohemia. Zeitschrift für Geschichte und Kultur der böhmischen Länder* 32 (1991), H. 2, S. 380-411.

Höbelt, Lothar: › The Austrian Empire‹ , in: Robert Justin Goldstein (Hrsg.): *The War for the Public Mind. Political Censorship in Nineteenth-Century Europe*, Westport, CT, 2000, S. 212-238.

Hoensch, Jörg K.: *Geschichte Böhmens. Von der slavischen Landnahme bis zur Gegenwart.* 3. Aufl. München 1997.

Hoffmann, Roland J.: *T. G. Masaryk und die tschechische Frage. Nationale Ideologie und politische Tätigkeit bis zum Scheitern des deutsch-tschechischen Ausgleichsversuchs vom Februar 1909.* München 1988.

Hösch, Edgar: *Geschichte der Balkanländer. Von der Frühzeit bis zur Gegenwart.* München 1999.

Hozák, Jan: *Technika v životě Pražanů před sto lety (1890-1900)* [Die Technik im Leben der Prager vor hundert Jahren]. Národní technické muzeum, Prag 2000.

Huret, Jules: *Berlin um Neunzehnhundert.* München 1909. Berlin 1979.

Janatková, Alena: *Modernisierung und Metropole. Architektur und Repräsentation auf den Landesausstellungen in Prag 1891 und Brünn 1928.* Stuttgart 2008.

Kaes, Anton (Hrsg.): *Kino-Debatte. Texte zum Verhältnis von Literatur und Film 1909-1929.* München 1978.

Karger, Adolf: › Prag und die nationale Identität‹ , in: *Der Bürger im Staat*, Heft 2/1997.

Kerbs, Diethart / Reulecke, Jürgen (Hrsg.): *Handbuch der deutschen Re-formbewegungen 1880-1933.* Wuppertal 1998.

Kisch, Egon Erwin: *Aus Prager Gassen und Nächten.* Berlin / Weimar 1980.

Kisch, Guido: *Der Lebensweg eines Rechtshistorikers. Erinnerungen.* Sigma-ringen 1975.

Kleindel, Walter: *Österreich. Daten zur Geschichte und Kultur.* Wien 1995.

Kohout, Jiří / Vančura, Jiří: *Praha. 19. a 20. století.* Prag 1986.

Kořalka, Jiří: › Die Herausbildung des Wirtschaftsbürgertums in den böhmischen Ländern im 19. Jahrhundert‹ , in: Heumos, Peter (Hrsg.): *Polen und die böhmischen Länder im 19. und 20. Jahrhundert. Politik und Gesellschaft im Vergleich.* München 1997. S. 57-80.

Kowalewski, Gerhard: *Bestand und Wandel. Meine Lebenserinnerungen, zugleich ein Beitrag zur neueren Geschichte der Mathematik.* München 1950.

Křen, Jan: *Die Konfliktgemeinschaft. Tschechen und Deutsche 1780-1918.* München 1996.

Lemberg, Hans (Hg.): *Universitäten in nationaler Konkurrenz. Zur Geschichte der Prager Universitäten im 19. und 20. Jahrhundert.* München 2003.

Lienert, Marina: *Naturheilkundiges Dresden.* Dresden 2002.

Maase, Kaspar / Kaschuba, Wolfgang (Hrsg.): *Schund und Schönheit. Populäre Kultur um 1900.* Köln / Weimar / Wien 2001.

Mauthner, Fritz: *Prager Jugendjahre.* Frankfurt am Main 1969.

Mommsen, Hans: › 1897: Die Badeni-Krise als Wendepunkt in den deutsch-tschechischen Beziehungen ‹, in: *Wendepunkte in den Beziehungen zwischen Deutschen, Tschechen und Slowaken 1848-1989.* Hrsg. von Detlef Brandes, Dušan Kováč und Jiří Pešek. Essen 2007. S. 111-117.

Morper, Johann Joseph: › Die aufgesteckten Köpfe. Zur Prager Exekution vom 21. Juni 1621‹, in: *Stifter-Jahrbuch* VI (1959), S. 117-130.

Petráň, Josef: *Staroměstská exekuce* [Die Altstädter Exekutionen]. Ergänzte und überarbeitete Neuausgabe. Prag 2004.

Pfeiffer, Ingrid / Hollein, Max (Hrsg.): *Esprit Montmartre. Die Bohème in Paris um 1900.* Ausstellungskatalog der Schirn-Kunsthalle, Frankfurt am Main 2014.

Pick, Friedel (Hrsg.): *Pragensia. Bd. V: Die Prager Exekution i. J. 1621. Flugblätter und Abbildungen.* Prag 1922.

Prag als deutsche Hochschulstadt. Hrsg. vom Ortsrat Prag des deutschen Volksrates für Böhmen. Prag 1911.

Richter, Karl: › Über den Strukturwandel der grundbesitzenden Oberschicht Böhmens in der neueren Zeit ‹, in: *Probleme der böhmischen Geschichte.* Vorträge der wissenschaftlichen Tagung des Collegium Carolinum in Stuttgart vom 29. bis 31. Mai 1963. München 1964. S. 49-67.

Rohrbach, Wolfgang (Hrsg.): *Versicherungsgeschichte Österreichs.* Band 2: *Die Ära des klassischen Versicherungswesens.* Wien 1988.

Rumpler, Helmut: *Eine Chance für Mitteleuropa. Bürgerliche Emanzipation und Staatsverfall in der Habsburgermonarchie.* Wien 1997.

Sandgruber, Roman: *Ökonomie und Politik. Österreichische Wirtschaftsgeschichte vom Mittelalter bis zur Gegenwart.* Wien 1995.

Sawicki, Diethard: *Leben mit den Toten. Geisterglauben und die Entstehung des Spiritismus in Deutschland 1770-1900.* Paderborn etc. 2002.

Sawicki, Diethard: ›Spiritismus und das Okkulte in Deutschland,1880-1930‹, in: *Österreichische Zeitschrift für Geschichtswissenschaften* 13 (2003), H. 4, S. 53-71.

Schmitz, Walter / Udolph, Ludger: *»Tripolis Praga«. Die Prager ›Moderne‹ um 1900. Katalogbuch.* Dresden 2001.

Schottky, Julius Max: *Prag, wie es war und wie es ist, nach Aktenstücken und den besten Quellenschriften geschildert.* Erster Band. Prag 1831.

Seibt, Ferdinand (Hrsg.): *Die Chance der Verständigung. Absichten und Ansätze zu übernationaler Zusammenarbeit in den böhmischen Ländern 1848-1918.* Vorträge zur Tagung des Collegium Carolinum in Bad Wiessee vom 22. bis 24. November 1985. München 1987.

Skedl, Arthur: *Der politische Nachlaß des Grafen Eduard Taaffe,* Wien / Berlin / Leipzig 1922.

Spector, Scott: *Prague Territories. National Conflict and Cultural Innovation in Franz Kafka's Fin de Siècle.* Berkeley / Los Angeles / London 2000.

Statistisches Handbuch des Königreiches Böhmen. Prag 1909-1913.

Stenographische Protokolle über die Sitzungen des Herrenhauses des österreichischen Reichsrathes in den Jahren1891 bis 1897. Wien 1897.

Sturmberger, Hans: *Aufstand in Böhmen. Der Beginn des Dreißigjährigen Krieges.* München 1959.

Till, Wolfgang: ›Zwei galante Sammler aus Wien: Anton Pachinger und Peter Altenberg‹, in: Michael Köhler / Gisela Barche (Hrsg.): *Das Aktfoto. Ansichten vom Körper im fotografischen Zeitalter,* München 1986, S. 285-287.

Tramer, Hans: ›Die Dreivölkerstadt Prag‹, in: Hans Tramer / Kurt Wolfenstein (Hrsg.): *Robert Weltsch zum 70. Geburtstag von seinen Freunden. 20. Juni 1961.* Tel Aviv 1961. S. 138-203.

Treitel, Corinna: *A Science for the Soul: Occultism and the Genesis of the German Modern.* Baltimore 2004.

Trost, Pavel: ›Die Mythen vom Prager Deutsch‹, in: *Zeitschrift für deutsche Philologie* 100 (1981), S. 381-390.

Urban, Otto: *Die tschechische Gesellschaft 1848-1918*. 2 Bde. Wien ∕ Köln ∕ Weimar 1994.

Wandruszka, Adam ∕ Urbanitsch, Peter (Hrsg.): *Die Habsburgermonarchie 1848-1918*. Band III: *Die Völker des Reiches*, Wien 1980. Band VII: *Verfassung und Parlamentarismus*. 1. Teilband: *Verfassungsrecht, Verfassungswirklichkeit, zentrale Repräsentativkörperschaften*. 2. Teilband: *Die regio-nalen Repräsentativkörperschaften*. Wien 2000.

Webb, James: *Das Zeitalter des Irrationalen. Politik, Kultur und Okkultismus im 20. Jahrhundert*. Wiesbaden 2008.

Wladika, Michael: *Hitlers Vätergeneration. Die Ursprünge des Nationalsozialismus in der k. u. k. Monarchie*. Wien ∕ Köln ∕ Weimar 2005.

Wörner, Martin: *Vergnügen und Belehrung. Volkskultur auf den Weltausstellungen 1851-1900*. Münster etc. 1999.

Wurzer, Rudolf: › Die Assanierung der Josefsstadt in Prag. Das Gesetz vom 11. Februar 1893 und seine Bedeutung für die Stadterneuerung‹ , in: *Die alte Stadt. Vierteljahreszeitschrift für Stadtgeschichte, Stadtsoziologie, Denkmalpflege und Stadtentwicklung* 22 (1995) , S. 149-174.

Zone, Ray: *Stereoscopic Cinema & the Origins of 3-D Film. 1838-1952*. Lexington, KY 2007.

F. 医学史

Brod, Max: › Die Krankheit in meinem Leben und in meiner Dichtung‹ , in: *CIBA-Symposium*, 16 (1968) , H. 3, S. 125-132.

Dinges, Martin (Hrsg.): *Medizinkritische Bewegungen im Deutschen Reich (ca. 1870-ca. 1933)*. Stuttgart 1996.

Grosch, Gerhard: *Der Orthopäde Friedrich von Hessing (1838-1918)*. München 1970.

Hessen, Robert: › Nervenschwäche‹ , in: *Die neue Rundschau* 21 (1910), S. 1531-1543.

Jütte, Robert: *Geschichte der alternativen Medizin. Von der Volksmedizin zu den unkonventionellen Therapien von heute*. München 1996.

Kisch, Bruno: *Wanderungen und Wandlungen. Die Geschichte eines Arztes im 20. Jahrhundert. Köln* 1966.

Lahmann, Heinrich: *Das Luftbad als Heil-und Abhärtungsmittel.* Stuttgart 1898.

Lahmann, Heinrich: *Die Reform der Kleidung.* Stuttgart 1887. 3. Auflage [erweitert durch das Kapitel › Reform der Frauenkleidung‹]: Stuttgart 1898.

Pollatschek, Arnold: › Zur Aetiologie des Diabetes mellitus‹ , in: *Zeitschrift für klinische Medizin* 42 (1901) , S. 478-482.

Radkau, Joachim: *Das Zeitalter der Nervosität. Deutschland zwischen Bismarck und Hitler.* München / Wien 1998.

Sandow, Eugen: *Kraft und wie man sie erlangt.* Mit einer Übungstafel und zahlreichen Original-Photographien. Berlin 1904.

Schwarzmann-Schafhauser, Doris: *Orthopädie im Wandel. Die Herausbildung von Disziplin und Berufsstand in Bund und Kaiserreich (1815-1914).* Stuttgart 2004.

Wagenbach, Klaus: › Drei Sanatorien Kafkas. Ihre Bauten und Gebräuche‹ , in: *Freibeuter,* H. 16 (1983) , S. 77-90.

人名书刊名索引

（页码为原书页码，即本书边码）

地名索引

卡夫卡作品索引

（页码为原书页码，即本书页码）

著作权合同登记号桂图登字：20 - 2018 - 222 号

图书在版编目（CIP）数据

卡夫卡传：早年／（德）莱纳·施塔赫著；任卫东译.—桂林：广西师范大学出版社，2022.6（2024.6 重印）

（文学纪念碑）

ISBN 978 - 7 - 5598 - 3328 - 0

Ⅰ.①卡… Ⅱ.①莱… ②任… Ⅲ.①卡夫卡（Kafka, Franz 1883 - 1924）- 传记 Ⅳ.①K835.215.6

中国版本图书馆 CIP 数据核字（2020）第 236075 号

出 品 人：刘广汉
策　　划：魏　东
责任编辑：魏　东
助理编辑：程卫平
装帧设计：赵　瑾

广西师范大学出版社出版发行

（广西桂林市五里店路 9 号　　邮政编码：541004
网址：http://www.bbtpress.com ）

出版人：黄轩庄

全国新华书店经销

销售热线：021 - 65200318　021 - 31260822 - 898

山东临沂新华印刷物流集团有限责任公司印刷

（临沂高新技术产业开发区新华路 1 号　邮政编码：276017）

开本：690 mm × 960 mm　1/16

印张：39.75　插页：16　字数：450 千字

2022 年 6 月第 1 版　　2024 年 6 月第 4 次印刷

定价：148.00 元

————————————————————————

如发现印装质量问题，影响阅读，请与出版社发行部门联系调换。